江川年鉴

JIANG CHUAN YEARBOOK

2019

中共玉溪市江川区委
玉溪市江川区人民政府 主办
中共玉溪市江川区委党史研究和地方志编纂办公室 编

德宏民族出版社

江川年鉴编辑部

地　　址　云南省玉溪市江川区大街街道宁海路19号
邮　　编　652600
电　　话　（0877）8018536
E－mail　jcszb@163.com

编 辑 说 明

一、《江川年鉴》是具有政府公报性质的地方综合性年鉴。由中共玉溪市江川区委、玉溪市江川区人民政府主办，中共玉溪市江川区委党史研究和地方志编纂办公室承编。《江川年鉴》全面、系统、准确、翔实地记载江川区社会主义物质文明、政治文明和精神文明建设的历史进程，记述上一年度内的新发展、新成就、新情况和新问题。它具有资料、信息、史料等诸多功能，旨在为海内外有关机关、团体、学校、研究部门、企事业单位和社会各界人士研究及促进江川建设提供现实服务。

二、《江川年鉴》采用条目体，分类编辑法。2019年版全书设部类19个，即《特载》《大事记》《概况》《政治》《军事》《法制》《经济管理》《建设·环保》《工商企业》《农林·水利》《交通·邮电》《财政·税务》《金融·保险》《教育·气象·防震减灾》《文广体·旅游·卫计》《社会》《人物》《统计资料》《附录》，信息量大，图文并茂，可读性强。

三、本年鉴所用稿件均由主办单位、区属各单位和中央、省、市驻江单位专人撰写，单位领导审核签章，编辑人员反复核对。本年鉴内容真实，体例规范，具有较高的使用价值。

四、本年鉴所用统计数据由各供稿单位主管业务部门提供并审核，但由于统计时间、口径不同等原因，反映国民经济和社会发展情况的个别数据在不同稿件中不尽一致，使用时请以玉溪市江川区统计局提供的《统计年鉴》为准。

五、本年鉴的编辑出版得到江川有关部门和驻江的省、市各有关单位的热情支持和积极协助，得到省、市以及各县区地方志部门的指导帮助，在此表示诚挚谢意。殷切希望各界人士提出改进意见，使《江川年鉴》常办常新，更好地为建设生态文明美丽新江川服务。

撰稿人员名录

申　雪　徐凡清　舒映翔　沈旭晖　王昱然　陈思羽　普玉敏
岳定勇　景　迪　李佩佩　杨冬丽　郎华兰　沈　娴　李　敏
王为卿　褚　获　郑文明　刘　雪　张　薇　刀　莹　瞿　月
吴　侣　矣树芬　罗秀秀　金武恒　李俊鹏　陈　玉　张梦石
张文丽　金家红　张小明　李文斌　吕林睿　宋　瑞　张　潇
郭世民　宁　筠　罗艳芝　顾宝富　张江艳　张旭刚　张树良
吴冬丽　李　端　李　平　廖江平　孙　琳　普进波　刘江雪
林　辛　罗　江　施函成　杨　娇　蒋函希　张俊松　邓绍辉
郑文红　段红梅　刘　波　李朋利　卢　强　韩海萍　罗海清
张本发　刘光启　叶红梅　赵志鹏　师洋哲　李世文　黄华平
杨　柳　徐舒虹　蒋　英　杨　迪　潘美帆　陈花艳　普于航
周　思　龚艳红　金　琳　周芸莹　金妍含　徐　锴　杨留柱
赵婉乔　李依梵　陈玫兮　周占明　邢榕玲　史春丽　秦忠国
吴　勇　张本林　黄　毅　谢仲瑞　李　祥　申梦莹　郭艳波
徐　洁　李　伟　李亚捷　杨　薇　周艳萍　黄　蓉　龙　婷
储　晶　徐兴坤　张寒杰　侯彦昆　杨　晰

区委书记徐贤作工作报告

（周杰　摄）

区委副书记、区长王志华作工作报告

（黄丽晶　摄）

2019年1月10日，中共玉溪市江川区第二届委员会第五次全体会议召开

（周　杰　摄）

区委副书记、区长王志华作政府工作报告

区人大常委会主任龚桂存作工作报告

（黄丽晶　摄）

2019年2月28日，玉溪市江川区第二届人民代表大会第三次会议召开

（周　杰　摄）

区政协主席罗跃岗作工作报告

（周杰　摄）

政协委员视察花卉基地

（区政协　供稿）

2019年2月28日，中国人民政治协商会议玉溪市江川区第二届委员会第三次会议召开

（周　杰　供稿）

2018年11月12日，中共云南省委书记陈豪（前排左二）到江川区星云湖环湖截污施工现场调研

（曾永洪　摄）

2018年4月19日，全国政协副主席张榕明（中）到江川区考察云南李家山青铜器博物馆建设

（侯国芬　摄）

2018年10月24日，省政协主席李江（中）调研江川区基层政协工作

2018年6月21日，省人大常委会常务副主任和段琪（右二）督察江川区环保工作

（周　杰　摄）

2018年3月19日，副省长王显刚（右三）调研江川区星云湖保护治理工作

（周　杰　摄）

2018年7月25日，省政协副主席黄毅（左一）调研江川区开展重点提案督办工作

（侯国芬　摄）

2018年8月22日，省政协副主席何波调研指导江川区学习贯彻习近平总书记关于加强和改进人民政协工作重要思想工作 （张 潇 摄）

2018年12月25日，市委书记罗应光（左二）带队观摩九溪镇六十亩村农村集体产权制度改革工作 （九溪镇 供稿）

2018年8月15日，市长张德华（中）看望雄关乡“8·13”“8·14”地震受灾群众

（周　杰　摄）

2018年9月11日，市政协主席夏立洪（左一）调研江城镇河长制推行情况

（侯国芬　摄）

2018年9月20日，市委副书记保明顺（左二）带队调研雄关乡经济社会发展情况

（周　杰　摄）

2018年7月13日，市委常委、政法委书记明正彬（右一）调研江川区检察院扫黑除恶工作

（林　辛　摄）

2018年5月2日，常委、市委组织部部长景绚（右二）调研九溪镇基层党建工作

（九溪镇　供稿）

2018年11月3日，市委常委、常务副市长柳文炜（中）到江通高速公路调研

（区交通局　供稿）

2018年6月19日，市委常委、宣传部长杨兴荣（左三）到江川区江城镇调研

（周 杰 摄）

2018年6月15日，市委常委、军分区政委金志达（中）检查指导江川区人武部民主生活会

（区人武部 供稿）

区委常委“七一”重走建党路

区委书记徐贤（左一）调研城市党建工作

“万名党员进党校”培训班学员开展“主题党日+警示教育”活动

观摩大街小学示范党支部

2018年10月18日，玉溪市江川区2018年党务干部培训班开班

2018年11月20日，玉溪市江川区2018年度党建暨党风廉政建设责任制检查考核工作动员会召开

法律宣传

森林防火宣传

反邪教宣传

“法律扶贫”宣传咨询活动

法院开放日活动

综治维稳系列活动之——反恐、防毒、反邪教

国家宪法日系列宣传活动

（杨　柳　摄）

江川区在云南李家山青铜器博物馆举办“辉煌历史　江川巨变”图片展

观众参观图片展

参展图片

文艺晚会

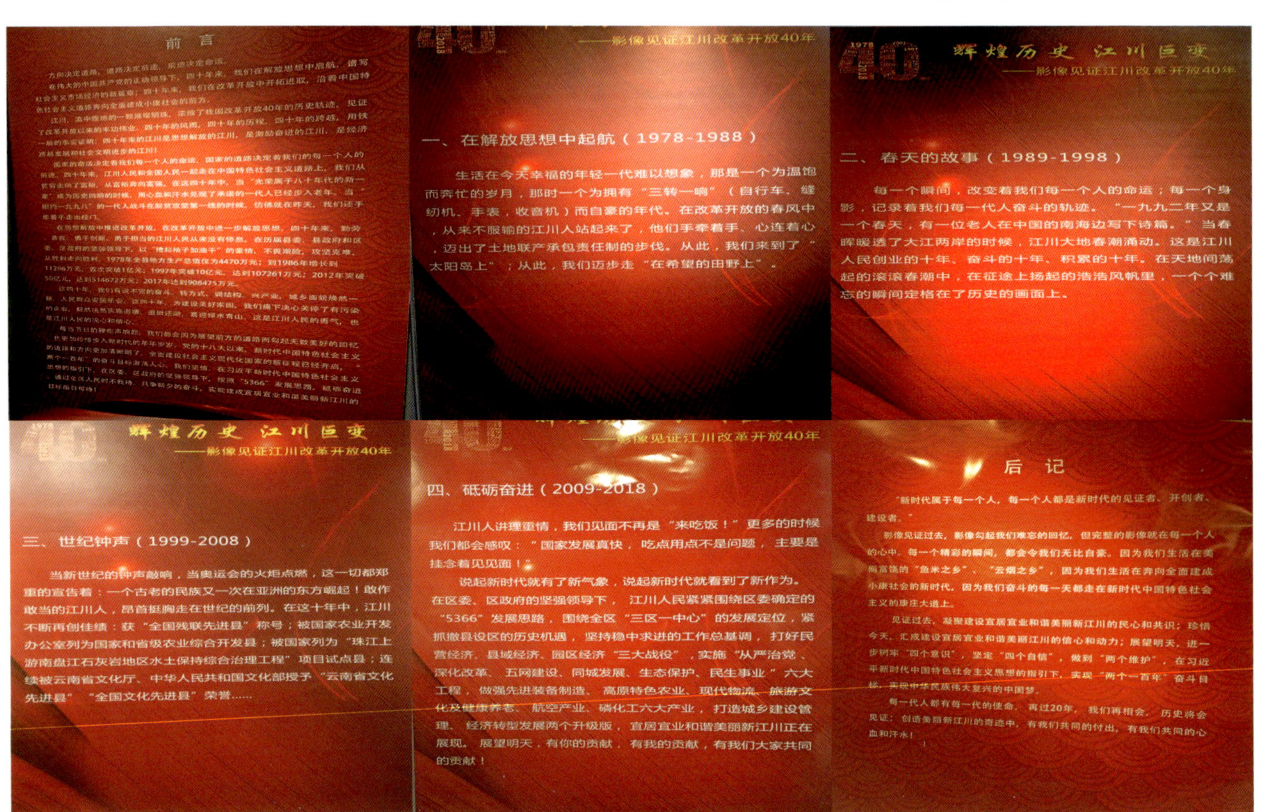

澄川路

澄江至江川环湖东路海门段

江华路雄关立交

玉江高速

江抚路

江通公路（区交通局　供稿）

三百亩农村公路与翠大线（区交通局　供稿）

大寨立交（刘志明　摄）

烟站分级收购烟叶

烟农编缀备烤烟叶

九溪龙窑烧成品

九溪龙窑烧成品

江城玫瑰

九溪百合（周　杰　摄）

第十四届开渔节开幕暨开湖捕渔仪式

（周　杰　摄）

开渔节群众欢庆活动

捕鱼

鱼市

2018年12月25日，中国·云南·江川第十四届开渔节（高原湖泊水产品交易会）开幕（周　杰　摄）

2018年8月14日，市委书记罗应光（前左）到九溪镇扯纳苴调研指导抗震救灾工作

（九溪镇　供稿）

2018年8月15日，玉溪市江川区抗震救灾指挥部专题会议召开　（周　杰　摄）

帮助受灾群众抢运物资

组织抗震救灾

震后危房拆除

（九溪镇　供稿）

灾后重建调研　（周　杰　摄）

"六五"世界环境日启动仪式

2018年6月21日，省人大环保督察组督察江川区河湖长制工作

2018年11月4日，区委副书记、区长王志华（右二）指导星云湖一级保护区生态修复屏障构建项目

2018年9月21日，玉溪市江川区生态环境保护大会

生态环境一角

沿湖南岸建设一角

（周　杰　摄）

2018年4月2日，江川区创建省级国家卫生城市复审工作

病媒生物防治消杀

2018年7月26日，区委书记徐贤（中）调研创建省文明城市工作

2018年3月11日，区委副书记、区长王志华（左二）调研创卫工作

2018年3月9日，玉溪市江川区创建国家卫生城市攻坚迎审工作推进会召开

2018年7月9日，玉溪市江川区迎接云南省文明城市测评工作动员会召开　　（周杰　摄）

目　录

特　载

大事记

概　况

政　治

军　事

法　制

经济管理

安全生产监督管理 …………………………（190）

国土资源 …………………………………（192）

建设・环保

住房和城乡建设 …………………………（194）

住房公积金 ………………………………（196）

环境保护 …………………………………（197）

星云湖管理 ………………………………（200）

工商企业

农林·水利

交通·邮电

财政・税务

金融·保险

教育·气象·防震减灾

文广体·旅游·卫计

广　播

旅　游

卫生和计划生育

社　会

人　物

统计资料

附　录

特　载

不忘初心　牢记使命
奋力谱写新时代江川高质量跨越式发展新篇章

——在区委二届五次全会上关于区委常委会工作的报告

区委书记　徐　贤

（2019年1月10日）

同志们：

受区委常委会委托，我向全会作工作报告。

中国共产党玉溪市江川区第二届委员会第五次全体会议，是在全面建成小康社会决战决胜阶段、江川经济社会发展进入新时代的关键时期召开的一次十分重要的会议。这次全会的主要任务是：高举习近平新时代中国特色社会主义思想伟大旗帜，不忘初心，牢记使命，全面总结2018年工作，谋划部署2019年工作，动员全区各级党组织、广大党员和干部群众团结拼搏、真抓实干、勇于担当，决战决胜全面建成小康社会，奋力谱写新时代江川高质量跨越式发展新篇章！

一、砥砺奋进、攻坚克难，高质量发展迈出坚实步伐

2018年是学习贯彻党的十九大精神开局之年，是改革开放40周年。区委常委会紧密团结在以习近平同志为核心的党中央周围，在省委、市委的坚强领导下，深入学习宣传贯彻习近平新时代中国特色社会主义思想和党的十九大精神以及习近平总书记考察云南重要讲话精神，坚持稳中求进工作总基调，全面落实新发展理念，统筹推进“五位一体”总体布局和协调推进“四个全面”战略布局，团结带领全区广大干部群众，坚定不移落实经济社会“5366”发展思路，坚持“出思路、想办法、抓推进、勤督查”，聚焦聚力三大攻坚战，认真贯彻落实“六个走在全省前列”和打造“三张牌”要求，突出“建美一座城、治好一湖水、打造一个高地”工作重点，直面经济下行压力和转型发展难题，统筹推进经济建设、政治建设、文化建设、社会建设、生态文明建设和党的建设，区委二届四次全会确定的主要目标任务圆满完成，高质量发展基础进一步夯实，全区上下呈现出新时代新担当新气象。

（一）坚持思想引领，政治方向明确坚定。坚持把学习宣传贯彻习近平新时代中国特色社会主义思想和党的十九大精神作为首要政治任务，贯穿全年各项工作。坚持在“学懂弄通做实”上下功夫，周密制定方案，及时安排部署，常委会作为第一议题及时学、中心组作为第一内容集中学、党校作为教学第一专题深入学、党员干部作为第一教材持久学。推进区委理论学习中心组学习制度化、规范化，扎实开展党的十九大精神“六进”学习宣讲，挂牌成立乡镇党职校，实现“万名党员进党校”集中培训全覆盖。全区上下思想上同心同向、先进纯洁，政治上旗帜鲜明、坚如磐石，行动上勇于担当、善于落实。全区发展提质、动力提档、落实提效的步调更加一致。

（二）坚持稳中求进，经济实力持续增强。全面加强党对经济工作的领导，坚定不移贯彻新发展理念，着力深化供给侧结构性改革，落实“七位一体”工作机制，改进综合考评，“十三五”规划顺利实施并完成中期评估，经济发展稳中提质、稳中向好，预计全年地区生产总值有望突破百亿元大关。工业经济快速发展，预计工业投资同比增长64%，龙泉园区基础设施建设步伐加快，标准化厂房建设完成24万平方米，招商引资质量不断提升，升华电梯建成投产，中民筑友、粤辉电子、华电达等项目开工建设。九溪润特物流一期建成运营，江城纸制品产业园初具雏形，雄关现代农产品物流产业园顺利推进，云南世吉、云菜集团落地开工，“一园多区”发展格局基本形成。全力支持民营经济发展，落实干部挂联服务企业机制，协调企业信贷应急周转资金，制定扩产促销补助政策，努力降低经营成本，企业生产经营趋稳回升。农业经济稳步发展，编制乡村振兴战略规划，示范村建设启动实施。蔬菜、花卉等绿色农产品生产规模不断扩大，效益稳步提高。烤烟收购均价全市最高。农业产业化经营取得新进展，“宏斌”牌小米辣获评2018年云南十大名菜第1名。文化旅游产业持续发展，以“一部手机游云南”为契机，大力发展智慧旅游，编制全域旅游发展规划，星云湖南岸湖滨带提质改造效果初显，北山公园主体完工，特色节庆活动渐成规模。村级电子商务信息实现全覆盖，商贸流通持续活跃，物价水平保持稳定。

（三）坚持蹄疾步稳，发展活力不断释放。隆重庆祝改革开放40周年，深化改革力度加大，统筹出台30余项改革举措，落实“放管服”政策，调整行政审批事项220项。推进预算、投融资改革，争取省级置换债券资金1.37亿元，发行星云湖环保专项债券资金3亿元，完善财政性资金存放商业银行评价机制，金融行业支持实体经济更加有力，金融机构贷款突破百亿元。产业创新迈出新步伐，新申请专利110件，卓一“红尊红”被认定为国家著名商标。通用机场建设获批立项，玉溪民用运输机场开展前期工作。农村土地确权登记颁证工作基本完成，集体产权制度改革步伐加快。试点实施“互联网+农村集体资金管理”。深化司法体制改革、教育人事制度改革和公立医院综合改革。机构改革全面开展，税务局、退役军人事务局挂牌履职。企事业单位公务用车制度改革顺利完成。

（四）坚持扩容提质，城乡面貌日益改善。融入滇中城市群建设，加强城乡规划管控，主城区总体规划修编送审，控制性详细规划启动编制。“五网”建设全面推进，江通高速基本完工，改扩建农村公路105千米，加快天然气输送管道铺设。市政基础设施不断完善，改造大街市场，老街兴、九溪农贸市场投入使用，多年来城区占道经营问题得到解决。云福山居、绿竹云舍、钟秀铭苑等房地产项目顺利推进。主城区、江城棚户区改造加快实施。城市管理全面加强，数字化管理指挥中心投入运营。双创网格化工作责任制成效显著，成功创建第四届云南省文明城市，国家卫生城市顺利通过复审，城市让生活更美好的理念深入人心。城乡人居环境整治三年行动计划深入开展，“厕所革命”、生活垃圾、黑臭水体专项整治取得阶段性成果。“520”美丽家园城乡人居环境集中整治日建立推行。九溪六十亩、前卫下高桥等农村节地上楼新型居住模式创新实施。全力以赴“除闲房、拆危房，腾空间、建新村，换新貌、奔小康”，灾后重建、旧村改造、危房修缮持续开展，拆除违法违规和临危建筑79万平方米，多年来深受群众诟病的乱搭乱建现象得到遏制，城乡面貌在统筹发展中有新改观。农村自治组织建设不断加强，新一轮村规民约修订实现全覆盖，讲文明、树新风、促和谐的良好风尚蔚然兴起。

（五）坚持绿色发展，生态建设卓有成效。以星云湖保护治理为重点，全方位推进生态文明建设。启动星云湖“三线”划定工作，实施水质达标三年行动，山水林田湖草系统治理全面推开，河道综合治理全面开工，环湖截污治污、村庄污水收集工程全面提速，流域生态环境逐步改善，污染因子持续下降。“蓝天、碧水、青山、净土、田园、城乡”六大保护行动深入开展，河（湖）长制、山林长责任制逐级压实，水质监测、管护责任等制度建立施行。主城区污水处理厂提标改造工程主体完工，城区雨污分流管网建设加快，九溪千亩湿地启动建设。“森林江川”建设顺利推进，水土流失综合治理力度不断加大，生态、生产、生活空间布局更加优化。及时整改落实中央和省环保督察反馈问题，环境执法司法守法得到加强。生态创建工作取得成效，成功入选省级可持续发展实验区，雄关、路居被列为第十一批省级生态文明乡镇。淘汰黄标车、污染源普查、企业节能减排等工作持续推进，新能源公交车投入运营，万元生产总值能耗不断下降，城乡生态环境明显提升。

（六）坚持人民至上，群众福祉持续增进。围绕“两不愁三保障”全力推进脱贫攻坚和巩固提升，安化贫困乡脱贫摘帽，贫困村全部达标退出，贫困发生率从4%降至0.04%。创新实施农村低保评分制，社会救助、防灾减灾保障有力，有效应对“8·13”“8·14”地震灾害。落实教育优先发展战略，整合主城区教育资源，同城教育资源实现共享，被评为全省教育工作先进县。文化事业持续发展，文化惠民工程深入实施，社会主义核心价值观广泛弘扬，最美家庭、首届江川新乡贤等先进典型弘扬时代新风。青铜工艺享誉全国，渔村被列为省民族民间工艺品示范村，文化产业增加值跻身全省30强。行政村体育设施实现全覆盖，全民健身和竞技体育蓬勃开展。就业再就业工作得到加强，企业稳岗工作取得成效，城镇和农村居民人均可支配收入预计增长8%和9%。社会服务体系不断完善，城乡养老、低保和住房保障水平稳步提高，城乡居民医疗保险实现全覆盖，分级诊疗制度、家庭医生签约等惠民举措得到落实，紧密型医共体建设稳步推进，成功创建云南省病媒生物防控先进城区。推进宗教工作“一网两单”制度落实，民族团结进步示范区建设取得成效。社会治安综合治理持续深入，“平安江川”建设稳步推进，扫黑除恶专项斗争取得阶段性战果，成功扫除3个涉黑涉恶犯罪团伙，禁毒防艾工作深入开展，安全生产形势总体稳定。民主法治建设得到加强，“四五”依法治区稳步实施，“七五”普法深入开展，人大法律监督、工作监督和政协民主监督更加有效，完成工青妇组织换届，改革效应逐步显现，工商联、科协、残联、文联、红十字会作用发挥明显，统一战线、国防动员、老龄老干、关心下一代等工作得到加强。

（七）坚持从严从实，党的建设全面加强。区委总揽全局、协调各方，严格落实管党治党政治责任，推动全区各级党组织和全体党员尊崇党章，增强“四个意识”，坚定“四个自信”，坚决做到“两个维护”。牢牢把握意识形态工作领导权，中国特色社会主义思想和中华民族伟大复兴中国梦深入人心。“两学一做”学习教育常态化制度化深入推进。落实“基层党建巩固年”重点任务，实施六个先锋行动，整顿提升软弱涣散基层党组织，改造提升基层党组织活动场所，对全区745个党组织分类定级，260个党支部规范化达标创优。“五化”党建工作法、党建工作“四个一”制度、“三融入三开放”完善推行，“党员积分+农村道路交通安全管理”模式被省公安厅召开现场会推广。加强和改进城市基层党建工作，推行“双报到双结对双评议”机制，建设打造党群服务中心。制定提升组织力、强化执行力“双十条”，基层党组织战斗堡垒作用和党员先锋模范作用得到加强。坚持正确选人用人导向，落实好干部标准，注重考察干部实绩，延伸考察“八小时”以外的表现，选人用人公信度进一步提高。以讲促学、以测促学、以调促学作用发挥明显，干部综合素质得到提升。加大年轻干部培养力度，实行新录用公务员到信访、城管等岗位培养锻炼，继续选派干部到上级部门和先进发达地区挂职锻炼。从严管理干部，建立履职评议机制，推动干部能上能下，实现领导干部经济责任审计全覆盖，严格落实中央八项规定精神，干部作风持续好转。坚持党管人才，建立2个院士专家工作站，“四个一百”人才行动计划取得阶段性成果。落实党委主体责任，支持纪委监委履行监督责任，持续开展政治巡察、纪律检查，坚定不移推进党风廉政建设和反腐败斗争，严肃查处违纪违法案件，全区政治生态持续好转。

回顾过去一年的工作，我们携手攻坚发展困局，共同分享发展成果。实践证明，要实现高质量跨越式发展，最根本的是保持政治定力，最重要的是秉持发展定力，最关键的是坚持实干定力。一年来，我们走的每一步，做的每件事，都始终沿着新时代中国特色社会主义道路坚定前行，都始终按照中央和省市的决策部署狠抓落实，全区上下精诚团结、和衷共济，汇聚了跨越发展、争创一流、比学赶超、奋勇争先的强大合力。在此，我代表区委，向全区广大党员干部和人民群众，向驻江部队和武警官兵，向所有关心、支持江川改革发展的同志们、朋友们，表示衷心的感谢，并致以崇高的敬意！

成就是信心的源泉，问题是时代的声音。在社会主要矛盾转化、经济发展由高速增长阶段转向高质量发展的宏观背景下，解决我区发展不平衡、不充分的问题更为紧迫：一是发展短板仍然突出。综合经济实力不强、结构不优，财政收支矛盾突出，债务压力加剧，实体经济融资难，经济运行质量不高，产业发展与区位优势还不匹配。二是社会管理水平有待提升。城乡规划建设管理滞后，规划落实不力，基础设施欠账大，私搭乱建和临危建筑拆除不彻底，农村交通拥堵、功能不配套的问题日趋显现，乡村治理还有差距。三是生态保护治理任务重。生态环境承载力弱，森林覆盖率低，面源污染严重，星云湖水质持续向好的态势还不稳固，保护治理成效与人民群众期待还有很大差距。四是党建还不够过硬。坚持党对一切工作的领导未得到全面落实，少数基层党组织虚化、弱化、边缘化问题仍然存在；一些干部在岗不尽责，干工作畏首畏尾、瞻前顾后，推绕避事，只表态不落实，只挂帅不出征，干部作风与新时代肩负的使命不相适应。这些问题，区委常委会将认真研究，切实解决。

二、坚持以习近平新时代中国特色社会主义思想为指导，为全面建成小康社会接续奋斗、奋勇前行

习近平新时代中国特色社会主义思想，为新时代江川经济社会加快发展指明了前进方向。我们有幸处在中国特色社会主义新时代，更有责于这个新时代、奉献于这个新时代，必须切实把习近平新时代中国特色社会主义思想和党的十九大精神转化为推动江川高质量跨越式发展的强大动力，因势而谋、应势而动、顺势而为，不断夺取全面建成小康社会新胜利。

面对稍纵即逝的发展机遇，需要我们主动作为、争先进位。当前，我国经济运行稳中有变、变中有忧，外部环境复杂严峻，区域竞争日趋激烈。我们要充分认识到我国发展仍处于并将长期处于重要战略机遇期，经济长期向好的态势不会改变。随着玉溪由红塔时代向三湖时代迈进，江川独特的生态优势、资源禀赋，为我们落实国家、省市发展战略提供了条件。全区各级各部门必须增强全局意识、机遇意识、竞争意识，把握经济发展趋势，在玉溪一核双心发展大局中找准定位、落子布局、积极作为，打造玉溪高质量跨越式发展新的增长极。

担当艰巨繁重的发展重任，需要我们正视压力、沉着应对。产业发展、风险防范、污染防治、乡村振兴、建成小康是新时代赋予我们这代人的新使命。百舸争流，不进则退。面对艰巨繁重的任务，如果不奋力赶超，就会在新一轮竞争中落伍。我们必须保持战略定力，坚定信心决心，以壮士断腕的决心、革故鼎新的勇气，深化改革创新、坚持迎难而上、抢占发展先机，以开阔的胸襟招商引资，以求贤的诚意招才引智，以开放的思维优化环境，为实现江川高质量跨越式发展集聚人才、汇聚资源。

肩负人民群众的发展期望，需要我们昂扬激情、攻坚克难。决战决胜全面建成小康社会，时间越来越近，差距仍然不小。我们必须从守成求稳的路径依赖中走出来，克服徘徊观望的思想，敢于亮剑，善打硬仗。以永不懈怠的精神状态和一往无前的奋斗姿态，在目标追求上自加压力、勇争一流，在工作作风上敢于担当、雷厉风行，在干事创业上精诚团结、众志成城，着力解决发展不平衡不充分问题，不断满足人民日益增长的美好生活需要。

立足继往开来的发展节点，需要我们干在实处、走在前列。放眼云南，全省正按照“一个跨越”“三个定位”“五个着力”要求，大步走向开

放前沿、迈向高质量发展的快车道。立足玉溪，全市正沿着“六个走在全省前列”和打造绿色能源、绿色食品、健康生活目的地“三张牌”的发展要求，举全市之力推动跨越发展，在全省率先全面建成小康社会。审视江川，我们正按照“建美一座城、治好一湖水、打造一个高地”的要求，在爬坡过坎、转型发展、浴火重生中迈出新步伐。区委二届四次全会提出的江川“三步走”发展战略和“十三五”中期评估调整确定的高原滨湖城、创业创新城、生态宜居城目标，是江川发展的新坐标、新定位。我们必须坚持一张蓝图绘到底，持之以恒、锲而不舍，努力走出一条质量更高、效益更好、结构更优的可持续发展路子。

破解发展难题，厚植发展优势，实现发展目标，必须做到“六个毫不动摇”。

——毫不动摇坚定“两个维护”。必须把坚决维护习近平总书记党中央的核心、全党的核心地位，坚决维护党中央权威和集中统一领导作为第一位的政治要求，更加自觉地在思想上政治上行动上同以习近平同志为核心的党中央保持高度一致，思想上充分信赖、政治上坚决维护、组织上自觉服从、情感上深刻认同、行动上始终紧跟，严格做到党中央提倡的坚决响应、党中央决定的坚决照办、党中央禁止的坚决不做，确保各项事业始终沿着正确方向前进。

——毫不动摇坚持党对一切工作的领导。必须不断健全和完善党委（党组）议事决策规则，完善定期听取工作汇报、重大问题请示报告制度，不断增强区委把方向、谋大局、定政策、促改革的能力和定力，发挥好总揽全局、协调各方的作用，支持和保证人大、政府、政协、监委、法院、检察院和人民团体等依法依章程独立负责、协调一致地开展工作，调动各方面积极性、主动性、创造性。

——毫不动摇将改革开放进行到底。必须把改革开放旗帜举得更高更稳，以昂扬的精神推动思想再解放、改革再深入，开放再扩大、工作再抓实，勇于变革、勇于创新，永不僵化、永不停滞。在深入研究新情况、不断解决新问题的实践中增强本领，提高能力，以咬定青山不放松的韧劲和决心，在新时代新起点上把改革开放不断推向深入。

——毫不动摇践行以人民为中心的发展思想。必须坚持人民主体地位，始终把人民立场作为根本政治立场，把人民利益摆在至高无上的地位，不断把为人民造福事业推向前进。要在发展中补齐民生短板、促进社会公平正义，在幼有所育、学有所教、劳有所得、病有所医、老有所养、住有所居、弱有所扶上不断取得新进展，让全区人民在共建共享发展中有更多获得感、幸福感。

——毫不动摇贯彻新发展理念。必须按照统筹推进“五位一体”总体布局和协调推进“四个全面”战略布局，坚定不移贯彻创新、协调、绿色、开放、共享发展理念，筑牢发展第一要务、创新第一动力、人才第一资源的意识，坚持稳中求进工作总基调，突出高质量发展的根本要求，大力发展实体经济，加快实施创新驱动发展战略，积极推动城乡协调发展，形成速度和质量互相支撑、实力与活力共同提升的跨越发展格局。

——毫不动摇推进全面从严治党。必须坚持问题导向，落实好管党治党政治责任。以永远在路上的执着，坚持不懈推进全面从严治党，使全面从严治党的思路举措更加科学、更加严密、更加有效，不断增强党自我净化、自我完善、自我革新、自我提高的能力，为决战决胜全面建成小康社会提供坚强政治保证和纪律保证，在历史性“赶考”中交出优异答卷。

三、不忘初心，牢记使命，奋力谱写新时代江川高质量跨越式发展新篇章

2019年是新中国成立70周年，是与全市一道率先在全省全面建成小康社会的决战决胜之年，我们要高举习近平新时代中国特色社会主义思想伟大旗帜，创造性贯彻落实中央、省、市重大决策部署，全面加强党对各项工作的领导，牢固树立和践行新发展理念，坚持稳中求进工作总基调，坚持“三区一中心”战略定位，深入实施“5366”发展思路，围绕“建美一座城、治好一湖水、打造一个高地”的工作重点，全力以赴稳增长、兴产业、抓改革、建生态、惠民生、促和谐、强党建，与全市一道走在全省前列，奋力谱写新时代江川高质量跨越式发展新篇章。全区各级党组织必须以更高的站位，更优的标准，更实的作风，担负起更大的责任，确保

地方生产总值和固定资产投资增长10%以上，在提高发展质量的基础上，保持经济较快增长。

（一）始终围绕“构建现代产业体系”再聚力，推动经济高质量发展走在全省前列。全面加强党对经济工作的领导，贯彻落实中央降税减费政策，妥善化解政府性债务风险，着力优化产业结构，实现产业转型升级。扎实做好第四次全国经济普查工作。坚持工业强区不动摇。充分发挥园区聚集效应，做大做强龙泉工业园区，加快土地收储步伐，完善园区道路、电力通讯、供水排水等基础设施，服务支持粤辉电子、升华电梯、中民筑友等项目投产达产，推动联塑二期、信卓誉、振华数码等项目尽早落地。推进江城纸制品产业园和雄关现代农产品物流产业园建设，谋划小白坡产业园开发。支持传统产业转型升级，引导磷化工、纸制品、烟花爆竹等传统产业提质提效。加快新兴产业培育，加大项目引进和建设力度，打造以新材料、新技术为龙头的新型工业集群，实现规模以上工业增加值增长16%以上。大力弘扬工匠精神，鼓励企业创品牌、拓市场，提高企业核心竞争力。坚持三产活区不停步。积极推进航空产业，建设通用机场。加快现代金融、交通运输、仓储物流、住宿餐饮发展步伐。抢抓数字经济时间窗口，大力发展基础型、应用型、服务型数字产业。以“一部手机游云南”为抓手推进全域旅游，深挖古滇、青铜、渔耕等文化积淀，加快发展星云湖周边新兴旅游业态，全面推进湖滨带改造和国家湿地公园建设。大力发展乡村旅游，着力打造特色小镇、乡村振兴示范村、怡情休闲民宿客栈。坚持农业稳区不懈怠。按照“接二连三、融合发展”的思路，坚持把打好“绿色食品牌”作为生态立农、质量兴农、品牌强农的主要抓手，促进烤烟、花卉、蔬菜、经果提质增效，加快推动特色现代农业规模化、品牌化发展。建设九溪亚洲花卉科创谷。以农业供给侧结构性改革为契机，充分运用互联网、物联网等先进信息技术，推动农业生产方式由单一种植向精深加工、电子商务等多种经营模式转变。

（二）始终围绕“构建城乡建管体系”再发力，推动新型城镇化建设走在全省前列。立足“一核双心”发展定位，强化核心责任，加快与红塔区融合发展。坚持以人的城镇化为核心、以提高质量为关键，突出规划管控，严控临违建筑，坚持城乡并重、城乡一体，实施村镇规划建设管理三年行动。以省实施“城乡环境提升年”为契机，积极争创全省“美丽县城”建设试点，扎实推进美丽乡村、美丽公路、美丽景区建设，绘就美丽江川新画卷。以主城区棚户区改造建设为突破口，完善城区公共设施，综合治理环境，合理布点业态，提升绿化水平，完善城市功能。提升星云湖在城市发展中的战略地位，构建江川独具特色的城市生态和别具一格的城市形态，实现“揽湖入城、湖城一体”，打造玉溪城市花园。加快城市提质扩容，建成全民健身运动场馆，打通龙泉路延长线和浪广路北延长线，加快企事业单位搬迁新建。深入推进城镇低效用地再开发，优化用地结构布局，提高土地利用效率。夯实道路交通基础，加快项目建设，落实路长制。提高城市管理法治化、网格化、智慧化水平，巩固国家卫生城市、全省文明城市创建成果，启动全国文明城市创建。规范和加强物业管理，积极引导社会组织、人民群众参与城市管理，推进城市共治共管、共建共享。

（三）始终围绕“构建改革创新体系”再出力，推动改革开放走在全省前列。坚持把改革创新作为引领发展的第一动力，坚持把供给侧结构性改革作为经济工作主抓手，着力在“巩固、增强、提升、畅通”上下功夫，以稳增长、调结构、促转型为着力点，瞄准关键领域和重点环节，巩固“三去一降一补”成果，助推经济转型发展。深入推进“放管服”改革，实现“一网、一门、一次”的服务模式，让企业和群众“最多跑一次”。完成机构改革，科学制定三定规定，开展人员职能划转，确保改出凝聚力、改出战斗力、改出执行力。要强化科技创新引领，建设科技成果转化中心，以科技创新带动产业创新、产品创新，鼓励引导企业向“中高端”跃升、向“高精尖”看齐。进一步扩大开放，鼓励有条件的企业和产品走出江川、走出云南。加大招商引资力度，突出招大引强、招才引智、招新引优，强化产业招商、环境安商“双发优势”，引导在外能人“回家发展、回乡创业”。要强化要素集成、产业集聚、人才集中，通过做细服务、做精品牌、做优平台，着力解决项目用地、企业用工、发展融资等难题，搭建“一对一审批、实打实监管、点对点帮扶、面对面服务”的服务体系，让更多企业落户江川。

（四）始终围绕“构建现代三农体系”再用力，推动乡村振兴走在全省前列。按照产业兴旺、生态宜居、乡风文明、治理有效、生活富裕的总要求，遵循乡村发展规律，落实乡村发展规划，促进城乡统筹、融合发展，全力实施乡村振兴战略。要以富裕为根本。突出“质量调优、种养多元、特色鲜明”，大力推进“一乡一业、一村一品”建设。充分发挥致富带头人的引领作用，鼓励土地流转，实行规模经营，因地制宜创办市场实体，发展乡村经济，增加农民收入。深化农村集体产权制度改革，建立农村产权交易市场，发展壮大农村集体经济。要以宜居为根基。统筹推进农村危房改造、灾后重建，建成九溪矣文、雄关社区灾后重建示范点。通过规划引领实施村庄改造，加大推行农村节地上楼新型居住模式，支持住房困难群众统规联建多层住房和进城安居落户，努力破解农村住房困难瓶颈。深入推进城乡人居环境综合整治，大力实施“520”美丽家园城乡人居环境集中整治日行动。建管并举开展农村“厕所革命”，加大城乡污水收集和处理力度，实施城乡生活垃圾收集转运一体化建设，探索垃圾无害化处理新途径。深入开展“领导干部挂乡村”行动，实施整治示范工程，努力挖潜乡村建设用地，实施“七小工程”建设，全面提升人居环境，真正做到乡土气息浓、乡村风貌显，看得见山水、记得住乡愁。要以文明为根源。保护发展乡村农耕文明，深入挖掘乡贤文化，遏制陈规陋习、狠刹歪风邪气、推进移风易俗，形成文明乡风、良好家风、淳朴民风。大力弘扬社会主义核心价值观，深入实施文化惠民工程，完善公共文化服务体系，不断满足人民群众的精神文化需求。要高度重视农村干部培养管理，提高村组干部待遇，努力打造一支懂农业、爱农村、爱农民的“三农”工作队伍。

（五）始终围绕“构建绿色发展体系”再着力，推动生态文明建设走在全省前列。全面贯彻习近平生态文明思想，坚定生态立区、绿色发展理念，落实“共抓大保护，不搞大开发”的指示要求，以推进全省可持续发展实验区建设为契机，严守生态保护红线、环境质量底线、资源利用上限，筑牢生态安全屏障。加强生态文明宣传教育，广泛动员全民参与生态文明建设，引导公众形成绿色低碳、文明健康的生活方式。修订《星云湖保护条例》，加大星云湖保护治理力度，以河（湖）长制、山水林田湖草生态修复、产业结构调整为主要抓手，工程性项目和非工程性措施双管齐下，落实中央、省督察整改要求，全力实施“四退三还”，彻底退出星云湖一级保护核心区内耕地、住房。强化面源、内源污染治理，实现星云湖脱劣向好。全面实施“蓝天、碧水、青山、净土”工程，深入推进“森林江川”建设，落实山林长责任。加强生态环境保护监管、责任追究机制，健全环保督察体系，严格环保执法，扎实推进生态文明乡镇、生态文明村创建。把“生态+”理念融入产业发展全过程，积极转变发展方式，聚焦绿色产业，严格环境准入，突出抓好工业、建筑、交通等行业的节能、降耗、减排，全面提升资源综合利用水平。

（六）始终围绕“构建民生保障体系”再努力，推动以人民为中心的发展走在全省前列。坚持以群众需求为导向，更加注重民生、保障民生、改善民生。要做好脱贫攻坚巩固提升，围绕“两不愁三保障”，精准发力、精确聚焦、精心施策，全面落实扶贫政策，扎实推进产业扶贫，完善贫困户动态监测机制和持续增收长效机制，织牢兜底网，高度重视贫困“边缘户”，巩固提升脱贫攻坚成果。要聚焦民生事业，盯紧群众具体需求、关注群众切身感受，既坚持量力而行，又做到尽力而为，认真解决事关群众小康的“头等大事”和影响群众生活的“关键小事”。在教育、文化、医疗、就业、社会保障等方面，从制度化、长效化的角度，保障好底线民生、基本民生、质量民生，不断提高人民群众的幸福感、获得感。做好就业再就业工作，确保城镇登记失业率控制在4%以内，城镇和农村居民人均可支配收入分别增长8%和9%以上。要加快“法治江川”建设，落实“七五”普法规划，在全社会营造尊法、学法、用法、守法的浓厚氛围。加强和改进信访工作，妥善解决群众诉求，持续化解信访积案。强化社会治安综合治理，坚持“有黑扫黑，无黑除恶，无恶治乱”，纵深推进扫黑除恶专项斗争，打好第四轮禁毒防艾人民战争，加快民族团结进步示范区建设，严格落实安全生产责任制，巩固

"平安江川"创建成果，确保社会大局和谐稳定。

四、落实新时代党的建设总要求，全面推进新时代党的建设新的伟大工程

事业成败，关键在党。适应新时代新要求，体现新气象新作为，谱写新时代新篇章，党的建设面临更加艰巨的任务。要聚焦新时代党的建设总要求和新部署，牢牢扛起管党治党政治责任，一以贯之、坚定不移把全面从严治党向纵深推进、向基层延伸，为江川高质量跨越式发展提供坚强的政治保证。

（一）立根铸魂，夯实政治建设的基本根基。以习近平新时代中国特色社会主义思想为引领，确保重大战略重大政策重大任务沿着正确政治方向发展。要站稳政治立场。增强"四个意识"，坚定"四个自信"，坚决做到"两个维护"，自觉在思想上政治上行动上同以习近平同志为核心的党中央保持高度一致，在任何时候任何情况下听党话、跟党走。要强化理论武装。把学习贯彻习近平新时代中国特色社会主义思想和党的十九大精神作为首要任务，深入开展"不忘初心、牢记使命"主题教育，教育引导党员干部坚定信念、凝心聚魂。要筑牢思想防线。勇担"举旗帜、聚民心、育新人、兴文化、展形象"的使命任务，强化宣传思想工作，牢牢把握意识形态工作领导权、管理权、话语权，敢抓敢管、发声亮剑，夯实党执政的思想根基。要永葆政治本色。始终把恪守政治纪律作为遵守党的全部纪律的基础，增强党内政治生活的政治性、时代性、原则性、战斗性，牢记"五个必须"、严防"七个有之"，形成尊崇党章、遵守党纪的政治局面。

（二）选贤任能，锻造堪当重任的中坚力量。深入贯彻落实新时代党的组织路线，坚持党管干部，强化"选育管用"，树立事业为上、注重实绩的用人导向，全力打造忠诚干净担当的干部队伍。着眼事业发展和领导班子建设需要，突出"五个过硬"，大力选拔"四有"好干部。强化正向激励，落实容错纠错机制，理直气壮为担当者担当，让有为者有位，努力营造竞相干事创业的浓厚氛围。要加强干部人才培养。大力发现培养选拔优秀年轻干部，积极开展干部专业能力培训，继续选派优秀年轻干部到上级部门和先进发达地区挂职锻炼，注重在基层一线和急难险重任务中锤炼干部。要强化人才培养管理和使用，形成人尽其才、才尽其用的生动局面。

（三）强基固本，筑牢基层组织的战斗堡垒。党的基层组织建设是保持党的先进性、提高党的执政能力的重要基础。以提升组织力为重点，突出政治功能，把基层组织建设成为宣传党的主张、贯彻党的决定、领导基层治理、团结动员群众、推动改革发展的坚强战斗堡垒。要以实施"基层党建创新提质年"为契机，牢固树立一切工作到支部的鲜明导向，继续实施党支部规范化建设达标创建。严格党建工作责任体系，完善"四个一"制度、基层党建"五化"工作法和述职考评问责制度。规范提升"两新"党组织，扩大基层党组织覆盖面。加强和改进城市党建工作，按照"除四化、推四改、强四力、创五好"的工作思路，深入开展"双报到双结对双评议"，真正做到街乡吹哨，部门报到。打造一批党建示范精品，以点带面，整体提升。要推进党建与中心工作深度融合，抓实党建扶贫"双推进"和"高原湖泊卫士"行动。强化党内激励关怀帮扶。严格党员教育管理，深入开展"戴党徽、亮身份、树形象、做合格党员"和"三必学三必讲"活动，切实增强基层组织和党员队伍的凝聚力、战斗力。

（四）正风肃纪，营造风清气正的政治生态。深入推进党风廉政建设和反腐败斗争，以铁的纪律为高质量发展保驾护航。要拧紧责任发条。严格落实党风廉政建设"两个责任"，支持纪委监委开展工作，抓早抓小，以责任归位推动责任到位，以追责问责倒逼责任落实，维护党的肌体健康和队伍纯洁。要加强作风建设。健全落实领导干部直接联系群众制度，坚持求真务实，牢记为民之责，大兴调研之风，以干事创业的加速度催生江川发展的新高度。要握住纪律戒尺。用好监督执纪"四种形态"，惩前毖后、治病救人。要做好巡察"后半篇文章"，着力解决"温差""落差""偏差"问题。大力弘扬忠诚老实、公道正派、实事求是、清正廉洁的价值观，以良好的政治文化涵养风清气正的政治生态。要高悬执纪利剑。坚持

无禁区、全覆盖、零容忍，坚持重遏制、强高压、长震慑，严厉查处重点领域突出问题，释放执纪必严的强烈信号，营造干部清正、政府清廉、政治清明的政治生态。

（五）守正创新，淬炼本领高强的领导集体。要持续加强区委常委班子自身建设，不断增强区委把方向、管大局、保落实的能力和定力。带头严守政治纪律和政治规矩，在政治立场、政治方向、政治原则、政治道路上始终同以习近平同志为核心的党中央保持高度一致。带头落实学习制度，坚持用习近平新时代中国特色社会主义思想和党的十九大精神武装头脑、指导实践、推动工作。带头执行党的路线方针政策，及时学习贯彻中央和省、市的各项重大决策部署，强化措施研究和政策落地。带头执行民主集中制，严格落实区委工作规则和区委常委会议事规则，及时听取研究区人大常委会、区政协和“一府两院”党组“三重一大”事项。带头严肃党内政治生活，自觉接受各方面监督，维护团结，形成合力。全面增强“八种本领”，建设学习型领导、实干型班子。带头履行全面从严治党主体责任，严格执行中央八项规定精神，驰而不息纠正“四风”，坚持履职尽责，担当实干，有效解决改革发展稳定工作中的瓶颈制约，凝心聚力圆满实现区委全会确定的奋斗目标。

同志们，2019年，有机遇也有挑战，有困难也有办法，我们都是新时代的追梦人，要一起拼搏，一起奋斗。让我们更加紧密地团结在以习近平同志为核心的党中央周围，在省委和市委的坚强领导下，不忘初心，牢记使命，凝心聚力谋发展，真抓实干促跨越，决战决胜全面建成小康社会，为实现江川高质量跨越式发展不懈奋斗，以优异的成绩向新中国成立70周年献礼！

名词解释

三大攻坚战：防范化解重大风险、精准脱贫、污染防治。

三张牌：绿色能源、绿色食品、健康生活目的地。

三融入三开放：把党的建设融入学校教育教学管理、融入师德师风建设、融入学生德育工作全过程，把党建工作向学生开放、向家长开放、向社会开放。

七小工程：指“小花园、小绿地、小菜园、小广场、小果园、小湿地、小景观”等“七小”工程。

四退三还：通过退塘、退田、退人、退房，实现还湖、还林、还湿地。

五个必须：必须维护党中央权威、必须维护党的团结、必须遵循组织程序、必须服从组织决定、必须管好亲属和身边工作人员。

七个有之：搞任人唯亲、排斥异己的有之，搞团团伙伙、拉帮结派的有之，搞匿名诬告、制造谣言的有之，搞收买人心、拉动选票的有之，搞封官许愿、弹冠相庆的有之，搞自行其是、阳奉阴违的有之，搞尾大不掉、妄议中央的有之。

五个过硬：信念过硬、政治过硬、责任过硬、能力过硬、作风过硬。

四有好干部：心中有党、心中有民、心中有责、心中有戒的干部。

除四化、推四改、强四力、创五好：除四化：即消除基层党组织弱化虚化边缘化、基层党组织运行行政化、基层党建工作力量碎片化、基层党建工作形式化。推四改：即推进机构体制改革、推进户籍制度改革、推进产权制度改革、推进物业管理服务体制改革。强四力：增强政治领导力、增强思想引领力、增强社会号召力、增强群众组织力。创五好：即实现组织建设好、队伍管理好、活动开展好、制度落实好、基本保障好。

三必学三必讲：政治理论、法律法规必学必讲；政策业务、党史区情必学必讲；人文素养、道德品行必学必讲。

增强八种本领：增强学习本领、政治领导本领、改革创新本领、科学发展本领、依法执政本领、群众工作本领、狠抓落实本领、驾驭风险本领等八大本领。

政府工作报告

——在玉溪市江川区第二届人民代表大会第三次会议上

区长　王志华

（2019年2月28日）

各位代表：

现在，我代表区人民政府向大会报告工作，请予审议，并请各位政协委员和列席人员提出意见。

一、2018年经济社会实现平稳发展，为高质量跨越式发展蓄能蓄势

过去的一年是不平凡的一年，我们以习近平新时代中国特色社会主义思想和党的十九大精神为指导，在市委市政府和区委的坚强领导下，认真贯彻落实党中央、国务院和省市各项决策部署，围绕“5366”发展思路，聚焦“三大攻坚战”，瞄准“六个走在全省前列”，主攻“三张牌”“三个一”等重点工作，奋力攻坚克难，积极展现新时代新担当新气象，全区经济社会发展稳中提质、稳中向好，高质量跨越式发展的基础更牢、步子更稳。

这一年，我们顶住下行压力，沉着应对，经济总量突破百亿。坚持发展第一要务，主动适应PPP项目整改、融资政策变化，制定“稳”的政策，强化“进”的措施。全年完成地方生产总值100.03亿元，增长11.6%；规模以上固定资产投资70.3亿元，增长10.2%；一般公共预算收入7.84亿元，增长10.3%；社会消费品零售总额27.7亿元，增长12.3%；城镇居民人均可支配收入36651元，增长8%；农村居民人均可支配收入13280元，增长9.1%。

这一年，我们破解瓶颈制约，加快动能转换，发展高地得到拓展。园区经济提速发展。龙泉园区建成标准化厂房24万平方米，江滇路竣工通车，江义街等4条道路绿化亮化工程完工，自来水厂、污水处理厂开工建设；升华电梯一期、天合立光电等5个新入园项目建成投产，粤辉电子、中民筑友等6个新开工项目顺利推进。江城纸制品产业园力天贝贝等7个入园项目完成厂房主体建设。全区完成非电工业投资21.7亿元，增长216.8%；新增规模以上企业5户，规模以上工业增加值增长23.4%，工业经济占GDP比重达30.2%。润特物流一期建成运营，云南世吉、云莱集团项目落地开工，宝象物流成功签约，多节点的现代物流中心初具雏形。“一园多片区”发展格局基本形成。

第三产业多元发展。完成第三产业增加值45.5亿元，增长8.2%。旅游产业稳步发展，积极推进“旅游革命”，编制完成江川全域旅游发展规划，“一部手机游云南”江川板块上线运行，成功举办第十四届开渔节等节庆活动，全年完成旅游总收入46.3亿元，增长34.5%。商贸流通持续活跃，九溪、老街兴2个农贸市场投入使用，大街市场改造顺利推进，阿里集团乡村事业部落户江川，鲜花饼、盐水鱼等特色产品入驻淘宝特色中国·玉溪馆，完成电商销售额7043万元。新业态不断涌现，玉溪源辰等3户总部经济企业落户江川。

高原特色农业持续发展。完成农业增加值18.1亿元，增长6.6%。“2260”高端特色烟叶项目成效明显，完成烟叶收购982.5万公斤，实现产值3.07亿

元，均价居全市第一；花卉产业快速发展，新增花卉种植面积3308亩，实现产值3.94亿元。有效防控非洲猪瘟疫情，畜牧业健康发展。投资3.3亿元建成各类水利工程1478件，新增灌溉面积4000亩，建设高标准农田7800亩。农业产业化步伐加快，流转农村土地5000亩，新增农民专业合作社3个、市级农业龙头企业2户，培育省级农业龙头企业1户。全力打造“绿色食品牌”，新认定“三品一标”绿色食品企业1户7个产品，宏斌小米辣获评云南“十大名菜”第一名。

这一年，我们亮剑治污，全面发力，生态文明建设措施空前。星云湖治理力度持续加大。19个星云湖“十三五”规划及山水林田湖草生态保护修复工程试点项目总投资36.6亿元，已开工建设15个，完工2个，完成投资13.3亿元。争取中央山水林田湖草生态保护修复工程试点项目资金3亿元、省级湖泊专项债券资金3亿元。星云湖一级保护区生态修复及生态屏障构建工程启动实施，藻水分离站开工建设，湿地湖滨带提质改造工程有序推进，南岸试验段成为星云湖旅游休闲新亮点，环湖截污治污工程全面推进，开挖截污干渠15.6千米，76个村落治理基本完工55个，完成星云湖补水2526万立方。河湖长制工作全面推进，32个“一河（库）一策”方案编制完成，12条主要入湖河道综合治理工程全面开工。农业农村面源污染减量行动稳步推进，流转星云湖周边土地3000亩，种植荷藕1009亩。2018年星云湖水质综合污染指数同比下降6%。生态创建取得实效，省级生态文明区创建通过市级验收，雄关、路居成功创建省级生态文明乡镇。

节能减排扎实开展，拆除2条工业磷酸生产线，淘汰黄标车1655辆，推广新能源公交76辆，节能产品市场占有率连续两年居全市第一，单位GDP能耗下降9%。“森林江川”建设深入实施，治理水土流失6.1平方千米，新增造林面积7057亩，森林覆盖率提高到44.07%。“两污”治理能力不断提升，新建海浒、老街兴片区污水管网6.25千米，老污水处理厂提标改造工程投入试运行，完成城区垃圾中转站改造、建子山垃圾填埋场扩容。认真整改中央环保督察“回头看”和省级环保督察反馈问题，落实生态红线管控，划定生态保护红线范围287.43平方千米，取缔禁养区限养区规模畜禽养殖场5户。

这一年，我们直面短板，众志成城，城乡面貌日益改观。完成城乡总体规划（2016—2035年）编制，大街、江城、前卫、九溪纳入玉溪中心城区规划，城区规划面积扩大到40平方千米。举全区之力推进“创文”“创卫”，修补中心城区破损路面7438平方米，铺筑沥青路面6.37千米，新增绿化面积14万平方米，完成兴江路、星云路美化亮化工程。建成雨污分流管网9.5千米，铺设燃气管道10.6千米。大街棚改启动被征收房屋拆除工作，江城棚改房源点启动预售。云福山居、绿竹云舍等4个项目快速推进，星云首府项目开工建设，全年完成房地产投资11.1亿元。持续加大城市管理力度，数字化城市管理信息平台投入使用，开通城区公交线路3条。统筹推进城乡一体化，改扩建农村公路105千米。九溪六十亩、前卫下高桥等农村节地上楼新型居住模式创新实施。建立推行“520”美丽家园城乡人居环境集中整治日，拆除违法违规和临危建筑8759宗78.9万平方米。积极应对“8・13”“8・14”地震灾害，九溪扯纳苴、雄关社区2个灾后重建示范点开工建设。星云湖南岸乡村振兴示范区项目启动实施，雄关小田等3个村被评为省级农村人居环境旅游特色型、美丽宜居型、基本整洁型示范村庄。

这一年，我们勇于自我革命，纵深推进改革，发展活力初显。营商环境不断优化。全面深化“放管服”改革，调整行政审批事项220项，“一站式”惠民政务服务平台投入运行。“双随机、一公开”工作扎实推进，清理公布随机抽查事项274项。商事制度改革持续深入，新增市场主体3438户，增长30%。要素保障更加有力，供应土地1385亩，土地出让收入4.65亿元，续贷“过桥”资金9700万元，减免企业税费1.68亿元，兑现企业扶持资金5602万元。引导企业参与电力市场化交易，为36户企业节约电费5620万元。金融机构贷款突破百亿，贷款余额增幅保持全市第一。争取置换债券转贷资金1.37亿元，化解政府性债务4613万元，风险防控扎实有效。

开放创新持续深化。新入选省级“万人计划”1人，新增院士专家工作站2个，申报高新技术企业3户，申请国家专利110件，实现高新技术产值7亿元。开放基础不断夯实，澄川高速、国道213线建设有序推进，江通高速（江川段）主体完工，通用机场建设获批立项，玉溪民用运输机场前期工作进展顺利，与江苏武进区友好城市交流合作进一步加强。招商引资取得实效，引进省外国内资金80.9亿元，增长22%。

制度改革多点突破。深化教育系统人事制度改革，建立教师职称聘任动态管理机制。稳步推进公立医院综合改革，薪酬制度改革成为全省试点。农业农村改革有序推进，农村土地确权登记颁证工作基本完成，启动农村集体产权制度改革，试点实施“互联网+农村集体资金管理”。财税金融改革稳步推进，完成5个区属国有企业股权划转，完成国税地税征管体制改革，税收增长15.4%。企事业单位公务用车制度改革顺利完成。

这一年，我们克服收支矛盾，以人民为中心，民计民生更显温度。全年支出民生资金16.34亿元，占一般公共预算支出的79.6%。着力巩固脱贫成效，投入财政扶贫资金2330万元，脱贫568户1880人，安化贫困乡摘帽出列，全区贫困发生率降至0.04%。教育事业稳步发展，顺利通过省第三轮教育督导评估；新建幼儿园6所，加固改造C级不安全校舍2.2万平方米，2个“全面改薄”项目完工；优化整合城区教育资源，增加中小学学位2100余个。群众就医条件不断改善，紧密型医共体建设深入推进，中医院综合楼投入使用，成功创建省级病媒生物防控先进城区。积极促进就业创业，发放创业担保贷款1.2亿元，扶持创业2351人，城镇新增就业2800人，城镇登记失业率为3.35%。稳步提高社会保障水平，发放城乡居民社会养老保险金5142万元、低保金1220万元，城镇职工和城乡居民基本医疗保险参保率达95.2%。持续扩大住房保障覆盖面，解决各类进城务工人员保障性住房540套，改造农村危房864户。社会养老服务体系加快构建，完成12个老年活动中心和1个居家养老服务中心项目建设。文化事业不断繁荣，李家山古墓群保护工程启动建设，江川文庙、药王阁完成修缮；3人入选市级第五批民族民间传统文化工艺师，后卫村和渔村分别列为云南省民族民间工艺品示范村、销售示范街区，文化产业增加值进入全省30强。同步推进竞技体育和群众体育，成功举办国际篮球文化交流赛等体育赛事，全区行政村（社区）体育基础设施覆盖率达94%。

“七五”普法扎实开展，“平安江川”建设持续深入，扫黑除恶专项斗争成效显著，成功扫除3个涉黑涉恶犯罪团伙，禁毒防艾深入开展，安全生产形势总体稳定。全面启动第四次全国经济普查工作。民族团结进步创建工作顺利推进。人民武装动员、国防后备力量建设、双拥工作得到加强，气象、人防、供销、民宗、残联、工商联、红十字、工青妇、老体协、防震减灾、关心下一代、爱国卫生运动等工作取得新进展。

这一年，我们务实担当，勤政廉政，政府自身建设得到加强。认真执行人大及其常委会的决议决定，主动接受人大工作监督、法律监督和政协民主监督，办理人大代表建议97件、政协委员提案119件。严格执行“三重一大”集体决策制度和重大行政决策责任追究制度，出台行政规范性文件2件，举行重大决策听证7项，重大风险评估13项。大力推进政务公开，公开政府信息13650条。规范公共资源交易行为，完成公共交易项目136个，节约资金1711万元。加强审计监督、政务督查，审计核减工程投资6457万元，通报重点工作52期。落实党风廉政建设主体责任和“一岗双责”责任制，持续推进“两学一做”学习教育常态化制度化，认真开展“工作落实年”活动，深入推进政府系统廉政建设，坚决整肃慵政懒政怠政，给予党纪政务处分38人。

各位代表，刚刚过去的2018年，面对巨大压力和繁重任务，全区上下不失斗志、不甘落后、不畏艰辛，迎着困难上，甩开膀子干，经济运行稳中提质，社会大局和谐稳定，生态环境逐步改善，人民生活持续向好。一年来，令人振奋的是，我们一系列具有代表性、开创性、示范性的工作成果和经验获得各界赞许。顺利通过国家卫生城市复审，首次跻身云南省文明城市，获评省教育工作先进县，成功入选省级可持续发展试验区，开创了江川经济社会发展新局面！令人鼓舞的是，省市农村道路安全、农村集体产权制度改革等多个现场会在江川召开，省、市四套班子主要领导及相关领导多次专程到江川考察指导，对江川给予了极大的关心支持，展示了江川新面貌！令人可喜的是，以江通、澄川高速为代表的五网基础设施建设快速推进，江川区位优势进一步显现，龙泉园区建设全面提速，江城纸制品园、雄关绿色农产品园在建项目、在谈企业不断增加，一园多片区发展格局加速形成，点燃了江川高质量跨越式发展的新希望！令人欣慰的是，我们全面落实河湖长制，打响了以星云湖保护治理为重点的污染防治攻坚战，湿地湖滨带提质改造、环湖截污治污、入湖河道综合治理、乡村振兴示范等一批项目全面启动，全区上下决心之大、力度之大、成效之大前所未有，呈现了江川生态新气象！令人感动的是，在复杂形势和困难关口前，区委总揽全局、坚强领导，区人大、区政协有力监督、鼎力支持，全区上下和衷共济、同甘共苦，付出了超常的努力，作出了超常的牺牲。各部门、各乡镇（街道）和社区村组广大党员干部，夜以继日忙碌在项目现场，加班加点奋战在工作一线，许多老领导、老同志和在外乡友、驻江客商满腔热忱地关心支持江川建设，展现了江川干部群众新担当！

此时此刻，我们要为有担当、有作为的广大党员干部喝彩，为能干事、能成事的江川人民点赞。借此机会，我代表区人民政府，向广大人民群众、各级领导干部、离退休老同志，向各人民团体、工商联和社会各界人士，向驻江部队、武警官兵和中央、省市驻江单位，向所有投资客商、建设者和关心支持江川发展的同志们、朋友们致以崇高的敬意和衷心的感谢！

各位代表！一年的工作，我们也清醒地看到前进中存在不少问题：一是发展短板仍然突出。综合经济实力不强、结构不优，财政收支矛盾突出，债务压力加剧，实体经济融资难，受宏观经济形势、统计数据和方法调整、PPP项目整改等直接影响，主要经济指标增速放缓，个别年度目标低于预期。二是社会管理水平有待提升。城乡规划建设管理滞后，规划管控不力，私搭乱建和临危建筑拆除不彻底；城乡交通拥堵、功能不配套的问题日趋显现，特别是城市提质扩容项目推进缓慢，给群众生产生活带来不便。三是生态保护治理任务重。生态环境承载力弱，森林覆盖率低，面源污染严重，星云湖保护治理还未取得实质性突破，没有完成脱劣目标。四是政府职能和政风转变不到位。形式主义、不作为慢作为的现象在一定程度上仍然存在，抓落实的成效与人民群众的期盼还有差距。对这些问题，我们绝不推诿回避，将一项一项努力解决，一步一步扎实改进。

二、聚焦聚力“六个走在全省前列”，努力实现高质量跨越式发展

2019年是新中国成立70周年，是与全市一道全面建成小康社会的决战决胜之年。今年政府工作的总体思路是：高举习近平新时代中国特色社会主义思想伟大旗帜，创造性贯彻落实中央、省、市重大决策部署，坚持新发展理念，坚持稳中求进工作总基调，坚持高质量发展，围绕“建美一座城、治好一湖水、打造一个高地”的工作重点，继续打好“三大攻坚战”，全力以赴稳增长、兴产业、抓改革、建生态、惠民生、促和谐、防风险，确保经济持续健康发展和社会大局稳定，奋力谱写新时代江川高质量跨越式发展新篇章。

2019年经济社会发展预期目标建议为：全区地方生产总值增长10%以上，规模以上固定资产投资增长10%以上，一般公共预算收入增长4%以上，社会消费品零售总额增长11%以上，城镇居民人均可支配收入增长8%以上，农村居民人均可支配收入增长9%以上，居民消费价格指数控制在103%以内，城镇登记失业率控制在4%以内，单位GDP能耗与市级同步下降。

为实现上述目标，区政府将着力抓好七个方面工作：

（一）推进新型城镇化，建美一座城，引领高质量跨越式发展。着眼新型城镇化，推动“三湖”生态城市群建设，高起点规划，高标准建设，精细化管理，打造独具特色的高原滨湖城、创业创新城、生态宜居城，力争城镇化率达45%，争创全省“美丽县城”建设试点。

突出规划引领。严格执行玉溪市城乡总体规划，完成中心城区控制性详细规划编制报批工作。配合做好玉溪市城市综合交通体系规划编制。推进“海绵城市”“城市设计”“城市双修”3项国家级试点城市建设，完成大街棚改重点区域城市设计，精心布设一批广场绿地、园林景观和特色街区。加大规划执法力度，实施村镇规划建设管理三年行动，充分发挥村镇土地规划专管员作用，依法

对规划范围内的建设用地与建设活动实行统一严格的规划管控，严肃查处各类违法违规行为，切实强化规划的刚性约束。

加快城市建设。完成全民健身运动场馆主体建设，打通宝凤路东延线，确保龙泉大道南段、浪广路竣工通车，争取启动明珠路南段、宁海路中段建设。完成大街棚改范围内机关事业单位搬迁，提速棚改被征收房屋拆除工作，启动教育局片区、影剧院片区房源点建设，推进党校迁建。加快星云首府、滇御俊园等7个房地产项目建设。继续实施城市管网完善工程，新建雨污分流管网3千米，铺设燃气管道10千米。加强城市园林绿化和生态景观建设，打造大街河城区段高品质生态景观长廊。

强化城市管理。用“绣花功夫”管好城市，加强智慧城市建设，全面整合公共信息资源，不断提升城市管理和服务水平。继续巩固“创文”“创卫”成果，深入开展城市环境综合整治，启动城区临街建筑物容貌专项整治，加强住宅小区物业管理和服务功能建设，不断改善市容市貌和市民居住环境。大力治理交通拥堵、出行难等“城市病”，实施城区道路交通秩序综合治理，突出抓好工程运输车、低速电动车专项治理；加强城区文明施工管理，提升市民出行满意度。

（二）推进生态文明建设，治好一湖水，承载高质量跨越式发展。深入学习贯彻习近平生态文明思想，牢固树立“绿水青山就是金山银山”理念，全面推进生态文明建设，努力实现星云湖脱劣向好目标。

打好污染防治攻坚战。持续整改落实各级环保督察反馈问题。坚决打好以星云湖保护治理为重点的污染防治攻坚战，杜绝“环湖选城、环湖布局”的发展，下决心先做“减法”再做“加法”；转变“就湖抓湖”的治理格局，下决心解决岸上、入湖河道沿线、农业农村面源污染等问题；转变“救火式治湖”的方式，下决心解决久拖不决的老大难问题。完成星云湖一级保护区生态修复及生态屏障构建工程，实现星云湖截污干渠全线贯通，藻水分离站投入运行，星云湖“十三五”规划及山水林田湖草生态保护修复工程试点项目全部开工，完工率达40%以上。进一步优化星云湖水体置换方案，加大多点补水力度。继续推进海绵城市九溪、安化片区项目建设，打造九溪千亩湿地公园，完成董炳河农村生活污染整治工程。强化大气污染防治，扎实开展蓝天保卫行动。深入推进土壤污染防治，加快推进星云湖径流区耕地休耕轮作，完成1500亩土地流转退出。

打造生态宜居软环境。认真落实河湖长制、山林长制，完成12条主要入湖河道综合治理，新增造林面积3700亩，治理水土流失6平方千米，恢复治理江城阿黑山等9座矿山。持续推进生态创建工作，力争生态文明区创建通过省级验收。启动星云湖生态湖泊规划展示馆建设。依托星云湖湿地湖滨带提质改造、国家湿地公园建设和南岸乡村振兴示范区项目，新建生态湿地1340亩，为群众提供更多优质的生态产品。

推进绿色发展常态化。认真贯彻“共抓大保护、不搞大开发”理念，严格落实国家重点生态功能区产业准入负面清单及“三线一单”，完成《云南省星云湖保护条例》修订工作，强化绿色发展指标考核，增强可持续发展能力。落实最严格的耕地保护制度，启动第三次全国土地调查，实施未利用地开发和城乡建设用地增减挂钩，推进城镇低效用地再开发和工矿废弃地复垦，提高土地集约利用水平。完成第二次全国污染源普查。强化环境执法监管，健全完善监管体系，加大联防联控和治污执法力度，确保生态环境安全。

（三）加快园区基础设施建设，打造发展高地，支撑高质量跨越式发展。始终坚持以品牌为引领，以园区为平台，以创新为动力，以产业集群为发展重点，力争规模以上工业增加值增长16%以上。

夯实园区平台。推动龙泉园区提速发展，启动孵化大楼建设，完成园区自来水厂、污水处理厂和15万平方米标准化厂房建设，不断完善园区基础设施；做好入园企业跟踪服务，力促正能实业、高恩德等7个项目开工建设，确保华电达、云兴燃气等8个在建项目竣工投产，实现园区工业总产值30亿元。全力推进江城纸制品产业园建设，加快鸿湖彩印扩建，确保回头客等7个入园项目投产，启动园区二期土地收储及招商工作，争取板扎纸业等项目落地建设。

扩大产业规模。推动农产品加工等传统产业在转型创新中培育新动能，启动卓一食品技改扩建，完成江磷集团110千伏开关站建设。引导和支持中小企业“专精特新”发展，打造行业小巨人，依托天合立光电打造全省高尖端光学制造基地，把云南联塑培育成10亿级企业，新增亿元以上企业2户以上，新增规模以上企业3户以上。

加强要素保障。落实“一业一策、一企一策”帮扶措施，严格执行降税减费政策，完善土地保障机制，落实人才引进措施，发挥好企业引导发展资金和应急转贷资金作用，持续营造支持企业向好发展的优良环境。优化政务审批流程，鼓励大众创业、万众创新，构建“亲”“清”新型政商关系。

（四）发展现代服务业，做优三产，促进高质量跨越式发展。坚持全域一体、点线面结合，整合优势资源，推动融合发展，进一步繁荣现代服务业，力争第三产业增加值增长8.7%。

加速发展全域旅游。扎实推进“旅游革命”，坚持放大优势与补齐短板并举，争创省级全域旅游示范区。加快环星云湖“湖滨湿地+康体休闲”生态旅游区建设，建成环湖运动步道5千米。大力发展乡村旅游，加快推进江城温泉、九溪阳山庄等一批旅游村建设，启动前卫唐家山片区旅游开发，推广采摘体验基地、田园综合体等经营模式，扩大开渔节、梨花节、七夕节、火把节等节庆效应，争创全省全域旅游示范区，力争旅游收入增长15%以上。继续推进“一部手机游云南”工作，做好APP平台江川板块推广运用和资源优化提升，加快实现线上线下融合。深入开展旅游市场秩序整治，强化景区、景点标准化管理，健全游客投诉处理机制，严厉打击不合理低价游。

加快发展新兴业态。大力发展现代物流产业，力争开工建设云南宝象国际农产品交易中心，继续推进宏程物流、润特物流二期建设，确保云南世吉、云菜集团项目竣工投产。积极发展总部经济、数字经济、金融服务等生产性服务业，推动本地农产品电商化、品牌化、标准化，丰富完善“互联网+”平台，做好天猫优品服务站建设，促进电子商务稳步发展，力争年内引进1—2家总部经济企业。积极培育发展医养结合、休闲养生等新兴服务业，争取瀛景国际养生社区落地建设。

推进消费提质升级。落实促进消费各项政策措施，引导扩大养老、文体和住房等消费。规范城区便民市场管理，完成大街市场西区改造回迁。培育壮大批发、零售企业，新增限额以上企业2户。积极扩大磷化工、农产品、电子设备等产品出口比重，实现进出口总额5000万美元。

（五）实施乡村振兴战略，挖掘潜力，助推高质量跨越式发展。按照“产业兴旺、生态宜居、乡风文明、治理有效、生活富裕”总要求，加快乡村振兴战略规划实施，推进农业全面升级、农村全面进步、农民全面发展，打造在全市、全省叫得响的乡村振兴特色示范点，争创乡村振兴战略全省试点。

全力打造“绿色食品牌”。加快农业绿色发展，力争农业总产值增长6%。继续实施“2260”高端特色烟叶项目，稳定烤烟种植面积和烟农收入。巩固江川鲜切花品牌优势，完成雄关洋桔梗新品种研发中心和江城现代设施园艺产业示范项目，启动九溪亚洲花卉科创谷洋桔梗鲜切花示范项目建设，确保花卉总产值达4.3亿元，增长10%。稳步发展粮食、蔬菜、经果产业，继续加大星云湖鱼苗投放量，持续抓好重大动物疫病防控。培育壮大农产品加工企业，新认定“三品一标”产品5个以上，不断提升高原特色农业生产能力和市场竞争力。

加快农业产业化步伐。把产业发展规划和全域旅游规划有机结合，全面推进星云湖南岸乡村振兴示范区项目建设，促进一二三产融合发展。夯实农业生产基础，全力推进滇中引水工程建设，启动石河、王居箐等6座小（二）型以上病险水库除险加固，巩固提升1.2万农村人口饮水安全。开展耕地保量提质行动，建设高标准农田5000亩。积极扶持培育新型农业经营主体，鼓励农民自愿扩大土地流转规模，促进土地、资金入股联营，发展多种形式的适度规模经营，新增市级家庭示范农场3个以上、农民专业合作社2个以上，培育市级示范社2个，培训新型职业农民260人。

推进美丽乡村建设。加大招商引资力度，加快推进江城古镇棚户区改造，协调推进九溪花卉特色小镇、前卫铜文化特色镇、雄关特色农产品集散中心、安化民族文化旅游特色集镇建设，打造各具特色的小集镇。统筹乡村布局，继续做好自然村规划修编，逐步启动迁村并点工作。加强村庄规划管控，支持农村建房统规统建、统规联建，引导农民进城、“上楼”。加快推进地震灾后恢复重建，完成364户4类重点对象农村危房改造任务和九溪扯纳苴、雄关社区灾后重建示范点建设。持续改善农村出行条件，全面推行路长制，完成罗黄路等50千米“四好农村路”建设，完成北前线前卫集镇段路面修复，开工建设江城、九溪等3个电动车充电站。狠抓农村“两污”治理，实施城乡环卫一体化PPP项目，按照村收集、镇运转、区处理运作模式，建立行政村全覆盖的垃圾收集、运输和处理一体化机制；新建改造集镇、农村水冲式卫生公厕22座；完成21个村4千米污水收集管网建设。扎实推进农村人居环境整治三年行动，深入开展“520”美丽家园城乡人居环境集中整治日行动，建立农村保洁长效机制。加大乡村治理力度，树立乡风文明新风尚。

（六）深化开放创新，转变动能，驱动高质量跨越式发展。全面贯彻落实中央、省、市深化改革各项决策部署，以全新的视野、开阔的思维推进关键领域改革创新，充分激发改革活力，释放改革红利，拓展发展空间。

深化改革增活力。坚决服从党和国家机构改革大局，深入推进综合行政执法体制改革，合理配置执法力量，大幅减少执法队伍种类，克期完成各项改革任务。持续深化“放管服”改革，完善权责清单动态管理机制，全面推进政务服务“一网、一门、一次”改革，推行“一部手机办事通”惠民政务服务，全力跑出便民“加速度”，逐步实现“最多跑一次”。继续推进“双随机、一公开”监管体制改革，加强事中事后监管。实施负面清单之外“零门槛”、收费清单之外“零收费”、企业服务“零距离”、侵权行为“零容忍”行动，优化营商环境。积极推进生产经营性事业单位改革，健全国有资产管理机制，完成国有企业改革，激发企业内生动力。深化财税金融体制改革，积极化解政府性债务，严格全口径预算管理，盘活财政存量资金，提高财政资金使用绩效。加大向上争取资金力度，最大限度申请发行土地专项债券、湖泊保护专项债券等。高度重视金融风险防控，做好企业担保圈等重点领域风险防范处置，坚决打击违法违规金融活动，优化金融生态环境。完成农村集体产权制度改革，探索建立农村产权流转交易平台，推动农村产权和资源要素市场化。

全面创新添动力。抓住省级可持续发展试验区有利契机，健全产学研一体化创新机制，充分发挥现有院士（专家）工作站创新平台作用，在装备制造、磷化工、食品等领域进行多元化创新，加速科技成果引进转化应用，争取实施市级以上科技计划或创新发展项目30个以上。突出企业主体地位，力争R&D研发经费投入突破亿元。坚持人才优先，以重大科技项目为载体，抓好各类人才和创新团队的引进培养。

开放合作强实力。积极融入滇中城市经济圈一体化发展，加快澄川高速建设步伐，实现江通高速和国道213线全线通车，争取启动机场高速、通用机场建设。继续强化招商引资，落实省政府“营商环境提升年”的要求，突出装备制造、绿色食品、新兴服务业等重点领域，主动对接国内外知名企业，力争引进外来投资93亿元以上、过亿元项目5个以上。全方位扩大对外开放，支持有条件的企业引进战略投资者，鼓励外来资本参与区内企业改组改造。

（七）以人民为中心，增进福祉，共享高质量跨越式发展成果。坚持民生导向，完善公共服务体系，加强和创新社会治理，努力让人民获得感、幸福感、安全感更加充分、更有保障、更可持续。

促进城乡居民增收。以创业带动更高质量就业，继续做好“贷免扶补”工作，新增城镇就业岗位2800个，实现再就业700人，培训转移农村劳动力13000人。大力发展富民产业，着力拓宽农民劳动收入和财产性收入渠道。坚持以稳定脱贫奔小康为方向，积极拓宽发展思路，因地制宜完善已脱贫群众后续帮扶服务，不断加强贫困村基础设施和后续产业帮扶等工作，持续巩固脱贫成效，瞄准剩余未脱贫人口，继续聚焦“两不愁、三保障”精准发力，确保群众稳定脱贫不返贫。

优化提升公共服务。围绕办好人民满意教育，加快区第二幼儿园建设步伐；深化教育改革创新，不断加强师德师风建设，促进各类教育均衡发展。推进“健康江川”建设，力争启动区人民医院综合楼项目建设，确保区妇计中心投入使用；深化公立医院改革，完成区人民医院达标提质，做实医共体建设和家庭医生签约服务。加快推进养老服务体系建设，完成雄关敬老院建设，增加养老服务机构床位60张。积极开展各类文体活动，承办好全国青年男子篮球锦标赛（预赛），举办好第三届全民健身运动会。

健全完善社会保障。按照兜底线、织密网、建机制的要求，全面建成覆盖全民、城乡统筹、权责清晰、保障适度、可持续的多层次社会保障体系。继续做好保障性住房配租工作。加大社会保险扩面力度，稳步提高企业退休职工养老保险待遇和城乡居民基础养老金，提升优抚对象抚恤和生活补助、城乡低保补助水平，不断完善失业保险、工伤保险、生育保险制度。积极构建和谐劳动关系，从源头上遏制拖欠农民工工资问题的发生。

提高社会治理水平。全面推进依法治区，加强社会信用体系建设，深入抓好“七五”普法，完善城乡（社区）网格化服务管理，认真落实信访重点矛盾领导包案化解制度，有效维护社会和谐稳定。持续巩固“平安江川”创建成果，不断完善社会治安防控体系，全面打好第四轮禁毒防艾人民战争，保持防范和处理邪教的高压态势，提高政治站位，强化组织领导，坚决推动扫黑除恶专项斗争向纵深发展，提升群众安全感、满意度。严格落实安全生产责任制，全面加强道路交通、消防等重点领域隐患排查整治，认真做好应急管理和防灾减灾救灾工作，强化食品药品监管，保障人民群众生命财产安全。

支持残联、科协、工青妇、工商联、红十字会等人民团体工作，提高国防动员和双拥共建水平，积极推进民族团结示范创建工作，加强广播电视、气象、关心下一代、爱国卫生运动等工作。

三、全面加强政府自身建设，为推动高质量跨越式发展担当担责

各位代表，实现今年的奋斗目标，作好新时代江川答卷，是我们肩负的历史使命。我们一定不忘初心，牢记使命，永远奋斗，撸起袖子加油干，始终坚持对人民负责、受人民监督、让人民满意，不断开创政府工作新局面，努力向全区人民交出合格答卷。

提高政治站位。我们必须旗帜鲜明讲政治，树牢“四个意识”，坚定“四个自信”，坚决维护习近平总书记在党中央和全党的核心地位，坚决维护党中央权威和集中统一领导，自觉用习近平新时代中国特色社会主义思想武装头脑、指导实践、推动工作。坚定理想信念，牢记为民宗旨，增强在江川高质量跨越式发展中走在前列的使命意识和责任担当。坚持把党对一切工作的领导贯彻到政府工作各个领域各个方面，确保中央大政方针和省市区委决策部署落地见效。

坚持依法行政。我们必须在法治轨道上全面履职，坚持权由法定、权依法使，深化法治政府建设，自觉运用法治思维和法治方式推进工作。依法接受区人大及其常委会的法律监督、工作监督，自觉接受区政协的民主监督，主动接受社会、群众和舆论监督。完善政府规章制度，全面推进政务公开，严格规范公正文明执法，健全行政决策机制，提高政府决策的科学化民主化法治化水平。

提升能力水平。我们必须按照提升“八种本领”的要求，锤炼担当尽责的政治品格，以“等不及”的紧迫感、“慢不得”的危机感和“坐不住”的责任感，深入推进学习型政府建设，坚持干什么学什么、缺什么补什么，打牢全面系统专业的知识根底，进一步提高适应新时代、实现新目标、落实新部署的专业能力。始终保持锐意进取、敢为人先的奋斗精神，善于结合实际创造性推动工作，善于坚持问题导向补齐短板，善于运用互联网技术和信息化手段优化政府服务。强化忧患意识，树立底线思维，切实增强防范化解重大风险的能力，做到研判风险见势早、应对挑战办法多、化解矛盾措施实，牢牢把握工作主动权。

切实改进作风。我们必须坚持作风建设永远在路上，严格执行中央八项规定及实施细则精神，坚决反对形式主义和官僚主义，久久为功祛除享乐主义和奢靡之风。时刻把群众安危冷暖放在心中，严肃认真对待群众反映强烈的突出问题，坚决纠正损害群众利益的行为。进一步加强和改进调查研究，真正动起来、深下去，多到困难多、矛盾大的地方去，把功夫下到察实情、出实招、办实事、求实效上。全面落实市政府“工作发力年”要求，着力在政府工作的重点领域发力突破。健全鼓励激励、容

错纠错机制，推动广大干部放开手脚干事创业，以抓铁有痕、踏石留印的劲头狠抓落实，推动各项工作落到实处、见到实效。

坚持廉洁从政。我们必须深入贯彻落实全面从严治党和党风廉政建设各项规定要求，加强源头治理，用制度管权管事管人，加快形成不敢腐、不能腐、不想腐的体制机制。加大审计监督力度，严管公共资金，严管公共资源交易，严管国有资产资本，严控“三公”经费和一般性支出，把有限的资源和财力用在推动发展、改善民生上。政府工作人员要严守政治纪律和政治规矩，严守廉洁从政各项规定，守住底线，不踩红线，不碰高压线，努力向高标准迈进，永葆为民务实清廉的政治本色。

各位代表！“幸福都是奋斗出来的”，我们都是奋斗者，我们都是追梦人。让我们更加紧密地团结在以习近平同志为核心的党中央周围，在市委、市政府和区委的坚强领导下，全心全意为人民谋幸福，尽职尽责为江川谋发展，在“六个走在全省前列”的征程中，奋力谱写江川高质量跨越式发展新篇章，以优异成绩向新中国成立70周年献礼！

名词解释

三大攻坚战：防范化解重大风险、精准脱贫、污染防治。

三张牌：绿色能源、绿色食品、健康生活目的地。

六个走在全省前列：省委、省政府提出，玉溪要在推动经济高质量发展、新型城镇化建设、乡村振兴、生态文明建设、民生保障和公共服务、全面从严治党走在全省前列。

总部经济：因为某一单一产业价值的吸引力，而出现众多资源大规模聚合，形成有特定职能的经济区域，在此区域高端集合，成为一种特殊的经济模式。

数字经济：指以使用数字化的知识和信息作为关键生产要素、以现代信息网络作为重要载体、以信息网络技术的有效使用作为效率提升和经济结构优化的重要推动力的一系列经济活动。

“过桥”资金：是一种短期资金的融通，期限以六个月为限，是一种与长期资金相对接的资金。

万人计划：国家高层次人才特殊支持计划，是面向国内高层次人才的支持计划。目标是用10年时间，遴选1万名左右自然科学、工程技术和哲学社会科学领域的杰出人才、领军人才和青年拔尖人才，给予特殊支持。

海绵城市：新一代城市雨洪管理概念，下雨时吸水、蓄水、渗水、净水，需要时将蓄存的水“释放”并加以利用。

城市设计：以城市作为研究对象的设计工作，介于城市规划、景观建筑与建筑设计之间的一种设计。

城市双修：生态修复、城市修补。

城市病：是指城市在发展过程中出现的交通拥挤、住房紧张、供水不足、能源紧缺、环境污染、秩序混乱，以及物质流、能量流的输入、输出失去平衡，需求矛盾加剧等问题。

三线一单：生态保护红线、环境质量底线、资源利用上线和环境准入清单。

旅游革命：2018年，省政府提出对云南旅游传统的发展理念、发展方式、发展模式进行根本变革和创新，破解长期积累下来的问题和深层次矛盾，彻底整治旅游市场，推动旅游产业转型升级，努力实现云南旅游业高质量发展，把云南打造成为世界一流旅游目的地。旅游革命任务和措施主要包括深化旅游市场秩序整治、构建云南旅游诚信体系、提升旅游供给能力、重构旅游管理机制4个方面的19项措施。

四好农村路：即“建设好、管理好、养护好、运营好”农村公路。

全面改薄：指全面改善贫困地区义务教育薄弱学校基本办学条件。

专精特新：专业化、精细化、特色化、新颖化。

八种本领：习近平总书记在党的十九大报告中强调的学习本领、政治领导本领、改革创新本领、科学发展本领、依法执政本领、群众工作本领、狠抓落实本领、驾驭风险本领。

大事记

编辑　陈金才

玉溪市江川区2018年大事记

1月

3日　江川区召开扶贫开发攻坚领导小组第十一次会议。

6日　市委常委、宣传部部长杨兴荣率第七考核组考核江川区2017年度党风廉政建设责任制工作。

15日　江川区召开中国共产党玉溪市江川区第二届委员会第四次全体会议。

19日　中国人民政治协商会议玉溪市江川区第二届委员会第二次会议开幕。

19日　江川区委召开“两会”党员大会。

20日　玉溪市江川区第二届人民代表大会第二次会议开幕式暨第一次全体会议召开。

21日　江川区召开2018年烟叶工作会议。

24日　江川区委召开江川区第二届委员会第54次常委（扩大）会议。

29日　区委书记徐贤对星云湖保护治理工程建设情况进行专题调研。

2月

7日　区委书记徐贤走访慰问建国前老党员、农村困难老支书、特困家庭和乡镇敬老院。

7日　区委副书记、区长王志华走访慰问全区生活困难职工、农村老党员、生活困难残疾人、孤寡老人。

7日　区人武部召开宣布中央军委国防动员部任职命令大会。

9日　区委常委、人武部政委曾宪涛，区委常委、政法委书记蒋文走访慰问驻江部队官兵。

12日　市委书记罗应光到江川区指导区委常委班子2017年度民主生活会。

13日　市委副书记、市长张德华到江川区走访慰问基层困难群众、重点优抚对象、百岁老人和道德模范。

14日　区委书记徐贤，区委副书记、区长王志华看望慰问春节期间在岗职工。

22日　玉溪市江川区第二届人民政府召开第二次全体会议。

23日　区委理论学习中心组举行2018年第一次集中学习。

24日　区委书记徐贤到棚改指挥中心、交通运输局就棚户区改造工作、交通工作进行调研座谈。

3月

1日　区委书记徐贤到区信访局调研信访维稳工作。

1日　区委书记徐贤到龙泉工业园区调研党建工作。

5日　市委书记罗应光率队调研江川区稳增长、

"三农"及基层党建工作。

7日 区委书记徐贤，区委副书记、区长王志华带队到江磷集团调研。

7日 区委书记徐贤调研村组活动场所建设和扶持村级集体经济省级试点项目情况。

8日 江川区召开区委2018年政法工作会。

8日 江川区召开区纪委二届三次全会。

8日 江川区召开2018年信访工作会。

9日 江川区召开国家卫生城市攻坚迎审工作推进会。

11日 区委书记徐贤就创建全国卫生城市"百日风暴行动"第一阶段创卫管理工作进行调研督导。

17日 江川区召开国家卫生城市创建达标工作指挥部（扩大）会议。

20日 江川区召开省、市驻江单位"双创"工作攻坚迎审及大街棚户区改造工作座谈会。

27日 江川区召开2018年烤烟生产工作推进会。

27日 江川区召开2018年一季度经济运行调度会。

30日 江川区召开创建国家卫生城市和大街街道棚户区改造工作领导小组会议。

31日 江川区委召开2018年巡察工作暨第五轮巡察工作动员部署会。

4月

5日 区委书记徐贤，区委副书记、区长王志华分别率队对清明节期间森林防火工作进行调研。

16日 江川区召开2018年烤烟移栽现场工作会。

21日 区委书记徐贤对扶贫攻坚工作进行专题调研。

22日 江川区召开大街街道棚户区改造项目第一批集中签约动员会。

26日 江川区召开2018年劳模代表座谈会。

26日 江川区召开迎接国家卫生城市复审工作推进会。

28日 江川区召开2018年一季度经济运行分析会。

5月

1日 区委副书记、区长王志华率队调研指导烤烟移栽工作。

3日 江川区召开河湖长制领导小组工作推进会。

6日 区委书记徐贤率队对大街河道综合治理工程建设情况及日常保洁工作进行调研。

9日 江川区召开2018年交通工作会。

11日 区委书记徐贤对澄川高速公路搬迁安置点、江城古镇棚改房源点等重点工程项目推进情况进行调研。

15日 江川区委召开全区脱贫攻坚巩固提升推进会。

16日 区委书记徐贤率队调研全区教育事业发展工作，区领导龚桂存参加调研。

25日 江川区召开2018年综合目标考评工作会。

28日 玉溪市江川区第二届人民政府召开第二次廉政工作会。

28日 江川区召开2018年法治政府建设工作会。

30日 江川区召开全区旅游工作专题会。

6月

5日 中央第六环境保护督察组对云南省开展"回头看"工作视频动员会召开，区委书记徐贤提出要求。

11日 区委副书记、区长王志华对全区汛期防汛度汛和地质灾害点安全防范工作进行专题调研。

12日 区委副书记、区长王志华对星云湖"十二五"规划项目建成运行情况进行调研。

12日 自然资源部调研组到江川区调研抚仙湖山水林田湖草生态保护修复试点工程建设情况。区领导徐贤、王志华陪同调研。

14日 区委书记徐贤率队专题调研江川主城区农贸市场建设管理和"双创"工作。

16日 江川区召开迎接中央环境保护督察"回头看"工作领导小组会议。

15日 区委书记徐贤，区委副书记、区长王志华率队看望慰问南博会江川参展企业。

21日至22日 省人大常委会常务副主任、省级河（湖）长制副总督察和段琪率队到我区督察星云湖河（湖）长制落实情况。市委书记罗应光、市长张德华、市人大常委会主任李洪云陪同督察。

25日 中共玉溪市江川区召开第二届委员会第66次常委（扩大）会议。

26日 江川区召开2018年创建云南省文明城市工

作推进暨培训会。

27日　江川区召开2018年上半年经济运行调度会。

27日　区委书记徐贤带领区委常委班子成员开展以“不忘初心、重走革命路、担当使命”为主题的组织生活。

7月

1日　区委书记徐贤到江城镇专题调研指导脱贫攻坚工作。

2日　江川区扶贫开发领导小组召开第五次会议。

3日　江川区召开中央环境保护督察“回头看”交办举报问题查处整改工作推进会。

4日　江川区召开创建全省文明城市攻坚阶段道路交通专项工作推进会。

4日　江川区召开创卫指挥部第五次会议。

5日　江川区召开棚户区改造工作领导小组会议。

6日　江川区召开全区办公室工作会议。

9日　江川区召开迎接国家卫生城市复审工作推进会。

10日　区委书记徐贤对滇中引水工程江川段进行调研。

10日　区委书记徐贤对我区防汛减灾工作进行调研。

17日　市人大常委会副主任叶本功率队调研我区2018年上半年国民经济和社会发展计划及财政预算执行情况。

19日　市政协副主席郭亚钢率政协玉溪市委员会视察组，视察我区特色小镇发展情况。

24日　江川区召开全区城市基层党建工作领导小组扩大会议。

23日　江川区召开创建云南省文明城市实地点位测评工作会。

27日　江川区召开2018年上半年工作汇报会。

30日　省公安厅党委副书记吉宏龙佳率队到江川区九溪镇六十亩村，检查指导农村道路交通安全管理工作。

31日　区委书记徐贤调研我区烤烟后期管理及烘烤工作。

31日　江川区召开省督察组督察星云湖河（湖）长制反馈问题整改工作推进会。

8月

1日　江川区召开区委议军会暨国防动员委员会全会。

2日　江川区召开2018年食品安全委员会第二次联席会议。

3日　江川区召开教育改革发展工作会。

4日　区委副书记、区长王志华对全区中小学幼儿园C级不安全校舍加固改造工作进行调研。

4—5日　“玉溪·江川·安化2018年火把狂欢节”在安化彝族乡民族文化广场隆重举行。

5日　区委书记徐贤率队专题调研我区农村集体产权制度改革试点工作。

7日　省政府综合督查组第九督察组对我区迎检方案进行督查。

7日　江川区召开全区农村集体产权制度改革动员会。

8日　江川区举行第二届七彩云南全民健身运动会开幕式。

8日　江川区召开深化“放管服”改革暨优化营商环境动员培训会。

8日　江川区人民政府与宝象物流集团正式签订玉溪雄关高原特色农产品现代冷链物流园项目投资协议。

8日　江川区召开产业扶贫工作联席会。

9日　江川区召开星云湖保护治理现场推进会。

9日　市委副书记、市长张德华到江川实地巡河巡湖，研究解决存在困难和问题。

9日　江川区召开2018年维护烟叶收购秩序工作安排会。

13日　通海县发生5.0级地震，震中距江川约12千米，江川区震感强烈。地震发生后，江川区委、区政府迅速响应，召开紧急会议，立即启动地震Ⅳ级应急响应。

17日　江川区召开2018年烟叶收购工作会。

20日　江川区抗震救灾指挥部召开指挥部（扩大）会议。

20日　江川区召开中心城区教育资源整合协调推进会。

22日　江川区召开重点项目推进会。

22日　区委书记徐贤调研中心城区农贸市场提升

改造和双创工作。

25日 区委书记徐贤率队到江城镇对烤烟收购、堵卡点情况及震后拆危除险工作进展情况进行实地走访调研。

29日 部分省人大代表、政协委员组成的视察组到江川区视察人民法院工作开展情况。

31日 江川区召开废弃菜叶专项整治工作推进会。

31日 江川区召开1—8月经济运行调度会。

9月

5日 区委副书记、区长王志华率领领导干部参加首次“520”美丽家园城乡人居环境集中整治日行动。

7日 峨山县副县长朱国翠带领考察组到江川区考察学习创文、创卫相关工作。

10日 江川区召开“双报到双结对双评议”业务培训暨启动会。

13日 江川区召开中央环保督查整改验收推进会。

14日 江川区人大常委会召开脱贫攻坚专题询问会议。

18日 区委书记徐贤率队调研灾后重建、脱贫攻坚和城乡人居环境整治工作。

19日 江川区召开人才工作暨国家创新型城市建设动员大会。

19日 江川区召开组织工作会暨城市基层党建、党支部规范化建设达标创建工作推进会。

20日 江川区召开省督查组督查星云湖河（湖）长制反馈问题整改工作第二次推进会。

20日 市人大常委会对江川区国有资产管理情况进行调研。

20日 江川区召开2018年经济发展“攻坚三季度、冲刺四季度”动员会。

20日 市委推动全面从严治党走在全省前列专题调研组到江川区进行调研。

21日—江川区召开全区生态环境保护大会。

22日 省政府第四次全国经济普查工作专项督查组到江川区进行实地督查。

22~23日 区委副书记、区长王志华率队调研各乡镇（街道）1—3季度经济指标完成情况。

25日 江川区召开治理淘汰黄标车工作推进会。

26日 江川区召开迎接省第三轮县级人民政府履行教育职责督导评估工作推进会。

29日 星云湖保护治理工作推进会在江川召开，市委副书记、市长张德华出席并讲话。

10月

11日 江川区召开脱贫攻坚暨“8.13”“8.14”地震灾后重建工作现场推进会。

12日 区委书记徐贤，区委副书记、区长王志华对棚户区改造机关事业单位办公地点搬迁工作进行调研。

12日 江川区召开全区网络安全和信息化工作会。

13日 区委副书记、区长王志华率队专题调研星云湖南岸“乡村振兴”示范区项目建设工作。

14日 区委书记徐贤、副区长杨军苹就江川区迎接省政府教育督导评估工作进行专题调研。

16日 江川区召开通用机场建设协调推进会。

18日—19日 省督导评估组到江川区开展县级人民政府履行教育职责督导评估工作。

23日—24日 省政协主席、党组书记李江率队赴江川，就基层政协工作及实施乡村振兴战略等工作进行调研。省政协秘书长刘建华，市领导保明顺、夏立洪、柳文炜、王志新、曾敏、贺光明等陪同调研。

24日 区人大常委会组织部分省市区人大代表对江川区2018年重大项目推进情况进行视察。

25日 江川区召开迎接国家园林城市复查动员部署会。

26日 江川区召开全区农村集体产权制度改革工作推进会暨《玉溪市江川区农村集体经济组织成员身份界定指导意见》征求意见会。

26日 江川区召开2018年第四季度全区稳增长工作会。

29日 江川区召开2019年部门预算暨2019~2021年中期财政规划编制工作会。

30日 区二届人大常委会首次对区二届人大选举任命的国家机关工作人员进行述职评议。

31日 区委副书记、区长王志华对全区中小学幼儿园C级不安全校舍加固改造建设工作进行实地调研。

11月

1日 江川区召开深化党政机构改革领导小组会议。

1日 江川区召开2018年度扶贫对象动态管理和贫困退出工作审定会。

2日　区委副书记、区长王志华调研全区灾后重建相关工作。

4日　区委副书记、区长王志华调研星云湖一级保护区生态红线范围内群众搬迁安置点并召开现场推进会。

9日　玉溪市举行2018年四季度建设项目集中开工仪式，江川区在星云首府设分会场。

9日　区委书记徐贤到旱街基督教活动点和翠峰北山寺开展调研。

8日　云南省副省长王显刚率队督导江川星云湖保护治理工作，并召开督导星云湖杞麓湖保护治理工作座谈会。

16日　区委理论学习中心组举行第九次集中学习。

19日　区委书记徐贤率队调研我区乡村振兴工作。

20日　江川区召开2018年度党建暨党风廉政建设责任制检查考核工作动员会。

23日　江川区召开第十四届开渔节暨高原湖泊水产品交易会筹备工作会。

24日　区委书记徐贤率队调研星云湖一级保护区"四退三还"工作。

26日　江川区召开稳增长工作会。

29日　江川区召开2018年度市对县区党委和政府脱贫攻坚巩固提升工作成效考核动员会。

12月

6日　区委开展2018年度专题廉政党课学习。

6日　江川区召开宣传思想工作会议。

6日　市委副书记、市长张德华到江川区召开星云湖保护治理工作推进专题会。

7日　江川区召开星云湖一级保护区生态修复及生态屏障构建项目建设动员会。

8日　区委书记徐贤专题调研我区农村集体产权制度改革推进工作。

13日　区委副书记、区长王志华对我区非洲猪瘟防控工作进行专题调研。

17日　我区召开迎接市委第七轮专项巡察工作汇报会。

17日　江川区召开2018年度党风廉政建设责任制检查考核汇报会，市第七考核组到江川进行检查考核。

18日　江川区召开农村集体产权制度改革工作领导小组会。

23日　区委书记徐贤，区委副书记、区长王志华带队查看"中国·云南·江川第十四届开渔节暨高原湖泊水产品交易会"筹备工作情况。

24日　江川区举办庆祝改革开放40周年暨纪念玉溪撤地设市20周年、撤县设区2周年文艺晚会。

24日　区委、人大、政府、政协四套班子主要领导到江城李家湾湖管站看望慰问开渔节值守人员。

24日　省委组织部常务副部长李兴华赴江川调研基层党建工作。

28日　市委副书记、市委统战部部长、市河（湖）长制总督察保明顺率队对抚仙湖、星云湖河（湖）长制工作推进情况进行督察。

28日　区委书记徐贤调研江城侯家沟及龙街生活垃圾临时堆放场、蓝藻临时堆放场整治工作。

29日　江川区召开2018年财政结算工作会。

30日　区委书记徐贤对全区供水情况进行调研。

（申　雪）

概　　况

编辑　陈金才

江川区

【自然概貌】　江川区地处云南省中部，位于东经102° 35～102° 55′ 和北纬24° 12′ ～24° 32′ 之间。东接华宁县，南连通海县，西与红塔区交界，北同晋宁、澄江两县毗邻。区政府驻地距云南省人民政府驻地106.05千米、距玉溪市人民政府驻地25.4千米。江川区境由湖泊、盆地、中低山组成。区境东西最大横距31.9千米，南北最大纵距33.7千米，区域面积850平方千米（折合127.5万亩）。在总面积中，山区、半山区占71.67%，平坝占15.96%，湖泊占12.37%。整个地势为四周高、中部低，西部九溪略向玉溪倾斜。境内最高峰谷堆山海拔2648米，最低点九溪河口村海拔1690米。境内主要河流有16条，河道总长184.8千米，属珠江流域西江水系，最大洪水流量315立方米/秒，多数为季节性河流。县境中部有高原断陷湖泊星云湖，辖有抚仙湖三分之一水面。星云湖总面积34.7平方千米，最大水深10米，平均水深7米，容水量1.84亿立方米，正常水位海拔1722米，属富营养型湖泊，十分适合鱼类生长，被誉为“天然养鱼塘”。抚仙湖总面积212平方千米，其中江川辖水面68.94平方千米，占水面总面积的32.5%。

2018年平均气温为16.7℃，比历年同期偏高0.8℃，比上年同期偏低0.2℃，属略偏高年份。年极端最高气温为30.2℃（4月23日）；年极端最低气温为-0.5℃（2月3日）。全年日照时数为2071.8小时，比历年同期偏少117.6小时（-5%），比上年同期偏多119.6小时（6%），属略偏少年份。全区平均降水量863.6毫米，比常年同期偏多14.8毫米（2%）；日最大降水量95.1毫米（6月25日）。

【行政区划】　2018年，全区辖大街街道和江城、前卫、九溪、路居4个镇及安化（彝族乡）、雄关2个乡。全区共有74个行政村（其中，有21个社区，53个村委会），340个自然村；464个村（居）民小组（其中，有居民小组168个，村民小组296个）。

（徐凡清）

大街街道

【行政区划·人口】　大街街道办事处位于江川区境南部，是江川城区所在地，东与路居镇、雄关乡相邻，南与通海县纳古镇、四街镇接壤，西南与九溪镇毗连，西北接前卫镇，北濒临星云湖。境内最高海拔老尖山2277米，最低海拔星云湖湖面1722米。街道办事处位于浪广路北段，海拔1730米。

大街街道办事处辖上营、下营、大街、三街、早街、上头营、大庄、河咀、朱家庄、伏家营、海浒、大营、浪广13个社区居民委员会，小白坡、土官田2个村民委员会、124个村（居）民小组（116个社区居民小组，8个村民小组），68个自然村。总国土面积97.074平方千米。

2018年年内GDP完成395115万元，同比增加48617万元，可比价增14.5%。其中：第一产业完成23196万元，同比减少1546万元，可比价增加6.5%；第二产业完成207396万元，同比增加47011万

元，可比价增加20.5%；第三产业完成164523万元，同比增加3152万元，可比价增加9.4%。

2018年末，实有耕地18778亩，属高稳产基本农田。其中：田12969亩、地5809亩，农业人口人均占有耕地1.68亩。

2018年末，全街道辖区内（15个村和社区居委会）总户数31766户，总人口89486人，其中：男41589人，占总人口的50.15%；女41343人，占总人口的49.85%。农业人口11178人，占总人口的13.48%；非农业人口71754人，占总人口的86.52%。农村从业人员39443人，从事第一产业18964人，占农村从业人员的48.08%。人口自然增长率6.37‰。辖区内人口密度为922人/平方千米。

【大街街道办事处领导干部名录】

党工委书记　李德坤
办事处主任　李江辉
人大工委主任　付　纲
副书记　宋　磊
　　杨聪明（2018.6离任，挂职）
　　董双见（挂职）
　　郭艳波（2018.8任，挂职）
　　李万雄（2018.3任，挂职）
　　雷吉林（2018.3任，挂职）
纪工委书记　花德财
副 主 任　王彬生
　　王丕娅
　　邓　珂
　　毕美琼（2018.10任，挂职）
　　习元波
武装部长　杨　钰
组织委员　王　媛
宣传委员　汪润芬

【经　济】　2018年年内GDP完成395115万元，同比增48617万元，可比价增14.5%。其中：第一产业完成23196万元，同比减少1546万元，可比价增6.5%；第二产业完成207396万元，同比增加47011万元，可比价增20.5%；第三产业完成164523万元，同比增3152万元，可比价增9.4%。

农、林、牧、渔、服务业总产值40148万元，比上年增加5.95%。农村经济总收入594066万元，比上年增加93772万元，增加18.74%。其中：农业收入77156万元，比上年增加36274万元，占总收入的12.99%；林业收入524万元，比上年增加43万元，占总收入的0.09%，牧业收入26181万元，比上年增加2770万元，占总收入的4.4%；渔业收入7147万元，比上年增加613万元，占总收入的1.2%；工业收入199833万元，比上年增加26806万元，占总收入的33.64%；建筑业收入118102万元，比上年增加7283万元，占总收入的19.88%，运输业收入87894万元，比上年增加8379万元，占总收入的14.80%；商业服务业收入52614万元，比上年增加6553万元，占总收入的8.86%；其他收入24615万元，比上年增加5051万元，占总收入的4.14%。农民人均所得14256元，比上年增加1190元，增加9.1%。二三产业从业人数20479人，占农村从业人数的51.92%，比上年增加0.04%。

【农　业】　2018年种植业播种面积70070亩，实现产值4.467亿元。大小春粮食作物播种面积0.88万亩，产量541.87万公斤，总产值1549.68万元，分别比2017年播种面积减少0.36万亩，产量减少123.33万公斤，产值减少462.57万元。2018年完成经济作物播种面积61270亩，产值43120.62万元。其中，油料5500亩，产值650.65万元；蔬菜16400亩，产值37907.03万元；烤烟8770亩，产值3656.86万元；花卉600亩，产值906.08万元，其中大花蕙兰4户89亩、康乃馨35户240亩、玫瑰8户50亩、向日葵2户8亩、石斛1户40亩。

完成烤烟种植8700亩，收购烟叶115万公斤，上等烟比例67.75%，均价30.30元/公斤，总产值3656.86万元，比2017年3838.73万元减181.87万元，减4.74%。

年末，生猪存栏17429头，比上年减6.88%；肥猪出栏37014头，比上年增4.83%。大牲畜存栏227头，比上年减少12.36%。水产品产量230吨，比上年减少4.2%。家禽存栏27万只，家禽出栏81万只，禽蛋产量达405万公斤。

完成植树造林18.9万株，街道森林覆盖率达47.91%，树木绿化率达49.66%。完成各项水利工程建设及岁修142件。完成清理土方及杂草1180立方米，完成工程总投资1900万元。

完成2018年农业支持保护补贴2.61万亩，兑现补贴资金118.45万元、1.996万户，15170亩政策性种植业保险投保。

结合星云湖保护治理，推进农业产业结构调整，完成星云湖南岸荷藕种植流转耕地1009.5亩、2518户。拨付耕地流转补偿款1408万元。

【企　业】　18家规上工业企业发展态势良好，龙泉工业园区建设成效显著，园区基础设施建设进一步完善，升华电梯、标准化厂房完成建设。建成龙泉大道、龙腾路等10条市政道路，完成基础设施建设项目21个。落实领导干部挂包联系企业机制，协调服务规模以上企业，促进企业生产经营趋稳回升。年末，街道规模以上工业增加值完成73646万元，增长25.1%；规模以上固定资产投资完成412010万元，增长9.81%目前街道规模企业已发展成为以磷化工、纸制品、建筑建材、农产品加工等为主导的多个产业和多个行业。

【村镇建设·环境保护】　组织实施第二轮百千项目25个，截止2018年共有24个项目完成招投标程序，19个项目已经开工建设。2018年在点亮玉溪工程中大街街道已在各村（社区）完成约1300余盏灯的安装。全年四类重点对象危房改造77宗（含震后改造四类对象8户），开工52户，开工率67.53%，竣工40户，竣工率51.95%。四类对象中建档立卡户44户，开工40户，开工率90.90%，竣工31户，竣工率70.45%。积极向上争取项目和资金，共争取扶持村集体经济项目、财政一事一议奖补项目、美丽宜居省级重点村项目、美丽乡村实施项目8个，全部投入施工。结合江川区创建国家级卫生城市及农村人居环境综合整治工作要求，投资640余万元分批次启动实施47座旱厕改造、城中村和城郊结合部破损道路修复及明沟整治工程及白衣寨水源点养殖场搬迁工作。“五网”建设全面推进，江通高速基本完工，农村公路养护路面修补16千米，加铺砂石路面30千米，畅通率及管养覆盖率达到100%。

积极推进生态环保工程建设和生态文明建设。全年共进行路域环境集中整治9次，出动2500人，车辆135辆次，合计清理垃圾1300多吨。全街道城乡垃圾综合整治工作共出动人员7520人次，出动车辆320辆次垃圾清运车、56辆次装载机、250辆小推车，打扫公厕226个，清运垃圾28463吨。在“520美丽家园环境整治日”行动中，共组织发动干部群众1800余人次，清除垃圾20余吨，整治绿化带4000多平方米，清除小广告3000余条。对辖区范围内的小广告、卫生死角、乱停乱放等现象进行了集中整治。共投入人力2000余人，出动各种车辆1037余辆，通过除杂草、通沟渠、拆临违、清杂物等措施，共清理垃圾17余吨，清除小广告740余条，有效提升城郊结合部环境卫生水平。

加强沿湖生态环境保护，共完成环湖截污沟垃圾杂物进行清理共822吨。星云湖东南岸完成截污沟开挖5千米，植草砖铺设工程完成70%。

通过各种有效宣传方式，大大提高了村民对开展整治工作的认知率和认可率。落实保洁制度、清运制度、督查考核制度、经费管理制度、资金筹措五项制度，强化了保洁员、清运员、社区卫生监督员责任，确保各项城乡垃圾综合整治管理制度正常运行。一年来的环境卫生整治，改善了农村“脏、乱、差”状况，改善了群众生产生活环境，进一步推进了农村环境卫生综合整治工作。

【社会事业】　科　技　全街道有农村专业技术协会6个，会员231人。其中：养猪协会3个，种烟协会3个。年内刊出黑板报24期，用科技宣传展板4次共120余块，每次30块左右。街道科协自办实用技术培训班5期，培训312人；举办科技培训28期、培训8512人；农技指导120期次，指导9112人次。街道科技宣传发放环保袋100支、卫计用品200份、禁毒防艾宣传扇200面、宣传资料2600份、农业科普资料1000本。服务群众1000余人。

教　育　年末，街道辖区村级有幼儿园7所（校、点），教职工134人，适龄儿童入园831人。学前班3所（校、点），学生124人。小学11所，教职工305人（大专以上297人，中专7人，高中以下1人），在校学生5222人，入学率99.85%，毕业率、升学率均为100%。中学3所，教职工288人（全为大专以上），在校学生3309人，毕业率100%，升学率88.45%。

文化·体育　全街道有社区影剧院1个，观众席900个；露天戏台1个；街道文化站1个，藏书7100册；农家书屋18个。2018年春节组织大型民俗文艺展演，在城区主要街道巡回演出，选拔16支文艺队参加江川区群众文艺演出，演出节目共36个，参与演出演员500余人，观众达2000余人。年内，土官田、小白坡等5个社区农家书屋补充图书共880册。组织干部参加江川区第二届七彩云南全民健身运动会工间操、篮球争霸、拔河比赛，分别荣获一等

奖、（女子组）第一名、乡镇组第二名。

卫　生　2018年末，全街道有中心卫生院1所，医务人员41人，其中专业技术人员38人、工勤人员3人。病床50张。村、社区卫生所17所，医务人员65人，病床70张。2018年内出生1180人，死亡509人，计划生育率95.17%。全年免费婚检334对。开展“双创”、禁毒防艾、“扫黄打非”、反家庭暴力、公民健康生活、计生科普、流动人口相关政策和法律法规等宣传，发放宣传手册，免费量血压、测血糖、发放避孕药具。2018年街道收取计生家庭意外保险费596320元。发放金融社保卡2批20485张，城乡居民医疗保险收费65969人，建档立卡人员收费及信息录入1041人，信息维护235人次。城乡居民门诊慢性病特殊病就医证材料收集，审核，就医证发放773人次。

民　政　年内大病医疗救助34户。临时困难家庭救助金79000元。全年共计发放救济粮食79500公斤、衣服34套、床单8个、床垫14个、毛毯20个、彩条44条、被子200床、睡袋200个。积极推进殡葬管理改革，全年共办理墓穴证322个，发放火化补助351人1452000元。确保三个百分之百的完成。全年对建国前老党员1人，发补助金3450元。对优抚对象952人发放优待抚恤金、慰问金7844127.5元。其中：三属抚恤金5人，88037.2元；在职伤残金59人，1073253.4元；在乡伤残金16人，297667.9元；复退军人补助金32人，475051.2元；带病回乡退伍12人，70175元；两参人员554人，3209700元；出国民工补助48人，71955元；农村籍退役士兵60岁补助217人，408030元；双重身份补差6人，69493.8元；烈士子女补助3人，12150元。对义务兵87人发放优待金798282元。春节慰问优抚对象906人，181200元。“八一”慰问912人，182400元。全年共办理结婚登记657对、离婚登记228对、登记合格率达100%。补领《结婚证》225对，补领《离婚证》25人。全力做好综治维稳、扫黑除恶、缉枪治爆、信访等工作，全年共接待来访群众2000多人次，受理群众来信来访104件，办理回复97件，办结率93%；共受理矛盾纠纷232件，调处矛盾纠纷228件，成功率达98.2%。

劳动保障　全年共办理失业证329人、灵活就业退失业金证明286人、失业人员签到145人、存折销户747人。鼓励和推动劳动者积极创业，全年共办理符合贷免扶补政策者19人，符合个人创业担保贷款者13人，共发放贷款320万元。全年共办理失业保险人数4389人。城镇登记失业率3.34%，控制在4.5%以内。促进农村劳动力转移，全年组织完成培训353人，其中旱街电焊工培训46人、土官田农村电子商务培训37人、社保中心组织美容美发和保育员培训214人、农村劳务经纪人19人。全面组织和开展农村劳动力转移工作，全年共转移农村劳动力3220人（其中省外转移2601人）。建档立卡50人。全年建档立卡户城乡居民养老保险工作，档立卡户新参保60人，共参保171人，缴费17480元。新型农村和城镇居民社会养老保险新参保422人，共参保人数48470人。办理死亡退保807人，每人发放安葬补助费600元，合计40.62万元；办理征地退保104人，办理征地农民养老保险229人，收保费57.25万元。办理城镇居民基本医疗保险的办理工作，每人缴费220元，全年共收缴65969人（不含银行代扣），完成建档立卡人员收费及信息录入1041人，信息维护235人次。发放金融社保卡2批20485张。

对辖区175家用人单位合同、工资发放、社会保险等进行审验；对25家用人单位进行农民工工资发放情况专项检查3次；对15家纸制品、5家非煤矿山、3家红砖厂进行日常巡查4次。对4起拖欠农民工工资进行追缴，金额11.26万元。

老龄工作　年末，全街道无退休金80岁以上老人有1695人，（其中80岁以上有1506人，90岁以上有188人，100岁以上有3人），保健补助共发放815850元。有退休金的80岁以上老人609人，（其中90岁以上有74人），保健补助共发放289300元。超高龄参保805人，高龄补贴按时发放。市、区领导慰问100岁以上高龄老人1人，慰问金5000元。特困老人2人，慰问金每人1000元。街道慰问百岁老人2人，慰问金每人5000元。村社慰问贫困老人18人，慰问金每人200元。

全街道老年协会17个，班子成员134人。春节期间选拔12支文艺队参加公演，从农历正月初一到初六演出文艺节目200余个，观看人数近10000人；组织老年门球队8支、地掷球队6支、泰迪球队8支、初七、初八、初九进行比赛，为老年人增添节日快乐。

【精神文明建设】 坚持把社会主义核心价值体系作为灵魂工程，贯穿精神文明建设和各个领域，坚持不懈地用中国特色社会主义理论体系武装各级党组织，成立宣讲团到各村（社区）宣讲党的十九大精神。推进“两学一做”结合“不忘初心，牢记使命”主题教育活动，开展“千堂党课下基层”“万名党员进党校”活动，全年党工委理论中心组开展专题学习党的十九大精神3次，党支部专题学习300余次，开展专题党课25次，开展集中轮训6期，实现党员学习全覆盖。制作《创建云南省文明城市及未成年人思想道德建设工作应知应会内容手册》1000册；制作创建云南省文明城市及未成年人思想道德建设工作应知应会调查问卷共计1000份，开展“道德讲堂”活动5期，共计527人参加学习。13个社区均建立了社区家长学校，社区创建率达100%。全年表彰平安家庭18户。开展志愿者活动21次，发动志愿者730人次，发放宣传资料17500份，轮椅10辆、助行器4辆、拐杖2对、椅子杖3根、盲杖4根、四脚手杖7根。

【法制建设】 以“法律十进”主题活动为载体，突出抓好领导干部、公务员、农民和社区居民、青少年、企业经营管理人员、流动人口的学法用法工作。全年共开展大型法治宣传活动5次，展出图片5期220幅，印发材料5期15000份，接受咨询30人次；法治宣讲4次，听众607人；广播宣传86次，听众86510人；学校上法制课2次，听众800人次；骨干培训4期，参训人员166人；播放法制影视专题片6场8部；黑板报宣传17块119期；悬挂张贴普法标语大标114幅、小标1388幅。办理法律援助案件20件。组织村级普法组织人员法治培训2次。调处各类纠纷262件，其中司法所调处12件，村（居）调委会调处250件，调处成功254件，调处成功率达到95%以上。全年司法所共接受社会矫正人员79人，解除矫正47人，纳入矫正38人。开展社区服刑人员警示教育大会4次。社区矫正工作制度落实到位，矫正对象按时电话、书面思想汇报；定期组织社区服刑人员集中学习、公益劳动、谈话教育并对其严格执行管理考核奖惩。建立刑释解教人员台帐和个人档案，帮教措施有力，帮教率达100%，全年共接收安置帮教刑满释放人员39人，受理群众来信来访104件，办理回复97件，未办理7件。

【国土管理】 坚持依法管地，集约用地，积极配合人居环境整治工作，严肃查处土地违法行为，土地巡查50次，参与人员120人次，查处违法占地19宗，面积1930平方米，其中拆除6宗，面积490平方米。矿产资源偷采安全生产检查15次，出动40人次，车辆15台次，督促检查8个石场、1个砂场、1个地下温泉、3个砖场。对非法开采进行查处。

【财经管理】 严格农村财务管理，加大监控力度，全年对村组财务收支共结对账882次/组，账务处理882次/组。对村组集体收支情况进行民主监督理财920次/组。对村组财务收支共公开1014次/组，其中张榜公开882次/组，会议公开132次/组。开启意见箱320次/组，收集群众意见7条，经疏理无财务管理意见。对到期资金适时通知村组，及时清算资金利息，全年共兑付资金利息285.27万元。提高资金收益，保证兑付失地农民的补偿。加强代管资金管理，全年为村组代管资金总额为28430.74万元。配合财政部门做好农村财政转移支付工作，全年共拨付村办公经费368000元，发放村组干部财政补助工资5752410元。划拨青苗损失及征地补偿资金3829.49万元。加强对旧村改造项目资金的管理，目前旧村改造专户资金达4846.25万元。进行招投标；年内招投标委员会按照公平、公正、公开原则招投标工程项目184个，验收竣工工程建设项目175个。

【徐贤率队开展春节慰问活动】

春节将至，区委书记徐贤率党政领导走访慰问19名原磷化公司、服装厂、毛巾厂和木器厂困难职工，4名建国前老党员、农村困难老支书和特困残疾人，24名大街街道敬老院老人，为他们送上慰问金和节日的祝福。慰问中，徐贤介绍江川经济社会发展情况，要求各相关部门一定要及时解决特困职工的生活困难，不要让困难群众缺衣少粮，受冷受冻。在82岁的上头营村老支书刘万清家中，徐贤说，80年代的村支书为老百姓做了很多好事、实事，为现在的发展奠定了非常好的基础，我们大家都非常感谢你们，看到你们身体健康、家庭幸福我们都很高兴，希望你们继续保持这种积极乐观的心态，好好保重身体，安享晚年。在90多岁的建国前老党员赵金周家，徐贤关切地询问他的身体和生活情况。当徐贤了解到他家是建档立卡贫困户，区委补助资金5万元、街道党工委补助资金6万元进行了拆危房建新房，并刚刚搬进新房准备过年时，徐贤非常欣慰和高兴。他说，老党员曾经为党的事业和江川发展做出了积极贡献，你们的辛勤付出和无私奉献，党和人民永远不会忘记。慰问组走访慰问赵春会、陈家顺等原农村大队老干部和特困残疾人家庭，看望慰问大街街道敬老院的24名老人时，徐贤指出，群众利益无小事，各级领导干部一定要把困难群众的冷暖时刻挂在心上，多办利民之事，把扶贫开发工作抓好抓实，以务实的作风把事关贫困群众生产生活的事做好、做实、做细。

【徐贤调研城市社区基层党建工作】　5月25日，江川区委书记徐贤深入大街街道浪广、上营、下营社区调研城市社区党建工作。区委常委、组织部长张祖权参与调研。

在听取与会部门对城市社区党建工作和社会事务管理工作的交流汇报后。徐贤指出，江川区在城市管理工作中还存在许多短板。一是基层治理体制机制、力量配置等方面还存在问题。二是基层组织存在职责不清、关系不顺的情况。三是社区党组织领导核心作用发挥还不充分，以党建引领推动社区治理工作还未得到有效落实。徐贤强调，区级相关部门和街道、社区要以此次调研座谈会为起点，高位谋划和推动江川区城市管理工作，开创新局面、迈上新台阶。相关职责部门要尽快出台城市户籍管理、城市社区管理、城市社区党建、城市物业管理等工作意见。座谈会上，张祖权提出城市社区党建工作必须重点抓好两个方面的内容。一是以提升组织力为重点，突出党组织政治功能。二是以提升凝聚力为重点，突出党组织服务功能。并就社区党建“服务谁、谁来服务、服务什么、如何服务”进行深入分析和指导。

【玉溪市领导到大街街道调研禁毒工作】　9月6日，玉溪市委宣传部副部长方永云在区委宣传部部长赵琦的陪同下，对大街街道禁毒工作作调研。调研在听取街道党工委副书记董双见就禁毒工作基本情况、取得成效、存在问题和下一步重点工作的汇报后，重点对街道社区戒毒、社区康复工作和禁毒宣传等工作进行了深入交流。

通过调研，方永云对大街街道禁毒工作成效给予肯定，作了三个方面的指导。一是不能只靠公安、派出所和司法部门，要做到齐抓共管、共同参与。二是要紧紧围绕《玉溪市创建国家禁毒示范城市》为重点开展工作，不断完善工作机制，以社区戒毒社区康复为抓手，全面深化街道禁毒工作。三是加强基层干部对禁毒工作的思想认识，坚持预防为主的禁毒工作方针，确保禁毒工作取得扎扎实实成效。

【开展“拉网式”全国第四次经济普查单位清查工作】　自9月13日始，按照“在地原则”，大街街道各社区（村委会）对辖区内15个普查区、42个普查小区，10315家个体经营户和1789家法人和产业单位展开“拉网式”清查。

此次清查共涉及皆在摸清各类单位的底数，确保经济普查对象不重不漏。对圆满完成第四次经济普查任务、建立、健全和维护基本单位名录库、完善国民经济核算体系、科学制定经济社会发展和产业政策等都具有十分重要的意义。

【保明顺一行到浪广社区调研城市基层党建工作】　9月20日，玉溪市委副书记、市委统战部部长保明顺，市委常委、市委宣传部部长杨兴荣一行，到浪广社区调研城市基层党建工作。江川区委书记徐贤和大街街道党工委书记李德坤分别介绍社区基层党建工作开展情况。江川区委常委、区纪委书记矣向林和区委常委、区委宣传部部长赵琦参加调研活动。

保明顺一行听取了社区党群服务中心各功能厅室建设使用情况，社区基层党建创建“桥梁党建”品牌项目的做法和实施“1+4+N”党建引领社区治理新格局的工作推进与开展等情况介绍。并听取驻地党组织和党员“双报到双结对双评议”这一共驻共建、共商共议、共治共享党建创新机制详细讲释。

保明顺在调研中要求社区要在全面贯彻落实新时代党建新要求和组织工作路线的基础上，充分用足用好已建成的党群服务中心各功能厅室功用。结合社区实际及群众需求，组织和开展系列志愿服务活动，以党建引领社区创新治理全面提升服务能力和水准。

【徐贤调研大街街道脱贫攻坚工作】　9月30日上午，区委书记徐贤一行到大街街道伏家营社区旧州村对收入达不到脱贫标准的贫困户进行深入调研，并对脱贫攻坚冲刺工作作出安排部署。

此次入户的6户贫困户主要为因病、因学致贫家庭，调研中，徐书记详细询问贫困家庭人口、生产生活、收入来源和致贫原因，认真察看住房条件，核算就医就学开支，了解种植养殖等情况，根据各户实际提出了有针对性的脱贫途径和措施。一是相关部门要督促危房改造进度，及时落实增加低保领取金额。二是各职能部门、街道党工委要拿出切实可行的措施，分清绝对贫困和相对贫困，算清贫困群众收入账，充分发挥挂包干部和村组干部的作用。三是对收入低于脱贫标准的建档立卡贫困户要一户一策、全力推进，切实改善贫困群众生产生活面貌，确保脱贫任务圆满完成。

【徐贤到大街社区调研农村产权制度改革工作】 12月8日，区委书记徐贤深入大街街道大街社区就农村集体产权制度改革工作开展调研，听取街道、社区在推进工作中困难问题的汇报。要求以“静态改革、动态管理”思路推动改革，在身份认定环节由区级依法指导，村组民主决策，确保清产核资实，身份认定准，为改革奠定坚实基础。

【徐贤调研大街森林防灭火工作】 12月12日，借玉溪市森林防火宣传日之际，江川区委书记徐贤到大街街道调研2019年度森林防灭火工作。江川区林业局局长赵雄伟、街道纪工委书记花德财、街道农业中心副主任普天龙参与调研。

调研中，徐贤书记详细询问大街街道森林防灭火“三线责任制”和“山林长制”后，深入林区查看上头营社区新建看山房及林区防灭火开展情况。并要求大街街道要提高认识，从宣传、责任、措施、队伍等入手，加强今冬明春森林防灭火工作，最大限度减少森林火灾的发生，为推进“森林江川”建设做出努力。

【景绚到浪广社区调研城市基层党建工作】 市委常委、市委组织部部长景绚到浪广社区调研城市基层党建工作。景绚参观社区党群服务中心建设，详细了解社区“1+4+N”桥梁党建引领社区治理工作情况，仔细询问社区干部工作中的热点难点问题。景绚对工作给予肯定后强调，社区党组织要以发挥政治核心作用为重点，进一步完善提升党群服务中心功能，把社区居民最关注的焦点、热点、难点作为社区党组织活动载体的创新点，充分利用好活动室资源，以贴近社区居民生活方式服务居民。要广泛动员社区居民积极参与社区建设和各类活动，提高居民自我管理、自我服务意识和能力，在社区内形成合力、激发活力，把广大党员群众凝聚在党组织周围，让群众感受到身边党建的温暖。江川区委常委、组织部部长靳联明陪同调研。

（舒映翔）

江城镇

【行政区划·人口】 江城镇地处江川北部，位于东经102°48′、北纬24°25′之间。东临全国第二大深水湖抚仙湖，南临星云湖、距县城18千米，西与玉溪市红塔区、昆明市晋宁县六街乡、晋城镇接壤，北距省会昆明市80千米，国道213线（晋思段）和澄川二级公路穿境而过。全境地势西北高、东南低，海拔最高2648米、最低1720米，东西最大横距19千米，南北最大纵距15千米。境内主要河流有东西大河、学河、周德营河、大龙潭河、玉带河5条，有西河一库、西河二库、茶尔山、大龙潭、大平地、螺蛳坝6座水库，坝塘65座。镇政府所在地振兴街13号，驻地海拔1733米。

镇域面积222.67平方千米，辖江城、隔河2个社区居民委员会和左卫、大地、孤山、黄营、陈家湾、白家营、云岩、温泉、侯家沟、龙街、西河、海门、三百亩、明星、牛摩、尹旗、翠峰、桐关、祁家营19个村民委员会，9个居民小组、123个村民小组，119个自然村。年末，耕地总面积36946亩，其中田25622亩，地11324亩（其中水浇地2757亩）。

年末，全镇辖区内人口总户数26739户，总人口73169人，其中男36946人，女36223人；乡村人口62373人，城镇人口10796人。少数民族人口1779人，占总人口的2.4%。农村劳动力57460人，其中从事第二、三产业12749人，占总劳动力的22.19%。人口自然增长率7.93‰。人口密度329人/平方千米。

【领导干部名录】

党委书记　郭　峰

党委副书记　赵子良

李春伟
葛茂盛
纪委书记　郝　彬
人大主席　李志高（2018.01任）
镇　　长　赵子良
副 镇 长　朱　俊
李平良
李　毅
拔　选
唐光辉（2018.07离任）

【经　济】　全年完成地方生产总值216926万元，比上年增8.4%。其中，一产45749万元，增6.7%；二产47892万元，增13.8%；三产123285万元，增7.1%。500万以上固定资产投资13.06亿元，比上年减1.13%。农村经济总收入462353万元，其中农业收入83326万元，林业收入587万元，牧业收入26348万元，渔业收入6570万元，工业收入120234万元，建筑业收入67434万元，交通运输业收入85017万元，商业饮食业收入42527万元，社会服务业收入21440万元，其他收入8870万元。农民人均可支配收入15728元，比上年增10.6%。地方财政收入7074.84万元，比上年增41.96%；财政支出5448.05万元，比上年增21.61%。年末，信用社、农行各项存款余额179941.7万元，比上年增31.92%；人均存款余额24593元，比上年增31.12%。

【农　业】　全年农作物播种面积100669.8亩，复种指数272.5%。粮食播种面积31148亩，比上年减5.63%，总产1653万千克，比上年减10.10%。其中：水稻种植11705亩，单产643千克/亩；玉米种植6940亩，单产561千克/亩；小麦种植3366亩，单产242千克/亩；豆类种植5531亩，单产193千克/亩；农民人均产粮226千克。油料播种7914亩，比上年减10.79%，总产164.87万千克，比上年减12.28%。烤烟种植9826亩，总产135万千克；交售烟叶120万千克，上等烟比例达71.22%，均价30.2元。蔬菜种植45064亩，总产801424千克，比上年增18.83%，产值达14602万元，比上年增128.8%。花卉种植5999亩，生产鲜切花85775万枝，花卉产值21013万元，比上年增38.4%。农林牧渔业总产值72550万元，其中：农业48648万元，占67.1%；林业587万元，占0.8%；牧业18959万元，占26.1%；渔业3030万元，占4.2%；农林牧渔服务业1326万元，占1.8%。年末，生猪存栏2.77万头，比上年减3.4%；肥猪出栏4.14万头，比上年增15.8%；大牲畜存栏817头，比上年减14.9%，其中牛存栏777头，出栏481头；羊存栏3378只，出栏4458只；家禽存栏34.98万只，出栏65.52万只。全年肉产量4537.5吨，禽蛋总产3090.3吨；实现畜牧业产值18959万元，比上年增6.7%。江川现代设施园艺产业示范园项目一期178亩建成投产，启动陈家湾尼祖油菜产业基础设施建设、茶尔山水库片区4587亩高效节水灌溉项目建设，投资75.8万元完成水利抗旱、维修养护等7个项目和大地片区基本烟田基础设施建设。有效防控非洲猪瘟疫情，社会稳定和食品安全得到加强。

【工　业】　年末，个体经营户、私营企业3053户，比上年增414户，其中私营企业23户。招商引资完成11.53亿元，比上年增15.3%。完成工业企业固定资产投资16810万元；规上企业实现总产值4.87亿元，比上年增7.2%，增加值1.61亿元，比上年增11%；规下工业总产值39585万元，比上年增5%。江城纸制品产业园区1300亩总规编制完成，一期入园的力天贝贝和其他6户企业开工建设；双招、翠峰纸业退规，鸿湖彩印、天湖化工、源泰纸业3户规上企业运行正常，凯迪龙、雄鑫、三道菜等中小企业稳步发展。

【旅游业】　李家山国家考古遗址公园建设、江城文化广场建设、龙街文化站改造提升、“美丽乡村+李家山古滇青铜文化”试点等项目顺利实施。北山寺旅游风景区游客服务中心、北山—梁王山健康步道建成并投入使用。大龙潭生态旅游村初具雏形。成功举办第二届侯家沟大平地“三月雪·梨花醉”文化旅游节。全年接待游客313万人次。

【生态保护】　实施星云湖保护治理、环湖截污治污、流域村落环境综合整治工程。全力推进星云湖一级保护区生态修复及生态屏障构建项目，完成星云湖一级保护区退田372.59亩。推进河（湖）长制工作，使用“钉钉河长通”巡河1465次，累计清理河道、沟渠204.6千米，清理淤泥、杂草等8363.19吨，排查出“四乱”现象45处，整治销号33处。东西大河、学河、周德营河、大龙潭河综合治理以及景观湿地、生态河道建设等水环境污染治理项目顺利实施。义务植树17.2万株，新增造林面积1300亩，全年森林火灾零发生。组织9200余人次开展“520”美丽家园集中整治活动12期，清理村庄道路112.4千米，沟渠7.38千米，清运生产生活垃圾2000余吨。“双创”工作成效显著，全镇15个村实行网格化管理，集镇社区精细划分为11个网格。全年新建垃圾池19个、购置垃圾桶1050个、配备垃圾清运设备30套，完成农村改水改厕281座，建成农村饮水工程21处，配备环卫保洁员202名、垃圾清运人员18名、环境监督员16名，扎实推进农村生活垃圾治理工作。第二次全国污染源普查工作有序开展，排查临时垃圾堆放点10个，整改2个，督促海埂养殖场搬迁，完成小马沟垃圾填埋场移交澄江县处置工作，中央环保督察组反馈问题完成整改。调查处理环境污染事故34起，完成216辆黄标车治理淘汰任务。

【村镇建设】 江城镇总体规划修编（2017–2035年）编制完成，科学布局“一镇两轴三板块”的镇域空间结构、“一镇两湖六区”的产业格局以及“一镇四区一环多节点”的旅游格局。全力推进人居环境综合整治工作，全年拆除违法违规建筑1146户4.7万平方米。江城古镇棚户区完成签约1473户，兑付补偿资金1381户4.64亿元，交验房屋609宗，拆除160余宗；鑫园小区、钟秀铭苑104幢联排房开盘销售；西门小区、南门二小区172幢统规自建房开工建设；万湖花园、滇御俊园完成用地挂牌出让。房地产业健康发展，投资1.71亿元，销售商品房2.07万平方米。澄川高速龙街安置点开工建房76宗，海门安置点完成土地平整，计划安置47宗。白玉寨、陈家湾、蔡家庄等地灾点顺利启动搬迁和治理，实施搬迁安置20户。拆除旧村改造空房、闲房97户1.07万平方米。投资3000万元完成龙街村庄主干道、西河基层阵地建设等“百千工程”项目28个，投资120万元实施云岩桃溪和龙街外桃园一组文化活动场所建设项目。完成大中型水库移民后期扶持“十三五”规划修编，投资598万元实施龙街文化站改造提升、祁家营农田灌溉、北山停车场、北山游客服务中心、上茅草湾文化活动中心建设5个移民项目。

【社会事业】 科　技　做好农业科技宣传、培训和农业技术、农作物病虫害防治指导工作。开展科技培训10期，累计培训7110人，发放各类科技宣传资料2.59万份。“化肥减量技术集成与推广项目”“水稻精准定量栽培技术示范与推广”分别获玉溪市2017年度农业技术推广一等奖、三等奖。“青蒜苗化肥减量增效田间试验”在《云南农业》2018年第七期上发表。以科技创新和技术进步为动力，推动节能减排，加快淘汰落后产能，着力构建安全、稳定、经济、环保的现代产业发展体系。

教　育　年末全镇有党职校1所；中学3所，教学班54个，教职工217人，在校学生2087人；中心小学3所、村完小9所，教职工230人，教学班99个，在校学生2753人；幼儿园6所，教职工61人，在校学生930人（含部分学前班人数）。认真履行政府职责，严格执行“双线”六层“控辍”保学机制，适龄儿童入学率、残疾儿童入学率、在校生巩固率均达100%。表彰奖励优秀教师27名、先进教育工作者6名。童话幼儿园提档升级项目完成并投入使用。

文　化　全镇设文化站1个，文艺队38支，文艺队员1200人，全年组织送戏下村文艺演出41场，其他各类群众文化活动16场。开展“全民健身日”系列活动。申报7个非遗项目，2个非遗传承人。送图书下村500余册。投资922万元实施云岩桃溪及龙街外桃园文化活动场所建设、徐家头“美丽乡村+李家山古滇青铜文化”试点项目，龙街文化站改造提升项目正在实施。开展弘扬社会主义核心价值观宣传活动，举办道德讲堂8期，绘制文化墙120面。乡风文明创建取得实效，尹旗村、温泉村委会徐家头小组被评选为第八届云南省文明村，左卫村被评选为第九届玉溪市文明村，江城社区顺利通过玉溪市文明单位复审。

卫　生　年末有中心卫生院1个，病床总数100张，医务人员79人。村级卫生所16个，医务人员59人。全年就诊21.55万人次，累计报销27.82万人次，减免医疗费用3348.59万元。年内出生654人，出生率21.16‰。已婚育龄妇女10852人，综合落实节育措施人群9240人，节育率85.14%。建档立卡贫困户家庭医生签约率达100%。举办防艾培训班150余期，受训2万人。完成计划生育综合保险13145份52.58万元。

民　政　发放优抚、救济、低保、五保及残疾人补助金356.76万元，80周岁以上无退休金老年人保健补助金93.91万元，移民直接补助资金1561人94万元，救济粮34200公斤。全镇60岁以上老年人8898人，占全镇总人口12.16%，其中，80岁以上高龄老人1670人，90岁以上162人，100岁以上1人，五保老人22人。“幸福和谐晚年”老年人意外伤害保险参保6366人，参保金31.83万元。依法办理婚姻登记559对1118人、离婚登记195对390人，补发婚姻登记114对228人。全年死亡454人，火化和安葬率均达100%，发放遗体火化补助353人146.7万元。左卫小营、大地小庄、温泉早街一组老年活动中心完成建设，龙街、温泉养老服务中心投入运营，左卫、黄营等6个老年协会规范建设有序推进，江城片区中心敬老院建成并投入使用。

社会保障　新农合参保5.4万人，参保费973.3万元，城乡居民养老保险参保4.04万人，新参保243人。被征地农民养老保险参保562人，生存认证9330人，发放基础养老金9686人次1032.08万元。兑付退耕还林、农机补助、支农补贴等惠民资金397.76万元。发放“贷免扶补”18人，办理《就业失业登记证》459人，职业技能培训280人，转移就业3213人，其中省外转移就业2300人。妥善解决用人单位拖欠农民工工资问题，促进劳动关系和谐稳定。

残疾人工作　年末有残疾人1780人，其中444名享受城乡低保。按月发放重度残疾人护理补贴和困难残疾人生活补贴，一级护理补贴181人15.2万元、二级护理补贴266人12.77万元、困难残疾人生活补贴447人28.62万元、残疾人机动车燃油补贴46人1.27万元，享受残疾人新型合作医疗补助1692人19.28万元，“阳光家园”托养服务45人，精准康复对象720人，智力残疾儿童康复训练8人、残疾人辅助器具适配及筛查70人、精神残疾康复及筛查25人。

行政效能　深入贯彻中央“八项规定”精神，全年“三公”经费支出同比下降。主动接受人大和社会监督，办理人大代表建议38件，政协委员提案15件，满意率达100%。严格执行“三重一大”集体决策制度和重大行政决策责任追究制度。深化政务公开，全年公开信息382条。不断规范公共资源交易行为，完成工程项目招投标40个，中标金额1904.68万元，节约资金100余万元。率先启动村级经济责任审计全覆盖工作。认真落实党风廉政建设“一岗双责”责任，加强政府自身建设。推进“最多跑一次”服务模式创新，梳理事项清单24项，减少各类证明32项，让企业和群众到政府办事实现一站式。推进“互联网+政务服务”平台进驻7个部门44项公共服务事项，“一部手机办事通”APP推广试运行。投资30余万元完成镇党群服务中心一期改造提升工程，计划设置10个便民窗口。严格执行全口径预算管理，财政存量资金清理盘活力度持续加大。全面完成企事业单位公务用车制度改革。

【国土资源管理】　农村土地确权登记颁证工作基本完成。清理集体固定资产2.65亿元、土地14.4万亩、非法合同563份，农村土地承包经营权流转有序，推动集体经营性建设用地入市。争取整合各类资金350万元，完成翠峰、白家营、云岩三个集体经济增收试点项目建设。完成江城纸制品产业园、江城古镇棚户区改造项目房源点安置、澄川高速公路项目建设拆迁户安置等用地审批。拆除违法违规建筑1146户4.7万平方米。加强对矿产资源勘查和开发的动态巡查管理，制止非法盗采矿产资源行为3起。突发地质灾害应急演练7次、地质灾害巡查50次，对14个地质灾害点例行巡查。白玉寨、陈家湾、蔡家庄等地灾点启动搬迁和治理，实施搬迁安置20户。

【法制建设】　开展“六进”全民普法，推进“七五”普法，社会治安防控体系不断完善，落实调解中心、调委会、调解室等矛盾纠纷化解机制，严厉打击违法犯罪，推动扫黑除恶专项斗争向纵深发展。全年排查整治突出治安问题3件，化解重大复杂矛盾纠纷10件，排查稳控重点人员35人，刑事立案173件，受理治安案件455件，调解纠纷302件，接待来信来访81件200余人次，视频接访10件20人次。贯彻“红线”意识和“党政同责”安全生产责任制，工业生产、非煤矿山、食品药品等领域专项整治成效显著，人民群众生命财产安全得到有效保障，群众安全感、满意度进一步提升。江城镇被授予“江川区2018年度法治单位”称号，镇人大主席团被设立为玉溪市人大常委会基层立法联系点。我镇一名职工被表彰为2018年度全国人民调解工作先进个人和云南省第二届百佳人民调解能手。

【脱贫攻坚工作】　严格按照“三评四定”程序，深入开展扶贫对象动态管理调整工作。坚持因村施策、因地制宜，完成脱贫攻坚项目库建设，编制完成2018至2020年脱贫攻坚镇级路线图及14个村级施工图。投资331.99万元，实施侯家沟村大龙潭道路硬化及人居环境整治、祁家营村贾家湾机耕路建设、桐关村人畜饮水工程等7个扶贫项目。对149户建档立卡贫困户实施C、D级危房改造，兑付危房改造补助资金565.25万元。整理扶贫档案1046份。实施春季、秋季学期雨露计划，补助合规的中职、高职在校贫困学生149人次，发放扶贫小额贷款705万元。开展建档立卡贫困户技能培训8期，转移就业2702人。完成全年贫困人口脱贫退出任务，脱贫退出87户316人，累计脱贫476户1704人。

【召开中国共产党江城镇第四届代表大会第二次会议】 1月7日，召开中国共产党江城镇第四届代表大会第二次会议，90名党代表、80名列席人员出席会议，审议通过《中国共产党江城镇第四届代表大会第二次会议关于党委工作报告的决议》和《中国共产党江城镇第四届代表大会第二次会议关于纪律检查委员会工作报告的决议》。

【召开江城镇第四届人民代表大会第二次会议】 1月9日至11日，江城镇召开第四届人民代表大会第二次会议，85名人大代表、107名列席人员出席，会议审议通过政府工作报告、人大主席团工作报告和各项决议，补选人大主席团主席李志高。

【庆祝建党97周年大会】 7月2日，举行庆祝中国共产党成立97周年大会，回顾党的光辉历程，表扬了22个基层党组织、48名优秀共产党员、5名优秀党务工作者。

（沈旭晖）

前卫镇

【行政区划·人口】 前卫镇位于玉溪市江川区境腹地，东临星云湖，西与九溪镇、安化乡接壤，南与大街街道为邻，北与江城镇相连。镇域总面积88.9平方千米，东西最大横距14.25千米，南北最大纵距12.75千米。最高海拔2139.4米，最低1724米，镇政府驻地海拔1730米。境内主要河流有前卫大河、周官河、小街河、渔村河等，有石河水库、小井坝水库等水库14座，坝塘68座。具有民间传奇色彩的台山书院、七星塔、回头山坐落于星云湖西岸，镇政府东、北面。是云南白药创始人曲焕章、书法名人杨嘉善的故乡。

全镇辖杨家咀、业家山、渔村、庄子、石河、后卫、周官、赵官、小街、白池古10个村民委员会和前卫社区居民委员会，51个自然村，70个村民小组。年末，全镇总户数19358户，总人口50123人。其中，男25111人，女25012人；少数民族2718人，占总人口的5.42%。农村从业人员30553人，其中从事二、三产业9610人，占从业人员的31.4%。人口自然增长率为3.17‰，人口密度564人/平方千米。

【领导干部名录】

党委书记　张　曦（2018.07任）
副书记　龚　钲（2018.07任）
　　　　陈乔华
　　　　曾　春（2018.03任，挂职）
　　　　杨鑫磊（2018.01离任，挂职）
纪委书记　向俊臣
人大主席　张新荣
镇　长　龚　钲（2018.07任，代理）
副镇长　史　圆
　　　　施家敏
　　　　郭锦洋
　　　　周宝在

【经　济】 全年完成地方生产总值144235万元，增长14.3%。其中，第一产业增加值完成33516万元，增长6.9%；第二产业增加值完成58705万元，增长22.1%；第三产业增加值完成52014万元，增长11.4%。规模以上工业增加值3.46亿元，增长28.7%。规模以上固定资产投资7.17亿元，增长54.52%。农村经济总收入349743万元，比上年增加11.2%，其中农业收入61219万元，比上年增加5570万元，占总收入的17.5%；林业收入360万元，比上年增加14万元，占总收入的0.1%；牧业收入34239万元，比上年增加2594万元，占总收入的9.78%；渔业收入8121万元，比上年增加491万元，占总收入的2.32%；工业收入68778万元，比上年增加7611万元，占总收入的19.67%；建筑业收入79534万元，比上年增加8026万元，占总收入的22.74%；交通运输业收入71271万元，比上年增加6811万元，占总收入的

20.38%；商业饮食业收入11879万元，比上年增加1012万元，占总收入的3.4%；其他收入14342万元，比上年增加2897万元，占总收入4.11%；农村居民人均可支配收入14801元，比上年增11%。

农 业 紧扣农业增效、农民增收，着力完善农业基础设施，优化产业结构，推进高原特色现代农业量效齐增。全年农作物播种面积64422亩，复种指数291%。粮食播种面积14439亩，总产744.23万千克，与上年相比，面积增加0.36%，产量增加4.1%。农业生产保持稳定，全年完成农业总产值5.37亿元，增长6.6%。“2260”高端特色烟叶连片种植工作取得成效，完成烤烟种植15540亩，烟叶收购215万千克，均价及上等烟比例均位居全市第一，烟农持续增收。

年末，生猪存栏数26031头，比上年增长4.3%，能繁母猪存栏2323头；大牲畜存栏228头，比上年7.5%，其中牛存栏219头，出栏154头；羊存栏1037只，出栏827只；家禽存栏21.1万只，出栏19万只。全年肉产量247.6万千克，肉蛋奶总产80万千克；水产品产量33.9万千克。

工 业 围绕建设“工业重镇”目标，坚持创新引领，不断优化发展环境，助推企业转型升级，增强经济发展动力。全年实现工业总产值17.25亿元，增长25.1%。党政领导联系重点企业制度落实，协助企业破解一批发展难题。支持云南腾达机械制造有限公司陈云飞专家工作站挂牌，同力橡胶、李家山青铜器、龙华铜雕等企业影响力不断提升，卓一“红尊红”被认定为国家著名商标，七彩象艺术品有限公司建成投产。工业发展空间稳步拓展，配合推进龙泉工业园区建设。比亚迪、中民筑友、特固电气扩建、龙泉彩印改扩建、标准化厂房建设等项目顺利开工，铭德致远机械制造有限公司和玉溪金美印刷包装有限公司成长为规模以上企业，全镇规模以上工业企业增加至18户，占全区规模以上企业46户的39.13%。

第三产业 全年实现第三产业增加值5.2亿元，增长11.5%。成功引进浙江蓝城建设发展有限公司实施唐家山片区高端旅游发展项目，新河咀铜文化特色街区建设稳步推进，后卫村、渔村、三有铜器工艺品厂分别被列为省级民族民间工艺品示范村、销售示范街区和龙头企业。大力完善文化旅游基础设施，完成渔村双桥营大寺、小街大寺、曲万增民居等古建筑修缮，回头山文星阁重建主体工程完工，完成云南白药文化展厅初步设计。对外推介展示力度进一步加大，成功举办第二届七夕文化旅游节，带动渔村、业家山商贸、餐饮业加快发展，一批特色餐饮美食品牌逐步形成。

【社会事业】 科 技 开展各种作物栽培技术、病虫害防治等农业科技培训，累计培训3000余人次。完成3组洋芋同田对比试验，2组洋芋化肥“减量增效”技术田间肥效试验，1组水稻肥料试验，3个土壤肥力监测点试验。发放水稻施肥建议卡5030份，玉米施肥建议卡5000份，《水稻病虫害综合防治明白卡》3000份。全年防治病虫害、稻飞虱达3203亩。

教 育 全镇共有初中2所，中心小学2所，村完小8所，幼儿园10所（公办3所，民办7所）。在校学生5372人，教职工335人，小学入学率100%，初中入学率115%。全年表彰中小学优秀教师44人，先进教育工作者16人。加大教育事业专项投入，完成前卫中学校舍修缮加固，启动后卫中学校舍拆除重建，全年共计投入教育资金20.54万元；促进教育事业均衡发展，各学校教育教学质量再创佳绩。

文 化 全镇有综合文化站1个，群众文艺队44支，村级文化活动室11个。成立1个“扫黄打非”工作站、11个村级“扫黄打非”工作点，开展“扫黄打非，护苗2018”专项行动暨“绿色书签进校园”活动，清理整治文化市场，加大管控力度，净化社会环境。开展丰富多彩的民族民间文化体育活动，弘扬社会主义核心价值观，用先进文化占领基层文化阵地，群众文化活动活跃，优秀文化作品不断涌现。

卫 生 全镇有中心卫生院1所，医务人员32人，其中：卫生技术人员29人，其他专业技术人员2人，工人1人；初级资格16人，中级资格9人，高级技工1人，副高6人。抓管理求质量，强医德医风，加大重大疾病防治及卫生执法，落实新型农村合作医疗工作，强化公共卫生管理，有效控制传染病流行。规范健康档案管理，做好健康教育，开展健康知识讲座17次、宣传栏62期。年内已婚育龄妇女8330人，年末领取独生子女证588人。年内出生人口478人，出生人口性别比为

98，符合政策生育率为93.33%，人口自然增长率为3.17‰。死亡320人。

民　政　保障困难群众基本生活，加强民政、残联和老龄工作，规范社会救助，深化优抚安置，落实惠民政策。年内发放临时救济补助经费9.6万元，救济粮3.49万千克。依法办理婚姻登记327对654人、离婚登记132对264人，补发婚姻登记92对184人、离婚登记17起。稳步推进绿色殡葬，火化、安葬率均达100%，遗体火化补助110.4万元。落实各项优待抚恤政策，全年按时并足额发放生活补助费256.14万元，优抚对象城乡居民医疗保险补助558人次10.04万元。

生态建设　围绕“美丽湖滨生态镇”建设目标，推进生态文明建设星云湖一级保护区内前卫片“四退三还”工作稳步推进，完成2.5千米截污干渠和5个村委会，22个自然村截污治污工程建设。周官河、小街河、渔村河、后卫河4条主要入湖河道综合整治工程全面开工。总面积560亩的9个人工湿地初具雏形。规划建设的7座规范化洗菜池已完工1座。落实河（湖）长制责任。完善“一河一策”管理保护方案，“清四乱”工作取得成效。拆除河道两侧50米范围内大棚31亩、退出鱼塘16亩、养殖户4户，河道管护效果提升。绿化造林有序开展，落实山林长制，森林管护力度持续加大，完成义务植树11.4万株，改造低效林3000亩，“平安林区”建设获得市级表彰。完成淘汰黄标车任务，全国第二次污染源普查工作进展顺利。

城乡建设　推进集镇规划及村庄规划“全覆盖”，完成49个自然村规划修编。加大拆临拆违力度，清理临违建筑及危旧闲房784宗，腾出空间5.8万平方米。完成北前线至阿豆村道路建设和晋后路、桃溪至小营等15条乡村道路规划；完成北老路、牌星路等乡村道路建设招标。石河阿豆村蔬菜交易市场建设进展顺利，大石河、唐家山等6个村饮水安全巩固提升项目和赵官龙泉村水库移民项目全面完工。前卫社区旧村改造一期、二期80户群众房屋竣工，投资1000万元的小街下高桥多层住宅楼成为江川区典范，白池古、新河咀美丽宜居示范村建设顺利推进，业家山“四位一体”建设项目和邢家营、上高桥旧村改造工程全面启动。“8·13”“8·14”地震灾后重建有序推进，小街上高桥、前卫社区、渔村等5个集中安置点规划编制基本完成。完成业家山、白池古人居环境整治项目建设，“520”美丽家园环境整治日行动成常态，巩固“双创”成果。

社会保障　推进城乡统筹，完善社会保障体系，城乡医疗保险和养老保险参保率分别达98%和100%，发放残疾人、重点优抚对象社保资金424万元，家庭医生签约有效落实。农村劳动力转移就业培训取得成效，新增转移劳动力1686人。

社会治理　开展“四五”依法治镇和“七五”普法，全民知法、守法、用法意识提高。社会管理应急体系不断完善，组织应对“8.13”“8.14”地震灾害，拆除因灾受损房屋4.64万平方米，确保人民群众生命财产安全。深化“大调解”工作格局，排查社会不稳定隐患，解决信访热点问题，成立人民调解参与化解信访问题办公室，化解赵官征地系列历史遗留问题及各类矛盾纠纷170件。扫黑除恶专项斗争取得阶段性成果，禁毒防艾、反邪教工作扎实开展，成功打造艾滋病防治市级示范项目。安全生产形势持续稳定，无重特大安全事故发生。

行政职能　依法行政，严格“三重一大”集体决策制度，提高行政决策的科学性、民主性、合法性。落实“放管服”政策，推进政府职能转变，打造“一站式惠民”政务服务平台，优化政府服务。执行中央八项规定，完成事业单位公务用车制度改革，“三公”经费实现零增长。着力整治“四风”，修订完善《前卫镇内务管理规定》，严格落实考核奖惩制度，通报批评4人，约谈3人，离岗教育1人，干部作风持续好转。在惩治腐败中查处违法违纪案件5件6人。强化权力约束，在江川区率先试点实施“互联网+农村集体资金管理”，建立农村集体资金管理系统，农村集体资金使用审批监管进一步规范。公开政府信息469条，公示重要事项100项，通报重点工作76项。自觉接受镇人大的法律监督，办结区镇两级人大代表建议46件。

【脱贫攻坚】　脱贫攻坚取得阶段性成效，产业、健康及教育扶贫等政策精准落实，完成138户建档立卡户危房改造，发放小额贴息贷款292万元。133户438人建档立卡户顺利脱贫，贫困发生率降至0.03%。

【中共前卫镇第四届代表大会第二次会议召开】 1月9日，召开中国共产党第四届代表大会第二次会议，审议通过党委工作报告、纪委工作报告。大会强调，2018年，前卫镇将以新时代党的建设总要求为指引，坚定不移全面从严治党，全力推进经济持续健康发展，全力推进城乡协调发展，加快基础设施、文化强镇建设，全力推进生态文明建设、保障和改善民生，奋力建设“美丽湖滨生态镇、工业重镇和铜文化特色镇”。

【前卫镇第四届人民代表大会第三次会议召开】 1月9日至10日，召开第四届人民代表大会第三次会议，审议通过政府工作报告、人大主席团报告和各项决议。大会号召，全镇干部群众要在区委、区政府和镇党委的坚强领导下，凝聚智慧和力量，不忘初心，砥砺前行，为建设“美丽湖滨生态镇、工业重镇和铜文化特色镇”而努力奋斗，以昂扬进取的精神状态，抢抓机遇、拼搏奋进，携手开创前卫更加美好的明天。

【率先成立青年人才党支部】 3月23日，前卫镇在全区率先召开青年人才党支部成立大会，通过了《前卫镇青年人才党支部工作法》。成立青年人才党支部旨在培养选拔一批优秀青年党员和人才，储备基层后备干部，优化农村党员及干部队伍结构，助推乡村振兴战略。

【召开庆祝中国共产党成立97周年大会】 7月1日，前卫镇组织召开庆祝中国共产党成立97周年大会。大会回顾中国共产党的光荣历程，表彰4个先进党总支、11个先进党支部、12名优秀党务工作者及24名优秀共产党员。

【第二届七夕文化旅游节】 8月17日，由前卫镇、区文产办、区旅游发展局、区文广体局等单位共同主办，以“七星缘，三世情”为主题的“2018中国·江川第二届七夕文化旅游节”在前卫镇业家山村拉开帷幕。本次旅游节开展登七星山之旅、鹊桥锁情、月老牵线等多个特色活动，上万游客一起攀登七星山为有情人祈福迎祥，充分展示前卫旅游发展新形象，助力前卫旅游发展迈上新台阶。

【总工会挂牌成立】 9月26日，前卫镇组织召开镇总工会成立暨第一次代表大会。镇工会提档升级为镇总工会，圆满完成了改革任务。

【前卫中心幼儿园落成开园】 9月30日，前卫中心幼儿园举行开园典礼。该园于2017年11月11日开工，历经8个月竣工并投入使用。该工程新征地6648平方米（约9.97亩），教学楼建筑面积为2272.94平方米，综合楼建筑面积为626.32平方米。建设期间，区委书记徐贤、区教育局局长杨志伟、前卫镇党委书记张曦多次到工地视察指导工作。

【举行监察专员办公室揭牌授印仪式】 10月29日，前卫镇举行江川区监察委员会派出前卫镇监察专员办公室授牌及授印仪式，前卫镇监察专员办公室成立，是监察体制改革向基层延伸迈出具有里程碑意义的关键性一步。

【集体资金管理在线审批系统改革】 今年4月，前卫镇积极推进农村集体资金在线审批管理系统试点工作，量身打造“农村集体资金在线审批管理系统”，在全镇11个村（社区）全面推行。该系统为镇、村、组三级提供高效的现代化管理和优质服务，对村组资金运营状况全过程实现有效监督，为前卫镇农村集体经济组织“三资”管理信息化提供保障。

【下高桥探索“农民上高楼”新模式】 下高桥小组建成占地1603.3平方米、独立式6层高2幢单元房，打造“农民上楼”新型农村集约化居住模式，有效化解群众建房需求与建设用地不足的矛盾。通过实施道路扩建、排污管道、行道绿化和景观节点建设等工程，解决乡村基础设施欠缺的难题。建设期间，省、市、区领导多次视察督导相关工作，对项目实施给予大力支持和帮助。

（王昱然　陈思羽）

安化彝族乡

【行政区划·人口】 安化彝族乡地处区境西北部，距区城24千米，东接前卫镇、南连九溪镇、西与红塔区小石桥乡接壤、北与江城镇毗邻。全境地势西北高，东南低，地形北窄南宽呈“人”字形，东西最长距离17.2千米，南北最宽距离12千米，最高海拔2294.2米，最低海拔1782米。属中亚热带半湿润高原季风气候，四季平和，冬无严寒，夏无酷暑，干湿季节分明，年平均气温

16.9℃，有“天然温室”之美称，乡情冠名主题口号为“心安自然·情化七月”。乡政府位于安化彝族乡安化社区大营一组8号。

乡域面积95.6平方千米，共辖安化、新庄、旱谷田、董炳、光山5个村（居）委会，26个自然村，28个村民小组。2018年末耕地总面积9156亩，其中田4932亩，地4224亩（水浇地1628亩）。农业人均耕地面积0.96亩。

2018年末，全乡辖区内人口总户数3374户，总人口9633人，其中：男4995人，女4638人；少数民族人口9187人（其中彝族9099人、哈尼族69人、壮族2人、拉祜族5人、苗族4人、傣族4人、藏族3人、白族1人），少数民族人口占总人口的95.37%，是江川区唯一的山区民族乡。人口自然增长率为4.9‰。人口密度100.76人/平方千米。

【领导干部名录】

党委书记　陆云波

副 书 记　李永华

　　　　　刘雪莲

　　　　　韩贵明（挂职）

组织委员　靳红艳

宣传委员　李立群

纪委书记　赵唯钢（2018.01任）

武装部长　赵玉肖（2018.12离任）

人大主席　周留明

乡　　长　李永华

副 乡 长　普　虚

　　　　　石　莉

　　　　　郭昊恒

　　　　　平绍宏

　　　　　杨艳玲

【经济】　2018年完成乡内生产总值44855万元，同比增长6.0%。其中：第一产业增加值完成16122万元，同比增长6.6%；第二产业增加值完成4661万元，同比14.1%；第三产业增加值完成24072万元，同比增长3.6%。工业增加值完成1100万元，同比14.9%。年末，农村社会总产值（农业加工业）27122万元，其中：农业收入23608万元，比上年增长6.4%，占总收入的87%；林业收入958万元，比上年增加115万元，增长13.6%，占总收入的3.5%；牧业收入1908万元，比上年增长105万元，增长5.8%，占总收入的7.0%；渔业收入281万元，比上年增加7万元，增长2.6%，占总收入的1.0%；工业收入3514万元，比上年增加688万元，增长24%，占总收入的13%。全乡农民人均可支配收入为12381元，同比增加1415元，增长12.9%。规模以上固定资产投资增长-4820以上，实际完成投资5334万元，同比增长-47.43%。全年目标任务市外国内资金5000万元，省外资金3000万元，全年引进省外资金5700万元，完成目标任务的190%。全年农村居民人均可支配收入为12381元，同比增长12.9%。

【农业】　全年完成粮食面积11100亩，总产537万千克；全乡农作物播种面积37900亩，具体为：粮食作物种植面积7600亩，其中：玉米6600亩、水稻200亩、马铃薯800亩，经济作物30300亩，其中：烤烟种植14600亩、豌豆3200亩、蔬菜12500亩。发放1500份玉米测土配方施肥技术建议卡和2700份油菜测土配方施肥技术建议卡。粮食播种面积10750亩，粮食总产量516.3万千克，其中：玉米播种面积6350亩，单产622千克/亩；小麦播种面积1546亩，单产266千克/亩。农民人均产粮531.5千克。蔬菜种植面积20180亩，总产3454.79万千克。油料播种面积6495亩，总产167.3万千克。烤烟种植1.81万亩，收购烟叶227万千克，实现产值7638万元，上等烟比例72.52%。年末，生猪存栏3157头；肥猪出栏3554头。牛存栏704头，出栏234头；羊存栏1445只，出栏304只。家禽出栏30014只，肉蛋奶总产43万千克，实现畜牧业产值1908万元。建标准化烤房10座及一大批果蔬烘干机，规划建4片千亩连片烟区和科技示范样板区，发放育苗烘烤等补助80万元。

【企业】　2018年，有个体私营企业1户，其中：私营企业1户，企业营业总收入3622万元；税利265万元；营业收入上百万元的企业有1户。

【村镇建设】　实施“美丽乡村建设万村示范行动”，实施13个村组项目，建成一批硬化、绿化、亮化工程，努力改善安化乡的人居环境。2018年完成28个村民小组的村庄规划，集镇规划调整通过专家评审，2019年报区政府批准实施，民房建设管控率达80%以上。7户C、D级危房中，完成加固修缮1户，3户农户自建，社会兜底建设3户，竣工率100%。

【社会事业】　科技　科普宣传和技术培训立足于实用原则。主要对种植、养殖大户、农村致富带头人进行宣传和培训。组织开展以“科技创新、强国富民”为主题的“科技活动周”。全年开展烤烟种植、厨师技能等科学技术培训6期，培训人数达1000余人。围绕光山村委会种植、销售开展技培训4期，培训农户360人次。引进蔬菜优良品种。

教育　履行政府发展教育主体责任，迎接省政府教育督导。幼儿园毛入园率87%，小学入学率100%。投资100万元的光山小学（“全面改薄”工程）学生宿舍楼竣工，投资240多万元的董炳小学C级校舍修缮项目稳步推进。与江苏省武进区遥观镇团委协调关爱基金25万元，加大对162名困难学生救助。

文化　开展文化氛围营造，打造安化社区、光山村委会2个点。制作宣传栏、文化墙，宣传社会主义核心价值观，乡风文明，弘扬中华传统美德。营造崇德向善、见贤思齐氛围。开展道德讲堂4期，推荐“江川新乡贤”道德典型。发放宣传材料400余份。组织党员、巾帼志愿者开展双创宣传、环境卫生打扫活动。利用春节、火把节等重大节日，开展文艺演出活动11次，观众11000余人。

卫生　医药卫生体制改革顺利推进，实现区乡一体化管理，医疗卫生服务水平进一步提高。早谷田卫生室投入使用，新庄村卫生室启动建设，签约医生全覆盖，65岁以上农村老年人得到免费健康辅助检查。全年，全乡共出生92人，其中计划内三孩1人，死亡人口64人。办理生育登记服务证104户。

民政　全年城乡居民医疗保险、养老保险参保率分别达95.5%、100.58%。建档立卡贫困户100%参保。回补、三次报销建档立卡贫困人员医疗费45.1万元，发放城乡低保、五保、残疾人补贴、优抚金等各种民生资金164.08万元。春节慰问特困户13户慰问金6500元。累计发放五保户、残疾人、受灾户和困难户救济大米13000千克，解决困难群众温饱。农村低保117户（212人），发放资金446035元。城镇低保对象63户（68人），发放资金216162元。发放救助金52900元。春节慰问走访优抚对象85户，慰问金17000元。“八一”建军节慰问优抚对象85人，建档立卡户中的退役军人2人，慰问金17200元。发放城镇重点优抚对象困难生活补助28800元。五保户医药费实行实报实销。春节慰问五保老人，发放慰问金6000元。

劳动保障　推进城乡统筹，促进社会保障制度更加公平，提升干部职工和人民群众生活幸福感。城乡居民医疗保险、养老保险参保率分别达95.5%、100.58%，发放城乡低保、五保、残疾人补贴、优抚金等各种民生资金164.08万元。全乡共有1398人领取养老金，发放金额135.75万元，为36位死亡人员办理了死亡丧葬补助。建档立卡户实现新型农村和城镇居民社会养老保险100%全覆盖。

【法治建设】　构建人民调解、司法调解、行政调解大调解格局，办理矛盾纠纷60起、信访事件12件，办结率100%。妥善受理群众来信来访12件。乡村综治中心挂牌成立，领导包案责任落实到位，扫黑除恶专项行动宣传教育扎实开展，部分历史遗留矛盾纠纷有效化解；重点领域隐患排查整治持续开展，道路交通和消防安全、安全生产实现网格化监管理。非洲猪瘟防控工作深入开展。安全形势稳定向好，群众安全感进一步增强。

【基础设施建设】　重视农田水利基础设施建设，筑牢农业发展基础。完成30座小坝塘除险加固工程，全年蓄水达60.7万方，覆盖3.4万亩农田。启动香新路、中围路、侯大路的硬化、改扩建。修复各类水毁路22.2千米。打通新庄大小营、小甸人畜饮水，解决1500人饮水困难。改造升级3个小组农村电网。启动了派出所和民族文化广场电子大屏建设。建设完成小甸、中村、光山3个蔬菜交易市场，解决群众交易困难。安化社区一组、烂泥箐等10村组活动场所和群众综合用房相继完工。完成了滇中引水工程安化辖区取水口设置规划工作，小扑7、8号隧道297.65亩征租地款兑付，照壁山料场二期征租地工作有序推进。

【生态建设】　《玉溪市江川区安化彝族乡总体规划（2016-2035年）》通过专家评审。生态保护红线完成划定，中央环境保护督察“回头看”、省环境保护督察反馈问题和全省集中式饮用水源地环境保护问题整改落实到位。“森林安化”建设深入推进，绿化荒山20亩，森林覆盖率达61.92%。开展“520”环境整治，全面推进2个地质灾害点综合防治，彻底搬出留住人员。全乡7座水库、52座坝塘以及董炳河主河道、6条支流实现“河长制”网格化管理全覆盖，污染源普查完成。环境基础设施资金800余万，自筹11万元保证村庄保洁员工资。（目前有村庄保洁员68人，北前线安化段路域环境整治保洁员1人，董炳河河道管护人员3人）。“创卫”“清河”和“四清”行动取得成效，清理河道及沟渠垃圾9600千克。全年新建成公厕2座，修建雨污分流沟渠1800米。新增垃圾箱26个、勾臂垃圾运输车1辆。

【民族团结进步示范村建设】 2018年6月，光山村委会旧村民族团结进步示范村建设项目启动，总投资142万元。该项目民族文化广场、长廊、戏台，公厕及蔬菜交易市场的竣工，道路硬化、绿化完成，极大改善了旧村的人居环境，提升了村貌，为建成民族团结进步示范村奠定了基础。

【彝族火把节】 2018年8月4至5日，安化彝族乡举办主题为“醉美彝乡燃情火把”的“玉溪·江川·安化2018年彝族火把节”。以民俗歌舞为主的民族风情展演、火把狂欢，斗牛、牛体彩绘、稻草人展、捉泥鳅、登山、丛林寻宝、千人同放许愿灯等活动。

【整乡推进精准脱贫】 推进贫困对象精准识别、动态管理，年内完成2次精准调整任务。2018年扶贫项目入股分红共计发放50400元分红金，49户贫困户收益。聚焦4类重点对象危房改造，共完成205户危房改造；聚焦深度贫困群体，开展产业、教育、健康等精准扶贫措施，贫困户入股扶贫产业分红累计使129户直接受益，精准资助贫困户学生71人，贫困人口全部参加基本医保和大病保险。累计投入资金1.92亿元，共减少贫困人口1487人，贫困发生率从1.57%降至0.3%，圆满完成省、市脱贫攻坚年度成效考核，2018年9月12日市政府批复安化贫困乡脱贫摘帽退出。

（普玉敏）

九溪镇

【行政区划·人口】 九溪镇位于区境西南部，地处东经102°38′13″，北纬24°18′14″之间。东与大街街道相连，南与通海县毗邻，西与红塔区接壤，北与前卫镇交界。镇政府距玉溪市政府所在地10千米，距区政府所在地12千米。镇政府驻地海拔1705米。

全镇辖九溪社区、马家庄、六十亩、阳山庄、大村、中营、鸡窝、喜乐庄、矣文9个村（社区）（其中阳山庄、矣文为彝族村委会），26个自然村，28个村（居）民小组，镇域总面积113.6平方千米（17.04万亩）。

2018年末，实有耕地面积15666亩，其中田9453亩，地6213亩，农业人口人均占有耕地0.67亩。

2018年末，总户数10264户，总人口数27608人，其中男13878人，女13730人；城镇人口4350人，占总人口的15.75%，乡村人口23162人，占总人口的83.89%。少数民族人口3586人，占总人口的13%。农村劳动力人口数19810人，其中从事第二、三产业的5374人，占总劳动力的27.1%。人口自然增长率为2.5‰。

【领导干部名录】

党委书记 史　伟

副 书 记 杨进荣

　　　　 周　新

纪委书记 李　琦

人大主席 杨梅芳

镇　　长 杨进荣

副 镇 长 蒋培洋

　　　　 王　坤

　　　　 林　梅

　　　　 杨晓胤

　　　　 白连志（2018.07离任，挂职）

【经济】 2018年，完成镇内生产总值69871万元，比上年增长10%。其中：第一产业完成17458万元，同比增6.8%；第二产业完成18380万元，同比增17.3%；第三产业完成34033万元，同比增8.3%。一、二、三产业占GDP的比重调整为25：26.3：48.7。全镇规模以上固定资产投资完成40976万元。农村经济总收入完成114355万元，同比增长10.6%；农村居民人均可支配收入14169元，增长10.85%。完成社会消费品零售总额增长12.5%。全镇各项存款余额156891万元，比上年增23%；人均储蓄存款余额56828元，比上年增7.6%。

农业产业 引导和扶持烤烟、蔬菜、油料、花卉、畜牧五大产业，推进农业供给侧改革，优化产业布局，促进农业增效、农民增收。全镇耕地面积15666亩，复种指数3.22%。其中落实烤烟移栽面积1.02万亩，实现烟农收入4004.72万元；完成水稻移栽

2660亩，其中推广双行条栽2660亩；完成核桃示范种植和提质增效3622亩；共完成玉米抗旱移栽种植5295亩；实施测土配方施肥20000余亩；推广水稻、玉米优良品种12000千克。

全年实现蔬菜产值5314万元，同比增长4.9%；花卉产值6574万元，增长22.9%。发放核桃树苗43000株，新增核桃种植面积达1200亩。全年粮食总产5400800千克，比上年增15.51%；油料总产1406900千克，比上年增1.76%。农业人口人均产粮195.44千克。

年末，生猪存栏23204头，比上年增4.7%，出栏肥猪17403头，比上年增4.7%，大牲畜存栏662头，比上年增长3%，水产品产量225000千克，比上年增长1.8%。

农、林、牧、渔业实现总产值31113万元，其中农业实现产值20471万元，占65.8%；林业实现产值1984万元，占6.38%；畜牧业实现产值7117万元，占22.87%；渔业实现产值482万元，占1.55%，农林牧渔服务业实现产值1059万元，占3.4%。

二三产业　促进工业经济扩量提质增效，积极培育微型企业、成长型中小企业，支持骨干企业提质扩能，丫眯、惠茂两家规模以上企业实现年销售额32016.9万元；招商引资工作持续加强，引进资金30550万元，增长30.66%。加快商贸流通现代服务业发展，云南九溪润特仓储物流中心项目累计投资4.7亿元，完成3.6万平方米厂房建设。继续鼓励发展特色餐饮业，不断提高餐饮品牌的知名度和影响力，实现餐饮业产值1183万元，增长8.6%。深入挖掘民族文化资源，成功举办2018年度矣文彝族火把节，矣文、罗合白、放马沟乡村旅游培育初具雏形，在全区率先举办了特色旅游村规划建设培训班。

【城乡建设】　投资400万元组织实施8座坝塘除险加固项目工程建设，完成中央财政小型农田水利重点县区江川区（九溪镇）2018年建设项目工程。投资1271万元，完成11个2016—2017“百千工程”项目建设。投资110万元完成大村危桥改造。国道213线复工建设。投资3889万元新改建、硬化农村公路总里程41.13千米。完成老玉江路（九溪段）及大中路、鸡扯路、马老路、六阳路、罗后路、大中路、古喜路、中古路等路面硬化。六十亩、太和、前营小组新农村建设和大村二组地质灾害避险搬迁项目基本完工。中营一组和东村小组地质灾害避让搬迁项目顺利启动。完成11个村级活动场所建设。安装太阳能路灯140盏，集镇沿线机关单位建筑外立面亮光工程全面实施。完成九溪镇农贸市场建设。完成大营等4个村土地整治项目。九溪新农贸市场投入使用。“九溪荟”项目开工建设。江川通用机场、江川看守所、九溪加油站、滇中引水工程前期工作有序开展。

【生态保护】　深入推进“双创”工作网格化管理。九溪污水处理厂整改计划投资669万元，年末完成投资550万元。开展“520”美丽家园环境整治日行动。生态湿地、河道治理等工程性措施加快推进。强化环境执法监管。配合区环保局开展环境监察9次，对存在的6个问题进行督促整改；成功调解环境投诉6起，确保辖区环境安全。年内共发放农村建房规划许可证7本，拆除违法违规建筑43宗、面积2299.77平方米。淘汰黄标车103辆。加快推进“森林江川”建设，义务植树6万株。

全面推进河长制，落实镇村组三级领导小组、河长制工作方案，制定下发了《中共九溪镇委员会九溪镇人民政府关于成立河长制领导小组的通知》《中共九溪镇委员会九溪镇人民政府关于印发九溪镇全面推行河长制工作方案的通知》。建立镇村组三级河长及河库名录，设置镇级河长11人，村级河长21人，组级河长50人。推进河湖长制信息化管理，镇、村、组三级河长运用信息化软件平台“钉钉”巡河，总次数为511次。深入开展“清河清塘清沟清库”四清、“6·5”世界环境日、“清四乱”“六清”“水库坝塘及重要水源地网箱养鱼集中整治”等专项行动。

【人居环境提升】　深化落实门前“三包”责任，持续推进村庄“四清理”，常态化开展“三堆”清理工作。结合国家卫生城市创建，采取日常保洁和集中整治相结合的方式，全年开展城乡人居环境综合整治行动12次，4400余人次参与，累计清理垃圾约67吨，累计清理乡村道路约43千米、河道（沟道）24千米，清运建筑垃圾22吨、生活生产垃圾80吨。治理商贩乱摆放1015例。治理车辆乱停放2155例，治乱治堵成效显著。加大农村牲畜养殖圈舍改造力度，引导单独建设畜厩及附属用房或集中养殖区，推进标准化、规模化畜禽养殖，提高畜禽集中圈养率和养殖场畜禽粪便综合利用率。

【社会事业】 教　育　全镇有小学9所，在校学生1437人，教职工120人；中学1所，在校学生957人，教职工75人，学龄前儿童、小学、中学入学率100%；小学、中学毕业率100%。全年投入中小学教育经费4万元，改善办学条件。认真落实“三免一补”、农村学生营养改善计划，教育教学质量进一步提高。镇中心小学举行了阿楚若彝族文化传习社开班仪式，镇中心幼儿园开工建设。

文化·体育　全镇有文化站1个，文艺队27支，其中彝族文艺队5支，文艺队员540名。全年文艺演出123场，其中老年人文艺队演出32场，观众达17100人次。其中较有特色的是举办学习贯彻十九大精神、六十亩村巾帼展风采旗袍秀、“感恩有爱最美重阳”、矣文村“春溢彝寨花满三八”童心向党庆六一、“十九大”暨“双创”文艺等汇演。举办万步有约、老年人运动会、“我们的节日”系列体育活动40余次，参与人数1000余人。晨练15000人次，棋牌活动4000人次。全镇9个农家书屋借阅情况良好，全年观展和读报人次达2250人次。宣传党的路线、方针政策法律法规8期。文化资源信息共享工程280人次。

医疗·卫生　大力发展卫生事业，优化医疗卫生设施。全镇有卫生院1所，村级卫生所9个，医护人员53人，病床30张。2018年全镇城乡居民医疗保险参保人数25118人，参保率98.04%。

民　政　发放城乡低保金191.3万元，优抚金193.9万元，残疾人两项补贴4620人次23.5万元，临时救助68人次6.8万元。发放节日慰问金7.51万元，临时救济金77人8万元。为五保户提供生活医疗保障；发放优抚对象医疗救助3人0.3万元，六十年代精简职工及小乡干部生活补助104人次5.8万元，孤残儿童基本生活保障经费2.96万元。发放大米38300千克，被子262床，棉垫220床，床单220条，劳保服220套，大衣210件，涉及4262户8746人。全年共办理结婚登记138对，离婚登记51对，补办结婚证45对，补发离婚证5对。发放“八一”建军节慰问金5.64万元。火化率、公墓入葬率保持100%，发放遗体火化补助经费80.5万元。

【社管综治】 利用“综治维稳月”“全民国家教育安全日”“全民禁毒月”“12·4国家宪法宣传日”全面开展法制宣传。大力推进平安先进镇创建，综治中心示范点通过省级验收。实施“6995”语音公众服务平台与网格化服务管理平台一体化建设，加大反恐维稳、禁毒防艾和反邪教力度，全力做好综治维稳、扫黑除恶、缉枪治爆、信访等工作，全年共受理矛盾纠纷220件，调处217件，调解率达98%；受理群众来信来访56件，办理43件，办结率达77%。开展扫黑除恶专项斗争宣传30次，制作并悬挂宣传横幅63条，发放各类宣传资料10200余份，接受咨询240余人次。坚决树立“红线”意识，严格执行安全生产“一岗双责”，强化安全监管，整改安全隐患85条，安全生产形势平稳。

【扶贫攻坚】 组织制定2018-2020年巩固提升工作方案，实施“五个一批”“六个精准”，强化政策宣传，认真落实健康扶贫、教育扶贫、最低生活保障等政策。“雨露计划”“贴息贷款”，发放小额信贷370万元。投资507.93万元，完成矣文民族团结进步示范等4个扶贫项目建设。改造建档立卡贫困户C、D级危房3户。拓展“互联网+精准社会扶贫”，持续深入开展“自强、诚信、感恩”主题实践活动，实施产业扶贫，新型经营主体和龙头企业带动建档立卡贫困群众覆盖率达100%。开展“万企帮万村”行动，促进贫困户就业创业。扎实开展贫困对象动态管理，退出建档立卡贫困户68户220人，全镇贫困发生率降至0.00%。

【抗震救灾】 通海“8·13”“8·14”地震发生后，全镇上下众志成城、奋起自救，严防次生灾害发生，竭力维护社会治安稳定。临时集中安置受灾群众549人，紧急发放粮食41225千克、被子100床、床单100件、折叠床180张，帐篷217顶。完成地震受损危房拆除925户1364宗10.93万平方米，建盖活动板房137间，安置受灾群众128户429人，群众生产生活正常有序。邀请浙江大学城乡规划设计研究院等优质设计力量做好灾区建设总体规划编制，着力推进民房恢复重建740户，已竣工28户。

【意识形态】 开展党委理论中

心组学习6次，宣讲活动20余场次，其中习近平新时代中国特色社会主义思想与党的十九大精神等相关理论学习10次，十九大精神演讲比赛1次、道德讲堂4次、意识形态工作分析研判及培训会议3次。开展“善行义举榜”“道德模范”“九溪乡贤”“孝男孝女”“最美基层干部”“非物质文化遗产传承人”等评选活动，评选九溪新乡贤代表6人、九溪最美基层干部13人，非物质文化遗产传承人5人。微信转发点击量超20余万次，在全镇营造了崇德向善、争当先进的浓厚氛围。积极利用宣传栏、电子屏、广告牌，宣传社会主义核心价值观。打造社会主义核心价值观二十四字灯光主题道路。全镇9个村（社区）均制作了社会主义核心价值观、党建、人居环境提升等内容的文化墙；十九大、社会主义核心价值观、中国梦等宣传展板24块；扶贫攻坚、人居环境提升等标语70余条，镇政府电子显示屏每天滚动播出50条。

【亚洲花卉谷建设】 为打造以花卉业及农业种植、科创技术、花卉田园景观为核心内容，融入旅游休闲元素的美丽田园和生态宜居的特色小镇，九溪镇积极申报花卉科创小镇。通过《“亚洲花卉科创谷”发展规划》，控制性详细规划编制中。投资4000万元的爱必达玫瑰鲜切花项目生产线开工建设。引进玉溪农林投资开发有限公司投资1100万元，补偿支付蓝莓基地546.33亩土地及地上附着物。新增79亩玫瑰种植，30亩油用牡丹。

【海绵体城市建设】 海绵城市（九溪）项目已完成投资1.7亿元。完成租地1112亩，兑付土地租金、附着物补偿、青苗补偿1270万元，湿地、河道范围内弱电迁改完毕，强电迁改完成90%。农村生活污染综合整治工程完成管网铺设10263米，完成12个自然村一体化设备施工。九溪河道综合治理工程完成浆砌石建设1.5千米，格宾护垫建设1.05千米，护岸工程完成100%，清淤完成100%，伐树完成100%；千亩湿地建设完成的土方工程完成100%，A区土建完成40%，B区土建完成10%，河尾湿地土建完成30%。

【政府自身建设】 加快转变政府职能，落实“放管服”改革任务，不断优化政务服务水平，着力提高工作效能。动真碰硬抓好巡察整改。坚持依法行政，推进法治政府建设。严格执行“三重一大”集体决策制度，自觉接受人大工作监督和法律监督，重视群众监督和舆论监督，办理人大代表建议35件。深入开展“两学一做”学习教育，持续推进“工作落实年”各项任务，切实加强干部作风建设，坚决反对“四风”，集中力量抓落实上，提高政府办事效率。完成事业单位公务用车改革。认真落实党风廉政建设“一岗双责”要求，严格执行中央八项规定，坚持用制度管权、管事、管人，推进廉政风险防控。大力推进政务、村务公开，严格“三资”管理，严控“三公”经费支出，健全行政权力运行制约和监督机制，严肃查处各类违法违纪案件，努力营造风清气正、干事创业的从政环境。

（岳定勇 景 迪）

雄关乡

【行政区划·人口】 雄关乡位于江川区东部，东与华宁县接壤，南与通海县毗邻，西连大街街道，北接路居镇。乡政府驻地在雄关社区上营村12号，距大街街道14千米。

全乡辖雄关、窑房、上营、下营、白石岩5个村（居）委会，23个自然村，26个村民小组，是典型的山区乡，总面积63.7平方千米，地形倾斜狭长，从东北到西南呈长方形，东北部山梁隆起较高，中间有两个山间小平坝，东北部与西南部地形变化较大，主要山脉有马鞍山、老尖山、马大山、大学山等。江华高等级公路由西向东穿境而过，甸雄公路横贯南北。全乡最大纵距15.4千米，东西最大横距8.2千米。海拔最高点马鞍山2509.8米，最低点马鞍子桥1832.8米，乡政府驻地海拔1844米。全乡气候属中亚热带半干燥高原季风气候，年平均气温15.6摄氏度，最高气温33摄氏度，东北部海拔较高，云雾多、气温稍低。

2018年末，全乡共有耕地面积8677亩，其中：田4586亩，地4091亩，稳定高产基本农田1388亩。年末总户数 户，总人口11548人，其中：男5990人，女5558人；少数民族人口511人，主要有彝、哈尼、傣族等，占总人口的4.4%。人口自然增长率6.7‰。

【领导干部名录】

党委书记 戴吉国

乡　　长 曹春艳

人大主席　龚瑞中
副 书 记　徐　强
纪委书记　杨军奎
武装部长　李爱民
宣传委员　毕文婷
组织委员　唐　甜
副 乡 长　陈江付
　　　　　赵红磊
　　　　　杨正雄
　　　　　王彦坤
　　　　　廖　江（挂职）

【经济】 2018年，完成地方生产总值44404万元，增速12.9%，完成区下达全年目标100%；完成规模以上固定资产投资42306万元，比去年同期增170.69%；规模以上工业增加值7888.4万元，同期增长41.3%；招商引资23800万元，完成计划数的119%，同期增长31.7%。农村居民人均可支配收入13314元。

农业　2018年农林牧渔业总产值完成23487万元，同比增长5%。其中农业总产值17912万元，增长1.7%；林业总产值282万元，增长2.5%；牧业总产值4491万元，增值355万元，增长-1.6%；农林牧渔业服务业总产值447万元，增长2.9%。

农作物种植面积51118亩，其中小春播种面积23890亩，大春面积27228亩。烤烟种植面积为14900亩，完成区下达种植面积，烟叶收购210万千克、亩均收入4301.7元，实现烟农总收入6409万元。

种植花卉1500亩、经果3663亩、白萝卜4500亩。

全乡共有892户养殖户。全年肉产量118.32万千克。完成生猪存栏数8998头，出栏数8631头，能繁母猪存栏1283头，肉产量71.96万千克。大牲畜存栏538头，出栏192头，其中：牛存栏数512头，出栏数170头，其中能繁母牛148头；羊存栏数1912头，出栏数1102头。家禽出栏数155698只，禽肉产量38.85万千克，禽蛋产量147.02万千克。

企业　2018年有个私企业40个，从业人员270人，企业总收入67203万元，比上年增长16.4%；利税总额601万元，比上年增长6.8%。江川舞啸酒厂改扩建项目建设完成，源辰废旧金属回收项目成功纳限，实现规模以上工业增加值7888万元，增速41.3%。

园区建设　雄关农产品物流产业园实现通水通电，完成滇中特色农副产品冷链储运中心、加油站综合服务区2个项目的前期准备工作，投资5.7亿元的滇中智慧农业产业园项目开工建设，投资11.3亿元的云南宝象雄关高原特色农产品现代冷链物流园项目签约入园。

【人居环境】 城乡基础建设　雄关乡总体规划和控制性规划通过专家评审并实施，自然村实现村庄规划全覆盖。6个“百村示范、千村整治”工程建设完成。小田旅游公厕建成使用，白石岩乡村旅游基础设施建设稳步推进。投资70万元的白石岩、爬地、下营人饮工程建设完工。抢抓“五网”建设机遇，配合抓好江通高速公路建设，老甸雄线修复工程启动实施，杨柳坝到下营小组、小田绕村公路、毡帽村进村道路等4条道路完工，养护乡村道路40千米。三湖调水工程二期项目雄关段启动施工，投资200万元的白石岩小坝、沟底坝、小营坝除险加固工程完成，投资70万元的雄关一二级抽水站升级改造工程、杨柳坝应急抢险工程竣工。行政村实现光纤宽带有线网络和4G无线网络全覆盖。

生态文明　持续推进拆临拆违工作，全年共拆除违法违规建筑114宗13191平方米。全力推进“8·13”“8·14”地震灾后恢复重建工作，拆除危房402宗71868平方米，完成灾后重建规划编制。大力推进“厕所革命”，新建公厕3座。创新实施“1+1+N”人居环境治理模式、“五长制”工程，打造20个“微森林”“微田园”。配备保洁员48名，垃圾集中收集处理率达到了100%，投资200万的集镇污水处理设施项目开工建设。稳步推进“仙湖卫士”“双创”先锋行动计划，严格落实“河长制”，全乡20座坝、7座水库、78条沟渠实现网格化管理，完成“钉钉”APP程序安装，建立河长制信息平台，7座水库绿化工程竣工。“森林雄关”持续实施，退出桉树150亩，义务植树3万株，退耕还林4048亩，查处破坏森林资源行为25起。执行环保“三同时”制度，年内未发生重大环境污染事件。

【社会事业】 脱贫攻坚　白石岩整村推进巩固提升、杨柳坝人居环境整治2个扶贫项目竣工验收，资金报账率100%。争取部队30万元产业扶贫资金，实施秋冬蔬菜产业扶持项目，发放复合肥140户1.12万千克。按时完成10户建档立卡贫困户震后拆除重建工作。创新实施“七个带动一批”“三个服务一批”扶贫工程，52户171人脱贫，脱贫攻坚成效考核顺利通过。

科技　2018年全乡有科普协会3个。全年共举办科技培训5期，培训人员531人，发放图书资料310余份。组织30名蔬菜种植户、花卉种植户参加新型职业农民培育计划。完成5个村（社区）的村级蔬菜种植技术服务点挂牌工作，实现技术服务全覆盖。

教育·文化·体育　全乡有初级中学1所，小学3所，幼儿园（学前班）4个。适龄儿童入学率达100%，全年安装各类体育设施12件，开展各类文艺演出21场，观众达2.3万人次。

卫生　有乡属卫生院1所，医务人员12人。村级卫生所5个，村级卫生室实现全覆盖。乡村医生12人，个体药房3个。区中医院医生长期轮流在雄关卫生院坐诊。2018年，城乡居民医疗保险新参保44人、参保率98.5%。全年共办理壹孩生育登记证42本，贰孩生育登记证56本。

民政　全年发放各项民政补贴224万元、优抚对象补助92人56万元、城乡居民最低生活保障370人97.3万元、五保补助24.8万元、残疾人两项补贴11.5万元。兑付火化补助25.2万元，完成象山公墓入园道路建设。城乡居民基本养老保险缴费率达97.1%，启动雄关敬老院建设，居家养老服务体系不断完善。全年共办理结婚登记55对，离婚登记18对，补办结婚证25对，婚姻登记合格率100%。

社会保障　全年转移农村劳动力466人，城镇登记失业率控制在4.0%以内。

社会治理　推进“四五”依法治乡和“七五”普法工作，扫黑除恶、缉枪治爆、“两抢一盗”等工作取得成效，共计处理涉黑涉恶人员7人，年内未发生重特大恶性案件。矛盾纠纷排查化解力度加大，受理各类矛盾纠纷39件，调解成功39件，调解率达100%。严格落实安全生产责任制，开展交通、在建项目、消防等“十大安全”检查12次，全年未出现重大安全事故。民宗、残联、红十字、工青妇、老体协、关心下一代、防震减灾等工作健康发展，民主政治建设不断进步。毡帽村、新房子分别成功申报省级文明村、市级文明村。

【第十一届党代会第二次会议召开】　1月7日，中国共产党雄关乡第十一届代表大会第二次会议召开。会议听取并审议了戴吉国同志所作的题为《牢记使命拼搏奋进为打造全区镇域经济发展“升级版”而努力奋斗》的党委工作报告，书面审议了《乡纪委工作报告》和《党费收缴使用情况报告》。会议要求，2018年全乡上下要坚定以习近平新时代中国特色社会主义思想为指导，深入学习贯彻习近平总书记系列重要讲话精神，紧扣区委5366发展思路，抢抓乡村振兴战略机遇，打好园区经济、民营经济、镇域经济三大战役，实施产业园区培育发展、精准脱贫合力攻坚、人居环境综合整治、民生保障十件实事、文明乡村社会治理、基层党建创新提升“六大工程”，全力打造全区镇域经济发展“升级版”。

【第十一届人代会第二次会议召开】　1月9日，雄关乡召开第十一届人民代表大会第二次会议。会议听取和审议了乡人民政府乡长曹春艳同志所作的《政府工作报告》以及乡第十一届人大主席团成员龚瑞中同志所作的《主席团工作报告》。会议号召，2018年要千方百计上项目、增投资，壮大综合经济实力；全力以赴建生态、优环境，加快生态文明建设；凝心聚力惠民生、促和谐，提升群众幸福指数；从严从实强自身、转作风，加强政府自身建设。为打造全区镇域经济发展“升级版”做出积极努力。

【雄关乡总体规划通过专家评审】
2月9日，由区发改局、区住建局、区环保局、区交通局、区农业局、区林业局、区旅发局、玉溪市国土资源局江川分局、玉溪市规划局江川分局等单位参加的专家评审会，评审通过了《玉溪市江川区雄关乡总体规划》。

【党职校开班】　5月8日，雄关乡党职校挂牌成立并举办首期培训班。党职校的成立，是加强党支部建设的新举措，为党员干部的政治理论学习提供了新保证，为做好党员干部的思想政治工作搭建了新平台。

【敬老院开工建设】　5月18日，雄关乡敬老院开始拆除重建，项目计划总投资546万元，计划建设养老综合服务设施楼一栋，建筑面积1949.73平方米，设计床位60个。项目建成后将提升雄关特困人员供养服务水平。

【第一片“微森林”落地】　7月1日，雄关乡第一片“微森林”在窑房村落地，共栽种柏树2590

株。微森林建设没能有效保持水土流失，为进一步加强生态雄关建设，贯彻落实绿水青山就是金山银山理念奠定坚实的基础。“党组织+微森林/微田园/微景观+党员”工程是实施森林雄关的主要举措之一，计划利用两年时间打造100片微森林。

【花卉新品种研发中心项目落户雄关】 7月11日，辽宁东亚洋桔梗花卉新品种研发中心项目正式签约落户雄关。这是一个集蔬菜种子科研、生产、加工、经营为一体的大型种子项目，项目计划占地100亩，总投资约3000万元，将研发洋桔梗新品种150个。

【农产品现代冷链物流园项目完成签约】 8月8日，由云南宝象物流集团投资建设的江川雄关高原特色农产品现代冷链物流园项目完成正式合作投资协议的签订，标志着项目正式入驻雄关农产品物流产业园。项目预计占地600余亩，总投资11.3亿元，项目将建设集农产品展示交易、冷冻冷藏、信息管理、物流配送、储运加工、配套商务等功能于一体的综合性现代农产品冷链物流平台。

【江通高速雄关隧道左幅实现贯通】 8月10日，江通高速雄关隧道左幅实现贯通。该隧道施工为江通高速公路全线重点难点控制性工程，它的贯通为该路建成通车奠定了良好基础。

【土地整治项目开工建设】 10月10日，雄关乡下营等2个村土地整治（提质改造）项目位于雄关乡上营村委会，项目建设规模459.9936公顷，工程项目主要包括土地平整、灌溉与排水和田间道路工程，将实现新增耕地面积13.5984公顷，提质改造（旱地改水田）175.4604公顷，项目建设期1年。

（李佩佩）

政 治

编辑 陈金才

中共玉溪市江川区委

【中共玉溪市江川区委第二届委员会常委、书记、副书记名录】

区委常委 徐 贤
王志华
张燕华（女，2018.01离任）
李长金
曾宪涛
李卫东
李志刚
矣向林
张祖权（2018.07离任）
蒋 文
赵 琦
靳联明（2018.07任）

区委书记 徐 贤

区委副书记 王志华
张燕华（女，2018.01离任）
李长金（挂职二年）

【中共玉溪市江川区委各部、委、办、局正副职名录】

区委办公室

主 任 李卫东

常务副主任 龚 钲（2018.07离任）
洪彦正（2018.11任）

副主任 洪彦正（2018.11离任）
王 亮（2018.11任）
刘蓉芳（2018.11任）

区委组织部

部 长 张祖权（2018.07离任）
靳联明（2018.07任）

常务副部长 邢小刚

副部长 唐光华
范江应
陈宝林

区委正科级组织员 张丽梅（女）

区委副科级组织员 杨 东
罗 鑫
许 奥（女）
郑 旭

区委宣传部

部 长 赵 琦

常务副部长 宋良艳（女，2018.11任）

副部长 刘 鸿

区文产办

主 任 刘 鸿

副主任 洪家起

区精神文明建设指导委员会办公室

主 任 宋良艳（女）

区对外宣传办公室

主 任 张乘风（女）

区委统一战线工作部

部 长 李志刚

常务副部长 业东华

副部长 潘兴发
李忠良

区民宗局

局 长 李忠良

副局长 刘开华

区工商业联合会（商会）

党组书记 业东华

主 席（会长） 顾 秋

副主席（副会长） 蒋 丽（女）

秘书长 蒋 丽（女）

区委政法委员会

书 记 蒋 文

常务副书记 何小春

副书记 王彦东

区维护稳定工作领导小组办公室

主 任 王彦东

副主任 周天华

区委依法治区领导小组小组办公室

专职副主任 王彦东

区社会管理综合治理委员会办公室

主 任 何小春

副主任 李 平
李佳秀（女）

区委党校
校长　张燕华（女，2018.02离任）
常务副校长　郭　华
副校长　业居敏
张　冬

玉溪市江川区行政学校
校　长　杨军苹（女）
副校长　业居敏（女）

区委保密委员会
主　任　李卫东
副主任　钟　镖
龚　钲
晏　春
专职副主任　李成祥

区保密局
局　长　李成祥

区委政策研究室
主　任　李　敏（女）

区委机要局
局　长　何旭升

区国家密码管理局
局　长　何旭升

区委督查室
主　任　王　亮（2018.01任，正科级）
区委督查员　王志伟（2018.01任，正科级督查员）
莫小伟（副科级督查员）
盛文芬（女，副科级督查员）

区史志办
主　任　张江瑞
副主任　余立言

区档案局
局　长　郭绍昆
副局长　张燕琳（女）

区委老干部局
局　长　范江应
副局长　潘兴江

共青团江川区委
书　记　屈　瑞（女）
副书记　龚　萍（女）

区妇女联合会
主　席　花云芬（女）
副主席　谢粉玲（女）

区总工会
主　席　普朝鹏
副主席　戴燕芬（女）

区科学技术协会
主　席　韩振华
副主席　张彦龙

区关心下一代工作委员会
执行主任　杨生明
副主任　李卫东
王柄璋
钟　镖
范江应
陈宝林
张丽梅
伏世金
顾宝富
杨从高
办公室主任　钱鸿润（2018.11离任）

区红十字会
会　长　杨军苹（女）
专职副会长　范文慧（女）

区文联
主　席　叶自林

区委机构编制办公室
主　任　张荣华
副主任　业雁春（女）
贺志宏

【中共玉溪市江川区委直属基层党委正副书记名录】

中共玉溪市江川区人民武装部委员会
第一书记　徐　贤
书　记　曾宪涛
副书记　张运铎

中共玉溪市江川区直属机关党工作委员会
书　记　杜正宁
副书记　王艳兰（女）

中共玉溪市江川区工业商贸和科技信息委员会
书　记　李华同

中共玉溪市江川区教育局委员会
书　记　张丽梅（女）

中共玉溪市公安局江川分局委员会
书　记　牛旺林（2018.02离任）
溥恩武（2018.02任）

中共玉溪市江川工业园区工作委员会
书　记　李江辉
副书记　杨美艳（女）

中共玉溪市江川区委老干部局委员会
书　记　郑吉来

中共玉溪市江川区非公有制经济组织党工作委员会
书　记　陈宝林
副书记　金武恒

中共玉溪市江川县区卫生和计划生育局委员会
书　记　杨春文

【区委发出的主要文件】

中共玉溪市江川区委关于印发中共玉溪市江川区委二届四次全会区委常委会工作报告和徐贤同志讲话的通知

中共玉溪市江川区委关于深入学习贯彻党的十九大精神促进江川跨越式发展的决定

中共玉溪市江川区委关于成立玉溪市江川区第二届人民代表大会第二次会议临时党委和各代表团临时党支部的决定

中共玉溪市江川区委关于成立政协玉溪市江川区第二届委员

会第二次会议党的领导小组和临时党支部的决定

中共玉溪市江川区委关于印发《贯彻落实中央八项规定精神实施办法》的通知

中共玉溪市江川区委关于转发《政协玉溪市江川区委员会2018年工作要点》的通知

中共玉溪市江川区委关于转发《玉溪市江川区人大常委会2018年工作要点》的通知

中共玉溪市江川区委玉溪市江川区人民政府关于印发《玉溪市江川区创新投融资机制的实施方案》的通知

中共玉溪市江川区委玉溪市江川区人民政府关于对张丽梅等261名同志予以表彰奖励的决定

中共玉溪市江川区委玉溪市江川区人民政府关于印发《玉溪市江川区转变工作作风强化执行力若干意见》的通知

中共玉溪市江川区委关于印发《玉溪市江川区基础党组织组织力提升若干意见》的通知

中共玉溪市江川区委关于印发《中共玉溪市江川区委科学民主依法决策制度（试行）》等系列制度文件的通知

中共玉溪市江川区委玉溪市江川区人民政府关于表扬2017年优秀教师和先进教育工作者的通报

中共玉溪市江川区委玉溪市江川区人民政府关于印发《玉溪市江川区农村集体产权制度改革工作实施方案》的通知

中共玉溪市江川区委关于推行“双报到双结对双评议”促进城市基层党建的实施意见

中共玉溪市江川区委玉溪市江川区人民政府关于推进安全生产领域改革发展的实施意见

中共玉溪市江川区委关于区委书记、副书记和区委常委工作分工的通知

中共玉溪市江川区委玉溪市江川区人民政府关于表彰首届“星云英才”的决定

中共玉溪市江川区委玉溪市江川区人民政府关于表彰2017年度科技进步与创新先进单位和个人的决定

中共玉溪市江川区委玉溪市江川区人民政府关于实施乡村振兴战略走在全省前列的实施意见

中共玉溪市江川区委印发《关于加强党内法规制度建设的实施意见》的通知

中共玉溪市江川区委关于深入学习和贯彻实施《中华人民共和国宪法》的实施意见

中共玉溪市江川区委关于印发《玉溪市江川区党务公开实施细则（试行）》的通知

中共玉溪市江川区委关于建立区人民政府向区人大常委会报告国有资产管理情况制度的实施意见

中共玉溪市江川区委玉溪市江川区人民政府关于印发《玉溪市江川区脱贫攻坚巩固提升三年行动实施方案（2018—2020年）》的通知

【区委办发出的主要文件】

中共玉溪市江川区委办公室关于对区委二届四次全会主要精神进行责任分解和立项督查的通知

中共玉溪市江川区委办公室关于玉溪市江川区2017年度党风廉政建设责任制检查考核结果的通报

中共玉溪市江川区委办公室关于万志恒同志任免职务的通知

中共玉溪市江川区委办公室关于认真组织学习《习近平谈治国理政》第二卷的通知

中共玉溪市江川区委办公室 玉溪市江川区人民政府办公室关于印发《玉溪市江川区食品药品安全党政同责的实施意见》的通知

中共玉溪市江川区委办公室 玉溪市江川区人民政府办公室关于印发《玉溪市江川区烤烟种植收购合同管理办法（试行）》的通知

中共玉溪市江川区委办公室 玉溪市江川区人民政府办公室关于印发《玉溪市江川区创建中国最佳楹联文化城市实施方案》的通知

中共玉溪市江川区委办公室关于印发《玉溪市江川区社会科学界联合会职能配置、内设机构和人员编制方案》的通知

中共玉溪市江川区委办公室关于印发《2018年玉溪市江川区宣传思想文化工作要点》的通知

中共玉溪市江川区委办公室 玉溪市江川区人民政府办公室印发《关于加强和改进新形式下反邪教工作的实施意见》的通知

中共玉溪市江川区委办公室 玉溪市江川区人民政府办公室关于印发《玉溪市江川区禁毒工作责任制》的通知

中共玉溪市江川区委办公室印发《玉溪市江川区关于加强和改进人民政协民主监督工作的实施意见》的通知

中共玉溪市江川区委办公室关于印发《区委全面深化改革领导小组工作规则》《区委全面深化改革领导小组专项小组工作规则》和《区委全面深化改革领导小组办公室工作细则》的通知

中共玉溪市江川区委办公室关于印发《中共玉溪市江川区委全面深化改革领导小组2018年工作要点》的通知

中共玉溪市江川区委办公室玉溪市江川区人民政府办公室关于印发《玉溪市江川区教育系统人事制度改革实施方案（试行）》的通知

中共玉溪市江川区委办公室关于印发《玉溪市江川区全面从严治党主体责任派单制实施办法（试行）》的通知

中共玉溪市江川区委办公室玉溪市江川区人民政府办公室关于玉溪市江川区领导干部经济责任审计全覆盖的实施意见

中共玉溪市江川区委办公室玉溪市江川区人民政府办公室关于印发《玉溪市江川区村（社区）社区干部任期经济责任审计暂行办法》的通知

中共玉溪市江川区委办公室玉溪市江川区人民政府办公室关于印发《玉溪市江川区“8·13”“8·14”地震灾后拆危除险包保工作方案》的通知

中共玉溪市江川区委办公室玉溪市江川区人民政府办公室印发《关于进一步加强和改进少数民族流动人口服务管理工作的实施意见》的通知

中共玉溪市江川区委办公室关于进一步加强习近平新时代中国特色社会主义思想学习的通知

中共玉溪市江川区委办公室玉溪市江川区人民政府办公室关于印发《玉溪市江川区农村人居环境整治三年行动实施细则（2018–2020年）》的通知

中共玉溪市江川区委办公室关于印发《玉溪市江川党内规范性文件备案办法》的通知

中共玉溪市江川区委办公室玉溪市江川区人民政府办公室关于印发《玉溪市江川区信访突出问题百日专项整治工作方案》的通知

中共玉溪市江川区委办公室玉溪市江川区人民政府办公室关于印发《玉溪市江川区关于进一步加强信访法治化建设的实施意见》的通知

中共玉溪市江川区委办公室印发《玉溪市江川区纪委监委派驻机构改革方案》《玉溪市江川区关于设立派出监察机构的实施方案》《玉溪市江川区推开乡镇（街道）监察试点工作的实施方案》的通知

中共玉溪市江川区委办公室关于全面加强新时代城市基层党建工作的实施意见

中共玉溪市江川区委办公室玉溪市江川区人民政府办公室关于印发《玉溪市江川区对区级和乡镇（街道）班子领导干部个人收入开展自查自纠工作实施方案》的通知

中共玉溪市江川区委办公室玉溪市江川区人民政府办公室关于印发《玉溪市江川区城乡规划委员会职责及议事规则》的通知

中共玉溪市江川区委办公室玉溪市江川区人民政府办公室关于印发《星云湖一级保护区生态修复及生态屏障构建项目建设工作方案》的通知

中共玉溪市江川区委办公室关于调整中共玉溪市江川区委意识形态工作领导小组的通知

中共玉溪市江川区委办公室关于印发《中共玉溪市江川区委巡察工作规划（2017–2021年）》的通知

中共玉溪市江川区委办公室关于印发《中共玉溪市江川区委巡察工作实施细则》的通知

中共玉溪市江川区委办公室关于认真贯彻执行《政法机关党组织向党委请示报告重大事项规定》的通知

中共玉溪市江川区委办公室玉溪市江川区人民政府办公室关于印发《玉溪市江川区全面推行山林长制实施意见》的通知

关于印发《玉溪市江川区贯彻落实中央环境保护督察“回头看”及高原湖泊环境问题专项督察反馈意见问题整改方案》的通知

中共玉溪市江川区委办公室玉溪市江川区人民政府办公室关于印发《玉溪市江川区深化投资项目审批制度改革的实施意见》的通知

中共玉溪市江川区委办公室玉溪市江川区人民政府办公室关于印发《玉溪市江川区清理整治党政机关部门企业工作方案》的通知

中共玉溪市江川区委办公室玉溪市江川区人民政府办公室关于印发《玉溪市江川区贯彻落实全省自然保护区专项督查反馈问题整改方案》的通知

中共玉溪市江川区委办公室玉溪市江川区人民政府办公室关于调整玉溪市江川区国家卫生城市创建达标工作领导小组的通知

中共玉溪市江川区委办公室玉溪市江川区人民政府办公室关于调整玉溪市江川区国家卫生城市创建达标工作指挥部的通知

中共玉溪市江川区委办公室玉溪市江川区人民政府办公室关于印发《玉溪市江川区迎接国家

卫生城市复审“百日风暴”行动工作方案》的通知

中共玉溪市江川区委办公室 玉溪市江川区人民政府办公室关于切实做好玉溪市江川区国家卫生城市攻坚迎审和省级文明城市常见工作的通知

中共玉溪市江川区委办公室 玉溪市江川区人民政府办公室关于印发《玉溪市江川区高中教学质量考核奖励方案（试行）》的通知

中共玉溪市江川区委办公室关于印发2018年度全区党委信息工作目标任务考核办法的通知

中共玉溪市江川区委办公室关于转发《玉溪市江川区关工委2018年工作要点》的通知

中共玉溪市江川区委办公室 玉溪市江川区人民政府办公室关于印发《玉溪市江川区2018年创建云南省文明城市工作考核办法》的通知

中共玉溪市江川区委办公室 玉溪市江川区人民政府办公室关于印发《玉溪市江川区2018年度乡镇（街道）和区直单位（含垂管单位）目标任务综合考评办法》的通知

中共玉溪市江川区委办公室 玉溪市江川区人民政府办公室关于印发《玉溪市江川区2018年度县处级领导干部目标任务综合考评办法》的通知

中共玉溪市江川区委办公室关于印发《共青团玉溪市江川区委改革实施方案》的通知

中共玉溪市江川区委办公室关于印发《玉溪市江川区“基层党建巩固年”实施方案》的通知

中共玉溪市江川区委办公室 玉溪市江川区人民政府办公室关于印发《玉溪市江川区2018年农村人居环境提升示范村建设实施方案》的通知

中共玉溪市江川区委办公室关于印发《区委理论学习中心组2018年学习选题计划》的通知

中共玉溪市江川区委办公室 玉溪市江川区人民政府办公室关于印发《玉溪市江川区2018年目标任务综合绩效考评奖分配方案》的通知

中共玉溪市江川区委办公室关于印发《玉溪市江川区总工会改革实施方案》的通知

中共玉溪市江川区委办公室关于印发《玉溪市江川区扫黑除恶专项斗争实施方案》的通知

中共玉溪市江川区委办公室关于印发《玉溪市江川区科协系统深化改革实施方案》的通知

中共玉溪市江川区委办公室 玉溪市江川区人民政府办公室关于调整区级领导联系“七位一体”重点工作项目的通知

中共玉溪市江川区委办公室 玉溪市江川区人民政府办公室关于调整区级领导联系“七位一体”重点工作项目的补充通知

中共玉溪市江川区委办公室 玉溪市江川区人民政府办公室关于调整玉溪市江川区河长责任制任务分工的通知

中共玉溪市江川区委办公室 玉溪市江川区人民政府办公室关于对2017年市对区综合考评排名前三名单位给予表扬、后两名单位给予批评的通知

中共玉溪市江川区委办公室 玉溪市江川区人民政府办公室关于贯彻落实《云南省清理规范创建示范活动实施方案》的通知

中共玉溪市江川区委办公室 玉溪市江川区人民政府办公室关于印发《玉溪市江川区2018年依法治区工作要点》的通知

中共玉溪市江川区委办公室 玉溪市江川区人民政府办公室关于2017年度目标任务综合考评结果的通报

中共玉溪市江川区委办公室 玉溪市江川区人民政府办公室关于印发玉溪市江川区2018年度乡镇（街道）、区直属单位办公室工作考核实施细则的通知

中共玉溪市江川区委办公室关于印发《中共玉溪市江川区委办公室综合考评奖励方法》的通知

中共玉溪市江川区委办公室 玉溪市江川区人民政府办公室关于废止《玉溪市江川区高中教学质量考核奖励方案（试行）》的通知

中共玉溪市江川区委办公室关于开展庆祝建党97周年系列活动的通知

中共玉溪市江川区委办公室 玉溪市江川区人民政府办公室关于印发《玉溪市江川区第二届七彩云南全面健身运动会工作方案》的通知

中共玉溪市江川区委办公室 玉溪市江川区人民政府办公室关于印发《玉溪市江川区党政领导干部安全责任生产责任清单》的通知

中共玉溪市江川区委办公室 玉溪市江川区人民政府办公室关于转发《区委宣传部、区委政法委、区“扫黄打非”领导小组办公室2018年“扫黄打非”行动方案》的通知

中共玉溪市江川区委办公室 玉溪市江川区人民政府办公室关于认真贯彻落实《维护社会稳定

工作规定》的通知

中共玉溪市江川区委办公室 玉溪市江川区人民政府办公室关于推行美丽家园城乡人居环境集中整治日的通知

中共玉溪市江川区委办公室 玉溪市江川区人民政府办公室关于进一步加强和重视“三农”发展综合考评工作的通知

中共玉溪市江川区委办公室 玉溪市江川区人民政府办公室关于印发《玉溪市江川区贯彻落实省督察组督察星云湖河（湖）长制工作反馈问题整改方案》的通知

中共玉溪市江川区委办公室 关于印发《玉溪市江川区庆祝改革开放40周年暨纪念玉溪撤地设市20周年活动方案》的通知

中共玉溪市江川区委办公室 玉溪市人民政府办公室关于在脱贫攻坚中进一步深入开展“自强、诚信、感恩”主题实践活动的通知

中共玉溪市江川区委办公室 关于转发《玉溪市江川区妇女联合会关于召开玉溪市江川区妇女第二次代表大会的方案》的通知

中共玉溪市江川区委办公室 玉溪市江川区人民政府办公室关于印发《玉溪市江川区打击整治枪爆违法犯罪专项行动工作实施方案》的通知

中共玉溪市江川区委办公室 关于严格规范有关表述的通知

中共玉溪市江川区委办公室 玉溪市江川区人民政府办公室关于印发《玉溪市江川区乡村振兴战略规划（2018–2022年）》编制工作方案的通知

中共玉溪市江川区委办公室 关于认真组织学习《习近平扶贫论述摘编》的通知

中共玉溪市江川区委办公室 关于印发《玉溪市江川区2018年度党风廉政建设责任制检查考核实施方案》的通知

中共玉溪市江川区委办公室 关于开展2018年度党建暨党风廉政建设责任制检查考核的通知

中共玉溪市江川区委办公室 玉溪市江川区人民政府办公室关于印发玉溪市江川区绿色发展和生态文明建设考核任务分工方案的通知

中共玉溪市江川区委办公室 玉溪市江川区人民政府办公室关于印发《玉溪市江川区扫黑除恶专项斗争考核办法》《玉溪市江川区扫黑除恶专项斗争督查工作实施方案》的通知

中共玉溪市江川区委办公室 玉溪市江川区人民政府办公室关于印发《中国·云南·江川第十四届开渔节（高原湖泊水产品交易会）活动方案》的通知

中共玉溪市江川区委办公室 关于区委办公室领导工作分工调整的的通知

中共玉溪市江川区委办公室 关于玉溪市江川区党风廉政建设责任制考核结果的通报

中共玉溪市江川区委办公室 玉溪市江川区人民政府办公室关于推进全区事业单位和国有企业公务用车制度改革工作的通知

中共玉溪市江川区委办公室 玉溪市江川区人民政府办公室关于印发《玉溪市江川区贯彻落实省委省政府环境保护督查反馈意见问题整改方案》

中共玉溪市江川区委办公室 玉溪市江川区人民政府办公室关于印发《玉溪市江川区关于建立社区工作准入制度的实施方案》的通知

中共玉溪市江川区委办公室 玉溪市江川区人民政府办公室关于印发《玉溪市江川区国税地税征管体制改革实施方案》的通知

中共玉溪市江川区委办公室 玉溪市江川区人民政府办公室关于调整充实江川区民族宗教工作领导小组的通知

中共玉溪市江川区委办公室 关于调整中共玉溪市江川区委政法委员会组成人员的通知

中共玉溪市江川区委办公室 玉溪市江川区人民政府办公室关于成立玉溪市江川区招商引资工作委员会的通知

中共玉溪市江川区委办公室 玉溪市江川区人民政府办公室关于调整玉溪市江川区“双拥”领导小组的通知

中共玉溪市江川区委办公室 关于调整充实玉溪市江川区精神文明建设指导委员会的通知

中共玉溪市江川区委办公室 玉溪市江川区人民政府办公室关于成立玉溪市江川区产业扶贫工作领导小组的通知

中共玉溪市江川区委办公室 玉溪市江川区人民政府办公室关于调整江川区“2260”高端特色烟叶开发工作领导小组的通知

中共玉溪市江川区委办公室 关于成立区委外事工作领导小组的通知

中共玉溪市江川区委办公室 关于成立中共玉溪市江川区委农村工作领导小组的通知

中共玉溪市江川区委办公室 玉溪市江川区人民政府办公室关于成立玉溪市江川区创建省级生态文明区工作领导小组的通知

中共玉溪市江川区委办公室关于调整充实区委防范和处理邪教问题领导小组和专项工作组的通知

中共玉溪市江川区委办公室玉溪市江川区人民政府办公室关于调整充实江川区高等级公路项目建设指挥部的通知

中共玉溪市江川区委办公室玉溪市江川区人民政府办公室关于成立玉溪市江川区创新型城市建设工作领导小组的通知

中共玉溪市江川区委办公室关于成立玉溪市江川区驻村工作领导小组的通知

中共玉溪市江川区委办公室玉溪市江川区人民政府办公室关于调整充实玉溪市江川区关心下一代工作委员会组成人员的通知

中共玉溪市江川区委办公室玉溪市江川区人民政府办公室关于调整充实玉溪市江川区扶贫开发领导小组成员的通知

中共玉溪市江川区委办公室关于深入开展中央文件保密管理使用工作情况检查的通知

中共玉溪市江川区委办公室玉溪市江川区人民政府办公室关于成立玉溪市江川区农村集体产权制度改革工作领导小组的通知

中共玉溪市江川区委办公室玉溪市江川区人民政府办公室关于调整充实玉溪市江川区创建全省全国文明城市工作指挥部的通知

中共玉溪市江川区委办公室关于成立玉溪市江川区城市基层党建工作领导小组的通知

中共玉溪市江川区委办公室玉溪市江川区人民政府办公室关于调整玉溪市江川区国防动员委员会及各办公室组成人员的通知

中共玉溪市江川区委办公室玉溪市江川区人民政府办公室关于调整充实玉溪市江川区安全生产委员会组成人员的通知

中共玉溪市江川区委办公室玉溪市江川区人民政府办公室关于调整玉溪市江川区农村集体产权制度改革工作领导小组的通知

中共玉溪市江川区委办公室玉溪市江川区人民政府办公室关于成立玉溪市江川区电子政务协调工作领导小组的通知

中共玉溪市江川区委办公室玉溪市江川区人民政府办公室关于玉溪市江川区国家安全领导小组办公室更名的通知

中共玉溪市江川区委办公室玉溪市江川区人民政府办公室关于成立玉溪市江川区扫黑除恶专项斗争领导小组的通知

中共玉溪市江川区委办公室玉溪市江川区人民政府办公室关于调整江川区烟花爆竹行业整合工作领导小组成员的通知

中共玉溪市江川区委办公室玉溪市江川区人民政府办公室关于做好庆祝2018年教师节有关工作的通知

中共玉溪市江川区委办公室玉溪市江川区人民政府办公室关于成立玉溪市江川区信息化工作领导小组的通知

中共玉溪市江川区委办公室关于调整中共玉溪市江川区委巡察工作领导小组的通知

中共玉溪市江川区委办公室关于成立玉溪市江川区深化党政机构改革领导小组的通知

中共玉溪市江川区委办公室关于对区第二届人民代表大会第二次会议（闭会期间）第1号议答复的函

中共玉溪市江川区委办公室关于对政协玉溪市江川区第二届委员会第二次会议第96号提案答复的函

中共玉溪市江川区委办公室玉溪江川区人民政府办公室关于调整完善中共玉溪市江川区委督查工作领导小组的通知

中共玉溪市江川区委办公室关于成立区委信息工作领导小组的通知

中共玉溪市江川区委办公室关于调整区委全面深化改革领导机构及组成人员的通知

中共玉溪市江川区委办公室玉溪市江川区人民政府办公室关于调整

中共玉溪市江川区委办公室玉溪市江川区人民政府办公室关于成立玉溪市江川区成品油市场保供领导小组的通知

中共玉溪市江川区委办公室玉溪市江川区人民政府办公室关于成立玉溪市江川区社区建设工作领导小组的通知

中共玉溪市江川区委办公室玉溪市江川区人民政府办公室关于学习贯彻《关于深化律师制度改革的实施意见》的通知

中共玉溪市江川区委办公室玉溪市江川区人民政府办公室关于调整玉溪市江川区生态文明建设排头兵工作领导小组成员的通知

中共玉溪市江川区委办公室玉溪市江川区人民政府办公室关于调整充实玉溪市江川区扶贫开发领导小组成员的通知

中共玉溪市江川区委办公室玉溪市江川区人民政府办公室关于成立玉溪市江川区实施乡村振

兴战略领导小组的通知

中共玉溪市江川区委办公室玉溪市江川区人民政府办公室关于健全完善区委信访工作联席会议职责机制的通知

中共玉溪市江川区委办公室玉溪市江川区人民政府办公室关于调整玉溪市江川区构建和谐劳动关系工作领导小组成员的通知

中共玉溪市江川区委办公室关于成立区委迎接省委第六巡组到玉溪下沉江川开展高原湖泊治理巡视工作联络领导小组的通知

中共玉溪市江川区委办公室玉溪市江川区人民政府办公室关于成立玉溪市江川区中央环境保护督察“回头看”整改工作领导小组的通知

（杨冬丽）

【重要会议】 1月3日，江川区召开扶贫开发攻坚领导小组第十一次会议，分析研究精准脱贫百日攻坚存在的问题，深入推进全区脱贫攻坚，安排部署扶贫开发成效考核迎检工作。会议强调，为做好迎检工作，各级各部门要抓细节，提高认识，扎实措施，搞好宣传，压实责任，统筹工作；要巩固成效，自检自查，聚焦“两不愁、三保障”和“695”指标，对扶贫工作中出现的问题及时整改，确保错评、漏评、错退“三率”归零，贫困户档案信息完整准确，加快扶贫项目推进速度，整治村容村貌，提升人居环境，提高群众对我区扶贫工作的满意度；要做好考核实施方案，认真对标对表，按照各项工作的推进时间节点，扎实做好各项工作，展现我区扶贫攻坚工作成效，提交一份让考核工作组和群众满意的答卷。要把握好扶贫工作中的要点和环节，做到责任落实，政策落实，工作落实，从区到各乡镇、街道到村要做好脱贫攻坚责任体系建设和落实，做好找经验，找典型，找问题工作。

1月15日上午，中国共产党玉溪市江川区第二届委员会第四次全体会议召开。会议深入学习宣传贯彻党的十九大精神，高举习近平新时代特色社会主义思想伟大旗帜，认真总结2017年特别是二届区委履职以来的工作，动员全区广大党员干部和各族群众，不忘初心，牢记使命，决胜全面建成小康社会，为建设宜居宜业和谐美丽新江川努力奋斗。报告指出，江川的发展在新时代大有可为，全区上下必须深入学习宣传贯彻党的十九大精神，全面开启江川现代化建设新征程。2018年，是贯彻党的十九大精神的开局之年，也是决胜全面建成小康社会、实施“十三五”规划承上启下的关键一年，从江川面临的机遇、市委对江川的要求及自身发展优势看，我们有责任有能力有信心发展得更好更快。我们要高举习近平新时代中国特色社会主义思想伟大旗帜，深入学习宣传贯彻党的十九大精神，坚持稳中求进工作总基调，按照高质量发展的要求，坚持创新、协调、绿色、开放、共享新发展理念，打好园区经济、县域经济、民营经济三大战役，实施从严治党、深化改革、五网建设、同城发展、生态保护、民生事业六大工程，做强先进装备制造、现代物流产业，做优高原特色农业、磷化工等传统产业，做实文化旅游及健康养老、航空产业，打造经济转型发展、城乡建设管理升级版，建设宜居宜业和谐美丽新江川。报告要求，2018年全区上下要认真贯彻市委五届五次全会精神，着力抓重点、补短板、强弱项，在提高发展质量的基础上，保持经济较快增长，实现地方生产总值迈过百亿元大关，园区经济、城乡建设、生态保护取得突破性进展。实现以上目标任务，必须抓重点破难点，以攻坚必胜的决心抓好七个方面的工作。一要始终把高质量发展作为主攻方向，着力夯实经济基础；二要始终把同城发展作为重要抓手，着力改善城乡面貌；三要始终把乡村振兴作为战略任务，着力提升“三农”工作水平；四要始终把改革创新作为不竭动力，着力增强发展活力；五要始终把文化引领作为重要遵循，着力提升群众文明素养；六要始终把绿色发展作为生态底色，着力实现水清山绿；七要始终把人民幸福作为执政追求，着力改善民生福祉。

1月19日上午，中国人民政治协商会议玉溪市江川区第二届委员会第二次会议在江川影剧院隆重开幕。罗跃岗代表政协玉溪市江川区第二届委员会常务委员会向大会做工作报告。报告指出，2018年，是贯彻中共十九大精神的开局之年，是改革开放40周年，决胜全面建成小康社会、实施“十三五”规划承上启下的关键一年。对此，区政协常委会工作的总体思路是：高举中国特色社会主义伟大旗帜，深入学习贯彻中共十九大精神，坚持团结和民主两大主题，紧紧围绕区委二届四次全会的安排部署，认真履行政治协商、民主监督、参政议政职能，充分发挥协调关系、汇聚力量、建言献策、服务大局的重要作用，为建设宜居宜业和谐美丽新江川作出新的贡献。围绕这个总体要求，一要深入学习贯彻十大精神，在“学懂弄通做实”上下功夫，切实用习近平新时代中国特色社会主义思想武装头脑、指导实践、推动工作；二要围绕发展大局协商议政，坚持围绕全区重大决策部署履行职能，紧扣江川改革发展稳定议政建言；三要着力加强和改进民主监督，健全监督机制、提高监督实效；四要持续抓好政协自身建设，落实全面深化改革要求，提高履职能力，不断强化政协自身建设。

1月19日下午，江川区委召开“两会”党员大会。区委书记徐贤指出，召开“两会”是我区各族人民政治生活中的一件大事，对于全面贯彻中央、省委、市委和区委的决策部署，推进江川经济社会平稳较快发展，加快全面建成小康社会进程，建设宜居宜业和谐美丽新江川具有十分重要的意义。徐贤要求，各位党员代表、委员要牢固树立政治意识、大局意识、核心意识和看齐意识，以高度的政治自觉全身心投入到会议中来，发挥好党的领导核心作用和党员的先锋模范作用，引领带动全体代表和委员积极参政议政，充分行使民主决策和民主选举权利，认真反映广大群众的期盼和要求，共同履行好神圣职责，共谋全区经济社会发展大计；各位党员代表、委员要紧紧围绕区委、区政府中心工作，认真贯彻落实区委二届四次全会精神，多建科学发展之言、广献富民强区之计、深谋跨越发展之策，真正做到充分反映民情，正确代表民意，广泛汇聚民智，切实提高议案、提案和建议的质量。

1月20日上午，玉溪市江川区第二届人民代表大会第二次会议开幕式暨第一次全体会议在江川影剧院召开。王志华代表区人民政府向大会报告工作。报告指出。2018年，我们要乘势而上、奋勇争先，开创发展新局面。2018年区政府的工作总体思路是：高举习近平新时代中国特色社会主义思想伟大旗帜，深入学习宣传贯彻党的十九大精神，坚决贯彻落实区委二届四次全会决策部署，坚持稳中求进工作总基调，按照高质量发展的要求，坚持创新、协调、绿色、开放、共享新发展理念，打好民营经济、县域经济、园区经济三大战役，实施从严治党、深化改革、五网建设、同城发展、生态保护、民生事业六大工程，做强先进装备制造、现代物流产业，做优高原特色农业、磷化工等传统产业，做实文化旅游及健康养老、航空产业，打造经济转型发展、城乡建设管理两个升级版，建设宜居宜业和谐美丽新江川。围绕以上目标，今年我区将重点做好以下七个方面的工作：一要统筹城乡协调发展，彰显美丽宜居新风貌；二要加快发展新型工业，打造跨越发展新高地；三要实施乡村振兴战略，探索农业发展新途径；四要大力发展现代服务业，培育经济发展新亮点；五要筑牢生态环境防线，厚植绿色发展新优势；六、持续深化改革创新，蓄积赶超发展新动能；七、着力改善民生福祉，满足人民群众新期待。

1月21日，江川区召开2018年烟叶工作会议，学习贯彻全国、全省、全市烟叶工作会议精神，总结2017年全区烟叶生产工作，安排部署2018年工作。区委书记徐贤强调，抓好今年的烤烟工作，要按照六个“不折不扣”来抓谋划、促落实，一要不折不扣完成收购任务目标，各乡镇（街道）要把收购计划作为硬任务，全力以赴抓实烤烟生产各项工作；二要不折不扣抓实烤烟种植面积，要确保面积栽够、田烟栽足，做到建档立卡户、规模流转种植大户、星云湖流域产业结构调整优先下达指标；三要不折不扣抓实计划合同管理，要以连片规划种植为依据，把好计划分解关；四要不折不扣落实提质增效措施，要落实科技措施，合力推科技、提单产、提质量、增效益；五要不折不扣严肃考核奖惩问责；六要不折不扣加强烤烟生产领导，认真落实党政“一把手”负责制，进一步健全完善抓烤烟工作的领导机制。

2月22日，玉溪市江川区第二届人民政府召开第二次全体会议，动员全区各级各部门认真贯彻落实省、市、区“两会”精神，分解落实2018年政府主要工作任务，以开战就是决战的态度，进一步转变作风，确保今年GDP、固定资产投资过百亿，圆满完成2018年各项目标任务。区委副书记、区长王志华强调，结合今年经济社会发展目标，要重点抓好五个方面工作，一要抓项目投资，进一步把《政府工作报告》中的目标任务工程化、项目化，把项目建设作为经济工作的主要抓手，加大招商引资力度，强化要素保障；二要抓城乡建设，按照“规划引领、基础先行、产城融合、城乡一体、管理为要”五项原则，加快推进城乡建设步伐；三要抓产业发展，产业是富民之基、强区之魂，当前及今后一段时期，必须坚定加快全区产业发展的信心和决心，加快发展新型工业，促进服务业优质高效发展，推进高原特色现代农业加快发展；四要抓生态建设，突出星云湖保护治理，强力推进星云湖既定项目实施；五要抓民生改善，坚决打赢脱贫攻坚战，继续巩固义务教育均衡发展成果，做好就业再就业工作，确保社会和谐稳定。

2月23日，江川区召开民兵调整改革部署会议。会议指出，2018年度民兵调整改革工作是为巩固基层民兵组织，加强国防后备力量建设，要坚持以习近平新时代中国特色社会主义思想为指导，以党的十九大精神为统揽，以习主席新时代强军目标为引领，进一步压减数量规模、优化结构布局、改进军事训练方式、创新管理模式，按照“平时服务、急时应急、战时应战”的要求，进一步提升国防后备力量建设质量和水平。会议要求，各级各部门要在区委、区政府统一领导下，在民兵调整改革领导小组指导下统一思想，提高认识，一定要充分认清民兵调整改革工作的重要意义；各相关单位要严格按照《“十三五”时期江川区民兵调整改革实施方案》的要求认真执行，严格标准，确保时限，保证我区2018年度民兵调整改革工作圆满完成。

2月23日，区委理论学习中心组举行2018年第一次集中学习，深入学习贯彻党的十九大和十九届二中全会精神，深刻领会习近平新时代中国特色社会主义思想，传达学习中央、省委、市委、区委有关会议精神，增强“四个意识”、坚定“四个自信”，对照“六个聚焦”开展好专题学习研讨，谋划安排好全年工作。区委书记徐贤指出，进入新时代要有新气象，拿出新作为，2018年，是贯彻党的十九大精神的开局之年，是改革开放40周年，决胜全面建设小康社会、实施“十三五”规划承上启下的关键一年，全区上下要以习近平新时代中国特色社会主义思想武装头脑，指导工作、更高更远的来谋划推动江川大发展。徐贤要求，各级各部门要对照罗应光书记在区委常委班子民主生活会提出的江川要建好一座城、治好一湖水、打造一个高地的要求，突出抓好“三项重大任务”。一是要突出抓好将党的十九大精神转化为做好各项工作的强大动力和生动实践的时代答卷，增强政治自觉、思想自觉、行动自觉，深入学习宣传贯彻习近平新时代中国特色社会主义思想和党的十九大精神、《习近平谈治国理政》第一卷、第二卷，在学懂弄通做实上下功夫，进一步武装头脑、指导工作、促进发展，认真对照区委二届四次全会和区“两会”精神，对各项工作进行再审视、再谋划、再部署，进一步厘清发展思路、细化目标任务，找准贯彻落实的切入点和着力点；二是要突出抓好脱贫攻坚这一最大的政治任务和民生工程，坚决打赢新时代第一场精准脱贫的硬仗，确保全面建成小康社会，一个不能少，共同富裕的路上，一个不掉队；三是要突出抓好加快经济高质量跨越式发展这一最大的要务，为江川全面建成小康社会奠定高质量的经济基础和生态基础。

3月6日，江川区召开机场建设项目征地拆迁工作推进会。通用机场建设项目对改善江川交通条件、促进经济发展、方便群众生活等方面意义重大，机遇难得。各相关部门要增强紧迫感和压力感，加快工作进度，所有参与此项目建设的领导和干部要不辱使命，不负众望，以高度的政治责任感和使命感抓好各项工作落实，积极主动作为，在保证群众利益的前提下，加快推进机场建设项目工作落实，为全区经济社会发展做出贡献。

3月8日，江川区委政法工作会议召开。区委书记徐贤强调，当前，全区经济平稳健康发展，社会政治大局平稳可控，做好政法工作具有许多有利条件。但我们也要清醒地看到，在新的发展阶段，政法工作还面临维护政治安全的任务更加艰巨、社会稳定风险隐患增多、公共安全形势面临新的挑战等。徐贤要求，全区要以习近平新时代中国特色社会主义思想为引领，毫不动摇把党的绝对领导作为新时代政法工作的最高原则，毫不动摇把以人民为中心作为新时代政法工作的根本立场，毫不动摇把法治作为新时代政法工作的基本方式，毫不动摇把改革创新作为新时代政法工作的强大动力，毫不动摇把科技化智能化作为政法工作的重要引擎，毫不动摇把过硬队伍建设作为政法工作的重要保障，不断提高新时代政法工作水平；全区政法机关要主动适应人民群众对平安的新需要，把专项治理与系统治理、综合治理、依法治理、源头治理结合起来，努力建设更高水平的平安江川，不断增强人民群众获得感、幸福感、安全感；要坚定不移当好法制建设的主力军，全面深化司法体制改革，打造优质高效法治软环境，大力推进执法司法智能化建设，着力培育全社会法治信仰，为法治江川建设作出积极贡献；要加强党对政法工作的领导，健全落实党领导政法工作的机制体制，健全落实司法机关依法履职保障机制，健全落实全面从严治警长效机制，以奋发有为的精神、改革创新的举措、求真务实的作风，全面加强和改进政法工作，努力为建设宜居宜业和谐美丽新江川保好驾、护好航。

3月8日，区纪委二届三次全会召开。徐贤强调，全面从严治党永远在路上，正风肃纪永不停歇，要坚定不移推进党的政治建设，坚决维护核心，坚定理想信念，坚定不移履行好管党治党政治责任，坚持严字当头、实字托底，坚定不移提高党员领导干部担当作为的能力；要坚定不移健全监督体系，加强权力运行制约和监督机制建设，形成“有权必有责、有责要担当、用权受监督、失责必追究”的制度安排，切实把权力关进制度的笼子；要坚定不移运用好监督执纪“四种形态”，贯彻好陈豪书记和罗应光书记强调的加强和改进函询谈话工作、把握好运用“四种形态”尺度、把运用“四种形态”同干部能上能下结合起来；要坚定不移贯彻落实好信念过硬、政治过硬、责任过硬、能力过硬、作风过硬“五个过硬”要求以对党绝对忠诚的高度自觉和责任担当，以更高标准、更严纪律要求，把专责监督的责任履行到位，不断开创全面从严治党新局面，为奋力建设宜居宜业和谐美丽新江川、全面建成小康社会提供坚强政治保证。

3月8日，江川区召开信访工作会议。会议强调，要以习近平新时代中国特色社会主义思想为指导，深入贯彻落实党的十九大精神，牢牢把握社会主要矛盾的变化对信访工作的新要求，主动融入新时代，担当责任，锐意进取，努力开启新时代信访工作的新征程；要坚持善用法律思维，深入推进依法决策、依法行政，坚持依法分类处理群众诉求，强化法律在化解矛盾纠纷中的权威地位，推动法治信访建设迈向高水平；要把发挥党的群众工作优势和发挥现代科技优势结合起来，推动信访工作机制创新和现代科技应用有机融合，努力创造适应群众新需求、体现时代新特征的信访工作新模式；各乡镇（街道）、各部门要按照中央和省、市的部署，以深入开展“四大重点”矛盾化解攻坚为抓手，进一步压实基层和属地责任，最大限度减少矛盾积累、信访上行；要勇于担当、敢于负责、锐意进取、真抓实干，在新的起点上不断开创信访工作新局面。

3月9日下午，江川区召开国家卫生城市攻坚迎审工作推进会。区委书记徐贤强调，国家卫生城市复审，既是对创建工作的检验，也是对执行力和工作作风的考验。此次复审迎检工作时间紧、任务重、标准要求高、涉及面广。各级各部门要克服畏难情绪，切实转变作风，扛实领导责任，扛实网格责任，扛实部门责任，扛实街道社区责任，上下联动凝聚合力，保障迎检各项工作落到实处、取得实效；细致对照复审标准，把任务层层分解，定人员、定职责、定标准、定进度、定时限，确保复审工作件件有人抓，事事有落实；厚植宣传教育，切实抓好市民文明习惯和卫生意识的培养，广泛开展健康教育活动，全方位、广覆盖地宣传文明、卫生、健康、环保知识，引导市民树立良好的生活方式，全面提升文明素质；严明纪律，加强督查，严肃问责，严格奖惩，以扎实有力的举措，全力以赴迎接国家卫生城市复审，打造宜居宜业和谐美丽新江川，为打造健康生活目的地、建设创新开放生态宜居文明幸福美丽玉溪作出新的更大贡献。

3月17日，江川区召开国家卫生城市创建达标工作指挥部（扩大）会议，对迎接国家卫生城市复审工作进行再安排、再部署、再动员。区委书记徐贤强调，卫生城市建设是落实十九大报告中提出的健康中国战略的重要一环，创建国家卫生城市成功及巩固提升是一件改善民生、体现民意、深得民心的大事，是完善基础设施、强化城市管理、改善人居环境的重要载体，是增强市民环境意识、提高市民文明素质、促进社会和谐的核心内容，也是提升城市品位、打造城市品牌、增强城市凝聚力的助推器。全区上下要高度重视、倍加珍惜，以高度的政治责任意识，充分认识抓好国家卫生城市复审工作的重大意义，切实增强紧迫感和责任感，确保复审成功；要统一思想认识，树立志在必得，背水一战的信心和决心，围绕《国家卫生城市标准（2014版）》达标要求，科学统筹、攻坚克难，补齐短板，保证各项迎检任务不丢项、不落项；要按照复审时间节点抓好细节和薄弱环节，逐项梳理解决问题，扎实有效抓好落实整改，思想上决不能松懈麻痹，工作上决不能粗枝大叶，做到天天有变化，周周有改变，全力以赴打好复审迎检攻坚战。

3月19日，江川区召开2018年防震减灾工作联席会议。副区长杨军苹强调，新时代对做好防震减灾工作提出了新要求，经济社会快速发展对防震减灾工作提出了新课题，震情形势对防震减灾工作提出了新挑战，地震灾害综合防范能力薄弱对防震减灾工作提出了新考验。各级各部门要进一步增强做好防震减灾工作的责任感和紧迫感，扎实做好2018年防震减灾工作，不断提高地震监测预报、灾害防御、应急救援能力，进一步强化公众防震避险意识和防震减灾协同作战能力；各乡镇（街道）和各成员单位务必牢记使命、恪尽职守，以踏实的工作作风把身边的事、日常的事做到位、做踏实，秉持不驰于空想、不骛于虚声的态度，以真抓的实劲、敢抓的狠劲、善抓的巧劲、常抓的韧劲，认真做好防震减灾各项工作，为保障人民群众生命财产安全和促进我区经济社会持续健康发展作出新的更大贡献。

3月20日，区委全面深化改革领导小组召开第十三次会议。会议传达学习了党的的十九大有关全面深化改革的精神和中央、省委、市委全面深化改革领导小组近期会议精神，研究审议通过了《创新投融资机制的实施方案（试行）》《江川区人大常委会国有资产管理监督办法（试行）》《玉溪市江川区关于进一步深化文化市场综合执法改革的实施意见》《共青团玉溪市江川区委改革实施方案》，通报了《大街街道村（社区）年度综合目标考核实施方案》《大街街道村组干部年度考核奖励办法》，听取了妇联改革工作推进情况汇报。就统筹推进好当前及下步改革工作，徐贤强调，要坚持以习近平新时代中国特色社会主义思想为指导，围绕市委“5577”的总体发展思路，结合科教引领创新发展大讨论，大行动，解放思想、开拓创新，敢于从制约江川发展的瓶颈上找出路，善于从基层和群众关心的问题上找办法，大力弘扬改革创新精神，推动思想再解放、改革再深入、工作再抓实，凝聚起全面深化改革的强大力量，在新起点上实现突破，以实实在在的改革成效，提升全区人民的获得感和幸福感；要坚持和加强党对改革的集中统一领导，对党中央，省委市委作出的改革部署、通过的改革方案，对上级放在我区的各项改革试点，不论有多大困难，都要坚定不移抓好落实；要坚持以人民为中心的改革价值取向，始终坚持人民主体地位，把人民放在心中最高位置，把党的群众路线贯彻到全部改革之中，做到老百姓关心什么、期盼什么，就抓住什么、推进什么；要坚持目标问题导向，提高办事效率，贯彻落实好“最多跑一次”改革举措，在减事项、减次数、减材料、减时间上下功夫，扎实推进各领域改革工作；要坚持过硬作风，始终有一种闯劲、拼劲、干劲和韧劲，突出重点，集中攻坚，以点带面，推动改革落地，勇于争当新时代全面深化改革排头兵。

3月27日，我区召开2018年烤烟生产工作推进会。区委副书记、区长王志华指出，目前，我区今年烤烟种植面积分派基本落实，烤烟育苗工作基本完成，烤烟种植合同分配基本到位，但完成2018年烤烟收购目标还有一定风险。王志华要求，各乡镇、街道和有关部门，要统一思想，提高认识，重视烤烟产业在我区经济发展、税收收入和增加农民收入中的重要地位；要明确责任，抓好落实，确保全区烤烟种植品种为K326，种植面积7.11万亩，在5月5日前完成全区烤烟移栽工作，保证烤烟生长周期，提高中上等烟比例，增加烟农收入；要做好合同跟进和动态管理工作，避免出现虚合同；要做好保栽工作，提早清理沟渠，保证种植供水充足，新建烤房或购进烤烟机械，满足烟农需求；要做好督促检查跟进工作，确保各项工作顺利完成。

3月30日，江川区召开创建国家卫生城市和大街街道棚户区改造工作领导小组会议。区委书记徐贤指出，两项工作的开展给我区带来的变化有目共睹，在各级各部门的共同努力下，在全区群众的理解、支持和参与下，推动解决了一批“老大难”问题，目前我区的“创卫”和棚改工作均进入了实质性的攻坚阶段，各级各部门要抓重点、补短板、强弱项，领导干部要作表率、作动员、做安排，把工作落实、落细、落小。徐贤要求，要紧盯目标不动摇，把目标大化小、虚化实，做到工作目标更清，工作推进更实；紧盯问题不放松，坚持问题导向，做到紧急问题跟踪督，主要问题重点督，难办问题反复督；紧盯过程不局限，既要坚持目标导向也要把准结果导向，动态掌握工作进程，发现问题认真及时研判，科学规划，统筹推进好各项工作；紧盯机制不懈怠，进一步完善相关机制体制建立，履行好监管职能，把枢纽部门综合协调、承上启下、联系内外的功能发挥好，确保工作协调有序推进。

4月4日，江川区召开2018年统战（民宗）工作会议。会议要求，全区各级各部门要高度重视统战（民宗）工作，牢牢把握大团结大联合主题，全面贯彻落实党中央和省委、市委关于统一战线的决策部署，紧紧围绕区委“5366”经济社会发展总体思路，大兴学习之风、调查研究之风和真抓实干之风，凝聚人心共识，汇聚智慧力量，推动统一战线各领域工作实现新发展，在重点领域实现新突破、创造新经验，为推动江川高质量跨越发展汇聚大合力。

4月8日，江川区主要领导干部学习贯彻习近平新时代中国特色社会主义思想和党的十九大精神研讨班暨2018年区委理论学习中心组第二次学习活动在江川区影剧院举行。学习主要采取分组研讨、专题讲座和观看政论专题片等形式组织，并组织闭卷测试。全区实职副科级以上领导、各村（社区）党总支书记、主任等参加学习。

4月16日，江川区召开2018年烤烟移栽现场工作会，全面安排部署当前烤烟移栽工作，打牢烟叶提质增效基础。“一分安排，九分落实”，全面完成今年的烤烟生产目标任务关键在抓落实。各乡镇（街道）、各部门要逐级落实责任，层层传导压力，抓好统筹谋划和安排落实；主要领导、分管领导要针对当前烤烟落实面积、备耕移栽工作薄弱环节和存在的突出问题，认真分析原因、积极解决落实，做到一个小组、一片田块、一家一户地抓突破、抓落实，确保工作成效。各乡镇（街道）要发挥“以点带面、典型引导”的示范、辐射、带动作用，推动全区烤烟按时间节点、按移栽质量要求全面完成移栽。区纪委监察、区委督查室、区政府督查室要把督查工作贯穿烤烟生产全过程，形成抓落实、促发展的强大合力；要进一步加大追责力度，坚决查处不担当、不作为，以及办事拖拉、作风飘浮、执行不力等问题，特别是面积不实完不成任务，合同管理不到位造成严重后果和不良影响的，要严肃追责。

4月24日，江川区召开创建云南省第十届双拥模范城工作动员会。会议指出，创建新一轮双拥模范城工作，全区上下要团结一心，共同围绕打造宜居宜业和谐美丽新江川目标，军地携手开创军地共建、军民团结新局面。会议要求，全区各乡镇（街道）、各成员单位、驻江部队要提高政治站位，严格按照创建目标要求，定人员、定责任、定任务、定进度，做到一级抓一级，层层抓落实；要认清形势，凝聚军政军民强大力量，从讲政治、顾大局、促发展的高度深刻学习认识创建工作的重要性，增强使命感、责任感，在巩固已取得成果的基础上，抓紧工作重点，突出特色亮点，组织开展好今年的创建工作；要聚焦目标任务，明确责任分工，细化落实目标，破解困难，纵深推进双拥工作落地生根；要树立看齐意识，坚定创建信心，加大争创双拥模范城工作力度，确保创建目标如期实现；要强化措施，突出重点、亮点，把握关键环节，对标对表，逐项落实责任清单，自检自查，确保在规定时限内高标准、高质量完成双拥模范城创建任务。

4月25日，一届区委全面深化改革领导小组召开第十二次会议。会议传达学习了中央全面深化改革委员会第一次会议精神和十届省委全面深化改革领导小组第十一次会议精神，审议通过了《玉溪市江川区科协系统深化改革实施方案》《玉溪市江川区总工会改革实施方案》《玉溪市江川区转变工作作风强化执行力若干意见》《玉溪市江川区前卫镇农村集体资金管理改革试点工作方案》，听取了“放管服”改革工作推进情况汇报。

5月3日，江川区召开河湖长制领导小组工作推进会议。区委书记徐贤强调，全面推行河长制是中央部署的一项重大改革，是推进生态文明建设的重大举措，更是一项重大政治任务。各级河湖长一定要提高思想认识，树立责任意识，严格履行好河湖长制职责，按照《玉溪市江川区全面推进河长制考核问责的激励机制》等十项制度，坚持问题导向，对标对表，认真落实好河湖长制责任，推动河道保护治理工作实现新作为；要强化问题导向，突出工作重点，以过硬的作风实现河湖长治，不折不扣地履行好河湖长职责，落实一河一策、一湖一策、一库一策、一渠一策，全域保护治理到位，着力解决河道、湖泊管理保护的难点、热点和重点问题，统筹推进水资源保护、水污染防治、水环境治理、水生态修复等内容，确保河湖库渠的治理、管理、保护到位，全力打好我区水环境治理攻坚战；要强化监督检查，督促考核问责，严格工作落实，严格责任追究，不摆拍、不作秀，不走过场，确保河湖长制任务真正落到实处、工作取得实效，切实担当起我们这一代江川人保护好母亲湖、母亲河的政治责任，让“天然图画胜西湖”的人间美景永驻人间。

5月15日，江川区委召开全区脱贫攻坚巩固提升推进会。会议要求，全区各级各部门对存在的问题要认真研究分析、认真反思，对相关政策的落实要积极努力、有效跟进，从而实现2018年脱贫攻坚工作全面扫尾的目标任务；要干在实处，走在前面，明确工作目标定位，对已经脱贫又返贫的困难群众要及时纳入系统进行统计分析，对未脱贫的要逐户分析、逐户落实，加强产业引导，从真正意义上实现全面脱贫、高质量脱贫，精准推进脱贫攻坚各项工作的巩固提升；要强化动态管理，强化惠民政策的落实，强化宣传，综合评判，做到应补尽补，让困难群众最大限度的得到实惠、享受实惠；要落实产业脱贫，做好困难群众与用工企业的协调对接，搭好桥梁，科学合理的引导困难群众产业、就业脱贫；要着力改善困难群众的人居环境，用真心真情开展各项脱贫工作，让困难群众感受到实实在在的幸福感、获得感；要众志成城、全面脱贫，对困难群众要清清楚楚的掌握他们的实际情况，对他们脱贫的实际需求要放在心上，抓在手上，并根据实际情况给以实实在在的支持，进行实实在在的帮扶；要采取行之有效的措施，树立目标导向，处理好、协调好各级各部门之间的工作，为群众办实事、办好事，通过积极的努力提升好、巩固好全区上下的脱贫攻坚成果，实现高质量全面脱贫。

5月25日，江川区召开2018年综合目标考评工作会。区委书记徐贤指出，年度综合目标考评是推动科学发展、提升服务水平、促进工作落实的有效手段和重要举措，也是检验各级各部门年度目标任务完成情况和质量优劣的关键。要充分认识年度综合目标考评工作的重要性和必要性、各司其职、各负其责、加强协作、搞好配合，认真做好做实今年的考核工作；要正视问题、总结经验，勇争一流，不沉浸在过去的荣誉，坚决摒弃原来妄自尊大的旧思维旧观念，拓宽眼界，跳出江川看江川，对面临的竞争环境、存在的问题和差距进行科学研判，作出适合江川的考评方案；要调整心态，提振信心，勇争一流，对自身工作进行再审视、再谋划、再部署，进一步厘清工作思路，细化目标任务，压实工作责任，找准工作切入点和着力点，确保各项工作实现新突破；要转变作风，务求实效，严格考评、严肃奖惩，勇争一流，改变“上面九级风浪、下面纹丝不动”的局面，主动对标先进、知耻后勇、奋起直追，把综合考评工作作为每一个单位的一把手工程，作为推动工作落实的“指挥棒”“风向标”“助推器”牢牢抓在手里，做到综合目标考评工作亲自谋划、亲自部署、亲自落实，共同努力抓好全区的绩效工作。

5月29日，区委举行2018年理论学习中心组第三次集中学习，深入学习贯彻习近平总书记关于长江经济带发展重要战略思想，省委、省政府主要领导对玉溪“七个走在全省前列”和打造“三张牌”的重要指示，阮成发省长到玉溪调研讲话精神，市委、市政府对江川“建美一座城、治好一湖水、打造一个高地”的工作要求，坚定不移走高质量跨越发展道路，奋力推进宜居宜业和谐美丽新江川建设。区委书记徐贤强调，全区各级领导干部要在学习中提高政治站位，深刻认识发展战略思想的重要意义，增强政治自觉，强化大局意识，坚决贯彻落实中央、省、市决策部署，站在省、市发展“一盘棋”的高度全力以赴推动江川高质量跨越式发展；要在学习中

深悟精神要义，毫不动摇地坚持生态立区、绿色发展理念，坚持在发展中保护，在保护中发展，实现保护与发展相辅相成、绿色与建设互助共济、生态与繁荣齐头并进；要在学习中强化使命担当，确保始终干在实处、走在全省前列，奋力谱写新时代江川高质量跨越式发展新篇章。

6月6日，区委举行2018年理论学习中心组第四次集中学习，深入学习贯彻习近平总书记生态文明思想和全国生态环境保护大会精神，坚决打好污染防治攻坚战，推动我区生态文明建设迈上新台阶。徐贤指出，深入学习贯彻全国生态环境保护大会精神，强化共抓大保护的思想自觉和行动自觉，切实履行好各部门在生态环境保护中的职责，打好绿色发展攻坚战、蓝天保卫战，积极防治水污染和土壤污染，是江川人民日益增长的优美生态环境需要，直接关系到人民群众的身体健康、经济社会可持续发展和社会和谐稳定。徐贤要求，全区各级领导干部要在学习中学出政治责任，学好目标举措，学出使命担当，深刻理解生态文明建设在伟大复兴中国梦路上的重要地位，认真学习《环境保护法》和党中央、国务院关于生态环境保护决策部署的“八文件”，全力增强做好环保工作的政治责任，主动置身国家、省市发展大局，理清工作思路，强化工作举措，以改善星云湖水质环境为重点，大力推进江川生态文明建设，主动担当作为，落细落实工作责任。

6月16日，江川区召开迎接中央环境保护督察“回头看”工作领导小组会议。区委书记徐贤强调，中央环保督察“回头看”是对我区生态文明建设和环境保护工作的一次全面复查和再次把脉会诊。各级各部门要高度重视此次迎检工作，要以更加严谨细致的作风、更加严格认真的标准、更加严肃的钢性纪律抓落实；各乡镇（街道）和各相关部门要把环保督察事项再检查、再整改，若因抓落实不力而出现问题，将严肃问责。

6月26日，江川区召开2018年创建云南省文明城市工作推进暨培训会。会议指出，创建文明城市是推动高质量跨越式发展的需要，是实现以人民为中心发展思想的需要，是全面建成小康社会的需要，是贯彻落实科学发展观的内在要求和具体体现，是构建社会主义和谐社会的重要内容和有效途径，对促进经济发展、提升城市品位、推动现代化城市建设具有重要的意义。会议要求，要强化问题意识，以问题为导向，以专家要求为标准，着力抓好问题整改，及时总结经验，建立长效机制，紧盯创建工作中的重点难点，防止问题反弹、回潮；要认真研究全国文明城市测评体系标准，以新行动、新措施、新作为应对测评新要求，做到对标创建；要突出重点，集中攻坚，以创建利民、惠民、靠民为指引，以深入推进市容市貌改造提升为抓手，强化全民教育，提升文明素养，拼力度、拼水平、拼质量统筹推进创文创卫工作；要明确责任落实，对标对表部署，协调联动、形成合力，把资料整理工作做到细之又细、实之又实，把创建工作延伸到乡镇，延伸到到行政村；要充分利用各种宣传媒介和宣传载体，创新宣传形式和手段，通过全方位、广覆盖的宣传活动，营造浓厚的创文宣传舆论氛围，使创建工作家喻户晓、深入人心。

6月28日，区委举行2018年理论学习中心组第五次集中学习，旨在以纪念建党97周年、改革开放40周年、撤地设市20周年为契机，深入学习贯彻习近平新时代中国特色社会主义思想，特别是习近平总书记关于干部担当作为的重要论述，引导全区广大党员干部进一步筑牢理想信念，增强“四个意识”，坚定“四个自信”，笃行“四个要求”，激励干部担当作为，努力创造无愧于新时代的光辉业绩。区委书记徐贤强调，唯有不忘初心，方可告慰历史、告慰先辈，方可赢得民心、赢得时代，方可一往无前。全区上下广大党员干部要不忘初心、牢记使命，在新时代新征程中迈出新步伐；要崇尚实干、勇于担当，各尽其能不惜力，促使江川步入高质量跨越式发展的“春天里”，迈上跨越赶超的“快车道”；要崇尚实干、勇于担当，把对党绝对忠诚作为第一标准来看齐，把实现人民对美好生活的向往作为第一目标来奋斗，把高质量发展作为第一要务来担当，把遵纪守法作为第一底线来坚守，在推进江川高质量跨越式发展中展现新作为；要用好干部、建强队伍，大力营造激励干部担当作为的良好氛围，推动干部能上能下成为常态，把新时代新担当新作为的清风正气弘扬光大，在干部干事创业中彰显新形象。

7月2日，江川区召开扶贫开

发领导小组第五次会议，部署贫困对象动态管理省级考评迎检工作。会议强调，各相关部门和乡镇、街道务必高度重视考评迎检工作，把做好考评迎检工作作为当前最重要的工作之一，决不允许在思想上出现任何懈怠、工作上出现任何纰漏；要扎实做好准备工作，严格对照要求，查缺补漏，确保各项工作痕迹材料齐备；要吃透相关政策，对惠农措施和扶贫政策做到了然于胸，对本行业、本辖区的脱贫攻坚情况做到心中有数；要严守工作纪律，各基层干部、驻村扶贫工作队员要强化纪律意识、责任意识，坚守工作一线；要认真宣传扶贫相关政策，确保每户建档立卡贫困户明白脱贫攻坚相关政策；要做好配合服务工作，对考评组开展工作做到不干扰、不阻拦，并按规定做好沟通协调和保障服务工作。

7月4日，江川区召开创卫指挥部第五次会议。区委副书记、区长王志华要求，全区各有关乡镇街道、部门，要进一步增强政治意识，提高政治站位，切实增强做好迎检复审工作的责任感、使命感和紧迫感，务必重视到位、工作到位、努力到位；要全力以赴抓好整改落实，狠抓专项行动、狠抓巩固提升、查漏补缺，真正把迎接国家卫生城市复审迎检工作作为一项民心工程来抓紧、抓实、抓出成效；要进一步健全长效机制，坚持专项治理与长效管理相结合，巩固创卫成果；要严明纪律、压实责任，加强督导考核，严肃追责问责，凝聚形成工作合力，确保责任全覆盖、管理无盲区；要加大宣传力度，营造浓厚的社会氛围，把群众的力量动员起来，把群众的人心凝聚起来，真正形成全民动员、人人参与的复审氛围，把迎检工作推向深入。

7月5日，区委书记、区委全面深化改革领导小组组长徐贤主持召开二届区委全面深化改革领导小组第十三次会议。会议传达学习了中央全面深化改革委员会第二次会议、十届省委全面深化改革领导小组第十二次会议、五届市委全面深化改革领导小组第十三次会议精神，审议通过了《中共玉溪市江川区委全面深化改革领导小组工作规则》《中共玉溪市江川区委全面深化改革领导小组专项小组工作规则》《中共玉溪市江川区委全面深化改革领导小组办公室工作细则》，《中共玉溪市江川区委全面深化改革领导小组2018年工作要点》《中共玉溪市江川区委全面深化改革2018年任务台帐》《玉溪市江川区城乡居民最低生活保障量化积分制实施办法》《玉溪市江川区领导干部经济责任审计全覆盖实施意见》《玉溪市江川区领导干部离任交接办法》《玉溪市江川区村（社区）干部任期经济责任审计暂行办法》《玉溪市江川区党政主要领导干部和国有企业领导履行经济责任年度报告办法》《玉溪市江川区领导干部经济责任审计对象分类管理办法》。

7月5日晚，江川区召开棚户区改造工作领导小组会议。会议强调，棚户区改造工作是一项惠民工程，各有关乡镇街道、部门，要站位全局、提高认识，部门联动、形成合力，明确任务、落实责任；针对棚户区改造工作中出现的新问题，要进行认真梳理研究，罗列问题清单，把握时间节点，逐一解决问题；要强化监督考核，进一步完善监督考核机制，严格落实奖惩措施；要抓住现阶段工作重点，科学谋划，精准施策，挂图作战，强化措施，确保我区棚户区改造工作有序推进。

7月9日，江川区召开迎接国家卫生城市复审工作推进会。徐贤强调，双创工作要善始善终、善作善成，不忘初心、坚守信念，持之以恒，杜绝任何松懈和侥幸以饱满的热情，积极的工作迎接评审；要以复审和检测的通过做为阶段目标，提升城市建设管理、文明卫生水平，实现更高质量的巩固和发展，让宜居宜业和谐美丽新江川通过大家的努力成为生动的实践。

7月24日，全区城市基层党建工作领导小组扩大会议召开。会议传达学习了中央、省、市城市基层党建工作会议精神和先进发达地区城市基层党建做法经验，研究部署我区当前和今后一个时期城市基层党建工作。区委书记徐贤强调，要以巩固党在城市执政基础、增进群众福祉、引领基层治理、推动城市发展为目标，着力把政治建设摆在首位，以提升组织力为重点，突出强化街道、社区党组织领导核心地位，坚持因城施策、以城带乡、抓点带面、全域推进各领域党组织建设，提高城市基层党建工作整体效应，构建条块结合、资源共享、优势互补、共驻共建的区域化党建新格局，为建设宜居宜业和谐美丽新江川提供坚强组织保证。

7月26日，区委书记、区委

全面深化改革领导小组组长徐贤主持召开二届区委全面深化改革领导小组第十四次会议。会议传达学习了中央全面深化改革委员会第三次会议、五届市委全面深化改革领导小组第十四次会议精神，审议通过了《玉溪市江川区教育系统人事制度改革实施方案（试行）》《玉溪市江川区中心城区教育资源整合实施方案》等相关事项。徐贤强调，进入新时代，中央对教育提出了新的更高要求，人民群众对教育充满着新的更高的期待，全面深化教育领域综合改革是破除各种体制机制障碍，促进教育公平、提高人才培养质量的根本动力。教育部门一定要勇于担当，坚定信心，以壮士断腕的决心和魄力，按照既定的改革方案，全面把握教育领域的各种关系，统筹处理各种矛盾，科学谋划整体改革，积极做好宣传、组织动员及水、电、路等各项改革协调工作，推动教育领域综合改革落到实处，化解江川中心城区就学难矛盾，积极推动问题的解决，使整个改革能够顺应民意、深得民心，促进发展，真正办人民满意教育。

7月27日上午，区委举行2018年理论学习中心组第六次集中学习。深入学习贯彻习近平新时代中国特色社会主义思想和党的十九大精神，落细落实创建云南省文明城市各项责任，深刻学习领会习近平关于安全生产重要论述的六大要点和十句“硬话”，进一步理清职责，全面压实党政领导干部安全生产责任制，为建设宜居宜业和谐美丽新江川构建坚实的安全保障。区委书记徐贤强调，各级各部门要在城市品质提升上攻坚，塑文明城市之“形”，在城市管理水平提升上攻坚，凝文明城市之“神”，在市民素质提升上攻坚，铸文明城市之“魂”，在组织领导提升上攻坚，实文明创建之“责”；要贯彻落实好安全发展理念，按照“千万不可麻痹大意，千万不可无所作为，千万不可本末倒置，千万不可应付了事”的要求，切实抓好当前和今后一个时期全区的安全生产工作，为实现经济社会高质量跨越式发展和创建全省文明城市营造安全稳定的良好氛围。

7月27日，江川区召开2018年上半年工作汇报会。徐贤强调，全区上下要放眼全局、环顾四周、审视自身，坚定发展信心、保持战略定力，树牢底线思维、增强忧患意识，坚持问题导向，主动应对挑战，确保完成全年各项目标任务；要坚定不移抓项目，按照“达效一批、建设一批、联姻一批、储备一批、论证一批”原则，压实产业领导小组和“七位一体”工作责任；要坚定不移抓改革，只有向改革要发展活力、向开放要发展潜力、向创新要发展动力，才能大力补短板，增强发展后劲；要坚定不移抓招商，招商引资是加快区域跨越式发展的主抓手，我们必须坚定不移地加大招商引资力度，不断创新工作，提高实效；要坚定不移抓生态，坚持深刻领会习近平生态文明思想的重大意义、时代背景、战略地位，清醒认识江川生态环境保护的艰巨性和紧迫性，按照“走在全省前列”的目标定位来审视、谋划、推动生态环保工作；要坚定不移抓民生，紧盯人民群众最急最忧最怨的问题，解决好群众最关心最直接最现实的利益问题，扎扎实实发展民生事业；要转变作风、狠抓落实，以提升组织力为重点，全面加强基层组织建设，努力培养忠诚干净担当的高素质干部队伍，全力以赴完成全年目标任务，为实现江川高质量跨越式发展、全面建成小康社会而努力奋斗。

在建军91周年之际，区委召开议军会暨国动委全会。区委书记、区人武部党委第一书记徐贤在会上强调，当前，国防和军队建设正处于新时代转型期、升级期、变革期，各项工作面临前所未有的新形势、新挑战、新机遇，做好新时代党管武装工作要树立鲜明导向，在抓好练兵备战工作上下功夫，把提高战斗力作为根本出发点和落脚点，锤炼过硬本领，不断推动军事训练深入发展。

8月7日，江川召开全区农村集体产权制度改革动员会，对全区农村产权制度改革工作进行动员部署，切实做好国家级试点改革工作，为全省全面推行农村集体产权制度改革探索可复制、可推广的经验。区委书记徐贤强调，农村集体产权制度改革任务艰巨、时间紧迫，全区各级各部门要上下齐心、多管齐下，强化责任落实，高效有序推进；要坚定信心，强化政治担当，不折不扣执行改革事项，确保取得实效；要加强领导，增强大局意识、责任意识，认真履职尽责，形成工作合力；要全面动员，形成全社会拥护改革、支持改革、参与改革的良好氛围，为改革提供有力支撑；要严明纪律，确保改革在和谐稳定中推进；要全面夯实基础，确保目标任务顺利实现；要注重农村人居环境综合整治，周密安排，确保整治取得实效；要抓好烤烟工作，确保今年烤烟数量质量双过关；要抓好防灾减灾工作，千方百计确保群众生命财产安全；要牢记使命、务实担当、锐意进取、攻坚克难、真抓实干，全力打赢农村集体产权制度改革攻坚战。

8月13日，区委举行2018年理论学习中心组第七次集中学习。深入学习贯彻习近平新时代中国特色社会主义思想和党的十九大精神，深刻领会《中央巡视工作规划（2018—2022年》和《省委巡视工作规划（2017—2021年》出台的重要政治、理论、实践意义，进一步增强“四个意识”、坚定“四个自信”，推动巡视工作向纵深发展，为营造江川良好政治生态，实现全区高质量跨越式发展、全面建成小康社会提供坚强政治保证。区委书记徐贤强调，做好当前和今后的巡视巡察工作，要高举政治巡察利剑，将违返中央“八项规定”的形式主义、官僚主义，扫黑除恶、整顿作风优化营商环境、扶贫领域及群众身边的腐败问题作为巡察重点抓紧抓好；要做到全覆盖与高质量的有机统一，科学制定时间频次、优化配置工作力量，立足一届五年，常态化、制度化开展巡视巡察工作；要加强巡视巡察的上下联动，将巡视利剑直插基层，着力发现和推动解决人民群众反映强烈、侵蚀党的执政基础的突出问题；要坚持发现问题与整改落实并重，既要发现问题，又要整改落实，做到立行立改、全面整改。

8月17日，江川区召开2018年烟叶收购工作会。区委副书记、区长王志华在会上强调，各级各部门要认真汲取2017年的经验教训，盯紧目标，着力在措施手段上再提升、在压实责任上再强化，做到认清烟叶生产从收不完到收不够的趋势转变，坚决消除盲目乐观、完不成任务无所谓和依靠外地烟的思想，树立保烤烟就是保增收、保产业、保发展、保扶贫、保稳定的理念。

8月20日，江川区召开抗震救灾指挥部（扩大）会议，安排部署灾后恢复重建及拆危除险工作。区委书记徐贤强调，各乡镇（街道）、各部门要切实把以人民为中心的思想落实到拆危除险和恢复重建工作中，确保9月20日前完成拆危除险并启动恢复重建工作；要坚持治标为先，立查立拆，治本为纲，建改并举，重建和修复要严格抗震设防标准和建设规范，积极推广新型建材和建设方式，做到小震不坏、中震可修、大震不倒；要坚持统筹兼顾，联动推进，坚持拆、建、治并举，与创文创卫、乡村治理、产业转型升级工作相联动；要积极开展安全知识大教育，危临建筑大拆除，人居环境大整治，规划管控大落实，恢复重建大推进，以务实有效的举措全面推进拆危除险和恢复重建工作。

8月30日，区委举行2018年理论学习中心组第八次集中学习。王志华强调，各级各部门要强化政治当担，在对党忠诚上占到新高度，把讲政治贯穿工作全过程、各方面，确保党的大政方针和决策部署在本地区本部门落地生根；要强化使命当担，在推动发展上实现新突破，聚焦目标任务、项目投资、转型升级、和谐稳定、作风改进，做好稳增长的“期末答卷”；要强化改革当担，在改革创新上迈出新步伐，着力构建内外统筹、互利共赢、全面开放的新格局，切实抓紧抓好党政机构改革，健全完善干部考核评价体系；要强化实干当担，在作风建设上焕发新气象，以鲜明导向激励干部当担作为，凝聚形成当担作为合力；要统筹抓好年底各项工作，以实际行动抓好全年任务目标落实，为圆满完成年度各项目标任务而不懈努力。

9月19日，江川区召开人才工作暨国家创新型城市建设动员大会。区委书记徐贤强调，要高举中国特色社会主义伟大旗帜，以“四个全面”统领科技创新发展，牢固树立创新、协调、绿色、开放、共享的发展理念，坚持“自主创新、重点跨越、支撑发展、引领未来”的指导方针，贯彻“5366”发展思路，以创新发展理念引领发展方式转变，将科技进步、技术创新和社会经济发展紧密结合起来，培育全民创新意识，促进企业确立自主创新主体地位，加速产业转型升级和新技术开发，促进经济结构调整，大力培育新技术、新产业、新业态，打造经济发展新引擎，助推江川高质量跨越式发展。

9月19日，江川区召开组织工作会暨城市基层党建、党支部规范化建设达标创建工作推进会。区委书记徐贤在会上强调，为贯彻落实区委“5366”发展思路，实现江川经济社会高质量跨越式发展、全面建成小康社会提供坚强组织保证，各级党组织要坚持把政治建设摆在首位，旗帜鲜明讲政治；要以组织体系建设为重点，切实加强党的组织建设；要以全面推进“五个体系”建设为着力点，努力打造忠诚、干净、担当的高素质专业化干部队伍；要以“星云人才”计划为主抓手，推动人才引领江川高质量跨越式发展。

9月21日，我区召开全区生态环境保护大会。区委书记徐贤在会上强调，江川区要走出一条高质量、高效益、低污染、可持续的绿色发展之路，就要践行“人与自然和谐共生”的科学发展观，通过优化空间布局，努力建设生态宜居城市；要践行“绿水青山就是金山银山”的绿色发展观，以打造绿色食品牌、打造园区高地、打造健康生活目的地为重点，力促经济转型发展；要践行“良好生态环境是最普惠的民生福祉”的基本民生观，深入开展“蓝天”“碧水”“青山”“净土”“田园”“城乡”保护行动，解决突出问题，实现生态惠民；要践行“山水林田湖草是生命共同体”的整体系统观，对生态环境进行整体保护、系统修复、综合治理；要践行“实行最严格生态环境保护制度”的严密法治观，加快制度创新、完善制度配套、强化制度执行；要践行“共同建设美丽中国”的全民行动观，动员全社会参与，努力在建设中国最美省份方面走在前列、作出示范。

10月11日，我区召开脱贫攻坚暨“8.13”“8.14”地震灾后重建工作现场推进会。区委书记徐贤强调，扶贫开发、灾后重建都是民生工程，全面建成小康社会更是我们党向全世界作出的庄严承诺，全面小康、不漏一人是我们实现中华民族伟大复兴中国梦的基础条件和基本要求。全区各级各有关部门，要聚焦目标，以“决战决胜”的信心全力冲刺，切实做好脱贫攻坚与灾后重建两项重点工作，高质量完成各项目标任务；要突出重点，以“精心绣花”的功夫奋力攻坚，务必吃透政策、把握标准，在有限的时间内突出抓重点、补短板、强弱项、保完成，对于脱贫攻坚工作；要面对当前工作中存在的问题和不足，客观正视，主观努力，务必举一反三，整改到位，以发展产业为重点确保收入达标、以住房安全为重点确保安居保障、以惠民政策为重点落实民生福祉，高质量完成全区目标的实现；对于灾后重建工作，要把好政策关、规划关、质量关、进度关、成本关，压实责任、倒排工期、克期完成各项工作；要切实担负责任、上下一心，领导带头必须到位、宣传发动必须到位、组织协调必须到位、督查问责必须到位，以各自负责工作的落实来确保全区整体目标的实现，扛鼎担责，以“万众一心”的态势夺取脱贫攻坚与灾后重建两项重点工作的胜利。

10月16日，二届区委全面深化改革领导小组第十五次会议召开。会议传达学习了中央全面深化改革委员会第四次会议、十届省委全面深化改革领导小组第十三次、第十四次会议、五届市委全面深化改革领导小组第十五次、第十六次会议精神，审议通过了《关于调整区委全面深化改革领导机构及组成人员的通知》《玉溪市江川区关于进一步激励干部担当作为落实容错纠错减责免责的实施办法（试行）》《玉溪市江川区深入推进城市执法体制改革改进城市管理工作实施方案》《玉溪市江川区党员积分+农村道路交通安全管理实施办法》。徐贤强调，中央高度重视对改革的部署和落实，各专项小组、各部门要高度重视改革，自觉把改革工作放在全局的高度进行规划，突出目标导向和问题导向，深入研究改革的目标，全方位对标看齐，既要找准突破点，也要挖掘重点，更要解决难点，推动改革精准落地。现在距离年底只有两个月时间，年初的各项改革任务到了对账盘点，查缺补漏的阶段，一方面，各专项小组要抓好今年既定改革事项的落实，另一方面要及早谋划好明年的改革任务，结合对十九大精神的学习和贯彻，结合市委的改革规划，对明年的改革重点和任务进行梳理，更好的把改革落到实处，推动各项工作更好的发展。

10月18日，江川区召开2018年深化医药卫生体制改革领导小组工作会。区委书记、区医改领导小组组长徐贤强调，当前，医改工作已经由打基础转向提质量、由形成框架转向制度建设、由单项突破转向综合推进，任务十分繁重。今年的时间已经过半，很多任务要在剩下的几个月加快完成。全区各级各部门要切实加强领导，落实主体责任，加强协调联动，采取有力措施，狠抓工作落实，在已取得成绩的基础上把各项工作推上更高的台阶，让群众在医疗卫生服务方面有更多的获得感和幸福感。

11月16日，区委举行2018年理论学习中心组第九次集中学习，深入学习贯彻全国生态环境保护大会精神，学习云南省中央环保督察“回头看”及高原湖泊环境问题专项督察反馈意见，学习省委书记陈豪同志赴玉溪调研高原湖泊保护治理工作时的重要讲话精神，强化全区共抓大保护的思想自觉和行动自觉，以改善星云湖水质环境为重点，坚决打好污染防治攻坚战，推动我区生态文明建设迈上新台阶。区委书记徐贤强调，今年以来，省委省政府主要领导先后到江川调研工作，充分体现了省委、省政府对玉溪、对江川工作的高度关心关注和重视支持。全区各级各部门要以贯彻落实陈豪书记重要讲话精神为主线，担当作为、快干真干，以改善星云湖水质环境为重点，坚持问题导向，对标督查整改和生态保护的要求，主动改、坚决改、彻底改，扛起责任大旗，坚持从严从实、系统推进、标本兼治，坚决打好星云湖保护治理攻坚战。

11月16日，区委举行2018年理论学习中心组第十次集中学习，深入学习贯彻习近平总书记关于全面从严治党的重要论述，学习习近平总书记关于宗教工作的重要讲话和重要指标精神，学习习近平总书记在全国教育大会上的重要讲话精神，切实用以武装头脑、指导实践，推动我区宗教、教育及全面从严治党向纵深发展。

11月20日，全区2018年度党建暨党风廉政建设责任制检查考核工作动员会召开。区委书记徐贤强调，全区各级各部门要凝聚思想共识，充分认识检查考核的重要意义，把思想认识统一到党的十九大关于全面从严治党的新部署新要求上来，切实承担起开展党风廉政建设责任制检查考核的职责使命，压实责任担当，高标准、高质量、高效率地协同完成检查考核工作；要严格考核要求，确保真检实考不走过场，考核组的全体同志要本着对组织负责、对事业负责、对干部负责的态度，从大处着眼，从细微处入手，深入基层、深入群众，从严从细检查、实事求是考评；要把握检查考核的内容、方式和要求，实事求是汇报情况，做到工作有人汇报、相关情况有人提供、群众关切有人回应，严肃认真对待相关纪律，高标准、高质量、高效率地配合好检查考核工作；要注重考核实效，推动考核结果延伸运用，通过检查考核，进一步强化主体责任，履行好党建和党风廉政建设工作的职责和义务，做到守土有责、守土尽责。

11月26日，江川区召开稳增长工作会。区委副书记、区长王志华在会上强调，全区各有关部门要咬定全年目标任务，加强动态分析，实行重要指标“挂图作战”，层层分解细化任务，着力解决制约我区经济发展的关键因素，推动我区经济发展再上新台阶；要突破关键节点，主攻重点项目，突破重点企业，挖掘重点财源，用足重点政策，明确重点领域，狠抓工作落实，着力推进澄川高速、江通高速、国道213、九溪湿地建设、星云湖入湖河道治理等项目的投资建设，全力实现我区全年经济发展目标；要统筹兼顾，抓好我区社会稳定各项工作，做好年末市级对区级各项工作考核迎接工作，抓好安全生产各项任务，保证我区经济平稳增长；要积极谋划好2019年我区经济发展工作，加紧完善我区“十三五”规划中期调整，争取我区明年经济发展取得开门红。

11月30日，江川区党的群团组织工作座谈会召开。区委书记徐贤在会上强调，群团工作要把握群团组织政治性这个魂，把思想政治建设摆在首位，做好宣传引领，做好思想教育；要真学、真懂、真信，触及灵魂，紧密联系群众，确保群团组织的先进性；要不断创新，做到组织先进、思想先进，积极主动作为，服务好群众和各项中心工作；要始终突出群团组织群众性这个本，把一切为了群众落实到基础的工作当中；要全面深化群团组织改革，结合实际自我革新、自我发展；要创新工作方法，树立问题导向和目标导向，凝心聚力，为江川经济社会高质量跨越式发展贡献力量。

12月6日，江川区召开宣传思想工作会议。区委书记徐贤强调，党的十八大以来，江川区的宣传思想工作与全区各项事业同步同向、向上向好，为江川实现高质量跨越式发展提供了有力的思想舆论保证和良好的精神文化条件。但也必须清醒认识到，面对新形势新任务新要求，宣传思想工作还有许多不足。做好新形势下全区宣传思想工作要以习近平新时代中国特色社会主义思想和党的十九大精神为指导，增强“四个意识”，坚定“四个自信”，做到“两个维护”，用抓实基础性战略性工作、解决关键性要害性问题、提升工作质量和水平的成效推动宣传思想工作不断强起来，用强信心、聚民心、暖人心、筑同心的实绩促进人民群众在理想信念、价值理念、道德观念上向上向好，为江川实现高质量跨越式发展提供更加有力的思想舆论保障和良好的精神文化条件。

12月7日，江川区召开星云湖一级保护区生态修复及生态屏障构建项目建设动员会。区委书记徐贤强调，星云湖保护治理是一项功在当代、利在千秋的事业，实施好星云湖一级保护区生态修复及生态屏障构建项目对于星云湖保护治理工作至关重要。我们要以习近平生态文明思想为指导，把思想和行动统一到中央省市对星云湖保护治理的决策部署上来，以更严的要求、更实的举措、更坚定的信心，攻坚克难，努力完成项目建设各项任务，为实现星云湖山秀水美、人湖和谐做出更大的贡献，坚决打赢新时代星云湖保护治理攻坚战。

12月14日，二届区委全面深化改革领导小组召开第十六次会议。会议传达学习了中央全面深化改革委员会第四次会议、五届市委全面深化改革领导小组第十七次会议精神，审议研究了《玉溪市江川区推进公共法律服务平台建设的意见》《玉溪市江川区村（居）务监督委员会管理考核办法》《玉溪市江川区文联深化改革方案》《玉溪市江川区人民政府办公室关于健全生态保护补偿机制的实施意见》《玉溪市江川区中初级专业技术职务评审委员会管理实施细则（试行）》等。

12月14日，区委开展2018年理论学习中心组第十一次集中学习。区委书记徐贤强调，全区各级各部门要深入学习习近平总书记关于扶贫开发工作的重要论述，进一步动员和凝聚全区力量，加快精准扶贫、精准脱贫，坚决打赢脱贫攻坚战；要进一步推动网络安全和信息化工作再上台阶；要增强忧患意识、防范风险挑战，以时不我待、只争朝夕的精神投入工作，答好江川高质量跨越式发展和全面建成小康社会的时代考卷！

12月18日，我区召开农村集体产权制度改革工作领导小组会议。区委书记徐贤要求，各乡镇（街道）、各有关部门要系统掌握改革工作具体步骤和依据，深刻认识农村集体产权制度改革的重要性、紧迫性，在推进过程中突出重点、抓好关键环节，解决好遇到的问题；要结合实际，深入研究，制定相关规章制度，确保改革有规可依，有章可循；要坚守法律政策底线、坚持正确方向、坚持尊重农民意愿，抓好清产核资、集体经济组织成员身份界定、股权设置等重点工作，确保改革工作稳步推进；要强化组织领导、落实督查，将各项工作抓实抓好抓出成效，全力以赴推进农村集体产权制度改革，打造江川样板，为全市推行农村集体产权制度改革探索可复制、可推广的经验。

12月29日，江川召开2018年财政结算工作会。徐贤要求，针对下一步的财税金融工作，全区财税金融系统干部职工要继续围绕区委、政府的中心工作和经济社会的发展目标，认真履职尽责，做好决策部署，为江川经济社会发展提供强有力的支撑；要提高思想认识，树立大局意识，提高政治站位，把各项政策措施落到实处，确保财税金融工作稳步向前；要准确把握新形势、新任务，确保来年工作再上新台阶；要认真学习，有效施策，把为民理财的思想观念落实到各项工作当中，确保财税金融工作的有序健康发展；要在预算、审计、支出上做到精准把握，把每一分钱都用在刀刃上，提高各项支出的使用效率；要加强债务风险的防范能力，在稳妥、可控、有序之中来推动江川财税金融工作的高质量发展；要全面贯彻落实全国、省、市财政工作会议精神，按照高质量发展要求，坚持稳中求进的工作总基调，贯彻新发展理念，推动积极的财政政策聚力增效；要培育财源，做好招商引资及培育实体经济的各项工作，提高发展质量；要盘活存量，推动财税金融工作实现长远发展；要用心、热心、细心的做好各项服务工作，大力提升生财、聚财、理财工作水平，为江川高质量跨越式发展提供新的动力，谱写新的篇章。

（郎华兰）

【区委常委会议】 2018年1月3日，区委副书记、区长王志华主持召开二届区委第50次常委会议。会议共有4项议题：1.研究干部议题；2.传达学习《中共玉溪市委办公室印发省委第七巡视组关于巡视玉溪市（玉溪市高新区）的反馈意见及罗应光同志的表态发言的通知》及《中共玉溪市委印发〈关于省委第七巡视组巡视玉溪市反馈意见的整改方案〉的通知》精神，研究《关于玉溪市江川区落实省委第七巡视组巡视玉溪市反馈意见的整改方案》；3.传达全市学习宣传贯彻党的十九大精神加强城市基层党建工作经验交流座谈会议精神；4.研究《2017年党的建设工作专题报告》《2017年全区党费收缴、使用和管理情况》及《2017年度干部选拔任用工作报告（征求意见稿）》。

1月4日，区委副书记、区长王志华主持召开二届区委第51次常委会议。会议有1项议题：研究干部议题。

1月12日，区委副书记、区长王志华主持召开二届区委第52次常委会议。会议共有3项议题：1.研究《贯彻落实中央八项规定精神实施办法（征求意见稿）》；2.研究《中共玉溪市江川区委关于深入学习贯彻党的十九大精神促进江川跨越式发展的决定》；3.研究区政府党组提请的有关事项：①研究《2018年政府工作报告（送审稿）》；②研究《玉溪市江川区2017年地方财政预算执行情况和2018年地方财政预算草案（送审稿）》；③研究《江川区2017年国民经济和社会发展执行情况及2018年国民经济和社会发展计划草案（送审稿）》；④研究全区建档立卡贫困户危房改造工作经费有关事项；⑤研究江城古镇棚户区改造项目融资管理经费有关事项；⑥研究2017年烤烟生产工作考核奖励有关事项；⑦研究2017年建档立卡贫困人口医疗保险个人缴费补助资金有关事项。

1月15日，区委书记徐贤主持召开二届区委第53次常委会议。会议有1项议题：听取中共玉溪市江川区委二届四次全会报告分组讨论情况的汇报，研究《中共玉溪市江川区第二届委员会第四次全体会议决议（草案）》

1月24日，区委书记徐贤主持召开二届区委第54次常委（扩大）会议，主要任务是：根据《中共中央组织部关于做好2017年度市县乡党委书记抓基层党建述职评议考核工作的通知》，组织开展玉溪市江川区各乡镇（街道）党工委书记和区直党（工）委抓基层党建述职评议考核。

2月1日，区委书记徐贤主持召开二届区委第55次常委会议。会议共有12项议题：1.传达省“两会”主要精神；2.传达全国、省、市组织部长会议精神和全市县区委书记抓基层党建述职评议考核工作会议精神；3.传达中共云南省纪律检查委员会关于3起形式主义官僚主义典型案例的通报；4.传达中央省市扫黑除恶专项斗争电视电话会议精神；5.通报解决春节期间部分政府重点工程资金有关事项；6.研究2018年春节慰问方案有关事项；7.研究《区委常委班子2017年民主生活会对照检查材料》；8.研究《区委常委会2018年工作要点》；9.研究2018年到江苏武进区挂职干部人选；10.研究基层党建考核结果；11.研究2017年党风廉政建设责任制检查考核情况；12.研究向中共玉溪市江川区纪委二届三次全会述责述廉人员建议名单。

2月12日，区委书记徐贤主持召开二届区委第56次常委会议。会议有1项议题：研究干部议题。

3月2日，区委书记徐贤主持召开二届区委第57次常委会议。会议共有8项议题：1.研究干部处分有关问题；2.传达全国全省全市宣传部长会议精神；3.传达学习中央、省市委政法工作会议精神；4.通报《玉溪市江川区领导干部任免职宣布办法（试行）》；5.研究区纪委二届三次全会议程及工作报告；6.研究创建国家卫生城市有关工作；7.研究《玉溪市江川区烤烟种植收购合同管理办法〈试行〉（送审稿）》；8.研究区政府党组提请的有关事项：①研究云南三尖医疗科技有限公司总部项目及电子标签项目投资协议有关事项；②研究《江川区高中教学质量考核奖励方案〈试行〉（送审稿）》；③研究2018年星云湖放湖鱼苗采购有关事项；④研究玉溪市源辰废旧金属回收项目有关事项；⑤研究大街街道荷藕种植工作经费及星云湖南岸田园综合体项目土地承租有关事项；⑥研究星云湖南岸湿地、湖滨带提质改造工程有关事项；⑦研究建子山垃圾填埋场规范管理及渗滤液站改造运营有关事项；⑧研究大街棚户区改造范围内行政事业单位搬迁有关事项。

3月12日，区委书记徐贤主持召开二届区委第58次常委会议。会议共有7项议题：1.传达学习习近平总书记在打好精准脱贫攻坚战座谈会上的重要讲话精神；2.传达学习全国全省全市统战部长会议精神；3.研究《政协玉溪市江川区委员会2018年工作要点》；4.听取区委第四轮巡察和脱贫攻坚专项巡察工作情况；5.听取村集体经济增收试点工作推进情况；6.研究区政府党组提请的有关事项：①研究县域电子商务发展有关事项；②研究玉溪市俊宇新型

墙材有限公司拆除第2条生产线补偿资金有关事项；③研究白衣寨水源点保护项目张忠富养鸡场搬迁补偿有关事项；④研究大街街道棚户区改造房屋拆迁经费有关事项；⑤研究我区污水处理厂PPP项目污水处理服务费有关事项；⑥研究注销江川县中小企业融资担保服务中心后资产划转有关事项；7.听取工业园区党工委2017年党建工作情况。

3月28日，区委书记徐贤主持召开二届区委第59次常委会议。会议共有12项议题：1.研究干部议题；2.传达学习陈豪、阮成发同志在云南省主要领导干部学习贯彻习近平新时代中国特色社会主义思想和党的十九大精神研讨班上的讲话；3.传达学习全国“两会”精神；4.通报中共玉溪市委关于2017年度基层党建工作述职评议考核综合评价反馈意见；5.研究中心城区机关事业单位和干部职工带头整治违法违规建筑情况；6.研究中共玉溪市江川区委2018年巡察工作计划；7.研究《玉溪市江川区“基层党建巩固年”实施方案（送审稿）》；8.研究《玉溪市江川区人大常委会2018年工作要点（送审稿）》；9.研究《玉溪市江川区2018年度县处级领导干部目标任务综合考评办法（送审稿）》和《玉溪市江川区2018年度乡镇（街道）和区直单位（含部分垂管单位）目标任务综合考评办法（送审稿）》；10.研究调整提高区级机关事业单位退休人员公用经费标准有关事项；11.听取区直属机关党工委党建工作情况汇报；12.听取九溪镇党委党建工作情况汇报。

4月16日，区委书记徐贤主持召开二届区委第60次常委会议。会议共有6项议题：1.传达学习全省脱贫攻坚推进会议精神；2.传达学习中共玉溪市委农村工作会议精神；3.研究区委常委分工调整情况；4.研究玉溪市江川区红十字会第三次会员代表大会有关事项；5.研究区政府党组提请的有关事项：①研究政法委机关工作津贴和人民警察法定工作日之外加班补贴等有关事项；②听取我区国家卫生城市复审工作汇报，研究复审工作经费有关事项；③研究《玉溪市江川区2018年目标任务综合绩效考评奖分配方案（送审稿）》；④研究云南三尖医疗科技有限公司产业扶持有关事项；⑤研究2018年荷藕种植工作经费有关事项；⑥研究江川县民用爆破物品仓库土地手续有关事项；⑦研究《玉溪市江川区宅基地管理办法（试行）（送审稿）》；⑧研究《玉溪市江川区征收土地地上建（构）筑物附着物补偿补助标准（试行）（送审稿）》；6.听取区政府党组党建工作情况汇报。

4月19日，区委书记徐贤主持召开二届区委第61次常委会议。会议有1项议题：研究《玉溪市江川区大街街道棚户区改造项目土地和房屋征收补偿方案》有关事项。

4月26日，区委书记徐贤主持召开二届区委第62次常委会议。会议共有13项议题：1.研究干部处分有关事项；2.传达学习阮成发省长调研玉溪讲话精神；3.研究《玉溪市江川区扫黑除恶专项斗争实施方案（送审稿）》；4.研究群众安全感和满意度调查工作有关事项；5.通报研究玉溪市江川区政法队伍建设情况；6.研究《玉溪市江川区2018年依法治区工作要点（送审稿）》；7.传达学习《中共中央办公厅关于加强调查研究提高调查研究实效的通知》精神；8.通报研究玉溪市江川区2018年一季度意识形态领域分析研判情况；9.研究《玉溪市江川区2018年宣传思想文化工作要点（送审稿）》；10.研究2018年干部教育培训主体班次计划；11.研究《玉溪市江川区基层党组织组织力提升十条意见（送审稿）》；12.听取区人大常委会党组党建工作情况汇报；13.听取区政协党组党建工作情况汇报。

5月10日，区委书记徐贤主持召开二届区委第63次常委会议。会议共有11项议题：1.通报市管干部考核有关事项；2.研究干部议题；3.研究《关于调整充实区委防范和处理邪教问题领导小组成员和专项工作组的通知（送审稿）》；4.研究《中共玉溪市江川区委防范和处理邪教问题领导小组2018年工作要点（送审稿）》；5.研究《关于加强和改进新形势下反邪教工作的实施意见（送审稿）》；6.研究在区委农村工作会议上的讲话；7.研究区级领导联系“七位一体”重点工作项目有关事项；8.研究《关于印发〈中共玉溪市江川区委科学民主依法决策制度（试行）〉等系列制度文件的通知（送审稿）》；9.通报2017年市对县区目标任务综合考评结果，传达学习《玉溪市2018年度县区目标任务综合考评办法》；10.研究区政府党组提请的有关事项：①报告我区一季度经济运行情况；②研究2016—2017年中央水污染防治专项资金使用有关事项；③研究《玉溪市星云湖水体达标三年行动2018年脱劣应急方案（送审稿）》；④研究星云湖南岸截污沟（含鱼文化广场水池、一级站进水沟）污水处理应急工程有关事项；⑤研究原江川县糖烟酒公司土地使用权有关事项；⑥研究偿还明珠路街区整治贷款有关事项；11.听取市公安局江川分局党委党建工作情况汇报。

5月24日，区委书记徐贤主持召开二届区委第64次常委会议。会议共有7项议题：1.研究干部处分有关事项；2.研究2017年目标任务综合考评结果；3.传达学习习近平总书记在深入推动长江经济带发展座谈会和全国生态环境保护大会上的重要讲话精神；4.听取、分析我区全面小康社会建设情况；5.研究区政府党组提请的有关事项：①研究玉溪雄关高原特色农产品现代冷链物流园项目投资协议和投资补充协议有关事项；②研究区林业局小石洞苗圃补偿资金有关事项；③研究JTC—2012—4号地块投资协议有关事项；④研究棚户区改造资管计划资金有关事项；⑤通报合美航空项目有关事项；6.听取区人民法院党组党建工作情况汇报；7.听取区人民检察院党组党建工作情况汇报。

6月7日，区委书记徐贤主持召开二届区委第65次常委会议。会议共有4项议题：1.传达中央第六环境保护督察组对云南省开展“回头看”工作动员会精神及省第一环境保护督察组反馈意见；2.研究区政府党组提请的有关事项：①研究雄关乡滇中智慧农业产业园等在建项目通水经费有关事项；②研究《玉溪市江川区贯彻落实省委、省政府第一环境保护督察组反馈意见问题整改总体方案（送审稿）》；③研究我区PPP项目整改有关事项；④研究我区财政资金存放商业银行评价考核有关事项；3.听取大街街道党工委党建工作情况汇报；4.听取前卫镇党委党建工作情况汇报。

6月25日，区委书记徐贤主持召开二届区委第66次常委（扩大）会议。主要任务是：传达学习中纪委关于六起生态环境损害责任追究典型问题的通报；传达中央第六环境保护督察组对云南省开展“回头看”下沉江川督察有关精神及省人大常委会副主任、省河（湖）长制副总督察长和段琪督察星云湖河（湖）长制工作有关精神，研究我区贯彻落实意见。

6月25日，区委书记徐贤主持召开二届区委第67次常委会议。会议共有13项议题：1.研究《关于认真贯彻落实〈维护社会稳定工作规定〉的通知（送审稿）》；2.通报研究江川区扫黑除恶阶段工作情况；3.通报研究江川区2018年上半年防范和处理邪教工作情况；4.研究《玉溪市江川区领导干部联系宗教活动场所工作制度（送审稿）》；5.学习领导干部自然资源资产离任审计相关知识；6.传达学习5月18日《云南省扶贫开发领导小组会议纪要》；7.传达学习《地方党政领导干部安全生产责任制规定》；8.通报研究江川区2018年上半年安全生产情况；9.研究庆祝建党97周年系列活动有关事项；10.研究《玉溪市江川区庆祝改革开放40周年暨纪念玉溪撤地设市20周年活动方案（送审稿）》；11.研究区政府党组提请的有关事项：①研究购置公务用车（调研车）有关事项；②研究区农村危房改造及配套建设项目（一、二期）区级农户补助资金借款本息有关事项；③研究星云湖湿地、湖滨带提质改造工程和星云湖入湖河道综合整治工程及2017年城市市政基础设施建设等3个PPP项目有关事项；④研究江城纸制品产业园建设有关事项；⑤研究清理整顿党政机关部门办企业有关事项；⑥研究区殡仪馆、经营性公墓项目建设补助及经营性公墓项目建设前期经费有关事项；12.听取江城镇党委党建工作情况汇报；13.听取“两新”组织党工委党建工作情况汇报。

7月10日，区委书记徐贤主持召开二届区委第68次常委会议。会议共有9项议题：1.研究干部处分有关事项；2.传达学习《省委办公厅转发〈中共中央办公厅秘书局关于严禁擅自发布、传播中央文件有关事项的通知〉的通知》；3.传达学习省、市、区委2018年第二季度基层党建综合督查情况，通报《2018年第二季度基层党建综合督查问题整改清单》；4.传达学习中央省市加强城市基层党建工作有关会议精神，研究我区城市基层党建工作；5.研究《关于调整充实玉溪市江川区创建全省全国文明城市工作指挥部的通知（送审稿）》；6.研究《关于加强和改进人民政协民主监督工作的实施意见（送审稿）》；7.研究区政府党组提请的有关事项：①通报《江川大龙潭县级自然保护区总体规划（2018—2025年）》；②通报《玉溪市江川区畜禽养殖禁养区限养区划定意见》；8.听取区人大常委会党组上半年工作情况汇报；9.听取区政协党组上半年工作

情况汇报。

7月25日，区委书记徐贤主持召开二届区委第69次常委会议。会议共有9项议题：1.研究干部议题；2.传达学习全市2018年上半年工作汇报会精神，通报研究江川区2018年上半年经济运行情况；3.通报研究区委第五轮巡察工作情况；4.通报研究玉溪市江川区2018年上半年意识形态工作情况；5.研究《玉溪市江川区全面从严治党主体责任派单制实施办法（试行）》；6.研究区政府党组提请的有关事项：①研究区政务服务大厅标准化建设有关事项；②研究江城纸制品园区入园企业产业发展专项扶持资金有关事项；③研究江川一中学生食堂修缮有关事项；④研究区级财政供养人员住房公积金缴存基数有关事项；⑤研究农村危房改造工程专项贷款贴息资金及风险补偿金有关事项；⑥研究区污水处理厂提标改造工程建设经费有关事项；⑦研究星云湖一级保护区生态修复及生态屏障构建有关事项；7.听取区人民政府党组上半年工作情况汇报；8.听取区人民法院党组上半年工作情况汇报；9.听取区人民检察院党组上半年工作情况汇报。

7月31日，区委书记徐贤主持召开二届区委第70次常委会议。会议有1项议题：研究干部人事议题。

8月1日，区委书记徐贤主持召开二届区委第71次常委会议。会议共有13项议题：1.传达学习习近平总书记在同团中央新一届领导班子集体谈话时的讲话精神；2.传达学习习近平总书记在中央政治局第六次集体学习时的重要讲话精神；3.传达学习《中共云南省委办公厅关于在工作中严格规范有关表述的通知》；4.传达学习陈豪书记调研玉溪讲话精神和全市领导干部大会精神；5.传达学习张德华市长在星云湖保护治理现场推进会上的讲话精神；6.研究《玉溪市江川区贯彻落实省督察组督察星云湖河（湖）长制工作反馈问题整改方案（送审稿）》；7.研究江川县域经济发展情况；8.研究《关于进一步加强和改进少数民族流动人口服务管理工作的实施意见（送审稿）》；9.研究《玉溪市江川区“双报到双结对双评议”实施办法（试行）（送审稿）》；10.研究《关于推行美丽家园农村人居环境集中整治日的通知（送审稿）》；11.研究《关于进一步加强和重视“三农”发展综合考评工作的通知（送审稿）》；12.听取雄关乡党委党建工作情况汇报；13.听取安化乡党委党建工作情况汇报。

8月16日，区委书记徐贤主持召开二届区委第72次常委会议。会议有1项议题：传达市抗震救灾指挥部工作会议精神，听取区抗震救灾指挥部工作情况汇报，研究抗震救灾和灾后重建工作。

8月29日，区委书记徐贤主持召开二届区委第73次常委会议。会议共有14项议题：1.传达学习全国宣传思想工作会议精神；传达学习全市网络安全和信息化工作会议精神；2.研究干部议题；3.传达学习全市生态环境保护大会精神；4.传达学习全市国家创新型城市建设动员大会精神；5.传达学习全市实施乡村振兴战略现场推进会精神，研究《关于实施乡村振兴战略走在全省前列的实施意见（送审稿）》；6.传达学习省纪委主要领导调研玉溪讲话精神；7.传达学习全省、全市组织工作会议精神；8.通报研究我区信访维稳工作；9.通报《关于安排新录用公务员和新任副科级领导干部到信访等岗位锻炼的实施办法（试行）》；10.研究《关于区委书记、区委副书记、区委常委工作分工的通知（送审稿）》；11.研究《关于进一步加强习近平新时代中国特色社会主义思想学习的通知（送审稿）》；12.研究玉溪市江川区人才工作会有关事项；13.研究区政府党组提请的有关事项：①研究2018年全区异地造林工程及星云湖面山植被恢复试点工程有关事项；②研究大街等4个乡镇（街道）城乡建设用地增减挂钩项目有关事项；③研究江城等2个乡镇土地整治（补充耕地）项目有关事项；④研究区城管局建子山垃圾处理场项目资金调整有关事项；⑤研究《玉溪市江川区城市生活垃圾处理费、自来水水费及污水处理费合并收取实施方案（送审稿）》；⑥研究人民警察值勤岗位津贴有关事项；⑦研究全区管道天然气特许经营权授权有关事项；⑧研究全区中小学幼儿园C级不安全校舍加固改造有关事项；⑨研究九溪污水处理厂设备更换及工艺调试等经费有关事项；⑩研究云南腾达机械制造有限公司2018年上级专款资金拨付及偿还区国资公司欠款有关事项；研究我区“8·13”地震抗震救灾资金有关事项；研究《JTC—2012—4号闲置土地处置方案（送审稿）》；14.听取区工信局党委党建工作情况汇报。

9月17日，区委书记徐贤主持召开二届区委第74次常委会议。会议共有17项议题：1.传达学习习近平总书记关于宗教工作的重要讲话精神和全省宗教工作“一网两单”制度现场推进会议精神，研究我区民族宗教工作；2.传达学习习近平总书记对信访工作的重要批示精神，通报研究当前我区信访突出问题和《玉溪市江川区信访突出问题百日专项整治工作方案（送审稿）》；3.传达学习中央全面依法治国委员会第一次会议精神；4.报告延安学习情况；5.通报市委常委会研究相关议题情况；6.传达学习《中共玉溪市委办公室关于严格规范有关表述的通知》；7.传达学习新修订的《中国共产党纪律处分条例》《中共云南省纪律检查委员会关于段跃庆、侯新华严重违纪违法案件的通报》；8.研究《关于加强党内法规制度建设的实施意见（送审稿）》；9.研究《玉溪市江川区党内规范性文件备案办法（送审稿）》；10.研究《玉溪市江川区党务公开实施细则（试行）（送审稿）》；11.研究《玉溪市江川区妇女联合会关于召开玉溪市江川区妇女第二次代表大会方案（送审稿）》；12.研究区政府党组提请的有关事项：①研究江城古镇棚户区改造项目管理费筹措有关事项；②研究债务系统内债券资金到期支付有关事项；③研究《玉溪市江川区养殖水域滩涂规划（2018—2030）（送审稿）》；④研究经济稳增长补助资金有关事项；⑤研究江川区原机关事业单位养老保险个人账户资金处理工作有关事项；⑥研究我区开展国家创新型城市建设有关事项；⑦研究《玉溪市江川区2018年财政专项预算调整方案（送审稿）》；⑧研究中秋国庆期间部分重点工程资金有关事项；13.研究中共玉溪市江川区国家税务局、地方税务局联合委员会改设中共国家税务总局玉溪市江川区税务局委员会有关事项；14.研究玉溪市江川区第二期青年干部培训班有关事项；15.研究干部议题；16.听取区委老干部局党建工作情况汇报；17.听取市国土局江川分局党建工作情况汇报。

10月11日，区委书记徐贤主持召开二届区委第75次常委会议。会议共有15项议题：1.研究干部议题；2.传达学习习近平总书记在全国教育大会上的重要讲话精神；3.传达学习《中共云南省委办公厅关于进一步贯彻落实中央八项规定精神的通知》；4.传达学习《关于印发市委主要领导重要批示的通知》；5.通报《关于成立玉溪市江川区深化党政机构改革领导小组的通知》；6.传达学习全省脱贫攻坚暨项目规划建设能力提升培训会议精神；7.传达学习省市脱贫攻坚业务培训工作会议精神，听取并研究脱贫攻坚工作；8.研究《关于调整完善中共玉溪市江川区委督查工作领导小组的通知》；9.研究《玉溪市江川区人民代表大会常务委员会关于对区人民代表大会选举和区人大常委会决定任命的国家机关工作人员述职评议办法（试行）》和《玉溪市江川区人民代表大会常务委员会关于对政府及其工作部门、监察委员会、法院、检察院工作评议办法（试行）》；10.研究区政府党组提请的有关事项：①研究市家园公司棚户区改造融资利息有关事项；②研究《江川区“8·13、8·14”地震灾后民房及村庄重建实施方案（送审稿）》；③研究《2017年市对县区目标任务综合考评奖分配方案（送审稿）》；11.研究《关于全面加强新时代城市基层党建工作的实施意见》；12.研究江川区关于推选共青团玉溪市第五届委员、候补委员候选人名单；13.研究关于召开玉溪市江川区第二次妇女代表大会的有关事项；14.听取区卫计局党建工作情况汇报；15.听取区工商联党建工作情况汇报。

10月25日，区委书记徐贤主持召开二届区委第76次常委会议。会议有1项议题：研究《江川区纪委监委派驻机构改革方案》《关于设立派出监察机构实施方案》和《江川区推开乡镇（街道）监察试点工作的实施方案》。

10月31日，区委书记徐贤主持召开二届区委第77次常委会议。会议共有6项议题：1.传达学习习近平在十九届中央政治局第八次集体学习时的重要讲话精神；2.传达学习《中共云南省纪律检查委员会关于四起扶贫领域腐败和作风问题典型案列的通报》；3.研究《中共玉溪市江川区委巡察工作实施细则》和《中共玉溪市江川区委巡察工作规划（2017-2021年）》；4.听取江川区深化医药卫生体制改革工作情况汇报，并研究相关工作；5.听取江川区公共文化服务体系建设、文化遗产保护、群众体育工作情况汇报，并研究相关工作；6.研究区政府党组提请的有关事项：①研究江川区发展定位有关事项；②通报玉溪市江川区年产35万吨φ180mm合金无缝钢管连轧管机组及50万吨大口径钢管项目招商引资有关事项；③通报江川区开展中央环境保护督察问题整改自查

自验工作进展情况。

10月31日，区委书记徐贤主持召开二届区委第78次常委（扩大）会议，主要任务是：传达学习省委十届五次全体会议精神；传达学习市委常委会第98次（扩大）会议精神；传达省委书记陈豪同志10月26日对当前工作的指示要求，研究我区贯彻意见；传达十届省委常委会第103次（扩大）会议上省委书记陈豪同志在听取关于九大高原湖泊保护治理工作情况汇报时的讲话精神，研究我区贯彻意见。

11月14日，区委书记徐贤主持召开二届区委第79次常委会议。会议共有13项议题：1.研究干部议题；2.传达学习中共中央办公厅关于陕西省委、西安市委在秦岭北麓西安境内违建别墅问题上严重违反政治纪律以及开展违建别墅专项整治情况的通报，提出我区贯彻意见；3.传达省委主要领导赴玉溪市调研高原湖泊保护治理工作时的重要讲话精神，提出我区贯彻意见；4.传达中央环境保护督察“回头看”及高原湖泊环境问题专项督察反馈意见和陈豪同志、阮成发同志在中央第六环境保护督察组对云南省开展“回头看”情况反馈会上的讲话精神，提出我区贯彻意见；5.听取2018年第三季度反“法轮功”等邪教组织斗争情况汇报，并研究相关工作；6.听取关于“七五”普法规划实施情况汇报，并研究相关工作；7.传达学习云南省宣传思想工作会议精神；8.传达学习全省扶持村集体经济发展试点工作推进会议精神；9.研究《关于成立玉溪市江川区实施乡村振兴战略领导小组的通知》；10.研究《玉溪市江川区2018年度党风廉政建设责任制监察考核实施方案》；11.研究《玉溪市江川区脱贫攻坚巩固提升三年行动实施方案（2018—2020年）》；12.研究区政府党组提请的有关事项：①研究我区在建农村公路复工及北前线前期工作有关事项；②研究中民筑友（玉溪市）装配式节能建筑产业基地项目投资补充协议有关事项；③研究大街街道河咀、早街、下营等社区预留用地挂牌出让土地收益金有关事项；④研究《玉溪市江川区国民经济和社会发展第十三个五年规划纲要实施情况中期评估报告（送审稿）》；⑤研究2018年星云湖脱劣超常规措施（锁磷剂）实施有关事项；⑥研究2018年星云湖水葫芦打捞有关事项；13.听取市公安局江川分局党建工作情况汇报。

11月28日，区委书记徐贤主持召开二届区委第80次常委会议。会议共有14项议题：1.传达学习习近平总书记在同全国妇联新一届领导班子成员集体谈话时的讲话精神；2.传达学习习近平总书记在同全国总工会新一届领导班子成员集体谈话时的讲话精神；3.传达学习习近平总书记在民营企业座谈会上的讲话精神；4.传达学习《关于转发〈关于进一步做好当前维护社会稳定工作的通知〉的通知》，研究我区稳控工作；5.研究《关于认真贯彻执行〈政法机关党组织向党委请示报告重大事项规定〉的通知（送审稿）》；6.传达学习全市宣传思想工作会议精神；7.通报2018年1—10月全区安全生产形势；8.研究《玉溪市江川区实施乡村振兴战略责任制方案（送审稿）》《关于实行乡村振兴“领导干部挂乡村”责任制工作方案（送审稿）》；9.研究首批区级领导联系专家建议人选名单；10.研究《中国·云南·江川第十四届开渔节（高原湖泊水产品交易会）活动方案（送审稿）》；11.研究区政府党组提请的有关事项：①研究星云湖水质达标三年行动有关事项；②研究《玉溪市江川区贯彻落实省委省政府环境保护督察反馈意见问题整改方案（送审稿）》；③研究《玉溪市江川区对区、乡镇（街道）班子领导干部个人收入开展自查自纠实施方案（送审稿）》；④研究《2018年财政预算调整方案（送审稿）》；⑤研究“8.13、8.14”地震灾后重建资金安排有关事项；⑥研究部分国有资产处置有关事项；12.研究《玉溪市江川区退役军人事务局机构设置职能职责人员编制方案（送审稿）》；13.研究干部议题；14.听取区教育局党工委党建工作情况汇报。

12月3日，区委书记徐贤主持召开二届区委第81次常委会议。会议共有4项议题：1.传达学习习近平总书记在中共中央政治局第十次集体学习时的讲话精神；2.传达学习中巡办主任王鸿津同志在云南调研指导工作讲话和省委巡视办主任杨军在州（市）巡察办主任会议上的讲话精神；3.听取区委第六轮巡察工作情况汇报；4.研究审议《玉溪市江川区机构改革方案》《玉溪市江川区机构改革实施方案》。

12月14日，区委书记徐贤主持召开二届区委第82次常委会议。会议共有12项议题：1.传达学习《习近平谈治国理政（第二卷）》关于生态文明的重要论述；2.传达学习习近平总书记对全国党委秘书长会议的重要批示精神，以及全国党委秘书长会议、全省党委秘书长办公厅（室）主任会议、全市党委办公室主任会议精神；3.集体学习《中国共产党支部工作条例（试行）》；4.传达学习全国农村集体产权制度改革试点推进会精神；5.通报当前我区意识形态领域情况；6.通报干部处分决定；7.通报玉溪市江川区2018年度党风廉政建设责任制检查考核结果；8.研究区政府党组提请的有关事项：①研究大街市场遗留问题促进市场转型升级有关事项；②研究《滇中智慧农业产业园项目投资补充协议》及产业发展扶持资金有关事项；③研究《玉溪市江川区全面推行山林长制实施意见（送审稿）》；④研究我区城乡环卫一体化政府和社会资本合作项目有关事项；⑤研究2019年地方财政预算有关事项；⑥研究我区事业单位和国有企业公务用车制度改革有关事项；9.研究干部议题；10.听取区人大常委会党组2018年下半年工作情况汇报；11.听取区政府党组2018年下半年工作情况汇报；12.听取区政协党组2018年下半年工作情况汇报。

12月17日，区委书记徐贤主持召开二届区委第83次常委（扩大）会议。会议共有4项议题：1.研究我区配合做好省委第六巡视组对玉溪开展机动巡视工作有关事项；2.传达学习习近平总书记关于脱贫攻坚的重要论述和省扶贫办主任黄云波在2018年省对州市县区党委和政府扶贫开发工作成效考核动员会上的讲话精神，研究我区部署意见；3.传达学习省委党建工作领导小组（扩大）会议精神；4.传达学习全省城市基层党建示范城市建设工作座谈会精神，研究我区贯彻意见。

12月19日，区委书记徐贤主持召开二届区委第84次常委会议。会议共有2项议题：1.传达学习全市四季度经济运行调度会议精神，研究我区稳增长工作；2.研究区政府党组提请的有关事项：《江川区2018年地方财政预算调整方案（草案）》。

12月21日，区委书记徐贤主持召开二届区委第85次常委会议，会议专题研究干部议题。

12月28日，区委书记徐贤主持召开二届区委第86次常委会议。会议共有12项议题：1.传达学习习近平总书记在庆祝改革开放40周年大会上的讲话精神；2.传达学习习近平总书记在中央政治局第十一次集体学习时的讲话精神；3.传达学习中央经济工作会议精神；4.传达学习市委对全国、全省扫黑除恶专项斗争推进会议精神的贯彻意见，研究部署我区扫黑除恶工作；5.传达学习《中共云南省纪律检查委员会关于对云南省扶贫投资开发有限公司严重违反中央八项规定精神问题问责情况的通报》和《中共云南省纪律检查委员会关于4起违反廉洁纪律典型案件的通报》；6.传达学习《中共中央办公厅国务院办公厅转发〈中央农办、农业农村部、国家发展改革委关于深入学习浙江“千村示范、万村整治”工程经验扎实推进农村人居环境整治工作的报告〉的通知》，听取并研究星云湖南岸乡村振兴示范区项目建设工作；7.研究《玉溪市江川区关于落实玉溪市创建全国民族团结进步示范市工作的实施方案（送审稿）》；8.研究区委常委领导班子2018年度民主生活会工作方案；9.研究区政府党组提请的有关事项：①研究省委第六巡视组巡视移交问题立行立改情况；②研究《玉溪市江川区贯彻落实中央环境保护督察“回头看”及高原湖泊环境问题专项督察反馈意见问题整改方案（送审稿）》；③研究引进维高时代落地园区相关扶持政策有关事项；④研究玉溪市江川区3座污水处理厂总磷达标改造项目及江川主城区雨污分流工程有关事项；⑤研究2019年国民经济和社会发展计划主要指标有关事项；⑥研究江川烟草分公司房改资金有关事项；⑦听取合美通用航空生产经营情况汇报，研究有关工作；⑧研究区、乡镇（街道）班子领导干部个人收入自查自纠有关事项；10.听取区人民法院党组2018年下半年工作情况汇报；11.听取区人民检察院党组2018年下半年工作情况汇报；12.听取区工商联党组2018年下半年工作情况汇报。

（沈 娴）

【重要通知、指示、决定】 2018年1月22日，下发《关于印发中共玉溪市江川区委二届四次全会区委常委会工作报告和徐贤同志讲话的通知》，动员全区广大干部提高认识、统一思想，坚定信心、争创一流，转变作风、真抓实干，推动江川各项工作在跨越发展的跑道上行稳致远，为建设宜居宜业和谐美丽新江川努力奋斗。

2月9日，印发《中共玉溪市

江川区委关于深入学习贯彻党的十九大精神促进江川跨越式发展的决定》，要求深入学习贯彻党的十九大精神，以习近平新时代中国特色社会主义思想为指引谋划江川跨越式发展；牢牢把握高质量发展要求，全力推进新时代江川经济社会发展；认真贯彻落实新时代党的建设总要求，深入推进党的建设新的伟大工程。

2月13日，印发《玉溪市江川区贯彻落实全省自然保护区专项督查反馈问题整改方案》，明确整改工作的指导思想、责任单位、整改措施和整改时限，通过加强组织领导，层层压实责任，严格督导检查，严肃责任追究，确保整改工作取得实效。

3月13日，下发《关于切实做好玉溪市江川区国家卫生城市攻坚迎审和省级文明城市创建工作的通知》，明确网格长责任，部门责任，街道、社区责任和相关工作措施，通过落实攻坚方案，查找问题不足，抓好责任落实，确保顺利通过国家卫生城市复审，夯实省级文明城市创建基础。

3月13日，印发《玉溪市江川区迎接国家卫生城市复审“百日风暴”行动工作方案》，明确2018年3月1日至4月15日为迎接明查攻坚阶段，2018年4月15日至6月1日为再排查再整改阶段，2018年6月1日至10月30日为迎接暗访再整改再攻坚再完善阶段，通过紧紧围绕国家卫生城市标准8大板块40个测评指标194项评估量化标准和暗访评分标准，坚持问题导向，强化专项整治行动，对标对表、对时对人，全面开展迎接国家卫生城市复审“百日风暴”行动，切实解决一批重点难点及群众关心关注的热点焦点问题，推动江川城市面貌大变样、管理水平大提升、市民素质大提高。

3月20日，印发《区人民政府向区人大常委会报告国有资产管理情况制度的实施意见》，明确指导思想和基本原则，报告方式和重点、审议程序和重点，增加国有资产管理公开透明度，提升国有资产管理公信力，巩固和发展中国特色社会主义基本经济制度，管好人民共同财富，加强人大监督职能，促进全区经济社会发展。

4月10日，印发《玉溪市江川区“基层党建巩固年”实施方案》，明确“基层党建巩固年”总体思路、主要任务、和工作措施，全面压实基层党建工作责任，持续用好基层党建“五化”工作法，推动基层党建与中心工作融合，全面巩固深化“政治统领工程”“强基筑底工程”“战斗堡垒工程”和“先锋模范工程”。全面巩固提升党建品牌效应和基层党建工作要素保障。

4月19日，印发《玉溪市江川区2018年农村人居环境提升示范村建设实施方案》，明确按照“区级指导、乡镇主责、示范引领，全面覆盖”原则，认真贯彻落实省、市、区“一计划三方案”要求，全面推进“新房新村、生态文化、宜居宜业”的新农村建设，建立健全收费机制和市场化运作机制，切实加大农村人居环境治理力度，推进农村生态化建设。

4月23日，印发《玉溪市江川区创新投融资机制的实施方案》，通过创新投融资机制，激发社会资本投资活力，促进民间投资和产业投资增长，充分发挥投资对稳增长、促改革、调结构、惠民生的关键作用。

4月24日，印发《关于对张丽梅等261名同志予以表彰奖励的决定》，对2015年至2017年连续三年公务员年度考核为优秀等次的张丽梅等8名同志予以记三等功，对2017年度公务员考核为优秀等次的赵鹏等253名同志予以嘉奖。

5月9日，印发《玉溪市江川区转变工作作风强化执行力若干意见》，要求全面增强执行各项决策部署的思想自觉和行动自觉，不断压实层层抓落实的主体责任，激发干部干事创业的内生动力，坚持高频高效对接汇报，着力打造优质服务新“高地”，推动“要求为”向“主动为”转变，建立动态管理的检查考评机制，筑牢清廉干事的从政底线，营造担当作为的干事创业环境。

5月14日，印发《玉溪市江川区基层党组织组织力提升若干意见》，要求从突出政治功能、强化理论武装、加强组织建设、强化队伍建设、严格落实制度、完善保障措施、注重激励关怀、团结服务群众、严守纪律要求、推动改革发展的十个方面全面提升组织力。

5月22日，下发《关于调整区级领导联系“七位一体”重点工作项目的通知》，包括党的建设和基层基础建设、科教引领创新发展、招商引资、重点工作及项目、“三大战役”、生态文明建设、社会稳定七大部分共19个方面的内容，涵盖区委、区政府2018年的主要工作，严格贯彻执行了省委、省政府和市委、市政府相关要求，落实区委二届四次全会、区“两会”“科教引领创新发展”大讨论大行动相关工作部署。

5月23日，下发《关于印发〈中共玉溪市江川区委科学民主依法决策制度（试行）〉等系列制度文件的通知》，明确适用范围、决策原则、决策程序、决策保障等方面内容，通过健全区委集体领导和常委分工负责相结合的制度，不断推进党的建设制度化、规范化、程序化，充分发挥区委总览全局、协调各方的领导核心作用，为江川干在实处走在全市前列实现高质量发展提供坚强保证。

5月23日，印发《玉溪市江川区2018年依法治区工作要点》，以推动落实党政主要负责人履行推进法治建设第一责任人职责为抓手，强化依法执政，深化法律监督，加快依法行政，提升司法公正，繁荣法治文化，推动全民守法，加快推进法治江川建设，为全区步入新时代，实现高质量跨越式发展奠定坚实法治基础，提供坚强法治保障。

6月21日，印发《关于开展庆祝建党97周年系列活动的通知》，结合开展“两学一做”学习教育常态化制度化和“不忘初心、牢记使命”主题教育，回顾党的光辉历程，弘扬党的丰功伟绩，开展“十个一”系列活动，增强共产党员的自豪感和荣誉感，激励各级党组织和广大党员充分发挥战斗堡垒和先锋模范作用，为决战脱贫攻坚、决胜全面小康，建设宜居宜业和谐美丽新江川提供组织保障。

7月17日，印发《玉溪市江川区关于加强和改进人民政协民主监督工作的实施意见》，要求加强党的领导，准确把握民主监督的重要意义和总体要求，明确主要内容，拓宽渠道形式，规范工作程序，健全工作机制，推动党和国家各项路线、方针、政策有效落实。

7月22日，印发《中共玉溪市江川区委全面深化改革领导小组2018年工作要点》，统筹推进经济体制改革、农业农村改革、开放型经济体制改革、民主法制领域改革、文化教育卫生体制改革、社会体制改革、生态文明体制改革、党的建设制度改革和纪律检查体制改革，完善改革协调推进机制，着力补齐重大制度短板，着力抓好改革任务落实，着力巩固拓展改革成果。

8月2日，印发《玉溪市江川区教育系统人事制度改革实施方案（试行）》，要求严格中小学编制管理，规范中小学内设机构和岗位设置，调整优化中小学教职工队伍结构，深化教师职称制度改革，强化聘用（任）管理，促进教职工队伍合理流动，建立符合中小学特点的人事管理运行机制，建设一支高素质的专业化中小学教师队伍和管理人员队伍，促进教育跨越发展，为全面建设小康社会提供人才保证。

8月2日，下发《关于表扬2017年优秀教师和先进教育工作者的通报》，对全区2017年度80名优秀教师、20名先进教育工作者给予表扬，激励优秀教师和先进教育工作者再接再厉、再创佳绩，激励全区广大教师和教育工作者，学先进、赶先进，努力提高师德修养和业务水平，争做有理想信念、有道德情操、有扎实学识、有仁爱之心的党和人民满意的好老师。

8月14日，印发《玉溪市江川区农村集体产权制度改革工作实施方案》，明确改革工作的总体思想、基本原则、工作目标、实施范围、工作步骤和保障措施，通过开展农村集体资产清产核资、确认农村集体经济组织成员身份、推进经营性资产股份合作制改革、赋予农民集体资产股份权能、充分发挥农村集体经济组织功能作用等八方面重点任务，着力促进农业发展、农民富裕和农村繁荣。

8月15日，印发《关于玉溪市江川区领导干部经济责任审计全覆盖的实施意见》，要求大力推进领导干部经济责任审计全覆盖，规范经济责任审计对象分类管理，加强审计计划和规划的统筹安排，做到应审尽审、凡审必严、严肃问责，更好发挥审计监督在加强干部管理、规范财经秩序、维护经济安全、推动深化改革、保障改善民生、促进依法治区、推进廉政建设、从严管党治党中的重要作用。

8月15日，印发《玉溪市江川区村（社区）干部任期经济责任审计暂行办法》，以村干部守法、守纪、守规、尽责情况为重点，以村干部任职期间财务收支以及有关经济活动的真实、合法和效益为基础，严格依法界定审计内容，加强农村“三资”管理，强化村级财务监督，切实维护农村集体经济组织和农民的合法权益，实现审计监督全覆盖。

8月19日，印发《玉溪市江川区“8·13”“8·14”地震灾后拆危除险包保工作方案》，要求提高思想认识，落实包保责任，明确工作职责，加强宣传发动，落实四级包保责任制，确保按时按质全面完成灾后拆危除险工作，杜绝次生灾害发生和出现人员伤亡事故，保证人民群众人身财产安全，全面提升人居环境。

8月27日，印发《关于推行“双报到双结对双评议”促进城市基层党建的实施意见》，根据市委“1123456”城市基层党建工作思路，以提升组织力为重点，突出政治功能，创新机制、拓展平台，构建“资源共享、优势互补、互联互促、协调发展”的城市基层党建新格局，提高城市基层党建工作整体效应，提升党领导城市基层社会治理能力。

8月29日，印发《关于表彰首届“星云英才”的决定》，表彰黄毅等100名同志为首届“星云英才”，激励被表彰人员立足本职再创佳绩，激励全区各级各部门和广大干部开拓进取，务实创新，积极投身于江川经济社会建设主战场。

8月29日，印发《关于实施乡村振兴战略走在全省前列的实施意见》，要求全面把握实施乡村振兴战略走在全省前列的总体要求，全力推动实施乡村振兴战略走在全省前列的重点工作，实施乡村振兴战略走在全省前列的保障措施，加强和改善党对“三农”工作的领导。

9月6日，印发《关于推进安全生产领域改革发展的实施意见》，要求健全落实安全生产责任制，改革安全监管监察体制，着力推进依法治理，构建安全预防控制体系，加强安全基础能力建设，大力提升全区安全生产整体水平，为实现江川区高质量跨越式发展创造良好的安全生产环境。

9月7日，下发《关于进一步加强习近平新时代中国特色社会主义思想学习的通知》，明确区委常委会作为第一议题及时学，中心组作为第一内容集中学，党校作为教学第一专题深入学，党员干部作为第一教材持久学，进一步领会核心要义，突出问题导向，做到知行合一，坚持“五个纳入”，使学习宣传贯彻习近平新时代中国特色社会主义思想常态化制度化。

9月13日，印发《玉溪市江川区庆祝改革开放40周年暨纪念玉溪撤地设市20周年活动方案》，成立系列活动领导小组，围绕讲好改革开放的故事，讲好新时代中国特色社会主义的故事，讲好玉溪故事，讲好江川故事，展示改革开放40周年的伟大成就，总结回顾玉溪撤地设市20周年、江川撤县设区2周年的发展历程，组织一系列活动，推出理论研究成果，创作推出一批文艺精品，开展对外宣传推介。

9月18日，印发《关于表彰2017年度科技进步与创新先进单位和个人的决定》，对2017年度科技进步与创新工作中成绩优异的云南阳光食品有限公司等21户单位和个人进行表彰奖励，激励全区各级各部门学习先进，与时俱进，开拓创新，推动全区科技进步与创新。

9月27日，印发《玉溪市江川区农村人居环境整治三年行动实施细则（2018—2020年）》，明确基本原则和行动目标，要求强化政策支持，发挥村民主体作用，强化保障措施，扎实开展“520”美丽家园城乡人居环境集中整治日行动，深入开展农村人居环境整治“4+7”工程，做好非正规垃圾堆放点排查和整治工作，推进农村生活垃圾治理，深入推进农村生活污水治理，大力推进农村厕所革命，开展贫困村农村人居环境示范村建设，加强村庄规划编制与实施管理，建立完善长效管护机制，积极探索推广农村居住发展新模式，加快补齐农村人居环境突出短板。

10月15日，印发《〈玉溪市江川区乡村振兴战略规划（2018—2022年）〉编制工作方案》，成立江川区乡村振兴战略规划编制领导小组，坚持城乡统筹、多规合一，因地制宜、群众主体，发扬民主、社会参与的原则，协调推进乡村产业、人才、文化、生态和组织振兴，合理提出指导思想、基本原则、目标任务、空间布局、战略重点和实施保障等内容，形成城乡融合、区域一体、多规合一的规划体系。

11月5日，印发《关于全面加强新时代城市基层党建工作的实施意见》，要求以加强党的长期执政能力建设、先进性和纯洁性建设为主线，以街道社区党组织为核心，以提升组织力为重点，以党建引领基层治理为抓手，以解决突出问题为突破口，健全完善区、街道、社区三级联动体系，增强城市基层党建工作整体效应，构建条块结合、资源共享、优势互补、共驻共建的区域化党建新格局，为建设宜居宜业和谐美丽新江川提供坚强组织保证。

11月7日，下发《关于印发〈玉溪市江川区党务公开实施细则（试行）〉的通知》，明确党务公开的内容和范围、程序和方式、监督与追责等事项，使广大党员更好了解和参与党内事务，动员组织人民群众贯彻落实好党的理论路线方针政策，促进党务公开工作制度化、规范化、程序化，提高党的执政能力和领导水平。

11月28日，印发《玉溪市江川区贯彻落实省委省政府环境保护督察反馈意见问题整改方案》，明确整改工作指导思想、工作目标和主要措施，坚持以星云湖保护和治理为重点，增强抓好环保督察整改是重大政治任务、重大发展问题、重大民生工程的思想和行动自觉，把做好督察反馈意见整改作为检验“四个意识”的重要标尺，落实好河长制、湖长制和山林长制，坚决打好污染防治攻坚战，并列出《玉溪市江川区贯彻落实省委、省政府第一环境保护督察组反馈意见问题整改措施清单》。

11月29日，印发《中国·云南·江川第十四届开渔节（高原湖泊水产品交易会）活动方案》，成立活动领导小组，明确活动目标和系列活动安排，以“幸福江川·美丽家园”为主题，深入挖掘高原水乡文化、古滇青铜文化、渔文化、美食文化，进一步提升江川知名度，增加江川对外知名度和美誉度，将民俗活动社会化、民间活动规范化，使江川的城市形象、文化魅力、资源优势得到传播和提升，助推江川经济社会高质量跨越式发展。

12月7日，印发《星云湖一级保护区生态修复及生态屏障构建项目建设工作方案》，明确指导思想、目标要求、总体原则和工作步骤，并成立星云湖一级保护区生态修复及生态屏障构建项目建设领导小组，要求通过星云湖一级保护区生态修复及生态屏障构建项目建设，实现星云湖一级保护区范围内房屋、人口、农田、鱼塘等应退尽退，确保2019年6月底前完成星云湖一级保护区农田、鱼塘退出工作，2019年12月底前完成星云湖一级保护区房屋、人口退出工作，有效减少入湖污染物负荷。

12月10日，印发《玉溪市江川区脱贫攻坚巩固提升三年行动实施方案（2018—2020年）》，明确三年行动的指导思想、目标任务、工作要求和主要措施，坚持问题导向和目标导向，紧扣乡村振兴20字总要求，以1个贫困乡和16个贫困村巩固提升为重点，着力解决贫困地区基础设施不完善、产业培育发展滞后、社会保障网不牢固、人居环境脏乱差等问题，巩固提升脱贫攻坚质量，夯实乡村振兴坚实基础。

12月17日，下发《关于推进全区事业单位和国有企业公务用车制度改革工作的通知》，要求按照厉行节约、保障高效，应改尽改、从严从紧，统筹兼顾、分类指导，统一部署、分级负责的原则，统筹做好事业单位和国有企业公务用车制度改革，做好司勤人员安置和取消车辆处置工作，于2018年11月30日前完成封存停驶，从2018年12月1日起，执行公务交通费用报销制度，于2018年12月31日前完成改革工作。

12月23日，印发《玉溪市江川区全面推行山林长制实施意见》，全面深化林业改革，加强林业生态保护修复，大力发展绿色富民产业，实施“五化一保护”工作措施，全面提升新时代林业现代化建设水平，确保到2018年底，建立区、乡镇（街道）、村（社区）、组四级山林长制网格化管理体系，建立健全目标明确、责任明晰、协调有序、监管严格、运行高效的林业保护发展机制。确保到2020年林业“双增”目标顺利完成。

12月26日，印发《玉溪市江川区关于建立社区工作准入制度的实施方案》，要求按照全面准入、依法准入，规范进入、分级进入，统一承办、集中管理，权随责走、费随事转的原则，明确社区工作准入事项和权责、准入程序和保障措施，通过准入制度建设，形成政府依法办事、社区依法自治的工作格局。

12月30日，印发《玉溪市江川区贯彻落实中央环境保护督察“回头看”及高原湖泊环境问题专项督察反馈意见问题整改方案》，健全组织领导机制，健全跟踪督办机制，健全责任追究机制，健全社会监督机制，树牢群众观念，转变工作作风，强化责任落实，通过整改措施的有效落实，确保所有问题全面整改到位、取得实效，争当全市生态文明建设排头兵。

（申　雪）

【文秘工作】　2018年，区委办文秘工作以“把握中心、服务大局、主动协调、高效服务”为指引，圆满完成公文处理、会务组织、文稿撰写、综合协调等工作，较好发挥了参谋助手作用。认真贯彻党政机关公文处理条

例，落实中央省市关于精简文件和会议的要求部署，不断推进公文处理规范化、高效化，会务工作程序化、精细化。全年共下发重要文件65件，上报请示报告68项，党内规范性文件备案50件，组织筹备常委会议37次、重要会议70余次，发出会议纪要、玉江情通报77期。按照严谨、准确、精炼的方针，牢牢把握全区经济社会发展和改革大局，树立精品意识，全年共撰写重要报告、领导讲话70余篇。严格落实中央八项规定精神，精心组织协调，做好区委重要活动及上级领导到江川调研的各项服务工作，全年共完成40余次调研活动服务工作。

（沈　娴）

【信息工作】　配强信息员。整合秘书股、信息股工作人员对口办文、办会、编辑报送信息，主动跟进各自联系工作部署落实情况，做到信息工作思路能超前、决策会追踪、经验会总结、问题会分析。各乡镇（街道）、各单位部门按要求明确信息工作分管领导，选优配强专职信息撰稿人，形成全员参战的强大合力。

把准信息点。突出党委信息中心导向、问题导向、情报导向、智库导向，精准报送信息。紧盯国家、省、市重大战略决策部署、重要方针政策、重点项目工作，报送贯彻落实类、反响反映类信息；围绕领导和群众共同关注的民计民生热难点问题，报送问题建议类和专家智库信息；把准区委、区政府推进全区经济高质量跨越式发展、创文创卫、脱贫攻坚、星云湖保护治理等重点工作脉络，总结好经验，发现新问题，提出合理化建议，发挥主渠道作用。2018年，向市委办报送信息418条，被采用236条，得分2530分。

提升信息量。把握工作主动性和预见性，加强信息选题策划，加大信息约稿力度，注重把握领导"关注什么""要什么"，告诉各单位要"做什么""报什么"，确保信息工作有的放矢。明确信息分类、质量要求、时效要求，促进准确把握信息报送规范和要求。调动各单位信息工作积极性，编辑制发《江川重要信息》19期、《江川信息专报》1期。

扩充信息流。开通"江川党委信息"微信工作群，将全区所有信息考核责任单位的信息分管领导、信息工作人员纳入群内，与江川新闻网、"江川发布"微信公众号联动，各单位在微信群内发布单位工作动态，发现信息点、找到信息源，建立"从下到上"反馈、"从上到下"专项约稿的信息工作体制，凝聚强大的信息流，亮点频传。

织牢信息网。研究完善《2018年度全区党委信息工作目标任务考核办法》，进一步细化信息工作责任、计分标准及考核结果运用等规则，规范信息工作。通报表扬2017年度党委信息工作情况完成较好的单位和个人，每季度通报各责任单位信息报送情况、采用情况，鼓励先进、鞭策后进，切实提升信息收集报送考核激励力度。

（申　雪）

政　研

【概述】　2018年，区委政研室围绕省市农村工作会议的精神和要求，按照省市委农办的相关要求，紧紧围绕区委、区政府的中心工作，切实履行调查研究、新农村建设及改革办等工作职责，较好地完成各项工作任务。

【专题调研】　区委政研室切实履行工作职责，紧紧围绕区委中心工作和工作部署，通过集合型调研、专题调研或协同相关部门开展调查研究工作，2018年积极配合省、市做好园区建设、农业产业化调整等方面的调研工作。同时，组织开展好"以调促学"活动，收集区管科级以上领导干部调研报告400多篇。

【新农村建设】　制定《关于进一步加强和重视"三农"发展综合考评工作的通知》，将38项指标任务分解细化，明确牵头区级领导和区直责任单位，整合力量做好"三农"综合考评工作。严格按照省、市的相关要求，以省级重点村、"百村示范、千村整治"工程项目建设为载体，统筹规划，强化工程项目管理，注重督促检查落实，实行项目资金专户管理，将资金转化为实实在在的项目。2017年一是3个省级重点村项目（江城镇龙街村委会内桃园一组，前卫镇后卫村委会新河咀小组，雄关乡白石岩村委会小田小组），项目总体投资496.26万元（省级财政投入135万元，区级投入5万元，整合其他资金345万元，群众投工投劳折资11.26万元），硬化道路2条1985.42平方米、修建挡墙154.53立方米、村内公共活动场地3094.8方米、村内文化活动室121.65平方米；提升环境卫生整治，修建排水沟2条149立方米。二是5个市级美丽宜居乡村项目（江城镇祁家营村委会火烧凹小组、前卫镇柏池古村委会、安化乡新庄村委会小甸小组、安化乡安化社区），项目总体投资680.6万元（市级财政投入360万元，整合其他资金320万元，群众投工投劳折资0.6万元），修建挡墙3972.53立方米、村内公共活动场地3544.13方米、村内文化活动室1590.82平方米；土方开挖40500.1立方米，修建长廊80米。各项目使村基础设施得到明显改善，村容村貌得到较大改观，受益农户达2920户8373人。

【区委改革办】 发挥区委改革办综合协调的作用，形成了领导小组统筹抓总，各专项小组各司其职、各负其责，上下联动、左右协调的工作机制。及时制定《区委全面深化改革2018年工作要点》，明确16项重大改革事项和29项重点督查改革事项，梳理形成改革任务144项，多项改革任务都按照时间节点取得较大进展，全面深化改革工作在各领域落地开花。强化改革宣传引导力度，以庆祝改革开放40周年为契机，向市委改革办推介改革典型2个，刊发《江川改革简报》13期，为各改革专项小组和成员单位搭建沟通交流的平台，实现改革经验共享。配合深化改革专项督导组，抓好各项改革任务的督促指导，先后深入到10多个部门开展督查，下发督导工作专报6期，提出督导意见和建议86条，梳理出整改落实清单，对存在的问题逐一销号，形成适时跟踪督导的改革工作态势。优化改革考核指标，制定完善《玉溪市江川区2018年全面深化改革工作考评办法（试行）》，对纳入2018年度全面深化改革考评的58个部门分别进行综合考核，做到年中有督查、年底有对账，确保各项改革任务落地见效。

（李　敏）

督　查

【概述】 一年来，督查工作紧紧围绕区委、区政府中心工作，求真务实，真督实查，开拓创新，狠抓自身建设，不断提升督查工作服务水平，全力促进区委、区政府各项决策的落实，全区督查工作得到全面加强。年末，区委督查室设决策督查股、专项查办股、综合考评股三个股室，有督查专职人员5人，设主任1名。

【健全领导机构，夯实组织基础】 2018年10月，中共玉溪市江川区委办江川区人民政府办联合发文，及时调整成立中共玉溪市江川区委督查工作领导小组，组长由区委副书记、区委党校校长担任，副组长由常务副区长（兼区委办主任）、区纪委书记和区委组织部部长三名常委担任，成员由九名保留原职级待遇领导、区委督查室主任、区纪委副书记、区监察委副主任、区委组织部常务副部长、区政府督查室主任组成。领导小组下设办公室和党建、深改等专项督导组。办公室设在区委督查室，负责日常工作，研究提出年度督查工作计划和阶段性督查任务，组织开展重大督促检查活动，推动决策落实。专项督导组根据区委、区政府确定的中心工作、重点任务、重大项目，适时从领导小组和相关部门抽调人员开展工作，原抽调的专项督导组人员由原单位管理。年内，江川区各单位和乡镇（街道）进一步调整和完善了督查工作领导机构，配备了专（兼）职督查人员。

【完善督查机制】 一是实行督查工作与绩效考核相结合机制。注重专项督查与平时督查共同推进，在围绕中心工作抓好重点工作、重大项目推进情况督查的同时，将督查结果融入全区的综合目标考评中。二是实行督查工作与纪委监察、组织工作联动机制。在督查中发现的问题相关单位未按要求及时整改的，由区委督查室建议纪委监察部门追究相关领导责任；发现在组织开展工作中措施有力、成效明显的干部，建议组织部门作为干部考察后备人选。三是实行督查室主任列席重要会议机制。明确规定区委督查室主任列席区委常委会、全委会、区委专题会、五办主任联席会等重要会议，确保督查重点工作不遗漏、不脱节，顺利推进工作落实。

【综合考核】 着力构建科学的目标任务综合考评办法和考评结果运用机制，充分发挥综合考评的导向和激励约束作用，推动各级不断提升工作绩效，促进全区经济社会发展再上新台阶。成立由区委副书记任组长，区政府常务副区长、区委办公室主任任副组长。成员由人大、政府、政协、人社局、财政局等相关部门

领导组成。江川区综合考评领导小组。牵头组织全区目标任务年度综合考评工作，负责做好考评的日常工作及年度考评结果通报相关工作。年内，多次召开综合考评领导小组工作会及其他相关会议，专题研究全区综合考评工作。在去年考评办法的基础上，结合市县年度目标任务相关要求修改完善《玉溪市江川区2018年乡镇（街道）和区直单位（含垂管单位）目标任务综合考评办法》按要求严格做好全区综合考评相关工作。同时为充分体现与工作量大小、工作实绩对等分配的原则，制定内部考评办法进行二次考评，并按照一等奖20%、二等奖60%、三等奖20%的比例确定一、二、三等奖人员，按照级差兑现综合考评绩效奖金。

【决策督查】　年初，区委督查工作领导小组办公室分别对市委、区委全会主要精神进行分解立项，下发《中共玉溪市江川区委办公室关于对区委二届四次全会主要精神进行责任分解和立项督查的通知》（玉江办发〔2018〕1号），明确各级各部门本年度的经济社会发展主要工作目标任务。通过对全年各责任单位的重点工作开展定期督促检查和不定期专项督查，力促市区两级各项目标落实。在督查中真督实查，注重发现典型，总结经验，及时向区委反馈存在的问题和困难。

【专项督查】　2018年以来，充分发挥大督查优势，整合区委和区政府督查室、区纪委监察委及区委政法委、区环保局、区交通局、区国土局、区住建局、区林业局、区水利局、区民政局、区扶贫办、区烟草公司等督查力量，采取明察与暗访、书面与实地督查相结合等形式，共同对脱贫攻坚、灾后重建、河（湖）长制、人居环境整治、护林防火、烤烟生产、招商引资、经济指标完成情况等重点工作及重大项目进行多次专项督查。及时下发督查通报，督查结果作为对各责任单位的年度综合目标考核重要依据。区纪委监察委多次联合区委督查室、社会特邀监察员对各单位作风建设进行专项督查，多次联合区委和区政府督查室对会风建设进行督查。年内，区委督查工作领导小组办公室共拟发《督促检查事项办理通知单》108期，针对专项督查中存在问题和工作建议拟发督查通报18期，有力促进区委区政府各项工作落实。

【督查结果利用】　一是及时总结和通报。专项督查结果，及时进行区内通报，反馈各乡镇（街道）、区级各部门贯彻落实上级党委重大决策和重要工作部署中存在的问题、实践探索并提出对策建议。全年共下发督查通报18期，有力促进了全区各级各部门贯彻落实工作。二是把督查工作与区委中心工作相结合，督查结果纳入区级各乡镇（街道）、区级各部门目标任务综合考评中。按照区对各乡镇（街道）、区级各部门目标任务综合考评的要求，真督实查，并把督查结果作为区级各乡镇（街道）、各部门单位年度目标任务平时考核的重要评分依据。

【批示督办】　高度重视涉督查和批示件办理工作。做到事事有着落，件件有回音，有批必查，有查必办，有办必果。督办中态度明确，事实清楚，措施具体，确保反映的问题切实得到解决。一是严格登记制度。做好督查批示件的编号、来文单位、文件名称、批示内容、批示时间、承办单位、签收人、签收日期、督办情况、督办日期、办理结果等登记。二是明确交办责任。根据文件内容和批示精神，对照部门职能和领导分工，准确地以督办通知或便笺形式交办有关部门和领导，批示件及时复印并交办具体承办单位和承办人，同时原件存档备查。三是及时催办督办。批示件交办后，及时或定期催办督办；对紧急和重要的批示件，随时检查办理进度，催促加快办理，保证领导批示得到切实贯彻落实。四是认真汇总办理结果。按期对领导批示件的办理情况进行汇总，并报给作出批示的领导审阅。同时将批示的办理结果或落实情况汇总后呈报领导阅知，为领导部署下一步工作提供参考。年内，共办理市委主要领导批示批办件3件，办结3件，办结率100%；办理区委主要领导批示批办件129件，办结129件，办结率100%。

【信息调研】　注重对各项重点工作和重大项目进行督查调研，一是围绕中央、省市委重大决策和重点工作在江川的贯彻落实，积极开展督查调研。年内，共上报市委督查室《专报》22期。二是围绕全市的中心工作，结合江川实际，就城市基层党建、星云湖保护治理、城乡统筹发展、农业综合开发、非遗保护积极开展督查调研，年内，共向区委和市委督查室上报《督查调研报告》7期。三是及时印发《督查专报》在区内进行交流，年内，共印发《督查专报》44期在区内进行交流。

（王为卿）

保　密

【概述】　江川区国家保密局深入贯彻落实中央、省委和市委关于加强保密工作的指示要求，紧紧围绕区委中心工作，牢牢把握2018年保密工作要点，充分发挥保密工作“保安全、保发展、保稳定、促和谐”的职能作用。

【保密领导责任不断强化】　落实党政领导干部保密工作责任制。坚持“谁主管、谁负责”的原则，积极组织全区70个单位、部门党政领导干部及涉密人员签订《保密工作责任书》486份及《保密承诺书》237份。在全区进一步落实保密责任，确保国家秘密安全。

责任落实到位。区委书记徐贤在常委会议上多次强调保密工作，要求各级领导干部结合保密责任书的重新签订工作，抓好法规学习，强化领导干部的保密工作责任意识。切实做好日常保密工作，严防失泄密事件发生，确保党和国家秘密安全。

抓好制度建设。学习对照《玉溪市保密工作制度》，及时完善出台《玉溪市江川区保密工作制度》，全力做好保密工作规范化管理。建立重点抓好纸介质涉密载体保密管理制度、科学定密管理制度、计算机信息安全管理制度、定期宣传培训检查制度等。

加强队伍建设。规范建立各部门保密领导小组，由涉密人员管理台帐。抓好保密队伍干部思想、作风和业务素质的提升，努力建设一支适应新形势、新任务要求的保密干部队伍，为实现效能管理打下良好基础。

【保密宣传教育抓紧抓实】　多形式开展保密法规及知识教育。认真抓好保密法及其实施条例的学习贯彻。充分利用广播、网络、微信等传媒手段，广泛开展保密宣传教育；各单位部门充分利用干部职工会、党员大会、周例会等对保密法律法规及保密知识进行宣传贯彻，对保密政策进行解读。进行保密警示教育。

“以考促学”。全区各单位部门组织开展保密知识小测试，由区保密局参考出题，试卷内容覆盖《中华人民共和国国家安全法》《中华人民共和国保守国家秘密法》等法律涉及的知识。对于促进全区干部职工落实保密工作责任、这对增强涉密防范意识和技能、严防泄密事件发生起到一定作用。

开展保密知识讲座。使全区在职党员对当前安全保密工作面临的严峻形势有了更加清醒的认识，对如何做好保密工作有了更加深入、准确的了解和把握。

开展中期检查督导，把保密宣传引向深入。7月至8月，区国家保密局在全区组织开展“七五”保密法制宣传教育自查自评，并通过实地督导，查找存在的不足和工作薄弱环节，总结推广工作经验，为全面推进全区保密法治建设和依法治密营造良好氛围。

开展保密法制“宣传月”系列教育活动。根据区保密法制宣传月活动《通知》和《方案》精神，全区各单位部门共成立领导小组、机构97个，制定方案91份。全区围绕全面提升公民保密意识主题，以举办保密专题党课、保密知识讲座、学习传达会、泄密案例通报会、张贴宣传挂图、发放宣传资料等形式，利用广播、电视、网站、内部刊物（工作简报）、微信、短信、电子信息宣传栏等渠道，开展学习宣传以《保密法》《保密法实施条例》及“出国境保密知识”“中央保密工作指示”“失泄密案件警示教育”等为主要内容的保密知识教育活动。全区共召开保密专题党课、保密知识及各类学习培训会73场次；受培训人数1825人，占应培训人数的90%；共发放保密法律法规宣传资料5000余份；张贴各类保密宣传品397幅；张贴和滚动播放保密法制宣传标语4800余条次。

【保密管理水平逐步提高】　保密工作台帐动态化管理。督促全区各单位、各部门建立保密工作台帐管理制度，不断规范涉密人员动态管理台帐、计算机及其网络管理台帐、保密工作基础台帐，提高保密工作台帐的针对性、实效性，不断加强数据综合分析和综合运用。

强化计算机及其网络保密管理。要求各单位认真做好每个季度的计算机自检自查工作，并建立检查台账和按季上报制度，切实加强对计算机及其网络的保密管理。不定期组织人员对各单位情况进行抽查，了解开展保密工作情况，确保上网不涉密，涉密不上网。

提升保密防控能力。逐步建立保密自查自评工作长效机制，推进其规范化、常态化建设。

切实履行好高考保密责任。配合玉溪市国家保密局深入江川区教育局、区招办、各考点对重点部门、重要环节等进行全面检查、指导、测评，有效监督、全面保障江川区2018年度国家高等教育统一考试及安全保密工作任务的顺利完成。

做好涉密文件的清退和销毁。按照中央和省委、市委关于涉密文件清退有关精神和要求，严格要求各单位、部门对涉密文件登记造册，按时完成文件清退工作；组织对各单位、部门产生的涉密文件和内部资料进行清退并统一销毁。全年销毁涉密文件夹4061份，设备一个；非涉密文件销毁19626份。

切实加强政府信息公开及有关出版物的保密审查、管理和月报。2018年政务信息公开保密审查11109（1月—11月）条，经过认真审查，确保了涉密信息、敏感信息不上网，上网信息不涉密。努力做到防控结合，从源头上堵塞泄密漏洞。

【科技创新与应用不断强化】一是持续抓好各单位确定的涉密计算机保密技术设备的安装配备工作。积极督促各单位使用猎鹰保密检查工具开展工作。推进“三合一”的安装使用。二是针对党政机关、涉密单位涉密计算机及其网络不定期开展保密检查，排查泄密隐患和漏洞，有针对性地加强保密技术防范措施。三是加强对区级重要活动及会议的管控。按照“党管保密，依法保密”的原则，突出重点，积极预防，加快科技产品投入和人员素质提高。对区委及相关单位涉密重要活动和会议进行了技术设备管控。

（褚　获）

史　志

【概　述】　2018年，区史志办公室继续坚持“广征、博采、精编、严审”和“求实、创新、协作、奉献”工作方针，发挥史志工作“存史、资政、教化、育人”功能，围绕史志工作目标任务，克服人少事多等困难和矛盾，主动作为，完成党史、地方志资料的征编和出版发行等工作目标任务。年内，按时按质完成《江川年鉴2018》《2017中共玉溪市江川区委执政纪要》的稿件征集及编纂出版发行工作。

【《江川年鉴2018》编辑出版】　2018年12月，《江川年鉴2018》一书由德宏民族出版社公开出版发行。《江川年鉴2018》由中共玉溪市江川区委、玉溪市江川区人民政府主办，玉溪市江川区人民政府区志编纂委员会承编。年鉴主要反映江川区2017年各方面的信息，全书分特载、大事记、概况、政治、军事、法制、经济管理、建设·环保、工商企业、农林·水利、交通·邮电、财政·税务、金融·保险、教育·气象·防震减灾、文化·旅游·广电·体育·卫生、社会、人物、统计资料及附录19个部类，各部类下设分目，分目下设条目记述，全书约72万字。有彩版24页，分为重要会议、领导关怀、

工业兴区、创文创卫、扶贫攻坚、生态文明、欢乐节庆、人民武装8个板块。资料翔实准确，内容丰富，图文并茂，为各级领导、各机关部门及企事业单位制订政策和工作计划提供重要依据，是外界认识江川的重要窗口。

【《2017中共玉溪市江川区委执政纪要》编纂出书】　2018年12月，《2017中共玉溪市江川区委执政纪要》付印出书。全书分领导关注（国家、省、市领导到江川区视察调研，领导批示）、重要活动（区委领导重要活动）、重要决策（重要讲话、重要会议、重要文件）、执政大事、执政综述、执政论坛、纪委工作、区委部门工作、群团工作、党委（党组）工作、乡镇党委（街道党工委）工作、区局党总支工作、先进典型、附录14个部类，各部类下设具体篇目记述，全书约74万字。有彩版20页，内容包括省市领导调研、检查，区委重要会议、区委常委执政活动等。

【党史研究工作】　做好党史正本编纂前期工作，修改完善编写工作方案、编写篇目大纲，为开展编纂工作作好相应准备。编纂《深化改革扩大开放奋力推进江川经济社会全面发展》《中共玉溪市江川区委党史研究室概况》，全面记述江川改革开放四十年的发展历程和取得的辉煌成就。做好党史宣传工作，利

用重要时间节点向区委常委班子成员、人大机关党员、政府机关党员宣讲地方党史，进一步提高党员领导干部的政治意识，激发党员领导干部的爱国热情和工作热情。抓好“党史进校园”试点工作，协同区教育局在大街小学2712名师生中开展党史进校园的宣传教育活动，取得较好的宣教效果。

【地方志编纂工作】 按照省、市地方志部门要求，做好《云南年鉴》《玉溪年鉴》江川部分编纂工作。做好地方志书资料的编纂工作，编纂《江川概况》，准确记述江川自然环境、建制沿革、经济发展、城乡建设、社会事业、人民生活等方面的情况，为《玉溪市志》提供编纂资料。编撰《江川地情概况》、编辑江川主要名胜古迹图文27幅（条），为云南省情网“云上方志”信息化建设提供资料。开展地方志书编纂总结检查工作，从地方志编纂委员会履职情况、“一纳入、八到位”落实情况、“两全目标”推进情况等进行总结检查，形成《江川区地方志书编纂“两全目标”完成情况自检自查工作报告》。

（徐凡清）

档　案

【概述】 2018年是全面贯彻习近平新时代中国特色社会主义思想和党的十九大精神的开局之年，江川区档案局以高效务实的工作态度认真落实中共江川区委二届四次全体会议精神，坚守档案服务民生、服务党和国家工作大局，坚持改革创新、攻坚克难，努力开创档案工作新局面。

【依法治档】 以“6.9”国际档案日为契机，到江城、大街、安化、九溪、前卫、雄关六个乡镇（街道），区级机关、团体、事业单位大力宣传宪法和中国特色社会主义法律体系。坚持把学习宣传宪法摆在首要位置，弘扬宪法精神，树立宪法权威，同时结合江川区发展需要，宣传普及《中华人民共和国档案法》《中华人民共和国档案法实施办法》《云南省国家档案馆管理办法》，发放宣传材料300多份。

【机关企事业档案】 为了提升全区党政机关、企事业单位档案工作水平，确保各单位年度档案立卷归卷工作有序进行。2018年，江川区档案局业务指导股多次对基层档案员的业务工作开展培训和指导，以此提高档案员的专业水平。同时强化持证上岗、加大档案专业知识和技能的培训力度，通过参加省市两级举办的档案基础业务知识培训班学习、以及现场指导和交流等渠道提高全区基层档案人员的业务素质，以适应新时期档案工作发展的需要。2018年，完成了63家单位的归档文件材料整理指导工作，归档文件材料8271件。

【农业农村档案】 规范农业农村档案，是区档案工作的重头戏，业务指导股工作人员严格按照档案整理的规范化要求，对乡镇（街道）社区、村委会的档案工作进行业务指导，按时按质完成年度档案的归档工作。全年指导九溪镇及7个村（社区）、大街街道及18个村（社区）整理档案500盒8458件，归档4个乡镇的扶贫档案2419件。为服务三农和开展扶贫工作作了档案规范支撑。

【土地确权档案】 土地确权档案在区档案局的监督指导下有序推进，颁证328户。后期的土地确权材料正在进行整理，预计明年进行数字化处理好后可移交进馆。

【示范档案馆复检】 根据《云南省档案工作规范化管理示范档案馆及示范单位复查办法》（云档发（2016）19号）文件，档案馆严格按照省级示范档案馆标准，对标对表，从综合档案馆资源建设、安全管理、信息化建设、开发利用、保障条件等五个方面进行常态建设，查缺补漏，完成备检台账的收集、编写、整理工作。

【档案接收】 全年接收区发改局、农业局等8家单位的传统档案90卷，简化档案15255件，共计146777页进馆。

【档案利用】 全年提供利用1980人次，档案2360卷次，按规定复印档案3670页。为相关单位工作查考和民生需要提供可靠的依据性档案材料，解决了疑难问题，有利于社会稳定。

【档案安全检查】 根据玉溪市档案局转发《云南省档案局转发国家档案局关于进一步筑牢安全防线确保档案安全的通知》（云档发〔2018〕45号）文件的

要求，区档案馆在全区开展了一次全面的档案安全检查和自查活动，进行了一次全面的档案安全宣传。

【示范认定与复查】　2018年，区档案馆继续在全区开展云南省档案工作规范化管理示范单位认定，区供销社的档案管理工作通过认定。区国税局及其他8家单位的档案管理工作通过了认定复查。

（郑文明）

纪检监察

【区纪委、区监察局负责人名录】

纪委常委　矣向林
郭　华（2018.01离任）
杨智然
韩丽华（女，2018.01任）
普丽娟（女，2018.01任）
龚雪刚（2018.01离任）
赵　鹏
施永芬（女）
陈小艳（女，2018.01任）
高　超（2018.01任）
书　记　矣向林
副书记　郭　华（2018.01离任）
杨智然
韩丽华（女，2018.01任）
普丽娟（女，2018.01任）
龚雪刚（2018.01离任）
监察局局长　郭　华（2018.01离任）
副局长　韩丽华（女，2018.01离任）
陶文红（2018.01离任）

【区监委负责人名录】

监委主任　矣向林（2018.01任）
副主任　杨智然（2018.01任）
韩丽华（女，2018.01任）
普丽娟（女，2018.01任）
委　员　矣向林（2018.01任）
杨智然（2018.01任）
韩丽华（女，2018.01任）
普丽娟（女，2018.01任）
赵　鹏（2018.01任）
陈小艳（女，2018.01任）
高　超（2018.01任）
李伟明（2018.01任）
孙佳蓉（女，2018.01任）

【各委室负责人名录】

办公室
主　任　赵　鹏
组织宣传部
部　长　施永芬（女，彝族）
案件审理室
主　任　张晓江
案件监督管理室
主　任　陈小艳（女）
党风政风监督室
主　任　高超
信访室
主　任
第一纪检监察室
主　任　黄锁柱（2018.11任）
第二纪检监察室
主　任　杨　斌（2018.11任）
第三纪检监察室
主　任　王亚雄（2018.01任）
第四纪检监察室
主　任
第五纪检监察室
主　任

【各派出机构负责人名录】

区直属机关纪工委
书　记　张　鑫
区纪委驻区委办公室纪检组
组　长　李任民
区纪委驻区委组织部纪检组
组　长　陈继文
区纪委驻区委政法委纪检组
组　长　徐玉荣
区纪委驻区政府办公室纪检组
组　长　普绍有
区纪委驻区教育局纪检组
组　长　朱弘如（女）
区纪委驻区住房和城乡建设局纪检组
组　长　付兴德
区纪委驻农业局纪检组
组　长　朱艳林
区纪委驻区卫生和计划生育局纪检组
组　长　徐留生
区纪委驻市公安局江川分局纪检组
组　长　业富贵
副组长　周云芬（女）

区纪委驻区法院纪检组
组　长　张留春
区纪委驻区检察院纪检组
组　长　付云秀（女）

【区委巡察办、区委巡察组负责人名录】

区委巡察办
主　任　李文平
副主任　师艳梅（女）
区委巡察组
区委第一巡察组
组　长　徐志伟
区委第二巡察组
组　长　白云波
区委第三巡察组
组　长　曾　春（女，傣族）
区委第四巡察组
组　长　陈林柱
巡察专员　段雄伟

（刘　雪）

【概　述】　2018年，江川区纪委监委在市纪委和区委领导下，以习近平新时代中国特色社会主义思想为指导，深入贯彻党的十九大精神，对标对表十九届中央纪委二次全会、省纪委十届三次全会、市纪委五届三次全会和区委二届四次全会精神，始终把党的政治建设摆在首位，牢固树立“四个意识”，坚定“四个自信”，做到“两个维护”，稳步推进纪检监察体制改革，履行好监督首责，持之以恒正风肃纪，坚定不移惩治腐败，有力保障了中央和省市区委重大决策部署落地见效，推进全面从严治党向纵深发展。

【政治建设】 坚持把党的政治建设贯穿于纪检监察机关履职全过程，进一步增强“四个意识”，始终在思想上政治上行动上同以习近平同志为核心的党中央保持高度一致，坚决维护习近平总书记的核心地位、维护党中央权威和集中统一领导。把“两个维护”落实到执纪审查、审查调查、巡察、问责追责各环节，凡采取谈话、函询、初核、立案审查的，都坚持六项纪律一并审查，特别是强化对遵守政治纪律和政治规矩情况的审查，严明政治纪律和政治规矩，坚决清除政治生态污垢。进一步聚焦政治生态、突出政治效果，共查处违反政治纪律案件2件3人，及时向区委及有关领导报告信访分析、巡察、立案、留置、处分等情况，严把政治关、廉洁关，回复廉政意见42批1021人次。

【国家监察体制改革试点工作】 2018年1月22日，召开玉溪市江川区第二届人民代表大会第二次全体会议，选举产生玉溪市江川区监察委员会主任，取消区监察局成立区监察委。深入推进国家监察体制改革试点工作，区纪委监委共设置内设机构12个、派驻（出）机构12个，并向6个乡镇（街道）派出监察专员，设立乡镇（街道）监察专员办公室，聘请村（社区）廉情监督员64名，构建起集中统一、权威高效的监察体系。

【专项整治】 紧紧围绕贯彻落实中央八项规定精神和整治“四风”要求，在重要时间节点开展明查暗访9轮，对违反中央八项规定精神的7名干部给予党纪政务处分。深入开展严禁公务活动中赠送收受烟酒茶玉、公职人员职称职业资格证书违规挂靠、公职人员违规参与民间借贷等10余项专项整治，发现并督促整改问题34个，收缴违纪款9.6万元。制定《江川区贯彻落实省纪委省监委规范农村操办婚丧喜庆事宜规定精神实施办法（试行）》，进一步规范农村和城市社区操办婚丧喜庆事宜，推进移风易俗。

【监督执纪】 聚焦全面从严治党，把问责作为管党治党、全面从严治党的重要利器，坚持有权必有责、失责必问责、问责必从严，严肃追责问责维护政治纪律和政治规矩不力问题、贯彻落实党的十九大精神不力问题、贯彻执行中央和省市区委重大决策部署和工作要求不力问题以及管党治党失职失责等问题，对棚户区改造、烤烟生产、河（湖）长制、“双创”、抗震救灾等14项工作开展监督检查，共问责单位17个、干部27人，发出各类通报19期，追责问责成为常态。不断加大扶贫领域监督执纪问责力度，处置问题线索9件，给予党纪政务处分4人，问责单位3个、干部4人。制定《江川区烤烟种植收购合同管理办法（试行）》，进一步规范烤烟种植收购工作，维护好广大烟农的切身利益。认真组织开展违法违规建筑清理整治，对拒不整改、未按规定申报的16名干部进行严肃处理。

【派驻监督工作】 区纪委监委12个派驻（出）机构认真贯彻落实党中央关于全面从严治党的各项要求，聚焦主责主业，落实监督责任，共参加被监督单位“三重一大”会议396次，开展提醒谈话、诫勉约谈534人次，查找风险点273个，制定防范措施279个，参与对口培养、人员招聘、项目验收、项目招标监督24次，开展各类监督检查575次，督促巡察问题整改203个，处置信访举报19件、问题线索5件，给予党纪政务处分2人，充分发挥“派”的权威和“驻”的优势，有力推动各级党组织管党治党责任落实和干部工作作风转变。

【巡察工作】 坚守巡察工作的政治定位，完成区委第五轮和第七轮常规巡察以及第六轮交叉巡察，共巡察单位16个（其中开展巡察“回头看”单位1个），发现问题171个，向被巡察单位提出意见建议58条，向区委、区政府和其他部门提出意见建议35条，发现问题线索5件。按照市纪委、市委巡察办工作部署，精选10名干部到通海县开展交叉巡察。聚焦巡察发现问题，紧扣反馈、移交、整改、督办四个环节，强化成果运用，做细做深做实巡察工作“后半篇文章”，推动问题解决。积极配合省委第六巡视组、市委第五巡察组到江川开展专项巡视巡察工作。

【扫黑除恶专项斗争】 充分发挥纪检监察机关在扫黑除恶专项斗争中的监督执纪问责职能作用，组建领导机构，制定工作方案，加强工作宣传，建立涉黑涉恶问题线索排查常态化工作机制和监督执纪问责工作机制，将扫黑除恶工作作为区委巡察工作重要内容，组织对2017年以来的立案件进行逐一排查，加强与政法部门的信息互通和工作联动，统筹推进扫黑除恶专项斗争监督执纪问责工作。共受理涉黑涉恶问题线索4件4人，处置2件2人，立案2件2人，给予开除党籍处分1人，扫黑除恶高压态势不断形成。

【生态环保监督执纪问责】 把以星云湖保护治理为重点的生态环境保护领域监督执纪问责工作作为推进污染防治攻坚战的具体措施推进落实，健全完善生态环境保护领域问题线索处置机制，注重与环保、水利、审计等部门信息互通，全力配合做好中央环境保护督察“回头看”、西南环保督察局和省环境保护督察组反馈意见整改工作，快查严查严处生态环境保护领域违纪问题9件19人，问责单位4个、干部13人，组织处理1人，给予党纪政务处分5人，并在全区范围点名道姓通报。严肃问责江川区北片区污水处理厂问题涉及的相关责任单位和责任人员。

【执纪审查】 共受理信访举报件218件，同比上升67.69%；脱贫攻坚监督执纪问责五级联动平台受理群众诉求1242件，畅通群众诉求渠道五级联动监督平台受理群众诉求3834件，均已全部办结。处置问题线索82件101人，立案49件57人，同比分别增长28.12%、22.5%，给予党纪政务处分38人，同比增长15.15%。运用监督执纪“四种形态”处理92人次，其中：第一种形态51人次，占55.4%；第二种形态28人次，占30.4%；第三种形态7人次，占7.6%；第四种形态6人次，占6.6%。依法行使监察调查权，积极探索纪法、法法衔接，立案调查11件11人，给予政务处分8人；依法正确运用谈话、讯问、询问、查询、调取、扣押、搜查、勘验检查、留置9项调查措施，办理严重违纪违法涉嫌犯罪留置案件3件3人，移送检察机关5件5人。

【健全尽职减责免责机制】 制定出台《江川区转变工作作风强化执行力若干意见》《江川区关于支持干部改革创新建立容错纠错机制的实施办法（试行）》《江川区关于进一步激励干部担当作为落实容错纠错减责免责工作的实施办法（试行）》，从制度上进一步规范鼓励担当作为、落实容错纠错减责免责工作。启动容错纠错减责免责机制，对被给予谈话诫勉问责的2名科级干部予以免责，并对其在综合绩效考评、评先评优、表彰奖励中免于影响；对举报失实的3名干部予以公开澄清，旗帜鲜明地鼓励担当者、保护改革者、宽容失误者。

【自身建设】 认真组织学习习近平新时代中国特色社会主义思想和党的十九大精神，扎实推进“两学一做”学习教育常态化制度化，深入学习《中国共产党章程》《中华人民共和国宪法》《中华人民共和国监察法》以及新修订的《中国共产党纪律处分条例》等重要党纪党规和法律法规。修改完善机关学习制度，实行周一例会制度和培训制度，认真组织参加省市纪委举办的各类培训会、培训班18期，积极组织开展纪检监察转隶融合业务培训班13期；抽调执纪审查一线干部17人次到省、市纪委监委协助工作、跟班学习，推动干部思想转变和理念融合，纪检监察干部政治素养、业务能力和实战本领不断提升。坚持信任不能代替监督，打铁必须自身硬，健全完善纪检监察干部监督机制，加强对“自己人”的监督管理，共处置纪检监察干部问题线索2件，澄清了结1件，问责纪检监察干部1人。

（张　微）

组　织

【概述】 2018年，区委组织部坚持以习近平新时代中国特色社会主义思想为指导，深入学习习近平总书记关于党的建设和组织工作重要论述，认真践行新时代党的建设总要求和党的组织路线，统筹推进全区组织体系和干部人才队伍建设，为推动江川高质量跨越式发展提供坚强组织保证。

【党员教育培训】 抓好习近平新时代中国特色社会主义思想和党的十九大精神学习教育。举办玉溪市江川区主要领导干部学习贯彻习近平新时代中国特色社会主义思想和党的十九大精神研讨班1期，区委理论学习中心组学习8次，开展十九大精神、习近平新时代中国特色社会主义思想宣讲410场次、3.1万人次。通过整合区委党校及机关、企业、学校各类阵地资源，着力用好用活载体资源，广泛深入宣讲党的十九大精神。通过远程教育、综合服务平台、“云岭先锋”手机app、“江川组织”“江川先锋”新媒体矩阵，搭建便捷有效网络学习平台，实现党员网上学习、在线培训、互动交流，及时、高效、全方位传递十九大声音，全面满足党员群众对十九大精神的多元化、差异化学习需求，真正让十九大精神学习立起来、活起来、树起来。抓好“促学”活动，坚持政治标准，突出问题导向，按照“干什么、学什么；缺什么、补什么”原则，围绕江川区经济社会发展对干部素质要求，扎实抓好干部教育培训。2018年以来，开展“凡提必测”4次，涉及132人次；“凡训必测”举行1次，覆盖500余名参训学员。制定《关于开展“三必学三必讲”工作的通知》，依托“三会一课”“百名讲师上讲台、千堂党课进基层、万名党员进党校”等抓实学习。抓好农村党员冬春训学习教育，分层次分批次针对性集中授课方式培训党员3.6万余人次，建好党员教育教学基地。挂牌成立乡镇（街道）党校6个、村（社区）党校分校64个，充分满足不同层次、不同类型党员教育教学需求；对全市干部教育培训现场教学基地李家山青铜器博物馆进行提档升级，使之成为对全区党员干部群众开展区情教育、爱国主义教育载体与平台。

【“两学一做”学习教育】 推进“两学一做”学习教育常态化制度化，聚焦习近平新时代中特色社会主义思想和党的十九大精神，常委会作为第一议题及时学，中心组作为第一内容集中学，党校作为教学第一专题深入学，党员干部作为第一教材持久学。扎实推进“百名干部上讲台”“千堂党课进基层”“万名党员进党校”活动，精心组织好各级各类宣讲活动，落实领导干部双重组织生活制度，领导干部以普通党员身份参加支部学习4300余次，到所在支部或基层单位讲党课1800余次，培训党员9173人次。

【干部培养选拔】 着眼近期和长远发展需要，注重随机调研，强化分析研判，制定《玉溪市江川区区直单位、乡镇（街道）、部分企事业单位班子运行中干部履职表现情况调研方案》，采取个别谈话、实地走访和查阅资料等方式，了解领导干部的思想、工作、学习情况，动态掌握干部现实表现。2018年，共对30个区直单位和6个乡镇（街道）的领导班子运行情况和干部履职表现进行随机调研，共与相关单位256名班子成员和中层干部进行谈心谈话，为区委进行班子调整、选拔任用干部提供决策参考。注重源头储备，培养年轻干部。举办44名学员参加的为期一个月的江川区第二期青年干部培训班，储备一批优秀年轻干部。青干班学习结束后，安排青干班学员分四个小组分别到大街、江城、前卫、九溪四个乡镇（街道）参与人居环境整治示范点打造工作，让学员们在一线接受磨砺，增强做群众工作能力。选派10名干部到江苏武进区挂职锻炼，学习发达地区先进理念和工作方法，积极做好江川区推介宣传工作，为招商引资创造条件增长；从乡镇和部门选派9名干部到棚改、扶贫、双创等一线接受锻炼，增长才干。

【干部管理监督】 严格落实“凡提四必”。强化干部考察，注重考察干部的政治表现和“八小时”外表现，对居住在本辖区的拟提拔干部进行“家访”，听取考察对象在赡养父母、朋友圈、邻里关系等方面评价意见，2018年共“家访”16名干部。按照“双报到双结对双评议”要求，听取干部居住地及挂钩网格综合评价意见，征求人居环境综合整治领导小组（住建局、城管局）对干部在拆临拆违工作中的评价意见。抓好《玉溪市江川区区管干部选拔任用管理实施办法（试行）》等干部政策文件贯彻落实，把好入口关，2018年以来举行“以测促学”4次，涉及干部132人次。制定出台《玉溪市江川区领导干部经济责任审计全覆盖的实施意见》，委托区审计局对5名领导干部进行离任和在任经济责任审计。完善干部负面清

单，加强干部监督工作联席会议制度，定期与纪检、监察、公检法、审计等部门互通信息。加大提醒、函询和诫勉工作力度，对干部的苗头性、倾向性问题早发现、早提醒、早纠正。认真做好履职评议工作。深入开展全区领导干部和公务员违规经商办企业情况整治。

【推进干部人事制度改革】 制定《玉溪市江川区新录用公务员和新提拔副科级领导干部到信访等岗位培养锻炼的实施办法（试行）》，有计划地安排新录用公务员和新提拔副科级领导干部信访、城市管理、招商等经济部门、对口的区直业务或综合部门及全区重点工作、重大项目推进一线培养锻炼一至三个月，2018年新录用的14名公务员分批次安排到信访等岗位进行为期三个月的实践锻炼。制定《玉溪市江川区领导干部任免职宣布办法（试行）》。对干部到任时组织委派人员、会议规模、会议程序、主持人、发言人员等进行明确规定。拟定《关于提振干部队伍精气神激励干事创业担当作为的实施意见》，从六个方面持之以恒抓好全区领导班子和干部队伍思想作风建设。拟定《玉溪市江川区区管干部选拔任用考察工作实施办法（试行）》，注重考察干部的政治表现和“八小时”外表现。

【压实基层党建工作责任】 持续推进“四个一”工作制度，常委会听取35个基层党组织党建工作汇报，召开党的建设工作领导小组和党建工作例会14次。落实“七位一体”挂联机制，按季度派发党建工作任务清单。下发《区委党的建设工作领导小组2018年工作要点》，将全年党建工作任务分解为9个方面、32项，逐项督促落实。制定“基层党建巩固年”实施方案和“1+6”工作清单，开列乡镇、街道、区直机关、“两新”组织党（工）委书记等不同领域党组织书记抓党建工作问题清单、重点任务清单和责任清单。

【加强各领域基层党组织建设】 对全区745个党组织进行分类定级，挂出作战图和整改计划，对标“5个基本”，完成260个党支部规范化达标创建。抓阵地、强支部，改造提升64个基层党组织活动场所。加强基本保障，投入财政资金3300万元抓党建工作，为773名村（社区）干部购买养老保险，意外伤害保险实现村组干部全覆盖。实施“领头雁”和“金种子”工程，成立6个青年人才党支部，凝聚后备力量及青年人才1013名，将170余名村组干部纳入能力素质和学历水平提升行动计划。印发《玉溪市江川区党务公开实施细则（试行）》，推进党务公开，落实党代表列席区委重要会议制度，全年党代表参加常委会74人次。建立“‘两新’组织党工委委员+联席会议成员单位+党建指导员”工作机制，选派党建指导员67名，按照“16321”标准，下拨党建工作经费，持续推动“两新”组织规范提升行动。出台《关于全面加强新时代城市基层党建工作的实施意见》加强和改进城市基层党建，打造城市基层党建示范点2个，探索形成除四化、推四改、强四力、创五好的“4445”工作思路，在5个城市社区，开展“双报到双结对双评议”，推动100余个各领域党组织和近3000名党员到社区报到、结对，开展服务。争取省级财政1000万元资金，开展10个村集体经济增收试点项目，带动全区实现村集体经济收入4.5亿元，不断发展壮大村集体经济。出台提升基层党组织组织力、转变工作作风强化执行力“双十条”，提振干部精气神。组织100支党员先锋队、2000余名党员投身“8·13”“8·14”抗震救灾及灾后重建。提升新时代“仙湖卫士”党建品牌，创新实施“520”城乡人居环境集中整治日行动，打好星云湖保护治理攻坚战。制定《玉溪市江川区关于道路安全管理融入党员积分制促平安交通建设的实施意见》，在六十亩村试点开展“党员积分+交通道路管理”管理模式，2018年9月，全省农村道路交通管理现场会观摩学习六十亩村的经验做法。深入推进“双创先锋”行动计划，把党组织建到主城区30个网格中，3000余名党员、9000余名志愿者助力“双创”。实施新时代“仙湖卫士”行动计划，与主题党日相结合，开展服务活动90余次，参与人数2100余人次。

【“星云英才”行动计划提质增效】 加强党对人才工作的统一领导，构建区委总揽全局、组织部门牵头抓总、各方协调配合的“一盘棋”工作格局。2018年拨付人才发展专项资金54.4万元，用于人才引进、人才表扬、区委选派挂职锻炼及人才工作项目实施等。注重抓人才引培，强化各类人才队伍建设。提前引进土木工程、分析化学、水利水电工程、教育教学、医药卫生等紧缺专业人才紧缺专业人才68名，其中硕士研究生13名。通过事业单位公开招聘引进专业技术人员152名。落实省市基层人才对口培养计划，从教育、卫生、农业科技、建设规划等单位推荐14名技术骨干到省、市级对口单位进行研修。加强高技能人才开发，完成高技能人才开发256人，其中高级技师3人，技师38，高级工215人。强化农村实用人才培训，全年共开展新型职业农民培育263人，农村劳动力培训3237人，“绿色证书”培训758人，农业综合开发培训2032人次。组织开展首届“星云英才”选拔，择优表扬100名各领域优秀人才。做好高层次人才服务管理，积极申报省委联系专家2名，申报推荐高层次人才创新创业示范基地4个，人才工作创新项目1个。

【部门自身建设】 坚持把政治建设作为根本性建设，把讲政治作为第一要求，用习近平新时代中国特色社会主义思想和党的十九大精神武装组工干部头脑，树牢“四个意识”，坚定“两个维护”。坚持“一日一读、一周一学、一月一讲”学习制度，开展“组工讲坛”、微型党课、干部夜校等，组织开展2018年党务干部培训班，实现参加党性教育、政策业务和知识拓展培训三个全覆盖。深化随机调研，扎实开展党员积分制管理、到社区报到、支部主题党日等工作，加强谋划督查，推进制度化、规范化建设，持续提升组织工作科学化水平。注重抓好信息、网宣、网络舆情监测引导等工作，2018年组工信息被省、市委组织部采用量均位居全市前列，网评文章报送量及被中央媒体采用量也位居前列。依托江川组织先锋公众号、江川组织官方微博，及时宣传推广一批典型经验和做法，不断扩大组织工作影响力。加强作风建设，严防“四风”反弹回潮，落实组工干部“十必须、十不准”要求，甘为人梯、无私奉献，持续用力打造过硬队伍，加快推进模范部门建设。

（刁　莹）

老干部工作

【概述】 2018年，江川区委老干部局以习近平新时代中国特色社会主义思想为指导，围绕“不忘初心、牢记使命”教育，加强服务管理，强化担当意识，突出工作创新，为经济社会发展增添正能量。2018年，全区共管理离退休人员1853人，其中离休23人，实职正处退休3人、副处退休18人，建立学习组83个。

【老干部党建工作】 全区一个街道三镇两乡共建立离退休干部党支部75个，管理党员912人。全区配有离退休党支部书记75人，委员150人。下营争创了市级示范党支部；创区级示范党支部4个（渔村、小街、龙街、海门老干党支部）。党支部规范化达标创建19个（机关1至11支部、13至16支部、26支部、31至34支部）。

【落实老干部生活待遇】 3月28日召开区委常委会研究老干部工作。研究增加离退休干部工作经费（由每年每人300元增加到400元）；研究离休干部不能自理人员护理费由每人每年1000元增加到2500元，并得到了落实。

【召开老干部工作会议】 3月14日，组织召开了由机关、乡镇（街道）老干部学习大组长、小组长（支部书记）、局机关干部职工共100多人参加的2018年老干部工作会议，对本年度的老干部工作任务进行安排部署。

【慰问老干部】 慰问实职副处以上老领导21人，慰问金33600元；困难党员干部16人，慰问金8000；其它慰问1785人，慰问金249900元。10月9日至13日敬老节前，对年满70周岁49人、80周岁61人、90周岁9人、离休23人、离休干部遗属21人，走访慰问164人次，慰问金14000元，老同志对全区经济社会发展提出意见和建议30条，为经济社会发展出谋献计。

【老干部发挥正能量】 河咀社区老干部学习组坚持到湖边清垃圾1千米活动，为保护星云湖捐款19300元，设“助贫奖优”基金，资助奖励13名大学生、58名中小学生，学习组长张宝林每年带头捐1000元，其他捐款1至200元；上头营老干部学习组36人捐款3050元；安化学习大组捐款5000元，用于助贫助教。

【发挥“两个阵地”作用】 区老年大学共开设12个专业，16个班，共600名学员，新增了门球裁判骨干培训班；活动中心设施不断完善，现有乒乓球室、麻将室、棋牌室、健身室、阅览室，每天都有离退休干部及老年人100多人次参加各类活动，成为离退休干部“学、乐、为”安度晚年的乐园。

【老干部骨干培训】　2月份组织了首期100人老干部骨干培训班，对党的十九大精神进行学习培训。3月份组织了第二期培训，邀请市委党校老师张东、区人民医院杨宏斌医师在纪念“三八”节到来之际，为50名退休女干部分别进行习近平新时代中国特色社会主义思想、中老年健康等知识的学习讲座。

【组织老干部参观重大工程、重点项目】　区委老干局每年一次组织全区担任过实职副处以上老领导和各乡镇（街道）老干部学习大组长、局党委老干部支部书记（学习小组长）等老干部工作骨干参观龙泉工业园区、星云湖湿地截污工程、高速公路建设。

【老干部健康体检】　7月3号到28号组织全区1495名离退休老干部进行为期三年一次的健康体检体检，为老干部的健康保驾护航。

【征文活动】　在全区老干部中开展我看改革开放新成就征文活动，以“畅谈新成就．点赞新时代”为主题，回顾改革开放40年的伟大历史进程，全区有1560人次参加活动，参与率84%，座谈22次，建言29条，畅谈33条。

【“双创”工作】　努力做好创建国家卫生城市、文明城市及城乡人居环境综合整治工作，做好包村联系点工作；8.13、8.14地震后，按区委政府的要求，组织局干部职工到九溪大营小组摸底调查拆除危房，共同研究上报重建计划；为大营社区建档立卡贫困户17户，为每户送去1床被子、300元慰问金。

【召开九九敬老节经济形势通报会】　10月17日敬老节之际，区委政府向全区当任过实职副处以上老领导、大组长、党支部书记（学习组长）共200余名老干部通报经济社会发展情况。

（瞿　月）

宣　传

【概　述】　中共玉溪市江川区委宣传部内设区精神文明建设指导委员会办公室、区对外宣传办公室、区文化产业发展领导小组办公室、综合办公室、理论教育股、宣传文化股6个内设机构和1个下设事业机构区媒体管理中心。2018年，江川宣传思想文化工作始终坚持以习近平新时代中国特色社会主义思想为指导，切实增强“四个意识”，坚定“四个自信”，大力弘扬“跨越发展、争创一流；比学赶超、奋勇争先”精神和“玉汝于成，溪达四海”玉溪精神，突出工作重点，壮大主流舆论，培育和践行社会主义核心价值观，着力建设具有强大凝聚力和引领力的意识形态，为建设宜居宜业和谐美丽新江川提供坚强思想保证和强大精神力量。

【理论武装工作】　一是把意识形态工作摆到极端重要位置。严格落实意识形态工作责任制，做到“五个纳入”，进一步夯实“四大责任”，牢牢掌握意识形态工作领导权。区委常委会5次通报意识形态工作，对区水利局、区城投公司等12家单位进行意识形态专项巡察。全区各级党组织把意识形态工作摆上重要位置，主要领导亲自过问，调配精干力量，全力做好意识形态工作。区委书记认真履行意识形态工作第一责任人责任，与87家被考核单位签订工作责任书、与区委常委签订“一岗双责”工作责任书，到相关部门调研意识形态工作，带头阅看区级、市级、省级、国家级主要媒体刊播内容，带头管阵地把导向强队伍，带头批评错误观点和错误导向，有力带动全区各级党组织形成抓实意识形态工作的常态。区委常委、宣传部部长切实履行意识形态工作直接责任人责任，协助书记积极抓实抓好统筹协调工作，对36个党（工）委（党组）进行专项督查，并将发现问题进行反馈，认真组织整改；选派11名工作人员参加全市宣传思想暨意识形态工作培训、全市网络信息安全培训，强化新闻宣传人员学习教育；组织召开“扫黄打非”工作会议，在全区组织开展“扫黄打非”工作。其他常委结合分工，按照意识形态工作“一岗双责”要求，积极主动抓好分管部门单位意识形态工作。全区各党（工）委（党组）均成立意识形态工作领导机构，健全完善相关措施和制度，层层分解、压实意识形态工作责任制各项工作目标和任务。在继续抓好省委第七巡视组对玉溪市意识形态工作责任制落实专项整改中提高认识，各级党组织主动认领市委意识形态专项督查组反馈问题，扎实抓好整改，进一步补齐短板，推进意识形态工作责任制落细落小落实。二是推进中心组学习制规范化。制发《区委理论学习中心组2018年学习选题计划》《玉溪市江川区2018年以讲促学工作计划》，区委理论学习中心组举办8次集中学习、各党（工）委（党组）理论学习中心组举办学习288次，带动全区各级党组织扎实开展“两学一做”学习教育常态化制度化和弘扬“跨越发展、争创一流；比学赶超、奋勇争先”精神大讨论深入开展。三是推进学习型党组织建设制度化。推行“四个一”学习制度，把学习宣传贯彻习近平新时代中国特色社会主义思想和党的十九大精神作为首要任务，常委会作为第一议题及时学、中心组作为第一内容集中学、党校作为教学第一专题深入学、党员干部作为第一教材持久学。以讲促学、以调促学、以测促学为主要内容的领导干部学习培训常态化制度化做法被列为改革试点在全市推广。印发《2017年全区在职干部理论学习安排意见》和《关于进一步加强习近平新时代中国特色社会主义思想学习的通知》，抓好微课堂讲授活动，全区650余名科级领导走上讲台讲授党的方针政策和路线。征订发放《新时代面对面》等学习书目1.02万册，举办领导干部学习讲坛2期受训干部1300人次。抓好市级学习贯彻习近平新时代中国特色社会主义思想示范点示范工作，健全领导干部带头学、领导班子集中学、党课教育持续学、专家辅导深入学的学习制度。四是推进宣讲活动多样化。借助千堂党课进基层、万名党员进党校、单位讲堂等学习教育阵地，组建区委习近平新时代中国特色社会主义思想宣讲团，统筹五老宣讲团、乡镇宣讲团等开展宣讲，全方位、立体化、分层级、多层面自上而下地传达学习党的十九大精神、习近平新时代中国特色社会主义思想、《习近平谈治国理政》第二卷和《习近平新时代中国特色社会主义思想三十讲》，宣讲1402场受众7.22万人次，组织“百团千队”宣传十九大文艺演出共13场，观众1.12万人。五是推进理论调研常态化。认真贯彻习近平总书记关于在全党大兴调查研究之风的重要精神指示，深入开展宣传思想文化系统大调研工作，形成《推进新时代玉溪市江川区宣传思想文化工作调研》《玉溪市江川区文物保护及开发利用情况调研》等17个调研报告，择优上报3篇。

【宣传舆论引导】 一是持续做大做强正面宣传。围绕区委、区政府“三区一中心”发展定位和“5366”发展思路，做好重大项目推进、生态建设、乡村振兴战略、棚户区改造、“双创”等重大主题宣传，制定庆祝改革开放40周年暨玉溪市撤地设市20周年主题宣传活动实施方案，积极做好庆祝改革开放40周年和玉溪市撤地设市20周年各项工作。纪录片《国家宝藏　牛虎铜案》《牛虎案探秘》《消失的古滇国》在央视纪录频道5次播出；邀请媒体记者80余人次到江川进行宣传报道，在中央省级媒体刊播新闻稿件287篇（条），其中《云南玉溪：发现濒临绝迹动物——桃花水母》《人工扩繁干巴菌　助农增收致富》《盲目放生红鲫鱼　被罚1000元》《交通受阻　农作物受灾严重》《眼镜王蛇被困事件接连发生》5条新闻被中央电视台采用播出；在《玉溪日报》刊载新闻稿件225篇；在江川新闻网上载信息1320条；编发手机报71期；“云南通江川区”客户端发布信息253条；“江川发布”发布信息850条；乡镇直通车1100条；《江川新闻》播出新闻1011条；玉溪电视台《玉溪新闻》采用327条；区广播电视台开设栏目双创进行时63期；创卫百日风暴35期；创文知识问答22期；曝光台71条；学习贯彻十九大精神专题4期；扶贫攻坚进行时27期；中央环保督察回头看14条，新增栏目《一周说》播出41期，《平安江川》播出33期。二是坚持占领舆论引导高地。贯彻落实《关于建立健全信息发布和政策解读机制完善新闻发言人制度的实施意见》，开展区级新闻发布4次；贯彻落实好《江川县新闻宣传及舆论引导工作联席会议制度》，适时对舆论情况进行会商、分析、处置。修改完善《江川区评论员队伍、信息员队伍建设方案》《关于进一步规范〈星云〉文艺季刊编审工作的意见》等制度，组建30名的评论员队伍，开展网络舆情舆论引导。推行日常信息采集、舆情信息收集反馈、舆情信息分级处置、“大事急报、要事必报、常事常报”网络舆情信息报送制度，形成监测、预警、分析研判、应对处置、后续跟踪、事后总结点评工作机制，确保舆情处置“事事有核实，核实有结果”，做到监测、应对、处置规范有效。8月13日下发《关于进一步加强微信群管理工作的通知》，江川电视台、电台、江川发布及时辟谣，加强新闻报道力度，反复播出江川区抗震救灾指挥部《紧急通知》，制作播放“传谣涉嫌违法”等宣传标语，普及《避震知识》及造谣、传谣相关法律法规，通过权威发布，正面宣传引导，使谣言得到及时澄清，确保社会稳定。截至10月，报送舆情信息690条，《每周舆情》30期，《舆情快报》17期。召开舆情处置联席工作会议8次，邀请省市媒体集中采访3次，组织网络跟帖10次，妥善处置涉江舆情96件，全区舆情走势平稳向好，比上年同期减少35.3%。三是切实落实党管媒体要求。落实网络意识形态工作责任制，推进落实“两个所有”，强化网络管理，严格执行《互联网新闻信息服务管理规定》《互联网新闻信息服务许可管理实施细则》《关于加强和改进互联网宣传及管理工作的实施意见》和《玉溪市江川区政务新媒体营运管理办法》，营造清朗的网络空间。严格落实网站总编辑负责制，让主旋律正能量充盈网络空间。健全网络文化市场监管机制，完善文化市场信用体系。实施“两微一端”实行备案管理，对互联网站、两微一端等开设情况进行摸排，全区建设政务新媒体“两微一端”单位共31家；各机关单位工作微信群440个、群成员12888人；本地自媒体共15家，较活跃2家；在网安部门备案互联网站10家，做到底数清、目标明。扎实推进“清朗’’“打假治敲’’“剑网”等系列专项行动。官方微信公众号“江川发布”、手机平台政务新媒体“云南通·江川区”运行情况良好。组织召开新媒体工作座谈会4次，围绕网络宣传、网络管理及网络法规等进行座谈和沟通，引导各新媒体在《网络安全法》框架下营运。加强与自媒体合作，邀请对大街棚改全过程进行影视资料录制，参与区内火把节、七夕节、梨花节等节庆活动的宣传，通过本地自媒体参与政府部分活动开展加大对民间新媒体营运管理。邀请玉溪市各县区有影响力新媒体15家到江川开展玉溪市级新媒体“江川行活动”，实地感受江川经济社会发展和人文风情，更好推介江川，提升江川知名度和社会影响力。

【精神文明建设】　一是施道德建设工程。抓社会主义核心价值观学习宣传，把践行社会主义核心价值观列入全区精神文明建设工作要点，实施人知人晓工程，把社会主义核心价值观的宣传和贯彻作为乡镇年度精神文明考评的重要内容。组织开展家风家训征集活动，征集家风家训90余条、典型事例50余件，将社会主义核心价值观纳入“七五”普法规划。抓道德建设，建设善行义举榜19块上榜67人，整理践行社会主义核值观故事23个；举办首届“最美家庭”表彰会，对36户市区文明家庭、最美家庭进行表扬；组织开展文明讲堂67期，受众5600余人次。抓精神文明主题活动，举办“我们的节日”主题活动，组织开展春节街头文化活动、“三下乡”活动、阵地文化等群众性文化活动，弘扬时代主旋律，丰富节日文化氛围。抓志愿服务活动，建立志愿者服务阵地“志空间”、在建成区人群集中地建立4个“学雷锋志愿服务站点”，提供志愿咨询、雨伞、热水、休息等服务，为志愿服务顺利推进提供阵地保障。组织志愿者开展“创文创卫·志愿者在行动”“关爱城市美容师”“志愿者文明交通劝导”等主题活动。制发《玉溪市江川区创建云南省文明城市道路交通网格化管理工作方案》开展文明交通宣传和文明交通劝导，营造人人参与创文良好氛围。通过全方位、广覆盖的宣传活动，最大限度地把群众动员起来，形成“全民参与、齐抓共管、重点突破、全面推进”创文工作格局。抓群众性文化活动。推进社区、村镇、家庭、校园文化建设，不断加强农村精神文明阵地建设，组织开展“全民阅读”活动，丰富群众性文化活动。二是实施文明创建提升工程。成功创建云南省第四届文明城市，调整充实区创文工作指挥部，将原创文指挥部下设的10个工作组调整充实为15个，创文办主任调整为区委常委、区委宣传部长，全区形成高位推动创文的良好工作格局。健全方案，制发《玉溪市江川区2018年创建云南省文明城市工作考核办法》《玉溪市江川区创建全省全国文明城市工作制度》《玉溪市江川区“双创”工作网格化实施方案》，将129条测评标准和72项测评内容分解到53个责任单位，进而形成事事有人抓、件件有落实、人人有责任的工作体系。先后召开5次推进会、6次调度会，有效推进成文工作开展。建立网格管理机制。按照《玉溪市江川区创建国家卫生城市和全省全国文明城市网格化管理实施方案（试行）》有关要求，进行网格规范化管理，网格共规范小区管理160个，拆除违法违规建筑面积1.58万平方米，限期拆除违法违规建筑283起，签订门前五包责任书2479份，查处占道经营6780起。在全省率先完成网上申报材料提交，完成200多个实地点位测评工作。抓文明单位（村镇、社区）创建。出台《玉溪市江川区文明细胞工程建设方案》，全区上下形成理解创建、支持创建、参与创建氛围，为创建全国文明城市奠定群众基础。在环星云湖的3个乡（镇）开展文明走廊创建活动，全区文明示范村、文化示范村、文明单位、文明社区、文明之家、文明交通行动计划等10个文明创建活动开展有声有色，完成第六批全市“文明示范村”建设工作，积极做好“玉溪美德少年”、省市“道德模范”“文明家庭”、云南好人、市区首届新乡贤、玉溪好人等评选工作，评出江川美德少年21名，获全市美德少年2名、市级文明家庭5户、区级文明家庭5户、市区最美家庭31户。各乡镇（街道）、各部门先后开展“文明示范岗”“最美家庭”等评选活动。三是实施村寨文化氛围营造工程。投入宣传经费250万元，印制创建全省全国文明城市各类手册27.12万册、制作各类张贴画2.7万张，制作14个广场和街头小景、4个民居小区小景，临街宣传墙10543.69平方米，制作8个点20个面大型户外单立柱广告牌、4块8面跨路天桥、过街人行天桥宣传牌，制作招贴画6000张、其他宣传品8万余份，悬挂宣传标语750条，设立宣传栏530个。以“栏、带、墙、桥”为重点在全区6个乡镇进行创文氛围营造。四是实施未成年人成长关爱工程。以“做一个有道德的人”为主题，组织开展“网上祭英烈”“学习雷锋、做美德少年”“中国梦”“践行社会主义核心价值观”“向国旗敬礼”“美丽家园、美好生活”、中华经典诵读和优秀童谣传唱等文明教育实践活动，培育未成年人良好道德素质。坚持每周对全区网吧督查力度，打击文化市场各类违法经营行为。积极开展“送法进校园”“阳光司法工程”巡回法庭开庭等活动，为未成年人健康成长创造良好社会环境。全区实现乡村学校少年宫全覆盖。投入23万元在江川职中、江城中学建立青春健康教育示范基地。实施特殊群体关爱工程，实现留守儿童之家全覆盖，在全区广泛组织开展留守儿童与外出务工父母的“亲情通话”“给父母的一封信”“爱心妈妈”“代理家长”等关爱活动。

【文化产业建设】 一是坚持以人民为中心的创作导向。围绕改革开放40周年、新中国成立70周年、全面建成小康社会、建党100周年等重要时间节点，加强创作生产引导，精心举办主题鲜明、形式多样、影响广泛的文艺活动。创作党的十九大精神宣传节目11个、组织业余作者创作文艺节目28件，春节期间组织11支表演队为全区人民带去大型民俗文化巡演。广泛开展“我的中国梦”、文化进万家、新春走基层文艺汇演、展演、巡演等活动，共演出节目600多个，惠及群众10万余人次。投资10万元，修缮老戏台，开展群众大舞台演出活动，每周末组织1次文艺演出。辅导文艺团体80余个，指导排练节目120多个；灯光、音响免费为各类演出服务28场次。举办各类文艺培训20期，培训学员507人。完成全区64个村委会（社区）的农村电影放映计划，共放映故事片818场、科教片420场。组织区级文艺比赛2次、参加省市级比赛2次，参比赛队70支1072人，获市级奖项3个、县级奖项12个。编辑出版《星云》季刊3期，《2018年玉溪市抚仙湖文学笔会专刊》1期，发表小说12篇、报告文学1篇、散文33篇、花灯剧本3个、文艺评论5篇、诗歌600余首和40位作者摄影、书法和美术作品，开设“新芽”专栏，刊发学校推荐的10位学生作品。二是贯彻国家“十三五”时期文化发展改革规划纲要。精准实施文化扶贫，推进文化惠民，继续开展文化科技卫生“三下乡”“我们的中国梦”文化进万家系列活动、文艺志愿服务、春联进万家、全民阅读、农村电影放映等工作，开展迎新春文艺晚会、书法进万家、“送欢乐下基层”等活动，稳步扩大广播电视覆盖面，不断丰富广大群众精神文化生活。加强文物、博物保护力度，推进文保工作和非物质文化遗产保护工作，积极联系协同国内多家文物单位，精心组织挑选馆藏古滇文物精品走出去，多次参与举办颇具文化特色和影响力的文物展览交流活动。先后参加在海南省博物馆举办的“秦汉文明展”“铜铸滇魂—云南滇国青铜文化展”秦始皇帝陵博物院展、“金腰带及铜扣饰”等馆藏的15件（套）古滇国金器精品成都“金色记忆—中国14世纪前出土金器特展”“祭祀场面铜贮贝器”“纺织场面铜贮贝器”等9件（套）古滇文物“人与神—古代南方丝绸之路文物精华展”、5件（套）古滇代表文物“盛筵—见证《史记》大西南”展览。三是做大做强文化产业。全区现有文化产业法人单位117家，云岭首席技师、云南金属工艺大师等22人次，手工铜器加工户111户，铜器企业12户，铜器制品销售门面34户，从业人员524人，预计实现产值25000万元。1—9月份，全区规上工业文化产业企业共实现产值30735万元，同比增长9.4%；增加值9967万元，同比增长15.7%。其中：3家规上青铜企业实现产值11518万元，同比增长17.9%；增加值4197万元，同比增长29.5%。鼓励和引导社会资本进入文化产业领域，成立玉溪七彩象艺术品有限公司。鼓励支持手工铜器转型升级，支持杨攀林、陶文龙、付涛齐、张进城由纯手工打制铜器转为机器压制与手工打制相结合，鼓励支持玉溪邑人工匠商贸有限公司运用互联网+，扩展营销占领市场。抓文化资源与旅游资源的融合发展，积极打造江城青铜特色小镇、九溪特色旅游小镇、新河咀铜工艺特色旅游村，规范青铜一条街管理。实施人才培养工程，继续办好青铜文化产业班，招收学生8名；推荐杨攀林申报玉溪工匠，推荐陆培兴、杨攀林申报云南省技术能手；玉溪滇瓦紫砂工艺品厂积极与西南联大、玉溪二职中等学校合作，培养专业技术人员。实施品牌打造工程，举办“三月雪·梨花醉”江川区第二届梨花文化旅游节；积极与各类媒体对接，做好江川铜器宣传报道，抓好江川铜器工艺国家地理标志申报工作；推荐玉溪滇瓦紫砂工艺品厂参加深博会。玉溪市江川区三有铜器工艺品厂被评为50个云南民族民间工艺品龙头企业之一、江川区前卫镇渔村被纳入17个云南省民族民间工艺品销售示范街区名单。

（吴　侣）

统　战

【概述】　2018年，江川区统战（民宗）工作全面落实中央、省、市决策部署，围绕全区工作大局，以“创新年”“落实年”“调研年”为主题，凝心聚力，开拓创新，扎实推进各领域工作，在服务区委中心工作、巩固共同思想政治基础、助力经济社会发展、维护社会和谐稳定等方面发挥积极作用，全区统一战线呈现出开拓进取、团结和谐良好局面。

【开展“三下乡”活动】　1月26日，区委统战部（民宗局）积极参与宣传部牵头组织的江川区2018年“文化、科技、卫生”三下乡活动，开展统一战线知识、民族宗教政策常识等宣传。共发放《统一战线工作宣传资料》《民族团结宣传资料》《宗教政策及法律法规知识问答》《中华人民共和国归侨侨眷权益保护法》《涉侨政策、法律问答》《宗教事务条例》《中国公民民族成分登记管理办法》等宣传资料700余份。

【春节走访慰问】　2月8～11日，区委统战部对全区20户困难侨台属、5名困难起义投诚人员、5名黄埔同学会员及遗孀、2名宗教界代表人士开展春节走访慰问，每户发放慰问金300元及慰问品。

【民族宗教界代表人士迎春座谈会】　2月12日，区委统战部（民宗局）召开民族宗教代表人士迎春座谈会，全区宗教团体负责人及宗教活动场所负责人、少数民族村委会总支书记及主任参加座谈会。区委统战部副部长、民宗局局长李忠良通报2018年民族宗教工作取得成效、存在的问题和不足，并对下一步做好全区民族宗教工作提出希望和要求。参会人员发言，查找自身工作存在不足，对做好2018年民族宗教工作提出建议和意见。

【全区统战民宗工作会议】　4月4日，江川区召开2018年全区统战（民宗）工作会议，区委常委、统战部部长李志刚回顾总结2017年统战（民宗）工作，安排部署2018年工作任务。李志刚指出，全区各级各部门要高度重视统战（民宗）工作，牢牢把握大团结大联合主题，全面贯彻落实党中央和省委、市委关于统一战线的决策部署，紧紧围绕区委“5366”经济社会发展总体思路，大兴学习之风、调查研究之风和真抓实干之风，凝聚人心共识，汇聚智慧力量，推动统一战线各领域工作实现新发展，在重点领域实现新突破、创造新经验，为推动江川高质量跨越发展汇聚强大合力。全区六个乡镇（街道）作书面交流，江城镇、九溪镇、安化彝族乡作大会交流发言。副区长、市公安局江川分局局长溥恩武主持会议，并就做好2018年民族宗教工作提出要求。区人大副主任李保平，区政协副主席、区工商联主席顾秋出席会议。

【何国斌调研江川统战民宗工作】 4月9日，市委统战部常务副部长何国斌到江川调研统战民宗工作，区委常委、统战部部长李志刚陪同调研。何国斌先后到大街街道浪广社区、云南联塑科技发展有限公司、早街基督教活动点、安化彝族乡民族团结进步示范村等开展实地调研，了解江川区社区统战工作示范点创建、企业界新的社会阶层人士统战工作开展、基督教活动点建设、民族团结进步示范村项目建设等情况。何国斌针对每项工作中存在的问题提出指导意见，并对下一步抓好社区统战工作示范点创建、加强宗教工作规范化管理、加快民族团结进步示范区建设工作提出要求。

【举办“创文创卫”进社区公益讲座活动】 6月28日，区委统战部与民盟玉溪市委在创卫网格责任区（27网格）联合开展“创文创卫”进社区公益讲座活动，现场为社区群众进行医疗义诊150余人，发放常用药品价值人民币5000余元，发放“双创”知识宣传彩页、小册子等宣传资料200余份。

【举办党外代表人士培训班】
6月21日，区委统战部在区委党校举办党外代表人士培训班，全区科级党外干部、党外知识分子代表、新的社会阶层人士代表共90余人参加培训。区委常委、统战部部长李志刚出席开班仪式并作动员讲话。培训聘请中共玉溪市委党校副校长宋红英重点围绕党的十九大精神的总体框架和主要内容、习近平新时代中国特色社会主义思想、凝心聚力努力开创新时代统一战线工作新局面三个方面进行讲解。

【党外知识分子和新的社会阶层代表人士视察调研】 为积极搭建江川区党外代表人士参政议政平台，6月21日，区委统战部组织30余名党外知识分子和新的社会阶层人士代表到龙泉工业园区开展视察调研活动。区委常委、统战部部长李志刚带队，先后参观考察北京升华电梯西南生产运营中心、云南天合立光电技术有限公司、新天力农业机械有限公司、联塑科技有限公司等企业，听取园区布局、规划思路、企业发展等相关情况介绍。在座谈交流会上，代表们踊跃发言，就招商引资、园区规划等提出意见建议。

【举办民族宗教理论培训班】
6月22日，区委统战部（民宗局）举办党的民族宗教政策理论培训班，全区民族团结进步示范区建设工作领导小组成员单位分管领导、乡镇（街道）分管领导及统战委员（干事）、各村委会（社区）民族宗教工作信息员、区属宗教团体以及宗教活动场所负责人共120余人参加培训。区民宗局局长李忠良作《宗教政策法规与工作实践》专题辅导。副局长刘开华作《关于深入开展民族团结进步创建工作的几点思考》专题辅导。

【徐贤调研宗教工作】 11月9日，区委书记徐贤到早街基督教活动点和翠峰北山寺开展调研，听取场所建设、活动情况、团体工作运行情况以及北山寺禅修活动筹备情况等汇报，对北山寺寺院建设以及教务管理规范有序给予肯定。并结合江川区实际，对宗教工作提出要求：深入推进宗教工作“一网两单”制度落实，压实工作责任，用活“一网两单”平台，推进创文创卫、棚户区改造、美丽乡村建设等区委中心工作在信教群众中贯彻落实；坚持宗教中国化方向，加强党的方针政策宣传教育，推进“四进”宗教活动场所活动开展，提高广大信教群众法治意识、国家意识、公民意识，强化社会主义核心价值观教育引导，发挥宗教界正能量，服务经济社会建设；研究把握政策，维护信教群众合法利益，在政策法规范围内帮助他们解决发展、建设和工作生活中的困难问题；宗教工作部门及乡镇（街道）要履职尽责，指导帮助北山寺举办好禅修活动，提前谋划，协调公安、交警、消防、森林、市场监督管理等相关部门，研究制定工作方案，给予人力物力支持，确保活动安全有序。区委常委、统战部部长李志刚陪同调研。

【成立玉溪市新的社会阶层人士联谊总会三分会】 12月24日，玉溪市新的社会阶层人士联谊总会三分会在江川成立。市委统战部副部长、市工商联党组书记马利兴，区委常委、统战部部长李志刚出席大会并作讲话。玉溪市新的社会阶层人士联谊总会副会长王韬宣读玉溪市新的社会阶层人士联谊总会《关于同意成立玉溪市新的社会阶层人士联谊总会三分会的批复》，并任命杨建坤为三分会会长，陈春和、杨帆、顾跃东、唐保柱为三分会副会长、由陈春和兼任秘书长。会议宣布《中共玉溪市江川区委统战部关于成立江川区乡镇（街道）新的社会阶层人士工作站的决定》，并举行授牌仪式。

【党外代表人士工作】 一是开展调研，建立健全党外代表人士数据库。根据市委统战部要求，在全区范围内开展实职副科以上党外干部、中职以上党外知识分子、新的社会阶层人士、非公经济人士调研，收集、采集、录入基本信息，建立健全代表人士基础数据库。通过调研，共建立科级以上党外干部人士库55人（其中：副处4人、正科8人、副科43人）；副高以上党外知识分子621人，建立健全代表人士库66人。新的社会阶层人士2150人，建立健全代表人士库128人。建立非公有制经济代表人士库126人。二是搭平台、建制度，推动党外代表人士学习交流活动制度化、规范化。区委统战部结合党外干部调动、变动等情况，重新组建党外干部活动组，制定下发《玉溪市江川区党外干部活动组工作制度》，并把四名班子成员编入活动组，统筹组织开展好活动。重新规划成立党外知识分子联络点8个（农业系统1个、教育系统4个、卫生系统3个），明确各联络点负责人及联络员，制定下发联络点工作制度。成立玉溪市新的社会阶层人士联谊总会三分会，建立乡镇（街道）新的社会阶层人士工作站，为广泛联系、团结引导新的社会阶层人士发挥优势和作用创建载体、搭建平台。三是抓学习培训，提升党外代表人士综合素质。全年举办全区科级党外干部、党外知识分子代表、新的社会阶层人士代表培训班1期，组织党外知识分子以及新的社会阶层人士代表开展视察调研1次，进一步增强党外代表人士的政治把握能力和参政议政能力。四是创新载体，加强新的社会阶层代表人士教育引导。成立玉溪市新的社会阶层人士联谊总会江川分会，建立乡镇（街道）新的社会阶层人士工作站，组织开展活动，加强互动交流，适时掌握新的社会阶层人士思想动态，开展教育引导。

【非公经济领域统战工作】 一是继续深化区级领导干部联系非公企业和非公经济代表人事制度，加强与非公经济代表人士的沟通联系和教育引导。二是继续深化非公有制经济人士理想信念教育实践活动。组织召开非公有制经济人士理想信念教育实践活动推进会，70余名非公经济人士开展“不忘创业初心、接力改革伟业”承诺签名。三是弘扬光彩精神，组织开展捐资助学和扶贫攻坚活动。全年组织玉溪宏宇包装有限公司、云南金骏药业有限公司等13家企业捐资8.3万元，资助家庭贫困大学生25名；引导民营企业积极投身“万企帮万村”扶贫攻坚活动，动员16户民营企业结对帮扶全区16个贫困行政村。四是强化培训力度，提振非公企业发展信心。全年组织100余名非公经济人士在区委党校和广州中山大学开展《化解民营企业融资难有关政策解读》和《非公经济转型升级》专题培训2期，进一步增强非公经济人士的政策把握能力，拓宽非公经济人士视野，提振非公企业发展信心。

【民族团结进步示范区建设】 一是加大资金投入，民族地区精准扶贫巩固提升。全年整合各级各部门资金4500余万元，投入项目59个，民族地区群众水利、交通、文化、村内公共设施条件进一步改善。继续提升巩固脱贫攻坚成果，少数民族地区累计完成脱贫507户1817人，1个贫困乡、6个行政村脱贫出列。二是示范点建设有序推进。总投资213万元的安化彝族乡招坝村民族团结进步示范村建设项目于2月全部完工并通过验收。总投资560万元的矣文、旧村两个民族团结进步示范村建设有序推进，资金规模和效益有所提高。三是积极开展民族团结进步创建。制定下发《江川区民族进步示范创建“6+N进”活动实施方案》，召开民族团结进步“6+N进”创建活动推进会。在九溪中心小学、前卫中学和安化中心小学开展民族团结示范学校创建。组织中小学生参加省、市教育部门和民宗部门开展的民族团结主题系列征文活动5次，并取得优越成绩。四是民族教育稳步前进。督促落实国家、省、市出台的涉及少数民族的教育法律法规和民族教育政策，民族地区群众受教育意识显著提高，民族乡义务教育阶段适龄童入学率、完学率、毕业率达到国家标准。五是开展民族文化传承保护。完成文化保护项目《彝族腰鼓》拍摄制作，支持矣文成功创作民族歌曲《歌悠悠，情悠悠》。成立矣文绣娘基地暨彝族刺绣传习馆和九溪中心小学“阿楚若”彝族文化传习社。六是加强城市民族工作。认真落实《云南省城市民族工作条例》，制定出台《江川区加强和改进少数民族流动人口服务管理实施意见》，全年办理民族成份变更6人，办理少数民族高考学生少数民族身份确认92人，帮助90名进城少数民族群众解决计生、务工、上学等方面困难问题。

【宗教事务管理】 一是开展法治宣传教育。组织宗教界开展宗教政策法规学习月活动、“国旗国歌、社会主义核心价值观、政策法规、党报党刊”进宗教活动场所活动和以“学习”为主题的和谐寺观教堂创建活动，发放宣传资料500余份。二是加强宗教事务管理。依法加强对宗教活动、教牧培训等审批管理，指导宗教界开展好宗教节日活动。加强对宗教活动场所消防安全、生产安全、食品安全和防邪教、防渗透、防暴恐等方面检查巡查。规范会计账务，在宗教团体和宗教活动场所继续实施财务会计统一委托管理制度。制定《宗教团体成员、宗教活动场所负责人管理职责》，加强宗教管理人员的考核管理，增强场所负责人履职责任感。三是突出抓好宗教热难点整治，并加强监管，巩固治理成果，维护正常宗教秩序。落实市政府关于加强民间信仰场所管理通知精神，开展调研分类工作，明确管理主体，建立管理措施办法，推动规范管理。四是引导宗教界开展“宗教慈善周”活动。全年组织引导宗教界人士捐款捐物折合人民币共计6万余元，开展寒冬送暖、资助留守未成年人和孤寡老人、看望麻风病人等慈善活动。五是加强分析研判，积极稳妥化解民族宗教领域矛盾纠纷。落实“一网两单”工作责任，建立区、乡镇街道、村三级领导干部联系宗教活动场所工作制度。全年化解宗教领域问题2起。

【侨务对台工作】 一是进一步完善制定重点归侨侨眷、台胞台属联系制度，加强与重点台属、侨眷沟通和联系，帮助联系对象解决实际困难和问题。二是切实做好涉侨台脱贫攻坚工作。积极联系市外侨办，争取对2户建档立卡户和非卡户困难家庭给予困难补助；积极协调民政等部门，为2户困难侨眷争取城市或农村最低生活保障；对大街街道大街居委会2户困难侨眷签订《江川区侨务扶贫资金借款合同》给予贷款扶贫，帮助他们解决发展生产、家庭经营中存在的困难和问题，脱贫致富。三是加强与海外侨胞、台湾同胞及社团沟通交流。利用春节之机，诚邀回乡探亲华侨华人座谈交流。配合省、市台办做好台胞到江川探亲以及意向性投资考察接待工作。积极做好台湾《大陆寻奇》栏目组到江川开展风景名胜、文物古迹和民俗风情为主要内容的电视专题纪录片拍摄工作。四是开展侨资企业走访调研，做好为侨资企业投诉维权等服务工作。

【信息调研工作】 一是加强信息报送工作。全年共上报省委统战部、市委统战部、市民宗局、区级相关部门等各类信息112条，其中：省委统战部采用25条、市委办采用1条、市政府办采用4条、市委统战部采用59条、市民宗局采用8条、玉溪日报采用7条，完成区委办、区政府办信息报送及采用工作任务。二是大力开展调研，制定《江川区委统战部2018年调研工作实施方案》，形成《强化党建引领优势打造社区统战工作新亮点》《强化机制创新方式全力推动新的社会阶层人士统战工作》《江川区宗教人才队伍情况调研》《江川区民族团结进步创建情况调研》等调研材料及实践创新成果材料上报市委统战部、市民宗局。

【创建社区统战工作示范点】 区委统战部围绕“小社区、大统战”理念，在广泛调研基础上，把人员较为集中、社区基础工作较好的浪广社区作为推进基层统战工作建设试点，在社区创建江川区首个社区统战工作站。同时以统战工作站为依托，实施以“同心”为品牌的党建+统战创新项目，在社区打造“统战文化园”“民族文化长廊”“同心书屋”等宣传阵地和活动阵地，增强社区统一战线的吸引力、感召力、影响力，成为全区社区统战工作的示范品牌。

（矣树芬）

区直属机关工委

【抓好习近平新时代中国特色社会主义思想学习贯彻】　一是建立长效学习机制，将习近平新时代中国特色社会主义思想和党的十九大精神列入区直机关各单位党组织学习计划，作为“三会一课”、主题党日等学习活动重要内容，促进学习型党组织建设。二是将习近平新时代中国特色社会主义思想和党的十九大精神列入入党积极分子暨发展对象培训班、“万名党员进党校”党员教育培训班、党务干部培训班培训内容，坚定“两个维护”。三是以支部为主体，强化深学入心。工委在区委党校进行《习近平新时代中国特色社会主义思想三十讲》宣讲，区直各单位党组织积极邀请宣讲团成员、分管联系区级领导进行集中宣讲《三十讲》部分内容，余下内容由单位党组织书记做好本单位宣讲活动。截至年底，共开展《三十讲》专题宣讲学习活动51次，受训党员1051名。

【抓实“两学一做”学习教育常态化制度化】　一是以支部为基本单位，开展为期一个月的“新党章集中学习月”活动。活动将党章学习分为四个专题，每周分别进行一个专题，以党支部为单位集中学习为主，个人自学为辅，采取党员干部领学、专门人员辅导、组织专题讨论、交流心得体会等形式，努力在学深学透、把握精髓上下功夫。二是组织新党章知识竞赛活动。为检验和巩固学习效果，党工委将新党章知识竞赛测试题下发至51个单位党组织，由各单位党组织认真组织所属党员参加新党章知识测试。三是抓实主题，拓展“做”的内容，住建局党总支开展以“中国梦”为主题的演讲比赛和以“十九大精神”为主题的知识竞赛活动；检察院党总支开展“不忘初心牢记使命发挥党员先锋模范作用”主题党日活动；文广体局党总支开展“清理河道·保护环境”主题党日活动；宣传部党支部、妇联党支部、文广体党总支承办以“感党恩、颂家风”最美家庭颁奖晚会，交通局承办的“颂党恩、共筑路”道德讲堂等，激励党员争做“四讲四有”和“四个合格”党员。

【推进党建工作目标责任制】　一是制定2018年党建工作计划，细化各项考核内容。与51个单位党组织签订责任书，先后11次召开党工委会议专题研究党建工作，多次深入到各党组织督促指导工作，抓实各项工作任务落实。二是抓实2017年党组织书记抓基层党建述职评议工作。15个党组织书记按要求进行述职评议，坚持问题导向，创新工作交流机制，进一步推动党建工作。三是按照“基层党建巩固年”要求，制定下发《玉溪市江川区直属机关工委“基层党建巩固年”实施方案》《玉溪市江川区直属机关工委“基层党建巩固年”重点任务项目清单》《2018年度区直机关各党（总）支部书记抓基层党建工作责任清单》《2018年度区直机关党工委班子成员抓基层党建工作责任清单》，层层分解各项工作任务。

【从严从实抓好党组织民主生活会】　机关工委高度重视年度领导班子民主生活会，按照区委组织部年底民主生活会要求，区直机关工委深入查摆问题、严肃批评与自我批评，认真制定整改方案，落实整改措施。区直机关工委班子查找问题9条，班子成员共查找问题12条，班子成员相互批评意见6条，制定整改措施8条。

【开展春节慰问】　机关工委在2018年春节前夕，工委共走访慰问农村困难党员12人，慰问金额2400元；走访慰问机关困难党员18人，慰问金额9000元。

【举办入党积极分子和发展对象培训班】　机关工委于2018年5月14日至16日在区委党校举办第28期入党积极分子暨第4期党员发展对象培训班，共培训学员130名（其中：入党积极分子70名，党员发展对象60名），此次培训班学员还包括工业园区党委、工信局党委和教育局党委的入党积极分子和党员发展对象。培训班安排《党章》专题辅导、党的组织原则和纪律、如何做一名合格的党员和重温党史坚定信仰等四个专题学习内容。

【举办“万名党员进党校”党员教育培训班】　2018年5月至7月区直机关工委在区委党校举办五期“万名党员进党校”党员教育培训班，共培训党员776名。培训班以学习贯彻习近平新时代中国特色社会主义思想、党的十九大精神、党章、中国共产党党史、党风党纪、《宪法》为重点，采取自学、专题学习、视频教学、激情教学、现场教学、闭卷考试等多种方式进行教学。将发党章、佩戴党员徽章、唱国歌、为党员过“政治生日”、重温入党誓词五个规定动作融入其中。培训班成立临时党支部，结合“双创”工作组织党员开展8次“主题党日+”活动。

【举办党务干部培训班】 2018年10月10日，区直机关党工委在区委党校举办2018年党务干部培训班，51个区直机关单位党组织及“两新”党组织的84名党务干部参加培训。培训班采取专题授课和现场教学相结合方式进行，并且有针对性地安排警示教育、习近平新时代中国特色社会主义思想三十讲、党支部规范化建设达标创建等党务工作专题学习内容。

【加强党组织班子建设】 2018年，机关工委对检察院党总支、市场监督管理局党总支、交通局党总支、农业局党总支、人社局党总支、政府办党总支、供销社党总支、住建局党总支、区委党校党支部、林业局党支部、司法局党支部、政务服务局党支部、国土局党支部、统计局党支部、区委组织部党支部、政协党支部区委办党支部、城投公司党支部、审计局党支部、区委宣传部党支部、旅发局党支部等党组织进行补选、改选。撤销蔬菜公司党支部、市场监督管理局九溪党支部、市场监督管理局前卫党支部、江川区纪委监察局党支部、工业园区“小个专”党支部、检察院党总支、发改局党总支、财政局党支部、国税局党总支、地税局党支部、司法局党支部，新成立红十字会党支部、江川区纪委监委党总支、检察院党支部、发改局党支部、财政局党总支、国家税务总局玉溪市江川区税务分局机关党委、司法局党总支。

【开展“七一”纪念活动】 区直属机关党组织以实际行动向党的生日献礼，开展系列活动。一是在区委党校召开庆祝建党97周年大会。二是举办区直机关第二期“万名党员进党校”党员教育培训班，开展集中学习。三是开展“主题党日+双创先锋”志愿服务活动，让党员积极投身“双创”工作，充当文明交通劝导员、环境卫生守护者、“双创”宣传大使。四是开展调研走访慰问活动。“七一”前夕，组织党员干部带头深入包村联系点、社区、单位开展走访慰问和随机调研，了解经济社会发展情况，指导基层开展党建工作。区直属机关党工委走访慰问困难党员、老党员30名，慰问资金10600元。五是开展一次学习贯彻习近平新时代中国特色社会主义思想和党的十九大精神知识测试。六是开展“七一”表彰活动。机关工委表彰2017年度优秀共产党员28名、优秀党务工作者11名、先进基层党组织4个。

【发展党员工作】 机关工委贯彻落实《中国共产党发展党员工作细则》，按照“控制总量、优化结构、提高质量、发挥作用”总要求，严格履行入党手续，研究分析发展党员的现状，规范入党程序，贯彻落实发展党员公示制、预审制、票决制、责任追究制等制度，严把质量关，做好党员发展工作。2018年共发展新党员17名，其中：女性7名，科员9名，实职副科2名，专技人员5名，公司管理员1名，大专及以上学历17名，35岁及以下16名，35岁以上1名。审批预备党员转正8名，取消预备党员资格1名。

【开展双报到双结对双评议活动】 区直51个单位党组织到所驻社区和挂钩网格党组织报到，签订共驻共建协议，结合本单位优势资源，提供服务事项，开展结对共建。在职1040名党员到居住地所在社区和挂钩网格社区报到，结合党员职业特点、专业特长、能力优势和兴趣爱好，认领服务岗位，开展结对互助。共开展共驻共建活动218人次，推进城市党建工作。

【开展“支部主题”党日活动】 在6个规定动作的基础上，采取“支部主题党日+”形式，统筹开展党性教育、双创先锋、仙湖卫士、警示教育、业务培训、志愿服务等活动，增强实效性和吸引力。以“不忘初心、牢记使命、警钟长鸣”“双创先锋、红旗飘扬”“仙湖卫士、我在行动”“志愿服务、党徽闪光”“走进红色岁月、传承红色基因”等为主题，共开展“支部主题党日活动”398次。

【抓实党支部规范化创建】 一是对标自查，分类定级，挂图作战，推进达标创建。制定党支部规范化建设实施方案和百日攻坚方案。92个党组织中，评为先进38个、中间51个、后进3个；2018年计划达标61个、2019年计划达标30个、2020年计划达标1个。

二是以“五个基本标准化”为标准，推进达标创建。统一标准，制定区直机关党支部规范化建设台账目录，以更规范、更高标准要求，解决党支部建设中存在的思想重视程度不高、程序不规范、制度不完善、活动不经常、责任落实不到位等突出问题，进一步提升基层党组织组织力。三是开出示范清单、问题清单和整改清单，推进达标创建。以5个示范点发挥示范引领作用，坚持问题导向列出51个问题清单，列出51个整改清单对标对表、倒逼作战、整改到位，完成2018年实际达标创建的50个党（总）支部检查验收达标工作，把党支部建设成为团结群众的核心、教育党员的学校、攻坚克难的堡垒。

【实施“互联网+党建”提升行动】　区直机关工委创新网上活动方式，创建机关工委微信公众号，推荐使用电子台账“一本清”，推广使用“云岭先锋”APP，打造充满正能量、党员群众喜爱的网络党建平台，促进基层党建传统优势与信息技术有机融合。

【力推机关党建】　机关工委于2018年6月26日成立8个督查组，对各单位党组织进行2018年上半年基层党建工作综合督查，通过“三举措”力推机关党建全面过硬。一是围绕目标抓督查。于督查前就基层党建巩固年重点任务落实情况、党支部规范化建设达标创建工作，从严从实发展党员工作等11项督查内容进行专题业务培训。各督查组通过听取汇报、现场提问、查阅台账资料等方式，找准各单位在落实目标责任制和重点工作开展过程中存在的问题。二是结合党建强交流。通过实地查看党员活动阵地建设、示范点创建和积分制管理等工作，督查组成员与各单位党组织负责人座谈交流，对如何抓好学习教育、党员管理等工作相互学习借鉴、沟通交流、取长补短，达到促进提升、提高业务能力的目的。三是针对问题促整改。结合综合督查的情况，党工委及时召开督查工作汇报会，各督查组认真梳理存在问题，及时反馈督查情况。按照要求，督促指导各单位结合反馈情况找准问题，形成问题清单，对标对表，及时制定整改方案、督促整改落实，推动党建工作有序深入开展。

（罗秀秀）

“两新”组织党工委

【概述】　2018年，区委“两新”组织党工委在区委的坚强领导下，以习近平新时代中国特色社会主义思想和党的十九大精神为指导，深入贯彻落实新时代党的建设总要求，按照“基层党建巩固年”总体部署，围绕“统筹谋划、分类实施、无的要有、有的要强”的总思路，坚持覆盖提升和规范发展相结合，不断深化全区“两新”组织党建工作，促进“两新”组织健康发展。

【责任落实】　严格落实党建工作职责，将“两新”党建工作纳入全区“基层党建巩固年”总体布局，制定“两新”组织“基层党建巩固年”方案、重点任务项目清单，明确工作重点和工作责任。在完善区委“两新”组织党工委领导机构的基础上，建立健全党工委党建工作例会制度，继续深化联系会议制度，加强督促考核，开展综合督查4次，并将“两新”组织党建工作纳入年底党建考核内容，层层传导压力，落细落实“两新”党建任务要求。以政府购买服务方式，面向社会公开选聘10名“两新”组织专职党务工作者，开通江川工业园区非公企业党建微信公众号，为“两新”组织党建工作注入新活力。按照“讲政治、懂党建、善协调、肯奉献”的原则，选派党建指导员67名，确保每个“两新”组织党组织都有一名党建指导员，为推进“两新”组织党建工作提供支持。按照“16321”标准，下拨“两新”组织党建工作经费67.66万元，确保每个党组织都有基本活动经费。

【规范提升】　以党支部规范化建设达标创建为契机，认真落实《玉溪市江川区组织力提升若干意见》，从严从实落实“基本队伍、基本组织、基本活动、基本制度和基本保障建设”五个方面标准化建设要求，圆满完成2018年13个“两新”组织党组织规范化建设任务。推行《党支部规范化建设工作台账一本清》和《党员手册》，督促指导“两新”组织党组织严格落实“三会一课”“主题党日+”等基本制度，全面推行党员“政治生日”制度，全面推进“两新”组织党组织规范化建设。严格落实“有进有出、动态管理”和“应建必建”的工作要求，实现“大联合”向“小联合”转变、“联合建”向“单独建”转变，新成立园区企业党委、鸿湖彩印公司党支部、律师及基层法律工作者党支部，实现了“两新”党建从“有形覆盖”向“有效覆盖”的转变，确保党组织覆盖率持续巩固。按照“条块结合、便于管理”的原则，进一步理顺党组织隶属关系，将童话幼儿园、育英幼儿园等民办学校党组织隶属关系调整至教育局党工委。开展互联网企业排查摸底摸清江川区互联网企业15户，党组织28个，其中党委2个，党支部26个。抓好党员队伍建设，坚持“三培养”、把生产经营（业务）骨干培养成党员、把党员培养成生产经营（业务）骨干、把生产经营（业务）骨干党员培养成管理人员。努力提高党员队伍综合素质，严格按照党员发展5步骤25环节要求，严把政治关、程序关、质量关，发展25名党员。

【党员教育】 从严落实党管意识形态工作责任，抓实党的十九大精神、习近平新时代中国特色社会主义思想、党章等内容的学习教育，牢牢掌握意识形态工作领导权、话语权，组织党工委中心组成员集中学习12次；抓住“企业需要、业主理解、职工拥护、党员欢迎”这条主线，开展千堂党课进基层及“以讲促学”活动16次；严格按照集中培训3天24学时的要求，举办“万名党员进党校”培训班15期；结合理论中心组学习、“三会一课”“支部主题党日”等，开展“三必学三必讲”70余期，引导“两新”组织广大党员不断增强“四个意识”、坚定“四个自信”，增进政治、理论、实践和情感认同。按照“该有的一定要有、该到位的一定要到位、该发挥作用的一定要发挥作用”的总体要求，在全区“两新”组织广大党员中全面推广使用“云岭先锋”APP，搭建网上党支部平台，为基层党组织教育管理服务党员提供新手段，实现党员上网学习、在线培训、互动交流，全面满足不同层次、年龄、类型党员教育多元化、差异化学习需求，构筑党员教育“必修+选修”“线上+线下”“常规+创新”有机互动平台，将党的十九大精神学习宣传覆盖到每一位党员。

【示范带动】 牢固树立“品牌”和精品意识，按照“一企一品”的思路，对联塑、吉宏短途客运等党建示范点提档升级，新增鸿湖彩印、童话幼儿园两个示范点。通过示范引领、典型带路、抓点联线、扩面提质，确保全区“两新”组织党建工作全面提升，组织过硬。以大党建工作思路，按照《中共玉溪市委办公室印发〈关于加强党群服务中心建设和管理使用的意见〉的通知》（玉室字〔2018〕16号）要求，建成江城镇党群活动服务中心。在工业园区党群服务中心、前卫镇党群服务中心设置“云岭先锋”党建书架，完善和提升原有党群活动中心服务功能。

【作用发挥】 把“两新”组织党建工作纳入城市党建范畴，组织“两新”组织党组织和党员到社区开展“双报告、双结对、双评议”工作，逐步构建互联互动、共驻共建、资源共享的大党建格局。坚持把“两新”组织党建与发挥党组织的政治核心作用和党员的先锋模范作用，与更好履行党员义务、服务发展、企业文化建设有机结合起来。深入开展“四必访四必问四必送”（“企业出资人必访，必问企业经营困难送去党的政策”“党建负责人必访，必问党建开展情况送去党的理论”“人事负责人必访，必问职工党员情况送去党的服务”“工会负责人必访，必问困难职工情况送去党的温暖”）活动。利用支部主题党日，开展“双强六好”“双强双亮”（党建强、发展强，生产经营好、企业文化好、劳动关系好、党组织班子好、党员队伍好、社会评价好；亮党员身份、亮服务承诺，党建强、发展强）主题活动，充分发挥“两新”组织在管理、技术、人才、资源、市场等方面的优势，积极引导“两新”组织党组织参与“双创”、脱贫攻坚等中心工作，实现了“两新”组织服务党员、服务员工、服务企业、服务社会的有机统一。童话幼儿园党支部通过开展“我是红孩子”“仙湖卫士—小手拉大手”、向陈家湾学前班爱心捐赠书本等活动，帮助孩子们扣好人生的第一颗纽扣。云南联塑党支部开展慰问孤寡、困难老人、困难学生活动；为赵官小学捐赠管道；开展“我为企业献计策”活动，全年共收到党员意见建议15条，有力地促进了企业健康发展。新天力党支部开展“行走青春·志爱江川”，捐款2万元；开展夏日送清凉等活动关心关爱职工。作家协会和诗词楹联协会党支部开展“爱心助学情暖寒门”，捐款3600元，资助3名贫困学生，助推教育

扶贫。雄关花卉种植联合党支部探索出的“支部+合作社+贫困户”助力脱贫攻坚模式，受到玉溪市委组织部的认同与肯定。

（金武恒）

区委党校

【概述】　2018年，江川区委党校、江川区行政学校、江川区社会主义学校以邓小平理论、“三个代表”重要思想、科学发展观和习近平新时代中国特色社会主义思想为指导，深入贯彻落实党的十九大精神，紧紧围绕区委中心工作，按照建设绿色发展示范区、对外开放门户区、“三湖”城市先行区、文明和谐幸福区的目标要求，不断发挥“阵地”和“熔炉”作用，完成全年干部教育、理论宣讲、党课教学、科研等工作任务，推进党校各项工作发展。

【江川区2018年干部教育联席会议】　4月13日，江川区干部教育委员会召开会议，对2017年全区干部教育培训工作进行总结，安排部署2018年干部教育培训工作。审议通过《玉溪市江川区2017年外出培训及外派干部优秀心得体会摘编（征求意见稿）》《玉溪市江川区新录用公务员及事业单位岗前培训办法（征求意见稿）》《玉溪市江川区2018年干部教育培训计划（征求意见稿）》。

【举办各类培训班】　一是5月14至16日举办入党积极分子和发展对象培训班，对区直属机关工委、工信局党委、教育局党委、工业园区党工委、信用社党委和金融系统128名入党积极分子和发展对象进行培训。区委党校教师业居敏、黄丽艳、龚正英分别以“党史讲座”“党章辅导”“如何做一名合格的共产党员”为题为培训班学员进行授课。

二是举办全区妇女干部培训班，助力“半边天”作用发挥。3月22日，区委党校与妇联配合，举办2018年妇女干部培训班，培训全区各行各业妇女干部100人次。

三是开展“万名党员进党校”培训，分别为区工信局党委、区直属机关工委、区信用联社党委等举办“万名党员进党校”培训班8期900人次，其中区委党校领导和教师共计参与授课47场5400人次。区委党校教师还受邀参与雄关乡党委、前卫镇党委、江城镇党委和区教育局党委“万名党员进党校”授课5场560人次。

四是4月18日和6月1日举办驻村扶贫工作队队员培训班2期，对江川区170名驻村扶贫工作队员和相关工作人员进行培训。

五是举办全区党外干部、党外知识分子和新的社会阶层人士代表培训班。6月21日，区委党校与区委统战部联合，采取集中培训方式对全区51名科级党外干部、20名党外知识分子代表、21名新的阶层人士代表围绕“党的十九大精神”“习近平新时代中国特色社会主义思想”“在习近平新时代中国特色社会主义思想引领下展现统战工作新作为”三项内容进行培训。

六是6月22日区委党校联合区委统战部，采取集中培训方式，围绕“民族团结进步示范区建设的任务和思考”“宗教工作的理论和实践”两个主题，对江川区区级部门分管或联系民族宗教工作领导、各乡镇分管民族宗教工作领导和统战委员、各村（社区）民族宗教信息员和江川区佛教协会、基督教协会副秘书长以上人员，宗教活动场所组长、副组长共计110人进行培训。

七是举办江川区第二期青年干部培训班，对全区44名优秀青年干部进行为期一个月培训。

八是10月10日和10月18日区委党校联合区直属机关工委和区委组织部，采取集中培训和现场教学等方式，分别对直属机关工委下属党组织支部书记、副书记、组织委员共90名党务干部和各乡镇（街道）党（工）委组织委员、组织专干，区直党（工）委党务专干，小个专、社会组织党务专干，“两新”组织专干等45名党务干部进行培训。

九是举办江川区新任公务员、专业技术人员岗前培训班，对新进工作人员共计166人思想政治素质和业务工作能力进行培训。

【理论宣讲】　一是开展《习近平谈治国理政》（第二卷）宣讲宣讲13场，参与听众652人次。二是举办党的十九大精神宣讲12场737人次。三是举办习近平新时代中国特色社会主义思想宣讲28场2706人次。四是开展《习近平新时代中国特色社会主义思想三十讲》宣讲26场2536人次。

【开办道德讲堂】　2018年，区委党校共组织教师进机关、进企业、下农村参与道德讲堂宣讲24场次，参与听众1950人次。

【开展理论研究】　2018年区委党校推选的《伟大新成就，奋进新时代》课件入围2018年玉溪市党校系统教学精品课；省委党校立项课题1个，结项课题1个；结项区委宣传部派发课题2个。其中，《加强党校建设与管理的经验及办法调研》被市委宣传部《玉溪市宣传文化战线2018大调研成果汇编》采用；区委党校教职员工还主动参与各类调研并提交调研报告6篇。其中，《居家养老是老有所养、老有所乐的必由之路——以江川区居家养老服务中心为视角》获"玉溪市庆祝改革开放40年理论研讨会"入围奖；调研信息《机械落实也是形式主义》被区委书记徐贤批示督办。

【对外服务】 2018年，区委党校创新、完善各种服务体制，挖掘服务潜能，共接待各种会议、培训、考试、讲座58期，6269人次。

（李俊鹏）

玉溪市江川区人大常委会

【江川区第二届人大常委会主任、副主任、委员名录】

（2018.01—2018.12）

主　任　龚桂存

副主任　李绍华　普朝鹏　何　眉　李保平

委　员　王适润　刘秀丽　坝有贵　李　岩　李亚捷　杨梅芳　杨聪明　何旭波　张金芬　张彦生　张新荣　罗玉华　侯小青　龚瑞中　雷永彪　雷吉林　解若云　付　纲（2018.01当选）　李志高（2018.01当选）　杨花润（2018.01当选）　周留明（2018.01当选）

【玉溪市江川区第二届人民代表大会财政经济委员会】

主任委员　雷吉林

副主任委员　刘清华

委　员（按姓名笔画为序）

王适润　郭　伟　解若云

【江川区人大常委会各委、室负责人名录】

（2018.01—2018.12）

办公室

主　任　雷永彪

副主任　殷忠伟

法制和民族外事华侨工作委员会

主　任　侯小青

教科文卫工作委员会

主　任　罗玉华

副主任　郑　霄

选举联络工作委员会

主　任　杨花润

副主任　王忠明（2018.11离任）　马宇飞

农业工作委员会

主　任　坝有贵

副主任　张继梅（2018.11到任）

城建环保资源工作委员会

主　任　解若云

副主任　龚艳美

【概述】 2018年，在中共玉溪市江川区委的坚强领导下，区人大常委会以习近平新时代中国特色社会主义思想为指导，深入学习贯彻党的十九大精神，始终坚持党的领导、人民当家作主和依法治国有机统一，以服务全区发展大局为己任，以推进法治江川建设为根本，以促进民生改善为重点，遵循全区经济社会发展"5366"总体思路，认真落实区委决策部署和区二届人大二次会议要求，切实履行宪法法律赋予的职责，为促进江川实现高质量跨越式发展作积极贡献。一年来，共召开常委会会议10次，听取和审议"一府一委两院"专项工作报告18项，开展执法检查3次，组织代表视察5次，组织重点调研6次，召开工作座谈会5次，形成审议意见10项。

【区第二届人民代表大会第二次会议】 江川区第二届人民代表大会第二次会议于2018年1月19日至22日在江川影剧院召开。169名代表出席会议，区属各部委办局负责人，区人民法院、区人民检察院相关领导，乡镇、街道有关领导，市直单位负责人，部分退休老领导等171人列席大会。

大会听取和审议了区人民政府区长王志华所作的《政府工作报告》；审查批准玉溪市江川区2017年国民经济和社会发展计划执行情况及2018年国民经济和社会发展计划；审查批准玉溪市江川区2017年地方财政预算执行情况和2018年地方财政预算；听取和审议区人大常委会主任龚桂存所作的《玉溪市江川区人大常委会工作报告》；听取和审议区人民法院院长王建文所作的《玉溪市江川区人民法院工作报告》；听取和审议区人民检察院检察长资云坤所作的《玉溪市江川区人民检察院工作报告》，并作出六个报告的决议。

大会选举矣向林为玉溪市江

川区监察委员会主任；选举付纲、李志高、杨花润、周留明为区二届人大常委会委员。

【区第二届人大常委会各次会议】 2018年1月22日，举行第十次会议，会议审议决定，任命杨智然、韩丽华、普丽娟三名同志为玉溪市江川区监察委员会副主任，任命赵鹏、陈小艳、高超、李伟明、孙佳蓉五名同志为玉溪市江川区监察委员会委员；免去郭华的玉溪市江川区监察局局长职务。

2018年2月14日，举行第十一次会议，会议审议决定，任命溥恩武为玉溪市江川区人民政府副区长、玉溪市公安局江川分局局长；免去牛旺林的玉溪市江川区人民政府副区长、玉溪市公安局江川分局局长职务。

2018年3月20日，区二届人大常委会举行第十二次会议，会议审议玉溪市江川区人大常委会2018年工作要点，听取区人民政府关于江川区2018年重大项目安排情况的报告。

2018年5月25日，举行第十三次会议，会议审议决定，听取和审议区人民政府关于江川区小坝塘除险加固工作情况的报告，做出关于对江川区小坝塘除险加固工作情况的审议意见；听取和审议区人民政府关于江川区高中和职业教育工作情况的报告，做出关于江川区高中和职业教育发展情况的审议意见；听取和审查《玉溪市江川区人民政府关于提请终止执行玉溪市江川区人大常委会关于〈玉溪市江川区人民政府关于将明珠路街区整治工程拆迁安置政府购买服务资金列入财政预算的议案的决议〉的议案》；听取区人民政府副区长陈慧敏代表区人民政府所作的关于《玉溪市江川区人民政府关于提请终止执行〈玉溪市江川区人大常委会关于玉溪市江川区人民政府关于将明珠路街区整治工程拆迁安置政府购买服务资金列入财政预算的议案的决议〉的议案》的说明和区人大财政经济委员会主任委员雷吉林所作的审查结果报告，对区人民政府提出的《玉溪市江川区人民政府提请终止执行〈玉溪市江川区人大常委会关于玉溪市江川区人民政府关于将明珠路街区整治工程拆迁安置政府购买服务资金列入财政预算的议案的决议〉的议案》（玉江政请〔2018〕21号）进行了审议。以举手表决方式，同意区人民政府终止执行《玉溪市江川区人大常委会关于〈玉溪市江川区人民政府关于将明珠路街区整治工程拆迁安置政府购买服务资金列入财政预算的议案〉的决议》（玉江人发〔2017〕17号）。会议审议决定，确认许可对玉溪市江川区第二届人民代表大会代表宁党国采取强制措施。会议审议决定，任命叶芷伶为玉溪市江川区人民检察院检察员；免去赵俊雯、陆雪莲、周绍贵三名同志的玉溪市江川区人民检察院检察员职务。

2018年7月26日，举行第十四次会议，会议听取和审议区人民政府关于江川区人民调解工作情况的报告，做出关于对江川区人民解调工作情况的审议意见。会议听取区财政局局长杨兴华受区人民政府委托所作的《关于玉溪市江川区2017年财政决算情况的报告》、区审计局局长张宁受区人民政府委托所作的《2017年度区本级财政预算执行和其他财政收支的审计工作报告》及区人大财政经济委员会主任委员雷吉林所作的《关于对江川区2017年财政决算审查结果的报告》。会议结合审计工作报告，对《关于玉溪市江川区2017年财政决算情况的报告》进行了审议，以举手表决的方式，同意区人大财政经济委员会主任委员雷吉林所作审查结果的报告，决定批准江川区2017年财政决算。会议听取和审议区财政局局长杨兴华受区人民政府委托所作的《关于玉溪市江川区2017年度国有资产管理工作情况的报告》，听取区人大常委会财政经济委员会主任委员雷吉林所作的《玉溪市江川区人民代表大会常务委员会关于对玉溪市江川区2017年度国有资产管理情况的调研报告》，做出关于对玉溪市江川区2017年度国有资产管理工作情况的审议意见。会议听取和审议区发展和改革局局长胡正鸿受区人民政府委托所作的《关于玉溪市江川区2018年上半年国民经济和社会发展计划执行情况的报告》，听取区人大财政经济委员会主任委员雷吉林所作的《玉溪市江川区人民代表大会常务委员会关于对玉溪市江川区2018年上半年国民经济和社会发展计划执行情况的调研报告》，做出关于对玉溪市江川区2018年上半年国民经济和社会发展计划执行情况的审议意见。会议听取和审议区财政局局长杨兴华受区人民政府委托所作的《关于玉溪市江川区2018年上半年财政预算执行情况的报告》，听取区人大常委会财政经济委员会主任委员雷吉林所作的《关于对玉溪市江川区2018年上半年财政预算执行情况的调研报告》，做出关于对玉溪市江川区2018年上半年财政预算执行情况的审议意见。

2018年9月27日，举行第十五次会议，会议听取和审议区农业局局长莽嘉慧受区人民政府委托所作的《江川区星云湖沿湖农业产业结构调整工作情况的报告》，听取区人大常委会农业工作委员会主任坝有贵所作的《关于江川区星云湖沿湖农业产业结构调整工作情况的调查报告》，做出关于星云湖沿湖农业产业结构调整工作情况的审议意见；听取和审议区人民法院院长王建文所作的《玉溪市江川区人民法院执行工作情况报告》，听取区人大常委会法制和民族外事华侨工作委员会主任侯小青所作的《关于玉溪市江川区人民法院执行工作情况的调研报告》，做出关于玉溪市江川区人民法院执行工作情况的审议意见。会议听取和审议区财政局局长杨兴华受区人民政府委托所作的《玉溪市江川区人民政府关于提请审议2018年新增地方政府债务限额和财政专项预算调整方案（草案）的议案》，并对2018年新增地方政府债务限额和财政专项预算调整方案（草案）进行审查，会议决定，批准玉溪市江川区人民政府2018年新增地方政府债务限额和财政专项预算调整方案。会议听取区人民政府关于江川区政府性债务系统内债券资金到期支付情况的报告。会议审议通过《玉溪市江川区人民代表大会常务委员会关于对区人民代表大会选举和区人大常委会决定任命的国家机关工作人员述职评议办法（试行）》和《玉溪市江川区人民代表大会常务委员会关于对政府及其工作部门、监察委员会、法院、检察院工作评议办法（试行）》。会议审议决定，任命李卫东为玉溪市江川区人民政府副区长。

2018年10月30日，举行第十六次会议，会议对区人民政府副区长杨军苹同志、区交通运输局局长胡禄金同志、区住房和城乡建设局局长李竹贵同志、区卫生和计划生育局局长杨春文同志及发展和改革局局长胡正鸿等五名同志进行述职评议。会议听取区监察委员会2018年工作情况的报告。

2018年11月29日，举行第十七次会议，会议听取区人民政府关于办理人大代表建议情况的报告。会议听取和审议区人民政府副区长杨军苹代表区人民政府所作的《玉溪市江川区人民政府关于2018年重大项目推进情况的报告》，听取区人大财政经济委员会主任委员雷吉林所作的《关于省市区人大代表对玉溪市江川区2018年重大项目推进情况的视察报告》，做出了关于玉溪市江川区2018年重大项目推进情况的审议意见。会议听取和审议区财政局局长杨兴华受区人民政府委托所作的《玉溪市江川区人民政府关于2018年财政预算调整方案（草案）的报告》，听取区人大财政经济委员会主任委员雷吉林所作的《玉溪市江川区人大财政经济委员会关于对〈玉溪市江川区人民政府关于2018年财政预算调整方案（草案）〉的审查结果报告》。会议对《玉溪市江川区人民政府关于2018年财政预算调整方案（草案）》进行认真审议，同意区人大财政经济委员会的审查意见，决定批准区人民政府提交的《玉溪市江川区人民政府关于2018年财政预算调整方案（草案）的报告》。会议听取和审议区发展和改革局副局长王青青受区人民政府委托所作的《关于玉溪市江川区国民经济和社会发展“十三五”规划纲要实施情况中期评估的报告》，听取区人大财政经济委员会主任委员雷吉林所作的《玉溪市江川区人大财政经济委员会关于区人民政府提交的〈玉溪市江川区国民经济和社会发展“十三五”规划纲要实施情况中期评估的报告〉的审查结果报告》。会议决定批准《关于玉溪市江川区国民经济和社会发展“十三五”规划纲要实施情况中期评估的报告》。会议听取和审议区人民政府关于江川区2018年环境状况和环境保护目标完成情况的报告，做出关于玉溪市江川区人民政府2018年度环境状况和环境保护目标完成情况的审议意见。会议审议决定，任命何俊为玉溪市江川区退役军人事务局局长；决定免去陈慧敏的玉溪市江川区人民政府副区长职务；任命王睿为玉溪市江川区人民法院审判委员会委员；免去毕金彪的玉溪市江川区人民法院审判委员会委员、审判员职务；免去龚彦龙的玉溪市江川区人民法院审判委员会委员、民事审判一庭庭长、审判员职务；免去卢思荣的玉溪市江川区人民法院审判员职务；免去张钦奕的玉溪市江川区人民法院审判员职务；免去高鹏的玉溪市江川区人民法院审

判员职务；任命张继梅为玉溪市江川区人大常委会农业工作委员会副主任；免去王忠明的玉溪市江川区人大常委会选举联络工作委员会副主任职务。

2018年12月6日，举行第十八次会议，会议补选景绹为玉溪市第五届人民代表大会代表。

2018年12月19日，举行第十九次会议，会议听取区财政局局长杨兴华受区人民政府委托所作的《玉溪市江川区人民政府关于2018年财政预算调整方案（草案）的报告》和区人大财政经济委员会主任委员雷吉林所作的《玉溪市江川区人大财政经济委员会关于对玉溪市江川区2018年财政预算调整方案（草案）〉的审查报告》。会议对《玉溪市江川区人民政府关于2018年财政预算调整方案（草案）》进行认真审议，同意区人大财政经济委员会的审查意见，决定批准《玉溪市江川区人民政府关于2018年财政预算调整方案（草案）》。

【人大代表建议办理】 在人民代表大会期间和闭会期间，全年共收到区人大代表建议97件，经过各承办单位的共同努力，97件人大代表建议已经按规定办理答复完毕，办复率为100%。其中：A类建议28件，占28.87%；B类建议66件，占68.04%；C类建议3件，占3.09%。代表对办理结果表示满意的88件，占90.72%；基本满意的9件，占9.28%。协调区政府安排建议办理专项经费6万元，争取市人大代表建议办理经费31万元，推动黄营蔬菜交易市场、大街垃圾中转站、上营西街整治等代表提出的急难小问题得到有效解决。

【人事任免】 区人大常委会把党管干部原则与人大依法任免有机结合起来，坚持新时期好干部标准，通过不断规范任前介绍、会中审议、会议表决、宪法宣誓等程序，严格行使人事任免权。一年来，共依法任免国家机关工作人员27人次（其中：任命14人次，免职13人次），许可对1名区人大代表采取强制措施，补选市五届人大代表1名；开展新任命人员向宪法宣誓4次14人。

【经济运行情况监督】 主动适应经济发展新常态，加强经济运行监督。一是强化财政预决算监督。按照新预算法规定，健全完善全口径预算监督方法，提前介入预算编制，组织财政预算审查咨询专家对预算执行情况进行跟踪，督促财政部门完善和改进预算编制内容，加大预算公开力度；及时听取和审议2018年上半年财政预算执行、2017年度区级财政决算、2017年度区本级地方财政预算执行和其他财政收支审计、2018年度财政预算调整方案报告，实现对区财政预算全覆盖、全过程监督。二是加强国民经济和社会发展运行质效监督。在调研的基础上，听取和审议2018年上半年国民经济和社会发展计划执行情况报告，全力推动经济社会发展目标任务的实现。对区政府实施“十三五”规划情况进行认真审查，听取和审议区政府关于江川区“十三五”规划（纲要）实施情况中期评估报告，确保规划部分指标调整符合客观实际和未来发展预期。三是关注全区重大项目推进情况。在年初听取区政府重大项目安排情况的基础上，组织部分省市区人大代表对我区2018年重点推进的滇中智慧农业产业园、江通和澄川高速、金美包装、升华电梯、星云湖南岸湿地公园、龙泉工业园区标准化厂房、江城纸制品产业园等项目进行视察，听取和审议区政府重大项目完成情况的报告，针对项目用地落实难、部门联动协调不畅、项目推进资金困难、部分项目推进效果不明显等问题，督促区政府强化项目管理、提升服务意识、促进部门协调配合、加大招商引资力度，确保全区重大项目顺利推进、尽快见效。四是加大国有资产管理监督，组成专题调研组先后4次深入7家国有企业、4家行业主管部门和部分乡镇对全区国有资产管理情况进行调研，率先在全市建立政府向人大常委会报告国有资产管理情况制度，首次听取和审议区政府国有资产管理情况报告，针对我区国有资产管理存在的管理体制不完善、机构不健全、管理措施落实不到位，运营和自我发展能力较弱等问题，建议区政府健全完善国有资产管理体制机制、加强国有资产管理制度建设、提升国有资本运营能力和建立国有资本经营预算制度，有效推进国有资产管理工作改革，实现国有资产安全和保值增值。

【监督民生改善工作】 区人大常委会把督促解决人民群众最关心、最直接、最现实的利益问题放在重要位置，依法行使监督职权，着力保障和改善民生。一是关注食品安全问题。组成调查组对《云南省食品生产加工小作坊和食品摊贩管理办法》在我区贯彻执行情况进行调查，督促区政府加大监管力度，筑牢食品安全防线，确保人民群众“舌尖上的安全”。二是重视教育发展。听取和审议区政府关于江川区高中和职业教育工作情况报告，针对高中教育教学质量下滑、教师队伍敬业精神不足、师德师风亟待加强、教学科研工作薄弱等问题，建议区政府要紧紧抓住江川高中教育这个“龙头”，创新学校管理方式、加强师德师风建设，激发内生动力、提升办学质量，努力办人民满意的教育。三是关注“创卫迎检复审”。专题调研全区迎接国家卫生城市复审工作情况，建议区政府加大市容环境整治、食品卫生保障、医疗服务提升等方面工作力度，全力推进“创卫”工作，提升居民的获得感和幸福感。

【促进农业农村发展】 区人大常委会把农业农村工作的监督放在首位，致力于促进农业、农村发展和农民增收。一是专题调研全区脱贫攻坚工作，围绕“两不愁三保障”目标要求，针对脱贫攻坚产业发展、危房改造、医疗保障、教育保障、劳动力培训转移等问题，分别对安化乡和十一个政府部门进行专题询问，要求区政府按照脱贫攻坚工作任务要求，对标对表，完善落实“一户一策”精准脱贫措施，全力打好脱贫攻坚战。二是专项检查全区烤烟生产，烟叶收购，推动烟草产业持续稳定健康发展。三是专题调研全区水库坝塘蓄水、防汛抗旱、汛期水利工程运行管理情况，听取和审议区政府关于江川区小坝塘除险加固工作情况的报告，针对项目资金缺口大、分批次实施政策变化、项目实施进度缓慢等问题，建议区政府要竭力争取省市资金支持，加快已实施工程的收尾进度，更好发挥小坝塘的生态效益和经济效益。

【开展生态文明建设监督】 区人大常委会坚持生态优先、绿色发展生态文明建设理念，全方位开展环境保护监督工作。一是组成工作调查组，实地查看沿湖农业产业结构基本情况，听取和审议区政府关于星云湖沿湖农业产业结构调整工作情况的报告，针对产业结构调整政策不配套、资金缺口大、土地流转困难等问题，建议区政府及相关部门精心制定沿湖耕地休耕轮作实施方案，加大山、水、林、田、湖、草自然修复，注重打造绿色品牌，努力践行绿水青山就是金山银山的生态发展理念。二是听取和审议区政府关于2018年度全区环境状况和环境保护目标完成情况报告，推动政府依法履行环境保护责任，确保江川天蓝、地绿、水清、景美。三是重视星云湖保护治理工作，专题调研《云南省星云湖保护条例》执行情况，针对星云湖管理体制机制长期不顺，部分条款内容滞后的问题，建议区政府要对标新时代生态文明建设的新要求，建立完善管湖治湖新机制，积极争取省市支持，尽快启动《条例》修订工作，为星云湖保护治理利用提供良好法律遵循。四是开展河（湖）长制督察工作，制定江川区2018年湖泊（水库）督察实施方案，对全区12条主要入湖河道和15个小（一）型以上水库管理情况进行全面巡查，对石河水库进行了重点督察，针对存在的问题，督促各级河长及职能部门进行认真整改。配合做好省委省政府督查星云湖河（湖）长制工作，积极推进依法管湖、依法治湖。

【开展法律监督】 区人大常委会认真贯彻区委加快法治江川建设工作部署，持续推进依法治区进程。一是创新规范性文件备案审查工作机制，聘请3名法律专家和专业人士参与备案审查工作，补齐规范性文件备案审查工作短板。按照有件必备、有备必审、有错必纠的原则，依法对《玉溪市江川区宅基地管理办法（试行）》《玉溪市江川区畜禽养殖禁养限养区划定意见》进行规范性文件备案审查。二是认真开展执法检查，组成执法检查组深入部分乡镇、村（社区），采取实地抽查、查阅资料、听取汇报等方式，对《人民调解法》在我区的贯彻执行情况进行执法检查，听取和审议区政府关于江川区人民调解工作情况的报告，建议区政府要进一步完善调解工作奖励机制，发挥区乡（镇）村三级调解网络功能，筑牢人民调解的第一道防线，维护社会和谐稳定。三是根据《监察法》规定，首次听取了区监察委员会2018年专项工作报告，推进监察体制改革向纵深发展。四是加强对法院和检察院工作的监督。专题调研区人民法院近三年来执行工作情况，听取和审议区人民法院关于法院执行工作情况的报告，针对目前执行中存在案多人少、失信惩治

体系不健全、部门联动机制不完善等问题，建议区人民法院要加强队伍建设、提高执行水平、强化失信联合惩戒，压缩“老赖”生存空间，进一步提高案件结案率、执结率、执行标的到位率。组织常委会组成人员和部分基层人大代表视察区法院审判工作和区检察院检察监督工作，旁听了一起交通肇事刑事附带民事案件的庭审过程，要求“两院”要以“让人民群众在每一个司法案件中都感受到公平正义”为目标，助力扫黑除恶，为构建和谐、平安江川创造良好的法治环境。

【依法决定重大事项】 依法行使重大事项决定权，推动科学民主决策。一年来，在广泛听取意见、专项审查、充分审议的基础上，作出了关于批准玉溪市江川区2017年地方财政决算、2018年新增地方政府债务限额和财政专项预算调整方案、2018年地方财政预算调整方案、“十二五”规划纲要实施情况中期评估报告和终止执行明珠路街区整治工程拆迁安置政府购买服务资金列入财政预算的议案5项决议决定，及时推动区委决策部署的贯彻落实。

（陈　玉）

玉溪市江川区人民政府

【区政府区长、副区长名录】

区　长　王志华
副区长　李卫东（2018.09任）
　　　　牛旺林（2018.02离任）
　　　　杨军苹
　　　　王柄璋
　　　　溥恩武（2018.02任）
　　　　李忠海
　　　　陈慧敏（2018.11离任）

【区人民政府各局、办，各事业单位正副职名录】

政府办公室
主　任　钟　镖
副主任　赵　华（2018.01离任）
　　　　晏　春
　　　　刘　娴
　　　　鲁　熊

政府督查室
主　任　刘海洪

法制办
主　任　龚彦龙
副主任　杨智强

人防办
主　任　李竹贵

信访局
局　长　赵　华（2018.01离任）
　　　　陶文红（2018.01任）
副局长　毕美琼
　　　　宋　瑞
　　　　李艳春（2018.03离任）
　　　　陆　翔（2018.03离任）
烟　办　李江华

发展和改革局
局　长　胡正鸿
副局长　王青青
　　　　王文忠
　　　　王志伟（2018.01离任）
　　　　杨家乙
　　　　洪家彬
　　　　龚　萍

工业商贸和科技信息局
局　长　李华同
副局长　付　瑞
　　　　李　能
　　　　符可奇
　　　　谢保清

人力资源和社会保障局
局　长　唐光华
副局长　黄赛成
　　　　张　媛
　　　　龚美伶

财政局
局　长　杨兴华
副局长　伏荣宽
　　　　李光耀
　　　　张　波
　　　　施令凯（2018.09离任）

监察局
局　长　郭　华（2018.01离任）
副局长　陶文红（2018.01离任）
　　　　韩丽华（2018.01离任）

审计局
局　长　张　宁
副局长　吴绍金
　　　　杨家祥

统计局
局　长　胡宇翔
副局长　陶有贵
　　　　杨霜梅

住房和城乡建设局
局　长　李竹贵
副局长　杨仕鸿
　　　　刘　勇
　　　　岳文宝
　　　　胡军伟
　　　　周　新（2018.05离任）

交通运输局
局　长　胡禄金
副局长　李汝林
　　　　李亚定

环境保护局
局　长　李佳强
副局长　张春丽
　　　　叶彦强

市国土资源局江川分局
局　长　李江润
副局长　杨国华
　　　　张原其（2018.02离任）

金德富

土地储备中心

主　任

副主任　陶兴见

政务服务管理局

局　长　胡　莎

副局长　安明喜

汤江平

防震减灾局

局　长

副局长　郑忠党

文化广电和体育局

局　长　何　俊

副局长　王熙虹

沐　旭

万立俊

金　剑

旅游发展局

局　长　刘世培

副局长　孟　斌

邓东芬

市场监督管理局

局　长　李江华

副局长　蔡小明

张绍林

李艳华

李彦华

农业局

局　长　莽嘉慧

副局长　李彦坤

刘来华

李学辉

林业局

局　长　赵雄伟

副局长　邓树芬

周元明

森林公安局

局　长　朱彦华

副局长　赵存贵

赵唯钢（2018.01离任）

水利局

局　长　吴正顶

副局长　金　辉

陈文东

抚仙湖管理局

局　长　杨　岗（2018.09上划）

副局长　雷红杰（2018.09上划）

星云湖管理局

局　长　郭　伟

副局长　花尚荣

杨绍波

安全生产监督管理局

局　长　李红庭

副局长　宋平华

邢子彪

教育局

局　长　杨志伟

副局长　张　伟

李晓东（2018.07离任）

陈春荣

卫生和计划生育局

局　长　杨春文

副局长　李绍江

戚　东

周双有

陈江伟

付　翔（2018.07离任）

孔凡莲（2018.08离任）

公安分局

局　长　牛旺林（2018.02离任）

溥恩武（2018.02任）

政　委　张文红

副政委　胡尚辰

副局长　黄　良

李正春

陈国华（2018.11离任）

张　平

司法局

局　长　王奇志

副局长　陈继文（2018.01离任）

李　佳

民政局

局　长　周　瑜

副局长　谭　波

龚有颖

翁　健

老龄委

副主任　翁　健

残疾人联合会

理 事 长　马树良

副理事长　洪家彬

供销社

主　任　张润斌

副主任　李必忠

工业园区管委会

主　任　韩　良

副主任　万　超

李万雄

招商合作局

局　长　马江艳

副局长　普云平

杨鑫磊（2018.01任）

城市管理局

局　长　周宏斌

副局长　陈　涛

宋华安

徐　强

区人民医院

院　长　李有宏

副院长　王金聪（2018.08离任）

洪美英

付林华

付　翔（2018.08任）

（龚永达）

【区政府发出的主要文件】

玉溪市江川区人民政府关于切实抓好2018年烤烟生产工作的通知

玉溪市江川区人民政府关于滇中引水工程初步设计阶段建设征地范围和实物调查成果确认的报告

玉溪市江川区人民政府关于确认滇中引水工程移民安置方案意见的报告

玉溪市江川区人民政府关于玉溪市江川区易地扶贫搬迁工作进展情况的报告

玉溪市江川区人民政府关于玉溪市江川区易地扶贫搬迁工作成效自评的报告

玉溪市江川区人民政府关于玉溪市江川区2017年粮食安全行政首长负责制落实情况自查的报告

玉溪市江川区人民政府关于2017年预脱贫户的审计意见

玉溪市江川区人民政府关于2017年前卫镇石河和白池古贫困行政村退出的审定意见

玉溪市江川区人民政府关于2017年雄关乡白石岩贫困行政村退出的审定意见

玉溪市江川区人民政府关于2017年九溪镇中营贫困行政村退出的审定意见

玉溪市江川区人民政府关于2017年九溪镇矣文贫困行政村退出的审定意见

玉溪市江川区人民政府关于2017年九溪镇马家庄贫困行政村退出的审定意见

玉溪市江川区人民政府关于2017年九溪镇鸡窝贫困行政村退出的审定意见

玉溪市江川区人民政府关于2017年江城镇桐关贫困行政村退出的审定意见

玉溪市江川区人民政府关于2017年江城镇祁家营贫困行政村退出的审定意见

玉溪市江川区人民政府关于2017年江城镇黄营贫困行政村退出的审定意见

玉溪市江川区人民政府关于2017年江城镇陈家湾贫困行政村退出的审定意见

玉溪市江川区人民政府关于2017年安化彝族乡贫困行政村退出的审定意见

玉溪市江川区人民政府关于2017年安化彝族乡光山贫困行政村退出的审定意见

玉溪市江川区人民政府关于促进乡镇财政增收的实施方案

玉溪市江川区人民政府统筹推进城乡义务教育一体化改革发展实施方案

玉溪市江川区人民政府关于玉溪市江川区债务化解规划情况的报告

玉溪市江川区人民政府关于2017年玉溪市江川区法治政府建设情况的报告

玉溪市江川区人民政府关于调整区人民政府领导工作分工的通知

玉溪市江川区人民政府关于印发玉溪市江川区贯彻落实省政府促进经济持续健康较快发展22条措施的实施方案的通知

玉溪市江川区人民政府关于做好第四次全国经济普查工作的通知

玉溪市江川区人民政府关于同意垃圾焚烧发电项目初步选址的意见

玉溪市江川区人民政府关于星云湖南岸湿地、湖滨带提质改造工程——大凹段采用应急工程模式实施的决定

玉溪市江川区人民政府关于承接取消调整部分行政职权和公布区乡两级行政许可事项目录的决定

玉溪市江川区人民政府关于清理规范区政府部门第一批行政审批中介服务事项的决定

玉溪市江川区人民政府关于印发玉溪市江川区创建省级文明区工作方案的通知

玉溪市江川区人民政府关于印发玉溪市江川区2018年加快县域经济发展实施方案的通知

玉溪市江川区人民政府关于江川区政府欠款及清偿情况统计的报告

玉溪市江川区人民政府关于2018年森林防火工作自查报告

玉溪市江川区人民政府关于开展玉溪市江川区第三次全国土地调查的通知

玉溪市江川区人民政府关于印发玉溪市江川区进一步做好当前和今后一段时期就业创业工作实施方案的通知

玉溪市江川区人民政府关于聘任法律顾问团队的通知

玉溪市江川区人民政府关于拨付龙泉园区两户烟花爆竹企业关闭退出原材料半成品成品漏项清理补偿费的报告

玉溪市江川区人民政府关于拨付龙泉园区两户烟花爆竹企业关闭退出原材料半成品成品销毁工作经费的报告

玉溪市江川区人民政府关于2018年环保督察“回头看”落后产能摸底排查情况的报告

玉溪市江川区人民政府关于淮源广场项目违反规划建设案件指定管辖的通知

玉溪市江川区人民政府关于印发江川区滇中引水工程建设征（租）地工作方案的通知

玉溪市江川区人民政府关于印发玉溪市江川区深化“放管服”改革优化营商环境实施方案的通知

玉溪市江川区人民政府关于印发玉溪市江川区激发重点群体活力推动城乡居民持续增收实施

方案的通知

玉溪市江川区人民政府关于2018年化解地方政府债务和隐性债务工作方案的报告

玉溪市江川区人民政府关于注销云南省江川县水泥厂云南省江川县水泥厂石灰岩矿南矿区采矿区和云南江川杨柳坝矿业有限公司云南江川杨柳坝矿业有限公司杨柳坝磷矿采矿权采矿许可证的审查意见

玉溪市江川区人民政府关于给予玉溪市江川区抗震救灾资金补助的请示

玉溪市江川区人民政府关于玉溪市江川区地震灾后重建规划项目梳理情况的报告

玉溪市江川区人民政府关于强化实施创新驱动发展战略进一步推进大众创业万众创新深入发展的实施意见

玉溪市江川区人民政府关于印发玉溪市江川区实现R&D经费投入占GDP2.5%实施方案（试行）的通知

玉溪市江川区人民政府关于完成禁养区畜禽养殖场关闭搬迁的工作报告

玉溪市江川区人民政府关于进一步做好财政增收节支工作的通知

玉溪市江川区人民政府第三轮履行教育职责督导评估自评报告

玉溪市江川区人民政府关于全面落实建筑业产值统计和依法征税工作的通知

玉溪市江川区人民政府关于贯彻落实市政府2018年经济发展“攻坚三季度、冲刺四季度”动员精神情况的报告

玉溪市江川区人民政府关于调整区人民政府领导工作分工的通知

玉溪市江川区接受省第三轮县级人民政府履行教育职责督导评估反馈问题整改方案

玉溪市江川区人民政府关于承接取消调整部分行政职权的通知

玉溪市江川区人民政府关于2018年工作总结及2019年工作计划的报告

玉溪市江川区人民政府关于报送玉溪市江川区人民政府检查书的报告

玉溪市江川区人民政府关于印发依稀是江川区加快推进旅游产业转型升级实施方案的通知

玉溪市江川区人民政府关于印发玉溪市江川区养殖水域滩涂规划的通知

玉溪市江川区人民政府关于玉溪市江川区2018年度粮食安全行政首长责任制落实情况自查的报告

玉溪市江川区非煤矿山安全生产专项整治行动工作总结

玉溪市江川区人民政府关于印发玉溪市江川区贯彻落实“十三五”平安中国建设规范实施方案的通知

玉溪市江川区人民政府关于深化普通高中改革促进优质均衡发展的实施方案

玉溪市江川区人民政府关于调整区人民政府有关领导工作分工的通知

玉溪市江川区人民政府关于印发玉溪市江川区建设国家创新型城市实施方案的通知

玉溪市江川区人民政府关于印发玉溪市江川区2018年节能降耗工作实施方案的通知

【区政府办发出的主要文件】

玉溪市江川区人民政府办公室关于印发《玉溪市江川区集中式饮用水水源地保护专项排查工作方案》的通知

玉溪市江川区人民政府办公室关于印发2018年森林防火工作要点的通知

玉溪市江川区人民政府办公室关于指定玉溪市2017年棚户区改造建设项目（一期）江川区大街街道棚户区改造建设项目二级资金承接帐户主体的通知

玉溪市江川区人民政府办公室关于指定玉溪市2017年棚户区改造建设项目（一期）江川区江城古镇片区改造建设项目二级资金承接帐户主体的通知

玉溪市江川区人民政府办公室关于印发玉溪市江川区第一届“万步有约”职业人群健走激励大奖赛实施方案的通知

玉溪市江川区人民政府办公室关于印发《玉溪市江川区治欠保支三年行动计划（2017-2019）》的通知

玉溪市江川区人民政府办公室关于认真贯彻执行《云南省行政规范性文件制定和备案办法》《云南省行政规划性文件制定技术规范》的通知

玉溪市江川区人民政府办公室关于印发玉溪市江川区2018年第一批次城镇建设用地项目被征地农民养老保险工作实施方案的通知

玉溪市江川区人民政府办公室关于印发玉溪市江川区2017年度土地矿产卫片执法监督检查工作方案的通知

玉溪市江川区人民政府办公室关于印发玉溪市江川区农作物秸秆综合利用和禁烧工作方案的

通知

玉溪市江川区人民政府办公室关于印发玉溪市江川区“十三五”期间提高人均预期寿命工作方案的通知

玉溪市江川区人民政府办公室关于印发玉溪市江川区2018年第二批次城镇建设用地项目被征地农民养老保险工作实施方案的通知

玉溪市江川区人民政府办公室关于印发玉溪市江川区2018年第三批次城镇建设用地项目被征地农民养老保险工作实施方案的通知

玉溪市江川区人民政府办公室关于印发玉溪市江川区2018年第四批次城镇建设用地项目被征地农民养老保险工作实施方案的通知

玉溪市江川区人民政府办公室关于印发玉溪市江川区中心城区2018年建筑施工扬尘治理工作方案的通知

玉溪市江川区人民政府办公室关于印发玉溪市江川区创建国家海绵城市建设工作方案的通知

玉溪市江川区人民政府办公室关于印发玉溪市江川区加快推进农村人居环境提升工作实施方案的通知

玉溪市江川区人民政府办公室关于印发玉溪市江川区2018年第六批次城镇建设用地项目被征地农民养老保险工作实施方案的通知

玉溪市江川区人民政府办公室关于印发玉溪市江川区2018年6000吨/年塑料彩印包装生产线项目被 征地农民养老保险工作实施方案的通知

玉溪市江川区人民政府办公室关于印发《玉溪市江川区数字化城市管理信息平台建设实施方案》的通知

玉溪市江川区人民政府办公室关于印发玉溪市江川区贯彻落实全市县级以上集中式饮用水源地专项督查反馈问题整改方案的通知

玉溪市江川区人民政府办公室关于印发玉溪市江川区2018年度地质灾害防治方案的通知

玉溪市江川区人民政府办公室关于印发江川区食品药品安全举报奖励办法（试行）的通知

玉溪市江川区人民政府办公室关于印发玉溪市江川区2018年烤烟生产收购责任状考核奖励办法的通知

玉溪市江川区人民政府办公室关于印发玉溪市江川区征收土地地上建（构）筑物、附着物补偿标准（试行）的通知

玉溪市江川区人民政府办公室关于印发玉溪市江川区确保2018年上半年经济发展“双过半”工作方案的通知

玉溪市江川区人民政府办公室关于印发玉溪市江川区学习贯彻《玉溪市森林防火条例》实施方案的通知

玉溪市江川区人民政府办公室关于印发玉溪市江川区重点工程征地拆迁工作考核实施细则的通知

玉溪市江川区人民政府办公室关于明确玉溪市2016年棚户区改造建设项目（一期）江川区江城古镇片区项目资金承接主体的通知

玉溪市江川区人民政府办公室关于明确玉溪市2016年棚户区改造建设项目（一期）江川区大街街道片区项目资金承接主体的通知

玉溪市江川区人民政府办公室关于印发玉溪市创建国家环境保护模范城市江川区2018年度工作方案的通知

玉溪市江川区人民政府办公室关于印发玉溪市江川区高危妊娠管理方案的通知

玉溪市江川区人民政府办公室关于印发玉溪市江川区中小学幼儿园C级不安全校舍加固改造建设实施方案的通知

玉溪市江川区人民政府办公室关于印发玉溪市江川区社区戒毒社区康复工作规范的通知

玉溪市江川区人民政府办公室关于印发玉溪市江川区加快推进新型智慧城市建设实施方案的通知

玉溪市江川区人民政府办公室关于印发玉溪市江川区中心城区户外广告规范整治实施方案的通知

玉溪市江川区人民政府办公室关于印发玉溪市江川区贯彻落实玉溪市政府办公室2018年政务公开工作要点分工方案的通知

玉溪市江川区人民政府办公室关于印发玉溪市江川区大型商业综合体消防安全专项整治工作方案的通知

玉溪市江川区人民政府办公室关于印发玉溪市江川区2018年突发事件应对工作考核办法的通知

玉溪市江川区人民政府办公室关于印发《玉溪市江川区贯彻落实省湿地保护和修复专项督查组反馈问题整改方案》的通知

玉溪市江川区人民政府办公室关于成立玉溪市江川区8·13地震灾后恢复重建工作指挥部的通知

玉溪市江川区人民政府办公室关于印发玉溪市江川区创建中国人居环境奖暨联合国人居环境奖实施方案的通知

玉溪市江川区人民政府办公室关于加强节水型社会建设的实施意见

玉溪市江川区人民政府办公室关于印发玉溪市江川区治理淘汰黄标车工作方案的通知

玉溪市江川区人民政府办公室关于印发玉溪市江川区进一步加强控辍保学提高义务教育巩固水平实施方案的通知

玉溪市江川区人民政府办公室关于印发玉溪市江川区促进科技成果转移转化实施方案的通知

玉溪市江川区人民政府办公室关于印发玉溪市江川区2018年澄江至江川高速公路项目被征地农民养老保险工作实施方案的通知

玉溪市江川区人民政府办公室关于印发玉溪市江川区设施农业项目用地清理整治专项行动工作方案的通知

玉溪市江川区人民政府办公室关于印发玉溪市江川区2018年非警务类报警求助应急联动处置工作考评实施细则的通知

玉溪市江川区人民政府办公室关于印发玉溪市江川区突发重大动物疫情应急预案的通知

玉溪市江川区人民政府办公室关于印发玉溪市江川区通海“8·13”“8·14”地震灾后民房及村庄重建实施方案的通知

玉溪市江川区人民政府办公室关于公布江川区历史建筑的通知

玉溪市江川区人民政府办公室关于印发玉溪市江川区星云湖管理局主要职责内设机构和人员编制规定的通知

玉溪市江川区人民政府办公室关于印发加快推荐农业供给侧结构性改革大力发展粮食产业经济实施意见的通知

玉溪市江川区人民政府办公室关于促进全域旅游发展的实施方案

玉溪市江川区人民政府办公室关于关于调整玉溪市江川区环境污染防治工作领导小组的通知

玉溪市江川区人民政府办公室关于进一步规范和完善行政决策事项法制审查工作的通知

玉溪市江川区人民政府办公室关于印发玉溪市江川区开展信息进村入户整区推进示范工程实施方案的通知

玉溪市江川区人民政府办公室关于印发玉溪市江川区城市生活垃圾处理费与自来水水费、污水处理费合并收取实施方案的通知

玉溪市江川区人民政府办公室关于印发玉溪市江川区开展打击侵害群众利益违法违规行为整治房地产市场乱象专项行动方案的通知

玉溪市江川区人民政府办公室关于印发玉溪市江川区开展政策性粮食库存数量和质量大清查实施方案的通知

玉溪市江川区人民政府办公室关于印发玉溪市江川区社会保险费和非税收入征管职责划转交接工作方案的通知

玉溪市江川区人民政府办公室关于成立玉溪市江川区外国人服务管理工作协调小组的通知

玉溪市江川区人民政府办公室关于推进社会公益事业建设领域政府信息公开的实施意见

玉溪市江川区人民政府办公室关于推进公共资源配置领域政府信息公开的实施意见玉溪市江川区人民政府办公室关于印发健全生态保护补偿机制的实施意见

玉溪市江川区人民政府办公室关于印发玉溪市江川区清理拖欠民营企业中小企业账款实施方案的通知

玉溪市江川区人民政府办公室关于印发《玉溪市江川区高原特色现代农业产业发展三年行动计划（2018-2020年）》的通知

玉溪市江川区人民政府办公室关于印发《玉溪市江川区“一县一业”实施方案》的通知

【区政府办通知】

玉溪市江川区人民政府办公室关于预下达2018年烤烟生产收购计划的通知

玉溪市江川区人民政府办公室关于印发2018年度全区政府系统政务信息工作目标任务考核办法的通知

玉溪市江川区人民政府办公室关于进一步加强2018年省对下专项转移支付项目资金争取工作的通知

玉溪市江川区人民政府办公室关于印发2018年区政府工作报告等任务分解方案的通知

玉溪市江川区人民政府办公室关于调整下达2018年烤烟生产收购计划的通知

玉溪市江川区人民政府办公室关于做好严防“地条钢”死灰复燃工作的通知

玉溪市江川区人民政府办公室关于明确玉溪市江川区2018年财政预算收入目标的通知

玉溪市江川区人民政府办公室关于加强向上汇报沟通争取工作支持的通知

玉溪市江川区人民政府办公室关于印发玉溪市江川区区域声环境功能区划

玉溪市江川区人民政府办公室关于印发玉溪市江川区职业病防治“十三五”规划的通知

玉溪市江川区人民政府办公室关于印发玉溪市江川区第二次全国污染源普查实施方案的通知

玉溪市江川区人民政府办公室关于印发玉溪市江川区2018年政府集中采购目录及限额标准的通知

玉溪市江川区人民政府办公室关于批复2018年部门预算的通知

玉溪市江川区人民政府办公室关于印发玉溪市江川区人民政府开展转作风提效率促落实“工作落实年”活动实施方案的通知

玉溪市江川区人民政府办公室关于印发玉溪市江川区迎接国家卫生城市复审整改工作方案的通知

玉溪市江川区人民政府办公室关于做好政府信息与政务公开工作及2018年度目标任务考核的通知

玉溪市江川区人民政府办公室关于加强棚户区改造范围内国有资产处置管理的通知

玉溪市江川区人民政府办公室关于印发滇中引水工程第一批建设征（租）地工作方案的通知

玉溪市江川区人民政府办公室关于开展“绿盾2018”自然保护区监督检查专项行动的通知

玉溪市江川区人民政府办公室关于印发玉溪市江川区政府信息公开发布和内容审查制度的通知

玉溪市江川区人民政府办公室关于成立玉溪市江川区人民政府开展转作风提效率促落实“工作落实年”工作领导小组的通知

玉溪市江川区人民政府办公室关于印发玉溪市江川区2018年蓝天保卫行动方案的通知

玉溪市江川区人民政府办公室关于明确玉溪市江川区2018年争取上级资金目标的通知

玉溪市江川区人民政府办公室关于印发玉溪市江川区政府机构窗口服务督查问题整改方案的通知

玉溪市江川区人民政府办公室关于明确江川区第四次全国经济普查工作领导小组成员单位职责分工的通知

玉溪市江川区人民政府办公室关于印发玉溪市江川区开展自然资源资产负债表编制试点工作实施方案的通知

玉溪市江川区人民政府办公室关于印发玉溪市江川区深化“放管服”改革推进一站式惠民“互联网+政务服务”建设实施方案的通知

玉溪市江川区人民政府办公室关于印发2018年云南省政府综合督查江川区迎检工作方案的通知

玉溪市江川区人民政府办公室关于印发玉溪市江川区星云湖环保专项债券资金使用管理办法的通知

玉溪市江川区人民政府办公室关于印发玉溪市江川区2018年维护烟叶收购秩序工作方案的通知

玉溪市江川区人民政府办公室关于印发玉溪市江川区2018“云油利剑成品油专项治理行动方案的通知”

玉溪市江川区人民政府办公室关于印发玉溪市江川区盐业监管体制改革方案的通知

玉溪市江川区人民政府办公室关于印发玉溪市江川区区级政府部门直接受理事项清单的通知

玉溪市江川区人民政府办公室关于印发玉溪市江川区政府部门内部审批事项清单的通知

玉溪市江川区人民政府办公室关于印发《玉溪市江川区规范大牲畜及羊屠宰工作实施方案》的通知

玉溪市江川区人民政府办公室关于成立玉溪市江川区信息系统核查及“僵尸”信息系统清理工作领导小组的通知

玉溪市江川区人民政府办公室关于印发玉溪市江川区“僵尸”信息系统核查及清理工作方案的通知

玉溪市江川区人民政府办公室关于印发玉溪市江川区第三轮县级人民政府履行教育职责督导评估实施方案的通知

玉溪市江川区人民政府办公室关于印发畜禽养殖废弃物资源化利用实施方案的通知

玉溪市江川区人民政府办公室关于印发玉溪市江川区烟花爆竹零售网点布点规划的通知

玉溪市江川区人民政府办公室关于印发玉溪市江川区2019年春节期间烟花爆竹生产经营安全监管方案的通知

玉溪市江川区人民政府办公室关于2018年度森林防火目标管理责任状考核情况的通报

玉溪市江川区人民政府办公室关于做好退役军人和其他优抚对象信息采集工作的通知

玉溪市江川区人民政府办公室关于进一步精准推进健康扶贫工作的通知

玉溪市江川区人民政府办公室关于印发玉溪市江川区中药资

源普查实施方案的通知

玉溪市江川区人民政府办公室关于印发玉溪市江川区粮食应急预案的通知

玉溪市江川区人民政府办公室关于印发玉溪市江川区推进企事业单公务用车改革工作方案的通知

玉溪市江川区人民政府办公室关于2018年度平安林区和林区治安防控体系建设工作考核情况的通报

玉溪市江川区人民政府办公室关于进一步做好非洲猪瘟防控工作的紧急通知

玉溪市江川区人民政府办公室关于印发玉溪市江川区“冲刺四季度”力保完全年投资增长目标任务实施方案的通知

玉溪市江川区人民政府办公室关于印发玉溪市江川区食品、保健品、医疗器械广告专项整治工作实施方案的通知

玉溪市江川区人民政府办公室关于进一步做好非洲猪瘟防控工作的紧急通知

玉溪市江川区人民政府办公室关于印发玉溪市江川区政务信息系统整合共享实施工作方案的通知

玉溪市江川区人民政府办公室关于印发玉溪市江川区加快“四号农村路”建设实施方案的通知

玉溪市江川区人民政府办公室关于妥善解决不动产登记相关历史遗留问题的通知

玉溪市江川区人民政府办公室关于印发玉溪市江川区开支事故隐患大排查大整治工作方案的通知

玉溪市江川区人民政府办公室关于印发玉溪市江川区深入推进审批服务便民话工作方案的通知玉溪市江川区人民政府关于报送创建江城青铜小镇“一镇一策”工作推荐方案的函

【区政府办函】

玉溪市江川区人民政府办公室关于调整玉溪市江川区消防安全委员会成员的通知

玉溪市江川区人民政府办公室关于表彰2017年度全区政务信息系统先进单位的先进个人的通报

玉溪市江川区人民政府办公室关于成立玉溪市江川区自然保护区专项督查及整改工作领导小组的通知

玉溪市江川区人民政府办公室关于调整玉溪市江川区实行最严格水资源管理制度工作领导小组的通知

玉溪市江川区人民政府办公室关于成立玉溪市江川区财政资金存放商业银行评价激励工作领导小组的通知

玉溪市江川区人民政府办公室关于成立玉溪市江川区人民政府和社会资本合作（PPP）项目清理整顿工作领导小组的通知

玉溪市江川区人民政府办公室关于成立玉溪市江川区清理整治党政机关部门办企业工作领导小组

玉溪市江川区人民政府办公室关于调整玉溪市江川区征兵工作领导小组成员的通知

玉溪市江川区人民政府办公室关于调整玉溪市江川区招生考试委员会成员的通知

玉溪市江川区人民政府办公室关于调整江川区打击涉烟违法犯罪工作领导小组成员的通知

玉溪市江川区人民政府办公室关于调整将江川区人民政府烤烟领导小组成员的通知

玉溪市江川区人民政府办公室关于成立江川区全域旅游发展规划编制工作领导小组的通知

玉溪市江川区人民政府办公室关于成立中冶凯远实业有限公司旅游开发项目建设协调推进工作领导小组的通知

玉溪市江川区人民政府办公室关于成立玉溪市江川区加快推进JTC-2012-4号地块开发工作领导小组的通知

玉溪市江川区人民政府办公室关于成立玉溪市江川区创建云南省可持续发展实验区工作领导小组的通知

玉溪市江川区人民政府办公室关于借用中国电信江川分公司办公大楼一楼作为江川区数字化城管指挥中心用房的函

玉溪市江川区人民政府办公室关于成立江川区第四次全国经济普查工作领导小组的通知

玉溪市江川区人民政府办公室关于调整玉溪市江川区预防道路交通安全事故工作领导小组成员的通知

玉溪市江川区人民政府办公室关于成立玉溪市江川区推动经济高质量跨越式发展领导小组的通知

玉溪市江川区人民政府办公室关于成立玉溪市江川区打造“健康生活目的地”工作领导小组的通知

玉溪市江川区人民政府办公室关于成立玉溪市江川区综合治理出生人口性别比工作领导小组的通知

玉溪市江川区人民政府办公室关于调整充实玉溪市江川区滇

中引水工程建设管理工作领导小组的通知

玉溪市江川区人民政府办公室关于成立玉溪市江川区打造世界一流“绿色食品牌”工作领导小组的通知

玉溪市江川区人民政府办公室关于调整平安林区创建和林区治安防控体系建设工作领导小组的通知

玉溪市江川区人民政府办公室关于成立玉溪市江川区殡葬领域突出问题专项整治行动工作领导小组的通知

玉溪市江川区人民政府办公室关于成立玉溪市江川区清理整治党政机关部门办企业工作移交领导小组

玉溪市江川区人民政府办公室关于成立玉溪市江川区星云湖主要入湖河流综合治理工程建设管理局的通知

玉溪市江川区人民政府办公室关于成立玉溪市江川区人民政府履行教育职责督导评估自评领导小组的通知

玉溪市江川区人民政府办公室关于成立玉溪市江川区非洲猪瘟工作领导小组的通知

玉溪市江川区人民政府办公室关于成立玉溪市江川区水利工程维修养护工程建设管理局的通知

玉溪市江川区人民政府办公室关于成立玉溪市江川区信息进村入户工作领导小组的通知

玉溪市江川区人民政府办公室关于调整玉溪市江川区生猪定点屠宰管理工作领导小组的通知

玉溪市江川区人民政府办公室关于成立玉溪市江川区蓝城旅游发展建设项目工作领导小组的通知

玉溪市江川区人民政府办公室关于成立江川区新能源汽车推广应用工作领导小组的通知

玉溪市江川区人民政府办公室关于调整区公务用车管理领导小组组成人员的通知

玉溪市江川区人民政府办公室关于调整玉溪市江川区反走私综合治理工作领导机构及组成人员的通知

玉溪市江川区人民政府办公室关于成立玉溪市江川区旅游革命工作领导小组的通知

玉溪市江川区人民政府办公室关于调整玉溪市江川区农村土地承包经营纠纷调解仲裁委员会的通知

玉溪市江川区人民政府办公室关于印发玉溪市江川区贯彻落实全国深化“放管服”改革转变政府职能电视电话会议重点任务分工方案的通知

玉溪市江川区人民政府办公室关于印发玉溪市江川区推进政府会计改革实施方案的通知

玉溪市江川区人民政府办公室关于成立玉溪市江川区粮食产业发展工作领导小组的通知

玉溪市江川区人民政府办公室关于成立玉溪市江川区政策性粮食库存数量和质量大清查工作领导小组的通知

玉溪市江川区人民政府办公室关于成立玉溪市江川区粮库智能化升级改造项目工作领导小组的通知

玉溪市江川区人民政府办公室关于成立玉溪市江川区“大棚房”问题专项清理整治行动协调推进领导小组的通知

玉溪市江川区人民政府办公室关于成立玉溪市江川区退役军人普查工作领导小组的通知

玉溪市江川区人民政府办公室关于调整玉溪市江川区非洲猪瘟防控应急指挥部的通知

玉溪市江川区人民政府办公室关于调整玉溪市江川区解决拖欠农民工工资问题联席会议组成及工作职责的通知

玉溪市江川区人民政府办公室关于成立玉溪市江川区畜禽养殖废弃物资源化利用工作领导小组的通知

玉溪市江川区人民政府办公室关于成立玉溪市江川区湿地保护和修复专项督查反馈问题整改工作领导小组的通知

玉溪市江川区人民政府办公室关于成立玉溪市江川区深化国有企业负责人薪酬制度改革工作领导小组的通知

玉溪市江川区人民政府办公室关于成立玉溪市江川清理规范社会组织工作领导小组的通知

（张文丽）

【区政府重要会议】

玉溪市江川区第二届人民政府第二次全体会议

玉溪市江川区第二届人民政府第二次廉政工作会议

玉溪市江川区创建国家卫生城市工作指挥部会议

玉溪市江川区2018年春夏火灾防控工作推进会

江川区2018年上半年经济运行调度会

玉溪市江川区迎接国家卫生城市复审工作推进会

玉溪市江川区2018年度征兵工作会

玉溪市江川区棚户区改造工作领导小组会议

玉溪市江川区第四次全国经济普查工作会

玉溪市江川区通海“8·13”“8·14”地震灾后重建工作会议

玉溪市江川区重点项目推进会议

玉溪市江川区治理淘汰黄标车工作推进会

玉溪市江川区稳增长工作会议

江川区企事业单位公务用车制度改革工作推进会议

（金家红）

【区政府主要工作情况】

经济　全年完成地方生产总值100.03亿元，增长11.6%；规模以上固定资产投资70.3亿元，增长10.2%；一般公共预算收入7.84亿元，增长10.3%；社会消费品零售总额27.7亿元，增长12.3%；城镇居民人均可支配收入36651元，增长8%；农村居民人均可支配收入13280元，增长9.1%。

工业　龙泉园区建成标准化厂房24万平方米，江滇路竣工通车，江义街等4条道路绿化亮化工程完工，自来水厂、污水处理厂开工建设；升华电梯一期、天合立光电等5个新入园项目建成投产，粤辉电子、中民筑友等6个新开工项目顺利推进。江城纸制品产业园力天贝贝等7个入园项目完成厂房主体建设。全区完成非电工业投资21.7亿元，增长216.8%；新增规模以上企业5户，规模以上工业增加值增长23.4%，工业经济占GDP比重达30.2%。润特物流一期建成运营，云南世吉、云菜集团项目落地开工，宝象物流成功签约，多节点的现代物流中心初具雏形。“一园多片区”发展格局基本形成。

农业　完成农业增加值18.1亿元，增长6.6%。“2260”高端特色烟叶项目成效明显，完成烟叶收购982.5万千克，实现产值3.07亿元，均价居全市第一；花卉产业快速发展，新增花卉种植面积3308亩，实现产值3.94亿元。有效防控非洲猪瘟疫情，畜牧业健康发展。投资3.3亿元建成各类水利工程1478件，新增灌溉面积4000亩，建设高标准农田7800亩。农业产业化步伐加快，流转农村土地5000亩，新增农民专业合作社3个、市级农业龙头企业2户，培育省级农业龙头企业1户。全力打造“绿色食品牌”，新认定“三品一标”绿色食品企业1户7个产品，宏斌小米辣获评云南“十大名菜”第一名。

第三产业　完成第三产业增加值45.5亿元，增长8.2%。旅游产业稳步发展，积极推进“旅游革命”，编制完成江川全域旅游发展规划，“一部手机游云南”江川板块上线运行，成功举办第十四届开渔节等节庆活动，全年完成旅游总收入46.3亿元，增长34.5%。商贸流通持续活跃，九溪、老街兴2个农贸市场投入使用，大街市场改造顺利推进，阿里集团乡村事业部落户江川，鲜花饼、盐水鱼等特色产品入驻淘宝特色中国·玉溪馆，完成电商销售额7043万元。新业态不断涌现，玉溪源辰等3户总部经济企业落户江川。

生态环保　19个星云湖“十三五”规划及山水林田湖草生态保护修复工程试点项目总投资36.6亿元，已开工建设15个，完工2个，完成投资13.3亿元。争取中央山水林田湖草生态保护修复工程试点项目资金3亿元、省级湖泊专项债券资金3亿元。星云湖一级保护区生态修复及生态屏障构建工程启动实施，藻水分离站开工建设，湿地湖滨带提质改造工程有序推进，南岸试验段成为星云湖旅游休闲新亮点，环湖截污治污工程全面推进，开挖截污干渠15.6千米，76个村落治理基本完工55个，完成星云湖补水2526万立方米。河湖长制工作全面推进，32个“一河（库）一策”方案编制完成，12条主要入湖河道综合治理工程全面开工。农业农村面源污染减量行动稳步推进，流转星云湖周边土地3000亩，种植荷藕1009亩。2018年星云湖水质综合污染指数同比下降6%。生态创建取得实效，省级生态文明区创建通过市级验收，雄关、路居成功创建省级生态文明乡镇。拆除2条工业磷酸生产线，淘汰黄标车1655辆，推广新能源公交76辆，节能产品市场占有率连续两年居全市第一，单位GDP能耗下降9%。“森林江川”建设深入实施，治理水土流失6.1平方千米，新增造林面积7057亩，森林覆盖率提高到44.07%。“两污”治理能力不断提升，新建海浒、老街兴片区污水管网6.25千米，老污水处理厂提标改造工程投入试运行，完成城区垃圾中转站改造、建子山垃圾填埋场扩容。认真整改中央环保督察“回头看”和省级环保督察反馈问题，落实生态红线管控，划定生态保护红线范围287.43平方千米，取缔禁养区限养区规模畜禽养殖场5户。

城乡建设　完成城乡总体规划（2016—2035年）编制，大街、江城、前卫、九溪纳入玉溪

中心城区规划，城区规划面积扩大到40平方千米。举全区之力推进“创文”“创卫”，修补中心城区破损路面7438平方米，铺筑沥青路面6.37千米，新增绿化面积14万平方米，完成兴江路、星云路美化亮化工程。建成雨污分流管网9.5千米，铺设燃气管道10.6千米。大街棚改启动被征收房屋拆除工作，江城棚改房源点启动预售。云福山居、绿竹云舍等4个项目快速推进，星云首府项目开工建设，全年完成房地产投资11.1亿元。持续加大城市管理力度，数字化城市管理信息平台投入使用，开通城区公交线路3条。统筹推进城乡一体化，改扩建农村公路105千米。九溪六十亩、前卫下高桥等农村节地上楼新型居住模式创新实施。建立推行“520”美丽家园城乡人居环境集中整治日，拆除违法违规和临危建筑8759宗78.9万平方米。积极应对“8·13”“8·14”地震灾害，九溪扯纳苴、雄关社区2个灾后重建示范点开工建设。星云湖南岸乡村振兴示范区项目启动实施，雄关小田等3个村被评为省级农村人居环境旅游特色型、美丽宜居型、基本整洁型示范村庄。

改革创新　全面深化“放管服”改革，调整行政审批事项220项，“一站式”惠民政务服务平台投入运行。“双随机、一公开”工作扎实推进，清理公布随机抽查事项274项。商事制度改革持续深入，新增市场主体3438户，增长30%。要素保障更加有力，供应土地1385亩，土地出让收入4.65亿元，续贷“过桥”资金9700万元，减免企业税费1.68亿元，兑现企业扶持资金5602万元。引导企业参与电力市场化交易，为36户企业节约电费5620万元。金融机构贷款突破百亿，贷款余额增幅保持全市第一。争取置换债券转贷资金1.37亿元，化解政府性债务4613万元，风险防控扎实有效。开放创新持续深化。新入选省级“万人计划”1人，新增院士专家工作站2个，申报高新技术企业3户，申请国家专利110件，实现高新技术产值7亿元。开放基础不断夯实，澄川高速、国道213线建设有序推进，江通高速（江川段）主体完工，通用机场建设获批立项，玉溪民用运输机场前期工作进展顺利，与江苏武进区友好城市交流合作进一步加强。招商引资取得实效，引进省外国内资金80.9亿元，增长22%。深化教育系统人事制度改革，建立教师职称聘任动态管理机制。稳步推进公立医院综合改革，薪酬制度改革成为全省试点。农业农村改革有序推进，农村土地确权登记颁证工作基本完成，启动农村集体产权制度改革，试点实施“互联网+农村集体资金管理”。财税金融改革稳步推进，完成5个区属国有企业股权划转，完成国税地税征管体制改革，税收增长15.4%。企事业单位公务用车制度改革顺利完成。

社会民生　全年支出民生资金16.34亿元，占一般公共预算支出的79.6%。着力巩固脱贫成效，投入财政扶贫资金2330万元，脱贫568户1880人，安化贫困乡摘帽出列，全区贫困发生率降至0.04%。教育事业稳步发展，顺利通过省第三轮教育督导评估；新建幼儿园6所，加固改造C级不安全校舍2.2万平方米，2个“全面改薄”项目完工；优化整合城区教育资源，增加中小学学位2100余个。群众就医条件不断改善，紧密型医共体建设深入推进，中医院综合楼投入使用，成功创建省级病媒生物防控先进城区。积极促进就业创业，发放创业担保贷款1.2亿元，扶持创业2351人，城镇新增就业2800人，城镇登记失业率为3.35%。稳步提高社会保障水平，发放城乡居民社会养老保险金5142万元、低保金1220万元，城镇职工和城乡居民基本医疗保险参保率达95.2%。持续扩大住房保障覆盖面，解决各类进城务工人员保障性住房540套，改造农村危房864户。社会养老服务体系加快构建，完成12个老年活动中心和1个居家养老服务中心项目建设。文化事业不断繁荣，李家山古墓群保护工程启动建设，江川文庙、药王阁完成修缮；3人入选市级第五批民族民间传统文化工艺师，后卫村和渔村分别列为云南省民族民间工艺品示范村、销售示范街区，文化产业增加值进入全省30强。同步推进竞技体育和群众体育，成功举办国际篮球文化交流赛等体育赛事，全区行政村（社区）体育基础设施覆盖率达94%。

（张小明　李文斌）

【建议和提案办理】2018年，共收到人大代表建议97件，均严格按规定办理答复完毕，办复率100%。从办理情况看：A类建议28件，占28.87%；B类建议66件，占68.04%；C类建议3件，占3.09%。从办理结果看：满意88件，占90.72%；基本满意9件，占9.28%。

2018年，共收到政协委员提案145件，内容相似作并案处理16件，实有提案129件。经审查，立案119件，不予立案10件，立案率为92.25%。其中：经济建设类74件，占62.18%；教科文卫体类17件，占14.29%；政法社会保障类28件，占23.53%。119件政协委员提案均按规定办理答复完毕，办复率达100%。从办理结果看：满意119件，满意率达100%。

（张梦石）

行政效能建设

【概　述】　紧紧围绕市委、市政府和区委确定的重大项目，以建设人民满意的政府为目标，改善行政管理，提高工作效能，不断优化发展环境，为圆满实现各项既定工作目标保驾护航。

【自身建设】　进一步规范机构设置，扎实开展控编减编，行政效能明显提升。持续深化“放管服”改革，完善权责清单动态管理机制，推行“一部手机办事通”惠民政务服务，全力跑出便民“加速度”，逐步实现“最多跑一次”。继续推进“双随机、一公开”监管体制改革，加强事中事后监管。严格执行“三重一大”集体决策制度和重大行政决策责任追究制度，出台行政规范性文件2件，举行重大决策听证7项，重大风险评估13项，深化法治政府建设。大力推进政务公开，公开政府信息13650条，通报重点工作52期。规范公共资源交易行为，完成公共交易项目136个，节约资金1711万元。加强审计监督、政务督查，审计核减工程投资6457万元。落实党风廉政建设主体责任和“一岗双责”责任制，持续推进“两学一做”学习教育常态化制度化，认真开展“工作落实年”活动，坚决贯彻落实中央“八项规定”精神，“三公”经费下降1.57%。深入推进政府系统廉政建设，坚决整肃慵政懒政怠政，给予党纪政务处分38人。

【督查工作】　一是围绕上级督查任务和要求，及时督促落实。紧紧围绕2018年中央环境保护督察、国务院大督查、省政府综合督查及市政府重点督查工作的要求，严守时间要求，及时督促上报省市137项工作进展情况。二是突出督查重点，推进全区工作落实。把督查重点放在重大决策部署、年度重点工作和重点项目上，督促各级各部门狠抓各项工作落实。积极开展区政府工作报告任务落实情况的督办，以《政府工作报告》为主线，将全区经济社会发展任务目标逐项分解，量化为88项具体工作和10件惠民实事，明确工作标准内容、责任单位，实行季度全面督查并通报，确保工作落到实处。紧扣区政府常务会议、区长办公会和政府专题会议决定事项进行督查。以问题为导向，督促各责任单位围绕工作目标任务，切实解决问题，将具体问题办好办实。对于完成时限较长的事项，定期进行电话督促落实，确保政府决定事项尽快落到实处，对未能按期完成的，说明具体原因和情况，并跟踪问效直至办结完成，助推区政府决策部署的贯彻落实。紧盯重点工作进行督查落实。针对森林防火、星云湖沿湖环境卫生管理、农村危房改造工程、城乡人居环境整治、地震应急准备、烤烟生产、“创卫”工作、星云湖山水林田湖草生态保护修复工程、星云湖流域“十三五”保护治理攻坚方案工作任务落实情况等工作进行了严督实导，采取联合相关部门实地调研，查找存在的困难和问题，并有针对性地提出工作建议，为领导决策提供依据。全年下发《督查通报》23期、《重点工作督查专报》29期。三是强化时效，做好领导批示件办理。始终把督促办理省市、区级主要领导批示作为一项上为领导分忧、下为群众解难的重要工作抓紧抓实。采取逐件登记、迅速转办、限期办理、定期催办等措施，把好事实关、定性关、处理关、文字关和时间关，对办理不合格的批示件坚决退回重办，确保领导批示每一件都落到实处。全年共受理省市政府领导批示件18件，区本级领导批示件130件，办结率100%，做到“件件有落实，事事有回音”。四是狠抓工作作风，开展会风会纪督查。对全区召开的重要会议，按要求配合区纪律监察委、区委督查室进行会风会纪督查，以会风会纪转变带动工作作风的普遍好转。

（汪小龙　杭书亦　徐顺生）

法制工作

【概　况】　2018年，江川区始终以习近平新时代中国特色社会主义思想和党的十九大精神为指引，深入贯彻落实云南省玉溪市和江川区《法治政府建设实施方案（2016—2020年）》，紧紧围绕建设法治政府目标，积极发挥法治引领、规范和服务保障作用，紧扣重点、开拓创新、全面推进，全区依法行政水平显著提升，法治政府建设再上新台阶，为全区高质量跨越式发展营造了良好的法治环境。

【组织保障和制度建设】　成立以区委书记为组长的区委依法治区工作领导小组和以区长为组长、常务副区长为副组长的全面推进依法行政工作领导小组，以法治江川建设为引领，围绕《玉溪市2018年法治政府建设工作任务分工方案》（玉法政发〔2018〕2号）和《玉溪市2018年依法治市工作要点及分工方案》（玉治市〔2018〕2号）等精神，统筹抓好依法行政等方面的工作，形成机构健全、职责明确的法治政府建设工作格局。调整完善依法治区及信访维稳工作督导组，使之成为区委督查工作领导小组下设的1个督查组。2018年10月17日，印发《中共玉溪市江川区委办公室玉溪市江川区人民政府办公室关于调整完善中共玉溪市江川区委督查工作领导小组的通知》（玉江办函〔2018〕34号），将工作纳入综合目标考核内容，通过以考促改的方式，解决工作中的重点难点问题，切实把我区法治政府建设各项工作任务落实落细。

【政府常务会议学法】　2018年，区政府常务会议5次专题研究法制工作，并对相关法律法规进行学习。分别是：区第二届人民政府第22次常务会议通报2017年江川区法治政府建设情况；区第二届人民政府第23次常务会议专题学习《云南省行政规范性文件制定和备案办法》；区第二届人民政府第25次常务会议专题学习新修订《宪法》；区第二届人民政府第29次常务会议专题学习《地方党政领导干部安全生产责任制规定》；区第二届人民政府第40次常务会议通报我区2018年法治政府建设有关情况。贯彻落实《玉溪市江川区领导干部促学活动实施方案（试行）》，邀请知名法学专家为全区领导干部开展法律专题讲座2场，通过以讲促学、以考促学、以调促学，促进干部学习制度化、规范化、经常化。

【规范性文件监督管理】　2018年9月21日，印发《玉溪市江川区人民政府法制办公室关于公布乡镇人民政府和街道办事处及第二批区级行政机关规范性文件制定主体的通知》（玉江府法发〔2018〕5号），进一步完善行政规范性文件制定和备案工作；研究制定《玉溪市江川区人民政府关于印发玉溪市江川区宅基地管理办法（试行）的通知》（玉江政规〔2018〕1号）、《玉溪市江川区人民政府关于印发玉溪市江川区畜禽养殖禁养区限养区划定意见的通知》（玉江政规〔2018〕2号）。2018年，按照国务院、省、市要求，共组织清理产权保护、生态环境保护、民营经济发展规范性文件，共组织清理规范性文件26件，认定继续有效的规范性文件26件，并建立动态清理长效机制，确保各项改革真正落地，推动政府工作在法治轨道上开展。

【行政执法案卷评查】　2018年11月14日，印发《玉溪市江川区人民政府法制办公室关于认真组织开展2018年行政执法案卷评查工作的通知》（玉江府法发〔2018〕6号），组织开展2018年全区行政执法案卷评查工作，并印发《玉溪市江川区人民政府政府法制办公室关于2018年玉溪市江川区行政执法案卷评查情况的通报》（玉江府法发〔2018〕7号），对评查结果在全区范围进行通报。2018年，从全区2017年办理过行政执法案件的13家单位上报的案卷目录中，随机抽取行政许可、行政处罚两类行政执法案卷25件进行评查，从评查的整体情况看，案卷优秀率和合格率与2017年案卷评查的情况相比，均有下降，不合格案卷率达8%，行政执法案卷中存在的一些问题仍不容忽视。

【严格行政执法管理】　持续抓好《玉溪市江川区重大行政执法决定法制审核暂行办法》等文件的学习贯彻落实，要求政府及部门作出重大行政处罚、行政许可、行政强制、行政征收、行政裁决等行政执法决定前，必须经政府或部门法制机构进行法制审核，未经审核或经审核不合法的，不得作出执法决定，切实规范重大行政执法行为。严格实行行政执法人员持证上岗和资格管理制度，组织对行政执法人员进行行政执法培训（轮训），切实规范行政执法行为，提高行政执法水平。同时按照分级管理原则，将全区行政执法主体信息，以及执法人员的姓名、单位、职务、执法证号、照片等执法证信息录入云南省行政执法证件管理信息系统，并实行信息化动态管理，组织江川区首次行政执法人员执法资格网上考试。

【推进决策科学化民主化法治化】 持续抓好《玉溪市江川区重大行政决策责任追究暂行办法》《玉溪市江川区重大行政执法决定法制审核暂行办法》等文件的学习贯彻落实，印发《玉溪市江川区人民政府法制办公室关于贯彻落实省市区重大行政执法决定法制审核办法的通知》（玉江府法发〔2018〕2号），要求自2018年1月1日起，在全区实行重大行政执法决定法制审核报备制度。2018年11月15日，印发《玉溪市江川区人民政府办公室关于进一步规范和完善行政决策事项法制审查工作的通知》（玉江政办发〔2018〕59号），进一步加强政府及部门法制机构人员配备和制度建设，进一步规范行政决策行为，提高决策质量，真正从源头防范法律风险，保障行政决策科学化、民主化和法治化，保障公民、法人和其他组织合法权益。2018年，我区完成重大决策听证7项，重大风险评估13项。区政府法制办积极参与重大行政决策、重要事项研究、重要项目及合同谈判、起草及法制审查200余次，起到了法制部门应有的参谋助手作用。

【深化简政放权】 通过深入开展行政审批制度改革，2018年，共调整、取消行政许可65项，清理规范区级政府部门行政审批服务事项62项，持续推进商事制度改革，实行“先照后证”，进一步放宽市场准入条件、降低市场准入门槛，为激发市场主体活力释放出更大的制度红利，新增市场主体3438户，增长30%。进一步理顺各部门之间的权责关系，做好权责清单动态管理。同时，按照事中事后监管环节全链接、责任全落实的要求，“双随机、一公开”工作扎实推进，清理公布随机抽查事项274项。区级行政许可和公共服务事项实行区政府部门直接受理。“一站式”惠民政务服务平台启动运行，大力推行“互联网+政务服务”，建立“一次性告知制度”，积极推进行政审批及公共服务标准化建设，大力开展减证便民行动，继续精简证明材料，企业和群众办事更加便利。

【强化监督问责】 自觉接受人大的法律监督、工作监督和政协的民主监督，健全完善向同级党委、人大和上级政府报告工作和向政协通报工作制度。加强行政监督，对不担当、不履责行为进行严肃追责，做到动真碰硬、一追到底，着力营造“敬业有功、怠业必惩”的干事创业环境。大力推进政务公开，坚持以公开为常态、不公开为例外原则，全面推进决策公开、执行公开、管理公开、服务公开、结果公开，全年公开政府信息13650条。重视对行政执法活动的法律监督，在加强行政复议工作的同时，积极与检察机关开展行政执法与刑事司法衔接信息共享平台建设，促进行政执法活动公开公正，确保法制统一。

【健全和完善社会治理法治化制度】 加强行政复议工作，提高办案质量和效率。重视行政应诉工作，认真贯彻落实省、市《关于加强和改进行政应诉工作的实施意见》《玉溪市行政机关负责人行政诉讼出庭应诉办法》规定，推动行政机关负责人行政诉讼出庭应诉常态化、制度化。加强信访工作，把信访工作纳入法治化轨道，对于群众的诉求，于法有据的，坚决支持、妥善解决；于法无据的，决不任意突破法律。

【推行法律顾问全覆盖工作】 2018年，根据《中共玉溪市江川区委玉溪市江川区人民政府关于印发〈玉溪市江川区法律顾问室法律顾问团队管理工作暂行办法〉的通知》（玉江发〔2017〕40号）等文件精神，继续统一聘任5个法律顾问团队共25名律师为我区法律顾问团队，持续巩固实现区委、人大、政府、政协机关，各乡镇（街道）党（工）委、政府（办事处），区委和区级国家机关各部、委、办、局，各人民团体和企事业单位法律顾问全覆盖工作，并印发《玉溪市江川区法律顾问室关于做好玉溪市江川区法律顾问团队参与2018年“书记区长接待日”接待工作的通知》（玉江法顾〔2018〕1号）等文件，进一步加强和规范法律顾问工作。

（吕林睿）

信　访

【概况】 2018年，江川区以贯彻落实市委市政府《2018年度信访工作责任书》和《玉溪市江川区2018年信访工作责任书》为主线，以做好各级“两会”、春节、南博会、“泛亚”案件昆明庭审、中央环保督察等重点敏感时期的信访维稳工作为重点，围绕区委区政府中心工作，发挥信访工作紧密联系群众、反映社情民意、推动矛盾化解、促进社会和谐职能作用，通过积极开展工作，及时妥善化解一大批涉及群众切身利益的信访问题，有效维护全区社会稳定。

【来信来访情况】　全年共受理群众信访总量443件/批次1304件/人次，办结441件/批次，办结率99.6%。与上年同期相比增加9件/批次和498件/人次，分别上升4.48%和61.79%。其中：来访371件/批次1232人次，来信3件，网上信访2件，人民网9件，语音1件，视频57件。

【书记区长接待日情况】　全年共开展“书记区长接待日”12期，接待来访群众122批次320人次，交办51件，办结51件，办结率100%。

【信访事项“三率”情况】　贯彻落实《信访条例》，按照依法及时就地处理信访问题原则，及时受理并按期办结各类信访事项。全年信访总量441件/批次，全部及时受理，及时受理率100%；按期答复432件，按期答复率98%；全年无复查复核信访件；信访事项处理群众满意率据《人民网》地方领导留言板统计，江川区委书记年度总留言量10条，年度公开回复量12条，满意度100%。其他信访事项因信访人文化程度、年龄等因素影响，群众参与评价率较低。

【签订信访工作责任书】　在3月8日召开的全区信访工作会议上，区委信访工作联席会议与各乡镇（街道）签订《玉溪市江川区2018年信访工作责任书》。各乡镇（街道）也分别与所辖村（社区）签订信访工作责任书。区委、区政府及各乡镇（街道）将信访工作纳入对各级领导班子考核内容，逐级压实责任，推进全区信访维稳工作深入开展。为确保工作落到实处，区信访局和区委办分别印发考评标准和考评办法，在《玉溪市江川区2018年度乡镇（街道）和区直单位（含垂管单位）目标任务综合考评办法》（玉江办通〔2018〕12号）中，区委区政府将信访工作纳入综合目标考核，考核分为10分。

【区委、区政府研究信访工作情况】　8月13日，区政府第32次常务会听取2018年上半年信访工作汇报；9月17日，区政府第35次常务会传达学习习近平总书记关于信访工作重要批示精神和信访突出问题百日专项整治工作部署电视电话会议精神，通报近期信访维稳工作；10月22日，区政府第37次常务会传达学习市委主要领导批示精神，通报和研究全区信访维稳有关事项。8月29日，区委第73次常委会通报研究了信访维稳工作；9月17日，区委第74次常委会议传达学习习近平总书记对信访工作重要批示精神，通报研究当前江川区信访突出问题和《玉溪市江川区信访突出问题百日专项整治工作方案（送审稿）》。

【党政领导干部接访下访工作】

区委、区政府高度重视“书记、区长接待日”工作，区委信访工作联席会议于年初印发《关于做好2018年“书记区长接待日”的通知》每月15日安排一名区级领导到信访接待场所接访群众，同时采取视频约访、专题接访等形式接访群众，全年共有15名区级领导到信访接待场所接访群众122批次320人次，交办51件，办结51件，为群众解决了一大批实际困难和问题。为促进领导干部定期接访下访工作制度与下基层调查研究、深入基层联系点、脱贫攻坚等相结合，区委办、区政府办印发《关于调整区级领导联系“七位一体”重点工作的补充通知》将17件信访矛盾列为区级领导“七位一体”联系案件，明确相关区级领导包案化解责任和相关责任单位、配合单位的化解责任。区委信访联席会议、区扶贫开发领导小组联合印发《关于开展“结合脱贫攻坚推进农村信访问题化解专项活动”实施方案》要求各乡镇（街道）、各相关部门切实做好江川区脱贫攻坚巩固提升中农村信访问题，大力营造精准扶贫和谐稳定的社会环境。在日常工作中，区级领导针对17件信访突出问题包保分解任务，主动深入到基层开展化解工作和疏导稳定工作，切实为群众解决困难和问题。信访部门主动承担起新农村建设、棚户区改造、拆危除险、高速公路建设等重大工程项目的信访维稳工作，开创信访接待室进项目、进村庄、进群众家中接访工作格局，贴近群众开展信访工作，及时就地解决信访问题，为全区经济社会发展发挥保驾护航作用。

【领导包案化解工作】　区委信访工作联席会议于年初下发《关于印发〈玉溪市江川区2018年领导包案化解信访矛盾任务分解方案〉的通知》将17件信访矛盾结合区级领导职责分工，逐一进行任务细化分解，做到每件信访矛盾由一至二名区级领导包案，并明确化解责任单位和配合单位，确保每件信访矛盾得到及时有效化解。10月，为切实推进信访突出问题百日专项整治工作，区委信访工作联席会议再次梳理重点问题和重点群体，又印发《关于进一步落实包保责任制推进信访突出问题百日专项整治工作的通知》将重新排查梳理出来的15件信访矛盾和重点群体再次分解到区级领导包案化解。经各级各部门共同努力，截至10月底，全区17件领导包案信访突出问题基本得到有效化解，系统办结率100%。

【“四大重点”信访矛盾化解攻坚工作】　区委信访工作联席会议根据省、市信访工作联席办相关文件精神，结合实际先后制定并印发《玉溪市江川区2018年信访矛盾化解攻坚实施方案》《关于印发2018年“四大重点”信访矛盾化解攻坚战四个专项工作方案的通知》《关于进一步落实包保责任制推进信访突出问题百日专项整治工作的通知》等文件，要求各乡镇（街道）、各相关部门采取有效措施，对重点人和重点事，做到一人一事一班子一方案，层层落实包保责任，及时有效化解信访突出问题，确保把各类隐患消除在基层，把各类矛盾纠纷化解在萌芽状态。区综治办印发《关于进一步加强全区矛盾纠纷多元化解工作的通知》对全区16类重点矛盾纠纷分别明确化解牵头单位和主要参与单位。区信访局将领导包案化解的17件信访矛盾，分别按要求录入系统作标识，其中区级重点领域5件、区级重点群体3件、区级重点问题4件、区级重点人员5件。8月录入市级交办标识的市级重点人员1件。要求各乡镇（街道）、各相关部门加强统筹协调，深入调查研究，确保在规定时限内有效化解信访矛盾，真正做到矛盾能化解、人员能稳控。通过认真落实包保责任制推进信访突出问题百日专项整治工作，至10月底江川区录入系统标识的18件“四大攻坚”信访矛盾均得到有效化解或办结，系统办结率100%。

【重点人员重点群体稳控工作】　江川区在春节、各级“两会”、南博会、“泛亚”案件昆明庭审、中央环保督察等特殊敏感时期，分别制定出台信访维稳工作方案，要求各级各部门认真落实依法逐级走访办法，努力改进工作不规范、落实不到位等问题。对10名重点人员和90年代末大中专毕业生、民办代课教师、“河老路”修路民工、易峨公路修路民工、“两援”民兵民工、砚山机场修路民工、原成都军区守备二师退役军人等7个重点群体切实做好稳控工作，在压实责任、前期处置、劝访疏导、思想劝导、法制宣传等方面下工夫，积极引导重点人员和越级走访人员逐级反映问题，有效遏制信访人员到市赴省进京上访。通过狠抓思想教育疏导工作，全年共发生到京非接待场所2件2人。

【到市赴省上访人员劝返工作】　根据市委信访工作联席会议办公室要求，先后12次派出工作组86人次到市委、市政府对90年代末大中专毕业生、易峨公路修路民工、“河老路”修路民工、民办代课教师、砚山机场修路民工等296人次开展劝返工作，先后4次派出工作组28人次到省委、省政府对“两援”人员、90年代末大中专毕业生等14人次开展劝返工作。全年共发生到京非接待场所2件2人，其中安化乡1件1人、大街街道1件1人，安化乡和大街街道及时派出工作组参与劝返接离。

【网上信访工作】　全区信访工作机构及有权处理信访事项机关积极运用网上信访、视频信访、微信信访等形式，大幅提升网上信访使用率，努力把网上信访打造成群众信访主渠道，顺利实现网上信访量占比同比上升目标要求。年内将38个区级单位、6个乡镇（街道）纳入云南信访信息系统管理，实现区、乡镇（街道）信访工作机构和有权处理机关受理办事的信访事项全部纳入信访信息系统目标，把来访、来信、视频接访、上级交办（含领导信箱、热线电话等）方式提出的信访事项全部纳入统一的网上信访受理办理综合平台。全年通过信访系统办理信访总量443件/批次1304人次，与上年同期417件/批次1253人次相比，分别上升6.2%和4.1%。

【视频接访系统管理运用工作】　坚持抓好6个乡镇（街道）和区级视频接访系统建设，确保视频系统有专人负责，并形成相关工作制度执行到位，实现视频接访常态化；实行视频约访制度，全年共开展视频接访78批次，占来访总量371批次的21.02%；按要求定期开展系统测试，在积极参加市级视频测试同时，开展好本区视频测试，每月“书记、区接待日”，提前做好各乡镇（街道）视频系统测试工作，在接访中积极开展视频接访；每月向市委市政府信访局选报2件拟由市级领导接访的信访案件，由市委市政府信访局审核后对适合的案件安排市级领导通过视频接访群众。全年共上报24件预约信访件，被市局确定为市级领导接访件2件，实际接访1件。充分发挥视频接访系统功能，结合工作实际开展好该系统其他应用（如参加市级召开的视频会议，召开本地区的视频会议等）。

【信访法治化建设工作】 区委办、区政府办印发《玉溪市江川区关于进一步加强信访法治化建设的实施意见》，全区信访机构贯彻落实依法分类处理信访诉求工作机制，严格按照法定途径清单受理办理信访事项，实现工作环节流程化贯通。对不属于信访部门受理的诉求，积极引导信访人走司法途径解决问题；对于能够适用信访事项简易办理程序的信访问题，相关部门始终坚持应用简易程序给予办理。为切实推进人民调解参与信访问题化解工作，组织区司法局、区信访局全体干部参加“全省人民调解参与信访问题化解工作电视电话会议”和“全市访调对接视频会议”。区司法局、区信访局印发《玉溪市江川区人民调解参与信访问题化解工作三年行动方案》，在区信访接待场所成立“玉溪市江川区人民调解参与信访问题化解工作室”，在各乡镇（街道）也成立工作室，配备电脑、打印机、办公桌椅等办公设施，从司法、信访系统抽调相应的工作人员到各工作室值班备勤，确保工作室在日常接访和化解信访问题中发挥应有作用。为充分发挥律师参与信访法治建设积极作用，区政府印发《玉溪市江川区人民政府关于聘任法律顾问团队的通知》，区法律顾问室印发《玉溪市江川区法律顾问室关于做好玉溪市江川区法律顾问团队参与2018年“书记区长接待日”接待工作的通知》，促进律师参与信访工作法制化、制度化、常态化。

【信访基础业务规范化建设工作】 根据省、市信访局《关于国家信访局检查组赴昭通、玉溪开展信访业务规范化实地检查的通知》和市信访局5月7日召开的迎接国家信访基础业务规范化实地检查工作视频会议要求，及时组织人员对2017年1月1日至2018年4月30日期间的信访基础业务规范化工作情况开展自检自查；根据《中共玉溪市委信访工作联席会议办公室关于印发〈玉溪市2018年信访基础业务规范化集中自查月暨专项督查活动工作实施方案〉的通知》要求，组织人员随机抽查2017年1月1日至2018年5月30日期间的30件信访案件。通过开展自检自查，及时整改存在的问题，不断加强信访基础业务规范化建设，确保信访事项受理、转送交办、办理、送达、录入、督查督办、统计分析等环节程序规范，无漏办、漏录等情况。

【重大决策事项信访风险评估工作】 根据《关于进一步加强重大决策事项信访风险防范和应对工作的通知》（玉稳办〔2016〕4号）精神，一年来对玉溪市江川区宅基地管理办法（草案）项目、玉溪江川通用机场建设项目、玉溪市江川区教育系统廉租房租金标准调整事项、澄川高速公路江川区龙街段保障性拆迁安置补偿项目、玉溪市江川区大街街道棚户区改造项目、玉溪市江川区人民医院停车服务管理项目、玉溪市江川区大龙潭县级自然保护区总体规划项目、安化彝族乡光山村委会李家营村现饭山陇发养殖厂拆除项目、玉溪机场高速公路项目、玉溪市江川区城区供水价格及污水处理费调整项目、玉溪市江川区农业综合供水价格调整方案、云南云莱集团雄川农业开发有限公司滇中智慧农业产业园项目、江川区2018年比亚迪新能源公交车和出租车推广运用工作等13项重大决策事项进行信访风险评估工作，分别作出社会稳定风险等级评定，并提出风险防范应对措施，有效预防和减少因重大决策事项的实施而引发不稳定事件。

【信访宣传信息及舆情工作】 区委信访联席会议、区信访局认真执行《玉溪市信访形势分析研判制度》，制定下发《关于印发〈玉溪市江川区信访形势分析研判制度〉的通知》和《玉溪市江川区信访信息报送制度》，每月向市委市政府信访局和区委、区政府主要领导、分管领导及相关单位报送信访形势分析报告。全年共编发报送《江川信访工作简报》76期78条，为各级各部门了解社情民意和决策部署提供参考依据。

【信访组织建设工作】 区委、区政府高度重视信访工作，年初结合工作需要，对区信访局主要领导进行调整，共配备信访干部6人，基本保障人员配备与实际工作任务相适应。为进一步健全信访工作联席会议机制，切实加强信访工作力量，区委办、区政府办下发《关于健全完善区委信访工作联席会议职责机制的通知》，8月29日区委第73次常委会通报研究《新录用公务员和新提拔副科级领导干部到信访等岗位锻炼的实施办法（试行）》，9月区委组织部、区人社局下发《关于印发〈新录用公务员和新提拔副科级领导干部到信访等岗位培养锻炼的实施办法（试行）〉的通知》。2018年10月至12月，每月安排新录用公务员2--3人到区信访局实践锻炼，有效缓解信访部门工作压力。

【“三无”县区创建】 按照市委信访工作联席会议相关文件要求，为进一步落实信访工作属地责任，充分发挥县区信访工作基础性作用，依法及时就地解决群众合理诉求，区委信访联席会议印发《玉溪市江川区信访工作“三无”县区创建活动实施方案》，并结合实际组织开展“三无”县区创建活动。因年内出现到京非接待场所上访2起2人，江川区未达到“三无”县区创建要求。

【“人民满意窗口”创建】 为深入推进服务型机关建设，不断激发信访工作新动力，展示信访部门新气象，体现信访干部新作为，奋力开创新时代信访工作新局面，进一步提升服务群众水平，着力打造人民满意的一流服务窗口，根据国家、省、市信访局部署要求，区信访局下发《关于印发〈玉溪市江川区信访系统开展“人民满意窗口”创建活动实施方案〉的通知》（玉江信发〔2018〕6号），在各乡镇（街道）和各相关部门来访接待单位开展“人民满意窗口”创建活动。年底推荐市公安局江川分局参加市级“人民满意窗口”评选，推荐区信访局赵金学参加市级“金牌接谈员”评选。

【信访维稳检查考核】 为确保信访维稳各项工作落到实处，区委信访工作联席会议办公室与区维稳办、区信访局、市公安局江川分局联合组成督查组，开展督查活动：1月24日至29日，对全区6个乡镇（街道）及区人社局、区民政局等相关部门在各级“两会”期间开展信访维稳工作情况进行督查；2月27日至3月2日，再次对全区6个乡镇（街道）、区委信访工作联席会议相关成员单位在全国“两会”期间开展信访维稳工作情况进行督查；6月12日至15日，对全区6个乡镇（街道）、区属相关单位在“南博会”期间开展信访维稳工作情况进行督查；7月23日至25日，对各乡镇（街道）“八一”期间退役军人稳控工作及“七位一体”领导包案化解工作情况进行督查；9月19日至21日，对各乡镇（街道）、区直相关单位开展区级领导包案、“四大重点”攻坚战、信访突出问题百日专项整治等工作情况进行督查；12月2日至7日，对各乡镇（街道）信访工作进行年度考评。在各次督查中，督查组分别针对各乡镇（街道）、各单位存在的问题进行指导整改。区政府督查室针对问题较为突出的个别部门，专门下发通报，并将通报结果和整改落实情况纳入年终综合目标考核。

（宋　瑞）

政协玉溪市江川区委员会

【区政协主席、副主席、常委名录】

主　席　罗跃岗
副主席　杨吉英（女）
　　　　邓春元（2018.01任）
　　　　顾　秋
常　委（因换届离任、任职，按姓氏笔画排列）
　　　　马江艳（女）
　　　　王春华
　　　　平雪刚
　　　　业东华
　　　　白云波（2018.01离任）
　　　　伏荣宽
　　　　刘来华
　　　　李文鹏
　　　　李成学
　　　　李竹贵
　　　　李华同
　　　　李江华
　　　　李红章（2018.01离任）
　　　　李红有（2018.01任）
　　　　李忠兴
　　　　李佳强
　　　　李艳华（女）
　　　　李程鹏
　　　　张运铎（2018.01任）
　　　　张春茂

陈林柱（2018.01离任）
赵　华（2018.01任）
侯国芬（女）
释慧莲（女）
蔡广杰
戴朝红

【区政协各委室机构负责人名录】

办公室
主　任　侯国芬
副主任　魏　伟
提案联络委员会
主　任　陈林柱（2018.01离任）
　　　　赵　华（2018.01任）
副主任　陆　叶
经济委员会
主　任　白云波（2018.01离任）
副主任　张丽琼
科教文卫体委员会
主　任　李文鹏
副主任　彭春云
人口资源环境委员会
主　任　王春华
副主任　付兴德（2018.01离任）
民族宗教法制委员会
主　任　李忠兴
副主任　潘兴建
文史委员会
主　任　李红有
副主任　郭小平

【概述】　2018年，区政协常委会团结带领全体政协委员和政协各参加单位，学习贯彻习近平新时代中国特色社会主义思想和十九大精神，把握新时代、新任务、新要求，落实区委各项决策部署，履行政治协商、民主监督、参政议政职能，围绕中心献良策，汇聚力量谋发展，苦练内功强素质，开创新时代江川政协工作新局面，为助推江川经济社会发展作出新贡献。

【政协玉溪市江川区第二届委员会第二次会议】　政协玉溪市江川区第二届委员会第二次会议于2018年1月18日至22日在江川举行。会议审议并同意罗跃岗代表政协玉溪市江川区第二届委员会常务委员会所作的工作报告和杨吉英受政协玉溪市江川区第二届委员会常务委员会委托所作的二届一次会议以来提案工作情况报告；听取和协商讨论王志华代表玉溪市江川区人民政府所作的政府工作报告；书面协商讨论《玉溪市江川区人民法院工作报告》《玉溪市江川区人民检察院工作报告》《玉溪市江川区2017年国民经济和社会发展计划执行情况与2018年国民经济和社会发展计划草案的报告》《玉溪市江川区2017年地方财政预算执行情况和2018年地方财政预算草案的报告》；会议补选政协玉溪市江川区第二届委员会副主席1名、常务委员3名。

【常委会议】　2018年，政协玉溪市江川区第二届委员会常务委员会举行第四次至十二次常委会议。

1月3日，召开政协玉溪市江川区二届四次常委会议。协商增补委员12名，同意5名委员因工作变动辞去政协委员职务。

1月5日，召开政协玉溪市江川区二届五次常委会议。审议通过《政协玉溪市江川区第二届委员会各专门委员会组成人员名单》；审议二届二次全体会议相关事宜；审议通过《政协玉溪市江川区第二届委员会常务委员会工作报告（草案）》《政协玉溪市江川区第二届委员会常务委员会关于二届一次会议以来提案工作情况的报告（草案）》；进行人事任免。

1月20日，召开政协玉溪市江川区二届六次常委会议。听取区委常委、组织部部长张祖权就政协玉溪市江川区第二届委员会补选副主席、常务委员候选人名单（草案）所作说明；审议通过《政协玉溪市江川区第二届委员会补选副主席、常务委员候选人名单（草案）》《选举办法（草案）》。

1月21日，召开政协玉溪市江川区二届七次常委会议。听取政协玉溪市江川区二届二次全会各讨论组第一召集人汇报《补选政协玉溪市江川区第二届委员会补选副主席、常务委员候选人名单（草案）》《选举办法（草案）》《会议决议（草案）》讨论情况；审议通过《补选政协玉溪市江川区第二届委员会补选副主席、常务委员正式候选人名单（草案）》《大会选举总监票人、监票人名单（草案）》《政协玉溪市江川区第二届委员会第二次会议决议（草案）》《政协玉溪市江川区第二届委员会提案联络委员会关于二届二次会议提案审查情况的报告（草案）》。

3月30日，召开政协玉溪市江川区二届八次常委会议。听取区政协办公室关于《政协玉溪市江川区委员会2018年工作要点》通报；审议通过《政协玉溪市江川区委员会2018年度重点协商计划》；专题学习全国两会精神，安排2018年政协活动组工作。

5月11日，召开政协玉溪市江川区二届九次常委会议。审议通过《江川中心城区饮水安全调研报告》，听取相关部门工作情况通报，以“江川中心城区饮水安全”为主题开展专题协商，形成协商意见5条。

7月12日，召开政协玉溪市江川区二届十次常委会议。审议通过《提案工作实施细则》；审议通过《江川区农村自办宴席食品安全情况调研报告》《江川卫生人才队伍建设调研报告》；以“农村自办宴席食品安全”“卫生人才队伍建设”为主题开展专题协商，共形成协商意见11条；专题学习《习近平新时代中国特色社会主义思想三十讲》相关内容。

8月23日，召开政协玉溪市江川区二届十一次常委会议。听取区政府关于江川区2018年上半年国民经济和社会发展情况通报；审议通过《全体会议工作规则》《常务委员会工作规则》《主席会议工作规则》《专门委员会通则》《联系委员制度》；审议通过《江城纸制品产业园建设调研报告》；以“江城纸制品产业园建设”为主题开展专题协商，形成协商意见3条；专题传达学习开展习近平总书记关于加强和改进人民政协工作的重要思想学习研讨活动相关文件，通报区政协学习研讨活动开展情况。

12月6日，召开政协玉溪市江川区二届十二次常委会议。听取区政府副区长李忠海代表区政府所作的2018年提案办理情况通报；听取区政协各专委会2018年工作报告；安排区政协常委年度履职报告事宜；专题学习中共中央办公厅印发的《关于加强新时代人民政协党的建设工作的若干意见》。

【理论武装】 常委会认真贯彻落实全国政协的部署和要求，深入学习贯彻习近平新时代中国特色社会主义思想和党的十九大精神，开展习近平总书记关于加强和改进人民政协工作的重要思想学习研讨活动，坚持经常性学习与专题研讨相结合，做到学习、查摆、整改同步推进，共同思想政治基础进一步夯实。

扎实开展经常性学习。把学习贯彻习近平新时代中国特色社会主义思想和十九大精神作为首要政治任务，成立领导小组，制定实施方案，抓好组织实施。全年开展党组理论中心组学习8次、常委会专题学习6次、党支部集中学习12次、机关政治学习52次。通过开展形式多样的学习活动，增强“四个意识”，坚定“四个自信”，坚决做到“两个维护”，思想政治根基进一步筑牢。

深入开展专题研讨。按照全国、省、市政协的安排部署，认真组织开展习近平总书记关于加强和改进人民政协工作的重要思想学习研讨活动。坚持在学深上下功夫，在弄通上见实效，制定周密方案，及时部署开展学习。在完成自学教材、开展研讨、对标整改等规定动作的基础上，通过举办辅导讲座、开展委员培训、交流学习心得等自选动作，深化学习研讨活动。省政协副主席何波专程到江川政协实地检查，对研讨活动给予肯定，认为江川汇编学习材料、全员参与交流学习心得等做法值得推广。

【政治协商】 常委会认真贯彻落实区委《关于加强人民政协协商民主建设的实施意见》，充分发挥政协协商在江川改革发展稳定中的重要作用，围绕人民群众最关心、最直接、最现实的利益问题，扎实开展政治协商，协商议政成效明显。

组织全会协商。二届二次全会期间，组织委员协商讨论“一府两院”工作报告。区委、区政府领导和有关部门负责同志参加分组协商讨论，听取委员意见建议，协商议政氛围浓厚热烈。会议期间编发简报2期，及时通报协商讨论情况；全会闭幕后，及时召开主席会议分类研究委员意见建议，对区政府工作报告提出协商意见154条，对“两院”工作报告提出协商意见36条，并向区委报告全会协商意见。江川政协全会协商的做法和经验，得到市政协肯定和推广。

组织专题协商。按照“有事好商量，众人的事情由众人商量”的协商民主新要求，为推进江川城镇化建设，在充分调研14个职能部门工作的基础上，开展新型城镇化建设专题协商，分析江川城镇化建设的历史与现状、面临的机遇和挑战，提出刚性执行规划、行政中心选址、城市管理机制建立等5个方面的协商意见，报区委、区政府作决策参考。为保障人民群众饮水安全，在深入调研区内外7个水源点基础上，广泛听取民意，开展中心城区饮水安全专题协商，针对江川中心城区饮水安全面临的严峻形势，提出大龙潭水不适宜饮用、保留花椒站、实行同城同网同价供水等5个方面协商意见，报区委、区政府作决策参考。全年向区委、区政府共报送专题协商报告5个，提出19个方面协商意见。

区委、区政府高度重视，区委书记徐贤、区长王志华作出批示，交由分管领导和相关职能部门研究办理。

组织提案协商。健全提案工作制度，加强对提案提出、立案、交办、办理、督查和反馈等环节的协商，推进提案办理由“答复型”向“落实型”转变。持续发挥主席会议成员领衔督办重点提案、委室督办重要提案的示范作用，组织委员对增加老玉江路标识标牌、翠大线前卫至大街段路灯改造和道路维修2件重点提案办理情况进行视察；就发展乡村旅游、提高优质烟叶生产能力、健全完善“四退三还”工作机制等21件重要提案进行对口协商督办。119件提案得到办理和回复，面商率、办复率达100%，落实率达55.46%，同比上升21.86个百分点。

组织对口协商。健全对口联系工作机制，专委会以调研视察、会议活动为纽带，同党政职能部门开展对口协商。各专委会主动与对口职能部门协商调研视察课题，邀请部门领导参加调研视察60人次，听取有关工作情况通报12次，协商讨论调研视察报告13个；各专委会应邀参加对口职能部门的年度工作部署会、专项工作推进会、规范性文件征求意见会150余次，形成信息共享、情况互通、民主协商的常态化互动机制。

【民主监督】 常委会认真贯彻落实区委《关于加强和改进人民政协民主监督工作的实施意见》，聚焦重大项目、重点工作和社会关注的热点难点，切实开展民主监督，协商式监督机制不断完善。

开展视察监督。组织专委会和界别委员开展城市提质扩容PPP项目建设、星云湖环湖截污治污、基层法律服务、在职教师校外有偿补课整治、北山寺建设等6项视察，形成视察报告6个，向区政府及住建、环保、教育、司法、民宗等职能部门提出监督性意见21条。其中，基层法律服务视察报告得到区委书记徐贤批示，交分管领导及司法局研究办理，区委督查室及时跟进，推动基层法律服务工作改革；北山寺片区建设视察报告得到区长王志华批示，交分管领导及旅发局研究办理，区政府督查室跟踪督办，促使北山公园旅游景区总体规划、旅游基础设施建设项目可行性研究报告编制完成。组织委员活动组围绕“8·13”“8·14”地震灾后重建、高速公路项目建设民房搬迁、旧村改造等民生工程，开展视察活动，助推民生项目实施。

开展专项监督。按照河长制工作要求，认真落实区政协河道督察职责，研究制定督察方案，由主席牵头、副主席带队、专委会负责，分别对大街、江城、前卫、九溪、安化推行河长制工作情况进行督察，形成专题督察报告5个，提出督察意见建议19条，报送区委、区政府。区委书记徐贤高度重视，作出“函报提出的意见建议好，请河长办持续推进落实”批示。

开展委员监督。探索提案联络委、办公室、委员活动组协同选派委员监督的机制，组织委员38人次参加法院检察院服务中心建设、邪教典型案件出庭公诉、干部队伍作风建设等7项评议活动；组织委员63人次参加教育督导评估、星云湖鱼苗投放、高标准农田建设项目验收、水价调整听证、城区公交车开通听证、领导干部社会评价等22项民主监督活动，有效促进部门工作落实和干部作风转变。

开展民意监督。健全反映社情民意工作机制，探索召开社情民意季度恳谈会，密切委员与界别群众联系，推动反映社情民意工作出亮点、出成果。组织委员对网吧酒吧非法接纳未成年人消费、农村集体产权制度改革等主题进行恳谈，收集反映社情民意信息8篇；引导专委会、活动组以调研视察和委员活动为契机，围绕经济发展、生态保护、城市管理、民生保障、干部管理等重点，收集反映社情民意信息38篇，报送区委、区政府主要领导参阅。其中《加强和完善社区建设的建议》《河长制还需河“长治”》《“机械落实”也是形式主义》等社情民意信息，区委书记徐贤专门作出批示，并转交相关职能部门办理。在省市政协专题调研江川反映社情民意工作时，对江川政协重视委员反映社情民意、定期召开社情民意恳谈会、严把社情民意信息质量关等做法给予充分肯定。

【参政议政】 常委会认真贯彻落实区委、区政府决策部署，紧扣中心工作，认真调查研究，积极献智尽力，参政议政水平进一步提高。

做实调查研究。以提高协商议政实效为目标，加强和改进调查研究工作，围绕“产业发展、城市建设、民生改善”等中心工作，精心组织开展调研活动，着力把问题找准、对策提实。就推进江城纸制品产业园建设，调研摸清园区建设缓慢原因，提出高位推动、精准招商等意见建议；就加快卫生人才队伍建设，调研找准人才培养引进制约因素，提出探索推进编制备案制、完善人才激励机制等意见建议；就确保农村自办宴席食品安全，调研查实各乡镇（街道）自办宴席管理现状，提出推进农村自办宴席标准化规范化建设、建立农村自办宴席监管长效机制等意见建议。全年共开展调研5项，形成调研报告5个，提出对策建议28条，报送区委、区政府作决策参考。意见建议得到区委、区政府重视，区委书记徐贤、区长王志华相继批示交相关职能部门办理。

参与中心工作。坚持在参与中支持、在支持中服务、在服务中监督，按照区委安排，受区政府委托，区政协班子成员挂钩联系“七位一体”具体工作，深入联系点调研指导，帮助协调解决有关问题；政协机关积极做好“双创”、社区建设、河道治理等挂包工作，共挤出工作经费30万元支持基层工作。抽调13名领导干部参加棚户区改造、高速公路建设、星云湖“四退三还”、政治巡察等工作，深入一线全力参与工作推进。

【统一战线】 常委会贯彻落实《中国共产党统一战线工作条例》，发挥人民政协爱国统一战线组织优势，围绕党政中心工作，广泛汇聚力量，兴办好事，力办实事，统战功能发挥逐步增强。

助力脱贫攻坚。根据省市政协开展脱贫攻坚助推行动工作部署，制定行动方案，以“九个一”活动为载体，开展“六个助推”行动，发动全区政协委员和政协机关干部投身脱贫攻坚主战场。引导活动组发挥界别优势，筹资110万元，开展健康义诊、爱心义捐、技术指导等公益活动。按照区委“挂包帮”工作安排，选派1名专委会干部到九溪马家庄驻村扶贫，组织21名机关干部结对帮扶河咀社区建档立卡贫困户34户119人，帮扶资金10万元。联合统战部、工商联举办“捐资助学”活动，筹资20万元资助贫困大学生40名、表彰山区优秀教师4名。配合市政协做好安化乡脱贫挂包工作，争取帮扶资金48万元。

广泛联络联谊。发挥政协位置超脱、联系广泛优势，为江川经济社会发展鼓与呼。针对市政府“关于玉溪高新区龙泉园区一体化发展实施意见”在贯彻中存在问题，积极争取市政协到江川工业园区视察，组织驻江市政协委员向市政协提交集体提案，建议市政府解决园区的政府性投资认定、土地划拨款缴纳和环保等问题，促成高新区管委会与江川区政府建立联席会议制度，定期研究解决问题。针对星云湖周边农业产业结构调整、入湖河道治理，安化烂泥箐至红塔区科教创新城道路建设、雄关农产品物流园区建设等方面存在的困难和问题，提交集体提案6件、个人提案8件。提案得到市政府及相关职能部门重视和办理，其中星云湖周边农业产业结构调整将由市农业局指导申报2019年区域生态循环农业项目；安化烂泥箐至红塔区科教创新城道路建设由市政府向中烟云南公司申请补助资金1000万元；北山寺素食餐厅、大庄活动场所建设争取到市政协提案办理专项补助资金15万元。认真做好全国政协原副主席到江川考察青铜器博物馆接待工作，主动配合省市政协到江川开展园区经济发展、绿色食品产业、特色小镇建设、自然保护区条例实施等22项调研视察考察，积极呼吁上级关注支持江川发展。接待江苏苏州、广东英德、安徽包河、贵州黔东南、普洱市、红河州、文山州等10余家省内外政协到江川考察湖泊治理、花卉种植、党建工作等，宣传推介江川发展，促进双方交流互鉴。

加强文化建设。选优配强文史委员，召开文史工作协调会，借助新媒体广辟稿源，征编出版第31辑《江川文史资料》；配合市政协完成文史资料《玉溪味道》江川部分组稿任务；提供星云湖放养毛螃蟹、建国前革命先烈事迹等文史资料，服务区委决策和学校党建工作，切实发挥文史资料“存史、资政、团结、育人”作用。组织开展“心系群众、书赠春联”活动，向群众赠送春联420副，选送书法作品参加全省政协系统庆祝改革开放四十周年优秀书画作品展，整理提供政协历年工作影像资料，参加全区庆祝改革开放四十周年成就展，展示政协文化。持续开展政协委员风采专题宣传活动，拍摄第5辑《政协委员风采录》，讲述委员履职故事，展现委员风采。

【自身建设】 常委会以党建为

统领，以提高履职能力为目标，贯彻落实区委《转变工作作风强化执行力若干意见》，准确把握人民政协性质定位，积极探索履职规律，健全制度、改进作风，自身建设成效明显提升。

坚持党建引领。牢固树立做好政协工作必须抓好党的建设观念，以党章为根本遵循，按照新时代党的建设总要求，坚定不移推进全面从严治党。加强政协党组党建工作，认真贯彻落实《中国共产党党组工作条例》，履行全面从严治党主体责任。坚决服从区委对政协工作的领导，定期向区委常委会汇报工作，确保区委决策部署在政协贯彻落实。严格履行意识形态工作“四种责任”，定期分析研判，强化阵地管理，坚持正确舆论导向。切实落实党风廉政建设责任制，综合运用廉政党课、提醒谈话、专题学习等形式，抓好党风廉政建设工作。督促指导党支部规范化达标创建，积极组织机关党员参加“万名党员进党校”学习培训，以党的建设推动政协各项工作扎实有效开展。

加强制度建设。认真学习贯彻新修订的《政协章程》，按照市政协指导意见和区委全面深化改革工作安排，围绕推进协商民主“三化”建设，认真研究政协履职机制，开展制度落实“回头看”，提高制度落实力。制定专题协商活动、调研视察考察、提案内容公开、委员联络、专委会向常委会报告工作等方面的制度7项；修订会议、专委会、反映社情民意等方面制度15项；废除不适用制度2项，为政协履职提供制度保障。

强化委员管理。坚持以能力建设为核心，着力打造素质过硬的委员队伍。举办委员专题培训，邀请省政协领导、知名经济学教授讲授政协履职知识和房地产发展趋势，增强委员履职本领。加强委员日常管理与服务，严格委员履职考勤，开展经常性联络活动，激发委员工作的责任感、使命感。首次开展政协常委年终述职，并纳入履职档案，激励常委认真履行职责。全体委员充分发挥在政协工作中的主体作用，全年参加会议及履职活动801人次，较往年有较大提高；委员积极发挥在本职工作中的表率作用，顾绍林委员被评为全省优秀乡村教师，岳修辉、张国峰、陆培兴等5名委员被表彰为江川首届“星云英才”，展现新时代委员风采。

加强机关管理。围绕履职目标，继续推行职责明确、任务到人工作机制，有条不紊推进机关各项工作。首次开展专委会向政协常委会报告工作，充分发挥专委会在政协工作中的基础性作用。先后选派政协领导干部14人次，到省市党校、知名大学、江苏武进等地学习培训和挂职锻炼，不断提升理论水平和业务素质。加强新闻宣传信息工作，《云南政协报》刊登江川政协新闻稿件25篇；编发《政协工作简讯》35期230条，被市政协采用51条，荣获全市政协系统2018年度信息工作先进集体。2018年10月，省政协主席李江到江川调研基层政协工作时，充分肯定江川政协总体工作，希望“江川区政协开拓进取、积极探索新时代政协工作，争取成为基层政协的标杆”。

（张　潇）

人民团体

工　会

【概述】 2018年，玉溪市江川区总工会按照中央党的群团工作会议精神和《玉溪市江川区总工会改革方案》及区总工会工作部署，围绕江川区中心工作任务，把握和谐稳定大局，不断汇聚职工群众推动江川跨越发展强大动力，在加快建设宜居宜业和谐美丽新江川中发挥工人阶级主力军作用。

【组织建设】 2018年，区总工会设主席1人，副主席1人，在编工作人员6人，聘用职工7人。全区共有工会组织236个（其中，独立基层工会214个、联合基层工会22个），涵盖单位440个（其中行政单位79个，事业单位63个，非公企业298个），职工13388人，会员数13228人。按照“三同时”原则，成立经审组织231个，女工组织118个，组建率达到应建工会经审组织和女工组织的100%。

【工会改革】 区总工会结合江川区实际，提请区委印发《中共玉溪市江川区委办公室关于印发〈玉溪市江川区总工会改革实施方案〉的通知》，强化组织领导，明确职责，分类进行，全面推动改革实施。同时，下发改革配套工作方案、实施意见和通知要求共19个。进一步夯实组织基础，积极开展建会。全年，新建企业工会5个、村（社区）联合工会2个、“两新”组织1个，发展会员470人。推动1家保安行业建会，298名职工入会。其它行业符合条件入会会员59人。在4个乡镇工会委员会成立总工会，配备专（兼）职副主席，明确职责权限，充分发挥好总工会的领导和服务职能，真正实现从派出机构到领导机构的提升。

【二届三次全委（扩大）会议】 4月17日，玉溪市江川区总工会二届三次全委（扩大）会议召开。区总工会二届委员会“三委”委员共36余人参加会议。会议由区人大副主任、总工会主席普朝鹏主持。

区总工会副主席戴燕芬作题为《务实创新促改革乘势而上谋新篇团结带领全区广大职工为建成宜居宜业和谐美丽新江川贡献力量》工作报告，回顾总结2017年工会工作取得的成效，并对2018年工会工作的总体要求和目标任务进行安排部署。区总工会经审委主任郭世民作题为《关于2017年工会经费审查工作情况和2018年工作安排的报告》的经审报告，大会书面审议通过女工工作报告。会议对3位工会委员和1位女工委员进行替补，并选举产生2名常委。

【工会干部综合素质培训】 7月12，区总工会在江川宾馆举办为期一天半的工会干部综合素质培训班，全区各乡镇（街道）、机关、企事业单位143名工会干部参加培训。区人大副主任、区总工会主席普朝鹏讲解工会改革相关工作；区委党校常务副校长郭华进行习近平新时代中国特色社会主义思想宣讲；区疾控中心主任凌剑波讲授禁毒防艾及健康教育知识；区医院工会主席吕玉江传达云南省工会第十二次代表大会会议精神。

【“一活动一工程”】 2018年，区总工会围绕江川工会工作实际，深入推进“一活动一工程”，指导基层工会围绕“四争四促”，深入开展建功立业活动。深入开展职工素质建设工程。组织基层工会开展农民工培训3306人。积极创建“一站一室”，着力工匠人才培育。选树推荐玉溪市“玉溪工匠”5人，申报“玉溪工匠创新工作室”1个；推荐云南省“云岭工匠”1人；推荐玉溪市职工创新工作室3个，职工技师工作站2个；推荐云南省职工技师工作站1个。

11月30日，江川区总工会举办2018年职工心理服务大讲堂，来自乡镇、街道（总）工会、企业工会、区直基层工会200余名工会干部职工聆听讲座。

【劳动竞赛技能竞赛】 2018年，区总工会积极组织开展劳动技能竞赛，组织参加68场次，参与职工7120人次，投入工作经费23.8万元。一是在五一劳动节期间，联合区住建局举办以“创先争优促发展竞技交流展风采”为主题的“迎五一·川建杯”建筑职业技能竞赛活动。全区16个建筑施工企业91名职工参与竞赛。二是在食品行业及制造行业开展技能竞赛活动。推荐1名数控装设工参加第六届全国职工技能大赛；推选3名维修电工和3名汽车维修工参加云南省第五届滇中城市经济圈职工技能大赛玉溪选拔赛，2名职工分获三等奖。三是在企业中开展劳动和技能竞赛调研，形成调研文章6篇，上报市总工会2篇。

【走访慰问】 1月24日至25日，江川区总工会领导班子组成慰问组，深入到云南毅峰华盛纸制品有限公司、云南同力橡胶有限公司等9家企业中对120名困难职工进行慰问。同时，对辖区内292名在档困难职工和6名各级劳模送去温暖，共发放慰问金36万余元。

2月6日，玉溪市总工会副主席陈杰一行深入江川区走访慰问市级劳模张克富、困难职工陈燕及云南福光包装有限公司困难职工，走访慰问劳模、困难职工共22人，发放慰问金1.152万元。

【困难帮扶】 2018年，区总工会积极开展困难职工帮扶工作，努力为职工办实事、做好事，开展元旦、春节送温暖、困难单亲女职工帮扶、金秋助学等帮扶慰问活动7次，共帮扶慰问困难职工1411人次，发放帮扶资金144.97万元。

8月28日，区总工会举行2018年“金秋助学”资金发放仪式，为49名困难职工子女发放助学金12.2万元。

11月，区总工会组织各基层工会对全区各机关、企事业单位职工及其供养直系亲属患20种重大疾病情况进行摸底调查，并对符合条件的15名职工进行临时帮扶救助，共计发放帮扶资金7.75万元。

【职工医疗互助】 2018年，全区152个单位11022名职工参与，第十四期职工医疗互助共收取互助金133.9万元，补助生病住院职

工1873人次，单次最高补助达6.4万元。

6月28日，区总工会副主席戴燕芬、中国电信江川分公司工会主席施栋一行4人将77007元职工医疗互助补助金送到已故职工杨振华家中。

【劳动法律监督】 2018年，推进劳动法律监督工作，深入到企业开展劳动法律监督宣传及“尊法守法·携手筑梦”服务农民工法制宣传活动。共计开展监督检查17次，发出劳动法律监督意见书7件，落实整改6件。解答农民工法律咨询300余次，发放宣传手册1123余册。

【厂务公开民主管理】 2018年，区总工会建立健全组织领导机构，建立完善各项民主管理制度，抓好江磷集团、景湖酒店、大街阳光食品公司、大街红塔包装公司、前卫卓一食品公司等10家市级厂务公开民主管理示范单位管理工作，为推动全区厂务公开民主管理工作起到示范性作用。至年底，全区机关事业单位政务公开面为100%，非公企业厂务公开面达86%，全区厂务公开应建制237家，已建制210家，建制率达88.6%；职代会（职工大会）应建制237家，已建216家，建制率达91.1%。

【企业集体协商】 2018年，区总工会继续做好第五轮集体协商及协商合同签订工作任务，共签订企业签订集体合同62份，覆盖企业175个，覆盖职工3844人。其中：区域性合同5份，覆盖企业149个，覆盖职工3472人。行业性合同2份，覆盖企业29个，职工431人。100人以上企业单独签订合同10份，覆盖职工1580人。集体协商合同签订率达93.7%。已建立工会组织的企业，签订工资集体协商合同覆盖率达100%。全区现有集体协商指导员11人，其中，省、市级工资集体协商专职指导员2人，区级工资集体协商兼职指导员9人。

7月13日，区总工会在江川宾馆召开2018年度企业集体协商工作会议，区总工会、区人社局、区工信局和区工商联领导出席会议并讲话。各乡镇（街道）工会主席、副主席，劳保所、农经中心负责人及部分区属企业工会主席共40余人参会。

8月，区总工会协调区工商联、区人社局等部门深入乡镇及其所属企业督促指导集体协商工作。

【安全生产】 以“五一劳动节”“六月安全产生月”和国庆节为契机，大力宣传《安全生产法》《道路交通安全法》等国家安全生产法律法规，悬挂宣传标语43条，农民入会手册750余份，知识宣传资料若干。主动参与全区性安全大检查2次，参与全区性重大安全事故调查处理2起，参与全区应急救援演练培训，做好安全防范处置。

【“安康杯”知识竞赛】 区总工会联合区安监局开展2018年“安康杯”竞赛活动，安排布置35家企事业单位、4187名职工参与以“安全培训提素质、班组管理强基础”为主题的“安康杯”竞赛活动。

【法律援助及劳动仲裁】 2018年，区总工会加强与联合川和律师事务所联系，开展工会法律援助工作。全年共接待来访群众法律咨询30人次，56件次，为职工维权，助推和谐劳动关系建设。

【职工疗（休）养】 2018年，组织6批270名在职干部职工赴白鱼口、北戴河、银川、厦门和哈尔滨参加疗休养，维护职工休养权益、保护职工身心健康。

【劳模管理】 2018年，组织召开全区劳模座谈会并开展慰问活动，慰问45名劳模，发放慰问金1.35万元。申报省部级困难劳模2名，发放困难帮扶金1.24万元。慰问1名病故劳模，发放慰问金0.1万元。在改革开放40周年到来之际慰问劳模10名，发放慰问金4.15万元。成功推荐省五一劳动奖章1名。

【“书香家庭”征文活动】 3月，区总工会组织开展“引领女性阅读·建设文明家庭”为主题的“书香三八”读书征文活动。活动共征集文章81篇，评选优秀作品10篇。

【志愿服务活动】 2018年，区总工会主动参与到国家卫生城市及省级文明城市的创建中来，建立工会志愿者服务队，深入到城区、联系的“双创”网格及社区开展“3·5学雷锋”“清理河道”“弘扬志愿精神创建文明城市”“我为美丽添光彩”清理河道“12·5国际志愿者”等志愿服务活动。

【工会服务职工网上工作】 2018年，区总工会继续抓好工会网上服务职工办理业务。利用云南省基层党建综合服务平台，继续做好职工医疗互助网上办理工作，全年录入上报系统医疗互助119人次，有效推动网上办理工作进展。

【工会会员保障服务工作】 开展工会会员服务保障工作，全区41家基层工会，2088名工会会员参保此次会员服务保障工作。全年，共理赔4人，1.19万元。

【职工服务中心建设】 区总工会积协调推进职工服务中心建设。职工服务中心项目建设已取得立项审批，完成前期设计及规划工作，现已进入房屋拆除施工阶段。

加快职工驿站建设，完成年内3个职工驿站建设任务。8月，申报3个职驿站建设，11月完成建设任务。12月，省总工会委托第三方对已完成2个职工驿站（江城吉宏汽车运输公司及云南联塑科技发展有限公司）进行现场验收并通过验收。

【女工工作】 2018年，区总工会认真排查全区范围内的困难单亲女职工，多渠道筹措资金，拓宽帮扶内容，扩大帮扶覆盖面。积极帮助困难单亲女职工解决工作和生活中遇到的困难和问题，为10名特困单亲女职工发放慰问金2万元。组织20名困难女职工进行两癌筛查，突出工会关爱女职工职能。

【财务工作】 2018年，区总工会继续开展收缴工会经费工作，深入基层工会调研指导财务工作，确保工会各项财务制度的贯彻落实，进一步规范单位、系统财务管理制度，保障工会财务管理的规范化建设。

9月28日，区总工会组织区地税局、人行江川支行及农行江川支行召开2018年经费代收工作联席会议，进一步加强全区工会经费收缴工作，确保工会经费依法及时足额收缴。会议由区人大常委会副主任、总工会主席普朝鹏主持。

【经费审查工作】 2018年，区总工会继续强化经审工作，切实履行经费审计职责。依托第三方审计机构对工会专项资金、回拨经费和工会资产进行审计，对2017年区本级工会经费收支预算进行审查，审计认为，总工会专项经费和工会经费的收支情况及资金管理安全、严格，审批手续齐全。对34家基层工会2017年经费收支情况进行审计，乡镇、系统工会审计面31%，区直单位工会审计面达12%。开展审计项目34个，出具审计报告34份。

【工会宣传】 2018年，区总工会共编报工作简报72期（其中，编报基层工运短波16期）。上报工作信息74条，其中省级采用2条，市级采用74条，区级采用29条。

【工会理论调研】 2018年，区总工会结合年度江川区工会工作要点及工作岗位实际，开展下基层调研活动，形成劳动竞赛、产业工人队伍建设改革、困难职工脱困解困工作、集体协商、女工工作、构建和谐劳动关系等调研文章7篇，并上报市总工会。

【表彰奖励】 1月24日，云南红塔包装实业有限公司被玉溪市总工会评为2018年度玉溪市‘安康杯’竞赛优胜单位；云南宏斌绿色食品有限公司云腾制造生产组被玉溪市总工会评为2018年度玉溪市‘安康杯’竞赛优胜班组”，玉溪市江川区江城镇人民政府贾迪、玉溪新天力农业装备制造有限责任公司杨云花被玉溪市总工会评为2018年度玉溪市‘安康杯’竞赛先进个人。

9月，鸿湖彩印包装有限公司工会、江川区第一中学工会被玉溪市总工会评为2018年职工书屋市级示范点。

12月13日，九溪阳山庄一品羊肉店工会、玉溪市凯迪龙气体产品有限公司工会、玉溪新住酒店集团有限公司工会、玉溪市江川区雄关乡人民政府工会、玉溪新天力农业装备制造有限公司工会被市总工会命名为2018年度基层工会组织发挥作用典型单位。

12月18日，江川区李家山青铜工艺制品厂被玉溪市总工会命名为李家山青铜工艺创新工作室。

（郭世民）

共青团

【概述】 2018年，共青团玉溪市江川区委认真贯彻落实习近平新时代中国特色社会主义思想，依据改革实施方案和区委二届四次全会各项目标任务，紧紧围绕全区经济社会发展大局，发挥组织优势，在联系服务广大团员青年上下功夫，积极开展党建带团建、引领团员青年思想政治、从严从实治团、深入开展各项志愿服务工作，工作成效明显。

【共青团改革工作】　2018年，江川团区委落实上级共青团改革精神及区委关于全面深化改革的重要决策部署，将改革工作列入重要议事日程。成立由主要领导任组长，分管领导任副组长，各乡镇（街道）专职副书记为成员的改革领导小组，深入调研，多次召开会议研究、谋划、推进改革工作。制定并印发《共青团玉溪市江川区委改革实施方案，建立改革工作要点台账，明确改革事项、牵头领导、协同单位、责任主体、完成时限，并实行销号管理，完成2018年改革任务。

【坚持全团带队】　为落实十九大提出的“培养担当民族复兴大任的时代新人”要求和习总书记“扣好人生第一粒扣子”重要指示精神，加强基层少先队组织建设。一是开展乡村少年宫才艺大赛、向国旗敬礼等富有时代气息的特色实践活动，不断增进凝聚力，弘扬主旋律，传递正能量。二是联合多家机关单位、社会机构开展“中华魂”（腾飞的祖国——改革开放四十年）、“童心永向党筑梦新时代”（“六·一”）主题教育、“星抚杯”第五届青少年英语口语大赛等活动。三是组织50名留守儿童参加为期4天的公益星启夏令营活动，感受科技发展。

【竭诚有效服务青年，助推青年成长成才】　扎实做好“小额担保贷款”“贷免扶补”工作。全年为20人办理小额担保贷款200万元，为50人贷免扶补490万元，实现劳动力转移135人。着力引导、支持、服务广大青年投身创业实践，组织36名青年参与“创青春”云南青年创新创业大赛和“青春创未来共圆中国梦”玉溪市云南青年创新创业大赛。联合区人社部门举办“江川区2018年春风行动”和“农村劳动力转移就业暨高校毕业生专场招聘会”行动，实现转移农村劳动力630人。

【投身脱贫攻坚战】　到挂包帮村大街街道土官田村开展寒冬送暖、社会扶贫需求发布、“8·13”“8·14”地震五包五保行动。开展“善行圆梦”助力贫困学子圆梦大学计划，组织玉溪市宇丰汽修有限公司等7位企业家及爱心人士为我区11名贫困大学生共捐资9.8万元。

【寒冬送暖情暖童心活动】　1月11日，江川团区委联合相关单位，到雄关乡中心幼儿园和白石岩村儿童之家开展“寒冬送暖情暖童心”活动。区政府办、团区委、区妇联、区民政局、区教育局领导参加捐赠和互动活动，多家单位为白石岩村儿童之家捐赠电视机和玩具并慰问帮助残疾儿童。

江川华联超市在此次活动中为全区1000余名小朋友捐赠衣服1073套。

【寒冬送暖敬老爱老】　1月26日，江川区大学生村官志愿者服务队组织开展“寒冬送暖敬老爱老”主题活动，34名大学生村官到敬老院看望孤寡老人。打扫卫生、整理内务，给老人们送去一声问候、一份爱心。

【关爱城市美容师】　2月27日，团区委联合区妇联、区文明办、区城管局、创卫办共同举办“关爱城市美容师”公益活动。呼吁广大居民和商户关爱环卫工人，爱护环境卫生，养成文明习惯，弘扬“奉献、友爱、互助、进步”的志愿服务精神。动员鼓励广大群众共同参与“双创”。

来自机关事业单位、人民团体及社会各界的94名志愿者，走上街头参与活动。云南金骏药业有限公司自愿为全区环卫工提供了261份价值9396元的鹿茸。

【青春送暖健康扶贫】　3月21日，“青春送暖健康扶贫”活动在九溪镇举行，共青团玉溪市委书记朱莉，共青团江川区委书记屈瑞及九溪镇领导出席本次活动。

此次活动以现代公益事业为抓手，充分整合社会资源力量，发挥共青团组织化动员与社会化动员优势，实施好共青团脱贫攻坚扶贫关爱工程，有效促进贫困青少年健康成长，为脱贫攻坚工作凝聚更广大青年力量。

【第二届环星云湖公益徒步活动】　为纪念中国共产主义青年团成立96周年，弘扬“五四”精神和“奉献、友爱、互助、进步”的志愿者精神，5月4日上午，“玉溪市江川区第二届环星云湖五四公益徒步活动”在星云湖畔举行，徒步里程37.6千米，共计551人报名参加比赛。共青团玉溪市委副书记王刚、玉溪市青少年发展基金会秘书长孙玺、区委常委、区委办主任李卫东同志、区委常委、宣传部长赵琦同志等领导出席本次活动。

此次公益徒步活动，旨在用现代公益凝聚青年力量，增强江川市民保护母亲湖的意识，促进健康生活方式养成，引导青少年开展运动健身、倡导绿色出行、共建生态文明，为玉溪市迎接国家卫生城市复审和创建全省全国文明城市营造良好氛围。活动由共青团玉溪市委、玉溪市青少发展基金会、玉溪市江川区文明办、玉溪市江川区创卫办、共青团玉溪市江川区委、玉溪市江川区文广体局、玉溪市江川区青年联合会主办，玉溪市江川区自行车运动协会承办的。

【表扬先进】 2018年，玉溪团市委命名毕艺菡等35名团员青年为2017年度“玉溪市优秀共青团员”，宁筠等12名团干为2017年度“玉溪市优秀共青团干部”，共青团江川区职业中学委员会为2017年度“玉溪市五四红旗团委”，江川区大街街道大庄社区等2个团总支为2017年度“玉溪市五四红旗团支部”。

共青团玉溪市江川区委表彰陈昭含等60名团员青年为2017年度“玉溪市江川区优秀共青团员”，朱姝璇等30名团干为2017年度“玉溪市江川区优秀共青团干部”，九溪镇等2个团委为2017年度“玉溪市江川区五四红旗团委”，大街街道下营社区等11个团总支为2017年度“玉溪市江川区五四红旗团支部”。

【童心永向党　筑梦新时代】 6月1日，江川区庆“六一”“童心永向党筑梦新时代”主题教育活动在前卫中心小学开展。区委常委、区人武部政委曾宪涛，区人大副主任李绍华，区政府副区长、区妇儿工委主任杨军苹，区政协副主席邓春元以及区政府办、区妇联、区教育局、区残联、区关工委、团区委、区红十字会、前卫镇等相关部门领导和前卫中心小学师生共600多人参加了活动。

与会领导查看学校建设情况，对学校发展变化和主题教育活动师生书画作品给予高度评价。还观看文艺节目表演，向留守儿童、残疾儿童、困境儿童送上慰问金，鼓励他们“扣好人生第一粒扣子”，争做新时代好少年。

【团区委与江苏武进区一学校团委交流座谈】 6月14日，江川团区委与江苏武进区前黄高中国际分校团委在城投大楼一楼会议室召开座谈会。会议对接了前黄高中师生志愿者到安化乡支教相关事宜，交流了两地团委先进工作经验。

讨论了通过在安化乡中心小学和建档立卡贫困户中开展入户调研的设计活动方案并开展了“共享一本书，连通一座桥”，“一封书信看世界”等活动。

【江川区志愿者管理服务中心成立】 2018年6月，江川区志愿者管理服务中心成立，归共青团江川区委、江川区文明办共同管理，标志着江川区13529名注册志愿者有了日常管理和服务的主阵地，18支志愿者服务队伍能更好的根据自己的职能职责开展相应的志愿服务工作。

该中心又名“志空间”，位于江川区龙旺湖城欣都商业中心JC舞团工作室内，面积333平方米，设有功能活动室2间、交流会议室1间。主要负责全区志愿者招募注册、志愿服务项目发布、活动报名、志愿者培训管理、服务记录、志愿者奖励嘉许等工作。

为激励和联系志愿者中心建立激励机制，即对登记在册的志愿者进行评星定级，达标的志愿者可通过志愿时长兑换免费舞蹈、瑜伽课程、公益沙龙等。

【江苏省遥观镇团委与江川安化乡团委结成友好乡镇】 7月3日，在安化中心小学举行江苏省武进区遥观镇团委和安化乡团委友好乡镇成立仪式暨遥观镇青年企业家商会与安化彝族乡中心小学一对一结对帮扶启动仪式。仪式上，遥观镇团委和遥观镇青年企业家商会为安化乡中心小学的留守儿童之家捐款25万元，用于安化乡留守儿童之家的基础设施建设、建档立卡贫困户子女和困难儿童奖学金。和到访的遥观镇党委组织委员谭峰，镇团委书记、青商会秘书长周杰及镇青年企业家商会代表和玉溪市青少年发展基金会秘书长孙玺同志、团区委书记屈瑞、区教育局副局长陈春荣出席仪式。

【保护母亲河争当“河小青”】 7月23日，玉溪市江川区“保护母亲河争当河小青”启动仪式在星云湖畔举行。活动旨在深入贯彻落实绿色发展理念，配合做好玉溪市江川区全面推行河长制工作部署，进一步组织动员广大青少年在河湖管理保护中充分发挥生力军和突击队作用，推动青年志愿者巡河护河常态化。“河小青”是参与保护母亲河行动、助力河长制的广大青少年的总称，是河长的助手和落实河长制工作的参与者、支持者、监督者。

此次活动由共青团江川区委主办，前卫镇团委承办，区水利局、区环保局、区河长办等相关部门领导及100名云南省2018年暑期“同心营”的营员、江川区各乡镇（街道）团（工）委专职副书记和西部计划志愿者、前卫镇机关团员及前卫镇渔村村委会青年志愿者共计155人参加了本次活动。

【“乡村少年宫”开宫仪式成功举行】 团区委积极组织九溪镇六十亩、喜乐庄两个村开展“乡村少年宫”开宫活动，活动对象主要为贫困、留守、单亲家庭儿童。采取“寒暑假+周末+日常”的模式，即寒暑假由玉溪师院大学生8名和本村大学生6名志愿者进行美术、书法、篮球、舞蹈和科学小实验等课外兴趣教学；周末由社会各界爱心志愿者陪伴孩子们开展象棋、围棋、跳绳、羽毛球和读书角等文体活动；日常由各村（社区）“爱心妈妈”看护孩子进行家庭作业辅导。真正做到校外有监管，课余有活动，关爱全方位。活动共60多名儿童参与。

【亲子涂鸦公益活动】 8月11日，由团区委、区妇联、区城管局、少儿画苑怡伽美术创艺工作室联合开展江川区创建文明卫生城市“井上添画，绘美江川”亲子涂鸦公益活动，160多户家庭的儿童和家长参加活动。共绘制窨井盖画460幅，主题墙体绘画200米，充分表达了人与自然和谐共处及创云南省文明城市和国家卫生城市的决心。

【留守儿童参加星启夏令营】 8月14日，共青团玉溪市江川区委组织全区50名留守儿童参加玉溪市2018“情暖童心爱系留守”星启夏令营活动，活动为期4天，市青基会孙秘书长主持夏令营开营仪式。

通过参观市青少年宫时光隧道、玉溪市禁毒科普基地、南方电网学习用电常识，参加防震减灾科普活动、心理健康知识讲座等活动，50名小营员克服第一次离家的恐惧，翻山越岭、跨越层层阻隔，走出大山、走进城市、开阔眼界、收获知识、团结友爱，学会自立自强，迈开了自己精彩人生的第一步。

【第十八次全国代表大会精神宣讲】 8月中旬，江川团区委召开中国共产主义青年团第十八次全国代表大会精神学习会。各乡镇（街道）和学校团干部参会。会上观重播了6月26日中央电视台《新闻联播》关于团十八大开幕式，学习了中央政治局常委、中央书记处书记王沪宁代表党中央发表的题为《乘新时代东风·放飞青春梦想》的致词以及共青团中央书记处常务书记、全国青年主席贺军科代表共青团第十七届中央委员会作的题为《高举习近平新时代中国特色社会主义思想伟大旗帜奋力谱写决胜全面建成小康社会·全面建设社会主义现代化国家的壮丽青春篇章》的报告。

团干部纷纷表示，江川各级团组织今后将围绕立德树人根本任务，不忘跟党初心，牢记青春使命，奋发务实进取，全面服务广大青年成长成才，不断推进共青团改革，努力开创共青团工作新局面。

【校外未成年人心理健康辅导站成立】 2018年8月，江川区校外未成年人心理健康辅导站成立。

该站位于区青少年学生校外活动中心一楼，由江川区文明办、团区委、区教育局牵头成立，是面向全区未成年人实施心理健康教育和开展心理咨询服务的专业化公益性组织，为全区广大未成年人免费提供心理咨询、沙盘、团体辅导等服务。辅导站目前设有接待室、办公室、心理咨询室、沙盘治疗室、小型团体活动室等，有志愿者30名，其中持有国家三级或二级心理咨询师资格证书的专业心理咨询师志愿者14名。

2018年，该站志愿者共开展三次大型团体辅导活动、辅导十几例个案以及答复二十余次热线来访。

【资助贫困大学生捐资仪式】 8月31日，共青团玉溪市江川区委在城投大楼三楼会议室举行2018年“善行圆梦”资助贫困大学生捐资仪式。

本次“善行圆梦”活动共接受玉溪市宇丰汽修有限公司等6家本地爱心企业和陶国敏1位爱心人士捐资，共筹得资金9.8万元。根据家庭贫困程度不同施以1万元、6000元、5000元、4000元等不同金额的助学金。对家庭特别贫困的1名学生，由玉溪市宇丰汽修有限公司实施一对一的长期资助，每月将获得500元的生活费，四年共计28000元。

仪式上，资助企业和个人希望同学们坚定理想信念，树立远大抱负，在学真本领的同时，也能把爱心传递下去。受资助学生代表代表受资助的学生向资助企业表示衷心的感谢！表示自己将会在大学里认真、勤奋学习，并表明了争取早日回报社会、回报家乡的决心。

【团代会宣讲报告会】 9月30日下午，江川团区委召开省第十四次、市第五次团代会宣讲报告会。

会上，团委副书记龚萍从如何理解把握省、市两级团代会精神，如何迅速掀起学习宣传热潮，如何用会议精神指导实践推动工作三方面做出了相关要求，并结合支队实际，明确下一步的团建工作重点和主要任务。

团干部表示，要提高政治站位，不忘跟党初心、增强政治担当，牢记青春使命、立足实际，突出重点，做好支队团的各项工作，自觉投身团工作的实践之中，努力为营造江川良好的学习氛围作出应有贡献！

【青年之家建设】 江川区青年之家是团区委使用管理的公益性、综合性服务场所；是团组织联系青少年和开展活动的依托；是整合资源的载体；是开展青少年工作的阵地；是团委服务社会和青少年参与社会实践的平台。成立“江川区青年之家”，通过强化理想信念教育、开展志愿服务、搭建青少年交流平台、延伸校外实践“课堂”、参与社会活动、服务社会组织等活动措施，关心、关爱、关怀青少年成长。

【法制消防进校园，共筑平安防火墙】 11月7日，共青团玉溪市江川区委联合江川区人民法院、江川区消防大队等多家单位在江川一中共同举办法制消防教育讲座。

通过区人民法院法官围绕校园欺凌等多个方面以案释法，区消防大队组织学生进行消防安全演练，增强同学们法制和维权意识，培养他们火灾预防和火场逃生的基本方法技能，为创建“平安校园”奠定了基础。

（宁　筠）

妇　联

【概述】 2018年，玉溪市江川区妇联围绕全区经济社会发展大局，发挥组织优势，在联系服务群众上下功夫，积极开展巾帼建功、巾帼维权、巾帼关爱、巾帼脱贫、家庭文明等工作，不断提高妇联工作科学化水平，各项工作取得成效，呈现出新时代新担当新气象，实现新发展。

【“三八”节纪念活动】 一是开展“建设法治社会巾帼在行动”暨“三八”维权周宣传活动，发放宣传资料10000余份。二是举办“三八”妇女节趣味运动会”，共设旱地龙舟、财源滚滚等六个项目，28家单位共1110人次参加活动。三是举办庆“三八”大型广场文艺晚会。参与文艺演出队20支，参演人员700人，观众2500余人。四是举办以“巾帼心向党·建功新时代”为主题的科级女干部座谈会，70余人参会。五是“三八”节期间，各级妇联组织大力宣传表彰优秀妇女典型，并推荐评选市级三八红旗手5人、三八红旗集体3个，挖掘出赵玲芬等优秀妇女进行宣传报道。六是举办各类妇女维权、心理健康等知识讲座。

【“六一”儿童节庆祝活动】 以“童心永向党筑梦新时代”为主题开展“六一”庆祝活动，区政府副区长、区妇儿工委主任杨军苹讲话。全区共开展“同悦书香相伴成长”“书香飘万家”亲子阅读朗诵、亲子瑜伽、亲子舞蹈、亲子书画10场，参与人数1500余人；开展各类主题活动90场，32000余人参与；张贴宣传标语100余条，出黑板报100余期，广播宣传保护未成年人法律法规100余次，发放宣传未成年人保护法等宣传资料1000余份；围绕“小手拉大手、争当环保小卫士”、保护环境、公益宣传等志愿服务活动，全区动员儿童、巾帼志愿者开展人居环境清理活动，清运垃圾5吨。美国鹰大学生篮球队走进江川区大街小学，开展文化交流活动，与大街小学700多名学生共度“六一”国际儿童节。

【关心关爱妇女儿童】 区妇联制定《玉溪市江川区妇联2018年度流动妇女儿童权益保护和服务工作要点》《玉溪市江川区妇联2018年度留守妇女儿童服务管理工作要点》，全区各级妇联利用春节、三八节、六一节等时机，慰问贫困妇女、特困职工、农民工40余人，发放慰问金24000余元；利用“六一”节对贫困、留守、美德少年开展慰问，共慰问人员4000余人，慰问金额90000余元。在中秋节来临之际，深入到各乡镇（社区）“两癌”特困妇女家庭进行慰问，共慰问18人次，发放慰问金20000元。走访慰

问省级“三八红旗手”，并送上1000元慰问金。联合开展“寒冬送暖.情暖童心”活动，在雄关中心幼儿园和白石岩村儿童之家举行捐赠和互动活动。积极组织开展“你有多久没有牵妈妈的手”主题宣传活动。

【关注妇女儿童难点工作】　争取“贫困母亲两癌救助”项目金1万元及农村单亲贫困母亲住房援建项目金2万元，共补助18名贫困两癌母亲及2户单亲贫困母亲；依托区妇幼保健院对全区范围内35～64岁1562名农村妇女开展宫颈癌免费筛查工作，配合区镇卫生部门对1562名妇女开展妇女乳腺红外线扫描检查工作。积极推进女童保护工作，在前卫中心小学开展“爱护我们的身体”讲座，并发放“女童保护手册”90本；履行妇儿工委办公室职责，组织召开妇女儿童工作会2次，研究解决实施妇女儿童发展规划工作困难和问题，促进妇女儿童工作发展。组织开展禁毒防艾知识培训，并动员妇女群众进行HIV检测，本年度共动员217名妇女进行HIV筛查。举办“小儿春季多发病的预防和护理”知识讲座，举办“小课桌”爱心暑托班。积极配合做好暑期儿童安全工作，预防儿童意外伤害和安全事故发生。

【召开妇联一届四次执委（扩大）会议】　4月27日，江川区召开2018年妇女儿童工作暨妇联一届四次执委（扩大）会议。区妇儿工委成员单位分管领导、联络员，区妇联一届执委，各乡镇（街道）妇联主席、专职副主席，区直各机关企事业单位妇委会主任80余人参加会议，会议总结2017年妇联工作和妇女儿童工作，安排部署2018年工作。

【召开第五次妇女儿童工作会议】　10月12日，玉溪市江川区召开第五次妇女儿童工作会议，区妇儿工委成员单位主要领导，各乡镇（街道）人民政府（办事处）主要负责人、妇联专职副主席共计50余人参加此次会议。会议传达学习第五次玉溪市妇女儿童工作会议精神，总结玉溪市江川区过去五年妇女儿童发展规划实施成效和全区妇女儿童工作经验，安排部署今后妇女儿童工作。

【召开玉溪市江川区妇女第二次代表大会】　10月24日，玉溪市江川区妇女第二次代表大会在江川宾馆召开，来自全区各行各业、各条战线的183名代表参加会议，大会选举产生新一届区妇联执委35人、常委13人、主席1人，副主席5人。

【妇女干部能力素质提升培训】　4月18日，区委组织部、区妇联联合举办以“巾帼心向党·建功新时代”为主题的科级女干部座谈会，全区科级以上女干部近70人参加会议。10月23日，江川区妇联举办全区能力素质提升培训班，区妇女第二次代表大会代表及部分妇女干部近200人集中“充电”，提升素质。进一步提升江川区广大妇女妇女代表、妇女干部的综合素质和参与推进江川区经济社会发展的能力。

【全国妇联所属媒体到江川采访妇联改革工作】　6月9日，全国妇联所属媒体赴云南“走基层”采访团到江川采访妇联改革工作。采访团一行8人深入九溪镇六十亩村，采取听取汇报、实地查看、沟通交流、个别采访、查阅资料等方式，了解江川区妇联改革、九溪镇和六十亩村妇联改革工作及六十亩村妇女儿童之家运行情况及成效。云南省妇联宣传部部长杨宁、省妇联网络信息传播中心副主任李娜、玉溪市妇联主席王红、副主席郑丽英陪同采访。

【妇女实用技术培训】　推荐1名养殖带头人、组织5名巾帼创新业示范基地负责人、优秀创业女性参加省、市妇联培训；以乡镇（街道）妇联为依托，举办种养殖培训、家政服务、化妆师、电脑技术、电商等技能培训，共25期，培训妇女群众3144余人次，其中建档立卡贫困妇女313人次，组织江川区城乡贫困妇女及失业、劳动力转移妇女70余名学员参加云南省妇联第十一期育婴师（江川）培训，并对5位优秀学员进行表彰。

【扶持妇女创业就业】　组织实施好“贷免扶补”、小额担保贷款项目工作。共完成贷免扶补贷款100户，小额担保贷款45户，发放资金1440万元，带动424人就业，带动妇女就业280余人。

【争先创优岗位建功】　2018年市级表彰“三八红旗手”5名、“三八红旗集体”3个，“巾帼建功标兵”3名，巾帼文明岗2个，“巾帼创新业示范基地”3个，表彰区级“三八红旗集体”5个、

“三八红旗手”10名、巾帼文明岗5个、巾帼建功标兵8名。深入3个巾帼创新业示范基地、2个巾帼脱贫示范基地进行指导，帮助其树立信心，做好示范带动妇女创业就业工作。

【巾帼脱贫行动】 发挥妇女半边天作用，开展“巾帼脱贫行动”，制定《江川区妇联“巾帼脱贫行动”方案》，协助相关部门对全区贫困妇女进行入户调查、建档立卡，并针对贫困妇女制定帮扶计划。推荐1名养殖带头人、组织5名巾帼创新业示范基地负责人、优秀创业女性参加省、市妇联培训；以乡镇（街道）妇联为依托，举办种养殖培训、家政服务、化妆师、电脑技术、电商等技能培训，共25期，培训妇女群众3144余人次，其中建档立卡贫困妇女313人次。挖掘产业项目，帮扶贫困妇女。共挖掘产业项目2个：刺绣、编织。支持九溪矣文村小龙茵绣娘基地补助经费2万元，支持安化乡刺绣培训经费1万元，支持江城镇在左卫村建妇女编织协会1万元。发挥“三八”红旗集体、巾帼文明岗、女能人协会等女性组织示范引领作用，结合自身职能积极开展巾帼结对脱贫共建行动。

【平安家庭创建】 继续推进以“六防六无”为重点的“平安家庭”创建工作，制定平安家庭创建责任书层层签订到户，以“家庭”小平安，促“社会”大和谐。2018年确定前卫镇为区级“平安家庭”创建示范乡镇，确定各个乡镇建立区级示范村5个，示范户50户。深入全区6个乡镇（街道）开展“禁毒防艾”知识宣传培训。发放“珍爱生命·远离毒品”“与法同行·守护生命”禁毒宣传资料14000张，由村组干部入户宣传，发放到户。开展艾滋病防治知识宣传工作。在全区范围开展艾滋病防治知识面对面宣传和农户问卷调查活动，共发放《艾滋病防治知识政策入户宣传单》8000余份。邀请玉溪师范学院法学院师生到全区各乡镇为妇女干部进行禁毒、反家庭暴力法宣传模拟法庭演示。

【妇女儿童权益维护】 充分用好妇联系统现有的信访接待室、12338妇女维权热线、信访维权站、维权信箱，同时充分发挥妇女儿童调解委员会、人民陪审员作用，加强与公安、检察院、法院、司法局联系，有效帮助妇女维权。2018年，区妇联共接待来信来访案件24件，其中：家庭暴力案件9件；婚姻关系案件5件（包括外遇、离婚骚扰、分居等）；其它案件10件（精神疾病、劳动纠纷等），案件处理率达100%。制定《江川区妇联关于集中开展矛盾纠纷大排查、大化解切实防范“民转刑”命案专项行动的工作方案》，对妇联系统矛盾纠纷大排查、大化解认真安排部署，未发现涉及妇女儿童的“民转刑”矛盾。

【普法宣传】 制定法治宣传教育工作要点，部署谋划好全年工作，联合区民政局、政务服务局，在政务服务局婚姻登记窗口设置“婚姻家庭咨询辅导点”，并专设婚姻家庭咨询辅导室，邀请国家二级心理咨询师杨文芳进行婚姻家庭咨询辅导工作。邀请玉溪师范学院法学院师生到全区各乡镇为妇女干部进行禁毒、反家庭暴力法宣传模拟法庭演示。联合区司法局、区卫计局、区610办、区总工会、玉溪市公安局江川分局等多家单位，以“三八”节、反邪教宣传日、禁毒日、12·4国家宪法日、12·5国际志愿者日等节日为契机，开展以“建设法治江川·巾帼在行动—维权服务进社区、进家庭、到身边”“崇尚科学珍惜生命关爱家庭反对邪教”“扫黑除恶”等为主题的法治宣传活动，重点宣传男女平等基本国策、《反家庭暴力法》《宪法》《妇女权益保障法》等妇女相关法律法规及禁毒防艾反邪教内容。乡镇（街道）妇联采用张贴标语、出黑板报、宣传栏、广播等方式在“六一”期间大力宣传保护未成年的法律法规，为儿童成长营造良好的法治环境。一年来，各级妇联组织共开展法制宣传活动11次，发放各类宣传资料16000余份、宣传布袋子6000余个，接待法律咨询1600人次，张贴宣传标语407条，出黑板报102期，广播宣传保护未成年人法律法规23次，开展禁毒、反家庭暴力法宣传模拟法庭演示4场次。

【巾帼志愿服务活动】 区妇联制定《玉溪市江川区巾帼志愿者管理办法（试行）》，积极开展巾帼志愿者队伍建设，年内有网上注册志愿者52名，组建巾帼志愿者服务队17支，巾帼志愿者1385人，来自全区各个领域、各个岗位、各条战线。志愿队伍以走进乡村、走进学校，以道

德讲堂、爱心捐助、卫生整治等多种方式，宣传党的方针政策、法律法规，关爱困境妇女儿童、关心空巢老人等特殊群体，为他们送去温暖，传递人间爱、展现真善美，助力双创工作开展。2月27日，区妇联联合区团委、区文明办、区城管局、创卫办共同举办“关爱城市美容师”公益活动。招募来自卫生系统、法检系统、街道社区、企业、临街商铺老板和热心公益事业的94名志愿者当一天“环卫工”，以此来呼吁大家爱护环境卫生，养成文明习惯，关爱环卫工人，大力弘扬“奉献、友爱、互助、进步”志愿服务精神，动员鼓励江川建成区内临街商铺共同参与“双创”，为环卫工人群体建立“爱心驿站”，给予他们提供一些力所能及的服务。8月11日，组织160余户家庭的儿童和家长参加由团区委、区妇联、区城管局、少儿画苑怡伽美术创艺工作室联合开展的江川区创建文明卫生城市“井上添画，绘美江川”亲子涂鸦公益活动。9月22日，组织140多户家庭的孩子和家长参加以关注老年人身心健康及培养孩子敬老爱幼精神的“共驻共建情暖中秋”亲子DIY月饼主题活动。9月29日晚，组织37个家庭参加以“用声音为祖国庆生”的主题亲子阅读分享活动，进一步提升社区居民文化素养，增强居民幸福感、自豪感，“520”美丽家园环境整治日，为认真落实清洁家园、清洁田园、清洁水源“三清”要求，组织近4000名巾帼志愿者参与改善村庄环境卫生状况，还带动群众进一步增强环境保护和卫生健康意识，为共同建设宜居宜业和谐美丽江川，提高广大人民群众生活质量贡献巾帼力量。

【建设文明家风】 2018年，区妇联系统组织开展文明（道德）讲堂6次，选树推荐宣传新乡贤、文明家庭、玉溪好人、最美人物、学雷锋标兵等先进模范人物，发挥示范带头作用。制定工作方案，组织开展“自强、诚信、感恩”主题教育活动，教育引导贫困群众树立自强不息、诚实守信、脱贫光荣的思想观念和感恩意识，把对美好生活的向往、对党的感恩之心，转化为自力更生、艰苦奋斗的自觉意愿和行动。通过廉洁文化进家庭活动教育党员干部树立良好家风，教育干部家属子女当好“廉内助”、共同构建家庭拒腐防线，大力弘扬廉政思想，营造以德治家、以廉养家的家庭廉政文化氛围，使广大家庭成员树牢遵纪守法、诚实可信、崇尚廉洁的观念，切实发挥家庭在推动党风廉政建设中的积极作用，筑起家庭反腐倡廉的牢固防线。积极组织妇女开展“百村妇女争创秀美庭院”“仙湖卫士·群团行动”、人居环境综合整治行动。

【寻找“最美家庭”活动】 江川区妇联组成工作组，深入到各乡镇村组实地走访“最美家庭”候选家庭，结合家庭个体情况，了解家庭特色亮点、感人事迹等，培养选树2018年度市级最美家庭2户，最美家庭提名奖1户。将活动层层宣传、部署到全区广大家庭中，推动形成家家争当“最美家庭”的良好社会风尚。

【“感党恩·颂家风”颁奖晚会】 6月27日，江川区“感党恩·诵家风”暨“最美家庭”颁奖晚会在江川体育馆举办，全区副科级以上领导、各乡镇（街道）专职副主席、省市、区获奖家庭代表、各村（社区）书记、主任、妇联主席、巾帼志愿者、企业负责人及代表、中国移动公司江川分公司员工、文艺爱好者及群众1200余人观看晚会。晚会共为36户获得省、市、区最美家庭和文明家庭颁奖，进一步弘扬家庭美德，推动家庭文明建设，促进全区文明程度提高。积极开展“传承好家训弘扬好家风”道德讲堂、讲座、朗诵等活动，鼓励和倡导市民传承优秀家风家训。

【党建带群建】 坚持党建带妇建，通过带思想、带组织、带队伍、带阵地、带作风、带制度等，大力建设党建带妇建示范单位，已认定命名10个党建带妇建示范单位。各级妇联组织立足打造“妇女之家”“儿童之家”“社区家长学校”阵地，常态化开展宣传教育、协商沟通、咨询指导、心理疏导、救助帮扶、关爱留守妇女儿童、文艺体育等活动。2018年底，在村（社区）建儿童之家9家、家长学校55所。

【乡村振兴巾帼行动】 5月31日，江川区妇联召开“乡村振兴巾帼行动”启动仪式。区妇联主席花云芬阐述实施“乡村振兴巾帼行动”的目的意义和工作任务，指出，全区各级妇联要切实把思想和行动统一到党中央的决策和部署上来，要加强领导，落实领导责任制，健全工作机构，紧紧围绕当地党委政府的工作部署，因地制宜、创造性地开展好“乡村振兴巾帼行动”。9月27日，省妇联系统离退休老干部一行25人在市妇联主席王红陪同下到江川区调研乡村振兴中妇女创业就业情况。

【妇联改革】 3月20日，玉溪市江川区妇联在区委深化改革领导小组第十三次会议上汇报妇联改革工作推进情况。区委书记徐贤要求妇联改革工作要进一步向纵深推进，学习先进，补齐短板，强化弱项，改出成效，全面推动服务妇女儿童工作。4月10日，通海县妇联一行7人到江川区参观考察、交流妇联改革工作。改革后妇联执委作用明显：执委杨兰秀义务为江川女子书法培训班授课一年，并开展“众书新时代共筑中国梦”“墨淡意浓棕香情远”“反对邪教创文明书写幸福好人生”等专题书法美文分享活动。九溪执委当好留守儿童的“爱心妈妈”；江城执委牵头成立妇女手工编织协会。

【妇女议事会】 2018年以来，江川区妇联系统共建立妇女议事会56个，开展妇女议事活动82次，收到妇女群众问题、意见和建议22个，解决妇女群众诉求、贫困家庭、子女就学、群众医保、妇女技能培训、劳务输出等关系群众切身利益的问题55件，切实履行好组织妇女、引导妇女、维护妇女儿童合法权益职责。

【“百千万巾帼宣讲”】 紧紧围绕习近平新时代中国特色社会主义思想和党的十九大精神、改革开放40周年特别是党的十八大以来的成就变化以及妇女事业和妇联工作的发展变化为主题主线，以基层妇联工作阵地特别是“妇女之家”为主阵地，开展十九大精神演讲、禁毒防艾讲座、反家庭暴力模拟法庭等宣传宣讲活动，教育引导妇女群众听党话，跟党走，唱响巾帼好声音，传播社会正能量。

【家庭教育工作】 组织实施家庭教育的五年规划（2016—2020年），开展家庭教育规划中期评估，巩固和拓展各类家教阵地，广泛开展形式多样的家庭教育实践活动。建设55个村社区家长学校，填补江川区社区无家长学校空白。通过召开家长座谈会、集中培训、新媒体宣传等方式宣传家庭教育知识。

【妇联意识形态工作】 区妇联将意识形态工作基本知识纳入干部培训重要内容，通过组织学习传达、集中培训、以会代训、党课学习等方式组织本单位本系统干部职工进行培训。组织开展“百千万巾帼大宣讲”活动，教育引导妇女群众听党话，跟党走，唱响巾帼好声音，传播社会正能量。重大主题宣讲活动：十九大精神的宣讲、宪法、习近平新时代中国特色社会主义思想《习近平新时代中国特色社会主义思想三十讲》等及时报送信息、宣讲情况和统计表。开展以讲促学活动，以讲党课和微党课形式，促使妇女干部提升政治素质和业务水平。区妇联高度重视新闻宣传工作，2018年共上报妇工简讯216条。开展好对外宣传工作，深入挖掘优秀妇女典型进行宣传。2018年在《玉溪日报》以上媒体刊登新闻稿件32篇，其中省级1篇，国家级1篇，在玉溪广播电视台刊播电视新闻、广播新闻2条。培养选树2018年度市级最美家庭2户，最美家庭提名奖1户。举行“感党恩·颂家风”座谈会，举办江川区“感党恩·诵家风”暨“最美家庭”颁奖晚会，共为36户获得省、市、区最美家庭和文明家庭颁奖，进一步弘扬了家庭美德，推动家庭文明建设。区级“最美家庭”经层层推选上报34户，拟表彰20户。

【荣誉表彰】 2018年3月30日，江川区前卫镇前卫中学、江川区妇幼保健计划生育服务中心、江川区大街街道办事处被玉溪市妇女联合会评为2018年度玉溪市三八红旗集体；玉溪市江川区财政局国库支付中心、中国邮政储蓄银行股份有限公司江川区支行信贷营业部被玉溪市妇女联合会评为玉溪市巾帼文明岗；玉溪市江川区萌贝尔幼儿园、玉溪市江川区育英幼儿园、玉溪市江川兴福村镇银行有限责任公司被玉溪市妇女联合会评为玉溪市巾帼创新业示范基地。2018年9月4日，江川区教育局、江川区妇女儿童工作委员会办公室被玉溪市妇女联合会评为玉溪市实施妇女儿童发展规划先进集体。2018年3月30日，江川区妇联享受原职级待遇领导王学梅、江川区大街街道农业综合服务中心赵玲芬、江川区中医医院医生何春美、江川区第一中学高级教师王国平、江川区九溪镇六十亩村妇联主席蒋文英被玉溪市妇女联合会评为2018

年度玉溪市三八红旗手；玉溪市公安局江川分局科员平双娟、玉溪市江川区前卫镇妇联专职副主席蒋玉琼、玉溪市江川区公共就业和人才服务中心主任李江艳被玉溪市妇女联合会评为玉溪市巾帼建功标兵。2018年5月15日，江川区雄关乡中心小学金新文、江川区九溪镇大营社区五十年老九溪饭店周艳玉被玉溪市妇女联合会评为2018年玉溪市“最美家庭”；江川区第一幼儿园刘江燕被玉溪市妇女联合会评为2018年玉溪市“最美家庭提名奖”。2018年9月4日，江川区人民政府副区长杨军苹、江川区妇幼保健计划生育服务中心副主任周艳林、江川区统计局统计师（中级）申明民、江川区妇女联合会副主席谢粉玲、江川区第一幼儿园一级教师黄梅被玉溪市妇女联合会评为玉溪市实施妇女儿童发展规划先进个人。

（罗艳芝）

关心下一代工作

【概述】 2018年，江川区关工委坚持党建带关建，抓好青少年社会主义核心价值教育、法制教育和养成教育等活动，发挥“五老”骨干队伍作用，主动作为，关爱奉献，促进全区关心下一代工作稳步发展，为建设宜居宜业美丽江川努力奋斗。

【开展考评验收“五好”工作】 1月11～16日，区关工委组成6人“五好关工委”考评验收组，深入各乡镇（街道）、机关和学校，按照“五好”标准，对乡镇（街道）、机关关工委评选90分以上的申报2017年创建区“五好关工委”的龙街村等21个基层关工委对标考核验收，赵官村等14个关工委达标给予验收，祁家营村等7个关工委未达标要求整改补短板。

【坚持党建带关建】 1至12月，区关工委主动争取区委领导，多次汇报工作，建言献策，把关工委工作列入党的重要议事日程，带动关工委班子建设、队伍建设、制度建设，带动学习、工作、活动和创建出成效，促进关工事业健康发展。

【召开第一届青少年才艺演出表彰会议】 2月1日，区关工委、共青团等单位在江川影剧院召开2018年度第一届青少年才艺大赛“移动杯”工作总结、表彰和文艺表演大会，67名青少年获才艺大赛奖受到表彰。

【刘邦元到江川调研】 3月14日，市关工委执行主任刘邦元等5人到江川调研指导工作。他对江川区关工委实施“对标创建，对标考评”命名“五好关工委”“留守儿童之家”建设和“党建带关建”固本强基、补短板等工作给予肯定，并要求江川关工委认真总结成功经验，进一步做好关心下一代工作。并到大街街道关工委检查落实办公室规范化建设工作。对大街街道关工委办公室规范化建设给予肯定，同时要求街道关工委办公室加强档案规范化管理。

【禁毒法治宣传教育进校园】 3月19日，为巩固和扩大“关爱明天，普法先行”青少年禁毒教育成果，玉溪市公安局江川分局、区检察院、区法院和区关工委在雄关中学公开审判贩毒犯罪案件，对该校550名师生开展一场禁毒宣传教育，增强青少年禁毒法律意识。

【区关工委授牌命名“五好”关工委】 3月27日，江川区关工委会议决定，命名大街街道关工委、九溪镇关工委、后卫中心小学关工委等14个单位为2017年区“五好关工委”，给予授牌命名。

【区关工委开展“双创”文明活动】 3至12月，按照区委、区政府和区创建全省全国文明城市领导小组的安排部署，区关工委以培育和践行社会主义核心价值观为主线，以创建文明城市为目标，动员全区“五老”人员和青少年投入精神文明建设及环保卫生活动。

【全区关工委开展清明祭祀英烈活动】 4月5日，全区关工委和中小学组织青少年到烈士陵园或开展“网上祭英烈”活动，缅怀革命先烈，继承革命烈士光荣传统。

【区关工委组织“五老”开展调研】 4月11日至19日，关工委下发《关于开展调研工作的通知》，区关工委驻会老同志伏世金、顾宝富、杨从高分别到大街街道海浒社区、前卫镇杨家咀村、江城镇侯家沟村、安化乡安化小学“留守儿童之家”、九溪镇大营社区太和村、雄关乡白石岩村、江磷集团等34个基层关工委进行调研，了解学习宣讲十九大精神、“党建带关键”、在校残疾少儿困难家庭生产自救落实等情况，撰写《江川区关工委对基层工作情况的调研报告》。

【爱心人士到江城学校开展捐赠书籍活动】 4月12日，江川爱心人士赵志能口腔诊所员工，到江城镇龙街、江城中心小学捐赠价值8600元书籍860余册。

【全区中小学关工委开展世界读书日活动】 4月23日是世界读书日，全区中小学关工委组织开展校园师生读书活动。

【区关工委组织开展“学习宣讲十九大”活动】 4月30日，江川区关工委以“学习十九大宣讲十九大”为契机，在“五老”宣讲团成员中开展“颂党恩，跟党走”活动。

【区关工委到职中开展禁毒教育活动】 5月16日，区关工委联合区疾控中心、区禁毒大队到职中开展禁毒防艾宣传教育，该校540多名师生参加“远离毒品·珍爱生命”教育活动。

【举行贫困未成年学生助学金发放仪式】 5月18日，区关工委和教育局等单位，在江川一中联合举行困难家庭未成年学生助学金发放仪式。学校领导、困难家庭未成年学生代表70余人参加仪式。之后，区关工委分别到江城、前卫、安化、九溪、雄关、大街各中小学看望慰问32名困难家庭未成年人学生，其中建档立卡贫困户子女5名，给他们送去温暖爱心救助金19000元（小学生每人300元，初中生每人500元，高中生每人1000元）。

【区关工委组织开展“6·1”国际儿童节活动】 6月1日，在国际儿童节到来之时，江川区关工委与相关部门一道，在11所中心小学、44所村完小及幼儿园举行“童心永向党，筑梦新时代”为主题活动，让全区21000余名少年儿童度过一个喜庆的节日。

【江川区2018年关心下一代工作会议】 6月13日，中共玉溪市江川区委、江川区人民政府召开江川区2018年关心下一代工作会议。区委、区政府领导，区关心下一代工作委员会成员单位领导，各乡镇（街道）党委、党工委主管关工委工作领导及关工委常务副主任和驻会老同志，区属机关关工委常务副主任及各中小学德育主任90余人参会。市关工委领导到会指导。副区长王柄璋主持会议，区关工委执行主任杨生明作题为《踏上新征程，展现新作为，谱写江川区关心下一代事业豪迈乐章》的工作报告。对2018年关工委工作提出三条要求：一是站位要高，用习近平新时代中国特色社会主义思想武装头脑，增强工作责任感和使命感；二是要倾注关爱，团结教育广大青少年“扣好人生第一粒扣子”，听党话，跟党走；三是充分发挥“五老”作用，努力开创江川区关心下一代工作的新局面。

【区关工委开展“健康卫生，绿色无毒”主题教育活动】 6月25日，在国际“禁毒日”到来之时，江川区关工委开展以“健康人生，绿色无毒”为主题的系列禁毒防艾教育活动，各学校通过播放禁毒教育宣传片、黑板报宣传，禁毒防艾征文比赛、专题讲座和《致家长的一封公开信》，引导广大师生、家长增强禁毒防艾意识，共同构建坚实的“御毒防线”。

【组织开展“童心向党，红色记忆”主题夏令营活动】 7月11日，江川区关工委组织开展玉溪市第十四届“关爱”夏令营江川分营“童心向党，红色记忆”主题活动，区委、区政府领导和美德少年、孝心少年、留守儿童和农民工子女优秀学生代表等150余人参加活动。

【组织开展“中华魂”主题教育活动启动仪式】 7月11日，江川区关工委在大街小学举行“中华魂”（腾飞的中国——改革开放四十年）主题教育活动启动仪式，区文明办、团区委、教育局、司法局、各乡镇（街道）关工委常务副主任、驻会老同志、中小学德育主任和学生代表近160人参加。表彰2017年“中华魂”（辉煌与梦想）优秀征文一、二、三等奖作者80名学生。

【组织开展“传承红色基因，争做时代新人”主题教育活动启动仪式】 7月11日，区关工委在江川革命烈士陵园举行“传承红色基因，争做时代新人”主题教育启动仪式，缅怀革命先烈，讲革命故事；并在江川区青少年校外活动中心组织观看红色电影《闪闪的红星》，继承革命遗志，践行时代价值观，全区150余名青少

年参加活动。

【“五老宣讲团”宣讲十九大精神】 据上半年统计，全区关工委“五老宣讲团”共宣讲十九大精神248场，宣讲人359人，听讲人数96393人次，其中农村青年12594人次，企业职工999人次，中学生41309人次，小学生30132人次，教职工2330人次，党员干部3269人次，学生家长和其他人员5760人次。

【举办假日学校活动】 8月1日，区关工委和街道关工委组织大街、下营社区80余名学生，40名学生家长和10名“五老”共130余人在下营社区会议举办假日学校活动。

【区关工委召开上半年工作会议】 8月7日，江川区关工委召开乡镇、街道、机关关工委常务副主任、驻会老同志参加的上半年工作会议，传达市关工委会议精神，汇报总结上半年工作，安排下半年工作任务。

【全区关工委开展捐资助学活动】 据8月15日统计，全区关工委捐资助学金额为8万余元，其中安化彝族乡关工委对2018年考取大学的21名（男12名，女9名）家庭困难学子各资助1000元慰问金，并对2名建档立卡贫困户学子各资助3000元，本次乡关工委共筹集助学善款2.7万元。

【张宝三对侯家沟村关工委典型材料作出批示】 9月3日，云南省关工委主任张宝三对《强化科技育新人，助推产业振新村——江城镇侯家沟村关工委“学科技、奔小康”活动纪实》材料进行批示：“侯家沟村的经验很好，可登《云岭春光》，建议根据不同产业，组织青年人成立科技小组，在专家指导下，不断创新；青年人还可以到外乡外地承包，不但自己增加收入，又帮助别人致富。”

【市关工委领导到江川检查落实“党建带关建”工作】 9月11日，市关工委执行主任刘邦元带领副主任施美凤、黄满德和秘书长李雪梅到江川检查党建带关建，农村青年“学科技，奔小康”活动和国家关工委提出的“十百千万工程”等工作落实情况，要求江川村社关工委按省规定，应配备两名关工委工作人员。

【区关工委指导学校开办家长学校活动】 9月13～14日，前卫中学举办有388名家长参加的第25期家长学校，区关工委副主任、区家庭教讲师团成员伏世金到校授课，传授家长教育孩子知识。

【区关工委举行纪念改革开放40周年活动】 10月12～15日，大庄、龙街、云岩、江城等学校关工委举行“争做时代好队员——集结在星星火炬旗帜下”主题队日、“星火相传，书香育人”及纪念改革开放40周年活动，传递正能量，培养青少年学生社会主义核心价值观。

【区关工委组织开办少年军校军政训练活动】 10月21日，江川区组织开展玉溪市关工委少年军校第24期军政训练，先后在江城、前卫、龙街、后卫、九溪、雄关6所乡镇中学七年级新生1900人中进行为期5天军训，区关工委、区教育局相关领导参加活动。

【区关工委召开年终工作总结会】 11月5日，区关工委召开会议，认真研究和安排农村、学校、法治教育等各块工作，要求结合实际，认真总结2018年工作，对2019年工作提出计划。

【未成年人司法项目办公室调整到区关工委】 11月26日，根据区委决定，玉溪市江川区未成年人司法项目办公室由区政法委调整到区关工委。

【区关工委召开未成年人司法项目工作会议】 12月12日，江川区关工委召开2018年度未成年司法项目工作会议，各乡镇、街道、关工委常务副主任、驻会老同志、派出所负责人、公、检、法、司等单位相关领导参加会议，汇报全年工作情况。区关工委执行主任杨生明到会听取工作汇报，传达区委关于区未成年人司法项目办公室由区政法委调整到区关工委的决定精神，要求各部门各司其职协调配合，进一步做好全区未成年人司法项目工作。

【区关工委加强宣传报道工作】 据12月28日统计，1至12月区关工委主办的《简讯》共刊发19期，采用通讯员稿件76篇（条），照片22幅；被市关工委《玉溪春晖》采用稿件16篇，照片5幅；被省关工委《云岭春光》采用稿件6篇（条）。

（顾宝富）

工商联

【概述】 2018年，江川区工商联以《中国工商业联合会章程》为根本遵循，紧扣“两个健康”工作主题，围绕中心，服务大局，主动作为，不断开创工商联工作新局面，为全区非公有制经济发展做出应有贡献，2018年1月被确认为全国“五好”县级工商联。

【全国工商联第三联系调研组到江川调研】 11月24日，全国工商联执委、上海新联纬讯科技发展股份有限公司董事长林卫慈一行4人，在云南省工商联研究室副主任赖德淑，玉溪市市委统战部副部长、工商联党组书记马利兴，市工商联副主席谢江陪同下莅临江川区，就非公经济发展状况和工商联（商会）工作情况开展调研。区委主要领导全程参加实地调研，区委常委、统战部部长李志刚，区政协副主席、工商联主席顾秋及相关部门领导陪同调研。调研组先后前往区工商联、江川农资商会、龙泉工业园区和云南腾达机械制造有限公司、云南联塑科技发展有限公司等，通过现场查看，听取汇报，入户走访，召开宣讲会、座谈会等方式，对党的十九大精神及习近平总书记在民营企业座谈会上的讲话精神进行解读，了解龙泉工业园区、区招商引资、民营企业及基层工商联和商会发展等情况。调研组对江川区在民营经济发展、招商引资、工商联建设等工作上取得的成绩给予肯定，并就今后的发展提出意见和建议。

【政治引领】 2018年，把加强和改进非公经济人士思想政治工作作为首要任务和工作主线，抓紧抓实政治引领工作，力促非公经济人士健康成长。一是深化理想信念教育。根据全国、省、市工商联关于深入开展非公有制经济人士理想信念教育的新部署新要求，协调调整江川区非公经济人士理想信念教育领导小组，制定实施意见，扎实开展活动。6月，组织区工商联党组、区工商联（商会）全体执委，各基层商（协）会会长、秘书长，非公有制经济企业家代表以及区委统战部、区工商联干部共计70余人，开展以“不忘创业初心接力改革伟业”为主题的非公经济人士理想信念教育，组织非公企业家进行承诺签名接力，邀请市工信局中小企业科科长作《化解民营企业融资难有关政策解读》专题讲座，解析当前经济发展形势，为中小企业发展献计出力。二是扎实开展党组理论学习中心组学习。紧扣区委步伐，组织开展党组理论学习中心组学习10次，学习对象扩大到区工商联（商会）执委和部分非公经济代表人士，重点对习近平新时代中国特色社会主义思想、党的十九大精神、中国工商业联合会十二大精神、习总书记在民营企业座谈会上的重要精神、构建“亲”“清”政商关系相关精神等进行专题学习。三是通过“走出去”和“引进来”加强工商联（商会）队伍能力建设。与区委统战部、区工信局赴中山大学联合举办江川区非公经济转型升级专题培训班，相继组织工商联干部和会员企业参加赴省外的综合素质提升专题培训、调查研究暨民营企业调查点建设培训、医药大健康行业交流会及省内的“十九大”专题培训、云南省年轻一代非公经济人士培训教育实践活动、学习贯彻党的十九大精神主题演讲比赛等教育培训。通过各类培训教育着力引导工商联（商会）队伍不断提高政治责任感、增进政治共识、提升发展能力，自觉做爱国敬业、守法经营、创业创新、回报社会的表率和践行亲清新型政商关系的典范。

【调查研究】 立足职责，围绕江川实际与经济发展中的热难点问题，通过问卷调查、实地走访、深度座谈等形式，在行业商协会和民营企业中，组织开展2015–2017年民营企业社会责任感调查、民营企业突出困难和问题调研、民营企业参与乡村振兴战略调研、全国营商环境评价调研、民营企业高质量发展调研、农产品出口企业调研、民营企业在线运行状况等调研，收集有效调查问卷60余份，形成《关于江川区民营企业高质量发展的调研报告》《江川区农产品出口企业调研报告》。重点推进调研工作常态化，组织实施民营企业调查点建设工作，年内引导江川区11户具有代表的民营企业进入了全国调查系统并开展在线调查4次。掌握我区民营企业发展现状，为区委政府和上级工商联制定和完善民营经济发展政策提供详实参考依据。

【参政议政】 发挥联系联络职责，着眼为党委政府传递民营经济领域的“真声音”，积极引导工商界别的政协委员通过撰写提案建议案和社情民意的合理形式参政议政、传递呼声、建言献策。今年区“两会”期间，26名会员（非公政协委员）共撰写提交19件提案，质量较高，为江川经济社会全面发展献出良策。

【搭建担保融创平台】 贯彻落实促进非公有制经济健康发展的各项政策措施，实施创业促进就业工程。针对优质资源逐渐减少、抵押审核门槛高、放款难度加大等困难，不等不靠，主动作为，完成“贷免扶补”创业担保贷款80户、发放贷款778万元，占全区目标数的26.23%；完成个人创业担保贷款120户、发放贷款1200万元，占全区目标数的19.45%；完成小微企业创业担保贷款12户、发放贷款2340万元，占全区目标数的85.71%。三项贷款共计发放贷款资金4318万元，为会员企业（创业者）节约融资成本347余万元。在减轻创业者负担，助力大众创业、万众创新，扩大有效就业方面起到良好的引导和带动作用。

【会员发展和管理】 完善会员大数据管理，对全区执委、会员、商会组织实行数据库动态管理，重点发展一批经济实力强、思想觉悟高、热爱工商联工作、热心社会公益事业的非公经济人士入会。2018年底，在册会员达906个，其中：个人会员744个，企业会员147个，团体会员15个，较去年同期增加20个、增长2.3%，其中企业会员增加7个、增长5%。会员结构和会员质量得到逐步优化。

【聚焦法律维权】 当好企业防范风险的“引路人”，切实维护企业合法权益，为民营经济发展保驾护航。一是积极搭建法律服务平台。两次邀请市工商联、区人民法院、律师事务所律师召开座谈会，为全区具有代表性的民营企业解决发展中的法律疑惑，提供项目建设、企业用工、合同纠纷等方面的法律知识指导。二是加大法律宣传。开展法律咨询、法律培训、普法教育等法律服务，推进“法律三进”。8月协调市工商联、区司法局，邀请国家税务总局玉溪市税务局税专业人士、玉溪市民营企业律师服务团律师，在乾景商业中心为全区部分民营企业及个体工商户，分别作了涉企税务知识和经济纠纷类专题讲座。三是发挥法律顾问作用。加大与法律顾问的对接协调，将法律服务延伸到行业商（协）会和非公企业中，直接“问诊”企业、开良方，畅通“非公经济人士之家”微信群平台渠道，邀请法律专家入群，在线为非公人士宣传法律政策、提供法律咨询和法律帮助。四是加强法律服务工作。指导商（协）会开展矛盾纠纷调解工作，维护非公有制企业的合法权益，为企业解决合理诉求和纠纷提供渠道和方向。

【商协会基层组织建设】 持之以恒抓基层商（协）会建设，不断优化班子队伍建设、强化职能作用发挥。5月召开二届四次执委会对5个乡镇（街道）因人事变动不能正常履职的会长、工商联（商会）执委进行免职和补选，确保基层商会和区工商联（商会）工作的连续性，有力促进商会的发展。继续在工商联所属商会中开展“四好”商会建设工作，引导云南江川餐饮业商会新申报“四好”商会，继续指导取得“四好”商会称号的玉溪江川农资商会不断巩固提升，着力夯实工商联基层组织建设。云南江川餐饮业商会和玉溪江川农资商会成功创建为玉溪市“四好”商会。

【巩固提升“五好”县级工商联创建成果】 在上年获得云南省“五好”工商联荣誉称号后，始终保持工作劲头不放松，在新起点上朝着更高目标奋进，持续巩固和加大省级“五好”创建成果。通过共同努力，单位于2018年1月跻身全国“五好”县级工商联之列。

【进入云南省非公企业100强】

推荐云南联塑科技发展有限公司、云南宏斌绿色食品集团有限公司、云南江磷集团股份有限公司3家企业参与省工商联百强评选活动。云南联塑科技发展有限公司连续三年入围云南省非公企业100强榜单、2018年排名96，云南宏斌绿色食品集团有限公司、云南江磷集团股份有限公司跨过100强评选门槛，入围2017年度全国工商联上规模民营企业。

【“育禾苗感党恩”捐资助学活动】 由区工商联牵头，区教育局和雄关乡人民政府配合，云南云菜集团雄川农业开发有限公司、玉溪睿鹰石化有限公司2家民营企业共捐资9万元，支持雄关乡中心幼儿园解决困扰已久的问题，为雄关乡办好学前教育贡献了一份力量。4月27日在雄关乡中心幼儿园举行“育禾苗感党恩—捐资助学”活动仪式。

【爱心企业光彩助学】 8月22日，区委统战部、区政协、区工商联、区教育局联合召开捐资助学座谈会。区政协主席罗跃岗，区委常委、区委统战部部长李志刚等区领导，13户爱心企业负责人，25名受助大学生、家长代表和4名优秀教师参加座谈会。受助大学生和山区优秀教师分别获得了人均3000元和2000元的资助金和奖励金。合计8.3万元爱心资金，由红塔集团、玉溪宏宇包装有限公司、玉溪国丰农资有限公司等13家爱心企业共同筹集。区政协主席罗跃岗对受资助寒门学子提出三点希望：希望同学们胸怀理想，志存高远；希望同学们勤奋学习、珍惜青春；希望同学们心存感恩、传承善举。

【举办非公经济转型升级专题培训班】 10月30日，由区委统战部、区工商联和区工信局共同举办的非公经济转型升级专题培训班在广州中山大学开班，区级相关部门、乡镇（街道）分管领导及非公经济人士代表共33人参加了学习培训。通过为期6天课堂授学、现场教学，切实提高学员的综合素质和管理水平，增强民营经济的发展动力。

【理想信念基地建设】 12月3日，江川区工商联在江川区农资商会举行非公经济人士理想信念教育实践基地挂牌仪式。区委统战部副部长、工商联党组书记业东华出席挂牌仪式。此举代表着江川区非公经济人士的红色教育基地正式成立，为区工商联引导企业同铸理想信念、共渡转型难关，逐步实现“两个健康”目标打好基础。

【“万企帮万村”精准扶贫行动】 为进一步推进我区“万企帮万村”精准扶贫工作，年内协同区扶贫办促成江川区8户民营企业与新增（变动）的建档立卡贫困村签订帮扶协议、结成帮扶对子。自2016年启动此项工作至2018年底，16家民营企业与全区16个贫困行政村结成帮扶对子。

（张江艳）

文　联

【概述】 玉溪市江川区文学艺术界联合会（简称区文联）是在中共江川区委领导下的一个群团组织，下辖9个协会14个艺术门类（作家协会、戏剧曲艺协会、音乐协会、舞蹈协会、书法协会、美术协会、摄影协会、诗词楹联协会、演讲朗诵协会）。2018年，区文联不断加强自身建设，延伸服务手臂，认真履行“团结引导、联络协调、服务管理、自律维权”职能，创造条件，搭建平台，围绕中心，走向基层，服务群众，开展交流，营造氛围，开创江川文艺发展新局面。2018年，区文联紧紧围绕经济社会发展“5366”总体思路，坚持社会主义先进文化前进方向，坚持中国特色社会主义文化发展道路，坚持以人民为中心的创作导向，充分调动广大文艺工作者积极性和创造性，繁荣文艺事业，开展文艺创作和各种形式的文艺下乡、文艺惠民活动，编辑出版《星云》季刊四期，抚仙湖文学创作笔会专刊一期。举办建国40周年摄影展，开展“传承家风家训弘扬传统美德”活动。

【承办2018年玉溪市“抚仙湖文学创作笔会”】 抚仙湖文学创作笔会是由玉溪市文学艺术界联合会主办，红塔区、江川区、通海县、澄江县、华宁县轮流承办，每年举办一次。第六轮第二次轮执笔会由江川文联6月29日至7月1日在江川宾馆承办。邀请《滇池》副主编李小松和编辑田冯太、《边疆文学》编辑雷杰龙就小说、散文、诗歌如何创作进行了辅导培训，五县区60多位文学爱好者参加交流学习。笔会在褒奖各县区作者创作优秀文学作品、发现和培养业余文学创作骨干、深入挖掘各县区文化资源、为地方经济社会发展提供文化支持等方面发挥了积极的作用。笔会编辑出版了专刊，刊出了五县区选送的优秀作品，为五县区作家、诗人、文学爱好者提供了一个很好的学习交流和展示平台。

【《星云》季刊得到提升】 区文联采取多种形式来创新。一是召开文联委员会，通过《关于进一步规范〈星云〉文艺季刊编审工作的意见》，加强党对文艺工作的领导；使编审工作有章可循，二是两次召开编审工作座谈会。邀请党政、机关、学校、社区、农村等社会各界的15名作者代表进行座谈，虚心听取他们的意见；三是把各协会的文艺爱好者吸收到编辑部来，充实编辑力量；四是及时兑现稿费和分发季刊。新的《星云》文艺季刊立足地方文化品牌打造，重本土原创，兼学他人之长，不断发现文艺创作新人，拓宽稿件征集渠道和覆盖面，服务中心，适时开展主题征文活动。2018年。编辑出版《星云》文艺季刊五期（其中一期为抚仙湖文学笔会专刊）。发表小说12篇、报告文学1篇、散文33篇、花灯剧本3个、文艺评论5篇、50余位作者的诗歌作品600余首，和近40位作者摄影、书法和美术作品。

【文艺成果喜人】 2018年，江川文联将11人30件优秀文艺作品（国家级6件，省级24件）向市文联申报优秀文艺作品创作补助。通过玉溪市文联的审核，分别有8人16件作品（国家级5件，省级11件）获得玉溪市优秀文艺作品创作补助。刘志明摄影作品《笑脸》在中宣部宣教局主办的“最美中国人”各族群众笑脸照片征集展示活动中被评为优秀作品、作品组照《星云湖打渔欢歌》获第六届云南摄影艺术展记录类一等奖。付云龙雕塑作品《公牛护子》《抚仙湖化石生命之门》《抚仙湖映象》被中国工艺美术馆永久收藏。作协汤秀琼的诗歌《老地方》入选2018年度诗歌、组诗《稀薄的字》发表于《小诗界》2018年第2期、散文《罗和白》《大平地的梨花》《春天，是一截山影包裹的情书》等发表于玉溪日报2018年6月11日、组诗《木槿子的诗》发表于《滇池》2018年第6期、小说《验血》发表于《泉州文学》2018年第三期、小说《验血》发表于《玉溪》2018年第一期。戏剧曲艺协会李朋蓉参加玉溪市滇剧花灯比赛荣获二等奖，张小艳、李双仙荣获非物质文化遗产奖。李旭富、杨智坤、龚熙然等3人，被批准加入云南省书法家协会。

【为民书写赠送春联活动】 一是于1月26日，江川书法家协会12名会员，到雄关乡上营村委会开展“迎新春、赠春联”活动；二是联合云南省书协、玉溪市文联、玉溪市书协、区书协于1月29日，在江川区大街街道老戏台广场开展“我们的中国梦.文化进万家”2018年书赠春联活动；三是1月30日，书法家协会10名会员，分成三组到白石岩村管辖的三个自然村开展“迎新春、赠春联”传统文化进贫困村活动；四是2月9日书法协会11人，到前卫镇前卫村小广场开展书赠写春联活动。这些活动是区文联为配合全区“十九大精神进万家”深入开展而组织的具有开创性的文化惠民活动，是传承和弘扬中华民族传统文化，坚定文化自信的具体举措。活动共为群众免费书写春联近2000余幅，不仅增添节日气氛，还深受广大群众喜爱。

【传承家风家训弘扬传统美德】 6月8日组织书法协会6名骨干会员，到雄关乡文化站与雄关乡党委政府一起开展书法下乡活动，活动把一幅幅写着“厚德载物”“学以增智”“怀仁慕德”“静以修身”“勤以养德”“吃亏是福”的中国古老家风家训以书法的形式表现出来，并赠送给现场观众，深得雄关老百姓的欢迎。家风建设是传承中华优秀传统文化、培育文明新风、淳朴民风、推进社会主义核心价值观建设的重要载体。此次活动，共为雄关文化站及现场观众书写家风家训60余幅，既传承中华优秀文化，又弘扬传统美德。

【送戏下乡惠民演出】 舞蹈协会参加“江川区2018年“百团千队”宣传贯彻十九大精神文化惠民演出”共10场，参加“玉溪市江川区民兵分队基地化轮训文艺晚会”演出，其节目《吉祥谣》《摆呀摆》《挝乐》《映山红》《十九大精神进万家》等深受群众喜爱。戏剧曲艺协会深入到雄关乡、前卫镇进行采风活动两次，共创作节目33个，到大街街道摆寨村、伏家营村、三街村委会、前卫镇渔村、九溪镇、江川第二中学、九溪中学、雄关中学进行慰问演出，其节目都受到观众的一致好评。

【举办改革开放40周年摄影和美术作品展】 为庆祝改革开放40周年暨纪念玉溪撤地设市20周年、江川撤县设区2周年，由玉溪市江川区委、区人民政府主办，区委宣传部、区文联等多家单位承办，协办的“辉煌历史·江川巨变”—影像见证江川改革开放40周年摄影作品展和“写意江川·水乡成就”美术作品展于2018年12月24日在李家山青铜器博物馆和区档案馆开展。摄影作品展共展出作品50余幅，按10年一个年代分，共四个部分，分别为“在解放思想中起航（1978-1988）”“春天的故事（1989-1998）”“世纪钟声（1999-

2008）”“砥砺奋进（2009-2018）”。一张张新老照片的对比，一幅幅生动影像，诠释了江川40年来的沧桑巨变，一个个难忘的瞬间被定格在了历史的画面上。美术作品展收集了江川本土画家最有代表性的115件经典绘画作品，分为名景风光、鱼趣渔韵、滇乡情影三卷。画集以细腻的笔触、自然的线条，勾勒出了改革开放40年来江川经济、社会、文化的深刻变革，抒写了江川绘画人对故土的一山一水、一物一情的感动和爱恋，全面展现了江川独具特色的自然之美、人文之美、生态之美、物产之美。受到观众的一致好评。

【创作《写意江川》美术作品集】 通过筹备申报和向上争取，获得市文联批准扶持的“玉溪市文艺精品创作扶持项目”（美术类）1个，扶持经费10万元。项目由美术协会组织实施，以江川山水、民风、文化等为题材，开展江川画家画江川美术作品的创作。通过创作，挑选出作品115幅，编辑出版了《写意江川》美术作品集。

【童谣创作】 区文联组织各协会开展优秀童谣创作活动，在征集的稿件中挑选了《五星红旗我爱你》《美化大中华》《争当双创小楷模》《小小大头鱼》《星湖美》等19首童谣在《星云》季刊上刊出，其中《五星红旗我爱你》获得省优秀奖。

【参与反邪教工作】 加强与区政法委610办公室合作，组织作协会员撰写反邪教专业和非专业稿件，被“中国反邪教网”“云南青锋网”采用稿件7篇。其中，专业稿件3篇，非专业稿件4篇。

【“创文创卫”摄影作品征集】 为展示江川群众、干部职工在“双创”中的实干画面和取得的成果，开展“创文创卫”摄影作品征集活动，挑选10幅作品刊登在《星云》季刊的封二、封三页面上。

【传播正能量唱响主旋律】 演讲朗诵协会每月第三周周五晚7点半在青少年活动中心报告厅举行活动，先后开展了“美丽女人”“活着”“飞扬”“陪伴”“讲出彩中国话，做出彩中国人”等活动。这些活动对推动我区有声语言艺术的发展，大力弘扬社会主义核心价值观，传播正能量，唱响主旋律有一定的推动作用。2018年5月在区宣传部领导下，成功主办了玉溪市江川区学习宣传贯彻党的十九大精神主题演讲比赛。

【“徒步星云湖，美丽添光彩”志愿服务活动】 区文联与红十字会、工商联联合组织12名志愿者于10月25日开展了“徒步星云湖，美丽添光彩”沿湖清捡垃圾志愿服务活动。志愿者们从湖滨路出发，由老河咀公园向东沿星云湖畔一直步行到大凹村路口，行程大约7千米。志愿者主动捡拾纸屑、果皮、浸泡在水里的塑料袋等垃圾，共捡到垃圾10余袋（桶）。通过此次活动，增强人人争做关爱山川河流、星云湖保护治理的支持者、倡导者和践行者的意识。

【交流培训提高会员水平】 本着走出去、引进来的思想，激发文艺工作者的创作激情，区文联开展多种形式的交流活动。一是组织书法协会26名会员，参加安宁市楹联文化节活动，与来自各地的书法爱好者进行书法创作交流活动，并为当地老百姓免费书写春联；二是区书协邀请楚雄市书协副主席、秘书长罗思宝老师，为50多名会员进行了两天的集中授课转变会员观念、提升会员水平。三是参加玉溪市文联组织的2018年“玉溪市文学创作笔会”，为此征集到诗歌26首、散文23篇、小说5篇上报市文联甄选。最后，选定廖会芹等5名作者参加了为时3天的笔会学习培训和交流活动。四是组织美术、书法协会部分会员，深入玉溪滇瓦紫砂工艺品厂进行考察，探索书法美术与制陶工艺的结合点，五是美术协会于1月25日至26日邀请清华大学美术学院高研班导师、北京大学中国画研究生班执行导师朱零教授，到江川区美协进行学术交流、指导，美协会员及爱好者深受启发，并建立写生交流微信平台，形成了积极浓郁的美术学习氛围。

【多措施助力脱贫攻坚】 为加快联系村——白石岩村的脱贫步伐，我单位要求每位职工都下载安装社会扶贫手机客户端，注册成为爱心人士，积极行动助力脱贫攻坚。一是温暖扶贫。为联系的每户贫困户送去了价值400余元被子、被套、米和食用油；为1户贫困户联系安装有线电视，为其支付360元的收视费；为两家3位大学生争取“雨露”补助资金。

二是思想扶贫。我单位已6次深入贫困户家中，与贫困户讲解精准扶贫知识，国家种种惠民政策，鼓励他们发扬自强精神，用活国家脱贫政策，早日实现脱贫奔小康。三是文化扶贫。1月30日，组织区书法家协会10名会员，为白石岩村书写了189户春联，把党和政府对贫困村的深切关怀送到贫困户家中。四是实物扶贫。为2户虽已脱贫，但家中暂无能力购买家居的农户，送去一套价值2600元的沙发。五是工作扶贫。按时完成动态管理贫困信息采集、贫困户经纬度采集等工作。

【全面推进区文联深化改革工作】 为落实中央、省、市对群团组织深化改革的要求，区文联起草《玉溪市江川区文联深化改革方案》于2018年12月14日提交二届区委全面深化改革领导小组第十六次会议研究通过。《方案》坚持中国特色社会主义文艺发展道路，准确把握文艺工作的时代主题和历史使命，牢牢把握中国特色社会主义群团发展道路的基本要求和基本特征，坚定文化自信，增强文化自觉，保持和增强文联及所属文艺家协会的政治性、先进性、群众性，拓展工作职能，改革组织机构，转变工作机制，把团结联系服务文艺工作者作为根本任务，最广泛地团结引领全区广大文艺工作者，积极创作，繁荣文艺事业，为江川实现跨越式发展，谱写好中国梦江川篇章提供强有力的文化支撑和精神动力。

【市文联到江川开展文艺家协会工作调研】 3月27日，市文联调研员王尚宁和副主任科员张忠利到江川调研文艺家协会工作。调研采取召开座谈会的形式，区文联全体干部和9个协会主席参与座谈，调研组强调，要坚定文化自信，增强文化自觉，紧贴自身实际，找准切入点和着力点，抓实抓活协会工作，做到“三个坚持”。一是坚持围绕“三个需要”开展工作，即围绕党委和政府需要什么、当前社会发展需要什么、广大文艺会员需要什么；二是坚持走出“三个误区”，即协会是个空壳组织的误区，协会难以作为的误区，协会各自为政的误区；三是坚持寻求“三个发展”即发挥平台作用求发展，拓展活动空间求发展，突破自我固化求发展。

【李志刚调研新的社会阶层人士统战工作】 3月13日，江川区委常委、统战部部长李志刚到区文联调研文学艺术界新的社会阶层人士统战工作。提出四点要求：是充分利用文艺协会平台，成立新的社会阶层人士统战工作联络站，进一步强化对新的社会阶层人士的协调、引导和服务，牢牢把握大团结、大联合主题，紧紧地把统一战线成员团结在党周围，唱响主旋律，弘扬社会主义核心价值观，更好地服从服务江川经济社会发展；二是依托各文艺协会，探索建立新的社会阶层人士统战工作实践创新基地，拓展统战工作覆盖面，为推动新的社会阶层人士统战工作，积累经验，形成典型奠定良好基础；三是搭建学习交流平台，采取定期或定期的方式举办新的阶层人士推介、沙龙、讲坛活动，促进新的社会阶层人士健康发展；四是统战部、文联要围绕区委、区政府的中心工作，引导组织新的社会阶层人士开展调研、采风、创作活动，激发创作热情，鼓励打造文艺精品，为建设宜居宜业生态美丽新江川凝聚正能量。

（张旭刚）

科 协

【科普信息化建设】 一是建成4个科普e站。截止2017年12月28日江川区青少年校外活动中心科普e站正式挂牌，我区已建成4个科普e站，其中：乡村2个，校园1个，社区1个。科普e站运行，提升我区科普信息化水平。二是科普+互联网精准推送。江川区电视台每周安排播放科普微视频3个，每天播放3个时段；利用气象局网络平台累计发布科普信息1350条；采取多项措施推广科协系统微信公众号，“科普江川”微信公众号常年关注人数在2100人左右。

【科普志愿服务】 3月7日，科普志愿者在大街下营老戏台参加服务活动。共发放科普资料2500份，《蔬菜种植技术》书籍50本，崇尚科学、拒绝邪教宣传购物袋250份。“三八国际妇女节”，志愿者还就女性科学工作者如何维护自身权益开展咨询服务。前卫镇科协联合妇联、司法所等部门到新天力农业机械制造有限公司开展禁毒防艾宣传服务活动。为员工义诊和健康咨询服务40人次，发放防艾宣传单共400多份，《中国公民健康素养66条（2015版）》120本，《玉溪市流动人口基本公共服务均等化和健康知识宣传手册》100本，流动人口教育核心信息画报100张，发放安全套200盒，完成防艾知识调查问卷100份。

【科普服务三农宣传】 7月10日，江川区科协协调组织区农业局、林业局、民宗局、卫计局、防震减灾局、妇联、公安分局、红十字会、区老科协、反邪教协会、江川区人民医院、江川一中等部门和单位到安化乡开展“科普服务三农”为主题集中宣传和咨询活动。共展出果树病害防治、居民健康、反邪教、禁毒防艾、防震减灾常识等科普知识展板53块，发放民族团结教育宣传、识别和抵制邪教组织宣传、安全用药、蔬菜、养羊、烤烟栽培等科普系列丛书、宣传资料26种14800多份，现场咨询100多人次，受益群众1200多人。

【青少年科普教育系列活动】 组织科普大篷车进校园活动。一是9月18日，江川区科协在“全国科普日”期间，联合云南省科普工作队、玉溪市、普洱市、丽江市、大理州科协、澄江县科协，组织区防震减灾、农业、林业等部门在大街中学大庄校区联合开展科普进校园活动。1000余中小学生参加活动。二是举办“数学有用吗”专题讲座。邀请云南省数学学会副理事长、秘书长，云南大学数学与统计学院副院长、博士生导师，云南省高校数学教学名师杨汉春教授为前卫中学师生1400名师生授课，深受师生欢迎。三是举办江川区小发明、小制作评比活动。对征集到的33件作品进行评审，评出一等奖9件。四是举办青少年科技辅导员培训班。全区中小学科技辅导员和区科协、区教育局、区青少年校外活动中心共30余人参加培训。

【全民科学素质网络竞赛】 组织参加2018年全国、全省全民科学素质网络竞赛。江川区参赛人员30381人次，占玉溪市总参加人次45292人次的71.9%；按照参赛人数分，江川区参加人数5893人，占玉溪市总参赛人数8084人的82.18%。按照参赛次数，位列玉溪各县区第1名、全省县区第10名；按照参加人数，位列玉溪市第1名、云南省第7名。

【双创科普知识微信有奖竞赛】 全国科普日期间，区科协组织开展“智慧点亮生活”为主题系列活动，其中江川区双创科普知识微信有奖竞赛在“科普江川”“大头鱼传媒”微信公众号开展取得良好效果，一共7天，参加人数11276人，显示了微信等新媒体对科普的极大推动作用。

【科普项目】 加强对科普项目的监督检查，全力配合省市科协以及第三方对2015—2017年科普项目进行检查。邀请江川区委第五巡察组、区纪委派驻政府办纪检组、区财政局以及安化乡政府、农业局等单位领导、专家组成验收组，对江川区安化彝族乡光山村委会承担的《云南省科普惠农兴村计划》和《江川名优土著鱼人工繁育技术与推广应用》项目进行验收。依托中央、省科普转移支付资金各31万元，组织实施“科技助力扶贫攻坚基地建设”红心黄心猕猴桃栽培示范”“绿色蔬菜种植技术示范”“科普E站建设”“安化彝族乡科普中国视窗建设”“示范性农技协建设”“基层科普组织建设”“科普信息化建设”8类22个项目，争取中央省级资金62万元；组织实施区级科普项目6个资金14万元。

【技术培训】 紧紧围绕全区中心工作，开展以农函大为重点的技术培训。农函大招生14个专业25班1552人，完成全年计划数1500人的103.5%。其中特色班4班300人。

【科技活动周】 举办“数学有用吗”专题讲座；组织参加2018年全民科学素质网络竞赛；举办省级专家科技传播活动现场教学活动。邀请省农科院农业环境资源研究所副研究员郭志祥到江川大街办事处螺蛳铺田间地头为57户科技示范户现场讲解蔬菜栽培技术。举办江川区小发明、小制作评比活动，评出一等奖9件；和区农业局联合组织农民、农科人员、基层干部、农技协等参加2018年全国农民科学素质网络知识竞答活动。

【区委对区科协进行巡察】全力配合区委巡察组的政治巡察。严肃认真召开区科协巡察整改民主生活会，制定整改方案，落实责任，以巡察反馈问题为导向，着力解决党的领导弱化、党的建设缺失、全面从严治党不力等三个方面的问题，坚持不懈、善作善成、久久为功，把区科协打造成区委放心、群众满意的群团组织。

【对区科协进行审计】 全力配

合区审计局对区科协2018年预决算审计工作。没有发现问题，对审计提出的建议进行了采纳。

【科协系统深化改革】 在认真研究、充分调研、广泛征询意见的基础上，历经5次修改，形成《玉溪市江川区科协系统深化改革实施方案（送审稿）》。二届区委全面深化改革领导小组第十二次会议审定通过，区委办以玉江办通〔2018〕21号予以印发。制定了《玉溪市江川区科协系统深化改革2018年任务清单》，分解任务、落实责任。

【“双创”工作】 积极协调管理好第五网格，投入资金10万元支持创建全省文明城市，在大街中学大庄校区创建青少年科普教育基地；投入经费3.5万元。制作社会主义核心价值观“24字”宣传牌1块、“健康教育”“未成年人思想道德建设”宣传栏1个按时更新4期；走上街头做好宣传、示范、监督工作。投入2600元对景新路临街墙体进行粉刷，第五网格科协片区成效明显。

【精准脱贫】 多次入户宣传扶贫政策，帮助建档立卡户理清发展生产的思路和措施，协调解决鸡窝村8户建档立卡户实际困难。按完成C、D级危房加固和重建任务。多方协调给予每户建档立卡户500元的现金、物资帮扶。支持发展烤烟、蔬菜等优势特色产业，开展科技实用技术培训和推广应用。

【向上争取资金】 2018年任务数86万元，截止10月末，争取资金62万元，未完成24万元。

【党建党风廉政建设】 坚持“三会一课”制度；组织好党员微党课等支部学习活动；做好党员积分管理基础工作；开展“双报到、双考核、双评议”。动员党员参加“双创”活动，争当“双创先锋”“仙湖卫士”。3名党员参加区直机关工委组织的“万名党员进党校”培训活动。贯彻区纪委二届三次全会精神，签订责任书，进行廉政谈话2次，对苗头性的问题运用第一形态约谈1次3人，坚决纠正“四风”反弹，开展“六个严禁”。

（张树良）

红十字会

【概述】 2018年区红十字会围绕区委和区政府的重大决策和部署，以宣传和弘扬“人道、博爱、奉献”红十字精神为主线，以“三救三献”工作为核心，团结带领广大会员、志愿者，凝聚人道力量，实施人道救助，较好地发挥党和政府在人道领域联系群众的桥梁和纽带作用。

【深化“博爱送万家”活动】 积极构筑省、市、区红会三级联动机制，筹集6万元的物资，开展“博爱送万家”活动，走访慰问困难群众1652人。携手团体会员单位开展走访慰问活动，将212床被子、160条毛毯送到372户困难群众家中。发动志愿者为13位麻风失能老人亲手编织围巾，送去冬天的温暖。

【召开第三次会员代表大会】 5月3日，区红十字会第三次会员代表大会在江川宾馆隆重召开，来自区直机关单位部门、乡镇、社会各界的57名代表参加会议。会议听取并审议通过范文慧同志代表玉溪市江川区红十字会第二届理事会所作的《牢记新使命展现新作为 努力开创全区红十字事业发展新局面》的工作报告，讨论审议《玉溪市江川区红十字事业2018—2022年发展规划》《玉溪市红十字会2013至2017年度财务报告》。大会聘请区委常委、统战部部长李志刚担任江川区红十字会第三届理事会名誉会长。副区长陈慧敏当选江川区红十字会第三届理事会会长，范文慧当选为常务副会长。选举产生玉溪市江川区红十字会第三届理事会21名理事，3名监事，9名常务理事。

【开展纪念“五·八世界红十字日”活动】 为隆重纪念第71个“世界红十字日”，弘扬“人道、博爱、奉献”红十字精神，凝聚更多的人道力量参与和支持红十字事业，5月8日江川区红十字会组织志愿者开展系列纪念活动。一是举行“我是红十字人”主题宣誓活动。为增强使命感、自豪感和责任感，组织新加入的志愿者和部分老志愿者在红十字会徽下进行，“我是红十字人”的庄严宣誓。二是开展应急救护知识培训。为志愿者开展应急救护培训，提升应对突发事件和意外伤害事故的应急救援和自救互救能力。三是开展“人道——为了你的微笑”主题宣传活动。在江川老戏台广场组织志愿者开展宣传募捐、义诊、急救培训等活动，宣传奉献爱心、救助贫疾、弘扬互帮互助、关爱奉献的人道精神。

【持续开展大爱江川大病特困救助项目】 秉持人道理念，继续加强对白血病、癌症等患者和因灾致困家庭的人道帮扶。评审组经三次对申请符合救助条件的27户特困家庭和重大疾病患者进行入户核实后，根据情况发放1000元至2000元不等的救助金，共计发放救助金40500元。

【关爱青少年成长】 争取6万元的国家红基会物资，充实江川一中校医务室建设。以江川一中为试点的红十字青少年“关爱生命、探索人道法”项目正在实施。“六·一”儿童节表彰了一批“红十字文明好少年”“美德少年”，并为前卫中心小学留守儿童捐赠了保温饭盒和图书。配合科协开展普科知识进校园活动，到大街大庄中小学向2000名师生传播《青少年学急救》、红十字法等知识。积极帮助5名患病儿童争取国家、省级红十字会的救助。

【全力抗震救灾】 通海8.13、8.14地震发生后，区红十字会迅速成立以常务副会长为组长的应急救援领导小组及时响应区启动的地震Ⅳ级应急预案，履行成员单位职责。积极向省、市红十字会争取到救灾援建资金104178元和价值4.5万元的救灾物资。组建两个红十字志愿者应急救援队，参与到九溪、雄关两重点灾区救援，对外发布捐赠倡议，落实了捐赠物资堆放点，有力有序的开展救灾工作。

【继续实施驾驶员艾滋病防治宣传干预模式探讨创新项目】 克服应急卫生救护培训改革的变化，继续实施红十字会驾驶员艾滋病防治宣传干预模式探讨创新项目。2018年共开展驾驶员同伴教育艾滋病知识宣传培训13期，累计参训952人。期间开展《江川区全国艾滋病综合防治示范区艾滋病知识问卷调查》，收回问卷952份，参训驾驶员艾滋病知识知晓率达98%以上。积极动员836名驾驶员自愿参加HIV检测，检测率达87%。

【积极筹集人道资金】 2018年，区红十字会深入乡镇（街道），走访调研贫困家庭，以助医、助学、助困、助残等为切入点，积极筹资筹款，当好党和政府在人道领域的助手。充分发挥志愿者筹资劝募的作用，通过发起面向社会倡议募捐和倡议公职人员献爱心等多种方式，开辟红十字会救助金筹资渠道，共募集到人道救助资金61537元，不断提高救助实力。

【普及救护知识技能】 区红十字会坚持以公益培训为导向，加大对农村群众开展公益性应急救护、防灾备灾知识及应急避险能力的宣传培训。一是邀请红十字应急救护培训师到雄关乡，大街街道的三街、上营、浪广、大庄社区和江城大土地村及江川电力公司开展救护技能和公益性救护培训宣传，走进企业为1509名干部群众受益。二是参与宣传部、卫计、妇联、科协、残联、共青团等部门联合组织的4次“三下乡”活动，送救护技能科普宣传到基层，受益群众达3200人。三是利用世界急救日之机，联合区防震减灾局为乡镇（街道）分管防震减灾工作人员110余人进行培训并开展了应急演练。

【广泛传播红十字精神】 2018年，区红十字会以弘扬“人道、博爱、奉献”红十字精神为主线，以重大节庆日为契机，组织开展“红十字博爱周”“三下乡”“助残日”“防灾减灾日”“学雷锋日”“世界献血者日”等主题宣传活动18次，广泛宣传《中华人民共和国红十字会法》《云南省红十字会条例》以及义务献血、器官遗体捐献、造血干细胞捐献和预防艾滋病等公益事业方面的法律法规和红十字知识宣传，共计发放宣传资料25000份，宣传毛巾、宣传袋9300份。

【丰富志愿服务活动】 2018年组织志愿者开展宣传募捐、寒冬送温暖、扶贫帮困、关爱留守儿童、清洁家园、无偿献血宣传、国际志愿者日、服务双创等志愿活动10余次，参与人数达210人次，全年新发展志愿者13人，促进红十字志愿服务的蓬勃发展。志愿者伏兴文获得省红十字备灾救灾中心的蒲公英铜奖章。

（吴冬丽）

军　事

编辑　陈金才

人民武装

【概述】　2018年，区人武部按照“高举旗帜铸军魂、聚焦中心谋打赢、推动转型求发展、严守底线保稳定”的工作指导，蹄疾步稳扎实推进年度各项工作开展。区人武部被玉溪军分区表彰为“安全稳定工作先进单位”；人武部部长张运铎被玉溪军分区表彰为“践行强军目标优秀主官”；江城镇武装部干事刘春宝和本部职工张贤分别被玉溪市国防动员委员会表彰为“优秀专武干部”和“优秀职工”。

【党委（扩大）会议】　1月19日，召开部党委（扩大）会议，各乡镇（街道）武装部部长、专武干事及人武部全体干部职工参加会议。总结2017年工作，明确2018年工作思路：深入学习贯彻党的十九大精神，坚持以习近平新时代中国特色社会主义思想和强军思想为指导，认真贯彻上级党委决策部署，按照“高举旗帜铸军魂、聚焦中心谋打赢、推动转型求发展、严守底线保稳定”的工作指导，蹄疾步稳扎实推进年度各项工作开展，确保了本单位安全稳定，人武部全面建设和全区国防动员建设呈现出良好的发展态势。会议要求：全体干部职工、专武干部及广大民兵要高标准抓好各项工作落实。努力开创我区国防后备力量建设新局面。

【思想政治建设】　全年，按照全军统一部署，全面学习和深入贯彻党的十九大各项决策部署，抓好党委中心组带机关四个季度理论学习，认真学习领会习近平新时代中国特色社会主义思想和强军思想，强化干部职工“四个意识”“三个维护”。抓好“传承红色基因、担当强军重任”主题教育，组织干部职工参加军分区统一组织的辅导授课，利用江川革命烈士陵园、中共江川县工委旧址等红色资源，重温红色记忆、传承红色精神，激励干部职工不忘初心、牢记使命、担当重任。

【党委班子建设】　党委班子聚焦习主席新时代强军思想，深入开展“和平积弊大起底大扫除”活动，深挖积弊、析透原因、定实措施，切实在纠思想、查表象、析根源、抓整改中立起备战打仗的鲜明导向。巩固深化省军区、军分区组织的各类集训成果，进一步提高人武部干部、全区专武干部和民兵骨干抓战备、抓训练的能力素质。积极转化军委国防动员部“三个一线”领导管理能力集训成果，规范落实基层“八项制度”，不断正规人武部“四个秩序”。组织干部每周四晚上开展提质强能业务学习，提升干部队伍能力素质。

【军事训练】　按照“能打仗、打胜仗”的要求，扎实抓好军事训练。修订各类应急处突预案。开展针对性、、应急处突和抢险救灾等综合演练8次。开展动员潜力和拥军支前潜力调查，健全动员预案，扎实抓好民兵编组。5月10日，军分区对我区基干民兵进行了点验拉动，基干民兵出勤率达90%，基本做到官兵相识、信息相符、人装相配。6月，组织全区100名民兵进行为期20天“基地化轮训、常态化备勤”训练，人武部主官全程轮流跟训。进一步锻造了我区应急应战的拳头力量，圆满完成军分区赋予的试点观摩任务，受到了军分区首长及各县区人武部的一致好评，达到了预期的训练目的。12月，军分区对我部全体干部进行了年终军事考核，所有科目成绩均达到了良好以上。

【民兵整组】 2018年民兵整组工作，以习主席关于国防和军队建设系列重要论述为指导，以《兵役法》《民兵工作条例》和上级的指示要求为依据，重点突出抓实区应急连，乡镇（街道）应急排。按“应急队伍、专业队伍、特殊队伍”占比分别为36%、61%、3%进行编组圆满完成665人基干民兵整组任务，编组应急队伍240人、专业队伍410人、特殊队伍15人。

【兵役工作】 积极适应征兵工作调整改革的新要求，牢固树立征兵打仗的思想，主动作为，提前调研、提前筹划、提前宣传。以网上兵役登记为平台，以全民国防教育为抓手，以全方位、多手段征兵宣传发动为切入点，以确保兵员质量为核心。2018年全区共征集新兵114名（含1名女兵），大学生入伍新兵比例达到42.47%，圆满完成了市征兵办赋予的任务。

【安全管理】 认真学习贯彻省军区安全稳定电视会议精神，扎实开展“百日安全活动”，始终盯住武器弹药仓库、办公涉密区域等重点部位，加强巡逻警戒，过细排查隐患，定实整改措施，确保人武部安全稳定。完善各类安全预案，盯住元旦、春节、清明、端午、国庆等节假日和“3.01”“3.14”等重要敏感时节，开展形势战备和安全教育，规范各类值班值勤，组织全体人员开展安全训练，提高安全防范能力。以严格落实军委禁酒令和人员8小时以外管理为重点，开设违规饮酒举报箱，规定超100千米驾驶私家车必须报批备案，切实管住人、管好车。严格落实安全警卫、营区保洁绿化、饮食保障三项勤务社会化保障，进一步规范落实财经、车辆、枪弹、保密等管理规定，单位安全发展的局面得到进一步巩固，2018年被军分区表彰为“安全稳定工作先进单位”。

【国防教育】 全年，组织国动委成员单位，在全区范围深入开展“全民国防教育暨征兵宣传月”活动，滚动播放征兵宣传标语电子屏70余条，覆盖全区所有村委会，在公共场所张贴悬挂国防教育和征兵宣传标语、海报300余幅，出动流动宣传车一辆，发放宣传手册10000余份，现场为群众解答征兵政策300余人次。结合下乡调研、征兵、民兵训练等时机，多次开展献身国防教育，讲授军兵种知识，组织军事训练，增强广大应征青年和民兵队伍的国防意识和爱国主义精神。9至10月，组织教练员对江川一中、江川二中、后卫中学、龙街中学4000余名学生进行军训，增强了青年学生的国防意识。

【八一军事日】 8月1日，区人武部联合消防大队邀请地方党政领导参加军事日活动，召开座谈会、观看消防大队消防装备及7个灭火救援科目展演，交流人武部和消防大队一年来国防工作开展情况，征求对人武部发展意见建议。

【双拥共建】 广泛开展双拥宣传和拥政爱民活动。一是组成扶贫工作队完成入户调查、贫情分析、制定脱贫及巩固提升计划等工作，开展走访慰问、寒冬送暖、帮助贫困户种植烤烟活动。截至年底，结对帮扶的16户贫困户均已实现脱贫摘帽。二是组织干部职工和民兵积极参加创建国家卫生城市、云南省文明城市和保护星云湖生态环境等全区性大项活动。投入10余万元为6个居民小区安装亮化工程；投入3万元开展周官河、玉带河清理整治；投入3.6万元帮助前卫镇和雄关乡白石岩村委会人居环境综合治理。三是累计完成学生军训5000余人。四是组织民兵完成多次扑灭山火、“开渔节”湖面管制、重大节日活动安全保卫等急难险重任务。

（李　端）

法　制

编辑　陈金才

政　法

【概述】　2018年，区委政法委贯彻中央、省市委政法工作会议精神，推进平安江川、法治江川、过硬政法队伍和智能化建设，履行维护国家安全、确保社会大局稳定、促进社会公平正义、保障人民安居乐业的职责使命，为建设宜居宜业生态和谐美丽新江川创造安全的政治环境、稳定的社会环境、公正的法治环境、优质的服务环境。

【坚决捍卫国家政治安全】　政法机关全年把维护政治安全作为头等大事，把捍卫党的执政地位和我国社会主义制度摆在国家安全首要位置。切实增强政治警觉性和政治鉴别力，密切关注敌对势力新动向，绷紧防范"颜色革命"这根弦，严防西方敌对势力渗透破坏活动。以反渗透、反策反、反窃密为重点，深化反间谍专项斗争，筑牢国家安全人民防线。

【深入开展反恐怖斗争】　深入研究对敌斗争、反恐怖分裂斗争和敏感节点维稳工作的规律、特点，完善行之有效的工作模式，强化演练培训，提升处突能力，全力维护国家政治安全和社会大局稳定。区反恐领导小组同39家成员单位签定《江川区2018年反恐怖工作领导小组成员单位责任书》；6月25日制定下发江川区《关于认真贯彻落实〈维护社会稳定工作规定〉的通知》，在重要节日、重大敏感节点，坚持日信息报告制度和分析研判，切实做到防范在先，预警预知，一旦发生问题保障及时处置。确保党的重要会议和重点节日、敏感节点期间我区政治社会大局稳定。

【严打邪教渗透破坏活动】　一是保持严打的高压态势。继续保持对"法轮功""全能神"等邪教的严打，依法打击骨干头目，教育争取被裹挟群众，最大限度削弱各类邪教活动能量，压缩其活动空间。二是进一步深化反邪教警示教育。持续开展多次校园反邪教防范安全宣传活动；春节前后在各乡镇（街道）采用流动宣传展板等形式持续开展送《刑法》300条、两高司法解释等反邪教法律知识下乡等活动。

【开展扫黑除恶专项斗争】　一是高度重视，及时安排部署。2018年1月31日召开全区扫黑除恶专项斗争会议，迅速落实中央、省市扫黑除恶专项斗争会议精神，对全区开展工作进行动员部署。全年区委常委会先后3次听取扫黑除恶工作汇报并研究工作。区政府常务会也多次听取工作汇报，并补助30万元专项工作经费，其中20万元用于"4.27"专案补助。专项斗争领导小组召开4次推进会和联席会议，推动工作深入开展。二是制定实施方案，建立制度机制。领导小组起草《玉溪市江川区扫黑除恶专项斗争实施方案》，报区委研究后并以玉江办通〔2018〕20号文件下发执行；及时研究制订印发《玉溪市江川区扫黑除恶专项斗争工作协调会商机制》《玉溪市江川区涉黑涉恶犯罪线索举报奖励办法》等五个机制。三是加大宣传，营造社会氛围。印发《关于进一步做好"扫黑除恶"专项斗争发动群众工作的通知》，鼓励全区群众积极参与到扫黑除恶专项斗争中来，踊跃举报黑恶案件线索。共印制1000份《通告》下发到各乡镇（街道）、村（组）和集贸市场、车站、学校等人员密集场所进行粘贴宣传。各级各部门通过电视、广播、电子显示屏、横幅、标语等形式广泛开展宣传，努力营造全民参与扫黑除恶专项斗争的浓厚氛围。四是依法从严惩处黑恶势力犯罪，确保涉黑涉恶问题得到根本遏制。全区政法部门，聚焦重点，精准发力，以“零容忍”的态度严厉打击涉黑涉恶问题，斗争取得了初步战果。五是坚持综合治理、齐抓共管，形成强大工作合力。各成员单位按照《关于成立专项工作组及明确相关单位职责任务的通知》要求，综合运用各种手段预防和打击黑恶势力违法犯罪问题，最大限度挤压黑恶势力滋生空间和蔓延势头。

【抓好平安创建“细胞工程”】 在巩固平安江川建设成果基础上，深入开展基层平安和行业平安创建活动，不断丰富创建形式，提升平安创建水平。以平安“细胞工程”建设为载体，通过“三级联创、分级命名”的形式，各乡镇（街道）、各行业平安创建主管部门继续抓好平安乡镇（街道）、平安村（社区）基层平安创建和平安家庭、平安医院、平安校园等20项行业平安创建“细胞工程”。

【加快综治中心建设】 一是按照先行示范、以点带面工作思路，2018年1月完成六十亩村综治中心示范点建设。7月全面完成省级乡镇（街道）综治中心示范点九溪镇综治中心建设，9月顺利通过省级验收。二是公安视频监控资源成功接入九溪镇综治中心监控研判室，实现对辖区重点部位、重点场所实时查看，为下步各级公安视频监控资源接入综治中心，开展社会治安情况实时监控及分析研判奠定良好基础。三是九溪镇综治中心示范点积极整合司法、信访、公安、综治、维稳等部门入驻中心，同时设置了综治中心社会组织办公室，引导社会组织入驻办公，积极探索社会组织参与矛盾纠纷调处化解工作。四是全区各级综治中心通过省综治信息系统为综治委成员单位分配了账号，与成员单位全面实现互联互通和网上办公，形成矛盾纠纷调处和事件办理闭环流程，促进信息共享共用、深度融合。

【加快“雪亮工程”建设】 一是加快视频监控系统建设。全年由各乡镇政府出资750余万元，在全区6个乡镇街道科学布建及改造高清摄像头206个，进一步巩固提升辖区立体化技防体系。自“平安城市”视频监控系统项目建设以来，全区已投入资金4400余万元，全区安装各类监控探头达2780余个。二是有效整合社会监控资源。完成对乡镇视频监控系统、社会视频资源接入，建成PDT数字集群、“三位一体”及加油站卡口等项目，推动重点行业单位横向联网，有效整合各行业单位自建的监控网络，达到联网共享，综合利用的效果，切实提升治安防控能力。目前，全区接入公安视频监控已达1100路。三是全面提升打防实战效能。对接入公安视频监控的各类视频监控信息及时进行分类串并、视频侦查和行动轨迹研判，实现对各类信息最大程度的掌控和应用，全面提升对动态社会治安的打防能力。

【开展矛盾纠纷排查化解，切实防范“民转刑”命案】 严格落实《玉溪市命案侦防十条措施》，坚持“命案必防、命案可防”理念，充分发挥各级综治中心作用，整合综治、信访、司法、国土、民政、妇联等相关部门力量，全面分析研判本地区命案发案态势，在源头上防范矛盾纠纷，紧盯婚姻家庭、邻里关系、经济往来、土地资源权属纠纷等重点问题、重点领域和重点群体，加大矛盾纠纷排查化解力度，着力构建“民转刑”命案防控体系，坚决遏制命案易发高发，有效防止各类“民转刑”“刑转命”案件发生，维护人民群众生命安全，为全区经济社会发展构建良好的法治环境，和谐的社会氛围。全年全区共排查矛盾纠纷3574件，调解成功3200件，涉及当事人6472人。共发生命案2起，死亡2人，均不属“民转刑”命案，全区无因矛盾纠纷调处不及时导致矛盾激化、引发民转刑案件及群体性事件发生。

【加强防控体系建设】 积极构建“六张网”，“三级防控圈”，形成城区与农村互联、网上与网下互通、虚拟与现实互补的立体化社会治安防控体系。一是科学布点，构建环区检查站。设立两个常规堵卡点，轮班上

卡，开展公开查缉。在主要道路增设5个临时堵卡点，开展临控查缉，形成区级密封圈，切断违法犯罪分子出入本区的通道。二是建立情报信息综合研判会商机制，实行“日报送、周研判、月会商”。由指挥中心牵头，按期开展情报信息研判会商，形成研判信息专刊，客观反映辖区维稳形势及治安状况。三是构建三级联防，强化警民联动，实现治安防控社会化。大力推进“三支力量”建设，目前已建成治保会64个，配齐治保主任64名，治保成员795名。

【加快省综治系统应用】　畅通区、乡镇（街道）、村（社区）三级综治信息平台，对组织架构及综治工作人员及时进行调整。邀请中国通信服务公司云南分公司对全区乡镇（街道）综治干部及网格员就省综治信息系统及综治通应用进行专题培训，提升基层综治干部业务水平，加快推进省综治信息系统应用。区财政按每年不低于50万元的标准落实网格化专项工作经费，每年投资5万余元保障区乡两级平台专线畅通。2017年至2018年区委政法委投入26万元经费为全区乡镇（街道）、村（社区）综治中心配置了73辆“网格巡查”两轮电瓶车，用于开展网格巡查、治安巡防、矛盾纠纷调处、综治及平安建设宣传等工作，基层综治中心工作效率得到有效提升。2018年全区网格员通过网格化服务管理移动终端上报矛盾纠纷调处信息1000余条。

【全力提升群众安全感】　一是抓住关键环节，打击与防范并举，提升治安环境。严厉打击各类违法犯罪，全面排查和强力扫除涉黄、涉赌、涉黑、涉恶窝点，加大扫黑除恶工作力度，严厉打击“两抢一盗”暴力犯罪和侵财犯罪。强化立体化社会治安防控体系建设，筑牢基层基础，深化平安建设，进一步建立完善群防群治治安巡防工作机制，切实做好矛盾纠纷排查化解，切实整治群众反映强烈的治安问题。二是强化纪律约束，加强队伍建设，提升执法满意度。5月8日，江川区召开政法部门提升群众安全感和满意度专题工作会。要求全区政法部门结合“不忘初心、牢记使命”主题教育，切实加强政法队伍思想政治建设。按照“忠诚、干净、担当”的要求，深入开展党的政治纪律、组织纪律教育，坚持从严治警不动摇，树立严格规范文明执法、热情周到服务的良好形象。三是把握舆论导向，突出宣传重点，提升群众知晓率。印发群众安全感调查材料6万余份，悬挂宣传标语126条。积极运用广播电视媒体开展宣传。向全区移动全网17万用户发放群众安全感宣传短信2条。在全区人流密集地段三块电子显示屏集中投放群众安全感调查宣传。利用微信、网站、微博等新兴媒体积极开展网络宣传，进一步拓展宣传范围。

【维护稳定工作】　全区共排查出影响社会稳定的重大矛盾问题和隐患20件纳入矛盾问题数据库，对重点矛盾纠纷、重点群体、重点上访人员实行领导包案及维稳任务分解，层层落实责任。深入推进社会稳定风险评估工作全覆盖，完成重大事项社会稳定风险评估工作13项。开展社会风险预警工作。对影响社会稳定的情况共发布过6个预警通知，排查出7个影响社会稳定的群体和9个重点信访维稳人员。

【强化依法治区】　3月8日，区委召开政法工作会议，对全面推进依法治区工作作了统筹安排。5月9日，制定下发《玉溪市江川区2018年依法治区工作要点》，明确33项目标任务，对各项工作作出具体要求。

【党风廉政工作】　全年共分析研究党风廉政建设工作3次；组织党风廉政专题学习21次；召开党员干部警示教育大会2次；主要负责人与所在单位及分管联系部门领导班子开展约谈4次，为全体干部职工上廉政党课2次；召开研究班子分工、经费使用等“三重一大”会议共7次。开展公务活动中赠送收受烟酒茶玉和公职人员职称职业资格证书违规挂靠专项整治活动。

【政法队伍纪律作风专项整治活动】　制定《关于在玉溪市江川区政法机关开展政法队伍纪律作风专项整治活动的实施方案》，从7月始，紧扣“五个过硬”总要求，重点围绕抓好动员学习、严格对照检查、注重整改落实三个环节，在全区政法机关开展了为期3个月的政法队伍纪律作风专项整治活动。9月中旬召开专题民主生活会、专题组织生活会、队伍建设形势分析会等方式，重点查找、分析队伍在纪律作风建设方面存在的突出问题及原因，列出主要问题清单，制定详细整改措施，明确整改时限。

【政法队伍建设】 政法各部门学习先进经验，拓展培训渠道、丰富培训内容、创新培训方式，积极开展政法队伍业务培训，更新政法队伍知识结构，提升政法队伍的执法司法能力，以进一步适应新时代政法工作的需要。健全完善各项规章制度，强化内部管理，形成“用制度管人，靠制度管事”的长效机制，强化政法队伍思想政治业务素质，创新和改进工作方式，多措并举、攻坚克难，着力抓好政法各项工作的落实落细，为保江川平安社会和谐恪尽职守。

【政法创新宣传】 一是同江川电视台开办《平安江川》栏目，全年播放37期。二是开通江川政法微博，转发微博1100条（篇）。

（李 平）

司法行政

【概述】 区司法局以习近平新时代中国特色社会主义思想为指导，贯彻中央、省、市、区政法工作会议和全国司法厅（局）长会议、全省公共法律服务体系建设工作推进会议精神，以公共法律服务体系建设为总抓手，以过硬队伍建设为保障，重点抓好法治宣传、人民调解、特殊人群管控、公证、律师、法律援助和基层基础等工作，全面落实深化依法治国实践要求，切实增强人民群众共享法治建设成果的获得感、幸福感、安全感，努力开创区司法行政工作新局面。

【机构编制】 2018年底全局编制数37名，其中行政编制27名（不含路居司法所3名），事业编制10名。年内实有人数26名，其中行政人员22名（2018年1月工作变动调出2名，退休1名），参公管理事业人员2名（2018年1月工作变动调出1名），事业人员2名（2018年10月招录1名事业人员）。

【健全普法工作机制】 制定印发《玉溪市江川区2018年普法工作要点》《贯彻落实2018年玉溪市江川区法治宣传教育工作要点的实施意见》《玉溪市江川区关于深入学习〈中华人民共和国宪法〉的通知》《玉溪市江川区落实“谁主管谁普法，谁执法谁普法”责任制》等文件完善普法工作机制，为较好落实“七五”普法规划奠定坚实的基础。

【领导干部在线学法用法考试工作】 紧紧抓住领导干部这个“关键少数”，坚持把领导干部学法、模范守法作为树立法治意识的关键，全面加强党政群机关公务员、事业单位管理人员和专业技术人员学法用法制度建设，完善和落实在线学法用法考试等制度，全年全区参加在线学法用法考试人员3017人。

【围绕重大项目和重点工作开展法治宣传】 围绕区委、政府“双创”、棚户区改造、烤烟生产、扫黑除恶专项斗争等重大项目和重点工作推进开展普法宣传教育工作。期间共出宣传车994余次，录制宣传音频6个，发放宣传材料36000余份，制作普法标语400条，张贴公告300张，广播宣传2879余次，调解烟农纠纷17件36人，解答法律咨询720人次。

【重要时间节点法治宣传】 以文化科技卫生“三下乡”“三八”维权周、“3·15”国际消费者权益日、“全民国家安全教育日”“六·五”世界环境日、“6·26”禁毒日等重要时间节点为契机，开展法治宣传教育。期间共出宣传车200余次，发放宣传材料25000余份、环保袋3000余个、宣传钱夹纸4000余个、宣传围裙1500条、制作普法标语300条，广播宣传500余次，解答法律咨询400余人次。

【《宪法》学习活动】 全区共开展党委（组）中心组宪法学习1次，参加人数710人；宪法巡回宣讲2次，参加人数810人；展出宪法宣传展板35块、户外屏宣传120余条、宣传标语700余条、服务窗口触摸屏1条，集中开展宣传活动56次4053人次；电视媒体宣传12条、广播300条、报刊7条、网站27条、微信公众号25条、微博5条。

【开展烤烟生产法治宣传活动】 结合烤烟生产相关要求，开展以《烟草种子管理办法》《种子法》《合同法》为主要内容的法治宣传教育。期间共出动宣传车宣传75天194人次，发放宣传材料21000份、环保袋5000余个、宣传围裙4000条、钱夹纸2000个，解答法律咨询720人次，广播宣传1879余次，黑板报宣传402期，调解烟农纠纷15件，编报烤

烟生产法治宣传简讯20期62篇，图片51幅。

【开展保密法治“宣传月”活动】 期间共出动宣传车宣传6次20人，发放宣传材料5000余份、环保袋1000余个、宣传围裙300条、钱夹纸1000余个，播放音频宣传100余场，黑板报宣传64期，通过“江川法宣在线”微信公众号发表图文消息6篇。

【扫黑除恶法治宣传】 结合“法律十进”活动，把扫黑除恶专项斗争作为一项重要工作内容，深入开展法治宣传教育，营造良好的法治氛围。期间共开展扫黑除恶专项斗争法治宣传教育活动25次，张贴《关于在全省开展扫黑除恶专项斗争的通告》200余份，利用法治宣传车和各村委会广播播放《玉溪市江川区关于举报黑恶犯罪线索的通告》音频3000余次，发放扫黑除恶专项斗争宣传材料10000余份，利用江川法宣在线微信公众号推文21篇。

【开展“12·4”国家宪法日宣传活动】 12月4日，江川区委宣传部、司法局组织市公安局江川分局、法院、妇联、民政局、国税局、安监局、人社局、环保局、红十字会等20家单位100余人，在城区财富广场开展以“学习贯彻十九大精神，维护宪法权威”为主题的国家宪法日暨全国法制宣传日系列活动。期间共发放法律知识宣传材料59种13050份（册），发宣传环保袋2000余只，展出展版49块，解答群众法律咨询29人次。

【开展经常性法治宣传教育】 全年全区共进行法治宣讲50次7271人，广播宣传2149次，听众702230人次，学校上课9次，受教育师生3804人次，培训骨干30期1049人次，专业法宣传92天434人次，帮教青少年68次73人，开展法律咨询1033次1325人，展出图片38期680幅，黑板宣传64块808期，印发材料128期94177份，张贴悬挂普法标语7177条。通过“江川法宣在线”微信公众号开展普法宣传，发表图文消息72条155篇，编排演出法治文艺节目2个2场，播放法治影视1部1场，拍摄播出《法在身边》栏目11期。

【民间纠纷调解】 全年全区共组织矛盾纠纷排查94次，调解矛盾纠纷1033件，调解成功1026件，成功率为99.3%，预防矛盾纠纷发生25件，防止民转刑2件9人，防止群体性械斗1件13人，矛盾纠纷涉及当事人2179人，涉及金额174.67万元。

【以案定补工作】 全年全区共办理以案定补案件925件（其中简易纠纷440件、一般纠纷408件、重大纠纷77件），共兑现金额84800元。

【防范“民转刑”命案专项行动】 开展防范“民转刑”命案专项行动期间，各级调委会排查纠纷109件，化解109件。

【人民调解参与扫黑除恶工作】 认真组织人民调解员积极参与扫黑除恶工作。期间共组织排查矛盾纠纷862件，化解857件，开展涉黑涉恶线索摸排28次，排查收集涉黑涉恶线索1件，移交公安机关1件。

【安置帮教工作】 加大对刑释人员信息核查力度，落实衔接措施，确保刑释人员信息核查率95%以上，重点人员衔接率100%，全年，区司法局与家属到监所接领刑释人员118人，对江川区五年内接收在册的刑释解教人员1086人和今年接收的263人，在规定时限内均进行有效帮教。

【远程探视工作】 全年共接受服刑人员亲属申请19次，组织落实服刑人员家属进行远程探视27人。

【社区矫正工作】 全年全区累计接受社区矫正人员1266人，解除矫正1051人，现在册215人。通过健全工作机制、规范工作程序和开展联合执法检查等措施，有效避免和减少社区矫正人员重新违法犯罪。一是开展集中教育培训14期546人，组织公益劳动1597人次，家庭家访530人次，组织法律学习1687人次。二是违法犯罪排查17次，组织尿检5次57人，其中对排查出的吸毒违法人员撤销缓刑收监执行5人，其它违法收监2人，对违规人员警告处分28人。三是为困难社区矫正人员家庭争取临时救助4人，帮助解决经费2500元，大米150千克。

【基层法律服务工作】 全年全区3个基层法律服务所共办理诉讼代理44件，非诉代理79件，调解纠纷28件，解答法律咨询1288人次，办理法律援助案件37件，担任法律顾问63家。

【公证工作】 全年江川公证处共办理各类公证381件，解答群众公证法律咨询352次914人，代书、草拟修改各类合同协议及有关公证法律文书243份，提出口头司法建议14条。

【律师工作】 全年区律师事务所共办理各类法律事务55件，担任法律顾问17家，办理法律援助案件23件，代写法律文书144件，提供法律咨询391人次，涉及经济标的161万元，挽回经济损失130万元。

【法律援助工作】 全年区法律援助中心共办理法律援助案件159件（其中刑事案件73件，民事案件86件），受援总数159人（老年人46人、未成年30人、农民工6人、残疾人8人，妇女2人、可能判处无期徒刑或死刑人员26人、一般贫困者41人）。

【法律援助案件补助】 全年列入法律援助补助案件159件，补助经费20.52万元。

【公共法律服务实体平台建设】 2018年通过整合法治宣传、人民调解、法律援助、律师服务、公证服务、社区矫正安置帮教、基层法律服务等法律服务资源，形成覆盖城乡、着力为基层群众提供方便快捷、优质高效的法律服务网络。一是完成区和6个乡镇（街道）公共法律服务中心建设。二是完成大街街道的大街、下营、上营、江城镇龙街4个社区、九溪镇中营、六十亩、雄关乡白石岩3个村委会公共法律服务工作站示范点建设。三是完成全区其余村社区公共法律服务工作站建设。

【业务用房建设】 2018年9月，玉溪市住建局下发江川区司法局业务用房建设项目初步设计审查批复，同月，业务用房建设项目逐级上报国家发改委，10月，建设施工图报玉溪市嘉佑工程设计有限公司审图。

11月，玉溪市国土局江川分局下达玉溪市江川区司法局业务用房建设项目国有土地划拨决定书。

（廖江平）

公　安

【概述】 2018年，玉溪市公安局江川分局在区委、区政府和市公安局的坚强领导下，以习近平新时代中国特色社会主义思想为指导，认真践行“对党忠诚、服务人民、执法公正、纪律严明”十六字总要求，忠实履行职责，开展维护稳定、打击防范和队伍建设等各项公安工作，确保全区社会大局持续稳定和跨越发展作出应有贡献。

【组织机构】 2018年，江川分局行政编制数235人（含政法专项编制226人、工勤1人，2016年12月21日中共玉溪市机构编制办公室新下达5名政法专项编给路居派出所、3名政法专项编给孤山派出所后的政法专项编234人），实有229人（含路居派出所、孤山派出所抚仙湖径流区托管的10人，男民警196人、女民警22人、男工勤人员1人），年内减少2人（调出2人，退休1人，调入1人）。机构编制数实有28个：指挥中心、政治工作办公室、警务保障室、信访室、刑事侦查大队、治安管理大队、经济犯罪侦查大队、禁毒大队、国内安全保卫大队、反恐怖大队（2016年6月16日单设）、出入境管理大队、网络安全保卫大队、警务督察大队、法制大队、交通警察大队、巡特警大队、消防大队、看守所、拘留所、大街派出所、江城派出所、路居派出所（2016年3月29日，委托移交澄江县公安局管理）、前卫派出所、九溪派出所、雄关派出所、安化派出所、孤山派出所（2016年3月29日，委托移交澄江县公安局管理，恢复独立运行）、行政审批股。

【主要数据】 接处警数 2018年，江川分局接处警12079起，处置11397起，出动警力40077人次。

刑事案件 2018年，江川分局立各类刑事案件1131起（其中刑侦类954起、治安类14起、经济类45起、毒品类案件91起、交通类27起），破499起，破案率为44.1%，其中危害公共安全案件立33起破23起、命案立3起破3起、侵财类案件立866起破290起。全局破年前案件188起，破案绝对数687起。通过破案抓获各类犯罪嫌疑人312人，移送起诉296人，抓获逃犯73人。

经济案件 2018年，经侦部门受理各类经济案件45起，立案45起，破获24起，破案率53.3%。破获年前案件1起，破案绝对数25起。涉案总价值5120万元，挽回经济损失87.4万元。

毒品案件 2018年，江川分局破获毒品案件91起，缴获毒品16942克（其中海洛因11216克、

冰毒5726克），抓获嫌疑人84人（其中刑事拘留49人、取保候审5人、监视居住30人）。查处吸毒人员231人，强制隔离戒毒人员75人，收戒吸毒人员215人。

行政案件　2018年，江川分局受理行政（治安）案件2727起，查处1735起，其中受理治安案件2647起，查处1646起。查处违法人员1097人，其中拘留168人、罚款78人、警告44人、其他处理803人、社区戒毒4人。收缴罚没款和赃款赃物折合人民币598.819万元，其中罚款100.367万元。

交通事故　2018年，全区发生交通事故2058起，死亡31人，受伤956人，损失259.21万元。

交通违法案件　2018年，交警部门受理违反道路交通管理法律法规的行政案件47109起，查处46510起。

车辆驾驶人数　2018年，全区机动车拥有量71235辆、电动自行车拥有量14534辆、机动车驾驶人84865名。

火灾事故　2018年，全区发生各类火灾事故45起，无人员伤亡，烧毁房屋27间652.5平方米，直接经济损失6.62万元。

拘押人员数　2018年，区看守所羁押各类犯罪嫌疑人311人，其中上年转90人、新收221人；出所181人，其中送监狱92人、刑满释放9人、撤案释放3人、转取保候审监视居住60人、其他处理17人。区拘留所收拘254人，日均在拘9.4人。

【网络安全管理工作】　2018年，网安部门开展网络舆情监控工作，收集各类有害信息1073条。发挥网侦优势，积极主动挖掘提供案件线索200余条，查询相关涉案人员500余人次，办理网络谣言案件1起，提供案件研判分析报告22起，协助破获各类案件100余起，抓获犯罪嫌疑人60余人。完成互联网用户备案 2家，注销备案1家。加强网吧实名制管理，查处网吧违法经营案2起并依法给予处罚，有效促进网吧的规范经营。

【公安信访工作】　2018年，公安信访部门着力抓好源头治理，及时就地解决信访问题，攻坚信访积案化解，规范信访工作秩序，全力维护群众合法权益。接待群众来信来访36件，其中来访13件22人次（重复访8件17人次），来信8件（重信5件），上级部门网上转来交办15件。受理办理24件，当场答复12件，所有信访件均办结，办结率为100%。依法、依规处理、答复群众诉求，做到群众来信来访件件有回应，事事有答复。推进信访积案排查化解专项活动，充分运用国家司法救助实施救助3件5人，发放救助金10万元。

【出入境管理工作】　2018年，受理普通护照5196人次、受理往来港澳通行证2123人次、往来港澳签注1130人次、大陆居民往来台湾通行证609人次、大陆居民往来台湾签注125人次。江川区常住境外人10人，其中越南籍2人、缅甸籍6人、老挝籍1人、台湾籍1人。办理“三非”案件8起。

【案件审核工作】　2018年，分局法制部门提请批准逮捕112件173人，审核移送起诉案件168件335人，审核治安案件198件407人。审核的案件均做到案件事实清楚，证据确实充分，程序合法，量处适当，适用法律正确，确保每件案件都经得起法律检验。

【主要专项行动】　“扫黑除恶”专项斗争　2018年1月23日，中共中央、国务院发出《关于开展扫黑除恶专项斗争的通知》，决定在全国开展扫黑除恶专项斗争。玉溪市公安局江川分局按照通知要求，分别于1月27日、1月31召开专题会议进行动员部署，成立了专项斗争领导小组，制定了工作方案，全面组织投入专项斗争。专项斗争开展以来，共接收核查各类线索39条，经查，涉黑社会组织性质犯罪嫌疑1条，涉恶势力犯罪嫌疑1条，涉其它犯罪嫌疑4条，无犯罪嫌疑28条，重复线索5条。2018年度，共侦办涉黑案件1起，抓获犯罪嫌疑人69人，查明案件74起；侦办恶势力集团案2起，抓获犯罪嫌疑人18人，查明案件15起，18人均被依法判决。

“扫黄禁赌”专项行动　2018年1月至12月，为严厉打击涉黄涉赌违法犯罪行为，分局在全区开展“扫黄禁赌”专项行动，通过公开检查和暗访等方式，发现“黄、赌”线索，锁定重点涉案嫌疑人开展集中打击，铲除黄赌社会丑恶现象。行动中，共查处涉赌案件43起，其中刑事案件3起，查获涉赌违法行为人131人，行政拘留66人，罚款4人，拘留并处罚款95人，刑事拘留40人，取保候审36人次，逮捕9人，移送起诉9人；治安案件40起，查获涉赌违法行为人46人，行政拘留35人，罚款11人，缴获各类赌资99.23万元。查处涉黄案件共25起，其中刑事案件2起，行政案件23起，移送起诉3人，行政拘留21人，罚款2人。

打击整治枪爆专项行动

2018年2月以来，在全区开展打击整治枪爆专项行动，强化全面打击涉枪涉爆违法犯罪、全面加强危爆物品整治、全面加强网上清理整治、全面加强收缴查控、全面加强枪爆要素管控、全面深入开展宣传发动“六个全面”举措落实，有效根治涉枪涉爆涉危突出问题，全力维护全区社会治安大局持续稳定。行动中，各类收缴枪支共22支；各类子弹3296发；管制刀具356把；雷管458枚、导火索752米、炮弹2枚、枪支零部件38件，爆竹4891件、礼花弹878发。共查处涉枪刑事案件3起、采取刑事强制措施4人；查处涉枪涉爆治安案件4起，治安处罚4人。

“鹰眼一号”扫毒专项行动

2018年8月至11月，根据省厅、市局统一安排部署，江川分局全警参与、昼夜奋战，圆满完成了“鹰眼一号”扫毒专项行动目标任务。共打击处理吸毒人员97人，破获零星贩毒案件11件，抓获犯罪嫌疑人11人，缴获毒品6.1克，捣毁吸毒窝点2个，吸贩毒网络1个。

【玉溪首例接送学生超员案件驾驶人被追究危险驾驶罪】 2018年1月12日，江川区杨某某因驾驶小型普通客车（面包车）未取得校车标牌，接送学生超员非法从事校车业务，被追究危险驾驶罪，被判处拘役四个月，缓刑六个月，并处罚金2500元，成为玉溪市首例刑事追责违法接送学生的案件。

【快速侦破一起持刀抢劫案】
2018年1月14日，江川区大街街道发生一起持刀抢劫，嫌疑人用刀将受害人侧背刺伤后抢走一个手提包，包内物品价值1600元。对这起严重危害社治安、严重影响群众安全感的案件。江川分局高度重视，当即组织成立专案组，同步上案，多措并举展开侦查。1月16日，通过多警种部门密切协作、合成作战、周密布控，成功将实施持刀抢劫犯罪嫌疑人张某、李某抓获，缴获被抢手机等物品。

【快速侦破一起特大盗窃案】
2018年1月18日，江川区伏某某放置于车内的一个黑色男士手提包被盗，内装现金13.4万余元。江川分局民警通过视频排查、追踪、比对，快速侦破盗窃案，抓获犯罪嫌疑人1名，缴获被盗现金11.8万元。

【开展烟花爆竹市场整治】 为确保春节期间江川区烟花爆竹的消防安全，江川分局自2月16日起，加大危爆物品管理力度，对辖区范围内的烟花爆竹销售、燃放行为进行全面整治，及时消除危爆物品安全隐患。联合区属相关单位对辖区烟花爆竹市场进行安全检查，严格限制库存容量。行动中检查零售经营店铺19家，检查集贸市场5家，共发现无证经营烟花爆竹摊位23个，收缴违规经营的各类爆竹10余件、各类烟花5件、超标超药量的礼花弹1件零5盒（共204发）、大西炮450个，对发现存在安全隐患的11家零售经营店铺，督促当场整改；责令23个无证经营的摊位停止经营。

【开展打击非法小广告专项行动】 3月以来，江川分局根据工作部署，加强组织领导，强化责任意识，认真组织在单位、居民生活小区、城中村、城郊结合部开展打击非法小广告专项行动，持续对非法小广告违法犯罪开展常态整治，自行动开展以来，共查获张贴、喷涂小广告、制贩假证人员9名，并分别给予7人行政处罚，2人刑事处罚，有效防治了城市“牛皮癣”，保证了“双创”工作稳步推进。

【联合整顿投资公司】 2018年4月13日起，江川分局联合区财政局、区市场监管局、区国税局等部门对全区36家投资公司进行清理整顿。工作中，坚持重点整治与源头治理相结合、清理整顿与依法打击相结合，针对非法集资隐患公司进行深入清理，认真准确划分企业类别，做到分类准确、应排尽排、不留遗漏。在各相关部门密切配合，严格执法，对12家存在问题的公司依法注销，建议1家公司变更经营范围。最大限度消除了非法集资风险，完善监管措施，有效维护金融秩序和社会稳定。

【化解重大纠纷，园区企业送锦旗感谢】 2018年4月24日，江川龙泉工业园区中国通号集团承建的标准化厂房建设工地员工发生吵打，致多人受伤。江川分局前卫派出所对该案件开展调查及矛盾纠纷化解。工作中，做到警情

处置到位、案件调查到位、依法处理到位，有效严防矛盾纠纷的转化升级，成功调解园区厂房建设中引发的案事件，消除安全隐患。园区管委会领导及承建方班子成员到江川分局前卫派出所赠送锦旗，称赞江川分局是“工业园区的守护神、企业发展的护航者”。

【侦破系列盗窃电动车和电瓶案件】　2018年5月份起，大街街道发生多起盗窃电动车、电瓶案件，犯罪嫌疑人作案次数频繁，群众反映强烈，社会影响极坏。案发后，大街派出所迅速组织警力进行蹲点布控，伺机实施抓捕。6月30日，成功将正在实施盗窃的犯罪嫌疑人杨某、胡某抓获，一举破获10余起系列盗窃电动车、电瓶案。

【侦破系列合同诈骗案】　2018年6月18日，江川分局经侦大队通过一年多的持续追查，成功抓获了两名年前在逃的涉嫌诈骗的嫌疑人郭某某、金某夫妇二人，成功破获合同诈骗系列案21起，其中合同诈骗案18起、信用卡诈骗案3起，涉案总价值588万元。郭、金二人已被移送起诉。

【首个“户政超市”投入使用】2018年7月1日，江川公安首个自助便民“户政超市”正式在大街派出所上线并投入使用。该“户政超市”配置有1台港澳签注（卡式）自助一体机、1台居民身份证自助申领机、1台自助照相机、1台身份证自助领证机。申请人在自助机前按照“照相-填表-电子签名-自动缴费-领取取证单”的操作流程，只需3至4分钟即可完成申请。证件制作完毕后，申请人收到免费短信通知，即可到便民服务超市自助领取身份证。“户政超市”实现了公安窗口服务从“8小时”到“24小时”服务的跨越，缩短群众等待时间，大大提高了公安服务效率及群众满意度。“户政超市”自开通至年底，辖区群众自助办证1053人，自助领证1863人。

【全力开展抗震救灾工作】　通海县“8·13”“8·14”5.0级地震导致我区6个乡镇（街道）64个村（社区）不同程度受灾。地震发生后，在区委区政府和市公安局统一领导下，江川分局第一时间完成警力集结，强化战时动员，快速形成战斗力，全面开展社会治安防控、隐患排查和灾情收集工作。针对8月14日网络谣言引发的群众恐慌性避震，及时调整警力部署，在多个群众聚集避震区加强巡逻防控、交通疏导和防震避震知识宣传。及时开展调查，依法处理1名网络传谣违法人员。抗震救灾期间，全局民警、辅警24小时坚守岗位，确保全区社会大局平稳。

【全市公安执法规范化建设推进会在江川召开】　2018年9月14日，全市公安机关深化执法规范化建设现场推进会在江川召开，江川分局在上级部门的关心和指导下，按照公安部“四个一律”和省公安厅智能办案场所建设的规范要求，并结合分局执法规范化建设发展的需要，提前谋篇布局，投入大量资金在全市率先建成了智能化办案区，通过智能化的源头控制、物理隔离、预警监管等，有效实现了对执法办案区内所有执法活动的智能化管理，为全省、全市执法规范化场所建设起到了较好的引领、示范作用。

【推动黄标车治理淘汰工作】江川分局交警大队联合多部门多举措开展黄标车淘汰治理工作，对所有黄标车车主入户见人通知督促，并将黄标车录入缉查布控系统，加强路面执法和非现场执法力度，对黄标车违反限行、禁行规定和其它交通违法行为，依法从严处罚。2018年7月31日前100%完成了全区党政机关、企事业单位黄标车淘汰治理任务；10月31日100%完成了1156辆营运黄标车道路运输证注销工作，100%完成了2005年底前注册营运的黄标车66辆和其它黄标车280辆淘汰治理，共计完成了1277辆黄标车淘汰治理；11月20日100%完成了全区1655辆黄标车治理淘汰；全区办理兑现补贴资金的550辆，共兑付补贴资金434.842万元。

【重大安保工作】　第二届梨花文化旅游节安保　2018年3月17日至18日，江川区第二届梨花文化旅游节在江川区江城镇侯家沟村大平地举办。为确保活动顺利举行，江川分局按照“属地管理”，定时间、定人员、定岗位、定任务、定责任、保安全“五定一保”的工作原则，制定了安保方案。参战民警有条不紊地开展隐患排查、交通管制、重点部位守护等工作，充分展示江川公安的良好形象。

国际篮球文化交流活动安保任务　5月30日，2018年国际篮球文化交流活动在江川举行，美国鹰篮球队与江川篮球联队在区体育馆进行比赛，现场观众2500余人。为确保安全，江川分局召开会议，周密部署，制定方案，明确指导思想、时间安排及行程线路，成立涉外联系工作、现场安保工作、交通秩序维护、消防应急处置、机动应急处置、宣传报道、督察监督、舆情处置等九个工作组，150多名公安民警、辅警和消防官兵参加此次安保工作任务，确保安全保卫工作万无一失。

彝族火把节安保　2018年8月4日至5日，彝族传统火把节在安化彝族自治乡和九溪镇矣文村隆重举行。为确保安全，节日前夕，副区长、市公安局江川分局局长溥恩武带领相关部门领导实地踏勘，安排部署各项安保任务。活动期间，区长王志华亲临现场督导检查安保工作，要求做到“预防为主、从严管控、安全第一”。安保期间，全体执勤民警各司其职、服从命令、严守纪律。

“开渔节”安保　江川第十四届开渔节期间各类文艺演出及比赛活动众多，安保工作点多、线长、面广。江川分局提前部署，成立了工作领导小组，负责组织、指挥、协调各项安保工作，并设立八个工作小组，明确职责，细化分工。全局民警、辅警取消休息，并协调市局交警支队及邻县公安机关参与安保工作，确保各项安保工作有条不紊。期间，江川公安共出动警力2000余人次、车辆680余辆次，确保了“开渔节”期间无重大安全事故（案件）发生。

【领导调研】　王力带队到江川检查烟花爆竹安全生产工作　2018年2月9日，玉溪市委常委、常务副市长王力率市安监局、市公安局相关领导到江川检查烟花爆竹安全生产工作。江川区副区长王柄璋、江川分局局长溥恩武陪同检查工作。王力一行深入区长寿花炮有限公司和皇壮烟花爆竹有限公司对生产车间和库房，重点对机械装药、消防等安全设施进行安全检查。在认真听取企业负责人就安全生产工作情况汇报后，王力对江川烟花爆竹生产工作提出三个方面的要求。一是企业要把安全生产主体责任落实到位，对生产、储存、运输、销售和使用等关键岗位进行经常性和针对性的教育培训，做好隐患排查，提高企业员工的安全意识和应对安全事故的技能。二是安监、公安等部门要加强对烟花爆竹生产经营企业的检查力度，全力杜绝安全生产事故发生。三是春节前后要对烟花爆竹经营户进行全面安全检查，加强管控处置，重点加强对销售点仓库存量排查力度，严禁存量超标。

朱家伟到江川调研公安工作

2018年5月22日，玉溪市副市长、市公安局局长朱家伟，市公安局党委委员、警令部主任谢俊东一行到江川调研指导公安工作，江川区委书记徐贤，区委常委、政法委书记蒋文等区领导陪同调研。调研中首先听取了副区长溥恩武对江川分局2018年来开展“扫黑除恶”、社会治安维稳、公安队伍建设、派出所等工作情况汇报。徐贤表示区委区政府将一如既往地支持关心江川公安工作。朱家伟对江川分局工作给予了充分肯定，并对下步工作和存在的问题提出了具体要求。

胡水旺到江川检查指导扫黑除恶工作　2018年6月18日，省公安厅党委委员、副厅长胡水旺在玉溪市公安局党委副书记苏少明的陪同下深入江川区检查指导扫黑除恶专项斗争工作。江川区委常委、政法委书记蒋文，副区长、市公安局江川分局局长溥恩武等陪同检查工作。胡水旺对江川在扫黑除恶专项斗争中政治站位高、组织到位、成绩显著给予肯定。要求江川分局要以人民为中心，把扫黑除恶工作与巩固党的执政根基和全面建成小康社会紧密结合起来。要主动与检法部门沟通，提高办案质量，规范案件侦办程序，确保涉黑涉恶案件快侦、快破、快诉、快判，维护社会和谐稳定，提高人民群众安全感和满意度。

明正彬到江川调研政法工作

2018年7月13日，玉溪市委常委、政法委书记明正彬一行到江川调研政法工作，区委常委、区政法委书记蒋文，副区长、市公安局江川分局局长溥恩武等领导陪同调研。在实地察看和听取汇报后，明正彬对江川区各项政法工作给予充分肯定，对江川区扫黑除恶专项斗争工作提出了具体指导意见。一是各级各部门要提高政治站位，充分发挥主力军作用，强化宣传发动，深入摸排线索，深化工作举措，加大案件侦办力度。二是公、检、法系统要加强沟通，主动协商，形成工作合力，把互相监督配合作为推进工作有效方式，确保扫黑除恶专项斗争取得实效，提高群众的安全感和满意度。

吉宏龙佳到江川检查指导全省农村道路交通安全管理工作现

场推进会观摩点筹备工作　2018年7月30日，云南省公安厅党委副书记吉宏龙佳一行在省、市、区相关领导的陪同下，深入江川区九溪镇六十亩村委会，检查指导全省农村道路交通安全管理工作现场推进会九溪观摩点筹备工作。吉宏龙佳对六十亩村农村道路交通安全管理成绩予以充分肯定，就下一步开展农村道路交通管理工作观摩点筹备提出具体要求。他希望各部门继续共同努力，形成合力，查缺补漏，注重细节，确保全省农村道路交通安全管理工作现场推进会顺利召开。

王志华慰问扫黑除恶专案组民警　2018年8月7日，江川区委副书记、区长王志华一行到江川分局慰问扫黑除恶专案组民警。王志华代表区委、区政府对全体专案组民警辛勤工作和所取得的成绩表示肯定，对扫黑除恶工作提出三点要求：一是宣传到位，让扫黑除恶工作家喻户晓。二是要做好证据收集巩固，将扫黑除恶案件办成铁案。三是要做好移送审查起诉工作，让犯罪分子得到应有的法律制裁。

徐贤看望慰问一线抗震救灾民警　2018年8月13日、14日，玉溪市通海县连续发生5.0级地震，江川区震感强烈。地震发生后，江川分局全力以赴投入抗震救灾和维护社会稳定工作。8月14日晚上，江川区委书记徐贤带领党政领导，到江川分局看望慰问值守在抗震救灾一线的公安民警。徐贤一行首先到江川分局指挥中心调度查看了城区治安情况和民警值守情况，亲切慰问了坚守岗位的110接警民警和辅警。随后，来到值班室对正在待命的民警和辅警进行慰问。他指出：灾情就是命令。面对这场突如其来的地震灾害，江川分局快速行动，第一时间投入抗震抢险救灾工作，以对党、对人民高度负责的精神，及时出现在群众最需要的地方，全力以赴保障道路畅通和灾区社会治安秩序，为保卫群众生命财产安全和维护社会治安稳定作出重要贡献。

【公安宣传工作】　分局政治工作办公室认真学习贯彻习近平新时代中国特色社会主义思想，将公安机关在打击犯罪、维护稳定、服务群众中取得的成效、经验、措施和先进事迹，通过国家省市区四级的电视、报刊、网络媒体进行对外宣传报道，树立江川公安良好形象，推动公安工作全面发展。2018年，被采用新闻318条，其中省级15条、市级7条，区级50条（期），报刊国家级3条、省级130条、市级113条；发布《江川警方微信》新闻432条。

【表彰奖励】　2018年，玉溪市公安局江川分局获省级“文明单位”称号、参与通海“8.13”地震抗震救灾工作被省公安厅通令嘉奖、被省厅政治部通报表扬全省县级公安机关信息化工作成绩突出单位、玉溪市公安机关首届实战大比武暨岗位技能大赛信息化应用教官大比武获团体第二名；江川分局交警大队在全市交警执勤执法实战大比武获集体三等奖、被继续授予玉溪市“文明单位”荣誉称号、交警大队车辆管理所被评为2016年至2017年全省二等县级车辆管理所。平双娟被市妇女联合会命名为2018年度“巾帼建功标兵”，杨云龙被市委宣传部、市文明办命名为玉溪市岗位学雷锋标兵，陈辉在专项工作中被省公安厅政治部通报表扬，业保华参加第二届全省公安摄影PK大赛获二等奖。赵红磊、杨仕祥被国家禁毒委员会办公室评为全国青少年毒品预防教育627工程优秀校外辅导员。白平祥、陈靖予、瞿江斌、张星、张四旺、李江华被玉溪市公安局记个人三等功。

（孙　琳）

消　防

【隆重举行消防救援队伍授衔和换装仪式】　1月5日，区消防救援大队举行授衔和换装仪式。区委书记徐贤带领区委、区政府相关领导出席仪式。仪式由区委副书记、区长王志华主持。全体指战员参加仪式。身着新式制服和抢险救援服的区大队全体消防救援人员整齐列队，隆重举行迎旗，授衔和换装仪式。根据部局、总队、支队通知要求，大队主动谋划、迅速行动，高标准、高质量完成习近平总书记“四句话方针”标牌悬挂工作和应急救援专用号牌悬挂地方车牌改挂驾驶证换证工作任务。

【省消防总队政委孙建成督导检查区消防安保工作】　2月17日，云南消防总队孙建成率队深入江川大队。看望全体人员，并就春节消防安全保卫情况进行督导检查。孙政委一行听取大队关于贯彻落实总队、支队春节消防安保动员部署会精神的情况汇报，实地检查部队等级战备制度落实、部队管理教育、便民服务窗口等情况，详细询问江川烟花爆竹生产、储存、销售消防安全监管和农村（社区）微型消防站及重点单位管理情况。督导检查中还向全体人员致以新春的问候，并勉励大家要尽职尽责，克服困难，为维护地方经济社会发展、保障人民群众生命财产安全做出新的更大的贡献。

【市支队与江川共商区消防事业发展大计】 6月6日，玉溪消防支队杨若冰支队长、防火处李江涛处长与江川区委副书记、区长王志华，区政府办主任钟镖，就进一步加强江川区消防工作和部队建设进行了交流探讨。

【举办庆祝建军91周年暨军事日活动】 8月1日，由江川区委、区政府和区武装部主办，区公安消防大队承办的庆祝中国人民解放军建军91周年暨军事日活动在消防大队隆重举行。区委常委、区人大常委会和区政府、区政协领导班子出席活动，驻江部队、区双拥工作领导小组参加活动，活动共计80余人参加。与会人员现场观摩含消防综合技能演示，楼层综合救援、大绳横渡救援、大绳斜上救人、精准夹物、精准切割、综合技能救援操、车辆事故救援等。赢得与会人员阵阵掌声，增添了节日氛围。

【徐贤高度褒奖消防指战员】 10月15日，江川区委书记徐贤听取消防大队工作汇报。强调无论消防体制怎么改、隶属关系如何变，区委、区政府都将一如既往地关心消防官兵、支持消防工作、保障队伍建设，确保各项消防改革任务在江川区扎实有序推进。指出消防大队为建设和谐美丽宜居宜业新江川作出了重要贡献，是一支特别讲忠诚、特别能战斗、特别讲奉献的队伍，是一支听党指挥、服务人民、英勇善战、能打胜仗的队伍。无愧为应急救援的主力军、无愧为人民群众的守护神。

【王志华专题听取消防工作汇报】 10月16日，区委副书记、区长王志华专题听取消防大队工作汇报，对消防大队长期以来为江川区经济建设和社会发展做出的突出贡献给予高度肯定。指出，消防队伍作为应急管理部的应急骨干力量，尽管身份、服装和隶属关系变了，但一定要做好改革后队伍担负的职能任务。王区长表示，无论消防体制怎么改、隶属关系如何变，区委、区政府将一如既往地关心支持消防工作和队伍建设，推动消防工作和队伍建设更好发展。

（普进波）

交　警

【概述】 交通警察大队位于大街街道兴江路29号，现有民警25名、交通协管员128名。内设办公室、事故处理中队、秩序管理中队、车辆管理所、大街中队、江城中队。2018年，面对辖区极其繁重的道路交通管理工作压力；紧紧围绕“防事故、保安全、保畅通”的中心工作，交通警察大队树立敢打敢拼的必胜信心，精炼业务、创新机制，履行事关人民群众日常平安出行和道路畅通有效的管理职责。

【道路交通源头管理】 一是从健全机制、完善措施、强化管理入手，严把机动车注册登记、审验和驾驶人考试关。截至2018年底，全区机动车注册登记量71235辆、电动自行车注册登记量14534辆、机动车驾驶人84865名。大队车管所共完成各项车管业务18772件次，受理汽车类驾证考试1757人、摩托车类驾证考试152人，办理摩托车登记753辆，电动车注册登记490辆，核发机动车驾驶证274本，审验签证机动车驾驶证221本，换证3913本，登记报废机动车1003辆。开展“12123”手机APP注册登记2773人，组织下乡学驾考试8次，考试学员达51人。二是以无较大道路交通事故创建活动为着力点，对全区道路交通安全隐患进行大排查。经排查存在临水、临崖、临箐、安全防护设施缺失的道路18条、45余处，及时形成整治意见报告区人民政府同意，有序进行整治工作。三是主动联合相关职能部门，组织开展客货运输企业联合检查10次，路面联合执法10次，重大节日联合专项督查6次，组织召开联合约谈会9次，下发道路交通违法督办通知书36次。

【交通秩序管理】 一是紧紧盯住“城市、主干公路、农村”三大主战场，最大化地把警力、警车和装备投放到路面上；全年累计查纠各类路面交通违法行为48071起，其中以涉嫌危险驾驶罪移送起诉29起29人，吊销或暂扣驾驶证64本，依法暂扣或强制报废各类机动车1362辆；办理醉驾案

件29起，其中移送法制审查27起，法院判决19起。二是坚持一事一方案，完成春运、清明、五一、中秋、国庆等节假日和两会、高考、上合青岛峰会等敏感时期道路交通安全保卫工作31次。

【交通事故处理工作】　共接处警3666起。快处快赔、微信自助、交管12123自助处理1683起。交警大队受理各类道路交通事故2168起，其中死亡事故27起，造成31人死亡，伤人事故668起，1004人受伤，财损事故1473起，直接经济损失266.77万元。生产经营性事故1起，造成2人死亡，直接经济损失3万元。全年研究印发交通事故信息12期，供预防和遏制重特大道路交通事故工作决策使用。

【宣传教育工作】　一是按"文明交通行动计划""五月交通安全宣传月"和春运关键时间节点工作要求，组织开展"六进"宣传活动，印制近5万份道路交通安全责任书、承诺书、告知书，组织农村机动车驾驶人开展"三书一体"的面对面签名；结合"双创"工作发放2万册《玉溪市江川区道路交通宣传手册》，做到入户宣传全覆盖；组织开展交通安全宣传活动21余场次，受教育人数达5万余人。二是充分利用中心城区街道隔离护栏和街道墙体墙面，无漏角开展以弘扬文明交通为主题的"大展板工程"，利用大队警示教育中心和公路、村道墙体悬挂宣传标语开展"大警示活动"。投资8万元，建设交通隔离栏公益宣传栏。三是发挥"江川交警"微信公众号以及全市交警系统唯一的手机短信平台等途径，开展道路交通安全宣传工作，全年发送各类手机短信提示9.3万条，推送"两公布一提示"6条，双微宣传62期162条次。

【文明交通行动】　一是在主城区投资368.4万元完善标线、标牌、隔离护栏等交通基础设施建设，强化建设行人闯红灯人脸识别抓拍系统，机动车不礼让斑马线抓拍系统，机动车逆行抓拍系统，机动车违停抓拍系统等科技管控手段。二是强化中心城区秩序整治工作，增加主城区城市交通管理人员40名，持续保持运转二级以上勤务模式，对主城区内23条主要街道责任细化，采取监控抓拍、现场查处、清障拖移等多种方式，对机动车和非机动车乱停乱放、逆向停放等违法行为进行依法整治，查处各类交通违法行为13700余起，扣留车辆517余辆。三是组织开展文明交通志愿者劝导活动8次，对行人不文明行为进行劝导。

【推动黄标车治理淘汰】　联合多部门多举措开展黄标车淘汰治理工作，对所有黄标车车主入户见人通知督促，并将黄标车录入缉查布控系统，加强路面执法和非现场执法力度，对黄标车违反限行、禁行规定和其它交通违法行为，依法从严处罚。全区共有黄标车1655辆，7月31日前100%完成全区党政机关、企事业单位黄标车淘汰治理任务；10月31日100%完成1156辆营运黄标车道路运输证注销工作，100%完成2005年底前注册营运的黄标车66辆和其它黄标车280辆淘汰治理，82.76%完成1277辆黄标车淘汰治理；11月20日100%完成全区1655辆黄标车治理淘汰；在我区办理兑现补贴资金的550辆，共兑付补贴资金434.842万元。

【农村道路交通事故预防工作】　在九溪镇六十亩村委会实施党员积分制管理道路交通安全创新举措，发动党员干部积极参与农村道路交通安全管理工作，获得省、市、区三级充分肯定，并在2018年全省农村道路交通安全管理工作推进会上，作为工作创新观摩示范点。

【玉溪首例接送学生超员案件】　2018年1月12日法院判决，江川杨某某于2017年9月12日因驾驶的小型普通客车（面包车）未取得校车标牌，接送学生超员非法从事校车业务。被追究危险驾驶罪，被判处拘役四个月，缓刑六个月，并处罚金2500元，成为玉溪市首例刑事追责违法接送学生案件。

【交警拾金不昧获群众赠锦旗称赞】　3月23日，江川区代师电器行工作人员将一面印有"拾金不昧、品德高尚"字样的锦旗送到了江川交警大队江城中队民警手中，并连声感谢到："幸好是被你们公安交警部门把这两台空调外机给捡了去，不然恐怕是找不回来了，真的是太感谢你们了！"

【交警变身"羊倌"除隐患找失主】　5月14日，江川交警大队快速反应处置一起羊群误上高速公路的事件，有效保障了道路交通安全，短时间内帮助群众解决了燃眉之急。

【解决停车难问题】 为进一步规范江川中心城区道路停车秩序，提高道路通行能力，3月1日以来，江川交警大队结合创建国家卫生城市道路交通秩序管理工作要求，深入群众反映强烈的重点社区和路段进行实地调研，科学统筹规划，着力解决群众反映强烈的停车乱、停车难问题。

【半小时内破获一起伤人交通肇事逃逸案】 6月14日，大街街道陆家咀村村道内发生一起道路交通肇事逃逸，致一名老人受伤。交警大队凭借交通肇事时使用的雨伞，抽丝剥茧，抓住战机，半小时内就破获案件，查获肇事逃逸驾驶人杨某。

【调解事故矛盾】 7月30日下午九溪镇马家庄村村民马国兴将一面印有"为民办实事，人民好警察"的锦旗送到交警大队事故处理中队民警伏绍鹏和张文手中，对他们积极联合保险公司调解事故矛盾，为民分忧解难深表谢意。

【"8·13"震后险情应对处置工作】 8月13日凌晨1时44分许，通海县发生5.0级地震，江川区大街街道、九溪镇、雄关乡等地震感强烈。地震发生后，江川交警大队立即作出反应，于凌晨2时2分迅速完成警力集结，主动出击，七项措施全力做好震后险情应对处置工作。一是严格值班备勤；二是严格履行工作职责；三是严格单位内部管理；四是严格警务后勤保障；五是严格震情期间内部安全防护工作；六是严格上岗执勤自我安全防护；七是严格信息上报。大队共出动警力60余人，警车18辆，疏导车辆2000余辆，确保震后道路安全、通畅、有序。

【曲靖支队到九溪镇六十亩村观摩学习农村道路交通管理】 全省农村道路交通安全管理工作现场推进会在玉溪市召开后，8月21日，曲靖支队副支队长张祖林带领曲靖4个大队相关领导和业务人员深入九溪镇六十亩村考察学习党员积分制管理道路交通安全经验做法。

【"错时+常态"整治非机动车交通违法行为】 4月份以来，江川交警大队采取"错时管理"与"常态化管控"相结合，推进电动自行车、三轮车等非机动车交通违法行为整治工作。截至4月22日共查纠非机动交通违法行为1850起，受教育人数达3600余人。通过常态化整治，乱停乱放、逆向行驶等现象明显减少，群众交通安全意识有所提高，道路交通秩序得到有效改善。

【应对强降雨引发道路突发性受阻】 6月25日江川辖区大范围突降强降雨，引发路面长时间、大范围漫水，造成涉道路山体泥石流、落石、路面设施倒塌以及故障停车、交通事故停车等险情点多面广。面对险情，江川交警大队迅速行动，全警动员，冒雨投入一线路面，全方位分阶梯多层次的做好应急处置工作。

【抓好烤烟收购期间道路交通管理工作】 自9月以来，各乡镇烤烟收购站开始收购烤烟，复烤厂也同期开工，为确保全区道路交通安全、畅通，江川交警大队严管重点时段路段，严查交通违法，细抓农村地区交通管理，广泛开展专题交通安全宣传，切实抓好烤烟收购期间道路交通管理工作。截至9月20日，共出动警力180人次，警车26辆次，疏导指挥车辆2500余辆，发放限行公告2000余份，辖区未发生因烤烟收购引发的大范围长时间交通堵塞。

【警企联合开展江川区农民工交通安全集中警示大教育】 8月28日至31日，江川交警大队民警深入玉溪红塔烟草劳动服务有限公司，分四批为2018年烤季任务承包工开展岗前道路交通安全集中警示大教育活动。

【组织开展"扫黑除恶"专项斗争】 2018年1月25日启动，重点开展涉及道路交通违法案件查处，共查处39起，开展宣传教育活动59场次，发送短信提示5.6万条，发布"扫黑除恶"专刊9条。

【组织开展国务院大督查迎检工作】 为做好2018年国务院大督查迎检工作，江川交警大队围绕公安交警职能职责，明确目标任务，对标对表认真履职，一是组织开展柴油货车超标排放专项治理工作。二是深化"放管服"改革，提升服务民生水平。三是开展推进货车年审、年检和尾气排放检验"三检合一"等降低物流成本工作。四是开展全面取消二手车限迁政策工作。

【表彰奖励】 2018年，江川交

警大队被玉溪市精神文明建设指导委员会继续授予“玉溪市文明单位”荣誉称号。2018年7月5日，玉溪市公安局江川分局交警大队车辆管理所被云南省公安厅评为二等县级车辆管理所。2018年12月玉溪市公安局江川分局交通警察大队在2018年全市道路执勤执法勤务实战擂台赛中，荣获竞赛三等奖。

（刘江雪）

检 察

【领导名录】

检 察 长 资云坤

副检察长 龚劲松

钱 瑜

平雪刚

【概述】 2018年，我院在区委和上级检察院的正确领导下，在区人大、政府、政协和社会各界的监督支持下，以习近平新时代中国特色社会主义思想为指导，全面贯彻落实党的十九大和十九届二中、三中全会精神，树牢“四个意识”，坚定“四个自信”，做到“两个维护”，坚持“讲政治、顾大局、谋发展、重自强”的检察工作总要求，紧紧围绕平安江川、法治江川，积极打击犯罪，维护稳定，忠实履行宪法和法律赋予的法律监督职责，积极开展扫黑除恶、公益诉讼等检察工作，各项检察工作取得新进展。

【组织机构】 2018年，区检察院编制数36人。实有在职人员34人，招录1人、调出1人、转隶人员9人，退休2人。其中，男性23人，女性11人；入额检察官10人，检察辅助人员11名，司法行政人员9名，司法警察4名；党员20人。共设侦查监督部、案件管理部、公诉部、检察监督部、检务管理部5个部。

【刑事检察】 牢固树立总体国家安全观，积极推进平安江川、法治江川建设，依法惩治犯罪，不断增强人民群众获得感、幸福感、安全感。严厉打击各类刑事犯罪，批准逮捕各类犯罪嫌疑人215人，提起公诉232人，移送玉溪市人民检察院审查起诉43人。坚决惩治各类暴力犯罪，起诉故意伤害、强奸、绑架等犯罪21人；从严打击严重影响人民群众安全感的犯罪，起诉“两抢一盗”犯罪39人；巩固禁毒人民战争成果，起诉毒品犯罪11人，移送玉溪市人民检察院审查起诉37人。

【诉讼监督】 树立双赢多赢共赢理念，不断丰富法律监督方法措施，强化法律监督效果，确保法律统一正确实施。强化侦查活动监督。提前介入侦查活动引导取证14件。监督侦查机关立案10件、撤案11件，依法督促行政执法机关移送案件2件，追加漏捕漏诉26人，决定不批捕16人，不起诉13人。规范刑事审判监督。坚持以审判为中心，严把证据审查关，认真落实检察长列席审判委员会和量刑建议制度，检察长列席同级审判委员会2次，向法院提出量刑建议177人次，采纳率86.57%。建议纠正违反审判程序案件1件。

全面开展民事行政监督。积极开展民事审判活动监督、执行活动监督、行政执法监督、支持起诉等工作，办理民事行政监督案件55件，督促行政机关履行职责79件，协助追缴拖欠农民工工资30万元。

【刑事执行检察】 扎实开展刑事执行监督。推进判处实刑罪犯未执行刑罚检察监督活动，紧抓减刑、假释、暂予监外执行、羁押必要性审查等刑事执行关键环节，对105件生效判决案件进行“一案一审查”，在监外执行监督中发出纠正违法通知书、检察建议54份，提出收监执行检察建议8件均被采纳执行。审查羁押必要性案件47件，变更强制措施16人。

【控告申诉检察】 积极开展涉法涉诉信访工作，畅通信访渠道，检察长接待日接访26次，参与书记、区长接待日接访12次，落实带案下访、巡访及检调对接等制度，办理各类信访案件43件，其中国家司法救助案件5件，向被害人发放救助金40000元。规范开展刑事和解工作，通过检调对接机制，成功调解一起未成年人聚众斗殴致伤刑事案件，当场给付赔偿款13万元，化解了对立情绪，挽救了未成年人，促进了社会和谐。

【扫黑除恶专项斗争】 坚决贯彻习近平总书记重要批示精神，认真落实党中央、国务院关于开展扫黑除恶专项斗争的部署和要求，加强组织领导，制定工作方案，健全工作机制，全力打击涉黑涉恶犯罪。受理黑恶势力审查逮捕案件11件72人，批准逮捕11件68人；受理黑恶势力审查起诉案件3

件71人，已提起公诉2件18人。

【公益诉讼】 积极履行公益诉讼新职能，突出办案重点和效果，着力加强生态环境保护、人民群众“舌尖上的安全”保障等涉及人民群众最关心最现实问题的公益诉讼。向有关行政机关发出行政公益诉讼诉前检察建议1件，督促恢复土地2.34亩；提起刑事附带民事公益诉讼3件，促使恢复林地103.06亩，挽回经济损失830638.2元；关注网售食品安全，向有关行政机关发出检察建议，督促整顿餐饮网络销售平台3个，网络餐饮店39家。

【未成年人检察工作】 坚持教育为主、惩罚为辅的原则，落实“捕诉监防”一体化工作机制，将教育、感化、挽救的方针贯穿未成年人检察工作始终。办理未成年人犯罪案件、侵害未成年人权益案件19件37人，对涉罪未成年人提供法律援助10人，变更强制措施1人，开展社会调查31件次，尽最大可能教育挽救涉罪未成年人，切实维护未成人合法权益。深入江川职中、前卫中学、雄关中学、侯家沟小学、安化小学开展法治进校园宣讲活动，7000余师生参加了活动。发出检察建议2份，督促相关部门进一步整治校园周边环境。

【综治维稳工作】 认真落实“谁执法、谁普法”责任，深入乡镇督导综治维稳和禁毒防艾工作，认真开展“宪法宣传日”“综治维稳宣传月”等活动，深入社区、村组、学校及企业宣传综治、反恐、反邪教、禁毒防艾等工作。充分利用“两微一端”、户外电子屏、局域网等平台，广泛开展扫黑除恶专项斗争、群众安全感满意度调查等宣传工作，努力提升群众安全感、参与性和知晓度。

【检务公开】 着力打造阳光检务，强化司法公开。一是建成12309检察服务中心。统一承担案件信息、法律文书公开，受理人民群众控告、申诉，受理案件查询、辩护与代理预约等检察职能，方便人民群众网上网下双向反映诉求和办理业务，进一步落实司法便民要求。二是以案件信息公开系统为平台，发布重要案件信息25条，公开法律文书131份。三是积极运用新媒体推进检务公开。建立网上查询、电话查询、触摸屏自助查询相结合的多元化信息查询机制。通过“两微一端”发布检察信息154条，拍摄首部检察题材微电影《花开有声》，充分应用网络媒体凝聚法治建设正能量。四是积极推进检察工作网和互联网门户网站建设，力推高检院“检答网”应用推广，推进智慧检务建设。

【司法改革】 深化司法体制改革，按照“谁办案谁负责、谁决定谁负责”司法责任制原则，全面贯彻检察官权力清单，检察官在授权范围内独立办案，严格执行检察官办案责任终身负责制和错案责任追究机制。进一步明确检察官、检察辅助人员、司法行政人员三类人员岗位职责，完善考评机制，全面考核各类检察人员工作质量和效率。深化内设机构和办案机制改革，完成大部制改革，内设机构从十五个科室调整合并为五个部。以案件类型、案件数量等为依据，构建专业化办案团队。积极探索捕诉一体改革，统一履行审查逮捕、审查起诉等职能。完善司法责任制配套制度改革，制定案件承办确定机制和入额院领导及部门负责人直接办案实施办法，全面落实入额院领导和部门负责人带头办案制度，确保检察官向办案一线岗位配置。制定内部监督制约机制，严格执行案件流程监控、案件评查和检察官办案情况月通报制度，确保员额检察官独立办案后的案件质量和效率。

【监察体制改革】 积极贯彻落实党中央和上级检察机关关于监察体制改革的部署和要求，按照区委深化国家监察体制改革试点工作实施方案的安排，支持配合区纪委做好反贪、反渎、预防部门机构职能和人员资产整体转隶工作，共划转编制11人，实际转隶9人，划转设备资产43.3万余元，确保监察体制改革试点工作顺利开展。

【检察队伍建设】 扎实开展“不忘初心、牢记使命”主题教育，结合“两学一做”学习教育常态化制度化，加强政治学习，健全组织生活、谈心谈话制度，确保主题教育融入日常、抓在经常。落实全面从严治党主体责任，以严格的责任和坚强有力的组织领导，推进“主体责任清单”落实。层层签订党风廉政建设责任书，层层压实责任；支持派驻纪检机构履行监督责任，运用监督执纪“四种形态”，提

醒谈话13人，抓苗头、抓预防，以零容忍态度正风肃纪；持之以恒落实中央八项规定精神，防止“四风”问题反弹。全面开展检察机关纪律作风专项教育整顿活动，认真查找和整改队伍在“五个过硬”方面存在的问题，检察队伍纪律作风持续向好。着力提升队伍素能。坚持以提升检察官司法办案能力为核心，切实加强检察官、检察官助理培训的针对性、专业性，组织检察人员参加各类业务培训459人次，检察队伍专业化素养进一步提升。

【检察文化建设】　紧密结合检察工作主题，区检察院持续深入贯彻落实《公民道德建设实施纲要》文件要求，繁荣检察文化，加强检察宣传和理论调研，微信公众号编发信息37期110条，《今日头条》22条，让“两微一端”成为沟通对话的新通道和新的重要舆论场；编发检察信息20期80篇；撰写检察文化文章7篇，检察理论调研文章1篇。

（林　辛）

人民法院

【领导名录】

院　长　王建文

副院长　潘文保

　　　　张秋红

　　　　王　睿

　　　　张艳波（2017.09挂职）

【概述】　2018年，玉溪市江川区人民法院深入学习贯彻习近平新时代中国特色社会主义思想，紧紧围绕“努力让人民群众在每一个司法案件中感受到公平正义”目标，牢牢把握司法为民公正司法工作主线，忠实履行宪法法律赋予的职责，抓党建带队建促审判，全面推进司法体制改革，自觉服从和服务区委中心工作，各项工作取得明显进步。共受理各类案件2001件，审执结1872件，结案率93.55%。

【组织机构】　至本年底，区法院共有在职在编干警58人，编外司法辅助人员32人。员额法官17人，司法行政人员9人，法警8人，其他人员24人；正、副院长4人、专职审判委员会委员2人，部门机构领导14人。内设机构16个，包括民事审判一庭、民事审判二庭、刑事审判一庭、刑事审判二庭、行政审判庭、审判监督庭、立案庭、环境资源审判庭、执行局（9个审判业务机构）、政治处、监察室、办公室、研究室、审判管理办公室、司法警察大队、执行指挥中心（7个综合管理机构）。有江城法庭1个派出法庭。不再设区人民法院纪检组，设区纪委驻区人民法院纪检组。

【刑事审判】　坚持宽严相济刑事政策，强化人权司法保障理念，贯彻疑罪从无原则，严格执行非法证据排除制度。受理刑事案件173件，审结163件，判处罪犯289人，结案率94.2%。常态化打击盗窃、诈骗等多发性侵财犯罪，审结30件56人；依法严惩抢劫、强奸等严重暴力犯罪，审结44件78人；零容忍态度惩戒毒品犯罪，审结8件11人；专项打击黑恶势力犯罪，审结以张某、王某为首的涉恶势力犯罪案件2件18人；（自2018年起全市涉邪教案件指定由江川法院审理）审结邪教案件5件16人；审结环境保护公益诉讼案件3件，追回生态环境恢复费用79万余元；审结我院首例拒执罪案件，依法判处张某某有期徒刑10个月；强化刑事附带民事调履意识，健全调履机制，全年调解履行金额236万余元。

【民商事审判】　受理民商事案件1092件，审结1033件，结案率94.6%。弘扬孝老爱亲睦邻的传统美德，倡导和谐稳定的婚姻家庭关系，审结婚姻、赡养、抚养及继承纠纷案件234件；维护金融市场秩序、规范借贷行为，促进民间资本的市场化有序流动，审结民间借贷、金融借款等合同纠纷案件525件，结案标的达1.29亿元；强化机动车所有人保险意识，提高通行人的交通安全意识和法制意识，创建良好的交通法制环境，及时审结道路交通事故责任纠纷案件57件。保护农民土地承包关系的稳定与合法流转，正确处理法律、政策与村民自治、乡规民约的关系，妥善审理承包地确权、土地经营权流转纠纷案件2件。妥善处置群体性纠纷，增强化解社会矛盾纠纷的实效，维护社会稳定，积极稳妥审理涉玉带河宾馆的群体性案件101件，该批案件判决后双方当事人服判息诉，取得较好的法律效果和社会效果。

【行政审判】　充分发挥行政审判维护行政相对人合法权益，支持监督行政机关依法行政，推进法治政府建设。受理行政诉讼案件6件，审查行政非诉案件22件，结案率为100%。畅通行政诉讼救济渠道，做到有诉必理。建立“诉前沟通、诉中协调、诉外疏导”工作模式，加大行政诉讼协调力度，妥善化解行政争议。深化司法与行政良性互动，加大送法进机关力度，到行政机关走访座谈和开展法制讲座，促进依法行政，推动依法治区工作。督促落实行政机关负责人出庭应诉，应诉率达100%。

【执行工作】 维护宪法法律权威，推进执行强制性、信息化和规范化建设，受理执行案件708件，执结648件，实际执行到位标的金额5216.86万元。与上一年度相比，新收案件数量增加0.9%、结案率上升4.81%，取得结案率全市排名第二的优异成绩，如期达到了最高人民法院提出的“三个90%、一个80%”的核心指标，执行成效凸显。充分运用网络查控，累计对1491件2367人次被执行人在全国范围内的存款、车辆、工商登记、证券、理财产品等信息进行查询，实现网络控制资金659.23万元，极大提高执行质效；推行网络司法拍卖，全年共有车辆及房屋等28件标的物在网拍平台上架，成交率91.67%，溢价率20.24%，成交金额961.80万元，实现“三高两低”（即受众率高、成交率高、溢价率高，成本低、投诉低）的良好效果；强化执行案款管理，于2018年6月与农业银行合作运用“一案一账户”执行案款管理系统，实现款项进出全程留痕、全程监管，看得见、分得清、管得住。

【司法为民】 把为民作为司法工作的出发点和落脚点，不断拓展司法为民新领域，丰富司法为民新举措。完善服务措施，方便群众诉讼。完善诉讼服务大厅便民设施及网上诉讼服务中心的服务项目，不断提升人民群众的诉讼体验，获得全省“规范化诉讼服务中心”的称号。落实法律援助中心工作站律师值班制度，确保工作日有一名专职律师或法律服务工作者在江川法院坐班，免费为人民群众提供法律咨询、诉讼指导等服务。深化立案登记制改革，保障当事人诉权，当场登记立案率达98%；开展电话预约立案，对行动不便的当事人实施上门立案。推行调解速裁“四简化”制度，有效缩短办案周期，全年共办理94件立案调解及裁判案件，用时最长64天，最短1天，实现简案快审。加大纠纷诉前调解力度，全年共办结24件诉前调解案件，减轻当事人的诉累。严格按照司法救助有关规定审查诉讼费减、缓、免申请，全年共为33件案件的困难当事人缓减免诉讼费33862元。提升服务质量，满足群众需求。加大巡回审判力度，深入社区乡村，就地化解矛盾，共开展巡回审理8件次。四是法制宣传延伸法院开放日活动和召开座谈会。实地调查落实，严格救助标准和救助程序，积极开展精准救助，把司法救助资金分配给最需要的人，全年共对8件18人进行了司法救助，总计金额为22.7万元。

【司法公开】 以公开促公正，以公正促公信，不断提升人民法院司法公信力。一是把信息化建设作为推进司法公开的新引擎。充分运用司法公开四大平台，全方位向社会公开法院信息，网上公开裁判文书849件，公开信息350件，其中民商事案件854件，刑事案件163件，执行案件182件。二是注重基础设施建设。全院数字法庭11个，直播法庭8个，实现“每庭必录”和公开审理案件的网络直播，庭审网络直播560件，增强了司法工作透明度，使群众真切地感受到“阳光司法”。三是重视信息宣传工作。编发简报67期160篇，其中31篇被云南法制报采用，1篇被中国反邪教网予以采用并推送；完善江川法院外网、官方微博、微信等新媒体建设，通过微信公众号发布信息137条，通过企信通发送信息7条，为群众更好地了解法院、与法院沟通交流提供了有效便捷的平台。将法制宣传延伸到学校、社区、企业、机关，提高群众的法律意识，指导群众正确运用法律武器维护自身合法权益。主动邀请人大代表、政协委员、在校师生、普通群众走进法院，近距离接触法院，了解法院，从而更好地理解和支持法院工作，全年共接待500余人；召开不同层面的座谈会，广泛征询社会各界意见，及时改进自身工作。

【信息化运用】 构建网络化、阳光化、智能化的法院信息化体系，推进系统建设，加强应用推广，支持全业务网上办理，全流程审判执行要素依法公开，促进审判体系和审判能力现代化。先后开发新安检导诉平台、法院飞信平台、人脸门禁系统、庭审信息系统，并与玉溪中院联合开发综合性导航平台——星云导航，实现从单纯的信息化建设到

“内网+审判”，“互联网+当事人”的建设模式，信息化运用管理得到强化。在办案系统应用方面，2018年案件电子卷宗制作率、电子档案归档率、数据质检合格率、电子签章应用率、非上诉案件生效率等重要指标均达到100%；在办公系统应用方面，各类公文的流转、审批和电子签章实现网络化、电子化，各类文件、材料的报送均通过通达海办公自动化系统进行；在数字审委会系统应用方面，审委会上会案件均使用数字审委会系统进行讨论、表决、电子签名；在智能化应用方面，推动使用庭审语音转录系统、实现电子卷宗识别、自动信息回填功能。裁判文书左看右写功能开始推广使用，文书模板生成、法信平台使用也成为常态化。

【司法体制改革】 切实增强“四个意识”，遵循司法规律，以司法责任制落实为中心，推进司法体制改革任务精准落地，促进司法公正高效权威。制定“人员分类管理办法”和“审判团队编配方案运行规则”，明确法官、法官助理、书记员职责，优化配置审判人力资源。坚持权力、责任、监督三位一体。同时坚持以审判执行工作为中心，年初制定各季度结案目标，日常实行审执质效通报分析机制，确保把审执主业牢牢抓在手上。认真实行院、庭长办案制度，审判精英回归审执一线，切实提高院、庭长指导审执工作的针对性、实效性，2018年，院领导办案数为231件，审执结220件。坚持将精细化理念贯穿于审判始终，再做一次工作、再分析一次案情、再查阅一次条文、再校对一次文书的“四个再一次”已经成为每个法官的工作习惯。

【践行主题教育】 推进“两学一做”教育制度化常态化，深入学习习近平新时代中国特色社会主义思想。充分利用每月第一周周会及每周五固定学习日组织干警集中学习，全年共开展“微党课”学习30次，党课学习7次，党组理论中心组学习8次，专题学习习近平新时代中国特色社会主义思想三十讲的内容，组织23名党员参加“万名党员进党校”学习培训活动，增强党性修养，提高干警的政治意识、大局意识、核心意识、看齐意识，干警队伍思想政治建设得到加强。

【党风廉政建设】 组织干警专题学习《廉洁自律准则》和《纪律处分条例》，观看《巡视利剑》《邹碧华》等影片，定期传达学习违法违纪问题通报等，加强党风廉政教育和廉洁司法教育。制定“纪律作风审务督察管理规定”和“关于开展司法作风问题专项督察的实施方案”，从3月由当月带班院行政领导、派驻纪检组、监察室和廉政监察员组成当月审务督察组，采取普查与抽查、视频监控资料查与现场查、综合查与专项查、集中组织查与分散定位查相结合等多种方式进行督察，共开展专项审务督察4次，发出督查通报3期；在元旦春节、中秋国庆等重要时间节点开展纪律作风监督检查10余次。组织开展“六个严禁”和“不作为、乱作为”问题集中整治、严禁公务活动中赠送收受烟酒茶玉等专项整治活动，继续深入整治“六难三案”等不正之风，严肃查处“吃拿卡要、冷硬横推、庸懒散拖”等行为，营造风清气正的环境，全年无干警违法违纪现象发生，党风廉政建设被区委考核为优秀单位。

【强化业务培训】 实施学习强能“八项工程”，坚持“以讲促学”，定期开展“法官讲坛”“示范庭审”、优秀裁判文书评比，通过“请进来”与“走出去”相结合，对干警进行全方位、多渠道教育培训，提升法官驾驭庭审和文书制作能力。开展书记员技能大赛，不断提高书记员庭审记录以及卷宗整理装订能力。开展司法警察技能比武，规范法警的值庭行为，提高处突能力。

【完善陪审员参审机制】 试行随机抽取人民陪审员参与案件审理，完善陪审员参审机制，扩大司法民主，提高审判工作透明度。2018年86名人民陪审员参与391件各类案件的审理共763人次，其中民商事案件261件514人次，刑事案件119件229人次，行政案件3件4人次；同时为市中院安排刑事案件审理8件16人次；安排陪审员参与送达、调解等工作9人次。

【接受监督】 把审判工作置于人大、政协及社会各界的监督之下。重视代表建议、委员提案的办理，加强与代表、委员的沟通联系。共向区委汇报党组工作情况2次，向人大、区委政法委汇报执行攻坚、扫黑除恶工作8次。

把接受人大法律监督、政协民主监督、检察机关诉讼监督和社会各界群众监督作为公正廉洁司法的保障和动力，增强接受监督的自觉性和主动性，向市人大常委会专题调研组报告江川法院生态环境资源审判工作；接受省高级法院组织的首批由23位驻滇的全国、省人大代表、政协委员组成的工作组对江川法院的视察任务。全年共邀请人大代表、政协委员、检察机关工作人员、群众代表分别参加视察法院工作、见证执行、旁听庭审、参加法院开放日等活动10余次。

【新党章集中学习月】 以“学习新党章，遵守新党章”为主题，采取集中学习与分散学习相结合的办法，认真组织实施。一是结合法院工作实际制定印发学习方案，明确学习要求和学习步骤，使党章学习有序推进。二是以“微型党课”的形式，在全院党员会上对党章修改的要求进行领学；三是将新党章的学习纳入院党组理论学习中心组一季度的学习内容，进行主题发言交流；四是各支部的组织生活会进行专题学习，原文学习新修改的内容；五是由院党总支自拟题目，开展“新党章学习考试”，检阅学习成果，考试成绩与党员个人积分挂钩；六是指定学习笔记本，要求党员认真撰写学习笔记和心得体会，提升学习效果。

【“一对一”联系执行员制度】 为了提升执行质效，确保第三方评估顺利验收，江川法院在加大执行工作保障力度的基础上，创新工作方式，建立院领导“一对一”联系执行员制度。一是定人定岗定责，一名院领导直接对应一名执行员，直接督导，重点负责对终结本次执行程序的案件、有财产可供执行而未实际执行的案件、未执行结案案件、有涉案当事人上访案件的督导。秉持以督促改，以导促学的原则，及时发现和研究问题，抓实抓牢，达到集思广益，全面提高执行质效的目的。二是提供强大的理论支持和指导，由主管民事、刑事审判业务工作的院领导负责研究指导“执转破”与“拒执罪”案件的执行，以提高执行转破产工作效率，提升打击拒执罪工作质效，实现“执转破”与“拒执罪”零的突破。

【努力打造好“微党课”名片】 紧盯党建带队建促审判目标，发挥“微党课”优点，以普通党员轮流讲的方式组织开展。一是以固定的时间确定开讲的频次，实现工作学习两不误。明确规定每周五下午14：15准时开讲，限定每堂课的时长为10至15分钟，并将全部党员一轮授课的具体时间在实施方案中固定下来。二是实现党课内容贴近时代与社会现实。由于每周均组织开讲，使得党课内容紧盯党员教育的最前沿成为可能，通过对身边人和身边事的讲解实现以小见大、见微知著的效果，充分体现“微党课”接地气的特点。三是以竞赛、评比和反馈意见的方式，确保讲课质量和创先争优浓厚氛围。以“三次打分、三次点评”的方式认真评价每一堂“微党课”。四是争取区直机关工委的支持。基于“微党课”的有效开展，需要补充党员备课的学习资料和活动场地的改善，院党总支与区直机关工委积极沟通，由其拨付专项活动经费，保障活动高品质运行的物质条件。

【“不忘初心　牢记使命”主题党日】 院党总支开展“不忘初心　牢记使命”主题教育活动。活动由听讲座、做宣誓、过生日、发感悟、寄期望、送祝福六项议程组成。讲座由区委党校常务副校长郭华主讲《不忘初心谋人民群众合法权益　牢记使命谋中华民族伟大复兴》，重温入党誓词之后，三位收到“政治生日”贺卡党员，表示会严格按照党章要求规范自己。院长王建文向全体党员提出严格要求，即坚守对党忠诚的政治品格，公道正派的核心操守，勤学善思的进取意识，担当实干的良好作风，清正廉洁的思想底线，为江川法院各项工作干在实处、走在前列作出积极贡献。

【“全省优秀法院”荣誉称号】 2018年7月5日，在全省法院先进集体先进个人表彰大会上，玉溪市江川区人民法院作为2017年度“全省优秀法院”受到表彰，这是江川法院建院以来以集体名义获得的首次省级表彰。

【全国、省人大代表及政协委员前来视察】 2018年8月29日，云南省高级人民法院组织第一批23位驻滇的全国、省人大代表、政协委员到江川区人民法院视察，云南省高院党组成员、副院长李雪松，玉溪市中院党组书记、院长陈昌，江川区委书记徐贤、区委副书记、区长王志华、区法院党组书记、院长王建文等领导陪同视察。

视察组首先旁听一起敲诈勒索刑事案件的庭审。接着实地视察江川法院的文化建设，参观诉讼服务中心、院史荣誉室、党建党风廉政文化室。座谈会上视察组对法院在文化建设方面的努力给予了充分肯定，并针对庭审情况提出七个方面的肯定意见。一是组织工作到位，庭审进展有序。二是庭审程序完备，庭审节奏把握适当。三是法律程序严谨规范，裁判理由及量刑有依据。四是庭审准备充分。五是合议庭分工明确，配合到位。体现了庭审实质化要求。六是合议庭组成结构好，人民陪审员积极参与。提升了司法公信力。七是法警值庭规范、形象气质好，充分体现了人民警察的风范。同时从法言法语的使用、庭审程序的严谨等方面对庭审规范化提出了要求。

【首次专业法官会议】 江川法院专业法官会议首次召开会议，对审理的100余件合同纠纷案件涉及裁判尺度统一的法律适用等问题进行研究和探讨。

此次会议不仅有利于承办法官对批案在法律适用、裁判尺度上的把握和适用，积累类案审判经验，也有利于促进法官独立思考，进一步提高法官发现问题、解决问题的实际能力，进而提高江川法院案件审判的质效。

【公益诉讼座谈会】 2018年11月15日，江川检察院、华宁检察院、通海检察院、华宁法院、通海法院等单位到江川法院就附带民事公益诉讼审理工作中取得的经验和存在的困难进行座谈交流。

座谈会紧紧围绕附带民事公益诉讼案件的管辖、公告、鉴定、出席法庭的人员、合议庭的组成人员、附带民事公益诉讼的称谓、赔偿责任承受主体等七个方面进行广泛的交流和探讨，并达成基本共识。

为法检两家审理附带民事公益诉讼案件的规范化审理奠定坚实的基础。

（罗　江）

经济管理

编辑　徐凡清

发展和改革

【国民经济和社会发展计划执行情况】　2018年，主要经济指标完成情况：全区现价生产总值完成100.03亿元，增11.6%；地方一般公共预算收入完成7.84亿元，增10.3%；规模以上固定资产投资完成70.3亿元，增10.2%；社会消费品零售总额完成27.7亿元，增12.3%；城镇居民人均可支配收入36651元，增8%，农村居民人均可支配收入13280元，增9%。金融运行保持平稳，全区金融机构各项存款余额134.9亿元，同比增8.7%；各项贷款余额102.1亿元，同比增15.3%。

【农业经济】　农业基础设施不断夯实，投资3.3亿元完成各类水利工程1478件，新增蓄水库容4020立方米，新增灌溉面积4000亩，完成高标准农田建设7800亩；烤烟产业实现提质增效，全区收购烟叶982.5万千克，收购金额3.07亿元，均价31.22元/千克，比上年提高0.96元/千克，排名全市第一；高原特色农业加快发展，农业产业结构调整步伐加快，农村土地流转等工作成效明显，流转农村土地承包经营权5000亩，新增花卉种植面积3308亩，蔬菜、渔业、经济果木林等特色优势产业继续保持较强增长态势，有效防控非洲猪瘟疫情，乡村振兴战略规划编制工作有序推进，农村经济实现平稳发展。第一产业增加值完成17.6亿元，增6.6%。

【工业经济】　2018年，工业经济发展形势较为严峻，工业企业特别是传统产业效益出现下滑，江磷集团开炉时间比往年推迟，农产品加工，纸制品加工业产能释放不足，企业流动资金短缺，经营困难。区委、区政府把经济工作的着力点放到实体经济发展和产业转型升级，多措并举，促进工业经济提质向好发展：一是重点关注停产半停产及负增长企业生产经营情况，着力协调帮助解决企业在生产经营过程中融资难、用地难、项目审批难等困难问题，确保企业正常生产；二是狠抓园区建设，着力打造园区经济。龙泉工业园区发展实现提速，江滇路全线竣工通车，江义街等4条道路绿化亮化工程完工，自来水厂、污水处理厂开工建设；标准化厂房计划建设27万平方米，已建成24万平方米，升华电梯一期、天合力光电等4个入园项目建成投产。招商引资工作成效明显，新兴产业稳健起步，成功签约的中民筑友、粤辉智能通讯电子产业项目、华电达锂离子动力电池生产项目等一批入园项目已开工建设。龙泉工业园区实现工业总产值18.47亿元，增39.6%；传统产业转型步伐加快，江城纸制品产业园初具雏形，7个纸制品及配套项目主体工程建设基本完成，江磷集团3000吨/年高效磷系阻燃剂（赤磷型）项目顺利推进，预计2019年上半年竣工投产，工业经济发展后劲不断增强。第二产业增加值完成36.9亿元，增18.8%，其中：工业增加值完成30.2亿元，增17.5%，增速超年度计划1个百分点，规模以上工业增加值增23.4%，建筑业增加值同比增25.8%。

【第三产业发展情况】　2018

年，随着国家、省、市系列重大政策和改革措施的深入推进，如棚户区改造、减税降费以及居民工资性收入提高，带动房地产等消费需求的快速增长，房地产业平稳健康发展，云福山居、绿竹云舍、钟秀铭苑等地产项目稳步推进，全区商品房销售面积170502平方米，同比增长31.5%；商贸流通持续活跃，九溪、老街兴2个农贸市场建成投入运营，大街市场改造有序推进，阿里集团乡村事业部落户江川，鲜花饼、盐水鱼等特色产品入驻淘宝特色中国·玉溪馆，全年完成电商销售额7043万元；旅游产业稳步发展，全域旅游规划编制完成，星云湖湿地湖滨带提质改造项目稳步实施，乡村振兴示范区建设启动实施，完成1009亩荷藕种植，旅游基础设施不断完善，成功举办开渔节、梨花节等系列节庆活动，节庆假日旅游接待能力稳步提升，全年接待游客557.56万人次，同比增18.3%，实现旅游总收入46.3亿元，同比增34.5%；现代物流产业健康发展，九溪润特物流（一期）建成投入运营，雄关现代农产品物流产业园建设成效明显，滇中智慧农业产业园开工建设，云南宝象国际农产品交易中心项目成功签约，“一园多区”发展格局基本形成。全年社会消费品零售总额完成27.7亿元，同比增12.3%；第三产业增加值完成45.5亿元，同比增8.2%，占年度计划的92.2%。

【固定资产投资管理】　2018年，受PPP政策调整、融资困难、用地制约、企业投资意愿不强等因素影响，诸多重点建设项目推进不及预期。年初计划实施的62个项目中6个项目停止实施、8个项目缩减年度计划投资、2个棚改项目不具备入库条件，从而导致投资计划由年初的107亿元缩减为72亿元，针对投资变化情况，区发展和改革局，梳理计划外新增项目51项，总投资30亿元，为经济持续发展提供有力支撑。全年完成规模以上固定资产投资70.3亿元，同比增10.2%，其中：2018年初人代会计划项目共62项，共组织实施47项，完成投资61亿元；组织实施计划外项目51项，完成投资9.3亿元。

【行政审批】　本着简化审批程序，减少审批环节，缩短审批时限，提高审批效率的总体要求，推进落实《玉溪市江川区深化投资项目审批制度改革的实施意见》，带头梳理优化投资项目审批流程和办事指南，动态调整部门权责清单，进一步改进和提高审批效率，为企业和项目单位提供优质高效的审批服务。2018年，共办理审批项目108个，估算总投资25亿元。备案项目34个，估算总投资47亿元。上报并对接协调上级有关部门并获得审批的项目3个。做好云南省投资项目在线审批监管平台的运行工作，本年度在平台同步录入、审批项目63个。

【价格收费管理】　贯彻各项价格政策措施。推进城区供水、污水处理费和农业供水价格改革，注重对市场价格的引导和规范。研究江川区幼儿园收费细则、公租房住房租金标准调整方案等。配合做好4个农贸市场提档升级项目申报专项验收检查工作和江川区公立医院价格综合改革工作。

【价格监督检查】　组织开展涉企收费，切实降低实体经济企业成本。按期开展烟酒销售价格行为和明码标价、临时接电费、旅游市场明码标价、春耕化肥价格稳定及全区城市供水、供气、供电、电信领域价格等专项检查。在“8.13、8.14”地震期间对全区城乡主要企业以及居民临时居住点及135个商品单位开展严格执行价格政策，禁止哄抬价格、价格欺诈等行为的提醒告诫与检查，发放政策宣传材料400余份，确保全区的价格保持基本稳定。

【价格认证工作】　依法对公安部门委托的53件案件的涉案物品进行价格认定，标的金额397.62万元，认定无复核案件。保持12358价格举报管理信息系统畅通，确保群众投诉举报得到及时处理，举报案件依法办理。

【大中型水库移民后期扶持工作】　全年共核减移民人数10人，发放直补资金共计106.185万元，落实移民后扶项目资金报账制，4个大中型水库项目共拨付227.4万元，7个小型水库项目计拨62.5万元；拨付2015年第三次小额贴息贷款60户14万元，直接拨付2016年至2019年200万大中型水库移民小额贴息贷款38户贷款户贴息9.0563万元，为提高移民群众基本生产生活保障和移民群众收入提供保证。

【脱贫攻坚】　2018年，江川区坚持以习近平新时代中国特色社会主义思想和党的十九大精神为指导，认真学习贯彻习近平总书记关于扶贫工作的重要论述和中央、省、市关于打赢脱贫攻坚战三年行动的指导意见，开展脱贫措施户户清行动，大力实施基础设施、产业发展、农村危房改造、项目库建设集中攻坚及劳动力培训转移等扶贫项目，切实加强义务教育、医疗保障、社会低保等社会公共服务体系建设，扎实抓好精准扶贫措施落实。全年投入中央、省、市、区级财政专项扶贫资金2330.49万元，实施扶贫项目30个。发放小额扶贫信贷3043.65万元，实现634户建档立卡贫困户“换穷业”。落实危房改造补助政策，完成146户贫困户危房改造验收。全面落实建档立卡贫困家庭学生资助政策，为1577名建档立卡在校学生发放各类补助283.7万元，其中为352人建档立卡职校贫困生，发放“雨露计划”项目补助资金77.85万元，义务教育阶段建档立卡贫困学生辍学率为零。实施“互联网+”社会帮扶行动，网上注册爱心人士2503人、贫困户1946户，受捐社会资金2.89万元，物品54件。以“10.17”扶贫日为载体，全区55户企业、5465名干部职工主动参与脱贫攻坚，捐款123.5554万元。2018年脱贫568户1880人，累计脱贫2042户7157人，未脱贫26户76人，贫困发生率降至0.04%。

【粮食事务】 完成市级下达507万千克原粮储备任务，建立30万千克成品粮储备和25万千克成品油脂储备；国有粮食企业购进粮食1350.8万千克、油脂及料油58万千克；销售粮食1070万千克、油脂28万千克；供应救灾救济粮26万千克，供应学生粮油32.7万千克，供应平价粮油257万千克，有力保障市场供给，稳定市场粮油价格。建立粮食应急供应网点10个，建立“放心粮油”示范销售店5个。全年无霉坏变质和不合格粮油流入口粮市场，也未发现经营者违法、违规行为，有效防止粮油食品安全事故的发生。

（施函成）

统　计

【概述】 2018年，江川区统计局围绕区委区政府的重点工作，履行统计信息、咨询、监督职能，以提高统计数据质量为核心，加大统计监测力度，不断提升对全区经济预警研判和统计服务能力，完成各项统计工作任务。

【机构设置】 区统计局是全区统计和国民经济核算工作的政府职能部门。2018年，玉溪市江川区统计局行政编制12名，其中，设局长1名，副局长2名。内设机构6个：办公室、综合统计股、工业能源投资股、服务业统计股、县域经济发展统计监测股、统计执法队。玉溪市江川区地方统计调查队为玉溪市江川区统计局所属财政全额拨款的事业单位，事业管理编制5名，设队长1名，由区统计局1名副局长兼任。2018年末，区统计局实有工作人员11人；区地方统计调查队实有工作人员3人。

全区6个乡镇（街道）设统计工作站，为区统计局派出机构，核定事业编制15名，机构性质为财政全额拨款事业单位。区统计局大街统计工作站事业编制4名，江城统计工作站事业编制3名，前卫、九溪、雄关、安化统计工作站事业编制各2名。2018年末，全区6个统计工作站实有工作人员14人，其中：大街统计站工作人员3人、江城统计工作站工作人员3人，前卫统计工作站工作人员2人、九溪统计工作站工作人员2人、雄关统计工作站工作人员2人、安化统计工作站工作人员2人。

【主要统计数据】 综合　经济总量再上新台阶，综合实力持续增强。据初步核算，2018年全区完成现价生产总值（GDP）1000299万元，按可比价格计算，同比增11.6%。分产业看，第一产业增加值176226万元，增6.6%；第二产业增加值369076万元，增18.8%；第三产业增加值454997万元，增8.2%。产业结构加快调整，三次产业结构由上年的18.2：33.7：48.2调整为17.6：36.9：45.5。一、二、三产业分别拉动GDP增1.2、6.6、3.8个百分点，对经济增长的贡献率分别为10.4%、56.4%、33.2%。全区人均地区生产总值34733元，按可比价计算增11.4%。非公经济增加值578605万元，增12.2%，占全区生产总值比重为57.8%，比2017年上升1.2个百分点，拉动全区经济增长7.1个百分点，对全区经济增长贡献率60.7%。

农业　农业生产总体平稳。2018年全区实现农林牧渔业增加值181351万元，按可比价格计算增6.6%。其中：农业（种植业）增加值136138万元，增6.7%；林业增加值3692万元，增2.4%；牧业增加值27593万元，增7.5%；渔业增加值

8803万元，增4.0%；农林牧渔服务业增加值5125万元，增6.9%。

种植业结构不断优化　2018年末，全区常用耕地面积128245亩；农作物总播种面积430702亩，比2017年增35648亩，增9.0%。其中：全年粮食播种面积93070亩，减505亩，降0.5%。油料播种面积36538亩，增5414亩，增17.4%。烤烟栽种面积89207亩，增2643亩，降3.1%。蔬菜栽种面积197623亩，增24809亩，增14.4%。花卉面积11453亩，增3261亩，增39.8%。

2018年全区粮食总产量4480万千克，增1.7%。全区收购烟叶982.5万千克（不含路居镇），收购单价31.22元/千克，收购金额30676.3万元。全区收购烟叶1143.5万千克（含路居镇），收购单价31.10元/千克，收购金额35565.5万元；蔬菜产量45527.9万千克，增14.4%。油料产量779.3万千克，增10.9%；园林水果产量1131万千克，增3.9%。

全年完成营造林面积2100亩，人工造林1700亩，特色经济林4000亩。全区森林覆盖率44.07%，自然湿地保护率99.6%。

畜牧业、渔业生产稳步发展　2018年全区肉蛋奶总产量27639吨，比2017年增23.0%，其中：肉类总产量19343吨，增24.9%；禽蛋产量8295.9吨，增19.6%。年内肥猪出栏14.8万头，增16.7%；全年出售仔猪36.6万头，增30.3%；年末生猪存栏11.4万头，降5.4%。其中：能繁殖母猪1.4万头，降11.8%。

水产品产量4355吨，比2017年增5吨，增0.1%，其中：星云湖2365吨，增65吨，增2.8%；抚仙湖558吨，增2吨，增0.4%。

工业和建筑业　2018年全区完成全部工业增加值302178万元，按可比价格计算增17.5%，拉动GDP增长5.2个百分点，对经济增长的贡献率45%。2018年全区规模以上工业企业46户，主营业务收入532653万元，利税总额68769万元；规模以上工业增加值增23.4%。在规模以上工业中，分经济类型看，国有控股企业增28.8%；股份制企业增23.1%；私营企业增26.6%。分门类看，采矿业增加值增26.2%；制造业增加值增23.2%。分行业看，非金属采矿业增加值增26.2%；农副食品加工业增加值增20.1%；造纸和纸制品业增加值增7.4%；化学原料和化学制品制造业增加值增20%；橡胶和塑料制品业增加值增30.2%；非金属矿物制品业增加值增54.8%。

园区经济持续快速增长，领跑全区工业经济。随着龙泉园区路网、标准化厂房、新能源公交车等配套基础设施的进一步完善，园区经济呈快速发展态势。2018年，园区实现工业增加值33720万元，同比增37%，高于全区规模以上工业增加值增速13.6个百分点，园区经济所占规模以上工业增加值比重由上年的19%提高到24%。

建筑业快速发展。2018年全区建筑业增加值实现68718万元，按可比价格计算增25.8%。全区具有资质的建筑施工企业22户，资质建筑企业期末人数5785人，其中：工程技术人员1544人。2018年资质以上建筑企业房屋施工面积45.7万平方米，增31.9%；房屋竣工面积21.6万平方米，增1.3%。全区商品房销售面积170502平方米，增31.5%。

服务业发展稳中放缓。全区第三产业（即服务业）增加值454997万元，同比增8.2%，比上年同期回落5.1个百分点，低于GDP增速3.4个百分点，占GDP的比重45.5%，比重比上年降2.7个百分点，服务业发展速度放缓。

固定资产投资。2018年全区500万元及以上固定资产投资（不含农户）增10.2%，其中，500万元及以上项目投资同比增12.2%。从三次产业看，第一产业增22.2%；第二产业增214.2%；第三产业降15.1%。从所有制关系看，国有单位降8.4%；其他单位增62.2%。从主要行业看，工业投资增214.2%；房地产开发投资增0.8%；交通运输、仓储和邮政业投资降12%；水利、环境和公共设施管理业投资降29.3%。

贸易。消费品市场平稳增长。2018年全区社会消费品零售总额完成277040万元，增12.3%。按销售单位所在地统计，城镇市场实现消费品零售额239501万元，增12.3%；乡村市场实现消费品零售额37539万元，增12.3%。按消费形态分，餐饮收入63620万元，增18.3%；商品零售213420万元，增10.6%。商品零售占消费品零售总额的77%，是销售市场的中坚力量。

全年销售营业额合计491601万元，增16.2%，其中：批发业销售额77603万元，增8.8%；零售业销售额275634万元，增14.6%；住宿业营业额25460万元，增15.4%；餐饮业营业额112904万元，增18.5%。

城乡居民收入增加，生活质量提高。2018年城镇居民人均可支配收入36651元，增8.0%。农村居民人均可支配收入13280元，增9.1%。

2018年江川区能源消费总量874546.25吨标准煤，较上年降5.89%，单位GDP能耗0.8743吨标准煤/万元，降15.67%，其中：规模以上工业单位增加值能耗1.7921吨标准煤/万元，降44.72%。

全社会用电量8.17亿千瓦时，同比降21.15%。分产业看，第一产业用电量0.18亿千瓦时，同比升7.45%；第二产业用电量6.26亿千瓦时，同比降27.43%；第三产业用电量0.65亿千瓦时，同比升14.28%；城乡居民生活用电量1.08亿千瓦时，同比升8.48%。

【统计服务】 2018年，区统计局围绕区委、区政府重点工作，转变观念、树立优质服务理念、改进工作作风和工作方法，加强统计调研和分析研究，为区委、区政府科学决策、预警研判提供统计服务。一是围绕区委、区政府稳增长决策部署，认真做好全区统计监测工作，当好“计分员、监测员、服务员”。开展GDP、工业、服务业、固定资产投资、社会消费品零售总额、农村居民人均可支配收入、城镇居民人均可支配收入等重点基础指标月度监测分析预警工作，及时反映全区各项指标发展水平，并适时通过江川统计网及时向社会发布，为各级党委、政府和社会公众全面了解全区经济发展提供统计服务。开展劳动力抽样调查、人口变动情况抽样调查、自然资源资产负债表编制、绿色发展和生态文明建设考核工作等专项调查，开展小康监测、贫困监测等统计监测，为党委、政府和有关部门科学决策提供统计调查依据。二是按月、按季提供江川区国民经济和社会发展情况的统计资料，编撰提供《2018年江川区季度国民经济主要指标手册》《2017年江川区统计年鉴》《江川区2018年经济发展主要基础指标重点任务月度“挂图监测”一览表》。三是发布《2017年江川区国民经济和社会发展统计公报》。四是开展统计调研分析。主要围绕经济社会现象，紧扣党政领导关心的热点、焦点问题，开展统计调研分析。2018年撰写《江川统计》37期、《江川统计信息》182期。

【统计信息化建设】 2018年，重视政府信息公开，加快网络信息系统的升级改造，提升统计信息化水平；健全完善网络管理制度，强化技术防护，确保网络安全，为统计改革和企业联网直报工作提供技术支撑。进一步加强统计门户网站建设，推进网上政务公开，树立统计门户网站形象。重视统计信息化建设，加大培训力度，不断强化统计人员业务培训和统计职业道德教育，提高基层统计人员素质，努力打造一支政治强、作风硬、业务精的统计干部队伍。2018年，通过江川区统计局门户网站主动公开统计分析、财务预决算公开、统计信息、统计指标解释等352条。

【统计执法】 进一步改进统计工作，加强统计执法检查，提高政府统计公信力，充分发挥统计在国情国力调查、指导国民经济和社会发展上的服务保障作用。严格贯彻落实《中华人民共和国统计法》《中华人民共和国统计法实施条例》。贯彻执行中央《关于深化统计管理体制改革提高统计数据真实性的意见》《统计违纪违法责任人处分处理建议办法》。一是开展统计数据执法检查。为进一步提高统计数据质量和政府统计公信力，坚决制止和查处各类统计违法违纪行为，区统计局落实《玉溪市统计局关于开展2018年“双随机一公开”抽查工作的通知》要求，组织力量对全区涉及125家纳入企业一套表联网直报的四上企业，于2018年4月11～12日开展“双随机一公开”执法检查，于2018年10月18日再次开展“双随机一公开”执法检查，共计抽取10家“四上企业”：工业企业3户，批发零售贸易业2户，房地产业3户，固定资产投资1户，建筑业1户；侧重检查统计基层基础建设和主要统计指标数据情况，推进基层企业依法统计工作开展，确保统计源头数据质量。并对检查过程及检查结果及时公开，全程留痕。二是组织全局职工参加《国家机关工作人员在线学法用法》《国家统计局在线学习》，进一步提升干部职工法治意识和执法能力。区统计局制定领导干部、公职人员年度学法计划，网上学习参与率和考试参与率100%。按照相关规定每年组织2次领导干部法治专题讲座活动，专题培训干部统计法律知识，建立学法考勤和学档案制度。三是根据上级统计部门的相关部署，举办各类业务培训班20余期，近2000人次参加培训学习，进一步提高统计调查能力。四是对基层统计人员进行法律法

规宣传。组织乡镇（街道）开展统计专业知识培训，通过“以案说法”、举办专题培训班等方式开展统计普法教育。

【统计基层基础建设】 进一步夯实统计基层基础，提高统计数据质量，提升统计服务水平，加强推进统计基层基础建设工作。

乡镇（街道）统计机构建设。认真贯彻落实《玉溪市人民政府关于进一步加强和改进统计调查基层基础工作意见的通知》，抓好乡镇（街道）统计站建设工作，确保统计源头数据质量。加强对基层统计业务的指导、考评，强化统计基层基础建设工作检查，推进基层统计工作标准化、规范化建设。

部门统计。切实加强与部门统计工作的合作，落实部门统计职责，强化协调配合，有效保证统计目标任务的完成。加强与经济、社会主管部门的协调与配合。指导推动部门加强内部统计机构建设，健全统计基础工作，规范使用统计标准，畅通统计资料报送渠道，进一步整合统计资源，增强工作合力，提高统计整体效率。

规范企业统计。建立部门和企业统计人员备案制，确保基层统计队伍的稳定性和连续性。指导、督促、帮助企业办理统计登记，设置统计人员，健全原始记录、统计台账和各项统计管理制度，规范统计资料填报、报送程序，确保源头数据质量。

企业纳规和纳限。切实抓好企业纳规和纳限工作。全区企业符合纳规和纳限条件的，全部纳入规模和限上统计。2018年全区纳规和纳限7户，其中：纳规2户，纳限5户。

管理和培训。深入部门、企业和调查户加强业务指导，抓实业务培训工作、统计职称考试考评等工作，不断提高基层统计人员的知识水平和工作能力，适应新常态统计形势发展的需要，2018年全区报名参加统计专业技术职称考试的人员有7人。

【第三次全国农业普查】 根据《全国农业普查条例》的有关规定，玉溪市江川区第三次全国农业普查领导小组办公室和玉溪市江川区统计局于2018年8月10日向社会公布玉溪市江川区第三次全国农业普查主要数据公报1-5号。江川区统计局被评为省级先进集体。

【第四次全国经济普查】 第四次全国经济普查是根据《全国经济普查条例》的规定开展的重大国情国力调查，是在决胜全面建成小康社会、开启全面建设社会主义现代化国家新征程中的一次“全面体检”。

普查对象。第四次全国经济普查的对象是在全国境内从事第二产业和第三产业的全部法人单位、产业活动单位和个体经营户。

普查内容。第四次全国经济普查的主要内容包括：普查对象的基本情况、组织结构、人员工资、生产能力、财务状况、生产经营和服务活动、能源消费、研发活动、信息化建设和电子商务交易情况等。

普查的标准时点为2018年12月31日，普查时期资料为2018年年度资料。

2018年，江川区重视第四次全国经济普查工作，贯彻落实国家、省、市对第四次全国经济普查的相关安排和部署，并于4月12日下发《玉溪市江川区人民政府关于做好第四次全国经济普查工作的通知》，对江川区四经普工作进行全面安排部署；2018年7月23日，区长王志华主持召开玉溪市江川区第二届人民政府第31次常务会议，听取区统计局局长胡宇翔关于2018年上半年统计工作的情况汇报，专题研究第四次全国经济普查工作，对江川区第四次全国经济普查工作安排部署，作为重点工作列入重要议事日程，要求区统计局把它作为今年工作的重中之重来抓，研究全区经济普查工作的具体措施，确保圆满完成第四次全国经济普查工作；在玉溪市江川区第二届人民政府第38次常务会议上，区长王志华听取区统计局单位清查工作汇报，并作出指示，要加强经济普查单位单位清查查遗补漏工作，确保数据不重不漏；在10月底召开的全区经济普查工作推进会上，区长王志华主持会议，安排部署单位清查查遗补漏，责成区政府督查室督查乡镇（街道）单位清查工作；在12月初，区政府常务副区长听取区统计局对单位清查工业单位清查汇报，对普查工作提出指示和要求。

按照第四次全国经济普查方案和省、市经普办统一部署，江川区于9月11日全面启动第四次全国经济普查单位清查工作，截至12月底，全区已清查上报审核验收法人单位2753户，产业活动单位数775户，个体经营户24146户；与三经普相比法人单位增1447户，增110.8%，产业活动单位增333户，增75.3%，个体经营户增11394户，增长率89.3%；个体经营户全部从业人员7.9万人，户均3.28人，与三经普相比，个体经营户全部从业人员增113.51%，户均从业人员增13.1%。

截至12月底，法人及产业活动单位底册核查率100%，个体经营户底册核查率100%，经过数据质量随机抽查，报表差错率在数据质量控制范围内。

【贫困监测】 2018年，贫困监测全区抽选2013年建档立卡贫困户中的118户进行抽样调查监测，以全面掌握全区建档立卡贫困户的各项收支情况，2018年人均可支配收入8290元，同比增15.4%。

【住户调查】 为加快现代信息技术在住户调查工作中的应用，进一步提升住户调查效率、源头数据质量和民生决策服务水平，确保住户调查电子记账和电子化数据采集与全市同步推广落实，根据国家统计局、云南省人民政府、云南调查总队、玉溪市政府、国家统计局玉溪调查队的安排部署，江川区决定自2018年12月起，在全区范围内全面推行住户调查电子记账和电子化数据采集工作，截至12月底，全区电子记账户105户，纸质记账户35户。

【国家统计局云南调查总队、省统计局督导工作】 2018年3月1日下午，国家统计局云南调查总队生产价格投资处副处长尹广波、法规制度处工作人员陈雁到江川调研住户调查工作情况。调研组询问了解江川区统计局人员编制情况、统计调查相关工作开展等情况。听取江川区统计局副局长杨霜梅对江川区统计局的基本情况、2017年住户调查样本的轮换工作及2018年新一轮住户调查的工作情况和统计调查工作中存在的困难和问题的汇报。最后，就如何抓好基层基础工作、提升调查户记账质量、解决面临的困难和问题等方面进行交流并提出指导意见。

6月21日，省统计局、省工信委、市工信委、市统计局领导一行深入江川区调研规模以下工业调查核查工作开展情况。调研组首选听取区统计局主要领导、分管领导关于规模以下工业调查核查工作进度，核查工作中存在的困难和问题，工作经验等情况汇报，并实地了解玉溪金速电动车业有限公司、北京升华电梯有限公司、玉溪市江川区泰荣包装制品厂、玉溪市江川区上头营信誉纸箱厂、玉溪太力包装有限公司、玉溪迅达商贸有限责任公司的生产经营状况以及企业存在的问题和困难。调研组强调：一是严格按照核查方案依法开展核查工作，做到应查尽查，不重不漏；二是统计部门要进一步创新工作思路，坚持科学统计；三是加强乡镇（街道）督促检查和业务指导，确保统计数据源头质量；四是工信部门要继续支持配合，全力做好下一步数据质量评估工作。

（杨　薇）

审　计

【机构设置】 江川区审计局2018年底，编制核定：编制总数22名，其中：行政编制15名、事业编制6名、工勤编制1名。领导职数为局长1名，副局长2名。年末实有18人，其中：行政编制（公务员编制18人、工勤编制1人、事业编制2人。内设四股一室一中心：经济责任审计股、固定资产投资审计股、财政金融审计股、综合审计股、办公室、江川区投资审计中心。

【概述】 2018年，江川区审计局围绕“十三五”审计机关全面规划格局，贯彻落实审计深化改革目标任务，统筹推进“五位一体”“四个全面”战略布局，对标对表市委市政府决策部署和区委二届四次全会及区二届人大二次会议精神，树立和贯彻落实新发展理念，以提高发展质量和效益为中心，以推进供给侧结构性改革为主线，围绕“发展、改革、安全、绩效”目标，推进有重点、有步骤、有深度、有成效的审计全履盖，以科学发展观为统领，紧扣区委政府经济工作重心，以服务江川经济科学发展和谐发展跨越发展为审计工作第一要务，发挥审计“免疫系统功能”和建设性作用。截至12月底，完成审计项目80项，其中：固定资产投资审计57项、经济责任审计7项、预算审计15项。查出问题金额40036万元、处理处罚金额6056.63万元，其中：核减工程投资5631万元、收缴财政420.27万元、调账处理及归还原资金渠道5.36万元。移送处理事项7项，其中：移送有关部门3项，移送纪检监察部门4项。移送处理金额264万元。

【财政预算执行审计】 以推动

财政政策落实，促进科学合理编制预算，强化财政预算刚性约束，提高预算执行效果，提升财政资金使用效益，推进建立完整协调的政府预算体系为目标。重点关注财政决算的真实性、合法性及效益性，财政资金的管理使用、政府非税收入及政府债务等情况，客观揭示基本支出、项目支出、存量资金等方面的突出问题，注重从体制机制层面提出意见建议，推动实现预算执行审计全履盖，提升部门预算执行审计监督的层次和水平。全年完成区发展和改革局2017年度预算执行及其他财政财务收支情况、区地税2017年度税收征收管理及税收政策执行、区2017年度及2018年上半年地方债券资金管理使用情况审计。3个预算部门财政预算执行及其他财政收支情况的审计。审计后对未缴纳税款和应征未征税款28.39万元作出及时征收入库的处理意见；并针对专项资金置换一般债务、结余债券资金、年初预算行不到位、项目资金长期结余、财务核算管理不规范等问题提出改进意见及建议。

【公共投资审计】 开展公共投资审计，促进资金节约使用，及时跟进政府重点工作、继续扩大投资审计覆盖面。截至12月底，完成投资建设决算审计57项，审计核减工程投资5631万元。存在的主要问题是：一是工程量不实，重复计价、部分主材价格偏高，定额子目套用错误等。江川区2014年保障性住房建设项目，送审结算8791.72万元、审定结算8407.1万元、审计核减384.6万元；安化乡2015年“百村示范、千村整治”工程，送审结算668.7万元、审定投资531.8万元、审计核减136.9万元；安化乡整乡推进精准脱贫项目，送审结算1347.1万元、审定结算1258.4元、审计核减88.7万元；二是项目资金结余，责成收缴财政盘活财政存量资金56.01万元。江川区五岔口环岛交通整治道路绿化工程，项目资金结余56.01万元、责成收缴财政56.01万元；三是多付工程款，责成上交区财政4.21万元。

【领导干部经济责任审计】 着力权力制约和责任落实，开展领导干部经济责任审计。全年计划完成7项，其中：取数领导干部6项即：区工信局局长钟镖、江川区职业中学校长朱文学、区供销社主任普万云、区交通运输局局长胡禄金、安化彝族乡党委书记陆云波、安化彝族乡乡长李永华任期经济责任审计。村（社区）组干部审计1项，即：大街社区居民委员会主任杨应德任期经济责任审计。审计查出问题金额1559.39万元、违规金额188.25万元、管理不规范金额1371.14万元。主要问题是：扩大开支范围方面的问题、固定资产账实不符的问题、会计信息不真实的问题等。

【专项资金审计】 围绕资金的管理使用情况，促进提高资金使用效益，专款专用。全年计划完成1项。安化乡整村推进扶贫资金专项审计调查。

【资源环境审计】 全年计划完成安化彝族乡党委书记陆云波、乡长李永华任期自然资源资产责任审计。审计发现在遵守自然资源资产管理和生态环境保护法律法规、履行自然资源资产管理和生态环境保护监督责任方等方面存在问题。

【数字化审计】 全年计划完成2项。江川区供排水有限公司收费信息系统审计、江川区档案局档案管理信息系统审计。审计发现在信息系统管理中存在不规范问题。

【学习培训结合提升专业素质】

依法审计、严格执法，树立审计质量是审计生命线的审计理念。严格执行《玉溪市审计机关审计处罚自由裁量权规范标准》，以规范审计行为，提高审计质量，明确审计责任，推进依法审计为根本出发点。融《审计准则》《审计机关审计处罚自由裁量权基准制度》等审计执法规范要求于整个审计进程中，审计工作做到事实清楚、证据充分、程序规范、引用法律法规恰当、处理处罚适当。全年来，未出现行政复议、行政诉讼案件。树立严谨细致的工作作风，以制度建设推进依法审计。2018年初，区审计局进一步完善《江川县审计局复核操作管理办法》《审计执法责任追究实施办法》。明确规定了审计机关出具的法律文书，由科室负责人、副局长、局长逐级复核责任制，在责任细化，风险共担的执法机制下，审计工作质量进一步提升。

加强政治学习和法律法规教育。一是强化“政治学习日”制度，以创建“学习型机关”为契机，加强党的路线、方针、政策的学习，把“两学一做”活动、“跨越发展先锋活动”“习近平新时代中国特色社会主义思想”“谱写云南跨越式发展新篇章”“三个区分开来”等作为学习的主要内容，提高审计人员政策理论水平，坚定政治、维护党章、严肃党纪。二是加强审计业务知识的学习，强化业务技能，提高审计人员的综合素质，专业判断能力和业务技能，增加知识储备，适应新时期审计工作的需要。三是采取多层次、多形式把培养精通工程技术、经济管理、计算机应用、法律法规等综合专业的复合型审计人才作为审计机关的长期工程落到实处。2018年5月，组织科级领导到南京审计学院学习1人次；参加市局组织的国际注册信息系统审计师培训8人次；审计人员参加省市审计机关组织的法律法规、审计业务流程、信息新闻稿件编写视频培训140人次；参加市局项目质量检查与评审1人；9月，组织全员开展为期15天审计年度集中整训，涵盖审计业务、党风廉政建设和党的队伍建设、信息化建设等多方面内容；10月开展“适应形势、奋发有为、争创两点、坚守底线”解放思想大讨论，针对审计工作中存在的困难和问题进行逐一排查梳理，并针对困难和问题提出整改和解决办法，提升审计质量和队伍建设。

（杨　娇）

市场监督管理

【机构设置】 玉溪市江川区市场监督管理局行政编制64人，机关工勤3人，事业编制13人。其中设局长1名，副局长4名，行政执法大队长1名，内设股室12个：办公室、政策法规股、行政审批股、行政执法大队（副科级）（投诉举报中心）、食品生产流通监督管理股、综合协调应急与食品餐饮监督管理股、质量计量标准监督管理股、特种设备安全监察股、药品、医疗器械、保健食品、化妆品安全监督管理股、市场规范监督管理股、商标广告监督管理股、机关党总支。派出机构6个（副科级）：大街管理所、江城管理所、前卫管理所、九溪管理所、雄关管理所、安化管理所。2018年底，全局实有人员：行政编制57人，机关工勤3人，事业人员11人，共71人。

【商事制度改革工作】 一是稳步推进“三证合一”“五证合一”“多证合一”“四十证合一”登记制度改革，截至2018年底，全区共发放企业“一照一码”营业执照2053户，其中新设立1002户，变更、换照1051户，让“一照一码”成为企业走遍天下的唯一“身份证”。二是稳步推进个体工商户营业执照“两证整合”到“多证合一”改革，截至2018年底，全局共办理加载统一社会信用代码“一照一码”的个体营业执照10049户，其中新设立5660户，变更、换照4389户。三是推进企业全程电子化应用，截至2018年底，全区已有743户企业通过企业名称全程电子化申报系统核准企业名称，发出全程电子化营业执照44户，签发电子营业执照177户，进一步提升市场准入便利化水平。四是推行市场主体住所（经营场所）登记申报承诺制。自2017年10月1日实施以来，到2018年底已有602户企业、5537户个体工商户通过登记申报承诺制办理设立和变更手续。四是服务发展民营经济，2018年全区应完成私营企业户数新增6%（即应新增户数82户），新增户数178户，完成应新增户数的217%；全区应完成个体工商户新增户数6%（即应新增户数695户），新增户数3002户，完成应新增户数的432%。

【全区各类市场主体登记工作】 2018年，新办私营企业178户、注册资金31321万元，从业人员1045人。新办国有、集体企业17户、注册资金11823万元、从业人员77人。新办个体工商户3002户、资金数额37515万元、从业人员6961人。新办农民专业合作社20户、出资额1715万元，成员总数229人；私营企业变更登记280户；国有、集体企业变更登记19户、个体工商户变更登记1617户；私营企业注销登记147户，国有、集体企业注销登记11户，个体工商户注销登记1515户，农民专业合作社注销登记5户。2018年底，全区共有国有、集体、私营企业1817户，其中国有集体企业238户、注册资本金280379万元（法人企业84户、营业性企业及分支机构154户），私营企业1579户，从业人员25675人、注册资本金497657万元（其中有限公司1081户、合伙企业12户、个人独资企业465户，股份有限公司分公司20户）。全区共有个体工商户15791户，从业人员40229人，资金数额161537万元。有农民专业

合作社166户，成员总数2288人，出资总额23133万元。全区共有外商投资企业6户，其中企业法人有5户，分支机构1户。

【“双随机、一公开”工作】 一是开展“双随机”，2018年上半年进行双随机联合抽查三次，共抽查企业30户。下半年，按照省工商局对江川区摇号抽取的562户市场主体进行双随机抽查实现同一市场主体的多个检查事项一次抽取全面核查，做到“一次抽查、全面体检”。二是开展“一公开”，2018年，随机抽查结果均在网上进行公示，所有一般执法案件在网上公示。认真组织开展企业、农专社、个体工商户年报信息公示工作，截至2018年底全局完成年报数：企业应参加年报公示1720户，已年报公示1636户，年报率95.12%。农专社应参加年报公示148户，已年报公示138户，年报率93.24%。个体工商户应参加年报公示13449户，已年报公示12293户，年报率91.41%。

【个人独资企业监管工作】 一是向企业发放告知书和签定承诺书1328份，向个体工商户发放告知书和签定承诺书4960份，推送告知同级相关审批部门或行业主管部门市场主体835户，切实履行“双告知”职责，为相关部门协同监管，避免出现监管真空和灰色地带作出良好开局，进一步形成信息共享、互联互通、齐抓共管的新格局。二是做好涉企信息归集共享和联合惩戒。2018年，共协助各级法院对法院判决生效后不执行判决，被法院列入失信名录的公司股东进行股权冻结5件8人次。三是做好全区“僵尸企业”强制退出工作。通过对被列入异常名录三年未年报和未进行税务申报的30户企业进行清理，在清理中采取“唤醒一批，规范一批、吊销一批”方法进行，共唤醒和规范2户企业、吊销28户，有效净化市场环境。

【食品安全监管工作】 2018年底，江川区食品生产单位25家；食品加工小作坊178家（主要涉及白酒、米线、卷粉、豆腐、菜籽油、酱菜、糕点等产品）；食品经营单位1986户（其中食品销售经营者1243户，餐饮服务经营户645户，食堂98户）。2018年，区市场监督管理局突出重点，着力实施最严格的食品监管：一是强化综合协调。进一步强化食品药品安全综合协调功能，健全食品药品生产经营者第一责任人制度，推动食品药品安全主体责任落实。二是完善常态监管。加强对食品、药品生产经营的全程监管，做到监管重心下移、前移，充分利用抽验、快检等技术监管手段，强化市场整治，提高行政执法的威慑力，推进食品药品安全监管平台建设，探索利用技术和信息化手段做好食品药品安全监管工作。三是坚持专项整治和专项检查相结合，集中开展突出共性问题专项整治以及进货查验与查验记录和持续符合许可条件两项专项检查；继续深化餐饮服务量化分级管理，大力推进“明厨亮灶”工作；全面清理农村食品经营主体。加强调研，努力做到底数清、情况明、数字准，突出重点品种、重点区域、重点时段、旅游景区的食品安全监管。四是推进社会共治。构建政府部门、行业组织、新闻媒体、社会群众的共治体系。畅通投诉举报渠道，激发群众参与热情，强化社会监督。充分发挥行业协会作用，促进行业诚信自律。推动部门间食药安全资源与信息共享，强化行政执法与刑事司法对接，对食药领域违法行为零容忍。

【药品、医疗器械、保健食品、化妆品安全监督管理工作】 2018年底，共有药品生产、经营、使用单位336户，其中药品生产企业2家（停产1家）；药品经营企业115户（批发企业3户，零售连锁店有50户，零售药店62户）；农村药品两网专柜45户；保健食品经营83户；化妆品经营、使用278户；医疗机构174户（其中：区级医疗机构4户，卫生院6户，卫生所（室）63户，个体诊所96户，私立医院1户，医务室3户）；医疗器械经营88户（批发4户，体验式经营4户，零售80户）。全年共出动执法人员271人次，出动执法车辆106驾次，检查药品、医疗器械、保健食品、化妆品生产、经营、使用单位692户次；责令整改药品经营企业15户，立案查处药品违法案件16起，结案16起，罚没款59054元；立案查处经营过期化妆品案件1起，结案1起，罚没款1074元；立案查处经营无中文标识化妆品案件1起，结案1起，罚没款287元。

【药品、医疗器械、化妆品不良反应监测工作】 江川区不断完善监测网络和监测机制，加强监测人员培训，全年共举行监测人员培训3期，培训54人次，督促相关单位建立和执行《药械不良反应报告制度》，出台《药品不良反应和医疗器械不良事件监测报告奖励制度》，“四项”监测工作取得成效。2018年底，上报药品不良反应149例，医疗器械不良事件70例，化妆品不良反应21例，药物滥用314列。

【工业产品质量监管工作】 一是强化工业产品巡查制度的落实，夯实质量监管工作基础，共出动执法人员130余人次，检查企业35家次，对获得工业产品生产许可证的9家企业进行重点巡查。二是取缔无证生产销售水泥企业，对云南翠峰水泥有限公司无证生产销售水泥的行为进行查处，通过向区委汇报，在区委的安排下，联合区工信局对该公司进行取缔。三是开展监督抽查，完成产品质量抽检任务，重点对辖区内的烟花爆竹、建材等产品进行监督抽查。国抽样品4个均合格，其中，电力金具1个，食品包装容器2个，复混肥1个；市抽样品10个均合格，其中，定量包装6个，磷酸1个，化肥3个；区抽28个，其中，火炮12个（不合格7个），免烧砖5个均合格，纸制品8个（不合格2个），双壁玻纹管3个均不合格。已对不合格产品及生产企业进行处罚。

【特种设备安全监察工作】 一是与6个乡镇人民政府签订《江川区2018年特种设备安全生产目标责任书》、与全区特种设备使用单位（企业）签订《特种设备安全管理承诺书》，签订率100%。二是开展安全生产大检查。2018年，共出动车辆50余辆次，执法人员100余人次，检查企业45家次。三是开展特种设备安全知识培训，对全区在用特种设备使用单位的作业人员进行培训，于6月27~29日进行培训，共计50人次；“安全生产月”活动期间，通过检查、巡查的方式，开展安全宣传进企业活动，发放宣传资料300余份。四是加强对江通、澄川高速等重点工程工地起重机械的监管，辖区内4个重点工程建设工地的起重机械使用登记率、定期检验率、作业人员持证上岗率在95%以上。五是加强特种设备安全监管平台的应用。应用特种设备监督管理平台开展特种设备业务管理工作，录入和修改相关工作信息，完善数据，进一步摸清特种设备底数。2018年，共办理开工告知78件；办理使用登记证88台，其中，锅炉6台，压力容器13台，电梯13台，起重机械40台，场内机动车16台；办理变更登记20件；办理停用报废注销的16件。

【标准、计量、认证、认可监管工作】 一是多渠道宣传地理标志产品知识保护，努力做好“江川铜器”申请地理标志产品筹备工作，发放标准化法相关资料。二是对江川区范围内的医疗单位、超市、农贸市场等计量器具的进行检定管理工作。三是加强认证认可单位台账管理，不存在伪造、冒用、超期、超范围使用有机产品、绿色食品和无公害农产品认证标志、认证证书的行为。对企业进行认证认可相关法律法规宣传，发放宣传资料30余份，对6家实验室机构进行监督检查。

【市场监管工作】 一是加大旅游市场安全检查力度，加强辖区内旅游购物场所的管理。检查旅行社及其服务网点14家5次，食品经营单位25户次、商场超市8家、餐饮30家。二是开展2018年红盾护农行动。检查农资经营户20家，主要检查农药、化肥、种子的经营许可证、登记台账、生产日期、保质期和假冒伪劣产品等。三是开展烟花爆竹市场监督检查。春节前夕，对恒丰烟花炮竹公司、皇壮烟花爆竹有限公司、万家乐精品烟花等10户经营户进行安全检查；对中心城区烟花爆竹销售门店及临时摊点进行监督检查，对无照经营户进行清理取缔；办理火炮销售商委托当地生产商更换产品包装一案，共收缴罚没款3685元。四是巩固地条钢整治成果，加强钢材市场监管，对辖区内38户钢材经营户进行了拉网式排查。五是开展“云油利剑”成品油专项治理，检查加油站12个。加大走私油缉查力度，加强“黑油车”查处，查获张鹏无证无照经营柴油案1件，案值30870.00元，没收违法所得115.68元，罚款4700.00元，严控非法油品和问题油流入辖区。

【商标广告综合治理工作】 一是指导办理商标注册申请、变更、续展咨询60件。二是开展2018年知识产权宣传周活动，发放宣传资料3000余份，接受咨询1000余人次。三是严厉查处假冒伪劣商标侵权行为，协助调查商

标侵权案件1件。没收尚未销售的六种不同规格的涉案商品（“吉祥如意电光火炮”）255件零82盒，罚款115994.00元。四是开展打击使用未注册商标专项行动，对云南卓一食品有限公司的6个商标、马丽芬的“靓茶”商标进行检查。五是加强对投资类公司清理整顿非法集资广告企业的行政执法检查。对在册的30家投资公司及34家广告经营单位进行摸底排查。六是加强对网络市场监管，治理互联网虚假违法广告。全年检查网站网店62个，其中有电子标识的网站网店15个，黄页25户，停止使用的企业16户，死链接4户，正申请电子标识1户，日常监管中做到网络市场主体100%认领率，每月100%网站巡查率。检查中，发现辖区内一家影视公司在公众号上有夸大宣传的行为，已立案查处。七是集中开展户外、印刷品、房地产广告专项整治。加强对烟草违法广告的清理整治，检查68条次。

【维护消费者权益保护工作】 一是围绕“品质消费美好生活”年主题，开展2018年“3·15”宣传咨询服务活动，设立展板14块，接受咨询500余人次，现场发放各类宣传材料1.55万余份；在城区各大超市悬挂主题教育标语8条，在城区14家超市、药店电子屏滚动播出主题教育标语。二是全年共接到消费者投诉及职业打假人投诉共计102件，受理消费者投诉66件，成功调解64件，撤诉2起，为消费者挽回经济损失4.027万元，其中职业打假人投诉28件，不受理23件，已立案查处4件，罚款21315.7万元。电话咨询152件。三是进一步开展全国12315互联网平台二期上线运行工作，及时处理全国12315互联网平台分送的投诉举报，并在规定时限内回复、回访投诉举报人。四是完成江川乾景商业中心“诚信经营放心消费”示范商城创建工作，评定授牌50家个体工商户（企业）。五是参加学习并完成“一部手机游云南”投诉处置系统及云南省食品药品投诉处置系统各项工作。

【违法案件查办工作】 2018年共查处经济违法案件124起，其中一般程序行政处罚案件71起，简易案件63起。在一般程序行政处罚案件办理中办理食品药品案件24件，罚没款金额87957元，药品案件16件，罚没款金额59054元，产品质量案件13件，罚没款金额230540元，虚假广告案件1件，罚没款金额1200元，不正当竞争案件1件，罚没款金额2000元，无照经营成品油、矿石等案件6件，罚没款金额11815元。办理无照经营卷烟等简易案件63件，罚款3950元。

【监督抽检工作】 完成食品国省市抽任务199批次（其中国抽任务64批次，省抽任务83批次，市抽任务52批次）；抽取食用农产品240个批次，2个不合格产品已经立案查处；开展以米线、卷粉为重点的鲜粮制品专项抽检23批次，3批次不合格，已立案查处；开展“五毛食品”专项抽样10个批次，6批次不合格，已立案查处；开展糕点、食用植物油抽检，抽取糕点37批次，12批次不合格；抽取食用植物油17批次，12批次不合格，已立案查处；开展食用农产品、野生菌等的农残快速检测。快速检测蔬菜、野生菌860批次，均是阴性。完成市局安排的59批次药品抽样送检任务和42批次药品快检任务，其中3家单位8批次中药饮片不合格，已立案查处（罚没款5068元）。完成3批次医疗器械、2批次保健食品、2批次化妆品抽检任务，检测结果均合格。

【综治维稳工作】 一是开展反走私、两烟综合治理工作，按照“打防并举、标本兼治”的工作要求，查处非正长渠道经营卷烟香烟户案件8件，罚款350元。二是打击传销、规范直销，与各相关部门和乡镇、街道、社区16家单位层层签定目标责任书。三是开展扫黄打非工作，检查出版物市场、店档摊点42户、检查印刷复制企业4家次，未发现涉及非法出版物及网络违法的情况。四是开展缉枪治爆专项行动，分别检查烟花火炮厂6户次，金属制品厂重点单位6户次，经营烟花火炮场所22户次，没有发现重大问题。

【“小个专”党建工作】 一是开展非公经济组织党组织建设“深化拓展年”活动，进一步深化拓展江川区小个专经济组织党建工作，实现党的组织和工作全覆盖。充分发挥市场监管的职能优势和个私协会作用，结合江川区非公经济组织实际情况，采取单独建、联合建、依托建和挂靠建等多种形式，引导符合条件的小微企业、个体工商户和专业市场灵活设立党组织。并做好帮扶指导服务，巩固规范党组织建设。2018年底，全区共有党员个体工商户220户，有党员220名，私营企业98户共有党员250名。二是做好非公党建信息管理系统的录入工作，切实解决过去底数不清、情况不明、统计汇总难等问题。2018年底，共录入个体工商户党员220名，私营企业党员250名。

【创新载体、全力服务江川经济发展】 一是改革红利要全面释放。落实注册登记便利化改革十七条举措，完善后续配套服务机制建设，构建"便捷高效，规范统一，宽进严管"的市场准入环境。稳妥推进企业年报制度落实工作，加快企业信用联合监管平台建设，充分运用"公示平台"威慑作用，以信用促自律，以信息强监管，建立以信用监管为核心的市场监管体系。二是"个转企"要保量提质。将"个转企"工作主动融入到党委政府中心工作，在淘汰落后产能、推动转型升级等方面有作为。三是助推发展要持续深入。引导企业股权资本化运作，综合运用动产抵押、股权质押、债转股、知识产权出质等多种融资手段，解决小微企业融资难题。深化商标品牌培育，继续做好新《商标法》宣传，推进重大招商引资项目顺利落地。扶持网络经济发展，加快电商换市步伐。

（蒋函希）

安全生产监督管理

【概述】 2018年，江川区安全生产监督管理局在区委、区政府的正确领导和上级业务部门的指导下，区安监局遵循"安全第一、预防为主、综合治理"的方针，全面落实安全生产责任制，推动江川区各项工作有效落实，确保江川区安全工程三年行动计划稳步推进。

【安全生产指标控制情况】 2018年，全区安全生产考核控制指标类别事故共发生5起（其中3起生产经营性道路交通事故，1起工矿商贸事故、1起建筑施工事故），造成5人死亡，2人受伤，直接经济损失83万元。与前三年平均数相比直接经济损失减少57.86万元，降41.07%。全年未发生死亡3人以上的较大及以上生产经营事故，并在2018年市对区安全生产工作考核中，考核等次为优秀排名前三。为全区经济社会持续健康发展营造安全的环境。

【责任体系建设】 2018年初，召开全区年度安全生产工作会议，总结回顾2017年工作、安排部署2018年安全生产工作。与12个部门、6个乡镇（街道）、10户企业签订安全生产责任书，政府主要领导与分管领导签订目标责任书7份。从政府领导到部门、乡镇（街道）、工业园区、企业，"党政同责、一岗双责、齐抓共管、失职追责"的安全生产责任体系得到了层层落实。

【领导重视】 区委、区政府认真履行安全生产"党政同责"规定，2018年共召开区委常委会议2次、向区委深改会汇报安全生产工作1次、向区政府常务会汇报安全生产工作4次，研究讨论专题会议1次，组织召开全区安委会工作例会6次，对安全生产工作进行研究部署。区委书记徐贤、区长王志华亲自带队调研检查安全生产工作，各位分管副区长年内召开专题会议研究安全生产工作32次，分管常务副区长多次深入区安监局调研安全生产工作。

【安全生产大检查长效机制管理系统建设】 按照省、市安监部门的要求，江川区开展安全生产大检查长效机制管理系统建设工作，利用"互联网+安全监管"，转变监管方式，通过"1+3+5"工作模式，拧紧企业自检自查、政府综合督查、部门专项检查各个关键环节，确保政府、部门、企业安全责任层层落实。有效遏制安全生产事故的发生，2018年江川区长效机制管理系统工作在全省排名第12名、全市第三名，受到市安委会领导的充分肯定和表扬。

【专项整治】 始终保持高压态势，坚持把"打非治违"、安全大检查贯穿于全年安全生产工作之中。2018年区安监局非煤矿山安全监管，共检查非煤矿山企业67户次，排查安全隐患136条，已整改136条，并开展专项"打非治违"工作，立案查处1起非法违法行为，处罚罚款5千元，通过排查和督促整改隐患，确保全区非煤矿山安全；危险化学品安全监管，共检查危险化学品企业71家次，排查治理安全隐患257处，已整改257处，开展危险化学品安全风险摸排和录入，并聘请昆明兰德设计有限公司6名相关专家对江川区3户危险化学品生产企业、2户化工企业、13户加油站等共计18户企业开展安全"大体检"；同时对涉及关闭退出的2户危化企业；江川盛邦化工有限公司于2018年11月21日进行拆除相关生

产设施设备，12月底完成三清二销和验收工作；对江川安福化工有限公司按照安全工程三年行动计划于2019年完成实施整体关闭工作，已进行相关告知和动员工作。烟花爆竹安全监管，共检查烟花爆竹生产经营企业236户次，发现安全隐患和问题479项，已整改479项。并通过开展专项“打非治违”工作，立案查处7起非法违法行为，处罚罚款共计6.6万元，加强对烟花爆竹市场的监管，烟花爆竹零售店比上年压缩40%，成立联合执法队，对烟花爆竹生产、批发、零售进行巡回检查，共打击非法流动摊点1个（2辆装载烟花爆竹的三轮车），共计收缴非法、违法、违禁产品1000件，并联合市公安局江川分局、区市场监督管理局、区消防大队等部门对收缴的非法、违禁及假冒伪劣烟花爆竹进行集中销毁。工贸行业安全监管，共检查工贸企业88户次，发现安全隐患和问题263处，已整改263处，并通过开展专项“打非治违”工作，立案查处5起非法违法行为，处罚罚款3.8万元。同时对辖区内4户金属冶炼企业开展安全生产专项检查，并对检查出的问题隐患，咨询专家提出整改意见，区安监局依据专家意见，依法责令企业限期整改。职业健康安全监管，共检查安全隐患问题91处，责令当场整改91处，并通过开展专项“打非治违”工作，立案查处2起非法违法行为，处罚罚款1.6万元。围绕江川区创卫复审工作深入企业宣传《职业病防治法》，对存在职业危害的企业开展宣传教育，帮助其建立职业卫生监护档案，督促企业安排接触职业危害的职工参加在岗体检、发放合格的劳动防护品给职工，保障劳动者的健康权益。

【深入开展“1+5”专项整治行动】 根据省、市上“1+7”专项整治行动方案，江川区结合实际，制定下发江川区“1+5”专项整治行动方案。由区安委会办公室牵头，安监、国土、交警、交通、建筑等5个相关单位参加，坚持每个季度召开一次“1+5”专项整治行动工作推进联席会议，总结前季度“1+5”专项整治行动工作情况，安排部署下一步的相关工作。对排查出的重大安全隐患，实行重点督办，限期整改落实到位。2018年来，江川区通过“1+5”专项整治行动共打击非违法违规行为44起，累计罚款33.7万元，停产整顿12起，关闭取缔17起，并对4起典型违法违规行为进行网上曝光。全年江川区执法案件及处罚金额在全市排名第二。1+5专项整治工作取得圆满成功。

【无较大以上道路交通事故区创建活动工作顺利推进】 为保障无较大以上道路交通事故县区创建活动工作的顺利推进，江川区共4次召开区安委会全体会议，对全区创建无较大以上道路交通事故活动听取牵头部门的汇报及提出工作要求，明确各部门所承担的职责，主要任务，责任分工，时间步骤和保障措施。通过此次创建活动的整治，有效消除三轮车载客乱象，有效减少道路交通安全事故的发生。

【电动自行车消防安全综合治理工作落实到位】 通过近年来各类电气火灾典型案例，分析电气火灾主要因素和管理漏洞，研究部署江川区电气火灾的对策措施，明确各级各部门工作职责。由安监局、公安、供电局、消防等部门联合组成检查组深入辖区单位进行电气火灾隐患集中排查。通过一年来电气火灾消防安全专项治理工作，切实消除一批安全隐患，提高单位负责人的安全意识和责任，确保全区火灾形势持续稳定。

【应急救援演练】 成功举办8期应急救援演练，演练结合江川区特点，有针对性的突出烟花爆竹、危险化学品、汛期地质灾害、工矿商贸、人员密集场所等重点行业领域，共350余人参加，投入7.3余万元。通过演练提升江川区应急预案的针对性、操作性、实用性。

【行政执法集中会审制度】 区安监局落实执法案件集中会审制度，保证行政执法工作的公开、公正、透明。半年来，共组织集中会审9次，审理各类行政执法案件15件，其中：涉及非煤矿山1件，工贸行业5件，烟花爆竹7件，职业健康2件。

【严把安全生产许可】 严格按照审批权限，在职责范围内压缩办事时限，提高办事效率，尽可能方便办事群众和企业。2018年共新办理烟花爆竹经营零售许可38户，危险化学品经营许可延期16户，注销非煤矿山安全生产许可证6户。抓好企业安全生产条件准入审查，做好源头把关，夯实安全生产基础，不断提高企业安全生产水平。

【宣传教育】 开展以“生命至上，安全发展”为主题的安全生产宣传活动，相关部门、单位、企业悬挂宣传标语，营造宣传活动氛围。发放企业生产、消防常识、交通及日常用电等与群众日常生产生活相关的安全宣传单、宣传手册、发放调查问卷2万余份、宣传用品1万7千余份。并张贴大小安全标语、横挂广播宣传条幅、摆展示牌对群众进行广泛宣传和教育，展出宣传展板36块。深入企业、基层开展安全知识讲座2期。同时组织烟花爆竹企业负责人、安全管理人员和特种作业人员共计33人次，参加“烟花爆竹特种作业人员新取证”培训。

【重点时段安全工作】 元旦、春节、五一、汛期、中秋等旅游旺季重要时段，是安全生产事故易发多发时期，针对特殊时期，采取特殊手段，前移安全检查关口，盯紧高危行业，抓牢重点部位，按照“横到边，纵到底”的工作思路，及时消除各类隐患，严防安全生产事故，确保安全生产。

【烟花爆竹质量检验】 全国乡镇企业烟花爆竹质量检测安全监督中心云南站，2018年抽查全省16个州（市）、县所属76家批发经销企业和生产企业的烟花爆竹产品108个批次，签发检验报告108份。本次共抽检烟花爆竹7个大类产品108批次，不合格产品14个批次，产品检出抽查不合格率8.33%。

（张俊松）

国土资源

【概述】 2018年，市国土资源局江川分局落实区委二届四次全会、区“两会”和全市国土资源工作会议部署，加强党对国土资源工作的领导，坚持积极主动服务和严格规范管理相结合，攻坚克难，真抓实干，努力提升国土资源管理水平，有力保障经济社会平稳健康发展。

【用地保障】 2018年，征收收购土地583.9518公顷，支付补偿费57791.547万元。完成土地供应34宗91.3501公顷，收取土地出让金68306.9833万元（其中，出让土地14宗45.3327公顷，出让价款27210.585万元；划拨20宗46.0147公顷，价款19263.6787万元；收缴历年出让金9157.3万元，违约金12675.4196万元）。组织完成报件10个，其中批次报件7个，单独选址项目3个，涉及面积121.8081公顷。目前已获批准报件6个。审批临时用地25.5547公顷，退还临时用地复耕保证金191.307万元。审批农村居民建房71宗，面积7243.08平方米。

【土地开发整理】 2018年完成项目建设1个，江川县九溪镇大营等4个村土地整治项目，总投资890.30万元，新增耕地8.1040公顷，新增耕地率3.10%。实施在建项目（提质改造项目）1个，玉溪市江川区雄关乡下营等2个土地整治项目，整治后可新增耕地12.5422公顷，新增耕地率3.52%，投资概算1470万元，目前处于施工阶段。实施补充耕地项目1个，江川区九溪等2个乡镇矣文等2个村土地整治（补充耕地）项目，新增耕地8.4344公顷，新增耕地率82.49%，投资估算128.18万元，目前已完成招投标。实施增减挂钩项目1个，玉溪市江川区路居镇等4个乡镇石岩哨村等9个村城乡建设用地增减挂钩项目，拆旧区复垦规模38.8473公顷，新增耕地23.6727公顷，建新区建设规模2.7502公顷，不涉及占用耕地，投资预算383.75万元，省自然资源厅已批复，计划2019年2月开工。

【国土资源执法监察】 2018年开展常态化巡查320余次，及时发现制止土地矿产违法违规行为34起，按村规民约拆除16起，拆除面积1400平方米。立案查处土地违法案件23件，查处面积2336.7亩，罚款276.4564万元，没收违法所得5.86万元。查处矿产资源违法案件13件，行政处罚6.975万元，追缴矿产资源损失费14.35万元，移交公安局4起，追究刑事责任2人。2017年度土地卫片执法认定违法用地图斑128个，图斑面积3659.9亩，耕地面积1786亩，立案查处违法用地图斑36个，查处面积2329.15亩，耕地面积895.39亩，行政处罚274.8564万元。2017年度矿产卫片执法图斑共8个立案查处违法图斑4个，行政处罚2.675万元。

【矿产资源管理】 完成2017年度矿产资源开发利用统计工作，每月定期对矿山安全生产、矿山开采利用等情况进行巡查监督。完成2017年度矿山储量动态测量工作。严格开展联勘联审工作，完成联勘联审和矿山生态综合评

估矿山3个。推进非煤矿山转型升级工作，江川区非煤矿山23座，计划关闭14座，整合重组4座，改造升级5座，保留7座非煤矿山。

【矿山生态修复】 加强矿山地质环境保护与恢复治理工作，开展星云湖山水林田湖草生态保护修复工程，对江川境内18个矿山实施地质环境恢复治理项目，估算总投资12356.08万元。2018年6月争取到位中央资金3000万，现已完成西部治理片区4个矿山和北部治理片区5个矿山勘查与可行性研究报告，上报市国土资源局转报省自然资源厅组织专家评审。北部片区施工设计已通过专家评审，待省自然资源厅批复。

【地质灾害防治】 做好汛前和汛期巡排查工作，全年共出动车辆237次，巡查787人次，巡查点次546个。严格执行汛期值班制度，领导带班值守，区、镇、村组共174人组成群测群防体系。组织召开区级及6个乡镇（街道）地质灾害防治工作会，培训全区807人。利用“4.22”地球日、“5.12”防灾减灾日、“6.25”土地日等宣传机会，发放地质灾害防治知识材料5700余份，解答群众对地质灾害防治知识咨询200余人次。向受灾群众发放《防灾工作明白卡》97份、《防治避险明白卡》1233份、《防灾工作通知书》35份。在地质灾害危险区域设立警示牌33块，标明撤离路线。开展地质灾害应急演练工作，开展地质灾害应急演练15次，1188人参加。江川区正在实施的地质灾害治理项目有2个，正在开展的因灾搬迁避让项目13个，共涉及搬迁464户，1748人。

【不动产登记】 实现不动产登记提质增效，优化营商环境。办证能力明显提高，2018年发放《不动产权证》1532本，《不动产登记证明》893份，抵押注销1404件（其中手工注销1112件，系统注销292件）；协助法院查封、解封160件，提供不动产登记查询2078份，配合税务、扶贫攻坚、审计等部门查询11819人次。办证流程更加便民高效，将一般性转移登记、抵押登记办理时限从上年承诺的10个工作日压缩至平均2个工作日办结，查封登记即时办结，开展不动产登记窗口作风问题整治工作，办件人员满意度明显提高。完成房地数据存量整合验收工作。完成17509户房地存量数量的整合，于2018年10月向省自然资源厅汇交数据，汇交等级为B1级，2018年11月通过市局验收，同意入库进行运用。成为全市第一家通过市级质检验收的县区。

【出台《玉溪市江川区宅基地管理办法》】 为进一步规范和加强农村宅基地管理，集约节约利用土地资源，根据《中华人民共和国土地管理法》《云南省土地管理条例》等法律法规和区委、区政府深化改革精神。市国土局江川分局起草《玉溪市江川区宅基地管理办法》，严格按区政府规范性文件制作规定进行各方征求意见、专家评审、风险稳定评估、政府常务会审议等流程，于2018年6月由区人民政府印发执行。

【编制村级土地利用总体规划】 按照《国土资源部关于有序开展村土地利用规划编制工作的指导意见》《云南省国土资源厅转发国土资源部关于有序开展村土地利用规划编制工作指导意见的通知》及市国土资源局的要求，每县将选取不少于2个村开展村土地利用规划编制工作。江川区选取大街街道小白坡村和路居镇石岩哨村作为规划的编制村。目前两个村的土地利用规划编制成果已完成，上报省自然资源厅待审查。

（邓绍辉）

建设·环保

编辑　徐凡清

住房和城乡建设

【概述】　2018年，玉溪市江川区住房和城乡建设局围绕“建设宜居宜业和谐美丽新江川”总体目标，以市政基础设施建设为重点，开展城乡人居环境整治、农危房改造、百千工程、棚户区改造等工作，优化生态环境，努力建设宜居宜业生态活力新区。至2018年底江川区建成区面积5.8平方千米，城镇化率44.17%，供水管道107.834千米，日供水能力1.8万立方米，年供水总量620.45万立方米，日处理污水能力2.9万立方米，污水处理率95.07%，乡镇生活垃圾处理设施实现全覆盖。

【市政基础设施建设】　实施市政基础设施PPP项目建设。龙泉大道南段道路工完成污水管理设1130米，建设管廊主体775米；浪广路北延工程完成半幅混泥土路面破除和抗拔桩施工，建设管廊主体675米；城市全面健身运动场馆建设项目完成综合楼深基坑支护、篮羽中心桩基础施工。根据区政府召开PPP项目整改优化工作推进会议精神及整改方案，目前以上三个项目暂停实施。争创“联合国人居环境奖暨国家节水型城市”，制定实施方案，细化各单位责任指标；开展宣传周活动，市、区共出动14人次，发放各类节水宣传资料12600份；开展节水器具普查工作。创建“国家海绵城市”，开展新建项目海绵城市建设检查，指导新建项目优化设计理念，将海绵城市建设融入到项目建设之中，全面推进江川区海绵城市建设工作；配合好市住建局实施九溪河、董炳河海绵化改造项目建设工程，九溪河海绵化改造已完成农村生活污染综合整治工程管网铺设10263米，完成投资约1.6亿元。

【城乡人居环境综合整治】　2018年重点实施农村“一水两污”建设、推进“厕所革命”、着力抓好“七改三清”。制定玉溪市江川区农村人居环境整治三年行动实施细则，明确工作目标，建设重点，开展城乡人居环境综合整治工作。争取项目资金开展雄关乡污水处理设施建设；九溪镇河口污水处理示范点已完成建设并投入运行；新建（改造）公厕22座已全面完工；持续推进违法违规建筑治理工作，加强“两违”整治力度，完成排查并录入违法建筑综合管理信息平台的5650宗27.17万平方米违法违规建筑治理工作，治理率100%；实施“点亮江川”工程，澄川路完成233盏太阳能路灯安装工作；“百千工程”项目已经市农危改领导小组考评验收通过；开展省级农村人居环境示范村建设，雄关乡白石岩村委会小田村、九溪镇矣文村委会罗合百村、前卫镇小街村委会下高桥村分别被评为省级农村人居环境旅游特色型、美丽宜居型、基本整洁型示范村庄；做好农村人居环境提升“7小”工程，已完成“7小”工程导则编制；开展“520”美丽家园环境整治日行动，整治效果逐渐显著；支持统规联建、统规自建等模式，创新农村居住新模式，完成下高桥、六十亩、扯纳苴、小甸、光山等多个村“农民上楼”新型农村集约化居住模式。

【供排水】 2018年实现安全供水620.45万立方米，水质达标率100%。处理污水601.43万吨，削减化学需氧量1195.51吨，削减五日生化需氧量435.23吨，削减总磷23.14吨，削减总氮147.32吨，削减氨氮136.72吨。用水户27407户，新增用水户1645户。污水处理厂老厂提标改造工程已完成土建工程及设备安装，于2018年12月1日投入试运行。实施污水管网配套建设工程，完成老街心段0.55千米的污水管网建设，启动城区9.3千米雨污分管网建设，完成湖滨路、大庄路、景新路、文祥街等约8千米的管网施工，预计2019年4月可完成剩余管网建设任务。投资10万元对城区及外围下水道阻塞较为严重的抚仙路、宝凤路等路段和相关片区30.8千米污水管网、沟渠进行清淤、疏通，保证汛期城区管网畅通。提升供水服务质量，推进龙街片区用水户改表到户工作，督促用水户签订银行代扣协议，保障水费正常收取，加快信息化建设，开通微信公众号提供支付水费等服务，完成城区供水价格及污水处理费调整工作。

【保障性安居工程】 提升住房水平，拓展城市空间。2018年保障性住房4291套已全部分配入住，分配入住率100%。2018年宁海民居保障房销售任务192套，通过申请审核296户，面积19016.51平方米，正在办理交款、签订合同等手续。抓紧推进棚户区改造，加快拓展城市空间。大街棚户区改造项目已经完成第一批、第二批集中签订征收补偿协议工作，签订征收补偿协议2432户，签约率99.39%，签约金额8.16亿元，签约面积12.73万平方米，兑付1592户，金额5.23亿元。大街棚改范围内被征收房屋拆除工作于2018年9月20日启动，正在组织对老体委等单位房屋、设施进行拆除。江城古镇棚户区改造项目已签约792户，签约率91.34%，按分户签约协议完成1473户，完成资金兑付1357户，累计兑付资金4.51亿元，已交房验房609宗，拆除房屋160余宗。制定《江城棚改未签约被征收户包保方案》，落实包保工作人员，明确包保目标、任务。

【农村危房改造】 2018年全区4类重点对象农村危房改造工程建设工作，围绕脱贫攻坚“两不愁、三保障”目标任务，积极实施、科学计划、精心组织、经各乡镇、街道和有关部门的共同努力，工作有序推进。2018年上级下达江川区建档立卡贫困户危房改造目标任务350户，2017年全区已提前完成917户建档立卡危房户改造目标任务，并按时完成917户贫困户改造工程经验收及资金兑付工作，按照分级分类补助政策及资金兑付政策要求，统筹中央省级资金、市区配套资金、扶贫资金后，已及时将补助资金3574.94627万元下达到各乡镇并已补助到户。结合脱贫攻坚动态调整工作，经各乡镇（街道）反复摸底排查，在2018年已提前完成350户目标任务的基础上，需完成因动态调整新增建档立卡贫困户危房改造149户（包含8.13震后受损需纳入改造36户），已于6月20日前启动改造工作。全区149户建档立卡贫困户危房改造已全部竣工，正在准备资金兑付。

【房地产业】 2018年完成房地产投资11.08亿元，商品房销售面积170502平方米，增速31.5%；地产业城镇单位就业人员380人，同比增22.19%；地产业房地产业城镇单位就业人员劳动报酬18679千元，同比增25.48%；完成商品房备案登记1000件，面积17.2万平方米，销售总价10.31亿元，均价5992元/平方米。二手房成交面积6.07万平方米，二手房成交金额1.98亿元；房地产开发项目18个，新开发房地产有云湖山居（二期）、绿竹小区（二期）、紫明苑，商品房累计可售面积32.25万平方米，住宅743套。商品房去库存数17.05万平方米，住宅去库存套数1000套。办理预售许可证2件，预售面积4.62万平方米。共25个维修资金专户，维修资金专户定期存款金额数5834.46万元，活期248.16万元。

【燃气管理】 加快推进天然气利用工作，加强与企业协调对接，制定各类材料，经上级批准授予管道燃气特许经营权，天然气利用工作步入正轨。实施燃气管道建设，城区燃气管道与雨污分流污水管道同步进行埋设，工业园区和城区相继埋设燃气管道约11.319千米。燃气管网将与玉溪市江川区巨鹏燃气经营开发有限公司2019年天燃气建设投资计划同步进行铺设，预计到2019年底城市中压管网铺设可达到23.419千米，进一步完善城区燃气管网建设。2018年对辖区2家燃气企业，19个换瓶点开展燃气安全检查4次，排查安全隐患96项，制定安全检查记录84份，提出安全整改意见和措施78条。

【建筑业】 2018年完成建筑业总产值168590万元，同比增42.2%，实现建筑业增加值68718万元，同比增（现价）33.1%。全年共计办理建筑工程施工许可证23件，总建筑面积345109.42平方米，总投资7.16亿元，审批安全文明施工方案28件，审核企业项目合同初始备案257件。核审提取农民工工资保证金30件，协同劳动监察部门处理农民工工资纠纷案件5起。检查在建工程建设项目286个（次），制作现场安全检查记录317份，下发安全整改通知书77份，下发安全停工整改通知书15份，提出各项安全整改意见和措施1501条。接件、审核企业季报初始上报49件。

【招投标管理】 2018年玉溪市江川区有形建筑市场进行招投标的工程建设项目21个，项目估算总投资7109.52万元，招标限价（拦标价）6896.23万元，中标合同价6736.03万元，浮动率为-2.32%。

【稽查执法】 2018年实施行政职权共计4大类396项，其中：行政许可16项，行政处罚369项，行政征收1项，行政检查10项。制作各类行政审批办事指南和手册，推行行政审批网上办理，进一步简化办事程序、提高服务效率。依法依规进行行政审批，全年共办理项目审批27件（其中建筑工程施工许可23件，人民防空民用建筑防空地下室易地建设许可4件），依法立案查处案件26件（含综合执法局），罚没款总额32.86万元。执法规范化建设成效明显，做到“零复议、零诉讼”。

【人民防空】 人防工作以平战结合为抓手，不断提高人民防空和防震减灾能力。做好防空地下室建设项目审批和涉及防空地下室建设的前期服务工作。2018年办理人防易地建设工程审批5件，按政策给予减免人防易地建设费4件，减免部分人防易地建设费1件。审批人防建设工程2件，审批人防地下室建设面积17201.62平方米。于9月18日组织试鸣防空警报，进一步提高企事业单位和广大群众防空意识。

【人大建议和政协提案】 自觉接受人大法律监督、政协民主监督。2018年办理区人大代表建议案及区政协委员提案30件（其中：人大代表建议13件，政协委员提案14件），全年共受理信访件12件，做到件件有答复、事事有回音，满意率100%。

（郑文红）

住房公积金

【概述】 玉溪市住房公积金管理中心江川管理部是隶属于玉溪市住房公积金管理中心的派出机构。2018年江川管理部以贯彻执行国务院《住房公积金条例》为主线，贯彻执行国家市场调控政策措施，调整住房公积金政策措施，全面推进住房公积金管理服务。各项重点工作有效推进，实现住房公积金安全增值、运行优良的经济目标，取得公积金管理工作的新业绩。

【住房公积金增点扩面】 强化措施加大住房公积金政策宣传力度，管理部积极推进以非公企业为重点的住房公积金制度建设。2018年全区新增缴存单位21户，缴存职工673人，新增个人缴存开户42人。

【住房公积金归集额】 2018年全区归集住房公积金19613.05万元，比上年增1493.62万元，增8.24%。全区累计归集总额139350.99万元，归集余额46011.88万元。2018年末全区共有310个单位8222名职工正常缴存住房公积金。

【住房公积金使用情况】 2018年全区提取住房公积金15816.18万元，比上年增3979.65万元，增33.62%，其中：购买、建造、翻建、大修自住住房7934.00万元，占全年提取额的50.16%；偿还住房贷款本息6087.00万元，占全年提取额的38.49%；离休、退休1468.00万元，占全年提取额的9.28%。全区累计提取总额93339.11万元，其中：购买、建造、翻建、大修自住住房47137.00万元，占累计提取额的50.50%；偿还住房贷款本息30828.00万元，占累计提取额的33.03%；离休、退休9637.00万元，占累计提取额的10.32%。

发放个人住房公积金贷款21230.70万元，比上年增2847.00万元，增15.49%。年内个人公积金贷款收回8132.68万元，比上年增2364.69万元，增41.00%。累计发放贷款总额114639.10万元，贷款余额71858.56万元，存贷比156.17%。期末存量贷款笔数1938

笔，无逾期贷款和不良贷款。

因职工缴存住房公积金资金总量不足，按市中心的相关文件精神，江川区公积金管理部委托工行、建行发放贴息贷款（公转商）129户，合计10071.00万元。由住房公积金管理中心向办理贴息贷款职工贴息36.20万元。

【基数调整】 为了规范全市住房公积金管理，根据国务院《住房公积金管理条例》和《玉溪市住房公积金缴存、提取管理暂行办法》以及按市中心相关政策，与财政、人社部门协调沟通，举办住房公积金调整变更工作会，完成年度审核审批工作。在对职工住房公积金年审中认真核实缴存基数、缴存比例，严格按照上限不得超过玉溪市统计部门公布的上年度在岗职工月平均工资的3倍17629元，下限为现行劳动保障部门公布的最低工资标准县区1350元的缴存基数标准执行。

【政策调整】 根据玉溪市住房公积金管理委员会关于调整全市住房公积金政策的通知文件精神，从2018年3月1日起。支持职工购买首套住房和第二套改善型普通住房贷款，将职工购建房套数认定由过去查询住房贷款次数变更为查询购房职工工作地及购房地套数认定为准。同时调整职工家庭贷款额度，职工家庭双方正常缴存公积金的最高额度100万。一方正常缴存公积金的住房公积金个人住房贷款最高额度50万元。

支持职工在玉溪市辖区外购买住房。正常缴存公积金的职工，其购房地为职工配偶及子女的户籍地或就业地的，且职工本人拥有产权，可以提取公积金和申请公积金个人住房贷款。

按照玉溪市住房公积金管理委员会2018年6月下发的关于玉溪市住房公积金管理中心开办“公转商”贷款业务的通知文件精神，可在流动资金不足的情况下开办“公转商”贴息贷款业务。同期江川管理部在2018年6月底成功发放第一笔公积金贴息贷款，更好的满足更多缴存职工的购房刚性需求。

（段红梅）

环境保护

【概述】 2018年，江川区生态环境工作贯彻落实习近平生态文明思想，围绕推进绿色发展、建设美丽江川主题，以改善环境质量为核心，落实大气、水、土壤污染防治三大行动计划，解决生态环境领域突出问题，全力打好污染防治攻坚战，开创环保工作新局面。2018年，星云湖流域水环境保护治理“十三五”规划15个项目规划总投资27.06亿元，完工2项，在建11项，开展前期工作2项，开工率86.7%，累计完成投资131397万元，到位资金5.29亿元。完成建设项目环评文件审批19项，环境影响登记表备案31个，指导企业完成自行验收4个。加大环境执法力度，出动执法人员598人次开展288场次现场环境监察。全年，主城区环境空气质量一级天数227天、二级天数134天。

【星云湖保护治理】 抓实星云湖水环境保护治理“十三五”规划实施，星云湖水污染防治攻坚战取得阶段性成效。星云湖流域水环境保护治理“十三五”规划15个项目规划总投资27.06亿元，完工2项，在建11项，开展前期工作2项，开工率达86.7%，累计完成投资131397万元，到位资金5.29亿元。星云湖水质为劣Ⅴ类水质，与上年同期相比，星云湖主要污染指标有所好转，高锰酸盐指数、总氮、化学需氧量平均值分别下降15.6%、7.1%、2.9%。打响星云湖脱劣应急攻坚战，强化星云湖补水及水资源调度、“清塘、清库、清河、清沟、清四乱、清湖滨湿地及湖泊淤泥”六清行动、流域村镇生活污水应急处理、流域风险源排查整治、水质监测分析研判。

【大气污染防治】 实施《玉溪市江川区2018年蓝天保卫行动方案》，把大气环境污染治理作为重大民生工程，全面治理，突出重点，综合施策，强化监管，精准治污，创新机制，考核问责。一是做好工业企业污染治理、机动车污染防治、提高大气管理能力，不断提高绿色发展和生态环境质量水平；二是严把燃煤锅炉准入关，全面禁止新改扩建燃煤锅炉，原有燃煤锅炉按照省市统一计划逐步淘汰；三是加强对饭店油烟排放的监管，督促安装油烟净化装置，全区规模以上饭店均安装油烟净化装置；四是推广秸秆综合利用及禁烧工作，严格巡查禁止秸秆焚烧；五是加强施工扬尘监管，加强建筑施工场地环评措施落实情况的监管执法；六是严格落实重点监控企业自行监测及环境信息强制公开制度，主动公开大气污染物排放、治污设施运行情况等环境信息，全区5家重点监控企业每月定期在云南省重点污染源监测信息管理系统公布每月自行监测结果、自行监测方案、年度排放报告，接受社会的监督；七是全面淘汰黄标车，全区1655辆黄标车全部报废处理；八是加油站油气回收治理工作按计划实施，完成早街加油站、大街加油站油气回收装置改造；九是坚持中心城区环境空气质量监测发布制度，每月通过政府信息公开网等主流媒体发布。2018年，中心城区环境空气质量一级227天，二级134天，超标4天，与2017年相比一级天数增加17天，二级天数减少12天，超标天数增加2天，中心城区空气质量优良率98.9%以上。

【饮用水源地保护】 深入开展县级以上饮用水水源地整改工作，加大集中式饮用水源地监测和监管力度，依法排查、清理整治县级以上集中式饮用水源保护区内违法建筑和排污口，推动水源地问题整改，集中式饮用水源地涉及问题全部整改完成。

【土壤污染防治】 一是分解落实《土壤污染防治目标责任书》，区政府与区环保、国土、农业部门签订《土壤污染防治目标责任书》；二是开展土壤污染详查工作。在省、市上级部门的指导下，开展江川区土壤污染状况详查的初步核实工作，确定土壤污染重点行业企业36家，分别涉及全区化工、电镀、采矿、造纸、垃圾填埋场等行业，划定详查单元71个，核实农用地详查点位334个，形成疑似污染地块分布图。工业企业点位由市环保局委托第三方开展详查工作，在第三方开展详查前对辖区内重点行业先开展入户核实初查工作，上报重点行业企业的工艺流程、近三年原辅材料、营业执照等资料，第三方调查机构开展工作后，及时选取区环境监察大队及监测站的业务骨干作为陪同人员逐一开展入户详查工作；三是开展固体废物大排查专项行动。为全面摸清江川区危险废物、医疗废物、一般工业固体废物等固体废物的产生、贮存、运输、处置等基本情况，理清固体废弃物非法转移产业链条，强化监管执法，依法坚决严厉打击各类“污染转移”行为，区环保部门联合工信、卫计等多个部门联合开展固体废物专项排查工作，共排查危险废物产生单位（含医疗废物）22户企业，一般固体废物产生单位10户。相关企业对危险废物的管理、贮存设施基本符合国家有关规定，设立危废暂存间和危险废物标识牌，有较为规范的管理台账，执行危废转移联单制度。

【第二次全国污染源普查】 一是印发实施《玉溪市江川区第二次全国污染源普查实施方案》和年度工作计划，区政府召开全市第二次全国污染源普查工作推进会，安排部署全区普查工作各项工作任务；二是相应成立普查工作办公室及普查技术组，具体负责普查的日常工作。全区参与普查的普查指导员及普查员共64名；三是分三次期（清查、入户、质量核查）对各乡镇街道普查办全体人员和全区拟聘的普查员、普查指导员业务培训，培训200余人次；四是按“应查尽查、不重不漏”原则，确定全区污染源普查基本单位名录库：工业企业和产业活动单位名录249家（包含澄江县数据），其中，江城镇和路居镇的25家工业企业划至澄江县进行普查，最终江川区实际底册数224家、生活源锅炉名录3台、集中式污染治理设施名录35个、规模化畜禽养殖单位名录75家、入河排污口6个；五是严格把控普查质量，制定《玉溪市第二次全国污染源普查清查阶段质量核查方案》，并召开全区质量核查工作会，质量核查阶段全区选择48户规模较大工艺复杂的企业作为重点企业，逐一指导企业整理污普一企一档资料，并开展集中审查，审查通过一户，企业离开一户。

【生态文明体制改革】 一是召开生态文明体制改革专项工作推进会，将2018年生态文明体制改革的各项工作任务分解到各相关职能部门，8项列入改革台帐的改革事项中，已完成2项，正在推进2项，其余4项均属于市级尚未制定出台相关的文件或方案，各责任单位开展前期的调研收资等工作；列入2018年重点督察改革事项任务4项，已完成3项，正在推进1项。出台《玉溪市江川区绿色发展和生态文明建设考核任务分工方案》《关于健全生态保护补偿机制的实施意见》，生态文明制度体系得到进一步健全。

【生态绿色创建】 推动生态文明创建工作。雄关乡、路居镇入选第十一批省级生态文明乡镇。云南省生态文明区创建通过市级

考核。根据玉溪市绿色创建工作领导小组安排，组织、指导学校开展绿色创建。今年，江川二中、大庄中学、龙街中学、翠峰中学4所学校成功创建为“玉溪市绿色学校”。

【自然保护区监管和生物多样性保护工作】 实施《玉溪市江川区贯彻落实全省自然保护区专项督查反馈问题整改方案》，对照14条整改问题清单逐一整改落实。印发《玉溪市江川区人民政府关于开展“绿盾2018”自然保护区监督检查专项行动的通知》，成立由区委督查室、区政府督查室及环保、林业、国土、住建、农业、水利、旅发局共同组成的玉溪市江川区“绿盾2018”自然保护区监督检查专项行动协调领导小组，共同组织协调、指导督促各相关部门落实“绿盾2018”专项行动各项任务。

【农村环境综合整治】 九溪镇小营村环境综合整治工程、江城镇海门村传统村落环境综合整治工程获得批复。

【行政审批及项目监管】 一是提前介入，切实推进规划环评工作。全面依法开展规划环境影响评价，从决策源头预防生态环境的破坏。根据玉溪市发展战略布局和各县区发展现状及资源环境禀赋，着力抓好重点行业和产业园区的规划环评工作。二是深化改革，依法依规开展建设项目环评审批。把握“一个主线、两大目标、三项管控措施”的原则，进一步规范审批制度，在确保审批质量的前提下，严格落实限时办结制度，优化审批程序，提高审批效率。完成建设项目环评文件审批19项（其中报告书2项、报告表17项），环境影响登记表备案31个，指导企业完成自行验收4个。三是狠抓落实，加强建设项目事中事后监管。采用“双随机”抽查和网格化检查相结合的方式，开展建设项目环境保护事中事后监督管理工作，严格依法查处和纠正建设项目违法违规行为。四是加快排污许可证核发。将排污许可制建设成为固定污染源环境管理的核心制度，作为企业守法、部门执法、社会监督的依据。2018年，以重点行业为突破口，实施网上申报排污许可证季度执行报告，督促指导造纸行业及水泥行业即江川丰茂纸业有限公司、云南省江川恒昌造纸有限责任公司、云南翠峰纸业有限责任公司、江川区凤凰山水泥有限责任公司完成排污许可证1、2、3、4季度执行报告上报。

【监察执法】 深入贯彻实施新《环境保护法》《环境影响评价法》以及国务院、省政府和市政府加强环境监管执法的意见，严格落实“网格化”和“双随机”环境监管，健全行政执法与环境司法的沟通协同机制，保持严厉打击环境违法行为的高压态势，推动形成环境守法新常态。提高环境执法水平，开展纳污坑塘整治、非煤矿山安全生产专项整治、突出环境问题排查整治、集中式饮用水水源地排查整治、排污许可证专项执法检查、化工污染专项执法检查、有色金属冶炼行业工业污染源全面排查等工作。全区累计出动环境监察人员630人次，检查企业275家（次），查处环境违法案件14件，罚款金额86.42万元，其中使用“四个配套办法”案件5起，有效震慑企业的环境违法行为。认真对在线监测监控设备已投入运行的8家单位30台套在线监测监控设备每月进行1次现场检查，及时解决存在的问题，确保现场端在线监测正常运行。认真做好“12369”环保热线、环保微信举报等工作，畅通群众诉求渠道。加强环境信访工作，做好环境纠纷矛盾排查和化解工作，及时化解环境矛盾纠纷、解决群众关心的热点环境问题。受理各类投诉51件，处理率100%，结案率100%。做到件件有落实，事事有回音，及时化解矛盾，消除不稳定因素，维护和保障群众的环境合法权益，促进社会的和谐发展。坚持预防为主，防治结合，安全第一的方针，多措并举，严格管理，抓好全市辐射环境安全监管。结合春节、人大政协“两会”和南博会辐射安全监管要求，对江川区1枚放射源开展辐射安全专项检查，进行现场控制监测，督促落实辐射管理制度和安全防护措施，确保不发生辐射事故。

【中央、省环保督察问题整改】 一是根据《玉溪市江川区贯彻落实中央环境保护督察反馈意见问题整改总体方案》，江川区11项问题，目前已完成5项，达到时序进度5项，未达整改时序进度1项，尚未启动0项，对于整改进展缓慢问题及时向区委区政府报告并督促整改。

二是抓好省委省政府境保护督察反馈意见的整改工作。2018

年6月1日，省委、省政府第一环境保护督察组向玉溪市委、市政府反馈督察意见。江川区结合实际，于2018年11月28日发布《玉溪市江川区贯彻落实省委省政府环境保护督察反馈意见问题整改方案》，江川区共涉及问题30项，目前已完成整改12项，达到序时进度17项，未达整改时序进度1项，尚未启动0项。

三是主动配合做好中央环保督察“回头看”及高原湖泊环境问题专项督察工作。江川区于2018年12月30日发布《玉溪市江川区贯彻落实中央环境保护督察“回头看”及高原湖泊环境问题专项督察反馈意见问题整改方案》，江川区共涉及问题13项，已完成整改8项，达到序时进度的5项，未达整改时序进度0项，尚未启动的0项。

四是提高政治站位，强化责任落实，切实解决好群众身边的突出生态环境问题。成立玉溪市江川区环境保护督察问题整改验收工作领导小组，对举报问题办理不到位或出现反弹、群众重复举报多、群众不满意件多、举报问题调查结论不属实比例高等问题进行梳理分析，按照《关于做好中央环境保护督察有关环境问题整改验收工作的通知》要求，做好中央环境保护督察有关环境问题整改验收工作，已完成中央环保督察期间转办7件投诉件、中央环保督察“回头看”期间转办9件投诉件和中央督察反馈11个问题中已完成整改5个问题的区级自验，并上报通过市级验收。

【环境监测】 一是开展城区环境空气质量监测，对城区二氧化硫（SO2）、二氧化氮（NO2）、一氧化碳（CO）、臭氧（O3）、可吸入颗粒物（PM10）、细颗粒物（PM2.5），气象五参数（温度、湿度、气压、风向、风速）、能见度等指标开展24小时连续自动监测和评价。二是对中心城区集中式饮用水水源地廖家营、大龙潭每月开展23项水质例行监测和年度70项全分析监测，对大街街道、江城镇、九溪镇、安化乡、雄关乡的集镇饮用水水源地水质27项指标每年开展1次监测。三是开展地表水监测，负责国控断面的现场采样监督及相关协调工作，实施采样18次；开展河长制水质监测，监测河道断面60个，水库监测断面15个，监测指标PH、总磷、总氮、氨氮、化学需氧量，监测频次每月1次，截至10月底共监测10次，发监测专报10期，出具监测数据3750个；对辖区13条主要入湖河道27项监测指标每月开展1次水质监测。五是开展声环境质量监测。对区域环境监测点116个、交通干线噪声监测点21个，功能区噪声监测点7个进行声环境质量监测。根据监测结果，江川区的环境噪声、交通干线噪声、功能区噪声均达标。六是开展污染源监测，对南北片区污水处理厂、翠峰纸业、恒昌造纸等国控、省控污染源按季度进行监督性监测，全区重点污染源污染排放达标率100%；对已安装在线监测系统的重点污染源按季度开展比对监测。七是对建子山垃圾填埋场周围环境空气、地下水、噪声等进行调查监测。八是完成41起环境投诉监测，出具监测报告27份，为信访投诉工作的处理提供数据依据。

【依法治区】 制定印发《玉溪市江川区环境保护局2018年依法治区工作要点》《玉溪市江川区环境保护局2018年依法治区工作要点》等依法治区工作方案，确保依法治区、依法行政和法治宣传教育工作有序推进；落实重大行政执法案件法制审核制度，共审核出具重大行政处罚案件意见书8件。落实《玉溪市江川区环境保护局国家工作人员学法用法制度》，推动党员领导干部学用党内法规和学法用法制度化常态化。

【环境宣教】 落实《全国环境宣传教育行动纲要》，开展新闻宣传、舆论监督和环境宣传教育等工作。通过报刊、广电、网络等途径积极做好《宪法》《环保法》《大气污染防治法》《云南省星云湖保护条例》的宣传教育工作。制定印发《玉溪市江川区环境保护局贯彻落实2018年全国生态环境宣传工作会议精神实施方案》《开展“美丽中国，我是行动者”主题实践活动方案》，组织开展系列宣传活动，在全区营造全民参与环保工作、争当全省生态文明建设排头兵和创建省级生态文明区的浓厚氛围。

【人大建议、政协提案】 办理人大建议2件、政协提案1件。

（刘　波）

星云湖管理

【概述】 2018年玉溪市江川区星云湖管理局进一步加强星云湖渔业资源综合管理，巩固和提升江川渔产品，渔文化的品牌效

应，坚持全面从严管湖，深化渔政管理体制改革，突出渔业管理和环境保护，加强执法队伍建设，净化执法环境，做好星云湖渔政管理和环境保护“两大”重点工作。

【主要经济指标】 2017年12月25日至2018年1月23日星云湖开湖捕鱼30天，共办理捕捞许可证618本，征收渔业资源增殖保护费2781000元（4500元/证），2017年星云湖鱼产量2425吨，产值约4123万元；2018年度开湖，预计鱼产量约2570吨，按均价17元/千克计算，预计产值4369万元。

【星云湖鱼苗投放】 严把质量，完成星云湖2018年鱼苗投放工作。共投放鱼苗201713.8千克，金额：2276876.6元，其中：鲢、鳙鱼176482千克（占投放总量的87%），鲤鱼20041千克，滇池高背鲫鱼5190.8千克，投放工作在区有关部门及部分渔民代表的共同参与监督下，严把投放鱼苗质量关，确保符合规格要求、体质健壮、无鱼病的鱼苗投放湖中。

【法律法规宣传教育及贯彻落实】 2018年，为严厉打击电鱼、下网等非法捕捞行为，有效保护星云湖渔业资源，实现渔业资源的可持续发展，确保江川区广大渔民的合法权益，区星管局立足工作实际、突出工作重点、坚决打击一切违法偷捕行为。做到进村入户摸底调查，做好渔民群众思想教育、引导工作，采取各种形式宣传《渔业法》《云南省星云湖保护条例》等相关法律法规，发放宣传材料648份，提高沿湖群众的遵纪守法意识。宣传发动期间，各乡镇共召开村组干部、渔民代表大会30次，参会人员816人，为星云湖渔政管理专项整治行动工作的开展提供良好的社会环境。

【星云湖渔业资源管理】 一是完善制度，抓好制度建设和内部管理。建立完善规章制度是抓好渔政管理工作的关键环节，修改完善《江川区星云湖管理局综合目标管理考核办法》《江川区星云湖管理局内务管理规定》，通过各种规章制度的实施，进一步树立队伍形象，规范职工行为，增强责任心、工作积极性、主动性和创造性。二是领导重视，深入基层指导工作。结合工作进展实际，以开展“两学一做”学习教育为载体，研究解决渔政管理中存在的各种问题，并经常深入各分站了解情况，同职工一道出湖巡逻，了解掌握第一手资料。分别对不同时期、不同地点的工作，进行安排部署，政策宣传、鱼苗投放、湖面清理、市场监管、日常执法等做到深入细致分析研究，措施得当的安排落实。三是重点时期，及时清理排草。为保护好星云湖渔业资源，确保2018年渔民增收，于5月10日组织渔政站全体职工、沿湖渔民代表清理整治星云湖周边排草。

【加大渔政执法力度】 根据工作实际，调整常规、注重灵活、主动出击、点面结合，加强对重点偷捕地段，流动偷捕团伙的监控，并对一些偷捕者进行事前教育，有效遏制偷捕案件的发生。针对2018年一些不法分子为牟取利益，在星云湖水域进行电鱼、下网捕鱼等非法捕捞活动，区星管局在区政府和相关部门的支持配合下，开展星云湖渔政管理专项整治行动，采取措施，抓住“三个重点”，做到“三个结合”，即抓住重点对象（历年偷鱼的惯犯）；重点地段（偷鱼者经常实施偷捕的地段，主要以星云湖十里长堤、麻地咀一带为打击的重点地段）；重点时期（鱼汛期），努力做到集中整治与长效管理相结合，惩治和教育相结合，自查和督查相结合，开展打击非法偷捕行为，并对偷捕者进行严厉惩处，将整治工作有关情况作总结并向区政府分管领导汇报，通过宣传震慑违法人员，教育广大群众。截至2018年底，区星管局共出动执法车检查270次，执法人员968人次，执法船4350次，执法人员8700人次，查处偷捕星云湖渔业资源案件50起，收缴各类网具16205张，地笼3164个，收取渔业资源损失赔偿费104650元。

【遏制水污染】 一是完成星云湖水葫芦打捞工作。2018年，区星管局在历年打捞的情况下，加强调研，结合实际，采取日常保洁及集中打捞方式，分片区负责落实，由沿湖乡镇做好日常维护工作，并于年底采取邀标形式对星云湖水体内水葫芦打捞约820亩，2018年星云湖水葫芦打捞已完成。实施打捞情况较好。

二是加强对星云湖一级保护区巡查和监管。对在星云湖一级保护区内发生的违反《云南省星云湖保护条例》的行为进行教育、制止；加大对在湖边禁止的洗菜、洗动物等进行教育宣传。

三是加大鲢鳙鱼投放力度。为落实江川区2018年星云湖水污染综合防治目标责任书，区星管局争取2018年鱼苗投放资金，合理搭配放湖品种，增加投放量，在消耗蓝藻有明显作用的滤食性鲢鳙鱼投放176吨。

四是抓好星云湖沿湖环境卫生长效管理机制。根据属地原则，沿湖三乡镇（街道）组建管护保洁员组成的管护队伍开始开展星云湖沿湖环境卫生管理工作。沿湖环境卫生管理工作取得一定成效，环境卫生状况有很大改善。2018年“六五”世界环境日，结合“两学一做”学习教育，组织全体干部职工，对星云湖北岸环境卫生、沿湖河滩红白垃圾、星云湖湖面污染物、杂草等进行清洁整治。

【实施星云湖一级保护区生态修复及生态屏障构建工程】 星云湖一级保护区生态修复及生态屏障构建工程，通过实施“四退三还”工作，实现星云湖一级保护区内房屋、人口全面、彻底的退出，留足星云湖保护治理所需的生态屏障，有效减少入湖污染物负荷；退出区域开展生态建设，逐步恢复星云湖自然生态系统，逐步改善星云湖自然生态环境，力争重现星云湖“山秀水美”。确实改善沿湖群众住房、生产、生活环境，助推产业结构调整、经济发展方式转变，促进流域经济社会可持续发展、实现人湖和谐共处，真正做到“因湖而名、拥湖而美、倚湖而兴”。

2018年，区星管局根据区政府安排做好星云湖一级保护区生态修复及生态屏障构建项目申报工作，该项目已争取省级湖泊环保专项债券项目申报融资。完成星云湖一级保护区测绘调查，可研报告编制及评审，并通过区发改局项目审批，项目环评、水保审查通过，专项债券方案及相关报件资料已按时限要求按程序上报，现3亿资金已经到位。12月7日，江川区召开星云湖一级保护区生态修复及生态屏障构建项目建设动员会，全面动员，启动部署星云湖一级保护区“四退三还”工作。会后，沿湖三个乡镇紧接召开星云湖一级保护区生态修复及生态屏障构建项目建设动员大会，安排部署促进工作推动。

（李朋利）

城市管理

【概述】 2018年区城市管理局以“双创”工作为契机，不断提升市容市貌、环境卫生、市政设施和城市管理水平，围绕“服务大局、服务民生”全面推进规范化、精细化、数字化城市管理建设，全力打造“让群众满意的城管”。2018年12月29日江川区城市管理局被评为全省城市管理执法队伍“强转树”先进单位，周宏斌被评为云南省住建系统“强转树”专项行动先进个人。

【队伍建设】 开展队伍整训工作，狠抓队伍作风建设。按照《玉溪市江川区城市管理局纪检督查工作制度》要求，发出督查通报61期，辞退不合格协管员12名。加强执法执勤培训，夯实城市管理基石。结合住建部“强转树”三年行动，组织164人次开展法律业务知识培训2期。组织56人次参加法律知识考试2次。组织新参加工作人员参加申领行政执法证培训40人，执法人员全部实现持证上岗，亮证执法。畅通群众诉求，接受群众监督。全年受理信访事项46件，代理办结和处理回复42期，等待办理4期。实现全年无群访、无越级访、无重复访。

【城管监察】 以国家卫生城市复审为契机，全面整治城区“脏、乱、差”现象。全年查处占道经营6227起，其中批评教育5960起，证据先行保存267起，责令整改237起，行政处罚181起。严格落实“门前五包”责任。发放《落实“门前五包”责任倡议书》和《告知书》各800份，逐街督促商户自觉履行“门前五包”责任。整治沿街商铺违规水龙头和水表。拆除违规水龙头530个，水表21个。加强户外广告管理。拆除城中村、社区，城郊结合部，主要入城节点不规范破旧户外广告607块5706平方米；依法审批门头店招714起，查处违法违规设置户外广告案件3起，清理小广告21145条。加大散体物料运输整治力度。联合路政、交警在景新路东段设卡检查，全年查处“飘、撒、滴、漏”行为1177起，其中行政处罚41起，批评教育1136起，对在建工地散体物料运输不符合要求的行为下发责令改正通知书10份，对未按文明工地要求建立清洗池、出入口硬化等行为下发责令改正通知10份。开展餐饮业油烟专项整治。为47户油烟净化装置安装合格的商户办理环评审查手续，拆除裸露不规范油烟管道5根。规范城区养犬行为。按照《玉溪市江川区人民政府关于加强养犬管理的通告》文件要求，教育、劝导市民不文明养犬行为400起，捕获中心城区流浪犬只65只，处罚不文明养犬行为18起，督促办理犬只登记证和免疫证50起。落实城市噪音管理。全年，查处商业噪音扰民64起，其中批评教育58起，处罚6起。推进智慧城管建设，助推城市管理现代化。投资50余万元完成江川区数字化城管指挥中心设备采购，完成城市部件和三维街景采集工作，并已安装调试竣工验收，投入试运行。

【市容环卫】 加强垃圾清运工作，做到垃圾日产日清。全年共清运垃圾43372吨、处理垃圾13485吨。深入推进垃圾分类。设置垃圾分类标识牌140块，清洗垃圾桶535只，在江通路、江中路、文明街、星文街等路段新安装果皮箱24只。抓好城区道路清扫。共清理道路泼洒2165次，疏通雨水篦子1873个，机械化清扫率73.28%；洒水车高压冲水率60%。开展建子山垃圾填埋场处置工作。全年垃圾覆土7200平方米，垃圾覆土碾压共42710平方米，雨水分流3784平方米，垃圾无害化处理率92.95%。

【园林绿化】 开展城区绿化和裸露土地治理工作。优化城区土地裸露巡查制度，整理绿化用地25412平方米；补植补种清香木、比利时杜鹃、南非万寿菊、玛格丽特菊等地被草花57412株；回填种植红土3784.78立方米；栽植草花植物5200株；完成星云路、兴江路、澄川路等园林绿化景观提档升级改造。加强街道树木枯枝修剪清理。安排保洁人员对城区、翠大线等道路、广场绿地等树上残留的枯枝败叶进行修剪敲落，全年清除乔木枯枝5564株，修剪城区地段绿化植被14273平方米。落实病虫害工作。对管护区域内的小叶榕、梧桐、柳树以及绿篱、草坪进行分类防治，对管护区域内11.38万平方米绿篱、22188株乔木、2.56万平方米草坪喷洒农药7遍，施肥4次，有效避免病虫害大幅度蔓延。2018年江川建成区绿化覆盖面积203公顷，绿地面积190公顷。

【防违控违工作】 2018年区城市管理局强化规范管理，严控违法违规建筑，全年查处违反规划建设案件525起，其中限期拆除317起、强制拆除109起、责令整改47起，责令停工整改33起，共整治违法违规建筑20214平方米，保障城市规划的严肃性、法定性、权威性。

【城区综合整治】 2018年6月7~30日，区城市管理局配合大街社区、工信局对农贸市场开展专项整治，责令整改占道经营10户，教育改正占道经营74起。开展大车修理市场及钢门窗加工行业专项整治。联合交通局、市场监督管理局、电力公司及交警大队等单位对江通路大车占道修理行为开展重点整治，共对43户占道修理商户下发责令改正通知书，对5户无证经营商户进行断电并勒令其关停商铺。

【静态交通管理】 为进一步做好城区静态交通秩序管理，区城市管理局根据玉溪市公安局江川分局交通警察大队的委托，全年调查取证3189起人行道上乱停放机动车的违法行为并移交交警大队处理，保障城区人行道的畅通安全。全年增加路内停车位422个，改善停车难问题。

【路灯亮化管护】 景观亮化美化工程。全年在五岔路口大转盘、怡心园广场、博物馆广场、渔文化广场安装景观跑道灯1978米，流星灯200组；在兴江路、星云路安装社会主义核心价值观中国结灯箱260个，城区装灯率100%。加强城市照明日常管护。检修城区路灯，共恢复照明619盏，更换线缆271米，处理车辆撞毁路灯杆、隔离栏事故32起，确保路灯照明设施亮灯率96%以上。

（卢　强）

工商企业

编辑　徐凡清

工业商贸和科技信息

【概述】　2018年，区工业商贸和科技信息局围绕上级安排部署，扎实开展工作，推动区内工业、商贸、科技、信息领域取得进一步发展。全年实现规模以上工业增加值增幅23.4%，增幅全市排名第二；全年实现社会消费品零售总额277040万元，与上年同期的246764.2万元，增30275.8万元，增12.3%；实现不变价非公经济增加值完成592953万元，增速12.2%。

【工业经济运行】　2018年，全区规模以上工业完成总产值70.5亿元，比上年增27.03%；实现增加值比上年增23.4%，增幅全市排名同元江并列第二位；实现主营业务收入52.8亿元，比上年增7.75%；实现利税总额6.8亿元，比上年增58.1%。

当年新增规模以上工业企业5户。其中：纳规2户（玉溪江川铭德至远机械制造有限公司、云南升华电梯有限公司），升规3户（玉溪市金美印刷包装有限公司、玉溪德森商品混凝土有限责任公司、玉溪建川混泥土有限公司）。

（张本发）

【500万元以上工业固定资产投资完成情况】　2018年全区完成500万元以上工业固定资产投资216885万元，同比增214.2%，其中：非电工业固定资产投资216885万元，同比增216.8%，占全区500万元以上固定资产投资703035万元的30.85%。

【淘汰落后产能】　玉溪市江川区盛邦工贸有限公司于2005年4月注册登记成立，位于江川区雄关乡窑房村，主要生产销售磷酸，拥有年产3000吨工业磷酸生产线两条，产能6000吨。自2009年9月停产，由于厂区与村庄间无安全距离，停产多年，《安全生产许可证》和《工艺品生产许可证》等证照均已过期。

根据《玉溪市江川区人民政府办公室关于印发玉溪市江川区危险化学品安全综合治理实施方案的通知》《玉溪市江川区人口密集区危险化学品生产企业关停实施方案》文件要求，2018年11月22日，由区工信局牵头，区安监局负责指导安全拆除，雄关乡人民政府负责群众工作，进行生产线设备拆除工作，将该生产线拆除废毁，并于2018年12月13日，通过省、市现场核查和验收，确定玉溪市江川区盛邦工贸有限公司工业磷酸生产线已全部拆除废毁。

【工业项目投资备案】　2018年，区工信局在企业投资建设项目备案工作中，严格遵守法定时限，每个项目备案时间不超过3个工作日。全年共办理备案项目16个，计划总投资76868万元。

【工业用电量】　江川区2018年全社会用电量79769.5万千瓦时，同比降21.61%，工业用电量58215.74万千瓦时，同比降29.35%，占全社会用电量的72.98%。其中：第一产业用电量1304.01万千瓦时，同比降19.69%；第二产业用电量60697.41万千瓦时，同比降28.18%；第三产业用电量7010.87万千瓦时，同比增22.7%；城乡居民用电量10757.24万千瓦时，同比增8.48%。2018年，参与电力市场化交易的企业累计36家，市场化交易电量累计49228.7万千瓦时，占全社会用电量比重61.71%，为企业减少电费支出5619.99万元。

【企业技术中心认定】 组织云南阳光食品有限公司和云南龙恩制药有限公司进行市级企业技术中心认定。2018年10月23日由玉溪市工业和信息化委员会牵头，组成的市级企业技术中心考评验收组，至江川区对云南阳光食品有限公司、云南龙恩制药有限公司企业技术中心申报材料进行审查，并实地考核评审。

考评验收组一行到云南阳光食品有限公司、云南龙恩制药有限公司的企业技术中心进行现场核查。经听取汇报、审查申报材料，考评验收组一致通过云南阳光食品有限公司、云南龙恩制药有限公司的市级企业技术中心认定，验收组当场宣读考评验收意见，宣布认定通过。

【争取省级工业和信息化发展专项资金】 根据《云南省工业和信息化委关于申报2018年省级工业和信息化发展专项资金（技术改造方向）项目的通知》《云南省工业和信息化委关于申报2018年云南省扩销促产铁路运费补助的通知》文件精神，组织云南鸿湖塑料包装有限公司和云南特固电气有限公司申报2018年省级工业和信息化发展专项资金（技术改造方向）；组织云南江磷集团股份有限公司、云南宏斌绿色食品有限公司和云南阳光食品有限公司申报2018年省级企业扩销促产铁路运费补助。共获省级工业和信息化发展专项资金172.2万元。

（韩海萍）

【电信业务总量】 2018年，江川区电信业务总量99610万元，同比增104.37%，超额完成增长35%的年度目标任务。

【无线电管理宣传活动】 全年以1月26日“三下乡”、5月17日“世界电信和信息社会日”、9月无线电宣传活动月为契机，组织电信、移动、联通公司、铁塔公司开展无线电宣传活动3次。发放《玉溪市无线电管理宣传手册》《漫画无线电管理科普宣传笔记本》《通信基站电磁辐射基本常识》手册1600余份，印有无线电宣传口号的购物袋400个。通信运营商利用电子显示屏每天滚动播出主题宣传口号。

【推进移动通信基站建设】 根据《市工信委关于做好移动通信基站站址勘验工作的通知》要求，区工信局结合自身行政管理职能，于3月22日至4月11日组织技术人员，对111座通信基站站址海拔、坐标及周围无线电台站、易燃易爆设施、风景名胜、学校等方面的情况进行勘验。

【处理辖区内无线电干扰投诉查处工作】 按照市工信委要求，完成不明无线电信号（频率109MHz）非法占用航空无线电导航频率情况的核查排除，及时上报《关于非法占用航空导航专用频率事件排查工作情况的报告》，向各乡镇（街道）、区相关部门印发《关于非法占用航空导航专用频率事件的通报》，督促涉事乡镇村委会整改落实的同时，要求其他单位引以为戒，做好日常核查工作；根据区文广体局和区广播电视台的投诉来文，市区部门联动成功查获江川首起“隐蔽式”“黑广播”。

【做好“通海8·13、8.14地震”通讯应急保障工作】 印发《玉溪市江川区工业商贸和科技信息局关于“通海8·13地震”江川无线电通信保障应急预案》，江川电信、移动、联通、铁塔公司根据玉溪分公司部署，启动四级应急预案，会同区工信局加强监控值守，盯防重点区域，四家公司之间主动对接联络，加强向政府办领导汇报等措施，做好通讯保障。期间，网络监控正常、没有出现大的异常，2G、3G、4G基站没有退服，光缆无中断，全区和主要乡镇话务量平稳、未出现拥塞。铁塔江川办事处、江川三大通信运营商组织对全区各乡镇特别是靠近通海县的雄关乡、伏家营等地开展铁塔、基站、杆路、光缆、中心机房等关键设施的隐患排查，消除潜在的次生灾害隐患点。

【开展通信应急救援演练活动】 组织移动公司参加10月24～25日，由玉溪市安全委员会主办、区人民政府承办的“玉溪市2018年道路施工隧道坍塌事故应急救援”演练活动1次。

【开展网络通信线路整治活动】 组织移动、电信、联通、电力、广电等单位，按创卫工作要求，开展空中线缆乱拉挂清理整治工作，对抚仙路、湖滨路、宝凤路、宁海路、文兴街、文林街、上营西街等干道的空中管线进行废线剪除、零线规整、更换捆扎等处理。通信等各单位完成对光交箱、配电箱、交电箱等设备上小广告的清理，电力、电信等单位对所属箱体进行了统一粉刷。

（罗海清）

【开展节能降耗工作】 2018年市政府下达江川区的节能目标任务是：单位生产总值能耗比2017年降低2.2%。1～12月，江川区规模以上工业企业综合能源消费量137244.35吨标准煤，同比降28.94%；产值705308.43万元，同比升27.03%；万元产值能耗0.1946吨标准煤，同比降44.06%；电力消费49940.92万千瓦时，同比降35.33%。江川区2018年单位生产总值能耗比2017年降15.67%，超额完成市政府下达给江川区的节能目标任务。

（纳毅超）

【开展元旦、春节安全生产检查】 元旦、春节期间，分管安全的副局长率局安全生产领导小组一行4人对江川供电局、玉溪珊瑚民爆公司江川公公司、江磷集团、江川天湖化工有限公司等企业进行安全生产大检查，对检查出的一般安全隐患现场进行整改，对一时整改不了的安全隐患，明确整改责任人、整改时间。通过此次安全大检查，确保元旦春节两会间期无任何安全事故发生。

【开展“打非治违”专项大检查】 为严厉打击各类非法违法生产经营建设行为，有效预防和减少各类安全生产事故发生。工信局领导成立“打非治违”安全生产领导小组，制定实施方案，明确责任，分管安全的副局长率相关股室人员对工贸、民爆、电力等企业进行“打非治违”专项大检查。通过此次“打非治违”专项检查，工信系统安全生产形势明显好转。

【做好汛期安全大检查】 为做好汛期灾害防范工作，确保工信系统企业汛期安全生产形势平稳。区工信局安全生产领导小组按照“全覆盖、零容忍、严执法、重实效”的总要求，对玉溪珊瑚公司江川分公司、江磷集团、江川天湖公司、江川供电局等企业进行安全生产大检查。检查中共查出隐患16起，现场整改15起。

【开展中秋、国庆期间安全大检查】 区工信局重视中秋、国庆期间安全生产工作，制定实施方案，按照“党政同责、一岗双责、齐抓共管、失职追责”的要求，重点对供玉溪珊瑚民爆公司江川分公司、江川供电局、江磷集团等企业进行专项安全检查，通过检查有效防范和遏制各类安全生产事故的发生。

【开展打击整治枪爆违法犯罪工作】 区工信局重视枪爆违法犯罪工作，结合工信局实际，召开专题会议，成立以局长任组长的打击整治枪爆违法犯罪活动领导小组，制定实施方案，明确任务，分管安全副局长率领导小组成员定期不定期对民爆公司炸药仓库、雷管仓库等进行专项检查，要求公司领导要加大人防、技防、犬防力度，确保不发生民爆物品流失被盗等安全事故的发生。

【强化河（库）保洁力度】 区工信局在清库（河）行动中，发挥“党建+河长制”作用，每月定期不定期组织党员干部到西河二库、学河（云岩村段）开展清洁家园、清洁田园、清洁水源“三清”保洁活动，全年共出动党员干部66人次，车辆24辆次，清扫各类红白垃圾0.9吨，卫生死角3处。

（刘光启）

【对外贸易】 2018年，全区实现进出口总值4070万美元，比上年4500万美元减9.6%，其中出口3965万美元，进口105万美元。完成市年度目标任务4949万美元的82.2%。

从进出口商品看，磷化工系列产品实现贸易进出口474万美元，与上年同期1519万美元相比减68.8%；以蔬菜为主的农产品实现进出口1917万美元，与上年同期1968万美元相比减2.6%；花卉实现进出口449万美元，与上年同期500万美元相比减10.2%；食品加工业实现进出口708万美元，与上年同期183万美元相比增525万美元；机电及工业产品实现进出口522万美元，与上年同期330万美元增192万美元。

从进出口企业类别看，私营企业实现3621万美元，与上年同期4000万美元相比减9.5%；外资经营企业实现449万美元，与上年同期500万美元相比减10.2%。

【内贸流通】 全年实现社会

消费品零售总额277040万元，与上年同期246764.2万元，增30275.8万元，增12.3%。批发业实现销售额77602.7万元，比上年同期65298.6万元增18.8%，其中限额以上企业完成16602.8万元，增30.6%；零售业实现销售额275634.1万元，比上年同期240570.9万元增14.6%，其中限额以上企业完成16030.5万元，增24.3%；住宿业实现营业额25459.7万元，比上年同期22054.9万元增15.4%，其中限额以上企业完成4475.6万元，增22.1%；餐饮业实现营业额112903.5万元，比上年同期95306.3万元增18.5%，其中限额以上企业完成7399.3万元，增35.3%。

【成品油管理】 全年共计销售成品油36237吨，比上年同期42592吨减6355吨减14.9%。其中：92#汽油销售20631吨，比上年同期19950吨增3.41%；95#汽油销售2788吨，比上年同期2475吨增12.6%；98#汽油销售478吨，比上年同期480吨增0.4%；柴油销售12340吨，比上年同期19687吨减37.3%。

【现代物流】 纳入监测的7户物流企业分析，2018年实现物流业务总收入16202万元，比上年同期14357万元增1845万元，增12.9%。

以九溪、雄关、工业园区为重点，打造江川九溪润特、宏程物流、雄关农产品物流产业园建设，形成高效物流通道，以物流产业聚集区为基础规划物流发展平台和载体，提升物流节点资源整合功能，进一步发挥物流发展平台和载体的聚集效应。

【科技型企业培育】 2018年，云南秋庆种业有限公司、云南江磷集团股份有限公司、云南特固电气有限公司3家企业被认定为云南省2018年高新技术企业；玉溪源泰工贸有限公司、云南同力橡胶有限公司、云南古滇彝家酒业有限公司、云南鑫隆润丰农业科技有限公司、云南红塔包装实业有限责任公司、云南福胤钢构制造有限公司、玉溪市江川区留源养殖场、玉溪市滇瓦紫砂工艺厂、云南庆川源饮品有限公司9家企业被认定为2018年云南省科技型中小企业；云南阳光食品有限公司、云南卓一食品有限公司、玉溪新天力农业装备制造有限公司、云南腾达机械制造有限公司4家企业入库国家科技型中小企业；云南江磷集团股份有限公司被确定为2018年第九批云南省创新型企业，玉溪市江川区林辉农业发展有限公司、玉溪新天力农业装备制造有限公司2家企业获2018年省级成长型中小企业；云南鑫隆润丰农业科技有限公司、玉溪瑞珀花卉贸易有限公司、玉溪市江川区林辉农业发展有限公司3家企业被认定为玉溪市第十一批农业产业化经营与农产品加工市级重点龙头企业。

【创新人才培育】 2018年，玉溪市江川区水产技术推广站张四春获国家农业农村部2017年水生野生动物保护海昌技术奖，并入选2018年云南省“万人计划”产业技术领军人才；玉溪市江川区水产技术推广站张友存被云南省人民政府评为2018年云南省有突出贡献优秀专业技术人才；玉溪市江川区水产技术推广站张四春、玉溪护源生态养殖有限公司黄娟、玉溪瑞珀花卉贸易有限公司段华仙、云南秋庆种业有限公司重辉4人被认定为2018年云南省科技特派员；玉溪市江川区农业技术推广站《玉溪三湖径流区农田氮磷梯级削减技术研究与应用》获2018年度云南省科学技术进步奖创新团队类三等奖；云南宏斌绿色食品集团有限公司“宏斌”牌小米辣被评为云南省2018年“10大名菜”第一名；江川职中的《用微波炉变压器制作点焊机》获得第33届青少年科技创新大赛省三等奖、市一等奖。

【科技成果鉴定】 2018年，云南联塑科技发展有限公司“超高分子量聚乙烯（UHMWPE）隧道逃生管道”被云南省科技厅确认为科学技术成果，并被国家住房和城乡建设部鉴定为“国际先进水平”。

【科技项目申报】 2018年，江川区共申报省、市科技计划项目30个，实际获得立项30个，其中：省级科技项目14个、市级科技项目16个；上级共下达科技项目资金971.9万元（省级资金383.1万元、市级资金588.8万元），其中：省级、市级研发经费补助479.2万元，省级、市级科技创新项目专项资金427万元，市级高新技术企业认定补助资金63万元，市级2017年一至三季度专利奖励资金2.7万元。

【科技平台建设】 云南联塑科技发展有限公司被认定为2018年市级工程技术研究中心；云南龙恩制药有限公司、云南阳光食品有限公司被认定为2018年市级企业技术中心。

【科普宣传工作】 组织开展江川区2018年“知识产权宣传周”“科技活动周”活动，成立领导小组，制定下发《关于印发〈2018年玉溪市江川区知识产权宣传周活动方案〉的通知》《关于举办2018年玉溪市江川区科技活动周的通知》，明确各部门、各乡镇（街道）工作任务，组织各部门、各乡镇（街道）以科技展览、科技下乡、科技咨询、科技服务等多种方式开展涵盖科技、卫生、地震、烟草、农业、畜牧、禁毒防艾、食品安全等丰富内容的科普活动。

【“知识产权宣传周”活动】 2018年“知识产权宣传周”活动以“倡导创新文化　尊重知识产权”为主题。区属各部门发挥职能优势开展宣传活动。教育部门组织学校利用校园广播、校园专栏、电子滚动屏幕、主题班（队）会活动等形式开展知识产权进校园活动。科技部门深入县域重点企业宣传专利保护的典型经验及专利申请、转化资助奖励政策，协调玉溪市知识产权援助中心深入企业解决专利申请方面的问题；在财富广场的户外电子广告大屏每天滚动播出知识产权宣传视频5条（次），共计35条（次）。区委宣传部利用江川电视台、江川广播电台等媒体平台，集中宣传国家知识产权法律法规，江川新闻网发布新闻3条，江川发布1条，江川手机报2条，云南通.江川区2条。文体广电局在博物馆、少体校的电子显示屏滚动播放宣传知识产权知识，对文化市场开展知识产权知识宣传执法，于4月25日将收缴的电脑主机4台、盗版碟片200片、非法复印的教材122册和非法出版物300册统一送到市局集中销毁，严厉打击侵犯知识产权违法行为。司法局制作《专利法》《著作权法》《商标法》等法律法规的音频，利用宣传车进行巡回播放，在景新路临时集贸市开展宣传活动，发放宣传手册300余份，宣传围裙200余条，宣传钱夹纸300余个，接受咨询20余人次。玉溪市公安局江川分局4月26日在主城区集贸市场宣传打击侵犯知识产权领域犯罪成果和侦破的典型案例，共发放宣传资料1000余份，接受咨询20人次。市场监督管理局制作宣传布标悬挂于区城投办公大楼及百信超市门口，对重点企业进行走访座谈，听取企业在商标监管服务、打击商标侵权、查办商标案件的意见，指导企业完善知识产权的使用、管理和保护工作。区科协悬挂宣传横幅在街道开展“4.26”现场宣传活动，向咨询群众发放680份有关知识产权资料。区农业局深入田间地头开展宣传，发放各种农业知识资料3000多份，印有农业知识的环保袋和围腰500多份，现场指导农户进行春耕生产。区发改局4月26日在城区设立宣传点，悬挂宣传条幅，向过往群众发放知识产权宣传材料1000余份，接受群众答疑咨询100余人次。

【“科技活动周”活动】 2018年“科技活动周”活动以“科技创新　强国富民”为主题。开展防灾减灾系列科普活动。由区民政局牵头，区防震减灾局、玉溪市国土资源局江川分局等11家单位参与，在大街街道宁海路中段（江磷小区大门前）开展主题为“行动起来，减轻身边的灾害风险”的第十个防灾减灾日集中宣传教育活动；此次活动展出展板5块，发放防震减灾宣传资料1000余册，防震减灾宣传扇子100把、环保袋200个，接受现场咨询40余人次。各乡镇（街道）、教育、水利、学校等部门单位组织开展“七进”活动，将防震减灾知识送入学校、社区、农村，发放各种防灾减灾宣传知识手册、宣传单6150余份、宣传袋子600个，制作科普宣传专栏64版，电子字幕宣传67期／次，组织开展防灾应急演练321场／次，开展主题班会（队会）活动课843节，开展防灾减灾隐患排查治理92点／次；展出宣传板25板，报刊、信息12次，电视播放3次，到村委会广播宣传50次，乡镇防汛减灾会议6次，张贴区、乡镇悬挂防汛防灾横幅166幅。各级各部门开展专题科普活动。各乡镇（街道）、农业、林业、教育、科技、科协、气象、宣传、妇联、公安、博物馆、市场监管等单位参与人数380人次，出动宣传车6辆次，展出展板170多块、挂图20套，发放各类宣传资料11.33万份（册）、环保袋100个、宣传扇200把、卫计用品200份，粘贴科技宣传标语300多条，接待群众咨询3460多人次，开展田间栽培技术指导1567人次；在江川电视台共播出科技创新新闻2条，播出《科普中国V视快递+》16期，在江川人民广播电台播出科技创新新闻2条；利用升旗仪式和国旗下讲话对学生进行环境保护节能教育63场次，开展“践行绿色生活”主题班会活动150余节次，制作环境保护知识黑板报或橱窗300余块（期）；邀请大街中学50余名师生走进警营，以参观“110”指挥大厅的形式积极开展科技周宣传活动；举办“数学有用吗”专题讲座及省级专家科技传播活动现场教学活动和江川区2018年全民科学素质网络竞赛及农民科学素质网络知识竞答活动；博物馆做好免费对外开放工作，开展“李家山古滇青铜文化展”“星抚铜韵——江川现代铜工艺精品展”及江川鱼文化展讲解接待工作，科技周活动期间，共接待来自全国各地游客3000余人，并到安化乡光山小学开展科普知识进校园活动，捐赠价值900余元的学习用品220份。

【“科技三下乡”活动】 1月22日，区工信局与市科技局到九溪镇六十亩村联合开展科技下乡活动，现场捐赠现金1万元，发放价值3000元的新春对联和年画，发放科技知识宣传手册300余册，向当地群众宣传知识产权、卫生防疫、禁毒防艾、食品安全、防震减灾相关科技知识，接受群众咨询10人。1月26日到雄关乡上营村开展“科技三下乡”活动，进行科技宣传咨询服务，发放科技知识宣传手册、《玉溪市无线电管理宣传手册》，共计300余册，发放环保购物袋200余个，向当地群众宣传种植技术、养殖技术、知识产权、卫生防疫、禁毒防艾、食品安全、防震减灾相关科技知识，接受群众咨询5人。

【科普统计工作】 2018年度，全区共有科普活动专职人员112人、兼职人员304人、注册科普志愿者31人；非场馆类科普基地11个，科普展厅面积7723平方米，参观人数128650人次；城市社区科普（技）专用活动室1个，农村科普（技）活动场地133个，科普宣传专用车3辆，科普画廊9个，国家级科普（技）教育基地1个，参观人数128000人次；开展科普工作管理、研究以及开展科普活动等经费291.2498万元；全年出版科普图书1种3000册，电视台播出科普（技）节目时间27小时，科普网站2个，发放科普读物和资料821242份，电子科普屏数量14块，科普类微信公众号4个，阅读量21920次；全年共举办科普（技）讲座62次、参加人数12330人次，举办科普（技）展览51次、参观人数16010人次，举办科普（技）竞赛5次、参加人数780人次，成立青少年科技兴趣小组8个、参加人数3300人次，科技活动周开展科普专题活动51次、参加人数20731人次，全区举办各类实用技术培训261次、参加人次205560人次，举行重大科普活动22次，举办创新创业培训5次、参加人数363人次。

【专利申请工作】 2018年申请专利120件，其中：发明20件，实用新型71件，外观设计29件；获得专利授权56件，其中发明4件，实用新型48件，外观设计4件，专利有效量21件。

【专利资助工作】 帮助专利权人申请省、市各种专利资助、奖励，2018年申请市级专利奖励31件，涉及金额6.5万元，兑现发放2017年1～3季度市级专利奖励2.7万元。开展知识产权保护和维权工作，实现江川连续6年无知识产权纠纷案件。

【市政府专项督查江川区开展研发经费投入工作】 3月1日，市政府专项督查工作小组到江川区开展研发经费投入工作情况督查。通过听取汇报、查阅资料、到企业看台帐，督查组认为：江川区委、区政府高度重视科技创新工作，认真贯彻党的十九大关于深化科技体制改革精神，专题部署重点落实，落实《玉溪市实现2020年R&D经费投入占GDP2.5%实施方案（试行）》要求，支持和引导辖区企业持续加大研发投入，并对江川区科技项目资金使用情况及研发经费投入工作开展情况给予充分肯定。同时，要求工信局、统计局、财政局、政府办等部门高度重视，加强沟通协作，确保完成市政府下达江川区的目标任务。

【省科技厅专家组考察江川区创建省级可持续发展实验区工作】 7月5日，省科技厅组织实验区专家组对江川区创建省级可持续发展实验工作进行现场考察。上午，考察组前往工业园区、市规划局江川分局、星云湖南岸湖滨带进行现场调研考察。下午，在景湖酒店召开江川区创建省级可持续发展实验区工作汇报会。考察组认为：区委区政府高度重视可持续发展试验区建设，立足于江川区域经济特色和生态环境优势，抢抓江川“撤县设区”的重大机遇，围绕“建美一座城，治好一湖水，打造一个高地”总要求，突出“科技创新引领绿色发展”的实验主题。创建机构健全，《建设规划》《实施方案》思路清晰，目标总体可行，工程与项目的操作性强、支撑作用明显，已有的工作基础扎实，为开展实验区创建奠定基础，对照《云南省可持续发展实验区管理办法》，江川区符合申报的具体条件。同时，专家考察组对江川区创建省级可持续发展实验区下步工作提出意见建议。

【江川区成为云南省可持续发展实验区】 11月27日，云南省科技厅网站公布可持续发展试验区名单，经专家初评、现场考察、综合评审、厅务会审议、公示等工作程序，江川区被认定为云南省可持续发展实验区。江川区将组织实施好实验区建设工作，充分发挥实验区作为科技惠民、促进区域可持续发展的重要载体和平台作用，为云南省生态文明排头兵建设作出表率和示范。据悉，云南省可持续发展实验区建设是以实施创新驱动发展战略为主线，推动科技创新与社会发展深度融合，集成各类创新资源，加强科技成果转化，探索完善体制机制，为区域经济建设与社会事业协调发展发挥先行实验与示范作用。根据《云南省可持续发展实验区管理办法》，认定次年，省级财政将给予100万元经费补助，建设中期考核合格后和验收合格后分别给予50万元经费补助，共计200万元。

【云南联塑科技发展有限公司建成玉溪市塑料管道工程技术研究中心】 7月19日，由玉溪市科技局牵头，会同市财政局、市工信委及行业有关专家组成专家认定组，对云南联塑科技发展有限公司承担的“玉溪市塑料管道工程技术研究中心”进行认定。经听取汇报、实地察看、查阅资料、评审论证，认定组对玉溪市塑料管道工程技术研究中心进行量化评分，综合得分95.3分，一致同意认定为市级“玉溪市塑料管道工程技术研究中心”。

【“云南特色资源风味调料产品开发及产业化”项目通过验收】
6月5日，云南省科技厅组织专家验收组，对省级科技合作项目“云南特色资源风味调料产品开发及产业化”进行验收，验收专家组对照项目任务书要求，审阅项目验收材料，查看项目实施现场，听取项目执行情况报告，经质询和讨论，认为该项目验收文件和资料齐全、规范，符合云南省科技计划项目验收要求，完成任务书规定的研发内容和技术经济考核指标，经专家组评议打分，项目综合得分91分，综合评价结论为优，专家组一致同意通过项目验收。

【宏斌公司评选为云南省2018年“十大名菜”】 2018年11月28日，云南宏斌绿色食品集团有限公司“宏斌”牌小米辣被云南省打造世界一流“绿色食品牌”领导小组办公室评选为云南省2018年“十大名菜”第一名。

（叶红梅）

【民营经济增加值】 2018年全区实现非公经济现价生产总值1000299万元，现价非公经济增加值578605万元，不变价非公经济增加值592953万元，增速12.2%，未完成市政府下达增长14%的目标任务。从产业结构看，实现的578605万元增加值中，第一产业完成49968万元，占8.63%；第二产业完成318015万元，占54.96%，第三产业完成210622万元，占36.40%。

【工商登记从业人员】 截至2018年年底，全区私营企业、个体工商户总户数17495户（其中：私营企业1539户，个体工商户15956户），同比增10.14%；非公经济户数占全区企业总户数的93.39%；注册资本资金及资金数额656785万元（其中：私营企业注册资本金491937万元，个体工商户资金数额164848元），同比增8.1%；工商登记从业人员66558人（其中：私营企业26300人，个体工商户36938人），同比增5.25%。超市政府下达增长5%目标任务的0.25个百分点。

【开展新一轮微型企业培育工程】
2018年继续开展新一轮“两个10万元”微型企业培育工程——贷款和贴息工作：微型企业通过网上申请、承贷银行贷前调查、联席会议会审等程序，会审微型企业10户，通过3户，发放贷款360万元。贷款均由承贷银行——邮储银行江川区支行发放。

【非公重点企业数量】 2018年，全区销售收入5000万元以上重点非公经济企业共计27户，其中：5亿元以上2户，2亿元至5亿元4户，1亿元至2亿8户，5000万元至1亿元13户。27户重点非公经济企业共实现销售收入462898万元。

【非公企业项目申报工作】 2018年，按照省市民营经济暨中小企业发展专项资金申报工作的通知要求，上报省级财政扶持项目1项，该项目是由云南天合立光电技术有限公司从美国"阿美特克·普瑞斯泰克有限公司"引进三台"超高精度矿物材料切、磨、抛加工机床设备项目和从"赵阳贸易（上海）有限公司"引进韩国产"小型、中型精密弧摆高速抛磨机"加工设备的项目，项目设备投资767万元，是云南省2018年民营工业企业引进首台（套）重大技术装备项目，填补省内空白。

（赵志鹏）

【电子商务】 玉溪市江川区2018年全年电商企业销售额7043.12万元，同比增1.3%。组织两次电子商务培训，176人次参加培训。

【电子商务服务中心】 增强政企合作，和阿里巴巴集团签署《玉溪市江川区县域电子商务发展项目合作协议》，合作的玉溪市江川区电子商务服务中心已经完成建设和验收工作，并于2018年12月19日交付阿里巴巴集团，现已投入运营。

【兴边富民三年行动计划电子商务服务站】 与中国邮政集团公司玉溪市江川区分公司合作的安化乡、雄关乡、江城镇、九溪镇、前卫镇等5个兴边富民三年行动计划电子商务服务站建成并正常运转。

（师洋哲）

招商合作

【目标任务完成情况】 2018年玉溪市人民政府下达江川区招商引资目标任务为市外国内资金85亿元，其中省外国内资金80亿元；外资100万美元。

2018年全区在建招商引资项目67个，其中上年结转项目36个，新增招商引资项目31个。实际引进市外国内资金902555万元，较上年同期增17.09%，完成原定目标任务85亿元的106.18%；（其中省外资金809006万元，较上年同期增21.95%，完成原定年度目标任务80亿元的101.12%，）。目前尚未有外资项目引进。

【重点项目开发情况】 2018年，围绕"六大"产业发展总目标（装备制造、高原特色农业、现代物流、旅游文化及健康养老、航空产业、磷化工），坚持做好"绿色能源""绿色食品""健康生活目的地"三张牌，以及"治好一湖水、建好一座城、打造一高端装备制造高地"的总要求。围绕55项目的责任目标工作任务，开发产业储备项目，强化责任落实，针对产业资源、区位优势、发展方向等实情，努力开展工作，经各乡镇（街道）、部门25个责任单位协作工作，积极策划开发包装项目76个。其中：装备制造13项目；现代农业8个；城镇物流6个；文化旅游25个；新能源3个；特色小镇4个；磷化工3个；电商、纸业2个；生态环境4个；教育、道路基础设施4个；生物制药1个；光学类3个。完成责任目标任务。5月组织相关部门领导及专家进行审查73个预评审项目，最终共评审出55个产业发展项目，其中装备制造项目10个；特色农业项目6个；现代物流项目5个；文化旅游项目15个；航空产业项目2个；磷化工项目3个；生物制药、大健康项目2个；新能源、光学项目6个；电商、纸制品项目2个；特色小镇项目4个。深度开发项目4个，分别为"江川区环星云湖生态湿地康养暨古滇青铜文化度假区项目""江川区康养旅游度假基地建设项目""江川区青铜文化小镇建设项目""云南省玉溪市江川区江城镇特色小镇项目"。围绕"三张牌"重点产业，分别按四批次确定39个项目提报市局列为省市级招商引资项目，其中市级重点项目37个，省级重点项目2个（江川区环星云湖+湿地公园+旅游康养+青铜文化项目，江川区生物医药精加工产业园建设项目）。印制《玉溪市江川区投资指南》2000册，作为向外推介的重点项目，为江川区开展招商推介工作打下基础。

【对外招商合作情况】 2018年组织工信、园区、住建、国土、环保、农业、林业等部门赴江苏、浙江、上海、北京、厦门、深圳、湖南、山东等地考察12次，其中区委区政府领导带队7次、相关部门5次，对接企业集团项目18个；接待外来投资企业到江川对接洽谈项目48个。组织参加云南财经大学校友企业家赴滇考察活动、相约春天、南博会、绿投会、夏投会、大理民宿会、客创中国、收获金秋系列招商活动，发放《江川区投资指南》及旅游宣传资料300余份，推介产业项目42个，与惠州康桥集团、深圳多辉集团、世博旅游集团等五家企业董事长、负责人进行项目深入洽谈，与43名企业家建立联系。通过对接考察，截至10月，全区共促成6个重点项目签约（云南三尖医疗电子标签项目、云南三尖医疗科技有限公司总部建设项目、云南云莱集团滇中智慧农业产业园项目、辽宁东亚农业公司江川洋桔梗新品种研发中心项目、云南宝象物流集团高原特色农产品现代冷链物流园项目、云南宇通合金无缝管业股份有限公司无缝钢管连轧管机组及大口径钢管项目）。

（李世文）

工业园区

【概述】 2018年江川工业园区立足高新区、江川区两区优势，放大区位、产业基础和资源条件等要素，把握园区开发建设的机遇和挑战，统一思想，增强团结协作意识，不断完善互信、合作、共赢体制机制，共谋发展目标任务，全力打好园区产业发展攻坚战。

【经济指标】 2018年，园区企业实现工业总产值18.53亿元，同比增43.5%；实现主营业务收入17.33亿元，同比增40.9%；实现工业增加值4.13亿元，同比增42.2%。园区完成固定资产投资17.88亿元，同比增63%，其中：工业投资11.25亿元；基础设施建设投资6.63亿元。园区完成招商引资额25亿元，同比增55.2%，其中：省外国内资金24亿元。园区企业从业人员达1341人。

【征地拆迁】 完成江川区2018年城镇第一批次龙泉园区510亩农用地转用报批手续；完成三街五组2013年度山水新城征地时历史遗留问题的解决，兑付资金40.7万元；对园区江滇路周边果园和龙尚路堆砂点、比亚迪项目3户果园户进行全面的清理；成功对三街十一组紫红坝杨忠养殖厂进行拆迁，兑付补偿资金6.7万元；与赵官小组签订龙泉园区高位水池2.13亩土地征协议，兑付18.5万元征地费用；协调龙泉园区综合管线埋设（移动、联通、电信、供水管道、然气等）；办理龙泉园区自来水厂40亩、正华项目用地1000亩林木砍伐手续，保障项目顺利落地。

【基础设施建设】 园区把基础设施建设作为积蓄发展能量、增添发展后劲的重要保障，在补齐龙泉园区基础设施建设短板方面持续发力。园区着力实施“五网”建设，先后启动实施路网、电网、通信、供排水和绿化亮化为重点的基础设施项目，完成投资12760万元的江滇路的路面工程，完成总投资136386万元的园区标准化厂房及孵化大楼建设工程的B4、A5地块厂房建设。投资4679万元完成龙泉园区内仙水大道、龙腾路、江滇路、江源路、龙滨路、江鼎街、江义街七条道路电缆通道土建工程；投资7400万元完成龙泉园区龙腾路周边1149亩土地进行场地平整。为消除园区雨季水灾隐患，投资36余万元完成已建成道路排水管网清淤工作，投资79万元建设完成小井坝排洪沟扩建工程；同时对老鹤窝坝核心区的绿化进行规划设计，对龙腾路、江鼎街、龙滨路等5条新建道路的绿化进行规划设计。

【招商引资及项目建设】 园区继续坚持把招商引资作为园区发展的总抓手，按照“规划一批、筹建一批、建设一批、储备一批”的滚动发展原则，2018年，园区围绕市委、市政府提出的发展目标，结合全市产业转型升级和新兴产业培育战略，坚持以项目落地为工作的主核心，紧牵产业发展的“牛鼻子”，按照“引新、引高、引强”要求，围绕产业发展重点，抓牢重点产业，着力培育新产业，不断增强园区发展新活力，着力培育产业发展新动能，加强与企业沟通联系，采取以商招商、精准招商、产业招商等模式进行招商。使招商引资和项目建设呈现“实、广、大”的特点。引进华电达、粤辉电子等项目，填补智能电子制造产业的空白。同时与信卓誉、振华新材料、星能科技、数码产业园、深圳燃气等项目成功签订项目投资协议，与瑞吉特汽车工装、爱思普新能源、迪亚宝新能源、稳拓新材料等一批项目进行了多轮洽谈。

2018年，园区在建工业项目7个，项目总用地约1390亩，总投资50.7亿元，达成后可实现年产值149.5亿元，预计年可实现税收7.7亿元。其中：北京升华电梯项目一期已完工进行试生产，二期工程启动建设；中民筑友项目完成厂房主体结构；云南宏程物流项目完成施工招投标并开工建设；龙泉彩印项目主体工程完工；比

亚迪项目完成场地平整工程；启动粤辉电子项目主体工程建设；华电达项目完成厂房移交启动厂房装修。

【园区社会事务及企业安全监管】 园区建立机关干部包企业责任制，定期走访企业职工，收集民意，着力解决企业职工反映强烈的突出问题，共为企业解决各类问题30余个。为宏程物流开工建设协调，为标准化厂房建设解决劳务纠纷，为让联塑二期启动与联塑总部多轮磋商，为中民筑友施工建设、特固扩建主动上门排除各种困难，为粤辉电子、福胤钢构、欣宇机械解决水电路问题等。

及时排查和调处各类社会矛盾，对涉及群众切身利益的信访案件，查找问题症结，研究制定解决办法；对征地拆迁、各类基础设施建设中的不稳定因素进行分析评估，对可能发生的群体事件和上访苗头提前介入，将矛盾纠纷化解在萌芽状态；协调解决企业劳动纠纷5次，涉及金额92.37多万元，其中德兆环保兑付14.3万元，通号兑付51万元，腾达兑付23.4万元，金速电动车3.67万元，涉及农民工135人，切实维护群众和企业的切身利益；全力推进脱贫攻坚工作，针对赵官村委会的21户贫困户，采取一对一联系制度，实施精准扶贫政策，全力以赴脱贫攻坚，21户贫困户中有19户贫困户实现脱贫；协调资金帮扶解困，为赵官村争取清理沟渠、疏通淤泥资金3万元；为大街街道三街社区、土官田村争取公益事业建设补助资金240万元。

成立安全生产领导小组，制定《各项安全管控方案》《日常安全检查制度》等，通过签订安全生产目标责任书，把安全生产责任落实到企业、落实到个人。组织各类安全生产检查6次，排查隐患13处，下发安全生产现场检查11份。园区做好征地拆迁，为项目建设扫清障碍，完成大街街道三街社区273亩土地收储工作；完成已征地范围内林木砍伐工作；解决比亚迪项目用地地上附着物纠纷；解决园区涉及果园纠纷问题，解决大街三街社区13户历史遗留问题。

（黄华平）

供　电

【概述】 2018年，玉溪江川供电局以“顺应改革形势、深化精益管理、加快创建网内一流供电企业步伐”为主题，统筹推进强党建、保安全、促改革、稳增长、强电网、推精益、抓队伍的各项工作，为江川区全面建成小康社会提供坚强的电力保障。截至2018年12月31日，江川供电局运行维护5座110千伏变电站，2座35千伏变电站，总变电容量42.5万千伏安。运行10千伏配电线路52条，总长659.161米，0.4千伏及以下线路1881.24千米。配电变压器1934台，总容量33.94万千伏安。

【经济技术指标】 完成售电量7.98亿千瓦时，同比降21.61%；实现营业收入27606.85万元；客户平均停电时间7.52小时/户，同比降15.22%；完成固定资产投资1901.65万元；最高日电量339.09万千瓦时，同比降9.7%；最高负荷172.05兆瓦，同比降6.6%；综合电压合格率99.445%；综合线损率2.334%。

【电力安全生产】 有效运转安全管理体系，年内安全事故为零。以“固化配网现场作业监督表单”为手段，系统推进“1+3”安全管理诊断工具运用，整改各类违章问题673项。以“金石”安全文化为引领，开展领导班子公开承诺、“六个一”等特色活动。排查局属资产安全隐患615起，整改完成率95.12%。按照“能带必带”原则开展带电作业144次，节约时户数6万时户；合理安排转供电19次，节约时户数1.49万时户；通过时间定额、合并停电等各项措施共计节约时户数11.02万时户。完善设备主人管理机制，深入推行差异化运维，中压配网运维质量进一步提升。大力推广新的技术措施，智能开关新增30台，实现全覆盖，有效隔离故障12起；引入带电绝缘喷涂技术消除线路隐患；无人机巡视规模在玉溪电网排名第一。多措并举，配网故障率同比降低1.06%。成功应对“8.13通海地震”，迅速启动Ⅳ级应急响应，配合当地政府对地震造成的666户危房进行低压线路拆除和迁改，得到政府和当地群众的认可。

【电力供应】 紧盯改革目标与要求，加强沟通汇报，加强政策研究，承接落实2018年全面深化改革工作要点，完成5个方面18项重点工作。聚焦电烤烟、电动汽车等领域大力开展电能替代，全年完成电能替代电量0.27亿千瓦时，对澄川高速、路居电烤房、螺丝铺水利设施建设等18个重点项目开展业扩提速办理，增供电量813.6万千瓦时。累计完成49户大宗工业客户参与市场化交易，交易电量5.43亿千瓦时。认真落实“三供一业”分离移交工作要求，完成红塔集团、烟草公司“三供一业”小区414户供电设施改造项目。

【电力优质服务】 精简环节、压缩时限、降低成本、提升可靠性，营造良好营商环境，低压零散居民和低压非居民平均办电时长均名列玉溪电网第二和第三。持续做好统一服务平台推广工作，累计统一服务平台关注数1.6万户。全面推行“互联网+业扩远程报装”，高压业扩远程报装率97.59%、低压业扩远程报装率99.55%。通过开展“畅享新渠道、电亮新生活”活动，向社会推广电子化服务渠道，打造线上线下服务平台，全局建立17个客户微信群，实现与客户“零距离”沟通，客户满意度第三方评价得分82分。拓宽电费缴费渠道，电费回收率连续五年达100%。持续推行线损精益化管理，全年线损“两个异常率”稳定控制在1%以内，线损异常处置完成率100%。加强营销、计量两个系统应用管理，推进“全覆盖”工作，低压集抄自动抄表率达99.53%、电子化结算率达99.43%，排名均位列云南电网前列。

【电网规划】 编制江川区配电网转供优化方案。为提高江川配电网供电可靠性，改善供电质量及转供电能力，共规划10kV线路26条，总规划投资7392.10万元，新建及改造10kV线路130.574千米。完成江川区“十三五”小型基建和配网规划修编并通过上级评审。顺利完成10kV古城线、明星线、翠峰线建设及负荷转移工作。中压配电网环网率89.18%、可转供率75.68%。组织完成2018年中低压配网项目、业扩延伸项目和充电桩应急项目的可研编制，并全部取得评审批复，总投资4961.98万元。

【电网建设】 推进2018年城农网工程建设，年内完成率71.66%，完成前卫镇赵官村、大街大庄村、旧州村学校改薄项目建设，完成龙泉工业园区、安化、九溪、前卫中低压配网项目建设。启动13个美丽乡村、异地扶贫搬迁工程建设，完成米汤水村、小鸡窝村异地搬迁安置点的通电工作，打通扶贫通电项目的“最后一千米”。开展大街供电所新建项目及员工食堂项目前期工作，完成勘测定界、可研设计合同签订等工作。推进电动汽车充电基础设施建设，完成办公大楼充电桩项目1个。

【电力标杆建设】 根据机构优化业务范围的调整，完善创一流工作提升举措76项，举措完成率100%，14个创一流关键指标年度完成值均达到网内一流基准值。整合星级班组、供电所规范化、和谐温馨班组建设等工作力量，专注星级标杆创建工作，完成供电所关键指标提升计划121项，就地解决精益管理指标问题96个。大街供电所荣获省公司“四星供电所”荣誉称号，九溪供电所荣获网公司“五星供电所”荣誉称号。

【电力经营管理】 依托信息化手段提升生产管理水平，配网台账移交、缺陷管理等七个模块闭环率均达99%以上，配备移动终端86台，实现检修维护和抢修业务的全程监控。加强预算执行情况的跟踪、分析、反馈和预警，重点做好可控供电成本的过程管控，可控供电成本预算完成率99.67%。开展存货、工程物资和各类应收款项清理，持续减少“两金”占用，提升资金周转率。以检查促提升，开展资金安全专项检查两次，整改率100%。推动党政主要负责人切实履行法治建设第一责任人职责，完成领导干部法治建设“六个一”专项工作。落实137条法律风险防控措施，年内未发生法律案件。联动玉溪供电局承办云南电网公司第六届“云电法治周”活动。

（杨　柳）

供销合作

【概述】 2018年，江川区供销合作社围绕服务“三农”、振兴乡村的目标，突出农资供应保障、农村电商、食用菌产业、农民专业合作社发展和乡镇基层供销社建设等重点工作，全力深化供销合作社综合改革，不断完善经营服务体系，巩固和拓展经营服务领域，取得明显成效。

【经济指标】 全年完成销售总额88803万元，完成年度指标任务的105.72%；农副产品购进13103万元，完成年度指标任务的100.79%；电子商务销售额604万元，完成年度指标任务的151%；汇总利润669.98万元，完成年度指标任务的101.5%；上缴

各种税费44万元，完成年度指标任务的110%；食用菌农业产值5650万元，完成年度指标任务的102.72%；化肥销售106799吨，完成年度指标任务的194.18%；化肥储备4490吨，完成年度指标任务的112.25%。发展农民专业合作社5个，创建示范社、联合社各1个，改造提升基层社1个、村级综合服务社4个，新发展社有参控股企业1个，参控股农民专业合作社1个，建设乡村级电子商务服务站1个。

【农资储备供应】 全面完成农资储备供应任务，储备化肥4000吨，完成化肥销售5.5万吨，保障全区农资供应。抓好《创新农资服务方式推动农资销售与技术服务有机结合试点经验复制推广工作实施方案》的落实，开展农资技术服务，推进服务创新。区供销社农资公司庄稼医院建成营业，自2018年5月庄稼医生坐诊以来，累计开展咨询服务2300余次，开具处方2200余张；完成30个农资配送点的改造提升，统一店面形象和标识，农资服务更加规范；建成农资创新服务科技示范基地3个、总面积约1000亩，农资新品试验、示范、推广及农资科技培训力度不断加大。大力开展农资线上销售，销售额近400万元。

【资产管理盘活】 成立社有资产管理委员会，资产管理台账进一步健全完善，资产租赁经营更加规范，租赁合同均通过班子（扩大）会议集体研究决定。租金、水电费收取全面加强，做到应收尽收，实现资产保值增值。资产盘活工作成效明显，一年来先后实施蔬菜公司门市收回及改造，江城尹旗、龙街2个购销店改造提升，农资公司三街仓库修缮等项目，改善资产破旧闲置状况，资产收益不断增加。加大历史遗留问题解决力度，成功终止合同并收回蔬菜公司门市，新增经营面积500余平米；回应村组和村民诉求和主张，依法依规做好尹旗、龙街、喜乐庄、鸡窝、周官等地社有资产维权工作，维护供销社合法权益。抓好安全生产，资产安全检查形成常态，全年无安全事故发生。牢固树立政治意识和大局意识，落实棚改工作要求，深入做好土产公司、农资公司、老县社住户、租户以及供销系统改制下岗职工的思想稳定工作，有效化解信访难题，确保全系统和谐稳定和棚改工作有序推进。

【农村电商发展】 适应乡村现代流通新形势、新任务和新要求，发挥供销社传统的品牌和网络优势，发展农村电商。狠抓电商运营服务体系建设，投资30万元注册成立江川供销金农电子商务有限公司。供销社电商运营服务中心、2个村级电商服务站建设稳步推进。投资50余万元的江川供销·金农跨境电商实体体验店建成完工并于国庆期间开始营业；依托“供销e家”“云品惠”、玉溪供销电商及“淘宝”“微商”等销售平台和渠道，开展高原特色农副产品、农资农机以及地方农特产品、手工艺品等商品线上销售，全年完成电商销售额近500万元。

【野生食用菌产业发展】 着力加大野生干巴菌扩繁宣传推广力度，扩繁工作先后在玉溪电视台、云南新闻联播、中央二台及省内名多家媒体播出，江川干巴菌的知名度不断扩大。加强与农民专业合作社合作，建成干巴菌扩繁示范基地2000余亩，示范面积不断增加，供销社与林农的利益联结进一步密切。争取市社和市科协资金支持，投资10万元拍摄《绿水青山就是金山银山》的专题宣传教育片，全面总结扩繁做法和成效，进行宣传推广。

【农民专业合作社建设】 对供销社历年来领办创办的农民专业合作社、联合社、示范社、农村综合服务社等作深入调研，建立合作社管理台账，摸清底数。切实强化分类指导，加大“空壳社”清理力度，规范提升合作社管理，办社质量逐步提升。农民专业合作社改革试点经验复制推广有序推进，制定《江川供销社经营服务体系和农业生产服务网络体系建设项目补助方案》，加大对合作社的资金扶持，密切农民专业合作社与供销社、与农户的利益联结，合作社示范带动作用进一步增强。抓好农村实用人才培训，举办“庄稼医生”职业资格鉴定培训、农村电子商务培训各1次，培训人员100余人次。

【组织管理体制建设】 围绕构建联合社主导的行业指导体系和以社有企业为支撑的经营服务体系，针对区供销社36年没有召开社员代表大会的突出问题，筹备召开第一次代表大会，健全完善区社社员代表大会、理事会、监事会“三会”制度。制定《江川供销社基层社建设方案（2018—2020）》，争取上级社有关项目和资金支持，推进基层社改造提升，探索提升基层社经营服务能力。筹备召开江城社社员代表大会，基层社组织管理体制逐步健全。综合服务社改造提升取得成效，九溪鸡窝综合服务社投入使用，尹旗综合服务社项目建设稳步推进，年度村级综合服务社建设任务完成。

【扶贫攻坚】 抓好《江川供销社全面参与脱贫攻坚的实施意见》落实，制定年度工作任务清单。多方筹措资金物资，开展送肥下乡扶贫促春耕活动，向50户建档立卡贫困户赠送化肥4吨。严格落实帮扶责任，做好贫困户动态管理工作，落实帮扶计划和措施，组织开展贫困户慰问，努力帮助贫困户实现脱贫。克服人多事少的困难，按要求选派1名驻村工作队员到江城镇祁家营村委会驻村扶贫。

【“双创”工作】 提高政治站位，做到领导带头、机关企业全员参与投身“双创”，完成“双创”工作任务。坚持守土有责、守土尽责，严格对标抓好下营社区责任区域的环境整治、政策宣传和卫生保洁等工作。主动担当作为，不等不靠，自筹资金10余万元，完成农资公司、老县社、土产日杂公司、蔬菜公司等社有资产的环境整治，确保社有资产环境达标。

（徐舒虹）

城市建设投资

【概况】 玉溪市江川区城市建设投资有限公司于2009年11月27日成立，主要经营范围：城市建设投资项目及资金使用管理；建设工程项目管理；筹措城市建设资金，负责城建项目的市场化运作，对外招商和开发经营；统一运作国有城建资产及相关产业经营；统一经营城市规划区内国有土地；对贷款建设、收费还贷项目的管理；自有资产、资金的运作经营开发；房地产开发；房屋租赁；市场管理、市场摊位租赁服务；物业管理、酒店管理；区政府授权管理的其他工作。现实房地产开发四级资质。公司与玉溪市江川区城市基础设施建设投资管理中心、玉溪市江川区广厦保障性住房开发投资有限公司、江川县惠江建设投资有限责任公司（2012年4月，经区人民政府研究决定，城投公司、广厦公司合署办公；2016年12月经常务会议研究决定，将江川县惠江建设投资有限责任公司并入城投公司合署办公）实行四块牌子、一套班子，现有员工21人。

【项目建设】 完成江川区九溪镇农贸市场建设项目。九溪镇农贸市场建设项目由玉溪市江川区城市建设投资有限公司负责建设，项目总用地面积：19.02亩，总建筑面积：15161.55亩，批复总投资4300万元，小汽车停车位77个，基本满足2000人的日交易需求，资金公司自筹。项目于2017年8月10日开始施工，2018年4月13日竣工验收，已完成对商铺、摊位招租和商业用房的公开拍卖工作，2018年8月2日九溪农贸市场正式投入使用。

推进钟秀铭苑—江城棚改房源点建设项目。钟秀铭苑—江城棚改房源点建设项目由玉溪市江川区城市建设投资有限公司负责统建，项目总用地面积为33.43亩，总建筑面积29336.19亩，居住户数64户及小汽车40个停车位建设，项目估计总投资11123.53万元。项目于2017年11月9日正式开工，基础及附属工程完成施工，下一步将进行相关验收工作。

【资产经营管理工作】 为盘活国有资产，实现国有资产效益最大化，公司对新建九溪农贸市场26间商铺、128个大棚摊位经营使用权进行招租，实现租金收入116.17万元；对19套商业用房进行公开拍卖，成交17户，实现销售收入4970万元，应上缴税1390.82万元。

对位于明珠路、上南新村、兴江路、宁海路等17间商铺的经营使用权进行公开招租，收取年租金30万元，对未到期按年收取租金的资产162万元。

根据区政府的要求，公司配合区住建局对租住超过一年的保障房住宅建筑面积的20%房源进行销售。本次销售的房源为租住超过一年的保障房住宅建筑面积的20%，共316套住房。报名工作于8月20～31日截止，经审核共有297户符合购买条件，并于2018年9月17～26日进行公示，截至2018年12月5日，共有226户交纳首付款并签订购房合同，余下71户因其本人原因，暂放弃购买。

启动钟秀铭苑房产销售工

作，目前已完成预售许可证办理等前期工作，将按要求推进销售工作。

做好3060套保障性住房日常管理工作及租金收缴入库工作。为保证约1万人的小区环境有序、舒适，组织物业入驻做好小区物业管理工作，并对小区消防、电梯、卫生等物业工作定期不定期进行监督检查，逐步改善小区环境；建立保障性住房台账，明确专人负责管理，按租期收缴租金入库。

【上缴税金与财政收入】 2018年，城投（广厦）公司累计上缴税金1558.77万元，上缴财政收入14976.42万元。

（蒋　英）

农林·水利

编辑 徐凡清

农 业

【概述】 玉溪市江川区农业局加挂玉溪市江川区畜牧兽医局、玉溪市江川区乡镇企业局牌子。局机关现内设一室五股，即：办公室、生产综合股、发展计划财务股、法规股、行政审批股、畜牧兽医股；下属设置16个事业单位，即：玉溪市江川区农业技术推广站、玉溪市江川区植保植检站、玉溪市江川区土壤肥料工作站、玉溪市江川区种子管理站、云南省农业广播电视学校玉溪市江川区分校（加挂玉溪市江川区农民科技教育培训中心牌子）、玉溪市江川区经济作物工作站、玉溪市江川区经营管理站、玉溪市江川区农村环保能源工作站（加挂玉溪市江川区绿色食品管理办公室牌子）、玉溪市江川区农机监理站、玉溪市江川区农机化技术推广服务站、玉溪市江川区农业机械化技术学校、玉溪市江川区水产技术推广站（加挂玉溪市江川区水生动物防疫检疫站牌子）、玉溪市江川区动物卫生监督所、玉溪市江川区动物疫病预防控制中心、玉溪市江川区畜禽改良站（加挂玉溪市江川区草山饲料站牌子）和玉溪市江川区农产品质量安全检测站。年末实有在职人员127人，其中机关工作人员17人（行政人员15人，工勤人员2人），事业人员110人。具有大专以上学历的110人，占干部职工总数的86.61%，事业人员中拥有专业技术职称的92人（其中高级职称的48人、中级职称的24人），占实有事业人员的83.64%。

2018年，江川区农业局贯彻落实中央1号文件精神，围绕年度发展目标任务，以实施乡村振兴战略为抓手，以推进农业农村现代化为主线，以项目建设为抓手，以助农增收为目标，不断增强农产品市场竞争力，促进江川区农业持续健康稳定发展。全年实现农牧渔业总产值28.3万元，同比增6.3%；实现农牧渔业增加值18.1亿元，同比增6.8%；农村居民人均可支配收入13280元，同比增9.1%。

【种植业】 2018年实现种植业总产值193540万元，比上年增35074万元，增幅22.1%；农民人均种植业收入11088.1元，比上年增3845.5元，增幅53.1%。全区粮经种植比例为27.49：72.51，与上年的23.06：76.94相比，粮食作物比重基本持平。

粮食：2018年粮食总播种面积93070亩，比上年增505亩；粮食单产481千克，比上年增10千克；粮食总产4480万千克（其中大春3586万千克，小春894万千克），比上年增76万千克；粮食总产值14277万元，比上年增1485万元；农民人均粮食收入817.94元，比上年增179.22元。

油料：2018年油料播种面积36446亩，比上年减3678亩；油料总产量777.54万千克，比上减65.2万千克；油料总产值4054万元，比上年减59万元；农民人均油料收入232.26元，比上年增44.28元。

蔬菜：2018年蔬菜种植面积197623（含复种）亩，比上年增24809亩；蔬菜总产量45527.94万千克，比上年增5714.36万千克；蔬菜总产值83605万元，比上年增17275万元；农民人均蔬菜收入4789.8元，比上年增1241.85元。

花卉：2018年花卉种植面积11453亩，比上年增3261亩；花卉总产值32942万元，比上年增8755万元；农民人均花卉收入1887.27元，比上年增805.31元。

【畜牧业】 完成畜禽养殖禁养区限养区划定工作，进一步调整优化区域布局。突出仔猪产业优势，积极发展畜禽规模化、标准化生产，畜牧业生产持续发展。2018年，全区完成肉蛋奶总产2763.92万千克，同比增22.89%。其中肉类总产量1934.33万千克，禽蛋产量829.59万千克。出售仔猪36.6447万头。实现畜牧业现价总产值65524万元，同比增6.34%。

畜禽存栏：年末大牲畜存栏3285头（匹），其中牛3129头、马41匹、驴74匹、骡41匹；生猪存栏114014头（其中能繁母猪存栏14149头），羊13980只，家禽1114130只，兔700只。

畜禽出栏：全年完成大牲畜出栏2755头（匹），其中牛2283头，马263匹、驴99匹、骡110匹；生猪出栏148026头，羊20745只，家禽2603135只，兔720只。

【渔业】 依托星云湖淡水养殖基础，充分发挥江川鱼文化特点和土著鱼品牌优势；加大科技创新，开展土著鱼类人工驯养和繁殖技术研究，促进土著鱼资源的保护和开发利用；发展生态渔业，推广高效控污养殖技术；大力发展休闲渔业及以盐水鱼为代表的水产品加工业。

全年全区渔业水面面积161643亩，其中捕捞面积103000亩（为抚仙湖面积），养殖面积58643亩（其中星云湖52000亩、水库4669亩、池坝塘1974亩）。全年累计生产水花鱼苗3000万尾，鱼种400吨，投放鱼种487吨。完成渔业产量4355吨，其中抚仙湖558吨，星云湖2365吨，水库池坝塘1432吨。全年实现渔业总产值11033万元。2018年，完成玉溪市江川区养殖水域滩涂规划（2018-2030）编制工作。推广高效控污养殖技术，引导建设池塘内循环槽660平方米。

【水稻高产创建】 水稻是江川区大春主要粮食作物之一。2018年通过实施水稻绿色高产高效创建项目，集成多项技术及组织措施，稳定播种面积，提高单产，保证总产。示范区安排在前卫镇江城镇片区，共完成示范面积12405亩，涉及26个村委会。经组织专家组测产，江川区水稻绿色高产高效创建示范区加权平均亩产649.3千克，比非示范区加权平均亩产621.1千克增28.2千克，增4.54%。安排水稻绿色高产高效栽培技术示范两组，面积3.10亩，在前卫镇小后卫村委会小后卫村张艳会、马小林农户承包田，产量指标650～750千克。主推品种：楚粳28号。主推技术为“水稻精确定量”栽培技术。经组织取样测产、实收称重测算，平均亩产742.3千克，与采用传统的栽培技术的相邻田块相比，平均亩产669.8千克增72.5千克增10.8%，化肥用量减7.4千克减15.3%，农药使用减少2次计减0.12千克，综合减少用工1.7个，总共亩降低生产费213.5元。起到绿色高产高效示范引领作用。

【农作物（粮食）间套种技术推广】 2018年江川区利用自然气候条件较好、多种作物共生期长以及作物种收的时空间隙，继续实施农作物（粮食）间套种技术推广项目，大小春粮食生产间套种技术全年推广完成10.3万亩，其中粮食生产8.98万亩，平均亩增加粮食214.3千克折原粮亩增42.9千克，共计增加粮食384.9千克。

小春粮食作物间套主要采用油豆类间套种、烟后豆类间套种、果园套种杂豆类粮食和非粮作物间套种等模式。核心区位于九溪镇喜乐庄村及太河营村。涉及九溪、前卫、大街3个镇（街道）。大春粮食作物间套种主要采取经济林果间套玉米、豆类模式、烤烟轮作套种蔬菜及杂豆类模式、含非粮、杂粮间套种的其他模式（含鲜食玉米、食粒食荚豆类）。核心区位于九溪镇喜乐庄村委会和太和营村，面积325亩。中心示范区辐射九溪镇、大街街道、前卫镇、江城镇 4 乡镇。

【晚秋作物种植】 2018年江川区晚秋粮食作物种植完成3.1万亩。项目核心区安排在安化乡光山村委会光山一组，核心区面积187亩，中心示范区1100亩，辐射全区。其中粮食生产2.6万亩，包括晚秋玉米0.8万亩（含鲜食），晚秋荞0.5万亩，晚秋马铃薯0.6万亩，豌豆和其他杂豆种植及非粮间套种0.7万亩。项目区实现晚秋粮食总产达450万千克以上。

【病虫草鼠害防治】 2018年，组织人员在全区辖区内开展红火蚁普查调查工作，认真抓好农村、农田鼠害的防治工作，有效控制鼠密度，预防鼠疫疫情的发生和切实减轻鼠害，确保人民群众的身体健康和生命安全。全年印发《江川植保信息》8期，共计163份；印发水稻、玉米病虫害综合防治措施明白卡各0.5万份；开展农作物病虫草鼠害防治119.77万亩次，挽回粮食损失2293.6吨，重大病虫害防治面积占应防面积98%以上，粮食作物损失控制在5%以下，经济作物损失控制在7%以下。

【农村劳动力培训】 2018年，江川区开展农村劳动力培训工作，根据农业技术需求和培训人员地域等具体情况，灵活选择区级培训和进村培训，围绕蔬菜、烤烟等作物开展实用技术培训，开展农村劳动力培训1812人。

【新型职业农民培育】 根据高原特色农业和江川区优势产业发展的需求，以蔬菜产业为重点，以种养大户、家庭农场、农民专业合作组织的骨干为培育对象，培养一批有文化、懂技术、会经营的新型职业农民。2018年全年开展新型职业农民培育274人，其中蔬菜种植大户66人、蔬菜种植能手208人，对2014年至上年的典型学员进行重点回访。

【农业综合开发项目培训】 承担“2017年玉溪市江川区安化彝族乡安化片区高标准农田建设项目”“2017玉溪市年江川区前卫镇庄子片区高标准农田建设项目”的农业科技培训工作。围绕推广农业新技术、普遍提高项目区农民科技素质的工作思路，围绕项目区所涉及的安化乡安化社区、前卫镇庄子村委会的规模种植作物，以村、组为单位开展培训，根据各村的生产特点选择培训内容，通过采取召开村组干部会、选聘优秀培训教师、制定培训计划、编印培训教材等多项措施，有效开展培训，培训农民2032人次，发放《上年玉溪市江川区安化彝族乡安化片区高标准农田建设项目科技培训资料》1000册、《上玉溪市年江川区前卫镇庄子片区高标准农田建设项目科技培训资料》1000册。

【农业信息化建设】 坚持以“服务农村、服务农业、服务农民”为宗旨，组织信息源，及时利用玉溪市农业信息网、新农村建设信息网及“三农通”手机平台向外传递江川区农产品市场供求信息，向用户传递农业生产最新科技信息，为农业增效、农民增收提供信息保障。全年在玉溪市农业信息网发布信息430条，发布农产品供求类信息26条，发布农产品价格信息29期。利用手机平台向2.7万多农户发送农业科技、惠农政策、农产品供求、用工需求、群众生活等手机“三农通”信息398条，受众262万人次。

启动信息进村入户工作。全年开展“云农12316”三农综合信息服务平台应用及推广培训5次，完成76名信息员和专家的信息采集和备案，完成6家高原农产品、休闲农业、乡村农资信息采集上传。全年完成63个行政村“益农信息社”的编号、进村挂牌，完成“益农信息社”13个示范社、31个标准社和19个简易社建设的筹备工作，组建由区级、镇（乡）级管理员8名、村级信息员71名组成的信息员培训队伍。

【蔬菜生产信息监测】 根据农业部安排，2018年农业局继续在全区开展蔬菜生产信息监测工作，负责对全区的大白菜、花椰菜等40多种蔬菜品种的种植面积、产量、地头批发价等各项指标分别按旬度、月度、年度进行定点、定时的连续监测上报。通过开展蔬菜信息监测，及时掌握蔬菜生产动态情况，科学研判发展趋势，适时发出预警预报，从而指导农民合理安排生产，引导产品有序流通，促进蔬菜生产稳定发展和市场平稳运行。全区选定10个监测点，监测总面积632亩。全年共计上报旬度表36份、月度表12份、年度表2份、采集点登记表1份、信息4条、项目申报书1份、蔬菜生产情况及形势分析1份、蔬菜生产信息监测工作总结1份。

【测土配方施肥】 2018年，江川区以乡村振兴战略为统领，以农业绿色发展为导向，按照“精、调、改、替、休”的技术路径，坚持化肥减量与增效并重，生产与生态统筹，重点突破与整体推进相结合，深入推进科学施肥，加快施肥方式转变，减少不合理化肥投入，助推农业提质增效，农民持续增收。全年完成1 4组试验，456亩青蒜苗减肥增效示范；举办培训会7次，培训技术骨干175人次，现场观摩会1次，发放宣传资料4100份，制定玉米、水稻、油菜配方14个，印发玉米、水稻、油菜的施肥建议卡4.025万份，覆盖全区60个农业村（居）委会，涉及农户5.8万户，累计推广测土配方施肥面积16.2万亩，蔬菜5.05万亩，油菜1.5万亩，马铃薯0.78万亩，烤烟6万亩，水稻1.2万

亩，玉米1.67万亩。

【耕地质量等级调查评价】 以农业部发布的《耕地质量调查监测与评价办法》为指导，围绕保护和提升耕地质量的目标，综合考虑江川区土壤类型、耕作制度、地力水平、耕地环境状况、管理水平等因素，从2018年小春开始，在永久基本农田保护区内有代表性的地块上设置26个耕地质量监测点（其中市级8个）。

【农业投入品监管】 2018年共出动农业执法人员582人次，检查各类农产品生产企业和农资经营门市、企业、基地、网点1742家次。全年立案查处各类农业违法案件5件，涉案金额57500元，实施罚没款36832元。发放各类宣传资料2.1万份，开展动物防疫、渔业船舶安全应急演练，提升安全应急处置能力。

【农产品质量监测】 在全区累计开展农药残留快速检测样品总数3287个批次，其中合格样品3229个批次，合格率98.24%。开展农产品质量安全监督抽查定量检测90个批次，其中蔬菜60个批次，水果30个批次，检出农药超标1个批次。全区累计实施产地检疫畜禽61.5556万头（只），检疫开展面100%，检疫申报受理率100%；完成定点屠宰检疫生猪77201头，无害化处理检疫不合格生猪115.3104头，做到生猪屠宰检疫率、检出不合格产品无害化处理率100%。在全区全面推行二维码标识佩带工作，共进行戴标操作159279套，牲畜标识佩带率90%。开展“瘦肉精”抽检生猪尿液1106份。由于各项监管措施到位，确保全年未发生重大农产品质量安全事故。

【农产品质量安全检测站通过“双认证”现场评审】 2018年12月28～29日，省质量技术监督局及省农业厅分别委派专家组对江川区农产品质量安全检测站申请提交的3大类共61项参数开展检验检测机构资质认定及农产品质量安全检测机构考核（双认证）现场评审。专家组在听、看、查、问、考的基础上，均作出评审结论为“基本符合”。江川区农产品质量安全检测站首次通过“双认证”，为江川区农产品质量安全监管提供强有力的技术支撑。

【“三品一标”监管】 2018年，完成江川文记爱群蔬菜有限公司1755吨7个蔬菜产品绿色食品认证、完成江川区龙泉葡萄产销专业合作社1500吨克瑞森葡萄绿色食品认证。组织江川品香油脂有限公司、云南卓一食品有限公司、云南荣程弥猴桃种植有限公司、玉溪市江川区义程果木庄园、玉溪市江川区晟辰冬桃种植专业合作社申报绿色食品。为依法规范无公害农产品、绿色食品、有机食品及地理标志产品“三品一标”生产管理和标识使用行为，切实维护生产者和消费者合法权益。突出源头监管。对取得“三品一标”认证的生产单位的产品、产地采取定期和不定期的方式进行监督检查，重点检查获证企业是否按质量控制措施和生产技术规程进行管理和生产，是否有完整的生产记录，生产加工是否符合相应认证加工技术规程要求、投入品或添加剂使用是否规范等。对生产产品进行年度抽检复核工作。在企业种植或生产周期内，对已认证产品实行抽样送检的年检工作，确保产品质量符合标准。加强对市场流通领域的检查。全年组织对江川区华联超市、宝泰购物广场等主要生活超市上市的标识有有机食品、绿色食品、无公害食品“三品一标”标志字样150余个产品开展抽查，对不规范用标、过期用标以及疑似超范围和假冒“三品一标”标志的产品依法查处并逐一登记上报。

【龙头企业】 截至2018年末，全区共有市级以上龙头企业20个，其中获国家级重点龙头企业称号的有云南宏斌绿色食品有限公司1个企业；获省级重点龙头企业称号的有云南阳光食品有限公司、玉溪丫咪绿色休闲食品有限公司、云南卓一食品有限公司、云南雄鑫农产品商贸有限公司、云南荣盛实业有限公司5个企业；获市级龙头企业称号的有玉溪市九川食品有限公司、江川同力橡胶有限公司、玉溪文记爱群农产品发展有限公司、云南滕鹏果蔬进出口有限公司、云南秋庆种业有限公司、云南隆宇农产品贸易有限公司、玉溪恒丰万里花卉有限公司、玉溪天丽食品有限公司、江川县古滇彝家酒业有限公司、云南茂晟食品有限公司、云南江川汇海农产品有限公司、玉溪瑞珀花卉贸易有限公司、云南鑫隆润丰农业科技有限公司、江川标辉农业发展有限公司14个企业。在龙头企业中，从事农副产品加工的16个，鲜切花销售3个，养殖业1个，其中：蔬菜制品11个、玉米种子1个、鲜花饼1个、调味品生产1个、橡胶加工1个、酿酒1个、蛋鸡1个、鲜切花3个。全区龙头企业从业人数2397人，实现总产值25.7亿元，实现销售收入24.1亿元，利润总额9139万元，上缴税金1598万元，完成出口交货值34149万美元。带动农户数138555户，农户从事产业化经营增收总额31089万元。

【新型农业经营主体】 全区共有农民专业合作社56家，加入农民专业合作社成员12518户，带动非成员农户10124户。其中，从事种植业42个、养殖业10个、渔业1个、服务业3个；共有家庭农场61个，区级以上农业部门认定为示范性家庭农场的35个。其中，从事种植业39个、畜牧业12个、渔业3个、种养结合的7个。玉溪市江川区壹文养殖专业合作社等4家合作社申报为市级农民专业合作社，江川区孙八富等5个家庭农场申报为市级示范家庭农场。

【农产品加工企业】 2018年，全区农产品加工企业94个，从业人数7451人，现价总产值397235万元，同比增幅10.74%。

【农机推广和服务】 全区农机总动力19.43万千瓦特，拥有各型拖拉机4792台，其中大中型拖拉机37台，小型方向盘式拖拉机3277台，手扶拖拉机1478台；拥有耕整地机械（耕整机）10868台（套）、排灌机械8372台（套）；拥有农副产品加工动力机械1432台，机动脱粒机760台；拥有各种配套农机具2287部，其中大型配套农机具207部，小型配套农机具2080部。新增微耕机124台。拥有拖拉机驾驶员3048人，其中：G2：2571人，K2：477人。年内共完成中央补贴项目资金120万元，共补贴各类机具295台，受益农户248户。在前卫镇小街村委会完成水稻机械化育插秧面积840亩。

【农机监理】 以农机“推丘”工作为契机，围绕源头管理、执法监控、宣传教育等主要环节，在全区开展农机安全大检查活动，加大农机安全执法力度，加强农机安全隐患排查治理，从源头上确保农机安全生产管理。全年共办理拖拉机转移登记3台，变更登记1台，注销登记3台，补、换领行驶证14台，年度检验931台。办理驾驶证到期审验换证340本；培训拖拉机驾驶员1期，制作驾驶证22本。在全区开展农机安全宣传、隐患排查、打非治违活动，出动宣传车19次，出动人员76人次，发放各种宣传材料6500份，播放农机安全宣教片、道路交通警示片100场次，查出拖拉机安全一般隐患20条，当场整改20条。一年来全区无农机作业伤亡及特大农机道路交通安全事故发生。

【农村集体资金资产资源和财务管理】 一是继续开展委托代理服务工作。2018年江川区63个村（居）委会、372个村（居）民小组的财务账目及资金资产资源，都依法委托乡镇（街道）代理服务机构代管，6个乡镇（街道）农经中心共代管集体资金48922万元。通过“三资”网络监管平台监督，各乡镇（街道）代理服务机构均建立总会计账、总出纳账。二是各代理服务机构按时与村组结账对账，按时做账，按时提供各项会计信息财务报表，保证村组的会计核算工作高效、顺利开展。三是抓好农村财务公开，确保群众知情权、参与权和监督权。四是及时更新监管平台信息，各乡镇（街道）代理服务机构分管会计每次做账结束后，都把财务收支、合同信息等按规定录入监管平台，各级管理部门可以通过平台监督检查村组的经济活动及“三资”管理情况。

【农民负担监督管理】 一是贯彻减轻农民负担政策，切实把减轻农民负担政策不折不扣的落到实处。全年完成中央农业支持保护补贴面积10.7341万亩，补贴资金480万元；完成农机购置补贴资金120万元；退耕还林、还草补贴274万元；其他补贴7351万元，主要是抗震安居补助、贫困学生及住校生补贴、计划生育补贴、农村合作医疗补贴等。二是严格农村集体“一事一议”筹资筹劳审核，防止面向群众乱收费、乱集资、乱摊派现象发生。全区共有20个村涉及村内公益事业一事一议筹资筹劳（涉及25个自然村）。其中：一事一议筹资，涉及人数16365人，比上年涉及人数有所增加；筹资金额22万元，比上年减少；其中：道路筹资4万元；水利筹资1万元；其他筹资17万元。一事一议筹劳35835个，比上年减少；涉及人数9305人，比上年涉及人数减少。其中：道路筹劳4197个；水利筹劳2120个；其它筹劳29518个。三是配合有关部门做好群众来信来访工作、涉农收费和

价格的专项检查，按时完成各项调查及分析资料上报工作。

【农村土地承包合同管理及土地流转】　全区农村土地承包经营权流转面积24240亩，其中，农户间自发流转8930亩，占流转面积的36.8%；乡村组织提供信息流转的6186亩，占流转面积的25.6%；委托乡村组织流转的面积9124亩，占流转面积的37.6%。全区流转土地成规模经营耕地50亩以上的11395亩。其中50～100亩的3904亩；100～300亩的2595亩；300～500亩的2751亩；1000以上的2145亩。通过引进外商，搭建平台，实行强强联合，按照“依法、自愿、有偿”和“明确所有权、稳定承包权、搞活经营权”的原则，采取转包、出租、互换、转让、股份合作等形式，鼓励农民合理流转土地承包经营权，流转入合作社的土地面积1123亩；流转入企业面积9643亩，政府组织流转2145亩，种田大户11329亩。

【农村土地承包经营权确权登记颁证】　江川区是全市农村土地承包经营权确权登记工作第二批整县推进县区，全区农村土地承包经营权确权登记颁证涉及耕地面积318894.3亩（国土二调面积），农业人口24万余人，在1998年8月承包土地二轮延包工作时签订承包合同65392份，涉及承包农户70191户、面积118070亩。2018年，全面完成承包地土地承包台账梳理、入户摸底调查、地块测量、调查成果核对确认等工作，清理土地承包台账508册、调查发包方435个、承包方（有承包地农户）81753户，测量地块339396块，面积338705.1亩，其中承包地面积为202661.4亩。实测面积比国土二调面积增加19810.8亩，多出6.2%。全区72个村435个村民小组除渔村第11村民小组外的其它434个村民小组都完成农村土地承包经营权确权登记颁证工作，确权面积200937.14亩，占实测面积的59.3%，占承包面积的99.15%；已确权承包农户81501户，占调查承包农户的99.7%。

【农村集体产权制度改革】2018年6月，玉溪市被国家列为全国50个全面开展改革试点工作的州市之一，江川区委、区政府高度重视，在全市率先召开全区动员部署会，全面安排布置深入推进农村集体产权制度改革工作。2018年8月7日召开全区农村集体产权改革工作动员会，对全区农村集体产权制度改革工作进行安排部署，将江川产改工作从准备阶段正式切换进入到实施阶段。目前全区6个乡镇（街道）、63个村（居）委员会，372个村民小组，完成实施方案制定、人员培训等前期部署工作，12月末结束资产清查核实工作。

【中央农业支持保护补贴】　中央农业支持保护补贴包括良种补贴、农资综合直贴、种粮补贴。江川区2018年度中央农业支持保护补贴补贴总面积122863.48亩，补贴标准每亩44.76元，补贴资金5499371.47元。补贴范围涉及全区7个乡镇（街道），71396户农户。其中：大街街道补贴面积20965.67亩、补贴资金938424.31元，江城镇补贴面积35484.72亩、补贴资金1588297.61元，前卫镇补贴面积21058.24亩、补贴资金942567.31元，九溪镇补贴面积13757.2亩、补贴资金615771.66元，路居镇补贴面积15522.98亩、补贴资金694807.9元，安化乡补贴面积7593.56亩、补贴资金339887.91元，雄关乡补贴面积8481.11亩、补贴资金379614.77元。

【种植业保险】　2018年，江川区继续开展种植业保险工作，按照水稻每亩19.5元、玉米16.5元、油菜13.8元的保费进行投保，其中中央、省、市、区分别承担保费金额的40%、25%、25%、10%。全年完成水稻投保面积1.31万亩，保费255450元，涉及农户33271户；玉米投保面积2万亩，保费330000元。涉及农户37648户，油菜投保面积2万亩，保费276000元。涉及农户38462户。

【动物防疫】　按照“政府保免疫密度，业务部门保免疫质量”的要求，层层签订动物防疫责任书，对全区生猪散养户所饲养的生猪免疫采取“整村推进，集中免疫”工作方式，全面推行生猪“321”免疫新技术，督促规模养殖场（户）落实程序免疫，组织做好查缺补漏工作。据统计，2018年春秋两防期间，全区累计使用猪瘟疫苗26.56万头份（用于散养户），牲畜口蹄疫疫苗59.15万毫升，高致病性猪蓝耳病疫苗23.18万头份（用于散养户），高致病性禽流感疫苗264.625万毫升，小反刍兽疫3.18万头份。开展猪瘟免疫47.10万头（次）、高致病性猪蓝耳病免疫46.10万头

（次），牲畜口蹄疫免疫52.11万头（只、次），其中：免疫猪46.8万头（次）、牛0.99万头（次）、羊4.32万只（次），高致病性禽禽流感免疫458.5万只（次），小反刍兽疫免疫2.05万只次。重大动物疫病应免密度100%，群体免疫密度常年保持在90%以上，免疫效果合格率常年维持在70%以上，确保全区不发生区域性重大动物疫病流行；猪、大牲畜、羊、家禽疫病死亡率分别控制在3%、1.5%、2%、6%的指标范围内。

【动物疫病监测】 2018年，继续在全区推广应用动物疫病免疫抗体及动物疫病病原检测技术，对免疫质量和病原监测情况进行评估，及时作出预警预报，提高动物疫病防疫能力和水平。全年对6个乡镇（街道）的畜禽养殖场（户）、屠宰厂、农贸市场开展采样2307份，监测6596份次。其中：开展抗体监测3147份次（含国家定点监测），病原学监测3449份次（含国家定点监测）。对重大动物疫病病原学监测为阳性畜禽及同群畜禽严格按相关防治技术规范进行处理。

【畜禽规模养殖】 2018年末，全区共有适度畜禽规模养殖场（户）643户。其中：能繁母猪存栏5头以上的360户，存栏能繁母猪8646头，销售仔猪72922头，出栏肥猪39659头；蛋鸡存栏2000只以上的有59户，存栏132万只；肉鸡存栏2000只以上的19户，存栏12.66万只；蛋鸭鸡存栏2000只以上的4户，存栏2.076万只；肉鸭存栏2000只以上的2户，存栏0.62万只；山羊存栏30只以上的139户，存栏山羊10307只；肉牛存栏10头以上的58户，存栏肉牛1270头；兔常年存栏500只以上的2户，存栏0.28万只。

【畜牧贴息贷款】 做好2017年度畜牧贴息贷款项目（贷款周期为3年）的跟踪、指导、服务工作。江川区本轮畜牧贴息贷款发放3000万元，惠及184家养殖户。该项目的组织实施缓解大规模养殖户融资难的实际问题，对江川区畜牧业的进一步做大、做强起到重要的推动作用，促进规模化养殖发展步伐，成效显著，实现了经济效益和社会效益的双丰收。

【能繁母猪保险】 2018年度，江川区继续实施能繁母猪保险强农惠农政策，全区能繁母猪保险投保母猪14629头，每头能繁母猪保险金额1055元，每头保费60元，其中：中央财政每头补助30元、省级财政补助3.6元、市级财政补助8.4元、区级财政补助6元，养殖户承担12元。全年共受理保险责任范围内死亡母猪719头，累计支付养殖户保险赔偿资金75.8545万元。

【农村能源】 截至2018年末，全区农村户用沼气池保有量为22367口，全年组织开展开展沼气池入户检查工作，共入户检查27户。开展沼气安全使用知识培训170余人次，发放宣传资料5000余份。全年未发生一起沼气池安全事故。大力发展农村清洁能源，2018年共计推广农村太阳能热水器805台，节柴改灶980台，以电代柴电磁炉980台。

【土著鱼保护及开发利用】 2018年，江川区不断加强土著鱼的保护与开发利用，水产站主编的科普图书《星云湖土著鱼类保护与利用》，在2018年9月由云南人民出版社出版；水产站主编的三个江川土著鱼类养殖技术地方性规范由玉溪市质量技术监督局批准发布实施；水产站站长张四春通知荣获上年度全国水生野生动物保护海昌技术奖；历经6年的“大头鱼”地理标志产品保护申报，被国家市场监督管理总局受理；全年共向星云湖放流大头鲤5厘米以上夏花鱼苗102.2万尾，10～20厘米大规格鱼种3026千克。

【农用地土壤详查】 江川区中央土壤污染详查水稻协同采样工作于上年9月开始至2018年9月，江川区水稻协同采样工作已全部完成，共计完成11个水稻样品制备流转、11个土壤无机样品采集流转、10个土壤有机样品采集流转。水稻样品、土壤无机样品在全省率先流转成功，所有样品均一次性流转成功，并通过省级复审，无一样品返工。江川区农产品产地土壤环境质量例行监测国控例行监测点位采样工作已进入第二年，本年共采集土壤样品4个，制备样品20份、作物样品12个，制备样品36份送检。

【面源污染原位监测点建设】 2018年根据星云源流域内种植情况，在前卫镇杨家咀村选择具有代表性的稻——菜种植模式作为地表径流面源污染原位监测点建设模式，现已完成原位监测点建设。

【农业面源污染治理】 组织编写

《星云湖大幅削减污染负荷实施方案》，获云南省农业厅批准。

【畜禽禁养区划定】 组织完成《玉溪市江川区畜禽养殖禁养区限养区划定意见》的畜禽禁养区划定工作，于2018年6月28日经玉溪市江川区第二届人民政府第30次常务会议研究通过，并向社会公布实施。

【提案和议案办理】 2018年承办区政协委员提案5件，承办区人大代表提议2件，办理答复均为满意。

（杨 迪）

烟 草

【机构设置】 江川区烟草专卖局（分公司）设综合办公室、人事劳资科、财务室、专卖监督管理室（稽查大队）、生产科技室、现代烟草农业基础设施建设办公室、督察考评室、监察科、安全保卫科、区域市场部、卷烟物流中转站11个职能部门，江城、安化、前卫、大街、九溪、雄关6个烟叶工作站，周官、光山2个烟点。在册在岗职工107（含市管干部6人），年内调出0人，调入6人，解除劳动合同0人，其中，男性79人（含市管干部6人），女性28人。

【概述】 2018年，江川区烟草专卖局围绕“抓住一个统领，打赢三场翻身仗，多举措夯实管理基础”的总体工作思路，全体干部职工团结一心、履职尽责，各项工作取得较好的成效。高质量完成年度两烟生产经营各项目标任务，实现税收14366.1万元，其中国税3524.2万元，地税10841.9万元，同比增1624.8万元。

【经济效益】 2018年，江川区种烟农户9669户，种植烤烟7.115万亩（其中：田烟3.2万亩，地烟3.915万亩），收购烟叶9.825万吨（19.65万担），收购中上等烟叶比例97.21%（上等烟占72.58%，比上年提高6.41个百分点）；收购金额3.068亿元，同比增4047.58万元；收购均价31.22元/千克，同比增0.73元/千克；烟农户均交售收入3.1726万元，同比增4653.74元；烟叶实现税利67487863.60元、同比增15.20%。全年销售卷烟8420.19箱、增幅10.77%，其中一类烟销售1538.01箱、增幅4.52%。实现卷烟销售收入2.62亿元，增幅11.92%。

【烤烟生产收购】 江川区2018年的烤烟生产工作，贯彻落实全市（区）烟叶工作会、烤烟中耕管理现场会、烟叶收购会议精神，贯彻落实《中共玉溪市烟草专卖局党委关于印发确保完成2018年全市烤烟生产经营目标任务的紧急通知》等文件精神，紧盯目标任务，着力抓好各项工作措施落实。完成烤烟生产目标任务，全区烟叶收购历时38天，完成目标任务982.5万千克，完成计划100%，日均进度2.63%，全市第一家率先完成收购任务；收购上等烟叶7130765.1千克，比例72.58%，全市排名第三；收购金额306763015.56元，烟叶税及附加67487863.42元，均价31.22元/千克，比全市平均高1.28元，全市排名第一。

【烤烟种植轮作规划】 江川区烟草专卖局制定烤烟种植规划实施方案，各烟叶站和乡镇、村组严格按计划做好烤烟种植面积的规划，突出规划轮作，做到规划定面积、定农户、订合同。全区计划种植田烟面积32000亩，地烟面积39150亩，落实连片种植197片，比2017年增加9片，连片种植规模增加，所有连片面积均达到100亩以上，其中连片面积200亩以下的有63片，占12.57%；连片面积200～500亩的96片，占43.48%；连片面积500～1000亩的30片，占28.45%；连片面积1000亩以上的8片，占15.5%。实现规模化种植，机械化作业。

【烟用物资调供】 2018年，江川区烟草专卖局做好烟用物资调供，供应育苗类物资，其中：设置漂育苗点26个、大棚53个、小棚8197个，育成烟苗8250万株，可供移栽面积7.115万亩，专业化商品化育苗率100%；基质700立方米；供应农药及微肥：保得生物肥500千克、硫酸锌8000千克、有机钾肥6500千克。供应化肥：复混肥3983.045吨，硫酸钾1991.523吨，提苗肥213.45吨。供应包装物：麻片246727套，麻线8吨，布标签258224张。

【烤烟抗旱移栽】 2018年，全区统一机械深耕3.55万亩，缩短烤烟移栽翻田、碎垡时间，移栽集中度高，同一片区1～3天完成移栽；加大适时抗旱集中早栽技术宣传和培训推广力度，为大田最佳节令集中移栽赢得充足的时间，5月5日烤烟移栽全面结束；同一田块、同一片区通线理墒，定点深栽，株行距合理。大力推广农家肥施用，全区共计堆捂农家肥3.305万吨，施用面积6.61万亩。

【膜下小苗移栽】 完善膜下小苗移栽技术，新盛合作社代购膜下小苗移栽用地膜53534件；经验收，全区所有地烟均实行膜下小苗移栽，并向田烟推广，全区膜下小苗移栽面积5.6万亩，占计划面积的78.71%。

【蚜茧蜂防治烟蚜】 2018年，江川区烟蚜茧蜂防治工作由烟株应用转向大农业推广应用。江川区公司设置7个夏季繁蜂点，设立大棚1638平方米、小棚500个；设置1个冬春季繁蜂点，大棚1638平方米。全区防治烤烟种植面积7.115万亩，占烤烟计划种植面积的100%，将蚜株率降到3%以下，降低烟叶农药残留量，提高烟叶安全性；防治大春非烟作物10万亩、小春非烟作物10万亩。实现防治由单季向三季防治、由烟草走向大农业的转变。

【优化烟叶结构】 2018年，江川区继续全面实施推行优化烟叶结构工作，清除田间不适用烟叶，下部叶清除面积7.115万亩，完成率100%；上部叶推行留叶毁型，完成面积7.115万亩，完成率100%。

【烟叶田间管理】 2018年，江川区落实以揭膜培土为中心的中耕管理，培土后田烟墒高40厘米以上，地烟墒高25～30厘米，在没有作保补助的情况下完成0.46万亩的揭膜培土；切实落实测土配方施肥工作，全区共计开展测土配方施肥面积7.115万亩；引导烟农科学合理用药，严禁使用除草剂和推荐范围外农药；江川区科技员根据烟株的长势长相、土壤肥力、施肥量、气候、品种等因素来实地指导封顶打杈，全面推行高封顶、多留叶、彻底抹杈，田烟留叶数22片，地烟留叶数20片，全面推广化学抑芽技术。

【上部叶一次性采烤】 2018年，江川区落实以成熟采烤为中心的烟叶采收管理，要求上部4～6片叶成熟后一次性采烤。全区共计开展上部叶一次性采烤面积7.115万亩，占烤烟种植面积100%。

【卷烟销售】 2018年全区共销售卷烟累计销售卷烟8420.19箱，同比增799.14箱，增幅10.77%，完成年度计划的105.06%，超全市进度4.28个百分点。一类烟销售1538.01箱，同比增66.5328箱，增幅4.52%；二类烟销售327.03箱，同比增104.15箱，增幅46.73%；三类烟销售5376.12箱，同比增614.86箱，增幅12.91%；四类烟销售113.35箱，同比减22.48箱，降幅16.55%；无价类（雪茄）销售1.2704箱，同比增0.52箱，增幅71.14%。实现销售收入2.62亿元，同比增2736.32万元，增幅11.92%，完成年度计划任务的103.88%，超全市进度2.78个百分点；单箱收入31070元，差全年计划352元。

【专卖管理】 2018年，江川区办理案件数76起，同比减41起，减幅35%，其中大要案11起，减6起，减幅35.29%；涉案金额289.8万元，同比增18.68万元，增幅7%；卷烟罚没款2.74万元；7.28涉烟案件逮捕涉烟犯罪嫌疑人2人。烟叶收购期间，设置9个固定卡点和2个流动卡点防止烟叶非法流通，查获非法运输烟叶的车辆52辆，烟叶17.92吨。截至2018年12月25日，江川区共有卷烟零售户929户，其中新办140户、变更56户、延续576户、停业0户、歇业49户、依职权注销110户。

【烟水配套、机耕路项目】 江川区烟草专卖局以烟叶基础设施建设服务烟区发展，2018年完成烟田水利设施、机耕路项目42件，其中烟田水利设施项目38件，已全部完成，机耕路项目完成3件。2017年结转到2018年的烟田水利设施、机耕路项目已通过区、市验收，项目总造价362.408万元，其中烟草行业补贴358.634万元，政府整合投入3.774万元。

【烟叶调制设施项目】 计划新建的生物质能源密集烤房10座已全部完工，并按要求用生物质颗粒燃料进行烘烤。项目已通过区、市验收，烟草行业资金37.00万元。

【行政管理】 开展供水、供电、物业“三供一业”分离移交改造。共计改造职工住宅210套，涉及老烟草生活区、福临小区2个职工生活区，涉及金额共计4134443.40元，其中物业改造项目838808.09元，供电改造项目1987761.36元，供水改造项目1307873.95元，实现职工生活区一户一表、抄表到户，物业自主管理，与主业完全脱钩。

（潘美帆）

林　业

【概述】 玉溪市江川区林业局

机关内设办公室、计划财务股、林政股、森林防火股（森林防火指挥部办公室）。局属设置玉溪市江川区森林公安局（正科级）、玉溪市江川区大龙潭自然保护区管护局（副科级，2017年5月成立）、云南江川星云湖国家湿地公园管理局（2017年12月成立，2018年9月并入星云湖管理局）及7个事业单位，即：玉溪市江川区森林病虫害防治检疫站（推公管理）、玉溪市江川区林木种苗站、玉溪市江川区经济果木林推广站、玉溪市江川区营林工作站、玉溪市江川区林业科学技术推广站、玉溪市江川区林政稽查大队、玉溪市江川区林权管理服务中心。核定编制101名，2018底实有在职干部职工74人，其中，行政人员22人（公务员8人，工勤人员2人，森林公安局8人，森防站推公管理4人），事业人员52人（专业技术人员28人，技术工人24人）。

2018年，区林业局树立创新、协调、绿色、开放、共享的发展理念，坚持“生态建设产业化，产业发展生态化”和“保护优先”的思路，以建设生态文明为总目标，以发展生态林业、民生林业为总任务，以造林绿化为重点，以改革创新为动力，以科技兴林为支撑，以依法治林为保障，着力改善林业生态环境，构建绿色生态屏障，加快推进森林江川建设步伐。

【森林防火】 贯彻落实国务院、省、市森林防火工作会议精神及相关领导的批示要求，围绕目标任务，结合实际，突出重点，狠抓严管，分阶段安排部署森林防火工作，预防上积极主动、宣传上形式多样、管理上权责结合，采取层层落实防火责任、强化防火宣传攻势、严格控制野外用火、重点部位靠前驻防、加大督查检查力度等工作方法，协调调动一切积极因素，打好森林防火攻坚战，2018年全区没有发生任何森林火情和火灾。一是落实防火责任制。全区共层层签订各类责任书10341份。二是强化宣传培训，提高防火意识。累计制作下发《户主通知书》8.3万份，设立警示标牌2062块，其中2018年新增制作87块。设置警示彩旗200套，悬挂宣传横幅标语2567条，发放宣传广告伞239把、无纺布宣传袋1800个，印发各类宣传手册、宣传彩页等3万余份，张贴进入森林防火期公告1622份，宣传车巡回宣传1096台次，召开培训会议348期。三是强化火源管理，减少火灾隐患。按照“山山有领导，段段有人管，重点有人盯，责任全覆盖”的要求，共设临时性防火检查站、哨、卡点56个；全区116名护林员对全区重点林区、重点地段严防死守。四是强化应急反应，加强专业队建设。及时修订完善应急预案，组建专业队1支、50人，6个乡镇（街道）组建应急扑火队6支、90人，组建民兵义务扑火队57支1765人，组建10名瞭望台工作人员。五是在江城梁王山、前卫小尖山、九溪放马沟建设三套远程森林防火视频监控系统，扫除视频监控盲区，提高视频监控覆盖范围。

【绿化造林】 着力推进生态植被修复，增强生态功能，防止水土流失，改善区域生态环境。一是推进江川区翠大线提档升级绿化改造项目，完成杨树置换3千米，共种植香樟树610株、云南樱花329株、紫叶李331株、红千层345株。二是巩固2017年完成的7057亩造林成果，完成1700亩异地造林任务。三是完成2017年度省市木本油料产业发展0.9万亩建设任务，其中：实施市级核桃种植0.4万亩，实施省市核桃提质增效技术改造0.5万亩。

【林木种苗】 开展林木种苗生产经营许可证制度及育苗技术培训，规范林木种子市场。对辖区内育苗单位进行监督、管理、技术指导，为江川完成年度夏季造林提供苗木准备。培育、种植森林蔬菜苗木5万多株。前卫镇石河村委会阿斗村民坝德繁在自己的明蓝苗圃采用种子育苗的方式开展野生梁王茶育苗试验并获成功，培育野生梁王苗木五万余株，结合农业开发项目的实施，先后在雄关乡白石村委会小田村民小组和大街街道小白坡村委会唐磨得村民小组种植60亩，开创江川野生森林蔬菜梁王茶人工种植的先河，更加丰富江川人民餐饮野生蔬菜的品种。

【林政资源管理】 加强林地征占用管理，规范林木采伐、木材运输许可证的审核审批，木材经营许可证的审验，加大林政执法力度。一是严格把好林木采伐审批关，规范采伐作业。全年共审核发放《木材采伐许可证》80份，采伐面积2493.06亩，采伐蓄积3309.9立方米，出材量2192.24立方米。为严格控制森林资源消耗，防止非法运输木材，配合木材采伐许可制度，对需要调运的商品材按有关规定办理木材运输许可证。全年共办理运输证126份，运输木材1536.65立方米。二是严格林地管理。严格实施林地用途管制和林地定额管理，按照程序依法办理林地征占用审批，强化各重大项目建设过程中林地征占用的审核审批及监督管理。服务好机场、工业园区、农村道路占用征收林地的审核上报审批工作；配合滇中引水办，做好现地核实、调查等各项工作；结合“绿盾2018”专项行动，对各重点工程、在建项目进行全面巡查；完成好江川区非煤矿山转型升级各项工作。全年共完成临时使用林地审核、审批3宗，批准使用林地1.8413公顷。审批直接为林业生产服务占用林地1宗，批准使用面积0.2929公顷。审核、审批永久征收林地22宗，30.2363公顷，共征收森林植被恢复费394.0039万元。三是对全区34家木材经营加工户开展宣传监督工作，进一步规范全区木材经营加工秩序，提高了木材经营加工户依法经营的意识。

【林业行政执法】 坚守生态红线，严厉打击破坏森林资源违法犯罪活动。围绕林业中心工作，深入开展“无火清明”武装巡护和打黑除恶专项斗争、打击象牙等珍贵濒危野生动物制品非法贸易专项行动、集中打击整治枪爆违法犯罪行动和“春雷2018”等专项行动，开展林区安全隐患和涉林矛盾纠纷排查，确保林区社会治安稳定。共受理各类森林和野生动物案件65起。立刑事案件10起（非法占用农用地案3起、失火案3起、滥伐林木案1起、非法收购、出售珍贵、濒危野生动物案3起）。破获10起，破案率100%，取保候审7人，移送起诉案件9起，1人因犯罪嫌疑人患有精神病，按法律规定，撤销案件1起。林业行政案件55起（擅自开垦林地案5起、擅自改变林地用途35起、滥伐林木案2起、毁坏林木案2起、未经批准临时占用林地案5起、森林防火期内，过失引起森林火灾、尚未造成重大损失2起、森林防火期违规用火4起），处罚55人次，罚没款42.51471万元、责令恢复林地面积36411平方米，责令补种树木3403株，责令更新造林11.244亩，救助野生动物78只（条），挽回直接经济损失200余万元。

【林业有害生物防治】 一是开展林业有害生物监测工作，全区林业有害生物发生面积93407亩，工程防治1.03万亩。二是开展病虫害防治。首次引用无人机防治安化乡白沙地到烂泥箐中华松针蚧8700余亩，防治大街街道土官田村委会思茅松毛虫危害油杉1000余亩。三是植物检疫工作。开具植物检疫证书126份计2200立方米，苗木300株；调入植物检疫证书529份，木材13900立方米，签发检疫要求书39份，均复检；产地检疫苗圃17家，面积3907.7亩，涉及苗木66.17万株，产地检疫率100%。四是野生动植物工作。开展全国古树名木资源普查，登记并录入全国古树名木信息系统的古树为2404株，古树分29科53属68种。开展了以非洲猪瘟为主的野生动物疫源疫病监测工作。实施江川区“云南省全国2017年全国林业有害生物防治能力提升项目，加强江川区的林业有害生物的监测、预警能力。

【林业科技】 结合国家、省、市造林及森林抚育管护项目的实施，深入基层开展林产业发展、营造林、经营管护、病虫害防治、森林防火、林木种苗繁育、资源管理及林业方针政策、法律法规等林业科技服务培训工作。规划建设示范样板基地2个，面积1370亩，有力辐射带动周边农户核桃规范化抚育管护水平；开展新栽和历年来种植核桃的规范化管护面积（不计重复部分）2.43万亩，其中：定干整形0.95万亩；修枝打杈0.66万亩；病虫害防治1.12万亩；防霜冻0.22万亩；施肥0.96万亩；浇水0.64万亩。组织开展专题培训8期，培训基层林业科技人员161人、培训林农群众和林区种植大户共700余人。帮扶指导各乡镇（街道）、社会各界林业经营者和林区种植大户、林农群众实施老果园改造50亩；开展桃、梨、核桃、车厘子等经果树种的修剪、嫁接及盛产期管护700余亩；组织各类病虫害防治150亩。

【森林生态效益补偿】 2018年公益林、天然林生态补偿面积为45.23万亩，其中公益林34.56万亩、天然林10.67万亩，补偿资金887.7448万元。共涉及农户76726户，其中公益林44795户，天然林31931户；涉及补贴金额661.9648万元，其中公益林343.4593万元，2016～2018天然林318.5054万元，改善江川森林管护资金短缺的压力。

【林权配套改革】 组织林权抵押贷款贴息发放工作，完成林业小额贴息贷款18户，贷款面积3306亩，贷款金额292万元，财政贴息6.3631万元。

【林业产业】 开展林产企业管理服务工作，组织开展江川区获第十批省级林业产业龙头企业认定的2家林产企业复评工作，筛选3家林业企业及合作社加入“玉溪市林产业协会”，组织“玉溪市江川区盛果核桃种植专业合作社”参加“2018云南·昆明坚果博览会”，参展果品喜获大会“铜奖”，促进和规范江川林产企业及林业合作组织发展。截至2018年末，江川区经工商注册登记成立的林产企业共55家、林农专业合作社32家，全区共有林业经营大户87人。其中获得“云南省林业产业省级龙头企业”认定的林产企业3家，获得“云南省林农业专业合作社省级示范社”认定的林民专业合作社6家。林产品获得国家绿色食品A级认证产品2个，获得专利1项，注册商标4个。对提升社会各界参与林产业经营发展的意识、促进农民增收和农村经济转型、推动江川区林业产业的持续发展、增强林业企业在产业发展和区域经济发展中的影响贡献起到带动和示范作用。

【自然保护区】 强化大龙潭自然保护区管护工作，聘请云南省林业调查规划院生态分院编制《江川区大龙潭县级自然保护区总体规划（2018～2025年）》，通过征求意见、专家评审，完成听证、风险评估程序，经政府常务会议及常委会议通过。

【湿地管理】 一是开展云南江川星云湖国家湿地公园试点建设工作，不断规范湿地公园管理，组织开展湿地监测项目的招投标工作。编制《云南江川星云湖国家湿地公园2017年保护与恢复项目实施方案》上报省林业厅审批通过，项目总投资300万元，全部为中央财政林业专项资金。项目主要内容是：星云湖湿地保护和恢复（湿地生态环境治理和星云湖环湖树木病虫害防治）、湿地公园界标牌设置、入侵植物清理和控制、湿地监测。二是配合省规划院省级重要湿地工作认定组，开展星云湖省级重要湿地的认定工作，完成市区级意见征询工作。编制《玉溪市江川区湿地保护修复制度工作方案》，为江川区湿地资源的保护和修复工作提供有力保障。

【森林督查】 2018年6月22日至10月19日，完成森林督查工作。根据玉溪市江川区移交矢量图层进行叠加对照分析、对国家林业局驻云南专员办筛选出产生的78个疑似图斑、59个省级问题图斑进行现地调查核实、拍照，变化图斑属性确定。创建森林督查数据库，完成县级自查报告编制、数据库审查上报等工作。

【森林资源主要指标监测】 2018年10月31日至12月3日，完成森林资源主要指标监测工作。通过现地和内业分析、调查、提交森林增加图斑，对影像判读确定的疑似森林减少图斑进行核实。通过监测，提交江川区监测期内森林资源增减变化信息。

【核桃产业】 “2018云南·昆明坚果博览会”于10月16日在昆明滇池国际会展中心闭幕，江川区参展的“玉溪市江川区盛果核桃种植专业合作社”参展果品喜获大会“铜奖”。江川雄关盛果核桃种植专业合作社带动农户260余户种植核桃，产业发展成效明显，2014年获得“云南省林农专业合作社省级示范社”评审认定，是江川区核桃产业发展较好的新型林业经营主体。

【古树名木资源普查】 2018年3月至10月，组织完成了全国古树名木资源普查工作，登记并录入全国古树名木信息系统的古树2404株，没有名木，树的分布以散生为主，没有“古树群”，古树分29科53属68种。

（陈花艳）

水　利

【组织机构】 2018年末，玉溪市江川区水利局实有在职干部职工56人，其中：行政人员11人（公务员10人，工勤1人），事业人员45人（专业技术人员34人，工人9人，职员2人）。局机关设4个内设机构，即：办公室、江川区防汛抗旱指挥部办公室、水政水资源股（江川区水政监察大队）、行政审批股。设置下属事业单位4个，即玉溪市江川区水利工程建设质量安全监督站，玉溪市江川区防汛抗旱站（与“玉溪市江川区工程管理站”实行两块牌子一套工作机构），玉溪市江川区水土保持工作站，玉溪市江川水资源调度管理中心。

【概述】 2018年，江川区围绕上级水利部门的工作要求，坚持“依法治水、深化改革、突出民生、加快发展、行稳致远”的总体思路，主动适应新常态，积极抢抓新机遇，奋力开创新局面，为加快建设宜居宜业和谐美丽新江川提供重要的水利保障。

有效灌溉面积。全区有效灌溉面积99655亩（不含路居托管，下同），占总耕地面积88.25%，比上年的87.85%上升0.41个百分点。

节水和除涝灌溉面积。全区节水灌溉面积累计65567亩，占全区耕地有效面积99655亩的65.79%。

全区除涝面积累计57138亩，占全区易涝耕地面积59380亩的96.22%。

水土保持治理。全区累计治理水土流失面积226.90平方千米，占全区水土流失面积380.83平方千米的59.58%。

堤闸建设。全区累计建成达标堤防42.09千米，占河堤总长199.24千米的23.72%；建成小型水闸172座。

农村饮水安全人口。全区农村饮水安全人口23.20万人，占全区总人口的90.45%。

水利供水工程建设。全区累计建成水利供水工程39614件。蓄水工程。累计建成水库坝塘307座，总库容达6277.86万立方米，年设计供水能力4780.4万立方米。引水和其它水源工程。累计建成引水工程36处，年设计供水能力达2009万立方米；累计建成小水窖24972件，年设计蓄水能力达38万立方米；累计建成水池1529口，年设计蓄水能力达13.56万立方米。机电井和泵站工程。累计建成机电井936眼（其中：规模以上浅层地下水机电井37眼，规模以下浅层地下水机电井898眼）；累计建成泵站工程388处，总装机容量10229.2千瓦，其中：中型（1000千瓦以上）1处，装机容量1440千瓦，小（一）型（100—1000千瓦）泵站29处，装机容量6411千瓦，小（二）型（100千瓦以下）泵站358处，装机容量10229.2千瓦。

水利工程供水情况。全年水利工程为各行、各业供水量6587万立方米，其中，水利工程为农业供水量4327万立方米，为城乡居民生活供水量1127.55万立方米。

【农田水利基本建设】 2018年，全区共计完成各类水利工程1478件，完成水利建设投资32599万元，新增耕地灌溉面积0.1万亩，新增高效节水灌溉面积0.41万亩，高标准农田建设1.7万亩，治理水土流失面积6平方千米，巩固提升农村饮水安全人口3万人，建成“山区五小水利”0.1万件，完成江河堤防治理4千米，完成库塘蓄水量0.402亿立方米。

【组织启动实施石河、大龙潭、黄谷田3座小（一）型病险水库除险加固工程项目】 该项目批复投资1772万元，石河水库已签订施工合同，即将开工建设；大龙潭水库、黄谷田水库争取在2019年上半年完成工程建设施工单位招投标工作。

【组织启动实施七座小（2）型水库除险加固工程】 马家庄、大卷槽、大石板、王居箐、螺丝坝、雄联、力摆子七座灾后薄弱环节小（2）型水库除险加固工程，其中大石板、力摆子、王居箐三座水库现已完成前期工作，等待批复。

【组织启动实施茶尔山水库灌区高效节水减排项目】 该项目批复投资1342.9万元，现已完成项目招投标工作，施工方正准备进场施工。

【组织启动实施西河西河村段治理工程】 该项目概算投资1500万元，现已完成前期工作，等待批复。

【组织启动2018年农村饮水安全巩固提升项目】 该项目批复投资258.21万元，对5707人进行农村人口饮水安全巩固提升，其中：建档立卡贫困村1个，贫困户39户，贫困人口150人，现已完成招投标工作，施工方正准备进场施工。

【完成2015年小农水重点县项目建设内容】 该项目于2015年11月10日开工，2018年2月完工。完成配套工程103件，其中：完成渠道土方开挖38件；水池33件；泵站10件；小坝塘2件，；水池8个；水泵22套；高效节水工程完成管道安装29千米。

【组织实施2017年中央财政小型农田水利重点县项目】 完成2017小农水重点县项目建设内容。该项目于2017年6月25日开工建设，2018年7月28日完工。完成投资1925万元，完成配套工程124件，其中：改造配套渠系工程29件，总长21.05千米；水池工程81件；坝塘整治1座；泵站建设13座；高效节水减排铺设PE管道8.79千米。

【继续抓好2016小农水重点县项目扫尾工作】 该项目于2016年6月1日开工建设，目前项目基本完

工。完成渠道土方开挖53件，长度25千米；水池17件，容积5400立方米；完成土方开挖31400立方米，土方回填5603立方米，混凝土19752立方米，钢筋制安81.06吨。

【组织实施2016年农业高效节水减排项目】　继续抓好2016年江川区高效节水减排项目扫尾工作。该项目于2017年11月27日工程开工，2018年5月30日全部完工。共计铺设PE管道31千米，新建各类闸阀井82座及太阳能IC卡表261套，新购戴尔电脑3台及办公桌椅3套，新建90平方米泵房1座，150立方米取水池1座，新增三台水泵。完成工程总投资约2000万元。

【组织实施农村饮水安全巩固提升工程】　继续抓好2017年农村饮水安全巩固提升扫尾工作。该项目共计完成投资814.1万元，解决了2.51万人农村人口饮水安全巩固提升，其中建档立卡贫困人口2694人。

【继续实施小坝塘除险加固工程】　继续抓好病险小坝塘除险加固工程项目扫尾工作。该项目以施工设计总承包（EPC）模式建设，工程于2017年3月开工建设，2018年6月全面竣工，共计对78座病险小坝塘进行除险加固，完成直接投8424万元。

【配合做好玉溪市东片区暨“三湖”生态保护水资源配置应急工程Ⅱ期建设及置换星云湖水体工作】　应急工程江川设计方案变更于2018年5月11日组织召开的专家审查会议，已要求设计单位按照专家意见完善招标图纸。依托玉溪市东片区暨“三湖”生态保护水资源配置应急工程，2018年7月4日正式启动星云湖生态补水工作，截至2018年12月6日，向星云湖生态补水2526万立方米。

【深化水利改革工作】　一是以农业高效节水减排项目建设为依托，继续全面推广农田水利改革试点经验。二是以规范小（一）型及以上水库的管理为前提，逐步实现水资源统一调度管理。顺利推进玉溪市江川区农业水价综合改革工作，测算审定初步水利工程供水价格体系并通过水价调整听证程序。

【防汛工作】　未雨绸缪，扎实备汛，防汛抗洪的各项工作落实到位。一是按照防汛抗洪工作行政首长责任制的要求，层层签订江川区2018年防汛目标管理责任书，并将行政责任人和技术责任人名单向社会公示。二是组织制定2018年水库、坝塘的汛期调度运用计划，分月严格控制蓄水，正确处理好防洪与蓄水的关系，下发《玉溪市江川区2018年水库汛期蓄水调度运用计划》，及时修订防洪应急预案、编制了度汛计划和蓄水计划并下发到各村委会。三是督促各乡镇（街道）对重要防洪河道、渠道进行及时的清淤除障，对多数险工、险段进行加固处理，为汛期防大汛、抗大洪提供安全保障。四是启动玉溪市江川区防汛工作日报表督查机制，组织人员对各乡镇（街道）的备汛情况进行督促检查，及时发现和消除防汛安全隐患问题，把安全隐患消灭在萌芽状态。五是加强对防汛值班工作的管理，坚持24小时制轮流值班守岗，保证防汛抗洪工作上下联系畅通。六是加强同气象等部门的联系，随时掌握天气状况，及时指导防汛抢险工作。七是全力以赴抗灾减灾，把灾害损失降至最低。截至2018年10月25日，全区共发生2次洪涝灾害，因洪涝受灾面积19339亩，受灾人口27314人，倒塌房屋21间，损坏水利设施19处，造成直接经济总损失达2557.77万元。灾情发生后，全区各级组织高度重视，采取有效措施，全力以赴投入防汛抢险救灾工作，确保灾区人民群众生命财产安全，促进全区经济发展、社会稳定。据统计，全区共计投入抢险人数12812人次，运输设备88班次。

【水行政管理工作进一步加强】　继续以国家水资源管理三条“红线”指示精神为指导，加强对全区水资源的管理，逐步实现以水资源的可持续利用促进经济社会的可持续发展。一是围绕“实施国家节水，建设节水型社会”主题，利用在重要路段、集贸市场等悬挂标语，发放主体宣传画，组织水法规巡回宣传车走村入户等多种形式开展“水日水周”水法律法规宣传教育活动，进一步提高广大干部群众的水法意识，扩大水行政执法的社会影响。据统计，全区共散发宣传小册子600份，节水宣传画20份，节水宣传购物袋800只。二是加大水行政执法检查力度，严肃查处各类水事违法案件两起，认真调处各类水事纠纷，督促指导全区水行政执法工作。三是继续加大水资源管理力度，科学管理水资源。结合创卫活动，开展大龙潭水源地整治，取缔水源地周边养殖场，安装11块警示标志。四是做好普法依法治理工作，进一步提高全局干部职工的执法水平、提高从业人员的法制观念、自律意识和群众知法维权的保护意识，营造良好的法治氛围。五是超额完成2018年度水资源费征收任务，全区合计征收水资源费31.69万元，征收管理统一使用电子票据。

【全面推行河长制工作】 一是全面推进河长制责任落实，“河长清河行动”，日常保洁有序开展。据统计，全区共计投入整治人数285408人次、投入车辆、机械904辆（台）次、清理河道626.52千米、清理垃圾7240.305吨、拆除违规建筑物1108.26平方米、开展联合执法8次、出动执法人员460人、取缔未经批准设置的入河排污口30个，制止乱丢、乱倒、乱扔及湖边清洗等行为628起，清除河道非法种植283平方米。在整个清河活动中，与各部门协调配合，加大监督检查力度，共开展4次督促检查工作，纪委监察委、区委督查通报各一期，河长办通报7期。二是继续组织实施星云湖主要入湖河流环境综合治理工程。该项目于2017年9月28日启动，大街河、大龙潭河、周德营河、学河、渔村河、周官河、小街河、螺蛳铺河、大庄河、旧州河、东西大河、大寨河12条主要入湖河道综合治理工程已全面开工，正在开展租地工作中。所有河道已经完成可研专家评审、发改局批复工作，初步设计已经基本完成，目前已经完成投资6000万元，2018年12月可以完成所有生态河道、湿地建设的基础部分工作，2019年6月可以完成所有工程建设内容。同步启动入湖河道综合治理项目PPP建设模式包装工作，“一方案两报告”（财政承受能力报告、物有所值评价报告、工程实施方案）已经通过专家评审会，目前正在申报PPP入库，近期完成社会投资人招投标工作。预计总投资49257.38万元，其中：工程直接费30492.64万元，其他费用14553.66万元，预备费2865.44万元，建设期利息1345.64万元。

（普于航）

交通·邮电

编辑　徐凡清

交通运输

【概述】　2018年底，江川区交通运输局及所属事业单位人员机构编制数48名，实有人数37名，其中，局机关编制13名（行政编制11名，实有10名，工勤人员2名），局属事业单位编制35名，实有28名（其中，地方段编制19名，实有18名；路政大队编制9名，实有7名；隔河船闸所编制7名，实有3名），共缺编人员7名。

区交通局紧扣市、区交通发展“十三五”规划和市交通运输局、区委、政府确定的目标任务，统筹兼顾，科学谋划，协调发展，全方位加大综合交通基础设施建设力度，完成大部分江通、澄川高速、国道213的拆迁补偿工作，农村公路建设建设工作，新能源公交，固定资产投资任务、招商引资任务、向上争取资金任务全面落实各项工作目标任务。加强行业管理，全面履行部门职责，做好道路养护、路政、船闸、运政管理等交通工作。

【江通高速公路】　2018年，完成投资104505万元。其中大寨段完成投资46261万元、紫红坝段完成投资58244万元。开工累计主线完成建安产值131150.4万元，征地拆迁费27636.814万元。全年主要完成大寨至秀水沟段、紫红坝至大寨段、弥玉高速共线段的线路改迁工作；完成大寨至秀水沟段、紫红坝至大寨段、弥玉高速共线段的房屋拆迁工作；完成弃土场12个、施工便道31条、3座拌合楼、3座初支站；完成大部分雄关隧道、福德隧道工程；完成大寨部分桥梁等工程。

【澄川高速】　2018年，完成投资113719万元。该项目因“PPP”项目未入库，筹资困难，于3月至12月部分施工。完成澄川高速征迁工作，海门68户群众搬迁、内桃园34所民房搬迁、大凹7所民房搬迁和西河2个改石场拆除等工作。

【国道213道路】　2018年，完成投资2636万元。该项目因“PPP”项目未入库，无建设资金，于3月至10月属停工状态，11月复工。

【农村公路建设】　2018年，投资6662万元，完成69.29千米农村公路建设。其中，投资74万元完成大烈路0.828千米、投资86万元完成中佛路0.961千米、投资59万元完成大龙潭至龙泉0.651千米、投资65万元完成大铁线至竹城村0.718千米、投资235万元完成螺新路2.612千米、投资103万元完成新庄大营路1.145千米、投资109万元完成江黄路至小庄1.216千米、投资257万元完成龙湾路2.856千米、投资116万元完成中营至江华路1.286千米、投资45万元完成麦雄线至窑房0.503千米、投资433万元完成龙老路4.814千米、投资401万元完成六阳路4.454千米、投资18万元鸡扯路至花树村0.201千米、投资818万元完成喜罗路9.086千米、投资422万元完成九放路15.805千米、投资138万元完成张伍营至云平村1.536千米、投资306万元完成下庄子至王官3.4千米、投资300万元完成阿香路3.333千米、投资1493万元完成黄磷路11.859千米、投资184万元完成古埂至马鞍山公路2.036千米的建设任务。

【公路养护】 2018年底，全区农村公路274条，里程715.734千米，其中国道1条20.85千米，省道1条12.137千米，县道11条103.089千米，乡道236条547.743千米，村道25条31.915千米。乡村公路中，九溪乡道25条95.335千米，村道3条2.981千米；安化乡道10条43.389千米，村道1条1.251千米；雄关乡道19条32.42千米，村道2条7.642千米；前卫乡道44条90.43千米；村道9条10.932千米；江城乡道58条126.648千米，村道1条0.384千米；大街乡道80条159.521千米，村道9条8.725千米。

2018年，共投入各项资金886.93万元，其中投入日常养护资金40.33万元（乡道15.8万元、县道24.53万元）。投入小修保养资金221.76万元（城郊结合部创卫公路路面小修保养46.48万元、北前路小修保养13.73万元、环湖路、大铁线、麦雄线小修保养22.85万元、创卫城郊结合部老晋思损毁路面抢修工程19.55万元、创卫城郊结合部其他线损毁路面抢修工程投入资金53.39万元。县道小修保养工程大铁线（杨柳坝-白石岩沟底）、环湖线、麦雄线小修保养投入资金27.85万元；县道小修保养工程（二标段）伏旧路、老晋思线、北前线养护投入资金37.91万元、玉溪市江川区老晋思线k44+750涵洞抢修工程投入资金9.31万元；投入老晋思线、龙街至小甸桥（k0+000至k6+000）大中修工程资金195.32万元；投入翠三路、黄烂路、旱烂路安防工程资金167.46万元，投入白石岩路、清水路安防工程74.2万元；投入大村桥危桥改造资金62.52万元，投入三家村、中村桥、牌坊桥危桥维修加固工程101.37万元，工程正在实施中；其它投入资金14.66万元（创卫环境卫生整治工程投入资金12.18万元、星龙苑小区清除小广告投入资金1.58万元、创卫灯具安装投入资金0.9万元）。

【路政管理】 2018年，路政组织开展4次道路环境专项整治活动，出动执法人员120人次，出动各种机械10台次，清理拆除公路上非法标志标牌154块，拆除非交通搭接口16处，整治公路乱占乱堆乱放行为126起，清理公路乱堆乱放堆积物25吨，清理取缔以路为市占道经营21起，清理取缔违法加水站点116起。经巡逻检查发现公路安全隐患131处，向公路养护部门发出安全隐患告知书131份，督促公路养护部门进行整治，消除安全隐患131处，拆除违章建（构）筑物1处32平方米。全年共查处路政案件40件，案件立案率100%，查处率99%，制止各种侵占路产路权行为765起，公路两侧红线控制率99%，有效维护公路路产、路权。

【治超工作】 2018年，交通局路政与省管公路局江川分局、交通警察大队开展多次联合执法工作，全年共出动执法人员4316人次，执法车辆625台次，共检测运输车辆3508辆，其中超限超载车辆24辆，卸货4辆，共卸载货物214吨，劝返超限超载车辆20辆，移交交警处罚的超限超载车辆4辆。拒绝车货总重超过49吨的车辆上路行驶360台次，有效遏制超限车辆上路行驶的蔓延势头，确保公路安全畅通。

【路域环境整治】 以开展“六月安全月”宣传活动为契机，交通、路政组织相关工作人员在公路沿线开展《公路法》《公路安全保护条例》等法律法规广播宣传，发放宣传册500份；对公路相关违法行为、事项进行执法整治，下发《违法行通知书》25份，责成相关责任人进行整治；对公路桥梁进行安全隐患排查，对道路急转弯、临崖、事故多发地段的指示标志标牌进行检查，对损坏的标志标牌进行修复完善，校正修复指示标志牌14块。

“泼、洒、漏”环境整治：2018年出动治理超限超载执法人员2455人次，执法车辆351台次，针对全区高等级公路、农村公路、江通、江华公路泼洒漏严重，污染公路影响公路安全的公路施工车辆、货运车辆进行泼洒漏整治，共检查车辆2543辆，检查整改“泼、洒、漏”车辆95辆，通过整治，砂石材料运输车辆的覆盖率98%以上，有效控制砂石材料运输车辆的飘洒、滴漏污染公路的现象。

【客货运输】 截至2018年底，江川区共拥有普通货物运输经营业户10109户（比上年少852户，因取消4.5吨及以下车辆办理道路运输证和从业资格证，此范围车辆已经不在统计范围），全年新办理994户，货运车辆9085辆（2018年新办理774辆），客运车辆515辆（班线车辆73辆、公交车260辆、出租车182辆），道路危险货物运输车辆152辆，维修业户185户，道路运输从业人员20230人。完成客运周转量9433万人千米，货运周转量

309048万吨千米。

2018年春运期间共投放客车3014辆，加班84个班次，包车11次，运送旅客2.8万人次。国庆期间共投放客车489辆，加班11个班次，运送旅客0.7万人次。

【新能源公交车】 9月10日，更换大街至前卫更新能源公交车14辆；11月28日，更换大街至安化新能源公交6辆；12月24日，更换江川至通海新能源客车8辆；12月28日，开通城内新能源公交53、54、55路，共15辆。

【黄标车治理】 2018年，办理淘汰各类黄标车762辆，注销1156辆黄标车的道路运输证。

【治理非法营运】 2018年，共出动运政稽查人员700多人次，对非法运营的“黑车”和非法从事危险货物、普通货物的道路运输经营行为进行稽查治理。共查处违违车辆260辆，其中，一般程序处罚案件89起。加大非法改装车辆的惩戒力度，全年下发17份整改通知书。进一步强化对超限超载行为的治理，同时将车辆超限超载违法行为纳入道路运输企业质量信誉考核和驾驶员的诚信考核，建立和完善超限超载运输“黑名单”制度，维护好市场运营秩序。

【清理占道经营】 2018年，组织158户机动车维修企业召开会议，发放“双创”宣传材料226份。机动车维修业秩序整治工作领导小组组织相关职能部门分3次出动执法车辆11辆次，执法人员109人次，对3户无证经营者进行强制停业，没收部分经营工具，发出告知书19份，口头警告9户城区机动车维修经营业户涉及占道经营，乱停乱放等情况。

【打击逃费行为】 2018年1～7月（7月底，江通收费站撤销），派驻执法人员20人、执法车辆1台，实行24小时值守，开展打击江通路收费站冲卡偷逃通行费违法行为，共检查处理冲卡逃费车辆1257辆。

【行政审批工作】 全年，行政审批事项7项，取消行政许可事项2项。取消机动车维修企业行政许可的相关工作。

【燃油补贴】 2018年，申报2017年度行驶里程1331.98万里，比上年度申报行驶里程下降20.5%，申报2017年度用油量1903.91吨，比上年度申报用油量下降21.5%；经对新能源公交车数据比对分析，符合申报条件48辆新能源公交车，申报营运补助336个月。发放农村客运燃油补贴57.77万元，兑现车辆数40辆；发放出租车燃油补贴169.2万元，兑现车辆数182辆；发放公交车燃油补贴336.28万元，兑现车辆数211辆。

【双创工作】 2018年3月，对750千克以上的货车禁止入城及对大铁线的路域环境进行专项整治。劝返750千克以上货运车辆4963辆次。全年投入资金70余万元，清理所属网格小广告170多处，补植绿化500余平方米；拆除违临建筑物30余吨及清理垃圾25吨，清理水沟污泥污垃圾约50吨；制作健康教育宣传栏9块18期；发放创卫宣传资料1800余份；在客运站安装社会主义核心价值观宣传栏，设立雷锋服务岗；在客运车辆内外，张贴“双创”宣传资料等。组织158户机动车维修企业开会对创文创卫工作进行安排布置，发放“双创”宣传材料226份。会后组织相关职能部门分3次出动执法车辆11辆次，执法人员109人次，对3户无证经营者进行强制停业，没收部分经营工具；发出告知书19份，口头警告9户。同时，在占道经营情况较为突出的江通路路段，投资15万元，安装限高杆、隔离杆，限制车辆通过，有效遏制机动车维修占到经营的情况，达到“双创”工作要求。

【经济目标任务】 2018年，完成市级下达公路运输总周转量增速（错月）16%。本年度增速15.81%；客、货周转量分别完成9433万人千米、309048万吨千米；固定资产投资目标任务21.1亿元，完成22.37亿元，完成106%；招商引资全年引进市外国内资金目标任务9亿元，完成9亿元；向上争取资金累计完成1.33亿元

【行政审批】 2018年，受理公路路政行政许可事项13件，审批行政许可事项4件。

【回复信件】 2018年，回复信访件14件、政协委员意见12件、人大代表建议20件。

【荣誉称号】 2018年2月，玉溪市江川区交通运输局荣获云南省公路局“2017年养护管理先进单

位”荣誉称号。

【工程质量监督】 2018年，区交通局围绕农村公路建设工程等，加强质量管理，采取系列措施，确保工程质量，主要措施是：一是明确质量目标，质量责任落实到人。以“江川区公路建设开发公司”为项目法人单位，按照项目法人制、工程招投标制、社会监理制、合同管理制以及工程质量责任终身制的总体要求，建立健全公司规章制度，全方位实行“质量、进度、资金、安全”的控制与管理，明确质量目标，签订质量目标责任书，建设质量终身责任制档案。二是健全质量保证体系，把好市场准入关，为工程质量管理打下基础。把好施工及监理单位的准入关。各项工程项目施工均在招办、发改局等部门的监督下进行，面向社会进行公开招标，通过招标择优选择施工单位；把好施工人员及队伍的准入关，做到持证上岗；健全质量保证体系。全面推行“施工自检、专业监理、业主管理、政府监督”的四级质量保证体系，为工程质量管理打下坚实的基础。三是精心组织施工，加强质量全过程控制。以创建精品工程为核心加强质量宣传，制定细致的控制措施，在工程实施过程中认真予以落实，加强施工质量过程控制。四是强化工程（交）竣工验收程序，全面完成工序管理。加强工程质量管理，坚持从每一道工序、每一个环节、每一个细微部分抓起，每道工序完成都要通过严格验收程序。强化监理职能作用，特别在施工中注意规范监理行为，严格监理签字验收程序，严格对监理的工作督查与考核，确保工程质量全部达到合格。

【安全生产】 2018年，区交通局贯彻落实运输安全监督管理措施，开展道路隐患排查、道路综合环境整治、超限运输治理、交通建设工程安全检查、客货运站场和企业安全检查等工作。组织开展6月安全生产月活动，在活动期间，采取发放安全宣传材料、办培训班、到施工现场监督检查安全生产工作等多种形式，展开安全教育工作，不断提高全体干部职工的安全防范意识。通过对交通运输相关企业、系统相关人员的宣传、教育及督促整改等措施，督促运输企业全面履行安全生产主体责任、驾驶人员和工作人员认真履行安全职责，把安全措施落到实处，确保江川区客运、货运、交通工程建设、超限运输及客运管理等平稳发展，没有发生重特大安全事故，安全生产实现0伤亡，0事故，交通运输系统保持平安、和谐的发展势头。

（周　恳）

公　路

【概述】 江川公路分局隶属玉溪公路局，原名江川公路管理段，2016年9月5日更名至今，是公益性一类事业单位。截至12月底有在职职工47名，拥有各种养护机械设备80台（辆），下设2个公路管理所（竹城公路管理所、侯家沟公路管理所），负责管养江川区境内干线公路44.418千米，桥梁4座（小桥）。其中，G245巴中-金平K1764+964～K1799+008共计34.044千米，二级水泥混凝土路面29.044，二级沥青混凝土路面5千米；S221禄丰-江城K246+358～K256+732共计10.374千米，二级水泥混凝土路面1.248千米，三级沥青混凝土路面9.126千米。2018年4月份申报市级文明单位，被评为“第九届玉溪市文明单位”。

【公路养护】 2018年，江川公路分局全年共完成处理油包6209.1平方米，处治泛油7492.6平方米，罩面处治裂缝2654平方米，同步碎石封层65000平方米，铣刨机铣刨路面24533.68平方米，沥青混合料处治坑塘6250平方米，沥青混合料处治沉陷5414平方米，软基换填4489平方米，沥青贯入式处治坑塘3222平方米，沥青贯入式处治沉陷5559平方米，加铺沥青混合料路面1502平方米，沥青混合料处治铣刨层4252.68平方米，级配料处治路基沉降950平方米，橡胶沥青灌缝1960米。采备计划沥青216.68吨，外购沥青18.84吨，柴油37307.46升，汽油6060.46升，砂石料2759.87吨，煤35吨，贴缝带6000米，玻纤格栅8000平方米。

重视路基养护，继续执行“养路面不如养水沟路肩”的理念，加大清挖水沟、清理桥涵的力度，保障排水系统畅通无阻。

全年共完成清理桥梁河床3.5立方米，清理水沟45.44千米，清理修整路肩1.15万平方米，清理边坡杂草2000平方米清理路肩堆积物383立方米，清理塌方22立方米，清理挡墙外高草1100平方米，修树枝7吨，割草机割草2650平方米，修复隔离带521.5米，清

洗隔离带33549米，修复损坏构造物1立方米，清扫路面332.57万平方米。

【超限治理】 江川公路分局同江川区公安分局交警大队、江川区路政大队签订专项整治行动的联合协议开展治理非法超限超载专项治理工作，通过各单位的配合、努力，专项治理非法超限超载治理工作取得阶段性实效，为广大交通参与者提供畅通、安全的道路运输环境。2018年，共检查车辆63762次，查处超限超载车辆4次，冲卡逃逸车辆0次。

【安全生产】 江川公路分局坚持“安全第一，预防为主”的方针，牢固树立“以人为本，安全发展”的理念，贯彻“安全第一、预防为主、综合治理”的方针，贯彻落实上级有关安全生产工作要求，围绕行业主体责任，强化全员安全意识，致力排除安全隐患，有效减少一般生产安全事故，坚决遏制重特大安全责任事故的发生。明确2018年全年安全生产工作任务，制定安全生产工作要点，把安全生产责任层层分解落实。按照“党政同责、一岗双责、齐抓共管”和“管生产必须管安全、管业务必须管安全”的要求，建立健全公路安全生产责任体系，年初层层签订《安全生产目标责任书》，把安全生产目标责任层层分解落实到基层。在此基础上，抓好日常公路养护施工作业中各项安全工作；抓好外雇工在工作和休息期间的安全管理；抓好机械（车辆）做到安全生产同公路养护工作同布置、同评比、同检查，认真研究和解决安全生产存在的重大问题，促进公路行业安全生产建设，确保安全生工作有条不紊地开展。

2018年共组织5期安全教育培训，通过培训要求全分局职工进一步增强安全政治意识和责任意识，严格按照安全生产“一岗双责、党政同责、失职追责”责任制要求履行好各自安全职责；召开安全例会12次；2018年组织开展安全隐患排查107次，排查隐患11处，整治11处。

【专项工程】 江川公路分局管养公路禄江线K248+058处，公路路面发生沉陷50余米，江川公路分局向省局争取补助资金，对该隐患点进行处治，于2018年11月2日顺利通过验收；危桥加固工程，于2018年10月24日内外业均顺利通过验收；巴中-金平线K351+132-K351+382、K369+127-K369+427公路灾毁边坡外治工程已完工，有效地消除行车隐患，确保过往车辆、行人的安全。

（龚艳红）

移　动

【市场发展】 2018年，江川移动在网手机客户17.5万户，4G用户12万户，宽带客户数2.9万户。

【网络建设】 2018年，江川移动继续推进网络建设，完善网络覆盖。截至2018年底，江川共有基站653个，其中2G站点160余个，4G基站493个，杆路总长560千米，管道72千米。

2018年宽带乡村建设，共覆盖江川区6个乡镇和84个行政村、380个自然村的有线宽带，建成9万多端口。

【扶贫攻坚】 2018年，江川移动高举信息化扶贫致富大旗，积极作为主动当担，全面助力信息化扶贫攻坚，统筹推进信息化扶贫攻坚工作。

一是加快网络建设，为信息化扶贫提供基础保障。贫困行政村2G/4G基站建设一步到位100%覆盖，有线宽带100%通达。二是加大资源投入，让贫困区域群众搭上信息化快车。开展专项扶贫活动，免费安装100兆以上光宽带6132　条，确保农村贫困区域群众用得起、用得好。

【企业建设】 2018年，江川分公司持续开展企业文化建设工作，开展形式多样的活动，持续推进“以客户需求为中心”的服务文化建设。团支部、工会，利用业余时间组织各类活动10余次，通过开展篮球赛、徒步、沿湖捡拾垃圾、趣味运动会等一系列活动，职工的团队合作精神得以加强。通过开展省级“文明单位”“青年文明号”“学雷锋示范岗”创建活动及“道德讲堂”“幸福1+1”员工关爱活动等，切实把建设社会主义核心价值体系的根本任务落地，强化员工的思想道德内涵，形成良好的文明风尚，提高全体干部职工参与创建活动的自觉性和责任感。

（金　琳）

财政·税务

编辑　徐凡清

财　政

【概述】　2018年，区财政局围绕年初人代会确定的目标任务，认真落实各项财政政策，加强财源建设，优化支出结构，提升保障能力，努力做好开源、节流、盘活、争取和规范五篇文章，全力做好“五保”-保工资、保运转、保民生、保利息、保重点项目支出，财政运行总体平稳，为建设宜居宜业和谐美丽新江川提供财力保障。全区地方财政收入完成123243万元，比上年增19802万元，增19.4%，其中：地方一般公共预算收入完成78359万元，比上年增7333万元，增10.3%。地方一般公共预算支出完成205342万元，比上年增21319万元，增11.6%。

【非税收入管理】　2018年，全区非税收入完成35820万元，为年初预算的101.5%，比上年增1661万元，增4.9%，占一般公共预算收入的比重45.7%，比上年降2.4个百分点。按照上级财政部门安排部署，从2018年1月份起，防空地下室易地建设费、国家电影事业发展专项资金、无线电频率占用费、土地复垦费、行政单位国有资产处置收入、事业单位国有资产处置收入，行政单位国有资产出租出借收入、上缴财政的事业单位国有资产出租出借收入、其他利息收入、产权转让收入、清算收入等11项非税收入的征管职责由财政部门划转税务部门。

【支持教育发展】　2018年，全区完成教育支出40315万元。其中：农村义务教育阶段学生寄宿制生活费补助595万元，义务教育公用经费补助1688万元，农村义务教育学生营养改善计划补助资金164万元。

【支持科学技术发展】　2018年，科学技术支出2095万元。用于促进高新技术企业发展，新型农民暨农函大现场教学培训，防震减灾科普示范社区建设，开展全国科普日系列活动，基层科普组织建设，科普e站建设，示范性建设，科技助力扶贫攻坚基地建设等。

【支持文体传媒事业】　2018年，文化体育与传媒支出1883万元。用于支持非物质文化遗产传承人传习继承，贫困村文化设施建设，非遗项目“撒弦乐”优秀人才培养等促进文化事业发展。

【支持社会保障和就业】　2018年，社会保障和就业财政支出34422万元，比上年增6821万元，增24.7%。完成社会保险基金收入54517万元，社会保险基金支出47459万元。上年滚存结余27001万元，年末滚存结余34059万元。企业职工基本养老保险、机关事业单位养老保险实行省级统筹；职工基本医疗保险、城乡居民基本医疗保险、工伤保险、生育保险、失业保险实行市级统筹；城乡居民基本养老保险实行区级统筹。

【支持医疗卫生事业】　2018年，医疗卫生和计划生育财政支出14846万元，比上年增297万元，增2.0%。

【支持地质灾害防治】　2018年，全区投入地质灾害综合防治

资金790万元。用于九溪大村村委会大村一组、九溪大营社区凹子小组、江城镇桐关村委会茨通铺小组因地质灾害搬迁避让项目，涉及163户618人；江城镇翠峰村委会招益村滑坡泥石流治理项目，消除527人的生命财产危胁；足额安排86名地质灾害监测员补助和地质灾害监测、排查等群测群防工作。

【支持农业事业发展】 2018年，农业支出5048万元。其中：农业种植结构调整资金1659万元，用于星云湖沿湖荷藕种植项目；科技转化与推广服务经费493万元，促进科技转化与推广服务；畜牧业发展资金782万元，支持动物防疫及畜牧产业发展；农户能源建设资金128万元，支持农村太阳能改造。

【支持林业事业发展】 2018年，林业支出2600万元。其中：森林生态效益补偿资金492万元，用于公益林管护；天然林停伐补助116万元、绿化造林补助资金30万元，用于绿化造林工作；木本油料产业发展项目补助资金82万元，扶持核桃产业发展；森林防火经费373万元，用于专业扑火队员、瞭望台观察人员及卡点巡护人员工资发放。

【支持水利事业发展】 2018年，水利支出5956万元。其中：防汛资金40万元，用于防汛抢险物资购置及应急抢险工程补助等；山洪灾害防治经费162万元，用于不稳定地区山洪灾害防治等；农村小型水利管理员经费45万元，用于农村小型水利管理员工资发放。河长制专项经费155万元，用于辖区内入湖河道治理。

【支持星云湖保护】 2018年，拨付星云湖环境卫生经费295万元，鱼苗投放资金228万元，星云湖管护经费50万元，水葫芦打捞经费489万元，星云湖一级保护区生态修复及生态屏障构建项目建设资金152万元，江川区污水处理厂（厂网一体化）PPP项目污水处理费1676万元。

【支持棚户区改造】 2018年，投入棚户区改造资金7996万元。其中：中央资金2597万元，省级资金600万元，市级资金24万元，区级资金4775万元。

【支持脱贫攻坚】 2018年，江川区收到财政专项扶贫资金2331万元，其中：中央1038万元、省级315万元、市级444万元。区财政严格按区级投入不低于500万元的要求，将财政专项扶贫资金投入纳入财政预算，共计安排财政专项扶贫资金534万元。完成报账支出2250万元，报账率96.6%。

【支持乡村振兴】 2018年，投入4221万元，实施农业综合开发、扶持村集体经济发展、“一事一议”财政奖补普惠制等项目36个，其中：农业综合开发项目2个、扶持村级集体经济发展项目10个、“一事一议”财政奖补普惠制项目16个、美丽乡村项目3个、美丽乡村+李家山古滇青铜文化项目1个、四位一体项目1个、彩票公益金项目3个。

【兑付强农惠农补贴】 2018年，兑付农村危房改造中央、省级补贴资金1791万元，惠及农户2298户；兑付农村危房改造农户贷款贴息资金572万元，惠及农户3618户；兑付成品油价格改革财政补贴中央资金1307万元。

【落实抗震救灾资金】 2018年，拨付1540万元用于通海“8·13、8·14”地震抗震救灾及灾后民房、村庄恢复重建。

【加大粮油安全投入】 2018年，拨付粮食风险基金358万元，用于保障全区粮油储备安全和粮油市场稳定。

【打击非法集资】 2018年，开展打击非法集资专项整治，清理整治36户投资类公司、4户小额贷款和融资性担保公司，防范和化解风险隐患。

【加强财源建设】 2018年，落实各项减税降费政策，支持实体经济发展，推动供给侧结构性改革“降成本”，“减免退”税收15027万元，“停免减”涉企收费499万元。安排企业扶持资金5602万元，帮助13户（次）企业解决周转资金9700万元，发放创业担保贷款财政贴息1223万元，促进企业发展。

【规范财政性资金存放商业银行工作】 2018年，实施财政性资金存放商业银行评价激励，规范财政性资金存放商业银行管理，创新举措得到市委全面深化改革领导小组肯定，被列为全市财政性资金存放商业银行工作试点县（区）。

【争取上级资金】 2018年，我区共争取上级资金123850万元，其中：中央和省级资金98130万元，市级资金25720万元。

【预算信息公开】 2018年，继续加大政府预决算及全区58个部门预决算、“三公经费”等信息公开，公开率100%，主动接受社会监督，促进财政性资金阳光透明运行。

【盘活存量资金】 2018年，盘活财政存量资金17418万元，其中：盘活预算单位存量资金10915万元，财政专户存量资金6503万元。

【行政事业单位会计代理记账】 2018年起，将单位人员较少、财务会计机构不健全、缺失会计人员的32户区级预算单位会计业务纳入国库支付中心统一进行会计代理记账。

【政府性债务】 2018年，争取债券置换资金13660万元。其中：置换存量债务6980万元，债券到期再融资6680万元。向上争取发行环保专项债3亿元，专项用于星云湖一级保护区生态修复及生态屏障构建工程。

【国有资产管理】 2018年，在全市率先向人大报告国有资产管理情况，对14户国有企业履行出资人职责进行监管。加强棚改区内国有资产处置管理，制定《玉溪市江川区行政事业单位资产配置标准（试行）》。报废行政事业单位公务、业务用车27辆、危房11幢（处）、1235（套、件、个等）办公设备；无偿划拨2辆公务、业务用车；办理8个行政事业单位69（套、件、个等）办公设备至相关行政事业单位。

【财政监管】 2018年，开展重大项目前期费及村庄规划、城市维护、创文创卫、棚户区改造等10项经费使用情况跟踪检查，收缴使用不规范财政资金613万元。监控国库集中支付资金116197万元，其中，预警监控112442万元。

【政府采购】 2018年，共完成采购预算9554万元，实际采购支出8575万元，节约资金978万元，节约率10.3%。

【会计管理】 2018年，继续推进行政事业单位内部控制建设，136个行政事业单位完成内部控制报告编报；推进政府会计改革，举办政府会计改革培训班，培训102个单位246人；举办2期财政支农政策培训，培训农村财会人员458人；加强对代理记账机构的监督管理，完成3个代理记账机构年度备案工作；取消会计从业资格行政许可审批事项。

【队伍建设】 一是加强领导班子建设，不断提高领导班子依法理财、依法行政的能力；二是不断创新干部教育培训机制，加大对干部职工的教育培训力度；三是加强作风建设。以开展“两学一做”学习教育活动为契机，进一步转变工作作风，提高服务质量；四是推进反腐倡廉建设。开展理想信念、职业道德教育，提高干部拒腐防变的能力；五是加强制度建设。建立健全干部岗位职责履行、培训考核等制度，进一步规范管理。截至2018年底，有干部职工68名，其中：本科57人，占总人数83.8%；专科及以下11人，占总人数16.2%。

（周芸莹）

税　务

【税收完成情况】 2018年，江川区税务局组织税费收入合计124743万元，同比增收16615万元。

【收入特点】 2018年，江川区税务局共组织税收收入78785万元，同比增收7635万元，教育费附加入库1173万元，同比增收110万元；征收社会保险费总额37935万元，同比增加5019万元；其他非税收入6684万元。税收收入分级次入库情况：中央级收入30761万元，同比增收2563万元；省级收入5456万元，同比增收433万元；市级收入29万元，同比增收29万元；区级收入42539万元，同比增收5693万元。

【税源分析】 2018年，增值税入库39230万元（含营改增增值税14121万元），同比增收3349万元；企业所得税税款入库12342万元，同比增收917万元；个人所得税累计入6105万元，同比增收600万元；车辆购置税入库54万元，同比减收15万元；消费税入库25万元，同比减收17万元；资源税累计入库1201万元，同比增收161万元；印花税累计入库717万元，同比增收283万元；房产税累计入库1219万元，同比增收62万元；城镇土地使用税累计入库1244万元，同比增收310万元；土地增值税累计入库2033万元，

同比增收561万元；城建税累计入库1791万元，同比增收89万元；车船税累计入库953万元，同比增收43万元；契税累计入库2584万元，同比增收1071万元；耕地占用税累计入库2482万元，同比增收312万元；环境保护税累计入库59万元，去年同期未开征；烟叶税累计入库6749万元，同比增收890万元；营业税累计入库-3万元（营业税退库），与上年同期数据（退税26万元）相比增23万元；教育费附加入库1173万元，同比增收110万元；累计征收社会保险费37935万元，同比增加5019万元，其中：征收企业养老保险费10589.2万元，同比增加17669万元；医疗保险费10852.7万元，同比增加1536万元；工伤保险费659.2万元，同比增加2万元；生育保险费523.7万元，同比增加197万元；失业保险费532.2万元，同比增加92万元；机关事业单位养老保险12710万元，同比增加1233万元；职业年金2068万元，同比增加194万元。

【落实税收优惠政策】 2018年，减免税金12612万元，其中：增值税减免7365万元，企业所得税减免2999万元，个人所得税减免449万元，房产税减免100万元，印花税减免56万元，城镇土地使用税减免79万元，土地增值税减免654万元，车船税减免14万元，耕地占用税减免76万元，契税减免808万元，环境保护税减免12万元。落实小微企业所得税优惠政策，全区小微企业征管户878户，盈利193户，享受小微企业税收优惠的193户，政策受惠面100%，累计减免所得税295万元。深化增值税改革的三项重大改革举措，400余户纳税人享受到税率降低政策，截至12月底，46户一般纳税人转登记为小规模纳税人。

【出口退免税】 2018年办理出口退（免）税备案企业22户，实际发生出口退税业务的企业3户。发生免抵退税额902万元（其中：退税额429万元，免抵税额473万元）。

【国税地税征管体制改革】 严格按照总局确定的“三场主攻战”“三个先后顺序”“三个关键时间点”工作要求，成立全面深化改革领导小组，制定《玉溪市江川区国税地税征管体制改革组织实施工作方案》，严格按照工作图和任务表推进改革，全面决战征管改革。2018年7月20日，完成挂牌；10月25日，“三定”方案落地17个机构、136名干部职工全部落实到位；12月20日，完成社会保险费和非税收入征管职责划转。

【征收管理】 2018年，做好金三数据质量管理，累计核对问题数据15000余条，为大双轨运行和金三并库做好前期准备工作；及时建立双轨运行相关应急预案和问题反馈机制，确保及时处理金三并库出现的舆情问题，保证双轨运行工作的正常开展；持续开展自然人基础信息数据治理工作，为新税制全面实施打牢基础；跟进江川区重点项目投资情况，深入承建方、建设方实地了解工程进度、合同签订情况和开工情况，并建立台账；做好ITS系统用户测试工作，注重全面反馈，认真查摆、收集测试中存在的问题并及时上报进行优化处理，确保ITS系统高质量地上线运行；为个税改革搭建顺畅便捷的运行平台；进行ITS系统APP端和WEB端的推广应用，组织局内50%以上干部下载手机APP并进行注册，分期分批开展对扣缴义务人的全覆盖培训，让纳税人了解并熟悉手机APP端的功能及操作方法。

【社保费征管职责划转】 联合区财政局、人民银行江川支行、人力资源和社会保障局成立社会保险费和非税收入征管职责划转工作领导小组及办公室，共同负责并领导社保费征管职责划转工作的正常开展；制定《社会保险费和非税收入征管职责划转工作实施方案》《江川区税务局社会保险费和非税收入征管职责划转推进方案》，确保划转工作顺利进行；依托政府牵头建立的工作协调机制，与人社部门进行信息共享，建立数据共享机制，与多部门联合召开江川区社会保险费和非税收入征管职责划转工作动员部署和推进的动员会；与各乡镇社会保障服务中心联合通过村委会基层组织向广大群众发送具体政策问答宣传材料，2018年9月起共发放社会保险费政策手册1200本，具体政策问答宣材料1.2万份；12月24日在“宪法日”宣传活动上发放社会保险费宣传材料并进行面对面问题咨询；12日24～25日开展社保费和非税收入征管信息系统优化测试模拟运行；12月29日，《玉溪市江川区税务局关于社会保险费和非税收入征管职责划转工作推进情况的报告》得到区委副书记、区长王志华的重要批示。

【依法治税】 成立依法行政工作领导小组，每季度至少举行一次依法行政工作会议，切实提高税务人员的依法行政意识和能力；严格遵守法律程序开展行政处罚工作，严格执行税务行政处罚自由裁量适用规则和执行标准，2018年共进行税务行政处罚70件，其中：简易程序37件，一般程序32件，收缴罚款37590元；依法依规开展税务行政审批改革工作，不自行设定税务行政审批事项，定期公开税务行政审批事项目录，认真推行税收执法权力清单制度。

【纳税服务】 推出“套餐式”服务，落实税收业务“一厅通办”“一网通办”“主税附加税一次办”，实施办税服务厅“疏堵保畅”专项工程，严格落实报告类、发票类、申报类、备案类、证明类5大类104项业务事项“最多跑一次”清单要求，解决纳税人“两头跑”“数据重复报”的困难；推出“零距离”服务，依托“互联网+税务”，优化网上办税服务厅、推广电子税务局，实现“线上线下”服务互补互促；开展纳税信用评价工作，继续推进“便民办税春风行动”，开展“问需求，优服务”和“大调研大走访支持民营经济发展”系列活动，2018年走访纳税人30余户，召开纳税人座谈会2场，邀请纳税人代表61人参加座谈。

【风险管理】 2018年，接收总局、省局、市局推送的风险纳税人180户，采取应对措施180户，完成风险管理全流程户数180户，查补入库税费合计514.84万元，其中：增值税493.78万元；企业所得税18.87万元；印花税0.07万元；车购税0.03万元；个人所得税0.18万元；城市维护建设税0.99万元，教育费附加0.55万元，地方教育费附加0.37万元。入库滞纳金16.09万元。

【深化税制改革】 2018年，环保税开征以来，多次组织环保税政策培训，协同区财政、区环保制定《玉溪市江川区环境保护税改革工作方案》，与区环保局多次开展联合调研，复核异常数据，12月26日，云南江磷集团股份有限公司依照系数法对无组织排放部分进行申报补税，补缴环保税18万元；深入玉溪市烟草公司江川分公司开展烟叶税调研，深入云南天合立光电技术有限公司和玉溪天丽食品有限公司调研城市维护建设税政策实施情况，到龙泉山工业园区开展房产税、城镇土地使用税的调研，为政策的制定与落实提供基础数据；成立个人所得税改革工作领导小组，制定改革重点工作路线图、时间表、责任人，在办税服务厅开通个税辅导绿色通道，选派业务骨干组成宣传讲解团队，分批次深入重点税源企业、事业单位和行政机关，开展“一对一”宣传，发放宣传手册，确保培训辅导全覆盖，2018年，开展扣缴义务人培训2场次，安排上门辅导专场培训23场次，集中辅导扣缴单位251户，占比100%，培训覆盖纳税人5785人次，占比100%。

【税收宣传】 走进校园，开展税法宣传活动，把“学雷锋”志愿活动与第27个税收宣传月“优化税收营商环境，助力经济高质量”发展主题相结合，走进江川区大街小学为部分留守儿童开展税法宣传，引导青少年学习税收知识，宣传税收知识，进一步扩大税法宣传教育的覆盖面，提高法律意识；走进社区，开展关于创业、农产品的税收优惠政策的宣传；开展“窗口学雷锋，情暖纳税人”、2018年“便民办税春风行动”等便民办税活动，最大限度便利纳税人，提升纳税人的满意度和税法遵从度，让纳税人切实享受到便民服务带来的办税实惠。

【机构人员情况】 内设机构12个，即：办公室、人事教育股、机关党委、纳税服务股、征收管理股、风险管理股、税政一股、税政二股、收入核算股、法制股、财务管理股、社保和非税收入股；另设机构1个，即纪检组；事业单位1个，即：信息中心；派出机构3个，即：大街税务分局、第一税务分局、第二税务分局。至2018年12月31日，有离退休干部41人，在职干部职工135人，其中，党员65人，占总人数的48.15%；大学本科以上107人占总人数79.26%，专科26人占总人数19.26%，高中1人占0.74%；年龄30岁以下29人，31～40岁15人，41～50岁33人，51～60岁58人。

【人才培养】 开展领导干部、青年骨干、专业人才等各梯度的干部教育培训，组织干部职工参加各项业务及素质提升培训，完成领军后备人才选拔，报送国家专业人才库资料，备案硕士研究生报考资料。制定2018年度第一批新录用公务员岗位实训实施方案，培养新兴人才，提升干部队伍整体素质。全面实行落实职务与职级并行制度，合理调配干部层次结构，选优配强各级干部，于2017年底对李秋宇等八人、陈蓉等两人进行培养选拔锻炼，在工作实践中不断培养人才、发现人才。

【群团活动】 筑牢党的领导核心根基，发挥战斗堡垒作用，引领和带动工、青、妇发挥其职能优势，依照《党建带工青妇工作机制》，通过工会组织开展职工运动会，营造团结协作、顺应改革的氛围；激励青年干部弘扬“五·四”精神，勇担当敢作为；围绕“巾帼心向党、建功新时代”主题活动，让女干部们撑起改革半边天。2018年，在“江川区第二届七彩云南全民健身运动会”中，与区财政局、区审计局组建的财税代表队在五人制足球赛获得第六名，工间操比赛获得一等奖，篮球赛获得机关组第二名，第一税务分局（办税服务厅）荣获玉溪市江川区“巾帼文明岗”荣誉称号。彰显区税务局干部职工自新机构成立后团结向上、开拓进取的税务人风貌。11月8日，选举产生第一届工会委员会。

（金妍含）

金融·保险

编辑　徐凡清

人民银行

【概述】 2018年，中国人民银行江川支行贯彻落实全国金融工作会议、中央经济工作会议和上级行工作会议精神，真抓实干，积极作为，努力履行好基层央行职责，促进江川经济金融持续健康发展。2018年末，全区金融机构人民币各项存款余额134.91亿元，同比增10.82亿元，增8.72%，各项贷款余额102.08亿元，占全市1142.54亿元的8.93%，同比增13.56亿元，增15.32%。

【盘活资金精准服务民营企业】加大对民营企业信贷支持力度。截至12月末，全区9家银行业机构民营企业贷款205户，贷款余额13.56亿元。全年累计向民营企业投放贷款17.54亿元。加强窗口指导和运用再贷款政策工具助推普惠金融发挥。年内，累计投放支农再贷款1200万元，发放小微企业贷款35.47亿元、发放“三农”贷款26.84亿元，精准扶贫贷款余额3386万元。

【推动金融生态环境优化改善】推进农村信用体系建设。2018年全区建立1个少数民族信用乡镇，评定信用户2281户，评定信用村3个，评定信用组21个，累计采集农户信用信息7.41万户，累计为建档立卡农户贷款6610万元。推进企业信用体系建设，探索实践“征信宣传教育融入国民教育体系”的工作部署，巩固云南江磷集团股份有限公司“诚信教育基地”，并建立长期性、系统性的企业征信宣传机制，将征信文化建设与企业文化建设有机结合。征集中小企业信息，建立中小企业信用信息档案库，通过信用培植等方式，引导金融机构加大对中小企业的信贷支持。

【加强征信管理和服务】 一是开展征信检查和巡查工作。对玉溪红塔银行、中行江川支行、农发行江川支行、建行江川支行、邮储银行江川支行开展征信业务巡查；二是继续做好全面加强征信合规管理，切实加强金融机构、类金融机构接入金融信用信息基础数据库的监管，有效防范征信信息被泄露、滥用和倒卖；三是信用信息基础数据库接入机构管理，督促所辖接入机构征信业务做到依法合规举办征信合规培训1次；四是继续扩大金融信用信息基础数据库覆盖面，推动证券、保险等机构接入金融信用信息基础数据库，加大非金融信息采集力度。加强信息安全管理，保护信息主体的商业秘密和个人隐私，规范信用信息查询服务。

【做好国库管理工作】 做好国库日常核算。准确及时地办理中央、地方共享收入按比例划分入库，以及税收返还等工作。2018年TCBS共办理预算收入业务64478笔，金额206693万元，预算支出40421笔，金额396465万元，办理退库业务236笔，金额1769万元，更正调库456笔，金额36242万元，其他59919笔，金额35217万元。

【加大反洗钱和人民币反假工作力度】 一是建立并完善辖区内反洗工作联系机构，明确职责、细化分工，要求各金融机构按季报送非现场监管资料。二是加大

反洗钱培训教育力度，进一步提高反洗钱从业人员的遵纪守法意识和抵御洗钱工作的自觉性，防止内部或外部相勾结的洗钱犯罪活动。三是加大人民币反假工作力度，引导辖内金融机构加强柜面堵截、假币收缴工作力度。共收缴假币1789张，面额131785元，较上年同期128575元，增3210元，增2.5%。其中公安收缴394张，13700元。假币调出1000张，金额92000元，全年未发生假币案件。四是做好人民币流通状况监测预警工作。及时准确把握县区流通中人民币市场需求，有针对性地采取切实可行的措施，合理调节流通中人民币券别结构。进一步增强计划调拨工作的前瞻性、主动性。

【加大农村支付环境建设】 上报农村支付环境统计报表及惠农点相关业务工作，包括惠农点巡检及对于交易量小的惠农点进行清理，督促收单机构及时进行惠农点的加入及退出清理工作。督促指导收单机构加快建设普惠金融服务站，截至2018年共建成7个普惠金融服务站。

（徐　锴）

建设银行

【概述】 2018年末，中国建设银行股份有限公司玉溪江川支行在职员工25名，内设办公室和客户部两部门，下设营业部和建川分理处两个对外营业网点；共有星云路、宁海路、乾景商业中心、湖滨路4个自助银行服务区，为全区人民提供24小时不间断金融服务。

2018年，江川支行围绕总行“三大战略”和云南省分行“七字方略”，以省、市分行经营管理导向及工作会议精神为指引，以市分行“零售优先、资产搭桥、机构铺路、文化助力、合规发展”方针为引领，结合总行提出的推进全面风险管理“责任到位、管理到位、监督到位、人员到位、考核到位”五个到位，按照省分行“党建铸根　管理铸基　转型铸力　文化铸魂”方针和“一二三四五六七”工作要求，以打好“六大战役”为总体经营管理思路，认真落实“严、实、新、细、廉”五字工作作风，通过员工全员竞争上岗，优化劳动组合，加强员工培训，提升员工服务经营能力、强化内控合规管理和风险防控，经全行员工的团结、拼搏、奋战，取得较好的经营成绩，各项业务稳健发展，为全区社会经济发展做出贡献。

【业务经营概况】 2018年末，各项存款时点余额24.01亿元，较年初19.89亿元，增4.12亿元，增长率20%，日均存款22.53亿元，较年初21.2亿元增1.33亿元，增6%。其中：对公存款时点余额11.39亿元，较年初增0.1亿元，日均余额12.16亿元，较年初负增0.75万元；个人存款时点余额12.62亿元，较年初新增4.01亿元，日均余额10.37亿元，较年初新增2.09万元；个人全量资金余额20亿。各项贷款余额7.15亿元，较年初6.54亿元新增0.64亿元，增9%。全年实现拨备前利润0.39亿元。

【支持地方棚改工作】 继2017年支行代理兑付江城棚户区改造资金，2018年支行继续为大街街道棚改资金代理兑付银行，为高质量做好棚改资金代理兑付工作，支行精心组织，妥善安排，抽调支行业务精英长期驻守江城棚改指挥部，组织专项工作小组，参与棚改相关工作，政策宣讲、资料审核、沟通、再审核，派专人常驻国开行协调等，确保代理资金兑付工作顺利进行，截至年末，完成代理资金兑付约6.8亿元，确保棚改工作的有序推进。

【参与地方工作】 一是参与地方创卫创文工作。支行按照区委区政府工作安排，克服人力不足、无经费保障等困难，参与创卫、创文等工作。全年共计制作各类宣传海报4期24幅，并按要求每天不少于10%人员、周末不少于50%人员上街清洁家园、入户宣传，共计上街、入户宣传发放宣传折页900余份，所在网格经创卫办多次检查考核，均排名靠前，为创卫、创文作努力。二是履行河长制职责。按照工作要求，每周均对所负责河道----江川区后卫河进行巡查，捡拾垃圾、上报问题，组织人员集中清洁，为保护母亲湖作贡献。

【表彰奖励】 2018年，支行共获得上级行授予的2018年“奋战60天实现时间过半目标过半”业务竞赛活动，荣获“零售委结合优胜机构奖”（第一组）一等奖等8项团队奖励，金亚明获得建行云南省分行“十大感动人物”奖励。

（杨留柱）

农村信用合作联社

【概述】 2018年，玉溪市江川区联社围绕省联社、玉溪办事处年初制定的工作目标，按照“稳中求进、合规经营、提质增效、防控风险”的经营思路，因势而上，抢抓发展机遇，不断加快改革创新和转型升级步伐，主要经营指标和各项工作保持稳健增长的良好态势。截至2018年末，全区信用社共有在职职工183人，机关内设有10个部室，下辖16个营业网点，年末各项存款余额599902万元，较年初增长18566万元，增3.19%，各项贷款余额443030万元，较年初增长43672万元，增10.94%，存贷款市场份额居全区金融机构第一位，实现营业收入35555万元，同比增1323万元，增3.86%，拨备前利润14705万元，实现净利润1575万元。

【构建“一体两翼”】 江川区联社按照省联社构建“一体两翼”经营格局的工作要求，推进以“支农支小”为主体，发展“公司业务”“资金业务”为两翼的业务提档升级。通过持续强抓农户建档、评级授信基础工作和增量营销工作，年末实现农户贷款总量持续增长，个人贷款授信及用信面大幅提升，至年末，涉农贷款余额241047万元，农户小额信用贷款余额86997万元，累计建立农户经济档案84217户，建档率95.49%、评级授信率90.27%，农贷面21.27%，个人客户用信余额270375万元，个人用信户数19254户，全年办理个人住房公积金贷款35笔，金额1730万元，个人住房按揭贷款387笔，金额18262万元；规范开展资金业务，顺利完成资金业务管理系统和纸电票据交易融合系统的上线测试、数据移植，完成全国银行间债券市场的账户开立，取得债券前台交易资格，全年实现资金营运收入9993万元，资金营运收益率4.08%、同比增0.16个百分点。

【信用村建设】 2018年创建3家信用村，做好民生金融普惠工程，对雄关乡下营村委会和九溪镇矣文村委会和阳山庄村委会进行“信用村”授牌，给予辖内农户贷款利率优惠，以此延伸普惠触角，提高服务水平。

【网点安防改造】 根据公安部G38-2015、GA745-2017标准及省联社、玉溪办事处有关要求，启动2018年营业场所达标改造工作，全年完成14个营业网点及8个离行式自助银行的安防改造工程，并已通过公安部门验收。

【信贷新制度】 按照省联社及玉溪办事处关于执行信贷新制度的工作要求，完成制定实施方案，搭建执行框架，明确岗位职责，完成法人客户的建账和授信模块申请上线等工作，为2019年信贷管理新制度的执行做实保障基础。

【银政合作】 2018年12月28日，江川区联社与江川区税务局签订云南省城乡居民基本养老保险和城乡居民基本医疗保险征收代理协议，江川区联社以此次统一征收各项社会保险费为契机，加强与税务局的合作协调，积极提供优质高效的金融服务。

（赵婉乔）

工商银行

【概述】 2018年是实施中国工商银行新三年规划的开局之年，江川支行贯彻落实党的十九大精神和全行发展战略规划，坚持党建工作和经营管理“两条主线”，围绕全面从严治党、深化市场竞争、加快经营转型、夯实管理基础、提升发展质量“五个着力点”，以奋斗的精神，强化责任担当，狠抓落实之风，坚决打赢“三大战役”，确保资产质量大幅好转，确保发展效果明显提升，完成市分行下达的各项目标任务。

2018年，全行在职员工32人，内设机构为：综合管理部、市场拓展部、营业室。截至2018年12月31日，江川支行各项存款97376万元，比年初增34368万元；其中对公存款52691万元，较年初增27923万元；储蓄存款44256万元，较年初增6017万元；保证金存款429万元，较年初增429万元。个人金融资产增长1.1亿元；个人私银客户达8户，较年初增加2户。各项贷款135647万元，比年初增53643万元；其中公司贷款增39192万元，个人贷款增14451万元。

【经营转型】 一是本着发展依靠员工，发展成就员工的思想，从员工思想行为入手，着力提升员工的信心士气；二是调整培育营销团队，提升网点的产品营销和客户服务能力；三是从机制建设入手，着力提升零售业务的竞

争力；四是从外拓营销入手，着力提升获取客户的能力；五是从存量维护入手，着力提升粘住客户的能力；六是紧盯中间业务收入短板，算好重点产品账、潜力产品账、创新抵补账，推动传统业务与新兴业务并举，客户拓展与盈利能力共进，业务规模与发展质量同升，不断提高中间业务收入水平。

【基础管理】 夯实“五大发展基础”，坚持“四项重点建设”。夯实客户发展基础、渠道服务基础、风险管理基础、科技信息基础和体制机制基础，促进支行经营管理水平提升，持续加强党的建设、干部队伍建设、人才队伍建设和企业文化建设，为支行的经营发展提供强劲的内生动力。

【资产质量】 在拓展市场的同时，江川支行全力做好稳质量工作，严格把关，强化风险防范。2018年末不良贷款余额33万元，不良率0.02%，较年初减少0.35%；其中：个贷不良率0.09%，较年初减少0.03%，无公司不良贷款。

【服务工作】 2018年，江川支行启动服务提升攻坚专项活动，制定专业的、最为严格的服务考核办法，由行长助理负责此项工作。着力解决服务主动性不强和服务效率低两方面的问题，确保将江川支行建设成为江川区内服务最好的银行，重塑良好的市场服务口碑，提升网点的吸客、粘客能力。2018年中国工商银行江川支行被玉溪市银行业协会评为江川区首家“文明规范服务示范单位”。

（周占明）

邮政储蓄银行

【概述】 2018年，邮储银行玉溪市江川区支行按照“强发展、重效益、控风险、稳质量”的发展思路，以严控风险为核心，以发展为第一要务，扎实推进各项业务的发展。围绕年初制定的工作目标和措施，各项经营发展工作总体平稳。

2018年，江川区支行共有员工29人，内设综合管理部、信贷营业部两个部门，下设星云路支行一个自营网点及五个邮政代理网点。截至31日，全区邮储存款余额为66618.58万元，贷款余额22018.21万元，完成业务收入1398.62万元。

【信贷业务】 截至12月31日，贷款结余22018.21万元，较年初增1571.06万元。全区共发放个人贷款14660.1万元，其中：小额贷款余额279万元，商务贷款发放4110.4万元，消费贷款发放4359.70万先，再就业贷款发放4430万元，畜牧贷款发放463万元，扶贫贷款发放1018万元。

【个人金融业务】 2018年，个人储蓄余额66618.58万，较年初负增177.93万元；销售理财产品1587.32万元，理财产品保有量12051.84万；代办保险13.64万元；销售基金398.12万元；累计发放借记卡9998张；信用卡累计发放1455张。

【公司业务】 2018年12月31日，公司业务余额4908万元，较年初负增长3770万元。

中国农业发展银行

【概述】 2018年，中国农业发展银行玉溪市江川区支行以党建工作统领业务发展，立足区情县情行情，努力发挥政策性金融职能，拓宽业务发展思路，寻找业务发展切入点，努力推动各项业务高质量发展。

2018年末，支行各项贷款余额31793.17万元，比年初增7944.5万元，增幅33.31%；年末各项存款日均余额28952.64万元，比年初增6713.28万元，增幅30.19%；实现账面收入1522.27万元，比年初增473.53万元，增幅45.15%；实现账面利润816.26万元，比年初增445.71万元，增幅120.28%。全年支行无不良贷款，未出现欠本欠息等情况，信贷资产质量持续保持较高水平。

【服务“三农”】 中国农业发展银行玉溪市江川区支行作为江川区唯一一家农业政策性银行，服务江川、通海、华宁、澄江四个区（县）。支行以服务三农为宗旨，为易地扶贫搬迁、农村基础设施建设、改善农村人居环境、当地粮油收储提供政策性信贷支持。一是累计支付农发行总行发行的农发重点专项建设基金9.5万元，地方政府债券资金18.525万元，用于易地扶贫搬迁安置区配套基础设施和公共服务设施等建设。二是累计支付农发行云南省分行统贷的农村公路中长期贷款2374万元，保障四好农村公路项目更好的实施推进。三是累计支付农发行云南省分行统贷的改善农村人居环境贷款343.7万元，为江川区农村公厕建设、城乡垃圾中转站建设等提供资金支持。四是累计支付江川粮食收储公司粮油储备贷款1076.7万元，做好粮食储备资金及时足额供应，保障了地方粮食安全。五是防控风险，确保“四无”目标的实现。全年收贷收息工作顺利完成，未出现逾期、欠息现象，无不良贷款，贷款质量良好；注重内控合规管理，严格遵守规章制度，全年无经济案件、无刑事案件、无重大安全责任事故、无严重违规违纪问题。

【“职工之家”建设】 支行坚持以人为本，倡导“快乐工作，健康生活”的文化理念，不断强化支行硬件服务基础设施建设。支行配备党员活动室、小健身房、小食堂等工作生活设施，增加员工的幸福感、归属感和凝聚力。

（李依梵）

兴福村镇银行

【概述】 江川兴福村镇银行成立于2016年5月26日，并于2016年8月5日正式开业，江川兴福村镇银行，是一家致力于为广大村镇百姓带来福运的银行。江川兴福村镇银行内设五个部门：营业部、业务发展部、风险授信部、综合管理部、普惠金融部，安全保卫部。开业至今，分别设立江城、九溪、雄关3个兴福驿站，现有从业人员41名。

【业务发展】 各项存款完成情况。截至2018年12月末，各项存款余额13384.76万元，较年初增8822.44万元。其中，单位存款5440万元；个人存款7944.76万元。

各项贷款完成情况。截至2018年12月末，各项贷款余额23017.48万元，较年初增7359.74万元；本年累计发放贷款20093.3万元。其中小微企业贷款余额17309.57万元，较年初增4484.47万元，增幅34.97%；小微企业当期贷款户数878户；全行不良贷款余额155.88万元，不良率0.68%，存贷比171.96%，涉农贷款占比85.16%。

各项核心监管指标达到监管要求，股本金余额3000万元，截至2018年12月末，资本充足率12.65%，贷款损失准备958.71万元，拨贷比4.17%；单一客户集中度7.99%，流动性比例41.96%，成本收入比53.57%。业务良性发展，确保2018年全年收入利润目标实现，2018年实现自营收入1326.53万元，较上年增681.71万元，同比增幅105.72%，全年实现利润68.75万元，实现当年盈利。

【举办第三届“兴福杯广场舞大赛”】 “兴福杯”广场舞是兴福村镇银行自主举办的比赛活动，在举办比赛期间，银行以广场舞大赛为契机，结合银行现有的业务种类及自身优势，强化宣传效果，让民众进一步加深认知。来自全区各乡镇的二十三支队伍三百余人参赛。

【参与“金融知识普及月”宣传活动】 每年的九月，是银保监、人行要求的金融知识宣传月。兴福村镇银行组织员工走进企业、进乡镇，为广大群众宣传征信知识、防范电信诈骗、保护金融消费者权益等金融知识。

【多样化吸储方式】 以发起行的平台为依托，开展兴福码上付、E银行等电子产品业务，通过产品的推广方便客户，拓宽银行的存款渠道。

2018年4月10日，江川兴福村镇银行董事长陶育萍陪同区委书记徐贤一行到发起行进行考察，考研经济较发达地区江苏常熟农商银行的“三资”管理系统的成熟经验，争取试点资格，于2018年6月在江川区前卫镇试点上线兴福村镇银行三资管理系统，目前已全部上线。三资管理系统从村级资金收入、支出的源头，全面监督和反映村级资金的运用情况，为区、镇、村、三级落实监管和管理责任提供安全、高效的科学管理和优质服务。

【推进农户授信工作】 银行在2018年下半年调整战略布局，推进农村整村授信，把“服务三农、立足小微”真正落到实处。截至2018年12月末，银行共计授信3438户，授信额度20418万元。2019年银行将继续以农户授信为依托，积极下沉网点，致力服务三农、服务小微，让普惠金融的春风遍及江川区的村村寨寨。

【支农再贷款】 2018年4月银行向人行江川支行申请支农再贷款1200万元，截至12月末银行发放支农再贷款175笔，金额1200万元；其中：种养殖34户，金额242万元；新农村建设141户，金额958万元，支持地方经济发展。

【取得荣誉】 江川兴福村镇银行在2018年“五四.兴福杯”玉溪市江川区第二届环星云湖绿色公

益徒步活动中获得由共青团玉溪市江川区委、玉溪市江川区文明办、玉溪市江川区卫计局颁发的爱心企业荣誉名牌。

（陈玫兮）

人保财险

【概　述】　2018年，中国人民财产保险股份有限公司江川支公司（简称：人保财险江川支公司）在职员工29人，公司经理室下辖办公室、理赔分部、出单分中心、农网部、直销部、个代部、客户服务部、交叉销售部。个代部下辖江城营销服务部、前卫营销服务、路居营销服务部。公司全年保费收入5466万元，赔付各类案件7179件。

【完成全区农房统保】　自2007年9月开始江川区人民政府每年出资为江川区7万余户农户办理农房保险。十一年来，人保财险江川支公司加强与相关部门的联系与协调、提升服务能力。在各级政府的支持下对农房的报案、查勘、理赔等工作流程与标准作出详细规定。公司严格遵循“主动、迅速、合理、准确”的理赔原则，让农民享受到实实在在的保险保障。农房保险深入民心，为服务“三农”，推进社会主义新农村建设发挥积极作用。2018年共受理农房案件178件，涉及农户262户，为农户挽回经济损失51.5万元。

【完成全区能繁母猪承保】　人保财险江川支公司在服务“三农”过程中，连续十一年为全区能繁母猪办理统一承保工作，为广大能繁母猪养殖户化解风险，保障养殖户再生产能力。2018年共受理能繁母猪案件765件，涉及能繁母猪780头，为养殖户挽回经济损失82.29万元。

【完成全区政策性农险水稻、玉米、油菜承保工作】　人保财险江川支公司作为主承保方为江川区13100亩水稻、20000亩玉米、20000亩油菜办理承保工作，为广大农户分散农业风险，促进农民收入可持续增长。2018年共受理种植险15件，为农户挽回经济损失91.18万元。

【“铠甲卫士”保电动车平安】　为提升立体化治安防控体系的智能化水平，创建和谐平安江川，人保财险江川支公司联合玉溪市公安局江川分局推出“铠甲卫士”智能防盗电动车盗抢险，为2988辆电动车车主安全出行保驾护航。

【完成扶贫大病医疗保险承保工作】　2018年，玉溪市江川区人民政府扶贫开发办为江川区7270名建档立卡贫困人员购买大病医疗保险，为7270名建档立卡贫困人员提供39985万的保障，减轻贫困患者经济负担，为农村建档立卡贫困人口脱贫提供健康保障。

（史春丽）

人寿保险

【概况】　2018年，中国人寿保险股份有限公司江川区支公司（以下简称：中国人寿保险江川区支公司）在职职工13人，营销员116人，公司所辖中国人寿保险股份有限公司江城营销服务部、九溪营销服务部、前卫营销服务部、路居营销服务部。内设6个部室：经理室、办公室、个险销售部、团体业务部、银行保险部、客户服务部。围绕上级公司提出的“紧扣一个主题，把握两大重点，谋求三大目标，强化四项措施”的经营思想，在确保规模的基础上，朝着“业务转型，提升价值，强化队伍，文化建设”的发展目标，加强管理，拓展市场，取得很好的成绩。全年实现总保费收入4912.68万元。

【防范非法集资】　公司按照保监会及上级公司2018年防范非法集资专题工作方案要求，开展防范非法集资专题宣传活动，对社会公众（保险消费者）宣传教育，在公司大门悬挂“树立风险意识、远离非法集资”宣传条幅向社会公众进行宣传，公司充分发挥保险代理人队伍，将防范非法集资宣传教育嵌入产品销售、业务办理等环节，加强对保险消费者的直接宣传，加强对老年人、农村居民等易受非法集资侵害群体的宣传，加强对投资理财、养老服务等领域利用保险名义实施非法集资行为的风险提示和宣传教育，公司在柜面、职场等办公场所张贴海报，摆放展板、易拉宝等。并对保险从业人员（员工和营销员）宣传教育，公司还对保险从业人员通过国寿E学、易学堂、云助理消息、电子邮件、微信等向员工进行宣传教育，公司在活动期间对员工及销售人员举办专题培训教育宣导，同时，活动中宣传非法集资举报奖励制度，鼓励社会公众和保险从业人员对发现的线索进行举报。在开展防范非法集资宣传教育活动的同时，在公司系统内营造防范和处置非法集资工作氛围，在公司内部建立长期开展该项工作的长效机制，对公司各项工作进行梳理，全面了解公司在经营管理中存在的风险点，并及时得到整改，避免了经营风险的发生。

【反洗钱工作】 公司履行反洗钱义务，根据《反洗钱工作管理办法》《洗钱和恐怖融资风险评估及客户分类管理办法》《客户身份识别和身份资料及交易记录保存反洗钱工作管理规定》，结合监管要求及公司实际进一步完善公司反洗钱内控制度；在公司悬挂“打击洗钱犯罪、提升洗钱风险防范意识”宣传条幅向社会公众进行宣传，努力做好客户身份识别、客户身份资料和交易记录保存、客户洗钱风险等级划分、大额和可疑交易报告等工作，并借助微信等网络新型方式积极开展反洗钱宣传工作。经过排查全年在公司无洗钱案件的发生，向当地人民银行报送反洗钱报告。

【诚信展业】 自公司启动以“诚信我为先”为主题的销售人员职业道德与诚信合规教育以来，公司一直注重销售人员诚信合规文化建设，利用销售人员早会培训学习时间，以一首诚信歌、一本《行为规范手册》、一面诚信墙、一个《营销员信用品质管理办法》、一年一考试，为长效机制，不断加强营销员队伍信用品质建设。通过不断培训、教育，规范广大营销员诚信合规展业的行为。

【提升服务品质】 公司秉持专业和真诚的客户服务理念，依托覆盖全区的服务网点和上级公司各项服务平台的支持，从公司开始推出“国寿1+N”增值服务。2018年，在此基础上为不同层级客户新增不同内容、不同层次的增值服务。

健康好帮手：为高端客户提供健康体验，分多批次组织客户到玉溪进行肿瘤标志物筛查。

国寿资讯通：通过手机短讯向广大客户群体发送各类健康关怀、生日祝福、节日祝福短信，以及各类保单服务短信，让客户时时刻刻掌握保单动态。

提高通知服务能力：运用“互联网+”，公司推出中国人寿“我的e保账”，让客户利用智能手机登录中国人寿“我的e保账”不用到公司柜面就能随时随地在手机上轻松处理保单客户信息变更、保全、保单借款等业务，方便客户。

面向广大客户提供各类特色服务活动：“3·15”期间到街上摆摊设点开展维护保险消费者的合法权益宣传咨询活动2场，接待咨询近100人，发放宣传资料1000余份，悬挂布标2条。“6·16客户节”以“牵手国寿、孝善为先”为主题，开展一系列客户服务活动。

推进“微回执、微回访”的使用，有效降低运营成本，提升客户服务水平，为客户提供多元化服务举措奠定基础。

【保障员工权益】 不断完善员工的福利计划，保证员工除享有国家规定的基本“五险一金”法定福利外，为职工办理企业年金和工会职工补充互助医疗保险。公司为营销员办理意外伤害、意外医疗和疾病住院医疗保险等。

重视对员工休息、休假权益的保障，公司积极创造条件，鼓励员工科学安排休息、休假。

公司经理室每年对公司困难职工，在两节期间进行“一次送温暖到家”的走访慰问活动，对单亲职工、生病困难职工，上报申请给予一定经济补助，缓解暂时的经济压力。

【幸福和谐晚年老年保险】 在充分评估老年人意外伤害保险风险和吸取兄弟公司开展老年人保险的经验后，成功开拓老龄渠道，与区民政局、老龄办联合推出“幸福和谐晚年老年人意外伤害保险”，全区收取保费88万元，老龄渠道成为团险第四大渠道。

（邢榕玲）

教育·气象·防震减灾

编辑　徐凡清

教　育

【概述】　2018年，全区共有公立学校74所，其中：乡镇中心完小12所，村完小44所，教学点2个，乡镇中学11所，普通高中2所，职中1所，进修学校1所，青少年学生校外活动中心1个，区幼儿园1所。有教学班1078个，其中：幼儿学前班238个，小学500个，初中211个，普通高中90个，职业高中39个。在校生37815人，其中：在园（班）幼儿数7677人，小学15015人，初中9217人，普通高中4682人，职业高中1224人。小学毛入学率101.7%，小学学龄儿童入学率99.99%，辍学率0%，毕业率100%，小学毕业生升学率96.8%，年巩固率100.3%，新招一年级新生受过一年学前教育99.59%，学前幼儿毛入园（班）率90.5%，15周岁初等教育完成率99.9%。初中毛入学率114.17%，初中毕业率100%，初中辍学率0.17%，年固率99.57%，17周岁初级中等教育完成率98.92%。

2018年10月完成省第三轮教育督导评估工作，得分96.5分，12月被云南省政府评估认定为"教育工作先进县"。

【党建工作】　教育局党按照区委制定下发的《中共玉溪市江川区委办公室关于印发〈玉溪市江川区关于加强学校党的建设工作的实施办法（试行）〉的通知》，严格落实基层党建巩固年各项任务，以"三融入三开放"为载体，全面开展基层党建述职评议，落实"三会一课"和民主集中制，全面推进教育系统党建工作标准化建设和"微党校"建设，培育一批党建示范学校，完成江川一中、江川职中、区第一幼儿园、大街中学、前卫中学、九溪中学、龙街小学、大街小学、后卫小学9个学校党建示范点建设，以点带面，切实加强各级各类学校党建能力。教育局党工委对各中小学党建工作情况及支部规范化建设开展支部指导督查，开展党务工作培训提升党建工作水平。基层组织开展"主题党日""微党课""立德树人·为人师表""云岭红烛·育人先锋"等活动，凝聚江川教育发展正能量。教育局设教育局党工委，下辖基层党委1个、党总支2个、党支部36个，共有党员817名，2018年，创建5个示范党支部，14个达标党支部，成立三街欣兴幼儿园党支部，吸收预备党员23人，预备党员转正4人。接受区委第一巡察组对区教育局党工委的巡察。

【意识形态工作】　坚持在区委区政府的全面领导下，推动意识形态工作责任制落细落实。一是统一思想，提高认识。加强宣传思想工作和精神文明建设是贯彻执行党的路线、方针、政策的前提保证；二是明确职责，强化队伍建设。召开专题会议，强化领导机制和工作机构，明确职责任务，由书记负责，办公室牵头、教育股配合，各学校（园）党支部书记为学校（园）宣传思想和意识形态工作的第一责任人，努力打造一支思想好、素质高、理论强的宣传队伍；三是践行社会主义核心价值观，落实中小学有效衔接的德育课程体系，加强未成年人思想道德建设和思想政治教育，组织全区24所中小学校广泛开展以“我向国旗献礼”为主题的教育实践活动，强化4所乡村学校少年宫建设和管理，组织开展“我们的节日”“传统文化进校园”活动，增强学生的文化自信与文化认同感，充分发挥《江川教育信息》的作用，配合区委宣传部做好对外宣传工作。2018年，教育局党工委上报上报党建信息89条，区委采用23条，市委采用5条，编发《江川教育党建信息》12期。据不完全统计，在《玉溪日报》宣传报道江川教育改革发展3次，玉溪电视台宣传报道2次。

【综治维稳】 认真落实区委、区政府关于综治维稳工作的决策部署，一是健全完善工作机制。建立并实施重大事项社会稳定风险评估制度，定期分析排查影响社会稳定的风险。局机关及学校内部保卫组织健全，防范制度完备，加强了单位重点部位、要害部位的人防、物防、技防能力，各学校安全防范措施有力、落实到位，建立健全各类应急预案；二是深入开展校园及周边治安综合治理。联合公安、消防、交警、交通、安监、卫生、文化、市场监管等部门进行校园安全大检查16次，及时消除学校存在的各类安全隐患；三是抓好矛盾纠纷排查调处工作。认真排查涉校涉园矛盾纠纷，定期分析研判，掌握相关信息。做好民办教师等特殊人群的稳定工作，确保其未参与集体上访。各学校设立“校园欺凌预防办公室”，加强校园欺凌的专项整治，有效遏制了校园伤害事件的发生。全年调处上级交办信访事件和接待群众来信来访20件，调处率100%；四是加强学校“三防”建设。区政府投入经费453.53万元，为全区学校配置专职保安178人。全区学校投入经费50万余元，更新或维护电子监控、“一键式”报警系统、配足配齐安保器材、校园安全智慧门禁等；购买校方综合责任险约105万余元。提升学校安全防控的综合能力。2018年未发生较大以上安全事故。

【依法治校治教】 制定《江川区教育系统依法治教实施方案》《江川区教育局机关管理暂行规定》《江川区教育系统加强作风建设工作要求》《江川区教职工交流办法（试行）》《江川区教育局“三重一大”制度的实施办法（试行）》《江川区教育局加强师德师风建设实施方案》等工作规则和民主决策制度，作出重大决策前主动向区委、区政府汇报，进行合法性审查，根据内容要求向教职工和群众征求意见建议，避免决策失误，成立教育局依法治区工作领导小组，局长任组长，1名副局长负责依法治区工作，并按时上报相关资料，主要领导与各股室签订教育行政执法责任书，确保依法、科学、民主行政，并在年终进行考核。聘请云南李世敏律师事务所李世敏、王彦东为法律顾问。

【教育脱贫攻坚】 一是做好控辍保学工作。制定下发《玉溪市江川区人民政府办公室关于印发玉溪市江川区进一步加强控辍保学提高义务教育巩固水平实施方案的通知》《江川区2018年普通中小学招生入学工作方案》《玉溪市江川区教育局关于认真做好2018–2019学年控辍保学工作的通知》文件，成立招生工作领导小组和招生工作监督小组对招生工作进行指导监督。对未按时入学的儿童进行追踪劝返，全区各义务教育阶段学校无建档立卡子女辍学，小学无学生辍学，初中辍学率0.17%，均未超出规定指标。坚持落实省市学生变动报告制度，每月均按时报送《义务教育阶段入学及控辍保学工作情况统计表》。二是抓实贫困户学生资助工作，精准识别贫困户信息，动态掌握建档立卡户学生信息，江川区“三免一补”政策按要求严格落实，学前教育下拨各学校（园）学前困难资助资金52.77万元，评选发放学前教育建档立卡贫困户子女和家庭经济困难幼儿共计1759名。普通高中国家助学金、免学费、生活补助资金已下达至学校。中职学校免学费、国家助学金、雨露计划区级均足额配套并下达到学校，资金发放工作正按计划正常实施。市级优秀贫困学子和2018年生源地信用助学贷款风险补助金已下达至区教育局。

2018年秋季学期仅寄宿制学生生活费补助第二批资金和省级优秀贫困学子奖学金还未下达（预计10天左右下达），其他项目补助资金已足额下达学校（园）。2018年10～11月，区教育局组织全区学校为贫困学生送上冬日的温暖和慰问。各单位、学校积极动员教职工、企业、社会爱心人士为贫困学生捐款捐物。截至11月末，各单位、学校已为贫困学生送温暖资金、物资

（折合现金）达40万余元，个人受助金额最多的6万元（大街小学白血病患儿），部分幼儿园为特困学生实施全免费入园，全区贫困学生（儿童）人均受助约270元。各民办幼儿园划拨事业收费4%以上的资金用于减免贫困幼儿入园，本学年减免贫困幼儿入园费用16万余元。

【人事制度改革】 落实《玉溪市江川区教育系统人事制度改革方案（试行）》的要求，规范中小学内设机构和岗位设置，深化教师职称制度改革，打破教师职称聘任终身制，建立教师职称聘任能上能下的动态管理机制。强化学校领导、教职工聘用管理，调整优化中小学教职工队伍，促使全区师资配置结构合理。按程序任命7位新校（园）长，调整5位校长（园长）岗位，1位校长进行轮岗，完成335名教职工的人事关系转移办理，其中各种交流人数182人，其中跨学段交流（从初中流向小学）79人。城区资源整合调整人事关系113人，新成立学校人事关系发生变化40人。完成江川一中、大街中小学和区教科所的区内选调35人，在全区各级各类学校推行全员聘任制。

【中心城区资源整合】 教育局在区深化教育改革领导小组的统筹下，对城区教育资源进行优化整合。城区教育资源整合后，大街中学和大街小学均设有两个校区，校区之间实行人、财、物统一管理，在任课教师搭配、学生管理和教学实施等方面统一要求，在资金使用方面统一调度，扩大江川城区优质教育资源覆盖面，逐步实现全面同步和无差别化，初中学位增加200余个、小学学位增加1800余个，缓解城区中小学招生压力，消除大班额问题，让更多群众子女享受到优质的教育资源。

【教育督导评估】 2018年10月迎接省第三轮县级人民政府履行教育职责督导评估工作，教育局高度重视此项工作，9月底完成自评并上交申请复评资料，10月初，在汇报材料、路线设计、专题片拍摄、召开迎评现场会、礼仪接待等方面，高质量的完成各项迎评准备工作。10月17～19日，经过汇报会、学校考评、台账查询、反馈会等环节，最终评估得分96.5分，并于12月被省政府公示认定为“教育工作先进县”。

【教育信息化建设】 投入使用触控一体机688套（全区中小学多媒体设备班套比达1：1）、教师用笔记本电脑585台、计算机教室65间、学生用电脑2130台、远程互动教室2间，实现教育信息化—数字化校园全覆盖，形成城乡交互共享的教育教学资源服务体系。全区各中小学校多媒体教室班套比1：1，小学生机比8.95：1，初中生机比8.37：1，生机比达到国家规定标准。数字化校园建设项目终验工作顺利实施，每月按时更新教育信息化工作进程信息系统，教师在云平台注册率100%，学生注册率100%，所有学校应用云平台开展网络备课教师数100%，各学校应用应用云平台教师助手进行课堂教学的教师数70%以上。2016年申报的玉教云平台应用示范校大街中学已通过市评估认定。

【财务工作】 2018年江川区教育系统完成非税收入3724207.21元；1～11月，完成向上级争取资金5991.99万元，其中：中央和省级5305.41万元，市级755.41万元；招商引资完成5200万元。认真编制2018年预算，在财政规定时限内，在政府门户网站进行财政预、决算公开。单位内部账户划转均经财政审批同意，重要票据一律使用保险箱保存，未提前对支票加盖印鉴章，印鉴和财务章分人保管，严格执行内部控制制度，按月进行三方对账，账项均核对一致，按照资金文件严格管理专项资金，认真贯彻执行各项惠农政策、扶贫政策，严格按照会计制度规定进行账务处理、管理会计档案。上缴财政存量资金3次，根据财政要求，不存在二次分配资金情况，所有需要分配的资金均通过提供分配表到财政，由区财政直接下达到校。制定《关于成立玉溪市江川区教育局采购组的通知》成立采购工作领导小组，对达到政府采购要求的项目，小组进行把关，未达到政府采购的项目，均通过采购小组会议通过后进行规范采购。2018年10月，组织全系统22家学校和教育局进行固定资产全面盘点，全面清理废旧资产，进行报废处理，核减江川一中、教科所、翠峰中小学黄标车4辆，完善固定资产信息系统和会计账务，进一步规范国有资产，做到账账、账实相符。化解单位债务，通过争取债券置换债务、自筹资金偿债等方式化解单位债务。

【政务公开】 认真贯彻落实《中华人民共和国政府信息公开条例》《云南省政府信息公开规定》，以建设服务型机关为目标，按照公开、公正、便民、勤政、廉政的要求，建立健全教育信息发布和管理制度，进一步加强政府信息公开力度，并为社会公众便捷提供教育改革、招生考试、学籍管理、资助政策等涉及人民群众切身利益和社会普遍关注的教育信息公开内容，有效保障公众的教育知情权、参与权和监督权。年内，通过政府信息公开网站江川区教育局子站共公开各类教育信息365条，公开教育类解读信息2条。受理各类信访件20件，按时回复率100%，做到了件件有答复、事事有落实。未收到涉及政务公开工作有关的举报、投诉，也未发生行政复议和行政诉讼事项。

【教学质量】 2018年江川区高考成绩居全市前列，600分以上2人，一本上线74人、比2017年增19人，上线率4.35%、比2017年增1.56个百分点；本科上线810人、比2017年增16人，上线率47.62%、比2017年增6.61个百分点；本专科上线人数1680人，上线率98.77%、比2017年增4.4个百分点，全区普通高中的教学质量得到较大提高。2018年初中学业水平测试（中考）取得较好成绩，总平均分500.61分，上升至全市第二名；各学科成绩全面提升，语文、数学、化学、历史居全市第二名，英语、物理、政治居全市第三名；综合成绩进入全市88所初中前30名的学校数由2017年的4所增加到9所；直录玉溪一中的人数由2017年41人增加到52人。

【德育工作】 一是大力培养和践行社会主义核心价值观，组织开展好少年传承中华传统美德系列活动和国防教育活动，发挥活动育人功能，积极建设中小学德育综合示范区；二是设置心理咨询室，加强中小学生心理健康教育；三是认真组织全区中小学生和教师积极参加“美德少年”“孝心少年”“中华魂”“阳光校园·我们是好伙伴”主题教育活动；四是扎实开展文明学校、文明校园创建活动：全区共有省级文明学校7所、绿色学校1所、一级二等幼儿园1所、一级三等学校1所、二级一等学校（幼儿园）10所，市级现代教育示范学校6所、文明学校3所、绿色学校5所、法制示范学校7所、防震减灾科普示范学校4所；五是做好学生军训工作，按照省、市关工委的统一部署，将少先队工作纳入对学校综合考评，积极推动少先队改革工作。

【教科研队伍】 有省级名师工作室2个，专任教师中有正高级专业技术人员3人，副高级专业技术人员772人，中级专业技术人员904人，有3人参加过国家级骨干教师培训，有省特级教师1人，省级学科带头人1人，省级骨干教师8人，省级中小学名校长1人，市级学科带头人8人，市级骨干教师76人，区级学科带头人74人，区级骨干教师541人。

【招聘与培训】 2018年教育系统通过提前引进人才、公开招聘、区外选调三种方式进行教师招聘，其中人才引进19人，公开招聘51人，区外选调中小学（幼儿园）教师5人，共75人，目前还有2人因暂不能进行体检需延后按程序办理相关手续。2018年11月对2018年参加工作的70名教师进行培训，教育局党工委书记、局长分别进行专题讲座，邀请区“七五”普法讲师团冯孝忠，专门解读《中华人民共和国宪法》，促进普法工作的开展，通过培训使新教师得到系统而专业的理论培训和教学实践指导。

【改善办学条件】 一是“全面改薄”建设项目2018年江川区计划实施“全面改薄”建设项目9个，面积8748平方米，目前项目已全部建设完成，投入使用。二是学前教育二期建设项目8所幼儿园建设。建成幼儿园4所，在建2所，完成前期工作幼儿园2所。三是学前教育三期建设项目2所幼儿园建设，已经建成并投入使用。四是江川区2018年中小学幼儿园C级校舍加固改造建设项目，计划加固改造校舍33幢，面积22059平方米，全区中小学幼儿园C级不安全校舍加固改造工作已全面开工。其中：拆除校舍6幢，面积5044平方米（拆除不建校舍4幢，面积2681平方米；拆除重建校舍2幢，面积2363平方米），现已全部拆除，拆除重建的2幢正在办理项目前期工作；加固改造校舍27幢，面积17015平方米，已完成加固改造校舍19幢，面积8793平方米，正在进行加固改造校舍8幢，面积8222平方米。五是通海“8·13”“8·14”震后恢复重建工作。受灾学校20所，校舍25幢，面积41029平方米，围墙1108

米。影响教育教学工作的受灾校舍和围墙已经恢复。

【招生考试工作】 制定《江川区2018年普通中小学招生入学工作方案》，坚持免试入学、属地管理、公平公正的原则，采取阳光招生、阳光分班的有效措施；保证适龄儿童少年依法就近入学、进城务工子女、随迁子女适龄儿童少年就近就便在公立学校入学，小学适龄儿童入学率99.99%，初中毛入学率108.95%；加大职中招生宣传力度，召开专题会议，研究部署招生工作，指导督查职中落实招生任务。认真贯彻落实教育部关于中职学校招生“四个严禁”新规定，做到招生信息“六公开”，严格执行省教育厅中职招生工作“十条禁令”，规范中职招生；加强高中招生行为监督管理，明确高中招生工作的指导思想和工作目标，统筹管理招生录取工作，严肃招生纪律，规范招生行为。2018年普通高中录取1890人，其中市属高中录取255人，玉溪一中录取94人，玉溪师院附中录取59人，市民中录取65人，玉溪实验中学录取18人，其他高中录取19人。本区高中录取1635人，其中江一中录取897人，江二中录取738人；至10月10日江川一中报到882人，报到率98.33%；江川二中报到720人，报到率97.56%。

【义务教育】 一是江川区政府制定下发《玉溪市江川区人民政府统筹推进城乡义务教育一体化改革发展实施方案》推进落实区域内城乡义务教育学校建设标准统一、教师编制标准统一、生均公用经费基准定额统一、基本装备配置标准统一、“两免一补”政策城乡全覆盖五个工作目标，同步规划建设城乡学校，严格实施学校标准化建设，努力办好乡村义务教育，完善随迁子女就学机制，提高乡村教师待遇，政策和制度上向薄弱学校倾斜。二是在招生政策、生均公用经费安排、教师资源配置、教师职称评聘和评优评先上向山区、边远学校倾斜。三是对城区教育资源进行整合，缓解城区义务教育阶段就学压力，有效化解大班额问题，助推城区教育均衡发展。四是以整改国检组反馈的六个方面薄弱环节和问题为主线，及时成立以区长为组长、分管教育的副区长为副组长的整改领导小组，制定并落实整改方案，及时上报整改情况，不断推动全区义务教育向优质均衡目标迈进，继续巩固提升全区城乡义务教育一体化改革发展水平。

【职业教育】 以“出口畅，进口旺”为目标，结合市场需求，调整职中专业设置，开设有计算机应用、电子电器应用与维修专业、旅游服务与管理专业、农产品保鲜与加工专业、民间传统工艺（青铜器加工）等5个大专业类别、8个小专业。其中农产品保鲜与加工专业是骨干专业，旅游服务与管理专业和电子电器应用与维修专业是优势专业，民间传统工艺（青铜器加工）是特色专业，各专业的设置围绕地方经济的发展来开设。实现“订单式”培养，学校分别以广东、江苏、浙江、上海的多家用工单位建立联合办学关系，长期输送毕业生到珠江三角、长江三角一带实习就业，2018年在校生人数1276人，毕业生就业率97.4%，已连续九年超过96%。

【控辍保学】 严格执行中央、省、市文件精神，制定下发《玉溪市江川区进一步加强控辍保学提高义务教育巩固水平实施方案》明确职责，层层压实责任，义务教育阶段有在校学生24232人，其中小学在校生15015人，初中在校生9217人。小学适龄儿童入学率99.99%，初中毛入学率108.95%，九年义务教育巩固率96.23%，超市标准。小学阶段无学生辍学，初中阶段辍学率0.17%。建档立卡户子女义务教育阶段无辍学，全面完成目标。

【教育科研】 教育局积极探索多种教学管理方式，实施“捆绑式”和“自主式”教学模式，建立学区教研制度，开展课堂教学过关，认真学习和运用现代教育技术，落实教改措施，优化教学管理，加强质量监控，注重过程性评价，培养学生学习兴趣，推动教育教学质量不断提高。2018年制定下发《玉溪市江川区中小学、幼儿园教师课时量参考标准》（试行）、《玉溪市江川区中小学学科教研组建设指导意见》《玉溪市江川区第二轮“双主互动”课堂变革三年行动实施方案》，推动江川教育教学理念的变革与进步。

（秦忠国　吴勇）

教师培训

【概述】 2018年，教师培训工

作充分发挥区级培训机构教学研究、教师培训工作的指导、服务职能作用，推进基础教育课程改革发展和全面提高教育教学质量，参加各类培训人数5934人次，完成全年的培训工作任务。

【加强薄弱学科建设】 玉溪市江川区教师进修学校于3月22～24日举行中小学音乐、体育、美术、书法学科教师培训。全区中小学、幼儿园共100名教师参加培训。培训在四个教师培训基地同时进行。音乐学科教师培训基地：前卫中学（负责人郭绍伟）；体育学科教师培训基地：大庄中学大庄校区（负责人秦树磊）；美术学科教师培训基地：大街小学（负责人沈谢艳）；书法学科教师培训基地大街中学（负责人杨洪伟）。培训内容与形式。一是集中培训。重点为《课程标准》导读及音乐、体育、美术、书法教学基本知识与技能培训，现场教学等。二是观摩研讨。参与式教学实例观摩，以问题为中心，引导教师参与其中，共同研讨解决问题，提升教师的授课水平，夯实教科研能力，提高课堂效率。三是自主研修。建立学科微信群，时刻了解教师动态，及时反馈信息，有针对性地加以指导，提高自主研修实效性。四是成果展示。培训做到理论与实践相结合，学习与参观相结合，交流与研讨相结合，确保培训的质量。

【搭建教师成长平台】 为使新教师进一步掌握教学技能，规范教学行为，树立专业思想，提高教育教学水平，做一名合格的人民教师。江川区教科所于2018年4月18～19日组织人员对2017年参加教育工作的47名新教师进行“技能”考核和课堂教学竞赛。这次所考核的新教师，基本功扎实，从教材处理到教法选择和从驾驭课堂能力到落实课改理念，表现得非常突出。在组织的课堂教学竞中有8名新教师获得一等奖；14名新教师获得二等奖；16名新教师获得三等奖。本次新教师“技能”考核和课堂教学竞赛。注重考察新教师的基本教学能力和基本教学规范执行情况，对新教师的成长，对提升教师队伍素质有着重要的意义。

【合力抓学校安全】 为切实提高学校安全管理水平，提升学校德育、安全、安保人员素质，增强学校安全管理人员的安全意识和防范能力，预防校园安全事故发生，玉溪市江川区教育局于5月17～19日举行中小学安全管理培训。全区中小学、幼儿园安全主任、德育主任、部分安保人员共80人参加培训。此次培训主要设置《预防校园暴力》（江川区公安分局特警大队长杨云龙主讲）、《防震减灾的预防与应对》（江川区防震减灾局李祥主讲）、《学校如何开展禁毒工作》（江川区公安分局禁毒大队杨仕祥主讲）、《学校食品安全》（江川区市场监管局副局长蔡晓明主讲）、《强化风险防事故文明交通提素质》（江川区公安分局交警大队办公室主任刘文林主讲）、《了解艾滋病》（江川区疾控中心党支部书记郭亚雄主讲）、《珍爱生命预防溺水》（江川区水利局杨杰主讲）、《学校欺凌预防》（江川区教育局副局长陈春荣主讲）等8个专题。通过培训，大家受到启发，增长见识，拓宽视野，提升素质，为推进全区学校安全管理提供精神动力，对学员日常安全管理具有启迪作用。

【增强教师学习意识】 为加强教育系统干部、教职工学习教育培训，提升理论素养，激发工作热情，增强干部、教职工学习意识，营造浓厚学习氛围，提高学习实效，与好书为友，与经典对话，与博览同行，开阔视野，陶冶情操，积淀专业底蕴，提高修养。根据《玉溪市江川区领导干部促学活动实施方案（试行）》《玉溪市江川区教育系统促学活动实施方案（试行）》文件精神，在全区中小学、幼儿园开展教师读书活动。共计2353名中小学教师参加此次活动。读书活动学习内容（教育部推荐书目）：高中教师：学习《中国教育路在何方》；初中教师：学习《教育的使命》；小学、幼儿园教师：学习《读懂孩子》。读书学习分四个阶段进行（2017年12月至2018年8月）：一是全区中小学、幼儿园教师利用业余时间开展不少于72学时的“教师读书活动”书籍学习，认真做好批注，便于查阅。二是学校每月组织一次读书交流活动，要求：定好主题，定好中心发言人。读书活动结束后举行一次“教师读书活动”总结评优活动。三是加大宣传力度。学校在教师读书活动专栏、宣传板报中展出优秀发言材料，充分发挥先进典型的示范引领作用。四是学校要以组织“教

师读书活动”为契机，努力打造一支以“把责任扛在肩上、把学生放在心中、爱岗敬业、乐意奉献”的学习型教师队伍。活动结束后，于9月1日进行测试。区教科所组织人员对测试试卷进行严格、严密、认真评阅。测试结果：80分为合格，合格者给予教师履职晋级培训72学时，5学分的登记。并作为职称晋升，评优评先的重要依据。

【岗前培训】 根据《玉溪市江川区教育系统人事制度改革实施方案（试行）》和相关人事管理要求，玉溪市江川区教育局于8月28日对2018年秋季学期任教学段发生变化的教师进行岗前培训。共计77人参加培训。培训共三项内容：一是专题培训；二是名师课堂教学示范；三是说课、评课，研讨交流。采取集中培训与分科培训相结合的方式进行。通过岗前培训，使任教学段发生变化的教师进一步了解教师基本素养、教学基本常规、技能和手段，从心理上、工作上、行为规范上适应教师职业要求，加快知识结构的调整优化，并为其持续发展打下坚实基础。

【构建终身学习体系】 根据《云南省教育厅印发关于加强和改进中小学教师培训工作有关文件的通知》精神，为促进教师自主学习，终身学习，培养高素质的教师队伍，保证每个教师5年（一个周期）接受不少于360学时的培训，结合学校教师实际，解决工学矛盾，减少经费支出。玉溪市江川区教育局与全国中小学教师继续教育网合作开展全区中小学幼儿园教师全员培训。第一轮培训时间从2018年11月1日至2019年2月，全区共有1691名教师参加培训，经考核合格者给予72学时5学分登记。

【新教师培训】 按照《玉溪市江川区中小学教师培训“十三·五”发展规划》要求，促使江川区新教师在较短时间内适应教育岗位的基本要求，实现师德、教学艺术和教育管理能力的同步提高。江川区教师进修学校于11月22～26日对2018年参加工作的70名教师进行为期5天的培训。通过培训，70名新教师接受系统而专业理论培训和教学实践指导。

【开展学科研讨】 玉溪市江川区2018年中考学科教师研讨培训贯彻党的教育方针，推进素质教育，切实加强教师队伍建设，探索和搞好中考改革的学科培训，确保全区中考成绩高质量、上台阶。2018年3月对全区中考科目学科教师进行专题培训（共600人次）。培训内容包括学科复习思路及方法，学科命题趋向、复习重难点透析，复习备考建议。

【其他培训】 组织参加云南省“万名校长”培训（7人）；组织参加2018年“国培计划”云南省项目培训（32人）；组织参加“义务教育统编三科教材”网络培训（538人）；组织参加云南省初中、小学名师工作坊坊主坊员赴北京参加集中研修学习（6人）；组织参加省内外培训（24人）；组织高中教师参加云南省普通高中课程标准网络培训（356人）。

（张本林）

教育科研

【概述】 江川区教育科学研究所，是江川区教育局直属的事业单位，承担着全区学校教育教学研究、学科教学业务管理和教师培训等工作。始建于1955年，其前称是江川县教育局教研室。2005年12月，江川县教育科学研究所与江川县教师进修学校实施合署办公，实行“一套班子、两块牌子；一支队伍、双重任务”的管理和办学模式。合署后的江川县教育科学研究所与江川县教师进修学校机构设置齐全，实行所长（校长）负责制。下设办公室、师训室、中学研究室、综合研究室、理论研究室。现有干部职工34人，其中专职教研员30人，职员2人，工人2人。硕士研究生班结业3人，具有高级教师职称的15人，中共党员23人，“云岭名师”1人，省级学科带头人1人，市级骨干教师4人，省、市级初中数学名师工作和市初中物理名师工作室各1个。2008年4月江川县教科所被云南省教育厅评估认定为云南省首批县（区）级一级一等教研机构，2010年1月江川县教师进修学校晋升为云南省示范性教师进修学校。

【内部管理】 坚持“3+2”工作方式，引导教研员人员苦练内功，不断增强服务意识，提升工作能力和服务水平。完善了绩效考核机制，把教研员的课程理论水平、学科教学质量、专业论文发表质量、课堂教学研究与实践能力、研训活动水准作为考核的主要内容，促使教研员有效达成

"六个一"，即"上好一堂课（每学期2～3节）""作好一个讲座（每学期2～3个）""发表一篇论文""抓好一个课题""带好一支队伍""建好一个基地"，全面提升了专业水平。

【教研员联系学校制度】 通过随堂听课和座谈，摸清联系学校教师教学业务的基本情况，针对教师专业知识欠扎实和教育教学基本理论修养较弱的情况，与教研组长一起制订理论与专业学习计划，与学校领导、教师一起策划校本研修活动的内容和形式，经常为联系学校师生作讲座和上示范课，通过"研训一体化"活动的精心组织，强化了指导的有效性。

【规范办学行为】 区教科所要求各中小学必须按照课程标准要求，开齐课程、开足课时。切实减轻学生过重的课业负担，坚决杜绝给学生乱订、滥发或指定学生购买教辅资料的现象。严禁体罚或变相体罚学生。严格控制学生在校时间，保证学生每天一小时的体育活动时间。保证学生充足的睡眠时间。开展各级各类的文艺、体育、科技活动，丰富师生的课余生活，积淀学校的办学文化。

【信息技术与学科整合】 以"玉教云"平台推广使用为契机，做好"一师一优课、一课一名师"竞赛评比活动，全区报名教师924人，教师晒课857节，实录课62节，区推优课60节，此活动，充分调动了我区中小学教师应用信息技术改进教育教学的积极性，提升了各学科教师掌握使用信息技术的能力。

【教学常规检查】 依据《玉溪市江川区教育局关于加强学校精细化管理的意见》《江川区中小学教学常规管理概要》，区教科所开展义务教育学校教学常规突击检查。检查组深入课堂听课、评课，对教师给予业务上的指导；检查校长及学校中层任课情况，听、评课记录；通过检查，发现正反两方面典型，及时总结推广或提出批评、改进意见。

【集体备课】 2018年，区教科所对中小学集体备课提出四点要求：第一要保证备课次数，初中和中心小学以校为单位，每周进行一次集体备课；村完小以校为单位，每两周进行一次集体备课。第二要保证备课质量，要制定详细的集体备课计划，主备人和参加备课的所有教师事先必须充分研究教材、教法，认真做好前期准备工作。第三要保证活动时间和效率，不能把集体备课变成集体聊天。第四要保证过程的督查与指导，学校领导必须参与备课过程，加强对集体备课过程的监管。

【毕业班复习备考】 认真总结2017年中考、高考的经验与教训，分析自身的优势和不足，掌握今年中、高考的要求与趋势，制定《江川区2018年毕业班教学指导意见》，下发"学科复习课教学模式"和"各学科复习策略推进表"。各学校制定复习备考计划，召开毕业班教师动员会和经验交流会，相互借鉴、共同提高。组织全区初中四次模拟测试，及时召开复习研讨会，解读考试说明，制定好学科双向细目表，准确把握初中学业水平考试的指导思想和命题要求；优化每一节复习课，提高备课质量，提高课堂效率；确定备考的策略和方法，加强初、高中毕业生心理健康教育。2018年，全区中考总平均分居全市第二，高考质量稳中有升，在全市21所高中综合质量奖的五项指标中，江川一中有两项进入前三名，分别是巩固率和办学规模；江川一中由2017年的第8名上升至第6名，江川二中由2017年的第14名上升至第12名。

【教学质量监控】 贯彻《玉溪市初级中学教学质量监控评价方案》《玉溪市江川区2018年学校综合目标管理考评方案》，坚持内外发力，形成从上到下、从内到外的质量文化，进一步规范和完善全区义务教育学校的教学质量监控。从一堂课、一张试卷、一门课程、一名学生开始，定期或不定期开展质量抽查工作，汇集整理区级各类质量检测所生成的大数据，及时反馈给基层学校，为中小学教学管理、教学进度监测、中高考备考及相关教学决策提供参考，指导学校改进教育教学工作，推动中小学关注全面、全体、全程的教育质量。

【作业管理和研究】 区教科所将高效作业和生本课堂作为一个有机的整体进行研究，加强对学生学习状况和作业情况的调研，分类推进预学作业、课中作业和课后拓展作业的内容和形式的研究。并以预学作业、课堂检测作

业、单元作业本为突破口，推进初中主要学科的作业改革，指导教师做好作业选编与节假日作业设计，切实减轻学生课业负担。鼓励学校组织作业交流、展览等活动，树立典型，创新特色作业。

【艺体教育教学】 深入落实《国务院办公厅转发教育部等部门关于进一步加强学校体育工作若干意见的通知》和《国务院办公厅关于强化学校体育促进学生身心健康全面发展的意见》的要求严格执行课程计划，强化学校体育、艺术课程的落实，推进高雅艺术进校园，培养学生具有较好的人文素养和良好的审美情趣，提高学生体质健康水平和综合素质。开展音体美书法教师培训，建立培训实验基地。

【学前教育】 遵循“研究有主线，研究有实施，研究有突破，研究有成效”的工作思路，以《纲要》和《指南》精神为指导，聚焦幼儿园教育教学中的问题，加强教研过程管理，探索适合本区实际的教研方式方法。坚持以园本活动为载体，围绕问题深化研究；开展教师研赛工作，推动教师专业化成长；开展区域游戏教研，提升江川区区域游戏质量，促进全区幼儿园教育教学水平的提高。

【校本研训】 一是健全研训课程。全面启动语文、道德与法治、历史部编版培训课程体系建设，充分发挥名优校长和骨干教师在培训中的辐射作用，运足内力、巧借外力，依托省、市等教师培训机构，聘请省内知名专家及部分学科名师到江川区讲学传经，切实将优质资源转化为研训课程。二是加强对校本研训工作的领导。区教科所师训室切实加强对全区校本研训工作的安排、管理、检查、指导、评估等工作。各中小学建立校本研训的组织领导机构，明确责任人，加强组织管理。各校结合本校的实际制定校本研训计划，完善研训内容、研训形式、研训时间、研训地点、研训（主讲）教师、研训对象和每项研训的课时等。建立相应的管理制度，基本健全校本研训工作档案。三是开展多层次、多渠道、多形式的分层分类研训活动。分学科做好课标、教材、微课应用及教师专业能力培训。打造精品课程，注重师德养成、知识更新、技能提升，为教师创造自我展示的机会，使不同层次的教师都获得发展。完成中小学教师信息技术能力提升工程全员培训、师德培训，教育教学能力培训，教科研能力培训，学校常规管理能力培训，班主任工作能力培训、德育安全主任培训、新教师培训等专项任务。

【课题研究】 全区中小学全面启动国家级课题“教师教学能力发展研究”，初中深化“作业选编与节假日作业设计研究”，小学全面开展“激趣导学”研究，四至八年级开展“中小学书法教育研究”。加大课题研究和管理的力度，做好各级课题的申报、管理和成果推广等工作。截至2018年7月，共有区级立项课题51项，市级立项课题2项，课题突出学生、教学实际问题，具有很强的研究价值和实用价值。

【教师业务竞赛】 重视赛前的准备、赛后的回归分析和指导，注重对原创性教学实践、原创性研究成果的发掘、总结、表彰、推介工作，切实发挥教学一线涌现出来的新人物、新成果的辐射带动作用。在第十四届（第二期）云南省教育工作者优秀论文征文评比中，江川区教师积极参与，79人获一等奖，234人二等奖，62人三等奖。在第十五届（第一期）云南省教育工作者优秀论文征文评比中，江川区教师积极参与，31人获一等奖，173人二等奖，57人三等奖。在2018年玉溪市中小学（幼儿园）“秋韵杯”中青年教师课堂教学评比活动中，江川区教师共有4位教师荣获一等奖，4位教师荣获二等奖，2位教师荣获三等奖。大街中学老师张林执教的《整式的加法》获初中数学一等奖；前卫中学老师杨翠执教的《中国工农红军长征》获初中历史一等奖；前卫小学老师杨玉江执教的《用字母表示数》获小学数学一等奖；大街小学老师周春梅执教的《家乡物产养育我》获小学道德与法治一等奖。前卫中学老师周珊珊执教的《Unit5Doyouhaveasoccerball?》获初中英语二等奖；大街中学老师张丽萍执教的《遵守规则》获初中道德与法治二等奖；大街中学老师杨汉杰执教的《认识地球》获初中地理二等奖；安化小学老师杨艳红执教的《拉拉手，交朋友》获小学道德与法治二等奖。大街中学老师赵江鸿执教的《饮酒》获初中语文三等奖，九溪中学老师普禧媛执教的《同底数幂的乘法》获初中数学三等奖。

【中小学生国学经典诵读比赛】 2018年10月12日，由江川区教育局主办，江川区教育学会、江川区青少年学生校外活动中心、江川区新华书店联合承办的“江川区第三届‘彩云杯’中小学师生国学经典诵读比赛活动”在青少年学生校外活动中心一楼演播厅举行，来自全区24所义务教育阶段中小学近百名师生诵读国学经典，彰显华夏文化；弘扬民族精神，展示自我风采。本次大赛分两个时段进行，上午进行初中学生组和初中教师组；下午进行小学学生组和小学教师组。全区24所学校、46名师生参加了比赛。评选出一等奖13名（初中教师3名，小学教师4名；初中学生3名，小学学生3名），二等奖16名（初中教师4名，小学教师4名；初中学生4名，小学学生4名），三等奖17名（初中教师5名，小学教师3名；初中学生5名，小学学生4名）。

2018年11月15～16日，玉溪市第三届“彩云杯”中华优秀传统文化知识现场竞赛在玉溪一小山水校区礼堂举行。本次竞赛采用淘汰制，分初赛和决赛两个阶段进行，江川区代表队顺利进入决赛，荣获县区组二等奖。

（黄　毅）

气　象

【机构设置】 2018年，玉溪市江川区气象局内设办公室、法规科、防灾减灾科3个管理机构，玉溪市江川区气象台（江川国家气象观测站）、玉溪市江川区气象服务中心2个直属业务单位。辖玉溪市江川区人工增雨防雹办公室、玉溪市江川区防雷装置安全检测中心。

【气候评价】 在气象上将四季划分为：上年12月至当年2月为冬季，3～5月为春季，6～8月为夏季，9～11月为秋季。

2018年江川区气候特点：2018年江川区大部降水略偏多，气温略偏高，光照略偏少。全区平均降水量863.6毫米，比常年同期偏多14.8毫米（2%）；平均气温16.7℃，比常年偏高0.8℃。年内冬季阶段性低温天气明显，低温霜冻较常年略偏重；冬春干旱和初夏干旱较常年偏轻；5月降水略少，雨季开始期总体偏早；主汛期大范围洪涝灾害不明显但局部暴雨洪涝灾害突出；夏季6月、8月和秋季9～10月阴雨寡照天气突出，秋季阴雨寡照天气达到秋季连阴雨标准；雨季结束期正常至偏早。

2018年江川区水分条件和热量条件较好，光照条件偏差。年内低温霜冻和“倒春寒”影响略重，干旱影响偏轻，水稻抽扬期无夏季低温影响，雨季开始期大部正常至偏早，夏、秋季“阴雨寡照”及局部暴雨洪涝突出。本年气候条件对湖泊和库塘蓄水、森林防火工作及交通、旅游较有利，对农业生产属中等略偏上年景。

【基本气候概况】

气温

1. 年平均气温

年平均气温为16.7℃，比历年同期偏高0.8℃，比2017年同期偏低0.2℃，属略偏高年份。年极端最高气温为30.2℃（4月23日）；年极端最低气温为–0.5℃（2月3日）。

2. 气温时空变化

2018年气温季节分布为冬季（2017年12月～2018年2月）、春季（3～5月）、夏季（6～8月）和秋季（9～11月）均为略偏高。全区各月平均气温与常年同期相比，12月偏高3.0℃，属特高年份；1月、3月、7月、9月偏高1.0～1.3℃，属偏高年份；2月、4月、5月、8月、11月偏高0.2～0.8℃，属正常略偏高年份；6月与常年持平；10月偏低0.3℃，属正常略偏低年份。

年内冬季（2017年12月～2018年2月）阶段性低温天气明显，其中2017年12月20～22日受辐射降温影响，出现低温霜冻天气；2018年1月9～13日及1月31日～2月7日受强冷空气影响，江川区出现两次强寒潮天气过程，高海拔山区出现雾凇现象。2018年12月暖冬现象突出，月平均气温创1960年以来最高记录。

降水

1. 年度概况

2018年各乡镇（街道）大部降水量略偏多：江川国家气象观测站909.1毫米，雄关乡978.0毫米，江城镇974.1毫米，大街街道938.4毫米，安化乡846.3毫米，九溪镇镇791.2毫米，路居镇786.6毫米，前卫镇730.6毫米。与常年同期相比，雄关、江城和大街偏多11～15%，安化接近常年，九溪、路居偏少7%左右，前卫偏少14%。一日最大降水量95.1毫米（6月25日），最长连续降水日数为17日（7月24日～8月9日，雨量合计129.5毫米）。

2. 降水时空分布

2018年降水季节分布为冬季

（2017年12月～2018年2月）偏少；春季（3～5月）略偏少；夏季（6～8月）和秋季（9～11月）正常略偏多。平均各月降水量与常年同期相比，1月、3月、6月、9月和12月降水特多，其中1月偏多112%，3月偏多99%，6月偏多75%，9月偏多70%，12月偏多186%；8月略偏多，为10%；4月降水偏少，偏少39%；5月、10月降水略偏少，分别为-10%、-18%；2月、7月和11月特少，其中2月偏少95%，7月偏少57%，11月偏少100%。降水绝对量以7月、11月偏少和6月、8月偏多明显。

年内冬春干旱较常年偏轻，初夏干旱接近常年；雨季开始期总体偏早；主汛期无大范围严重洪涝灾害发生，但局部洪涝暴雨灾害突出，其中6月25～26日的暴雨洪涝灾害影响较重。全区各乡镇（街道）6月和8月降水偏多，日照偏少，阴雨寡照突出；后汛期9月上、中旬和10月上、中旬出现秋季连阴雨天气；雨季于9月下旬结束，属偏早年份。

日照

1. 年度概况

2018年日照时数2071.8小时，比历年同期偏少117.6小时（-5%），比2017年同期偏多119.6小时（6%），属略偏少年份。

2.日照的时空分布

2018年日照时数季节分布为冬季（2017年12月～2018年2月）、春季（3～5月）均正常略偏少，夏季（6～8月）偏少，秋季（9～11月）正常略偏多。日照时数与常年同期相比，11月特多，偏多50%；7月及12月正常略偏多，其中7月偏多12%，12月偏多2%；1～5月、8月及10月略偏少，偏少4～14%；9月偏少，偏少29%；6月特少，偏少54%。2018年6月、8月和9～10月阴雨寡照天气突出，其中6月日照仅为66.5小时，较常年同期偏少逾5成，创1960年以来同期最少记录。

【主要气候事件】 2018年主要气候事件有冬春低温霜冻及“倒春寒”、冬末春初和秋季气象干旱、大部乡镇（街道）雨季开始期偏早、主汛期局部暴雨洪涝灾害严重、夏季阴雨寡照等。

冬春低温霜冻及“倒春寒”。2017年12月20～22日，出现低温霜冻天气，21日全区平均极端最低气温为-2.6℃，其中最低气温出现在九溪镇的农科园，为-4.5℃，部分油菜、蚕豆、蔬菜等作物受灾。

2018年1月31日～2月7日，受强冷空气影响，江川区出现强寒潮天气过程，最高气温24小时最大降幅达6～8℃，最低气温-0.5℃，出现低温冰冻，高海拔山区出现雾凇。此次寒潮天气过程低温强度强、持续时间长、寡照明显，部分马铃薯、豆类、油菜和蔬菜等农作物受灾。

气象干旱。2018年1月中旬～3月上旬降水持续偏少，其中2月中旬～3月上旬初持续晴好天气，2月上旬开始出现局部气象干旱并快速蔓延，至2月下旬出现轻度气象干旱，3月上、中旬逐步缓解。5月上旬末～下旬初，受副高外围控制，持续高温晴热天气，山区出现轻度气象干旱。5月27日起江川开启多雨模式，气象干旱得到解除。

2018年11月～12月7日，江川区除8日局部乡镇出现零星阵雨外大部乡镇（街道）连续37天无降水，11月中旬起气象干旱快速发展，至12月上旬初，出现中旱，上旬末开始逐步缓解，12月底受中到大雨天气影响基本解除。

雨季开始期早晚不一，大部乡镇（街道）正常偏早。

安化、前卫、雄关、路居、大街于5月2日～5月3日，江城于5月27日，九溪于6月2日达雨季开始期标准。

主汛期6月和8月降水偏多，局部强降水和暴雨洪涝灾害严重。

6月和8月降水偏多，局部降强水天气频发，其中6月降水量比常年同期偏多近8成，8月上旬降水量偏多4成。主汛期虽无大范围严重洪涝灾害发生，但局部洪涝暴雨灾害突出，其中6月25～26日的暴雨洪涝灾害影响较重。

夏季阴雨寡照、秋季连阴雨天气突出。

2018年6月、8月和9～10月阴雨寡照天气突出，其中6月、8月和9～10月阴雨寡照天气突出，其中6月日照仅为66.5小时，较常年同期偏少逾5成，创1960年以来同期最少记录，其中阴雨寡照时段主要集中在6月9～16日和6月22～30日两个时段，日照与历年同期相比均偏少近9成，降雨日数达21天；8月上旬旬日照时数为23.7小时，较常年同期偏少逾5成；9月上、中旬和10月上旬出现阴雨寡照天气，达到秋季连阴雨标准。

【主要气象灾害及影响】 2018年江川区气象灾害主要有暴雨洪涝、大风冰雹灾害、低温霜冻等。据乡镇（街道）不完全统计，全年受灾人数26639人，倒塌房屋30间，直接经济损失4502.99万元，农业受灾面积28233亩，成灾面积6112亩，绝收面积1400亩。其中暴雨洪涝受灾人数26639人，倒塌房屋21间，直接经济损失2515.79万元，其中农业受灾面积18887亩；冰雹及大风灾害直接经济损失1987.2万元，倒塌房屋9间，其中农业受灾面积5401亩；低温冷害直接经济损失393.62万元，其中农业受灾面积9346亩，成灾面积6112亩，绝收面积1400亩。

暴雨洪涝2次

2018年汛期（5～10月），仅在6月25～26日，9月6～7日出现2次中到大雨局部暴雨天气，局部出现洪涝灾害，影响较大的暴雨灾害天气过程如下：

6月25～26日，受低涡切变影响，江川区普降暴雨，致使大街、江城、前卫、雄关、九溪5个乡镇（街道）38个村委会不同程度遭受洪涝灾害。据统计，此次降雨过程共造成全区农作物受灾面积18839亩，受灾人口26639人，民房屋倒塌21间，146户农户家里进水、解救洪水围困群众11人、局部发生泥石流，部分公路及水利设施受损。因洪涝灾害造成直接经济总损失达2515.79万元。

9月7日，受弱冷空气影响，雄关乡局部遭遇短时强降水，导致作物受灾，具体受灾情况统计如下：窑房村委会蔬菜受灾18亩，花卉受灾30亩，白石岩村委会因大雨夹杂冰雹烤烟受灾8亩，上营村委会二组陈保明家房后出现滑坡。

风雹灾害7次

年内冰雹、大风灾害主要出现在3～4月及7～8月，其中4月17日、7月22日、24～25日、8月15日和28日影响范围较大。年内主要风雹灾害天气过程如下：

1．2018年4月17日下午，受局部强对流天气影响，江川区江城镇在两个时段局部发生冰雹灾害，第一段时间16时45分至50分，江城镇海门村委会遭遇大风冰雹，冰雹持续时间在5分钟左右，最大冰雹最大直径7-8毫米；第二段时间在17时45分至18时7分，江城大部分村（居）委会遭受冰雹和雨夹雹，下雹最长达10分钟，最大冰雹最大直径约3～5毫米。此次降雹过程受灾较为轻微，无灾情。

2．7月22日16～17时，受热带低压外围偏东气流影响，江川区发生强对流天气，过程伴有雷暴、大风、冰雹、短时强降水等天气过程，安化新庄村委会、安化社区及江城镇白家营村委会局部遭遇大风冰雹灾害，农作物受灾亩4487亩，其中烤烟受灾3053亩，玉米799亩，花椒635亩。

3．7月24日16时46～52分，受热带风暴外围气流影响，九溪镇矣文村委会放马沟居民小组遭受大风灾害，烤烟受灾总面积为30亩。

4．7月25日9时51～55分，受热带风暴外围气流影响，雄关乡白石岩村委会遭受大风夹杂少量冰雹灾害，烤烟受灾30亩。

5．8月15日14：50左右，雄关乡窑房村委会水箐村一带，遭受大风夹极少量冰雹成灾，冰雹最大直径为4毫米，持续时间为2～3分钟，根据初步调查，雄关乡烤烟受灾面积为14亩左右。

6．8月15日18：42左右，江城镇陈家湾村委会陈家湾小组、上（下）茅草湾村小组、大红山小组、下麦冲小组和古埂小组一带，遭受大风夹杂少量冰雹成灾，主要为风灾，冰雹最大直径为4毫米，持续时间约2～3分钟，根据初步调查，陈家湾村委会烤烟受灾面积为812亩，直接经济损失38万元。

7．8月28日16时15分，受辐合区影响，大街街道小白坡社区雨西摆村局部遭遇大风灾害，造成烤烟受灾300多亩；17时05分，江城镇龙街、温泉及侯家沟村遭受大风灾害，灾害造成烤烟共受灾50多亩；17时10分，江城镇黄营村黑龙潭养殖小区突然出现龙卷风暴雨袭击成灾，5户养殖猪（鸡）场不同程度受灾，房屋倒塌人居舍9间350平方，受伤肥猪139头，受伤鸡60只，大小猪只死亡39头，及死亡90多只。

低温霜冻3次

2017年12月20～22日受辐射降温影响，出现低温霜冻天气，21日全区平均极端最低气温为零下2.6摄氏度，其中最低气温出现在九溪镇的农科园，为零下4.5摄氏度，部分油菜、蚕豆、蔬菜等作物受灾。全区共受灾4450亩，成灾4350亩，绝收900亩，主要受灾作物为菜豌豆、蚕豆、油菜和洋芋，经济损失1615万。

2018年1月9～13日受强冷空气影响，出现寒潮天气过程，最高气温24小时最大降幅达7～11℃，江城最低气温-1.0℃，高海拔山区出现雾凇，无灾情。

2018年1月31日～2月7日，受强冷空气影响，江川区出现强寒潮天气过程，最高气温24小时最大降幅达6～8℃，最低气温-0.5℃，出现低温冰冻，高海拔

山区出现雾凇。此次寒潮天气过程低温强度强、持续时间长、寡照明显，部分马铃薯、豆类、油菜和蔬菜等农作物受灾。全区共受灾4896亩，成灾1762亩，绝收500亩，经济损失393.62万元。

【气候对相关行业的影响】

气候与农业

2018年江川区气温正常略偏高，降水正常略偏多，光照条件较常年略偏差。年内冬季阶段性低温天气明显，低温霜冻较常年略偏重；2月初出现“倒春寒”天气，冬春气象干旱较常年偏轻；5月降水略少，雨季开始期偏早，初夏干旱较常年偏轻；夏季无大范围洪涝灾害发生，但“阴雨寡照”天气和局部暴雨洪涝灾害突出。

2018年小春作物生长期间，热量条件较好，水分和光照条件稍差，冬季阶段性低温天气明显，对冬小麦等夏收作物抗寒锻炼有利，2月上旬出现了一次强寒潮天气，农经作物不同程度受影响，其中正处于花荚期的粮油作物（蚕豆、油菜等）受灾较重。总体而言，小春作物气候适宜度为中等略偏上年景。

2018年雨季开始期总体偏早，5月上旬和下旬分别出现一次明显的降水天气过程，有利于水稻、玉米等大春作物及烤烟适时栽种。主汛期6月和8月上旬降水偏多，阴雨寡照天气和局部暴雨洪涝灾害突出，对作物光合作用及产量、质量形成有一定影响。7月降水特少，光、热条件丰沛，洪涝灾害偏轻，作物气象适宜度偏好。秋季9月上、中旬和10月上、中旬出现连续阴雨寡照天气，对大春作物成熟和收晒入库略有不利影响。今年大春气候适宜度总体为中等略好年景。

综上所述，2018年江川区气候条件对农业生产而言属中等略偏上年景。

气候与水资源

2018年江川区全区平均降水量863.9毫米，比常年同期偏多2%，属正常略多年景。年内冬季降水偏少，春季正常略偏少，夏季和秋季正常略多。2018年干旱影响总体偏轻，汛期降水基本正常，秋季9月上中旬及10月上中旬出现两次连续阴雨天气过程，对夏、秋季蓄水较有利，总体而言，2018年蓄水条件较好。

气候与林业

2018年干季（1～4月及11～12月），1～4月降水总量比常年同期偏多5%，11月特少，12月特多。年初降水偏多，但降水相对集中，期间1月中旬～3月上旬降水持续偏少，2月出现轻度气象干旱；年末11月～12月上旬降水特少，出现局部中旱。年内除2月中旬～3月上旬、4月上旬～中旬、5月中旬和11月上旬～12月上旬4个时段降水持续偏少而对森林防火不利外，其余时段降水过程较多，空气湿度较大，年内气候条件对森林防火总体有利。

气候与交通旅游

2018年江川区降水正常略多，气温正常略高，冬季无明显冰冻雨雪灾害影响交通，春季气候适宜，有利于旅游，夏、秋季阴雨天气较多，对旅游略有不利影响。汛期内强对流天气引发的局部洪涝灾害突出，但大面积洪涝灾害不明显，除局地强降水引发山洪暴发造成部分道路堵塞、塌方外，基本未出现严重影响交通、旅游的天气、气候事件。年内“春节”“五一”“中秋”“国庆”等重大节假日天气较好，对交通旅游有利。本年气候条件对交通、旅游总体较有利。

【做好气象综合防灾减灾救灾工作】 2018年制作决策气象服务材料152期，其中《玉溪市江川区气候预测》17期、《玉溪市江川区气候评价》11期、《重要气象信息专报》9期、《地震专题天气预报》27期、《江川核桃专业气象服务专报》13期、气象灾情调查上报11期、发布转折性、关键性、灾害性天气消息64期。服务材料通过电子政务信息网向区委、区政府等相关部门传送。为星云湖水体达标三年计划、星云湖污水处理、国家园林城市复查资料台账建设、国家重要农业资源台账建设、中铁工程设计咨询集团有限公司及海绵城市规划等重大项目提供专业气象服务资料。

【做好通海“8·13”“8·14”地震应急气象保障服务】 地震发生后，江川区启动地震Ⅳ级应急响应，玉溪市江川区气象局随即启动地震灾害应急气象服务Ⅳ级响应，全局上下进入应急响应状态，按照《玉溪市江川区气象局地震应急工作方案》《玉溪市江川区气象局地震应急气象保障服务方案》要求，各项工作有序开展。地震应急保障期间先后发布地震专题天气预报29期和《地震专题气象服务》7期。通过气象灾害预警信息发布平台发布地震辟谣信息3期，助推防震减灾科普宣传。按照区委区政府统一安排，到九溪镇九溪社区龙泉村开展地震灾后拆危除险包保工作。

【向上汇报争取项目及资金】 2018年向上汇报并争取项目及资金支持，争取到中央2019年“三农”气象服务专项资金35万元和2019年度中央资金90万元用于进行高炮自动化改造与固定人工影响天气作业点视频监控系统建设，以上两项资金计划于2019年到位；同时向省、市气象局汇报，同意将安化光山、安化新庄、江城大梨园、大街雨西摆等4个人工影响天气作业点列入省级2020～2021年改造项目。通海“8·13”“8·14”地震灾害发生之后，向上争取恢复重建及应急保障资金9.8万元。

【加强江川区气象监测能力建设】 增设雄关乡六要素区域自动气象站。2018年5月，争取省、市气象局的支持，玉溪市江川区气象局在雄关乡烟站增设六要素区域自动气象站，其数据已投入江川区域内气象资料分析应用，可实时监测温、压、湿、风向和风速、雨量等气象要素，截止2018年底，江川区可监测分析的多要素气象观测站已达到5个，各区域自动气象站运行状态良好，为做好气象灾害监测和预警提供了科技支撑。

自动日照计按时投入使用。争取省、市气象局的支持，江川国家气象观测站于2018年11月30日安装完成日照自动观测仪，型号为华云升达DFC2光电式数字日照计，采用HYSD-1型数字日照传感器，是一款基于总辐射-散射辐射测量原理、无需机械转动的高精度数字化光电式日照观测设备。自动日照计观测精度高、功耗低，可为气候资料累积、农业、林业、旅游业等提供精确的日照时数信息。日照自动观测仪于2018年12月1日开始试运行。自动日照计按时投入使用，改变了江川气象业务日照时数监测近60年以来人工观测的历史。

【北斗应急通信站投入江川区气象业务运行】 12月7日，江川区气象局北斗应急通信站已建设安装完毕，系统调试成功，并正式投入业务运行。北斗应急通信站的运行，将有效提升江川区气象局气象服务、防灾减灾、抗震应急的能力。

江川区气象局北斗应急通信站是云南省气象局边境边远台站、无人站应急通信能力建设项目，基于我国北斗卫星导航系统应用进行设计，采用北斗气象数据传输系统，满足气象部门对气象监测数据传输的需求，其利用北斗导航卫星定位系统的短报文通信功能，在地面常规无线通信网络无法覆盖的地方或在常规通信链路受自然灾害破坏时，为观测站建立基于北斗卫星的应急备份通信系统，用于传输气象观测数据和应急收发短消息，为气象服务、防灾减灾提供气象数据传输保障。

云南省已完成64个国家级站和16个无人站的北斗站建设，加上2018年将完成的22个国家级站和8个无人站的北斗应急通信站建设，云南省将有三分之二以上（86站）的有人站拥有北斗应急通信能力，增加云南省在应对重大灾害时的通信能力。

【云南省一键式气象信息发布系统投入江川区气象业务中开始运行】 2017年1月玉溪市江川区气象局启用云南省一键式气象信息发布系统，该系统集成手机短信、国家突发公共事件预警信息发布平台、传真、邮件、显示屏、微博、微信、声讯电话等信息发布系统的一键式发布。实现一键式气象信息发布系统与省、州（市）、县（区）国家突发公共事件预警信息发布系统的对接。2018年江川区气象台共发布暴雨、雷电、大风、寒潮等《气象灾害预警信号》94期，《灾害性天气临近警报》1期，与玉溪市国土资源局江川分局联合发布《地质灾害气象风险预警》3期，与江川区水利局联合发布《山洪灾害气象预警》1期、雨情通报108期；通过气象灾害预警信息发布平台累计发布各类预报、预警和实况气象信息95.2万人次。气象灾害的监测预警防御成效明显。

【发挥气象部门职能作用】 全面加强与环境保护部门的合作，继续深化与国土、农业、水利、林业、交通等部门的合作联动，推动建立区域生态文明建设职能部门融合发展机制。年内为星云湖环湖截污项目、中铁工程设计项目、农业局、九溪农科院、2013-2018年星云湖水体达标三年计划以及各乡镇（街道）提供专业气象资料服务7期。与江川区水利局联合发布山洪灾害气象风险预警和玉溪市国土资源局江川分局联合发布地质灾害气象风险预警及区林业局联合发布森林险气象等级预报做好森林防火工作。充分发挥气象部门职能作用，保

障江川生态文明建设。

【提高灾害应急处置能力】 积极争取上级支持，2018年玉溪市江川区气象局投入17.5万元购买便携式自动气象站、发电机、UPS、应急包、帐篷等应急物资。进一步提升应对自然灾害等各类突发性状况发生时，江川区气象队伍的应急保障能力。

【人工影响天气工作成效显著】

人工影响天气基本概况及经费投入使用情况

在全区6乡镇（街道）布设13个人影作业点（包含8门“三·七”双管高炮、10套JFJ-1A型火箭、1套BL-1型火箭、2套WR-1D型火箭），确保每个固定作业点有两套作业装备。6～9月共发射各类人工影响天气箭弹4449发（枚）（比2017年4145发（枚）增加304发（枚），比2016年2435发（枚）增加2014发（枚））。2018年全区烤烟种植面积7.115万亩，实际种植面积8.3万亩。

2018年计划投入经费195.795万元，实际投入资金180.5325万元（比2017年减48.3365万元，比2016年增30.0175万元）。区财政投入130.0万元，占总投入的72.0%，保险公司投入防灾资金39.1325万元，占21.7%，自筹资金11.4万元，占6.3%，基本保障江川人工影响天气工作的顺利开展。

2018年购置各类人工影响天气作业弹3850发（枚），加之2017年结余985发（枚）（含市补助JFJ-1A型100枚），2018年各类人工影响天气作业弹共计4835发（枚），比2017年少195发（枚）。

开展人工影响天气技术培训

5月31日，按上级的要求，江川区举办2018年年度人工影响天气工作人员岗位培训，13个人工影响天气作业点及作业指挥中心的工作人员共75人参加培训。通过理论和操作相结合的培训，使参训人员进一步提高认识、更新观念、增强了安全意识、提高了技能，确保人工影响天气作业的安全科学有效，为保障江川经济社会的发展和防灾减灾工作奠定了基础。

人工影响天气工作成效显著。2018年6～9月人工影响天气作业时间，共申请人工影响天气作业450次，允许作业次数358次，实际作业次数307次，作业点数为12个。共发射各类人工影响天气火箭、高炮弹4449发（枚），比2017年4145发（枚）增加304发（枚），比2016年2435发（枚）增加2014发（枚），比2015年3137发（枚）增加1312发（枚），比2014年3242发（枚）增加1207发（枚）。保护烤烟种植面积8.3万亩，其它农作物种植面积3.4万亩。经评估，人工防雹的开展，减少烤烟直接经济损失3000余万元，其它农作物600余万元，人工影响天气投入产出比1:43以上，取得显著的社会效益和经济效益。

据中国太平洋财产保险股份有限公司江川县支公司统计，2018年6～9月，江川区烤烟遭受大风、冰雹、暴雨、洪涝受灾面积共计7215.47亩，其中烤烟受冰雹灾为4603.91亩（占比5.5%）、洪涝灾为2191.67亩、其余为暴雨、大风灾419.89亩。2018年江川烤烟保险赔款304.6869万元。

【宇如聪调研生态气象服务和防灾减灾工作】 2018年1月31日，中国气象局副局长宇如聪，科技与气候变化司副司长于玉斌、预报网络司副司长肖文名、办公室秘书于文勇在云南省气象局局长程建刚、云南省气象局办公室主任胡劲松，玉溪市气象局局长刘丽等陪同下，到江川区气象局看望慰问基层一线干部职工，指导气象工作。宇如聪代表中国气象局党组向江川区气象局职工送上春节的问候和深切的祝福，让基层气象职工倍感温暖。宇如聪一行参观江川区气象局气象观测场、区气象台、区人工影响天气中心等科室，听取区气象局主要负责人的工作汇报，详细了解江川区气候概况、气象灾害防御及气象服务开展情况，与在职及退休职工进行座谈，详细询问气象职工的工作生活情况。

宇如聪充分肯定江川气象事业的发展，并提出三点指导意见：一是围绕十九大之后中国气象局党组提出的新思路新战略新措施，科学谋划江川气象事业发展；二是围绕国家和地方发展战略，突出地方特色做好气象服务及气象防灾减灾工作，有效提高气象保障服务能力；三要加强科技人才培养工作，大力培养的科技创新人才，进一步调动专业技术人员的积极性。

【顾万龙开展云南智能网格预报系统（基本版）试运行调研工作】 2018年12月13日，云南省气象局副局长顾万龙、玉溪市气象局局长刘丽一行4人，赴江川区气象局对江川区云南智能网格预报系统（基本版）试运行情况，预警信息融入智能网格“一张网”的业务流程及存在困难、县级预报服务端功能需求等情况进行调研。

顾万龙与江川区全体干部职工进行座谈，对江川区基础业务工作开展情况、气象现代化推进情况、省级开发的各类气象业务软件使用情况、自主开发的业务软件情况等进行深入细致的调研。对江川区气象局自主开发的县级气象局GIS决策服务系统及县（区）级区域自动气象站气象要素实时监测系统给予充分的肯定。要求江川区气象局扎实开展好气象服务指标属地化、高原特色农业气象服务、生态文明建设气象服务及气象保障乡村振兴等工作，深化业务改革，扎实、细致、科学地开展各项工作。

【深化气象服务供给侧结构性改革】 建立健全气象为农服务工作机制。与区农业局共享新型农业主体资源，为其提供“直通式”气象服务，向玉溪市江川区2411人（包括新型农业主体、种养殖大户、龙头企业的所有人员）开展“直通式”气象为农服务。

进一步完善气象防灾减灾机制。全区6个乡镇（街道）全部成立气象灾害防御工作领导小组，制定6乡镇（街道）《气象灾害应急预案》，气象防灾减灾相关任务纳入区政府或相关部门的文件要求，区人民政府与乡镇签订了气象防灾减灾责任书，并将该项工作纳入目标考核。全区64个社区（村）全部制定《气象灾害应急行动计划》，明确气象灾害防御责任人主体及工作职责，覆盖率100%。

推进气象为农服务标准化建设。出台玉溪市江川区气象灾害应急准备制度文件，开展雄关乡气象为农服务标准化建设。

强化农业特色产业气象服务。针对江川区特色农业产业开展智慧农业气象服务示范建设；完成烤烟精细化农业气候区划以及烤烟冰雹气象灾害风险区划；开展农用天气预报、农业气象灾害监测评估与影响预报，为当地调整优化农业结构和农业保险等提供科学支撑。

【做好气象科普宣传工作】 履行安全监管职责。年内，由区气象局与区住房和城乡建设局牵头建立《玉溪市江川区建设工程防雷管理协调会议制度》，进一步加强各行业防雷管理统筹协调和监督检查，研究解决各行业防雷管理中的重大问题，特别是防雷安全监管问题。

春节和国庆节前先后两次联合江川区安监局对全区18家加油站，6家烟花爆竹企业开展了防雷防静电安全检查。重点对各烟花爆竹企业生产区域的防雷、防静电装置进行了检查，并对检查中发现的问题提出了整改意见并责令限期整改。检查人员要求各烟花爆竹生产企业要进一步做好防雷安全工作，切实增强企业的防雷安全意识，完善导静电设施和防静电措施，及时消除隐患。

做好气象科普宣传工作。充分利用“3.23世界气象日”“5.12防灾减灾日”“6月安全月”“科技三下乡”“全国科普日”“宪法日”等活动，在人员集聚地开展科普宣传活动。印发《气象灾害防御手册》3000份、《气象灾害防御指南》2600份、《气象灾害防御明白卡》4000份，制作科普宣传版20个。通过发放宣传资料、手机短信等方式，宣传防灾减灾知识，普及灾害自救互救基本知识，逐步营造人人关心、人人参与、人人支持防灾减灾工作的良好氛围。

【加强文明创建和气象文化建设】 加强领导，扎实工作，继续做好文明单位的创建工作，6月，经区文明办实地复查，玉溪市文明网公示江川区气象局成功保留云南省文明单位荣誉。

申报省级文明单位。玉溪市江川区气象局弘扬“准确、及时、创新、奉献”的气象精神，进一步加强气象文化建设，持续加大精神文明创建力度是我们的不懈追求，在新时代新征程中充分展示新面貌展现新作为，不忘初心，砥砺奋进，奋力开创新时代江川气象事业发展新局面，为提升生态文明建设贡献气象智慧。

开办道德讲堂。2018举办道德讲堂4期。6月，根据区文明办统一安排，江川区道德讲堂2018年总堂第三期（气象局专场）在区委党校顺利举办，道德“弘扬民族精神共筑文明江川”为主题，通过看视频、唱歌曲、诵经典、学模范、谈感悟、送吉祥等环节，深刻阐述民族精神的新定义，结合当下实际鼓励全体观众为创建文明江川贡献力量，是一次极富意义的道德之旅。

开展志愿服务。建立学雷锋志愿服务队伍，单位全部职工注册志愿者，每年开展学雷锋志愿服务，定期组织志愿者开展“双创先锋”“仙湖卫士”“环星云湖五四公益徒步”“河长清河行动”等活动，广泛传播“学习雷锋、奉献他人、提升自我”的理念，弘扬“奉献、友爱、互助、进步”的志愿服务精神，践行“用身边事教身边的人”的教育理念。

（谢仲瑞）

防震减灾

【地震活动】 据云南省正式地震目录，2018年1月至12月江川区境内共计发生0.0级以上地震98（见附表、附图1），其中：〈0.0级1次，0.0～0.9级27次，1.0～1.9级70次。最大地震1.8级，最小地震-0.2级。与2017年同期相比地震强度略有减弱、频度大幅增加。地震活动空间分布较为集中，地震主要分布情况为：大街街道36次，雄关乡32次，江城镇4次、安化乡4次，九溪镇3次，前卫镇1次和江川区所辖抚仙湖水域5次、星云湖水域2次。空间分布最为集中的大街街道和雄关乡共发生地震68次，占全区地震总数的69.4%。并同星云湖水域和路居镇分布的地震一起形成一个北东走向的地震活动密集区。该密集区共发生地震77次，占全区地震总数的81.8%。本年度地震活动频次最多为8月，达24次；最少为7月，仅有2次（见附图2）。这2个街道（乡）占地震最多的在雄关乡、大街街道、路居镇和星云湖水域形成一个北东走向的地震活动密集区，共发生地震81次，占全区地震总数的81.6%。

【地震预测】 区防震减灾局所编写的《云南省2018年度地震趋势研究报告》，对云南地区作出预测尺度为一年的地震活动趋势预测结论为：

一、云南省2018年度发生地震的最大震级Mmax≤7.0级（CFi=0.85）

二、云南省2018年度地震危险区（图7.1-1）：

1．滇西保山—昌宁—永平—巍山—弥渡—大理—漾濞—祥云—洱源—宾川—剑川—鹤庆—永胜—丽江—宁蒗一带，MS6.0～7.0级，CFi=0.85；

2．滇南—滇西南弥勒—华宁—江川—通海–峨山—建水—开远—石屏—个旧—红河—墨江—宁洱—普洱—江城景洪—勐海—澜沧一带，MS5.5～6.5级，CFi=0.85；

3．滇东北永善–大关–昭通–彝良–鲁甸–巧家–会泽–东川与四川相邻地区，MS5.0～6.0级，CFi=0.75。

2018年1月1日至2018年12月31日，云南省共发生2组3次M≥5.0地震，最大地震为墨江5.9级地震，未达到7.0级最大地震预测强度，第一条预测意见准确。所圈定的三个地震危险区中，滇南–滇西南危险区相继发生为通海5.0级双震和墨江5.9级2组3次地震，预测准确。其余2个危险区发生的最大地震为贵州威宁4.4级和香格里拉4.5级地震，震级偏小为虚报。综上所述，江川区防震减灾局2018年度中期预测对应率为33%。

【地震灾害】 2018年8月13日01时44分和14日03时50分在云南省通海县四街镇（北纬24.19°，东经102.71°）相继发生2次5.0级地震，震源深度分别为7千米和6千米。震中距江川主城区约12千米，江川辖区内震感强烈，造成不同程度受灾。震级不高震源浅、伤亡不大损失大、坍塌不多隐患多是这两次地震的主要特点。根据云南省人民政府批复的《2018年8月13日、14日云南通海两次5.0级地震灾害直接经济损失评估报告》（云南省地震灾害损失评定委员会）评定意见：

（一）此次地震造成的最大地震烈度为Ⅵ度，江川区位于地震烈度Ⅵ度区的国土面积为258km^3，占全部地震灾区总面积650km^{3}的39.7%，大街、前卫、九溪和雄关等4个乡镇（街道），36个村委会（社区）、148个20户以上的自然村，受灾人口13300人，受伤9人（轻伤2人，轻微伤7人）无人员死亡。

（二）江川区地震灾害直接经济损失14230万元。具体为民房12120万元；教育系统房屋建筑480万元，卫生与计生系统50万元，其它公用房屋320万元；电力系统10万元，交通系统1470万元，通信系统20万元，水利工程设施280万元；文物古迹420万元；烤烟房与烟叶400万元。

【震害特征】 通海5.0级地震给江川区造成的主要震害特征：

（一）房屋震害：造成江川区Ⅵ度范围内框架结构和砖混结构房屋个别填充墙体与梁柱结合部位开裂或墙体细微裂缝；砖木结构房屋少数墙体开裂、梭掉瓦；土木结构墙体开裂较多、梭掉瓦，老旧房屋个别局部倒塌。简易房屋毁坏面积16509m^2、破坏面积312627m^2，非简易房屋轻微破坏面积215092m^2，民房不具修复加固价值125929m²，合840户。

（二）电力系统：造成旧州村0.22kV线路、海浒0.38kV线路等4处线路掉落、挂断，400余户居民线路供电中断。

（三）交通系统：造成部分山体落石和部分区域滑坡，雄关下爬、九溪鸡扯路一涵及部分边坡出现塌方。

（四）通信系统：造成江川老电信大楼、伏家营、雄关麦冲上营和乡政府屋顶等多处机房及设备受损。

（五）水利工程设施：造成区内4个水库、2个坝塘不同程度受损。前卫镇三岔河水库坡脚倒滤体排水处向外鼓出，前卫木凹田水库戗台渗水，前卫跨大山水库涵洞漏水，大街街道团结水库坝顶出现横向细裂。

（六）文物古迹：造成李家山青铜器博物馆馆舍建筑受损及馆藏文物青铜文化一展厅一柜内展陈的三骑士铜鼓鼓面两个骑士马腿从原修复处断裂；药王阁、金甲阁等文物建筑受损。

（七）烤烟：造成140座烤烟房屋不同程度受损（严重受损54座，一般受损86座），预计损失烟叶10余万千克。

【江川区高效应对处置通海“8·13”“8·14”地震】 通海“8·13”“8·14”5.0级地震发生后，在区委区政府领导下，全区上下团结一致、齐心协力，积极采取措施高效应对处置地震灾害：

一是迅速启动地震应急处置工作机制。根据《江川区地震应急预案》，江川区政府立即启动地震应急Ⅳ级响应，先后四次召开抗震救灾指挥部会议，并于8月16日由区委书记徐贤主持召开区委常委会，传达了省市主要领导批示和相关会议精神，就做好我区抗震救灾各项工作作了安排部署。

二是积极组织开展抗震救灾工作。各乡镇（街道）震后第一时间立即响应，在区各职能部门配合下认真组织做好9名伤员的医疗救治，组织开展各领域安全隐患排查，深入开展灾情调查监视和研判，及时统计上报灾情数据和灾害损失评估，在受灾较重的村组设置应急避难场所，搭建帐篷，安置受灾群众，并做好交通管制和维稳工作，全力维护社会治安秩序，确保社会和谐稳定，严防次生灾害造成新的损失。

三是切实加强舆论舆情引导。由区委宣传部牵头，多部门协调配合，及时准确发布灾情，通过电视台、宣传车、电子屏、微信微博、网络等载体加强防震减灾科普及法律知识的宣传普及，消除群众恐慌心理，正确引导广大群众科学认识地震、科学防范地震、主动提升法律意识，自觉抵制各类地震谣言，防止地震谣言传播。

【区防震减灾局“8·13”“8·14”通海地震应急】 地震发生后，在省市业务主管部门指导下，在区抗震救灾指挥部的统一调度指挥下，区防震减灾局积极开展地震应急处置工作：

一是立即启动应急机制，科学高效开展地震应急处置工作。震后10分钟，全局干部职工全部到岗，根据《江川区地震应急预案》规定立即启动单位内部地震应急处置工作机制，全员24小时值班值守，迅速准确核实地震参数2次向区委办和政府办快速上报震情；建议区人民政府启动地震应急Ⅳ级响应；开启江川区地震应急指挥平台，将地震快速定位，估算地震灾害影响，供区委区政府提供决策参考；接听民众来电，告知地震信息，稳定社会、安定民心。

二是加强资料分析，密切跟踪震情发展趋势。加密所属台站地震前兆监测和全区24个宏观观测点观测工作，加强对地震目录、前兆资料及地震宏微观异常的现场调查和分析判定识别，保持同省、市地震业务主管部门的沟通联系，认真做好后续震情分析研判工作；协助省地震局布设流动地震台，对震区地震活动进行加密观测；配合省局专家进行宏微观异常现场调查核实。共向玉溪市防震减灾局地震监测预报中心报送《加密会商》分析材料24期，向区委办、区政府办报送震情统计和震后趋势分析材料《震情简报》6期。

三是深入灾区一线，做好地震灾情调查与现场评估。区防震减灾局会同区民政局组成联合工作组，于8月13日05：00赶赴大街街道小白坡村委会各村（组）开展地震灾情调查；召开地震灾情统计上报工作会议，规范内容格式和上报程序；协调工作人员9人（次），车辆12车（次），于8月14日–16日分组会同省地震灾害损失评估组专家前往各受灾点，开展灾情调查与评估，划定地震等震线，确定江川区地震烈度Ⅵ度区涉灾范围及范围内20户以上自然村，并书面材料报送区委办，为抗震救灾工作决策提供有效依据。

四是加强地震知识宣传，为社会稳定加力。在区委宣传部牵头组织下，区防震减灾局充分履行部门职能职责，及时准确发布震情、灾情，印发《房屋如何抗震》宣传页20000份、《江川防震避震知识手册》10000册，正确引导广大群众科学认识应对地震，提升法律意识，自觉抵制各类地震谣言；派出工作人员前往怡心园广场、开渔节广场和工业园区大道等应急疏散避险场地开展群众劝导工作；派出3名工作人员深入受灾严重的九溪镇矣文村扯纳苴开展防震减灾宣传，提高灾民对房屋抗震性能提升的重要性与折危除险必要性的认识，从而稳定社会情绪。

五是尽职尽责，做好区指挥部办公室各项工作。区防震减灾局于震后立即启动应急工作机制，认真做好与省市抗震救灾指挥部沟通联系，共筹备召开4次区抗震救灾指挥部会议，编写下发《玉溪市江川区抗震救灾指挥部工作简报》12期，向市抗震救火指挥部汇总上报全区抗震救灾工作信息74条，通过天气预报短信发布平台发布辟谣短信4条，为区抗震救灾指挥部高效运作提供了有力保障。

【“8·13”“8·14”地震应急科普宣传】 为消除此次地震舆情事件影响，区防震减灾局切实履行职能职责，采取有力举措，狠抓地震应急宣传：

一是制定防震减灾专项宣传方案。区防震减灾局制定《玉溪市江川区防震减灾局“8·13”“8·14”地震抗震救灾宣传工作方案》报宣传部备案，并认真组织开展实施。

二是借助多种宣传载体进行宣传。利用单位临街电子显示屏播放“地震谣言不轻信、不造谣、不传谣”宣传标语。借助天气预报短信发布平台发布辟谣短信4条。单位负责人接受电视台采访，及时向社会公众发布权威信息，并全文播报《震情简报》。向宣传部门提供防震减灾宣传视频。第一时间向宣传部门提供《地震发生时如何第一时间科学避震》《地震被埋如何紧急自救互救》《震后如何紧急规避常见次生灾害》等10个防震减灾宣传视频，利用全区各种宣传媒体进行广泛宣传。

三是到公众聚集场所灾区置点开展宣传印发针对性强的宣传资料。

【到土官田村开展通海大地震周年纪念日宣传活动】 1月5日，区防震减灾局到大街街道土官田村开展“通海大地震48周年纪念日”防震减灾科普宣传活动。共向村民发放了包含防震减灾法律法规、地震应急避险、地震应急处置和自救互救等四方面知识技能的《江川防震避震知识手册》《中华人民共和国防震减灾法》《云南防震减灾知识问答》《防震避震常识》宣传册和《防震避震常识》光盘等宣传材料300余份，现场接受咨询20余人。

【省地震局到江川开展地震监测工作检查】 1月17日上午，云南省地震局以监测预报处谷一山处长为组长的滇南检查组，在玉溪市防震减灾局党组曾建志书记及相关人员陪同下，到江川开展地震监测工作检查。

检查组一行，首先听取江川区防震减灾局郑忠党副局长关于人员编制、台站运行维护、监测手段和测项、台站规范化管理、观测环境受干扰情况、标准化建设推进等情况汇报后。详细查看江川局江川台和渔村观测站的观测环境、仪器工作情况，了解江川井和渔村井的技术参数、干扰源和观测历程，以及各台（站）水位、水温、气氡、气汞、气氦等测项的观测背景值、变化趋势及仪器工作状态。渔村观测站内部回潮、观测环境改造、模拟前兆观测，及江川台气氡、气汞、气氦等“九五”观测仪器老化、观测背景值过低的问题提出改进的意见和建议。

【地震应急工程改造】 区防震减灾局于1月投入资金1.1万元开展地震应急工程改造。一是安装太阳能路灯2盏，对局机关进行亮化、美化，改善地震应急值班和应急处置工作环境。二是安装电子显示屏1块，提高地震信息发布、地震应急宣传工作能力。三是将地震应急电台由监测值班室搬迁至办公楼，改善电台信号通讯质量，为省、市、区防震减灾部门地震应急三级联动打下基础。四是对办公楼霓红灯网进行维修，并对局办公楼部分供电线路和基础设施进行改造。

【防震减灾科普示范社区授牌】

大街街道下营社区近年来积极开展防震减灾科普示范社区创建工作。2017年6月荣获“玉溪市江川区防震减灾科普示范社区”称号，下营社区于当年始创建市级防震减灾科普示范社区，经实地查看、听取汇报、查验资料、组织评审，下营社区达到玉溪市防震减灾科普示范学校的标准和要求。1月17日，区防震减灾局到下营社区进行“玉溪市防震减灾科普示范社区”“玉溪市江川区防震减灾科普示范社区”授牌。

【积极参加“三下乡”活动】 1月26日，区防震减灾局深入雄关乡上营村委会，积极参加由区委宣传部组织的“三下乡”活动。区防震减灾局通过咨询服务、发放资料、设立展板等形式，向群众开展防震减灾知识宣传。活动共展出5块展板，发放《中华人民共和国防震减灾法》《防震减灾知识手册》《云南防震减灾知识问答》《防震避震常识》等宣传资料900余册（份）、《防震避震常识》光盘50张、宣传扇50把、环保袋100个，接受咨询20人（次）。

【市防震减灾局巡检江川区强震动台站】 3月13日，市防震减灾局监测预报中心主任沈坤一行3人到江川区雄关、江城及大街等乡镇（街道）开展强震台年度巡检工作。巡检组详细检查各强震台整体运行情况，排除各种安全隐患。为强震台外罩漏水的地方及纱网打胶固定，巡检组还前往大街街道兰田村赵家湾温泉点为简易水温观测仪器的安装进行选址，并对《玉溪市江川区震情会商制度改革实施方案》提出修改意见建议。

【防震减灾工作联席会】 3月19日，区防震减灾工作联席会在区防震减灾局地震应急指挥平台召开。副区长杨军苹出席会议，区抗震救灾指挥部成员单位、各乡镇（街道）防震减灾工作分管领导和区防震减灾局全体干部职工共50余人参加会议。

会上，杨军苹肯定区防震减灾工作取得的成绩，分析面临的形势和存在的问题，要求各级各部门把思想和行动统一到习近平总书记关于防灾减灾救灾工作的重要指示精神。。一是突破完善防震减灾工作格局。二是齐抓共管形成防震减灾工作合力。三是要消除重救灾、轻减灾的不正确思想认识。四是要在机构改革背景下，各单位保持人心稳定，做到防震减灾工作在机构改革中实现无缝对接。会上，杨军苹代表区政府与各乡镇（街道）分管领导签定了《玉溪市江川区2018年度防震减灾工作目标考核责任书》。

区防震减灾局副局长郑忠党传达国家和省、市防震减灾联席会议精神，总结2017年度全区防震减灾工作，通报我区面临的地震形势，并对2018年度防震减灾重工作提出建议。

【台站观测环境改造】 区防震减灾局年内先后2次对所属2个地震台站进行观测环境改造。一是4月初筹措资金1000元对泄压口进行改造，将泄压口与蓄水池直接连接，解决了原水槽漏水及排水管经常堵塞及疏通困难等问题。二是7月自筹资金5000元对渔村观测站进行高强度玻璃窗更换，并加装防盗网，提高台站安全性；将砖式烟囱，更换为自动换气扇，改善观测井房空气流通，减轻井水中的二氧化硫对仪器设备的腐蚀。

【指导江城中学科普示范学校创建工作】 4月10日，区防震减灾局到江城中学指导防震减灾科普示范学校创建工作。郑忠党副局长就台账资料完善、科普文化墙设置、应急疏散示意图设计、应急避难场所标识牌制作等工作与学校领导进行交流指导。李云校长表示，要有针对性地开展地震应急演练，借助校内的强震动台，开展防震减灾科普宣传教育，力争达到“教育一个孩子，带动一个家庭，影响整个社会”的效果。

【印制特色防震减灾科普宣传材料】 为切实做好科普宣传作准备，结合江川的文化底蕴和地震地质构造环境，区防震减灾局5月自筹资金10950.00元，设计并印制《江川防震避震知识手册》3000册、防震减灾宣传环保袋2000个、防震减灾宣传扇子1000把，并配备3套折叠宣传桌椅。

【地震应急准备工作督查】 5月8日～9日，两支由政府督查室、防震减灾、民政三个部门组成的地震应急准备工作督查小组，深入各乡镇街道及抗震救灾指挥部成员单位，开展地震应急准备工作督查。此次督查采用自查与抽查相结合的方式。在2天的抽查中，督察组围绕落实联席会议精神、防震减灾工作经费、队伍制度建设等13项内容听取工作情况汇报，实地查看地震地质灾害安全隐患点，检查地震应物资储备情况。先后完成对大街街道、雄关镇、安化乡6个乡镇（街道）及

消防大队、电力公司、民政局、教育局等11家部门单位的督查工作并就督查情况、存在的不足进行反馈，提出建议和要求。

【防灾减灾日宣传活动】 在全国第十个防灾减灾日，区防震减灾局积极参加由区减灾委办公室、区民政局组织主题为“行动起来，减轻身边的灾害风险”的防灾减灾科普宣传活动。5月11日，在大街街道宁海路中段（江磷小区大门前）开展集中宣传教育活动中，区防震减灾局展出展板5块，发放《江川防震避震知识手册》《防震减灾知识手册》等宣传资料1000余册，防震减灾宣传扇子100把、环保袋200个，接受现场咨询40余人次。

【防震减灾知识业务培训】 5月17日，应区教育局邀请，区防震减灾局李祥对全区各校德育主任、安全主任等60余人进行了防震减灾知识业务培训。讲解地震灾害基本情况及特点、地震预测预报现状、地震灾害预防、地震灾害应对、地震应急避险等知识，并结合江川地震地质构造特点，对存在地震次生灾害安全隐患的学校作分析。建议各校积极创建防震减灾科普示范学校，让防震减灾宣传教育和地震应急演练常态化、规范化。

【杨军萍到区防震减灾局研究工作】 6月11日，杨军萍副区长到区防震减灾局研究工作。会议首先听取郑忠党副局长就防震减灾局近期工作开展情况作汇报和全局干部职工对各项工作意见建议后。杨副区长就职工关心的事业单位工资改革、2017年综合考核、群测群防工作开展、应急避难场所建设等事宜与全局干部职工进行了交流。要求全局干部职工要牢固树立“四个意识”，提高政治站位，讲党性、守规矩，尽职尽责，主动作为；要凝心聚力，补齐短板，以高度责任感、争先进位、再创佳绩。

【台站综合观测技术保障系统改造】 6月14日至16日，省地震局投入资金5.2万元对江川局江川台台站综合观测技术保障系统改造。工程包括埋设铠装电缆，建立台站综合电源保障和防雷系统；对泄压口加装不锈钢箱罩，防止人为因素对泄压口进行干扰；对井孔附近进行场地硬化，美化监测环境；对台站仪器进行装箱归整，仪器线路、气路进行桥接整理。

【省地震局检查江川台站综合保障系统工程建设】 6月26日，省地震局监测中心高级工程师陈京一行4人到江川，检查防震减灾局台站综合保障系工程建设情况。对工程的铠装电缆埋设、地网改造、防雷系统安装、井口改造、仪器设备归整及各类线路的铺设整理等各个环节施工情况进行详细检查，对施工过程中存在的仪器防雷装置和仪器线路连接错误进行纠正处理。还对江川台“九五”仪器采数故障进行排查。

【大街强震动台供电线路改造】 7月1日，区防震减灾局以省地震局对江川台实施台站综合观测技术保障系统改造为契机，积极同项目施工方协调，对大街强震动台部分老化线路进行更换，并将供电线路纳入台站综合观测技术保障系统范围。

【省地震局专家到江川进行水化采样】 7月1日，根据云南地球化学背景场数据库建设需要，省地震局地下流体学科组副组长、高级工程师李庆一行3人到江川，对地下流体观测站进行现场调查和水样采集工作。专家组先后现场测量江川局江川台和渔村观测站观测机井水样的电导率、PH值及水温等基础背景参数，采集了相关水样标本；详细了解了江川地下流体观测机井概况、干扰因素、人员构成和资料特征等基本观测环境条件。为确保数据库建设更加科学，还对江川局渔村观测站附近的渔村大河水样进行了采集。

【参加服务“三农”科普宣传活动】 7月10日，区防震减灾局到安化彝族乡农贸市场，参加由区科协牵头组织的服务“三农”科普宣传活动。共展出展板5块，发放《江川防震避震知识手册》宣传资料700册、防震减灾宣传扇子100把、环保袋150个，接受现场咨询20余人（次），重点介绍地震灾害的应急避险、应急处置、自救互救常识。

【杨军苹一行到区防震减灾局调研】 7月25日，杨军苹副区长一行三人到区防震减灾局调研工作。调研组一行认真听取工作汇报后，明确由副局长郑忠党同志全面主持防震减灾局各项工作。杨军苹对防震减灾局提出工作要求：一是认真梳理工作，形成议题，提请区委常委会、区政府常务会研究。二是积极筹备全区防震减灾工作会议、及时传达市防震减灾会议精神，研究安排部署全区防震减灾工作。三是筹划全区防震减灾培训工作。四是强化各项工作纪律，做好地震监测预报工作。

【地震群测群防人员培训】 8月10日，区防震减灾局与区红十字会联合在区委党校召开全区年度地震群测群防培训会。各乡镇（街道）防震减灾分管领导、助理员，各村（社区）防震减灾联络员和地震宏观联络员共计100余人参加培训。培训包括三个方面的内容。一是传达省、市防震减灾工作会议精神，强调地震群测群防工作的重要地位和作用，安排部署全区地震群测群防和地震应急基础数据收集工作。二是结合通海7.8级和汶川8.0级大地震，讲解地下水、动植物、气象和地球物理场等类型地震宏观异常的特点、分布及识别方法。重点就乡镇（街道）日常群测群防工作管理和开展、地震宏观观测点的日常观测工作及《记录簿》的规范填写进行重点培训。三是省红十字会专家就地震现场应急救护中的防灾避险、救治原则及心肺复苏、伤口包扎的方法和注意事项，进行讲解和现场演示，并指导学员现场操作。

【抗震救灾指挥部扩大会议】 8月20日，召开区抗震救灾指挥部扩大会议，安排部署灾后恢复重建及拆危除险工作。区长、区抗震救灾指挥部指挥长王志华主持会议，宣布江川区抗震救灾工作正式由应急阶段转为灾后重建阶段。区政府副区长、区抗震救灾指挥部副指挥长杨军苹、王柄璋、溥恩武分别通报“8·13”“8·14”地震江川区受灾情况，震后群众安置救助，社会秩序稳定、危旧房拆危除险进展等情况。

区委书记徐贤在会议上分析本次地震的主要特点。对各级、各部门在此次地震应急处置工作给予肯定，指出不足，并对下一步工作提出三点意见。

一是切实把以人民为中心的思想落实到拆危除险和恢复重建工作中。全区各级各部门要从讲政治、讲大局的高度，以更加主动的姿态、必胜的决心投入到拆危除险工作中去。

二是以务实有效的举措全面推进拆危除险和恢复重建工作。各乡镇（街道）、各级各部门要坚持治标为先、立查立拆，坚决防止次生灾害伤亡的发生；积极引导村民从“政府管理”向“自主管理”转变，确保9月20日前完成拆危除险并启动恢复重建工作，明年春节前完成民房修复和重建。

三是以过硬的工作作风确保拆危除险和恢复重建的高质量完成。各级、各部门要坚决落实“四级包保”责任制和“六包六保”工作举措，明确时间表，挂出作战图，以钉钉子的精神扎实推进各项工作，打好拆危除险和恢复重建攻坚战。

【渔村观测站模拟水位与气压测项停测】 渔村观测站模拟气压自1985年投入观测以来连续积累33年资料，模拟水位则从1990年以来积累28年资料，为江川区乃至全市、全省地震预测预报工作作出了重要贡献。随着2010年10月观测站“十五”数字化水位和气象三要素等观测仪器设备的安装并投入使用，“十五”数字化水位与模拟水位观测数据同步性较高，波形和变化趋势一致，完全可以取代模拟观测；2017年3月省、市地震部门对观测井现场井下电视调查结果显示，渔村站观测机井水源补给来源主要是地表水，模拟水位观测意义不大；并且模拟水位、气压等观测所需的坐标记录纸、观测记录本、康铜丝、记录笔和记录墨水等观测耗材自2017年始省局已不再提供，2018年8月底已全部耗尽。鉴于以上三因素，区防震减灾局被迫于2018年9月1日起停止渔村观测站水位和气压等模拟观测。

【杨军苹到区防震减灾局检查指导工作】 9月10日，杨军苹副区长到区防震减灾局检查指导工作。杨军苹在听取郑忠党副局长工作情况汇报后，结合《2018年度玉溪市县区防震减灾工作目标考核实施细则》，逐项对工作落实情况进行督促检查。提出三项工作要求：一是要加强对应急设施设备的维修和震情监视与预测工作，总结通海5.0级地震应急工作存在问题和不足，不断提高地震应急置能力和水平。二是要严格按照“工作目标考核实施细则”和“重点工作任务分解”的要求，查缺补漏，把各项工作做细做实，确保年终再创佳绩。三是加强同相关部门的沟通与对接，持续深入开展防震减灾科普传“七进”活动。

【中国地震局专家组到江川区开展项目中期检查】 9月13日，中国地震局地壳应力研究所派出由湖北、上海和广西3个省（市、自治区）地震局相关专家组成的检查组，在省地震局监测预报中心高级工程师陪同下到江川区防震减灾局，对本年6月已完工的江川台台站综合观测技术保障系统改造项目开展中期检查工作。详细检查铠装电缆埋设、地网改造、防雷系统安装、井口改造、仪器设备归整及各类线路的铺设整理等各个工程环节施工情况。重新测量台站地网接地电阻，确定达到了防雷标准。对检查中发现的配电箱漏水问题进行技术处理，排除台站运行安全隐患。

【全国科普日活动】 9月18日，区防震减灾局参加区科协牵头组织的2018年全国科普日宣传活动，活动在大街中学三街校区举行，共展出5块防震减灾知识展板，发放《江川防震避震知识手册》《房屋如何抗震》等宣传资料1300余册（页）、宣传环保袋100个，接受师生现场咨询50余人次。

【安装简易水温观测仪】 10月15日，市地震监测预报中心主任沈坤带领技术人员，到江川区路居镇兰田村赵家湾村民小组温泉点，完成简易水温观测仪安装和调试。该仪器设备包含2个观测探头，观测精度为0.1℃，对温泉点水温进行实时对比监测，通过采用手机通讯方式实现对该仪器设备的远程控制管理和数据采集。

【宋超到江川检查工作】 10月17日，省地震局监测中心副主任宋超一行4人到江川区防震减灾局检查地震监测工作情况。检查组对江川台站综合观测技术保障系统改造工程，各个施工环节完成情况进行检查。并听取区防震减灾局郑忠党副局长关于单位人员编制、台站分布、监测手段、台站规范化管理、观测环境保护及通海5.0级两次地震监测应急响应等情况的工作汇报。

【防震减灾应急知识纳入青年干部培训】 10月24日，区委组织部安排，区防震减灾局郑忠党副局长在区第二期青年干部培训班上，开展题为“关注防震减灾，科学守护生命”防震减灾知识专题讲座，讲座从地震灾害特点与形势、地震预报现状与谣言识别、震时自救与互救、地震应急第一响应人等四个方面，结合江川所处地震地质构造环境和各种震例，为青干班全体学员上了一堂生动有趣的防震减灾应急知识专题课。课后，全体学员进行防震应急避震与疏散演练。

【防震减灾科普示范学校授牌】 经市防震减灾科普示范学校创建工作领导小组组织评审验收，江城中学达到玉溪市防震减灾科普示范学校的标准和要求，被市防震减灾局、教育局命名为“玉溪市防震减灾科普示范学校”。11月1日，区防震减灾局到江城中学为该校进行市、区级“防震减灾科普示范学校”命名授牌。

【防震减灾宣传日活动】 为做好省防震减灾宣传日活动，区抗震救灾指挥部办公室制定了宣传日实施方案。于11月6日，组织区民政局、区消防大队、区红十字会、区供电局、区气象局等11家单位在大街老戏台广场，集中开展主题为“减轻灾害风险，提升应对能力”的防震减灾科普宣传活动。活动现场悬挂宣传标语3条，各单位共计展示宣传展板15块，发放《江川防震避震知识手册》《房屋如何抗震》《建筑防震减灾知识宣传》《玉溪市江川区气象灾害防御指南》《地质灾害防治基本知识》等宣传资料13400余册（份），宣传环保袋1050个，接受现场咨询120余人。市防震减灾局孙军伟副局长一行3人莅临活动现场进行指导。

【毛玉平到江川区调研】 11月13日～14日，省地震局毛玉平副局长一行三人，在玉溪市防震减灾局党组曾建志书记等人陪同下，到江川区调研地震监测预报工作。

13日，毛玉平一行首先到渔村地下流体观测站实地查看渔村观测站观测环境，了解观测仪器运行情况，听取人员编制、防震减灾三大体系工作的情况汇报。14日，到江川局江川台查看观测环境、仪器工作情况，了解了江川井的技术参数、干扰源和观测历程，以及台站各测项的观测背景值、变化趋势及仪器工作状态。毛玉平对江川区防震减灾工作开展情况给予充分肯定，对如何做好地震监测预报工作，如何加强观测环境保护，切实提高台网运行质量，有效促进防震减灾各项工作开展提出要求。

【防震减灾应急知识纳入机关事业单位新招录人员培训】 按照

区人力资源和社会保障局的组织安排，防震减灾应急知识培训及演练首次纳入江川区2018年机关事业单位新招录人员岗前培训。11月20日，区防震减灾局郑忠党副局长，以“关注防震减灾，科学守护生命”为题，从地震灾害特点与形势、地震预报现状与谣言识别、震时自救与互救、地震应急第一响应人等四个方面，结合江川所年处地震地质构造环境和各种震例，为166名参训学员上了一堂生动有趣的防震减灾应急知识专题课。授课结束后，全体学员结合教室所处实际环境，进行了应急避震与疏散演练。

【安装前兆仪器设备监探探头】 12月11日，市地震监测预报中心技术人员到江川区防震减灾局，为江川局地下流体前兆监测室安装了监控摄像头1部，并接入地震信息节点。市防震减灾局党组书记曾建志一行三人，到现场指导工作，听取监控设备安装和江川防震减灾相关工作汇报，了解监控设备性能和适时画面传输等设备工作状态。该设备的安装，市地震监测预报中心可通过行业内网，对江川局前兆监测仪器设备工作状态进行适时监控，及时发现仪器故障。并可通过视频监控远程指挥江川局专业技术人员排除故障，保障台站设备正常运转。

【多措并举提升土官田村防震减灾能力】 在包村联系单位大街街道土官田村区防震减灾局，把扶贫攻坚与当前防震减灾工作紧密结合起来，多措并举提升全村防震减灾能力。一是营造防震减灾宣传氛围，增强村民防震减灾意识。 二是帮助贫困户加固危房，提高房屋抗震能力。结合扶贫工作，为贫困户加固危房。三是完善应急避难场所，增设相应标识标牌，提升应急避险能力。

【表彰奖励】 6月，因《玉溪市年度地震趋势研究报告》全省评比连续三年获前二名（2015-2017），李祥荣获云南省地震局防震减灾优秀成果三等奖；9月，李祥荣获中共玉溪市江川区委、区人民政府联合表彰的首届“星云英才”荣誉称号。

附表

玉溪市江川区2018年度地震目录

序号	年	月	日	时	分	秒	经度	纬度	震级	震　中	震源深度（km）
1	2018	01	04	18	57	35.3	102° 40′	24° 23′	1.1	安　化	13
2	2018	01	14	14	58	07.1	102° 47′	24° 15′	1.3	大　街	19
3	2018	01	16	18	14	41.2	102° 47′	24° 14′	1.1	大　街	18
4	2018	01	17	17	45	59.0	102° 43′	24° 28′	1.5	江　城	10
5	2018	01	25	12	32	55.7	102° 48′	24° 17′	1.3	大　街	9
6	2018	01	26	11	44	52.9	102° 48′	24° 16′	1.1	大　街	18
7	2018	02	04	12	29	03.5	102° 48′	24° 17′	1.6	大　街	7
8	2018	02	04	12	29	38.0	102° 49′	24° 17′	1.0	路　居	14
9	2018	02	04	16	16	18.3	102° 50′	24° 17′	1.0	雄　关	15
10	2018	02	06	14	50	40.7	102° 39′	24° 24′	1.0	安　化	16
11	2018	02	08	11	39	54.3	102° 47′	24° 17′	1.4	大　街	8
12	2018	02	09	13	15	46.4	102° 47′	24° 14′	1.1	大　街	12
13	2018	03	03	12	37	05.7	102° 46′	24° 16′	1.4	大　街	16
14	2018	03	07	13	30	40.2	102° 45′	24° 16′	1.1	大　街	8

续表

序号	年	月	日	时	分	秒	经度	纬度	震级	震　中	震源深度（km）
15	2018	03	17	12	49	24.8	102° 47′	24° 14′	1.4	大　街	23
16	2018	03	20	16	11	30.5	102° 39′	24° 24′	1.4	安　化	5
17	2018	03	23	15	55	10.6	102° 51′	24° 17′	1.7	雄　关	12
18	2018	03	24	20	08	07.6	102° 52′	24° 15′	1.3	雄　关	5
19	2018	04	01	12	22	26.5	102° 49′	24° 14′	1.1	雄　关	7
20	2018	04	02	13	49	53.0	102° 49′	24° 17′	1.1	路　居	6
21	2018	04	03	12	45	37.8	102° 49′	24° 13′	1.2	雄　关	10
22	2018	04	11	12	48	41.4	102° 47′	24° 16′	1.3	大　街	13
23	2018	04	19	17	28	15.1	102° 48′	24° 18′	1.4	星云湖	5
24	2018	04	20	18	11	10.9	102° 50′	24° 18′	1.3	雄　关	11
25	2018	04	26	04	48	59.4	102° 50′	24° 22′	0.5	抚仙湖	8
26	2018	04	26	13	33	54.5	102° 48′	24° 17′	1.2	路　居	12
27	2018	04	30	20	15	52.0	102° 47′	24° 13′	1.0	雄　关	7
28	2018	05	10	12	56	15.2	102° 49′	24° 17′	1.4	大　街	6
29	2018	05	10	19	37	00.6	102° 48′	24° 16′	1.3	路　居	5
30	2018	05	15	16	47	05.4	102° 37′	24° 19′	1.2	九　溪	19
31	2018	05	22	18	33	28.0	102° 45′	24° 24′	1.2	江　城	10
32	2018	05	24	16	23	46.7	102° 47′	24° 14′	1.6	大　街	25
33	2018	06	02	11	54	48.3	102° 48′	24° 17′	1.5	雄　关	8
34	2018	06	02	16	44	15.5	102° 48′	24° 13′	1.0	雄　关	5
35	2018	06	05	16	50	20.5	102° 38′	24° 25′	1.2	安　化	13
36	2018	06	29	13	21	16.7	102° 47′	24° 17′	1.1	大　街	6
37	2018	06	30	14	00	51.1	102° 40′	24° 16′	0.8	九　溪	13
38	2018	07	02	16	03	04.6	102° 52′	24° 27′	0.9	抚仙湖	5
39	2018	07	08	00	56	01.5	102° 46′	24° 13′	0.8	大　街	8
40	2018	08	13	02	19	56.0	102° 49′	24° 13′	0.3	雄　关	11
41	2018	08	13	02	25	29.7	102° 47′	24° 14′	0.5	雄　关	7
42	2018	08	13	02	34	12.3	102° 46′	24° 13′	0.2	雄　关	13
43	2018	08	13	02	39	13.9	102° 47′	24° 13′	0.6	雄　关	19

续表

序号	年	月	日	时	分	秒	经度	纬度	震级	震 中	震源深度（km）
44	2018	08	13	05	37	08.4	102° 45′	24° 13′	0.4	大 街	11
45	2018	08	13	06	46	01.4	102° 46′	24° 13′	0.7	大 街	12
46	2018	08	13	07	44	03.9	102° 47′	24° 14′	0.5	大 街	8
47	2018	08	13	08	27	41.2	102° 46′	24° 13′	0.7	大 街	9
48	2018	08	13	10	08	49.0	102° 47′	24° 14′	1.0	大 街	8
49	2018	08	13	10	19	36.0	102° 46′	24° 13′	0.5	雄 关	8
50	2018	08	13	10	20	15.7	102° 46′	24° 13′	0.5	大 街	8
51	2018	08	13	10	38	16.6	102° 48′	24° 14′	0.9	雄 关	9
52	2018	08	13	16	39	13.8	102° 44′	24° 13′	1.5	大 街	7
53	2018	08	13	23	05	22.6	102° 46′	24° 13′	0.3	大 街	7
54	2018	08	13	23	37	58.4	102° 44′	24° 13′	–0.2▲	大 街	9
55	2018	08	14	01	21	36.6	102° 45′	24° 13′	0.2	大 街	10
56	2018	08	14	13	30	41.3	102° 45′	24° 13′	0.9	大 街	15
57	2018	08	14	17	28	21.1	102° 46′	24° 13′	0.0★	大 街	7
58	2018	08	15	18	17	31.4	102° 38′	24° 17′	0.2	九 溪	6
59	2018	08	18	04	25	52.8	102° 45′	24° 13′	0.3	大 街	12
60	2018	08	21	11	37	14.4	102° 53′	24° 18′	1.7	雄 关	10
61	2018	08	28	07	47	55.9	102° 44′	24° 13′	1.0	大 街	16
62	2018	08	28	11	04	17.1	102° 44′	24° 15′	1.3	大 街	19
63	2018	08	31	10	49	55.4	102° 53′	24° 15′	1.3	雄 关	10
64	2018	09	01	00	47	13.0	102° 44′	24° 14′	0.4	大 街	11
65	2018	09	05	10	49	29.0	102° 52′	24° 17′	1.5	雄 关	6
66	2018	09	06	11	54	06.1	102° 52′	24° 25′	1.9	抚仙湖	5
67	2018	09	15	13	24	47.0	102° 41′	24° 19′	0.9	前 卫	8
68	2018	09	18	12	28	17.4	102° 50′	24° 17′	0.8	雄 关	4
69	2018	09	19	15	17	21.8	102° 49′	24° 14′	1.0	雄 关	8
70	2018	10	01	13	38	52.0	102° 53′	24° 16′	1.5	雄 关	5
71	2018	10	07	01	14	34.5	102° 44′	24° 13′	1.0	大 街	8
72	2018	10	16	12	09	25.1	102° 49′	24° 16′	1.5	大 街	3

续表

序号	年	月	日	时	分	秒	经度	纬度	震级	震　中	震源深度（km）
73	2018	10	19	13	30	34.8	102° 53′	24° 19′	1.5	雄　关	10
74	2018	10	20	12	13	34.9	102° 53′	24° 16′	1.2	雄　关	10
75	2018	10	26	22	31	28.9	102° 43′	24° 28′	1.3	江　城	14
76	2018	10	27	11	59	13.3	102° 53′	24° 17′	1.1	雄　关	5
77	2018	10	28	11	47	02.5	102° 47′	24° 16′	1.3	大　街	9
78	2018	11	08	00	55	41.6	102° 49′	24° 13′	0.5	雄　关	12
79	2018	11	08	11	42	39.0	102° 53′	24° 19′	0.9	雄　关	6
80	2018	11	10	11	27	22.8	102° 53′	24° 16′	1.3	雄　关	10
81	2018	11	14	10	46	40.7	102° 53′	24° 16′	1.1	雄　关	10
82	2018	11	16	11	09	41.6	102° 52′	24° 15′	1.1	雄　关	5
83	2018	11	17	13	55	56.9	102° 52′	24° 19′	1.8	雄　关	10
84	2018	11	19	15	03	45.5	102° 52′	24° 18′	1.0	雄　关	6
85	2018	11	20	00	10	55.5	102° 50′	24° 25′	1.3	雄　关	8
86	2018	11	20	00	17	30.1	102° 52′	24° 23′	1.8	抚仙湖	9
87	2018	11	20	07	12	37.4	102° 51′	24° 25′	1.3	抚仙湖	9
88	2018	11	22	11	50	08.7	102° 53′	24° 15′	1.2	雄　关	5
89	2018	11	29	03	08	33.6	102° 45′	24° 13′	0.6	大　街	14
90	2018	11	29	12	21	47.4	102° 48′	24° 15′	1.7	大　街	10
91	2018	12	05	11	35	06.1	102° 50′	24° 14′	1.0	雄　关	5
92	2018	12	05	15	52	43.7	102° 49′	24° 14′	1.2	雄　关	2
93	2018	12	09	16	13	02.2	102° 43′	24° 14′	1.5	大　街	5
94	2018	12	12	12	33	33.3	102° 49′	24° 17′	1.4	雄　关	10
95	2018	12	15	16	11	03.3	102° 46′	24° 13′	1.1	雄　关	19
96	2018	12	19	15	53	34.7	102° 49′	24° 14′	1.3	雄　关	6
97	2018	12	23	13	43	44.3	102° 51′	24° 17′	1.6	雄　关	5
98	2018	12	29	19	48	31.7	102° 47′	24° 29′	1.4	江　城	12
备注	★零级地震：用伍德–安德生地震仪在震中距100千米的距离上记录的水平分量最大地动位移的振幅等于1微米的地震。 ▲负级地震：用伍德–安德生地震仪在震中距100千米的距离上记录的水平分量最大地动位移的振幅小于1微米的地震。										

附图1：玉溪市江川区2018年度地震震中分布图

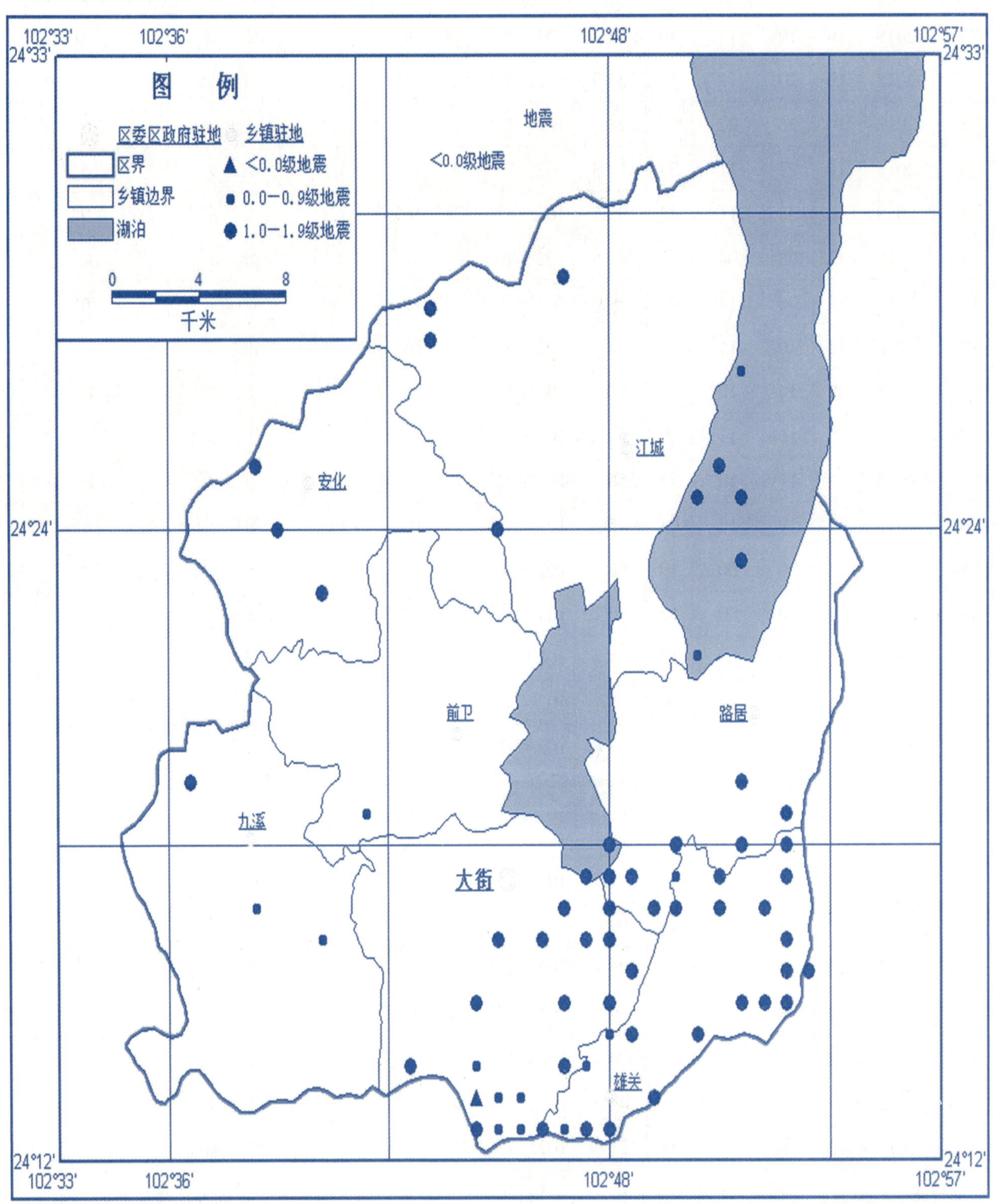

附图2：玉溪市江川区2018年度地震月频次图

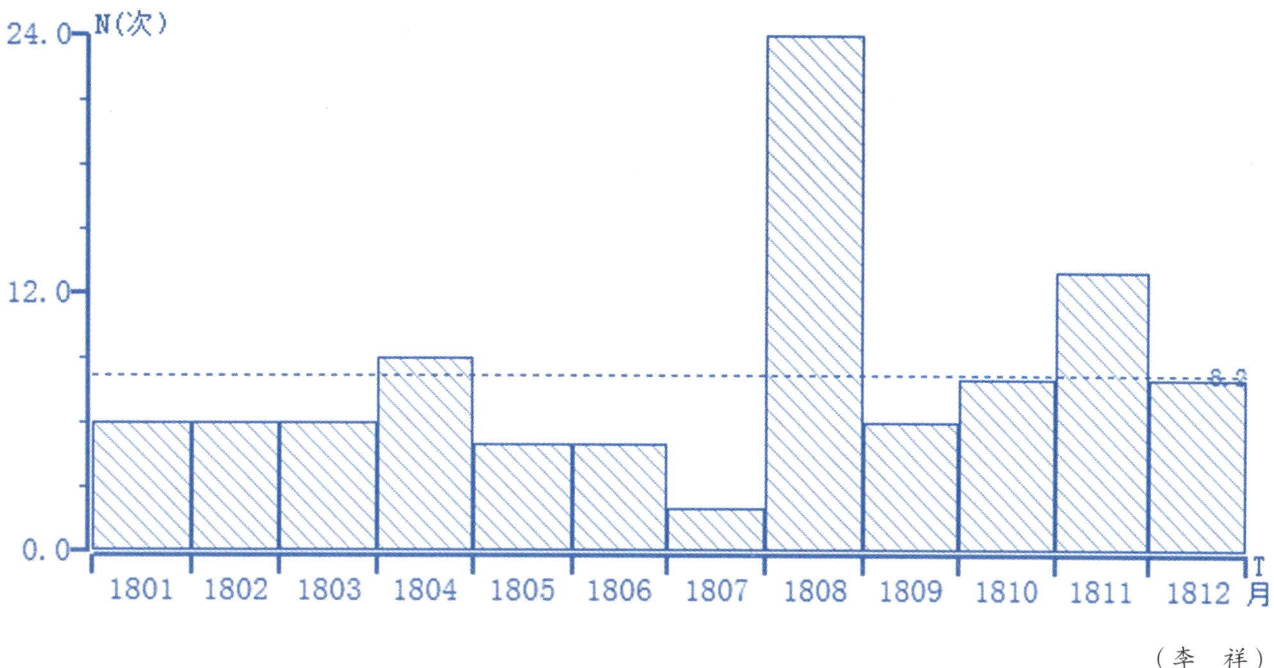

（李　祥）

文广体·旅游·卫计

编辑　陈金才

文　化

【概述】 2018年，区文广体局以习近平新时代中国特色社会主义思想为指导，坚决贯彻党的十九大会议精神，紧紧围绕区委、区政府中心工作，全面加强现代公共文化服务体系建设，实施“文化惠民”工程，加强乡村文化建设，以满足群众参加文化活动的基本权益，为决战脱贫攻坚、决胜全面建成小康社会、实现高质量跨越式发展、建设宜居宜业和谐美丽新江川营造了良好的文化及舆论氛围。

【区图书馆积极开展“世界读书日”活动】 4月23日，为丰富世界读书日内涵，区图书馆到大街街道伏家营学校开展“育禾苗、感党恩”的演讲和国学颂读活动比赛。旨在用小手拉大手“推广全民阅读”，促进知识的创新与传播，提高国民科学文化素质。活动共325名师生参加。

【向我区“农家书屋”捐赠一批新书】 5月5日上午，在省新华书店副总经理的陪同下，全国地方科技出版社副理事长率领全国20多家地方科技出版社联合体向我区“农家书屋”捐赠价值5万余元的科技新书。这一批科技书籍配送给“农家书屋”后，将进一步缓解我区农村群众看书难、看书贵的实际问题。对农村经济发展、农业产业结构性调整、农村农民增收致富有所帮助和提高。

【区图书馆到白家营小学开展庆“六一”活动】 5月31日，区图书馆到白家营小学开展“同悦书香·相伴成长”的阅读朗诵活动，148名学生、12名教师参加活动。图书馆还为建档立卡户家庭的10个小朋友赠送新书包，带去节日的温暖。

【区图书馆到伏家营“农家书屋”开展关爱留守儿童】 9月15日为推动全民阅读开展深入基层、社区、家庭。区图书馆到大街街道办事处伏家营村委会“农家书屋”开展关心、关爱留守儿童活动，为16名留守儿童带去书香之爱。

【区图书馆开展文化志愿者“12·5”国际志愿者日服务活动】 区图书馆文化志愿者及江城镇团委、镇文化事务中心志愿者一行6人，到江城镇敬老院开展关爱活动，对23位孤寡老人，进行看望慰问，帮助他们清理环境卫生，深受老人们欢迎。

【举办临时专题展览，丰富展览内容】 2018年，云南李家山青铜器博物馆举办临时展览5个，丰富了展览内容。

一是“精准扶贫　文化同行——江川大营社区云深书院书画展”。展出农民书画作品91件（其中书法52幅，绘画28幅），参展作品具有浓厚的乡土气息和时代精神风貌。

二是与省博物馆、省档案馆联合举办“家国情怀——抗战时期云南军人家书公函展”。展出抗战时期云南籍军人与家人、同僚的往来信函100余份，展出的家书、公函、电文均为云南省档案馆馆藏精品，是云南抗战时期的珍贵历史资料。

三是“人间鲁迅——鲁迅生

平事迹展”。该展览用通俗易懂的表现方式，以鲁迅生活的年代为线索，由《童年、少年、青年》《用笔战斗的作家》《俯首甘为孺子牛》三个部分组成。展览共有展板60块、图片300余幅、20余件（套）鲁迅先生选录编校、翻译、著作的小说、杂文集。

四是“辉煌历史·江川巨变——影像见证江川改革开放40周年摄影作品展”。此次展览以“在解放思想中起航”“春天的故事”“世纪钟声”“砥砺奋进”四个篇章展开，56幅影像摄影作品，聚焦江川大事要事喜事，集中展示江川改革开放40年的光辉历程、伟大成就和宝贵经验，强化历史纵深感、群众获得感。十八大以来江川伟大历史变迁提供强大的完美艺术性表达。

五是“为美德点赞　向模范学习—江川区道德模范、最美家庭、美德事迹”微展览。设计制作江川区诚实守信、孝老爱亲、美德少年、文明家庭等道德模范宣传展板7块，展出玉溪好人秦定国、李定翠、李金焕、刘子瑞等道德模范事迹。

【张德华参观调研李家山青铜器博物馆】　2018年5月24日，玉溪市市长张德华、玉溪市政府副市长周群英、市政府秘书长张亚辉一行10余人，到云南李家山青铜器博物馆调研参观。江川区委书记徐贤、区长王志华等领导陪同参观。

讲解员详细介绍博物馆概况、李家山历次发掘情况及基本陈列“李家山青铜文化展”展陈内容。区文广体局局长何俊向领导一行详细介绍了江川地方特色文化现代铜工艺品的发展及手工制作流程。

【博物馆文物科普下乡进学校】
5月18日国际博物馆日到文化乡光山小学和春节前夕到雄关乡上营分别开展科普进校园及三下乡活动。两次活动分别展出《李家山古滇国文物图片展》展板20块，展出古滇国生产、生活、经济、军事、艺术等方面的青铜文化科普知识，共发放《云南李家山青铜器博物馆参观手册》《李家山青铜器文化展参观手册》《中华人民共和国文物保护法（节选）》等宣传材料共890余份，向学生和群众讲解青铜文化知识，文物保护法律法规等知识。并向光山小学学生（含当地幼儿园）捐赠价值900余元的学习用品220份。

【博物馆编纂出版书籍入选“玉溪好书”】　云南李家山青铜器博物馆于2015年6月编纂出版的《滇国铜魂–云南李家山古滇文物集萃》，在2018年玉溪市“4.23世界读书日”活动中成功入选“玉溪好书”。该书汇集江川李家山古墓群出土文物精品134件，全面、系统的展示和反映了古滇国社会历史风貌。

【“百团千队”巡演活动】
2018年2月19日，为宣传贯彻党的十九大精神，江川“百团千队”巡演活动在大街街道大营社区拉开序幕。2月20日至23日巡演活动先后到大街街道三街社区、伏家营社区、前卫镇渔村村委会、九溪六十亩社区，受到群众热烈欢迎。演出共分不忘初心、美丽家园、锦绣前程三个篇章，演出独唱《最美的歌儿献给妈妈》、舞蹈《摆呀摆》、滇剧清唱《浪广谣》、独唱《锦绣江川》、锣鼓词《十九大精神放光芒》、小品《要账》、合唱《我们的生活充满阳光》共计79个文艺节目，参演人员68人，现场观众共计6700余人次。5月22日至24日，巡演活动先后深入到江川区第二中学、九溪中学、雄关中学。演出18个群众喜闻乐见的歌颂党、宣传党文艺节目。参加此轮演出人员49人，学校共组织52个班级2700余名学生观看。

【群众大舞台文化惠民演出】
在江川区迎接全国“卫生城市”复审和创建云南省“文明城市”之际，为切实提升城市文明程度和市民文明素质，让大家知晓文明、参与文明、践行文明，营造良好氛围。10月1日，由区委宣传部、区文广体局主办，区文化馆承办的“群众大舞台文化惠民演出”在大街老戏台进行了首场演出。16个原创的花灯歌舞、花灯小戏、小品、民俗舞蹈节目精彩纷呈，此次演出57人参演，3000余位观众。

【文化大篷车·千乡万立行”文化惠民演出】　2018年10月25日至27日，省文化旅游厅组织的“文化大篷车·千乡万立行”普洱市民族歌舞团有限责任公司赴江川进行四场文化惠民演出。25日晚19：30时，在江川大街街道下营社区举行启动仪式并进行首场演出，演出在精彩的戏曲舞蹈《俏花旦》中拉开序幕，男声独唱《咱老百姓》、方言小品《懒汉脱贫》、傣族舞蹈《三跺脚》等12个富有民族特色和寓教于乐的节目获得观众的阵阵掌声。26日和27日惠民演出依次到江川区江城镇龙街村委会、前卫镇渔村村委会和九溪镇九溪社区进行三场演出，受到了当地群众的热烈欢迎。四场演出观众共计6000余人次。

【江川区庆祝改革开放四十周年文艺晚会】 庆祝改革开放40周年暨纪念玉溪撤地设市20周年、江川撤县设区2周年文艺晚会“时代回响　江川赞歌”12月24日晚在江川体育馆举行。此演出的形式回顾改革开放40年、玉溪撤地设市20年、江川撤县设区2周年来江川经济社会建设取得的辉煌成就。整场晚会综合运用音乐、舞蹈、情景、合唱等多种艺术形式，演出视角独特、构思奇异、风格创新，有故事、有情景、有内容，再现改革开放以来特别是玉溪撤地设市20年来江川在历史进程中的伟大变革，抒发全区人民对改革开放深深的感激之情，表达全区干部群众乘风破浪再扬帆、改革开放再出发的坚定信念，来自全区的200余名文艺工作者参与演出，现场2000余人观演出还进行全市直播。

【江川区第十四届开渔节群众文艺演出】 12月25日在渔文化广场举行第十四届“开渔节”群众文艺演出，18个具有江川特色，充分展示江川渔文化，展现江川人民拼搏奋进和昂扬斗志。此次演出演职人员420余人，现场观众12000余人。

【持续开展李家山古墓群出土文物精品对外交流展览】 2018年，云南李家山青铜器博物馆继续落实习近平总书记“让文物说话、把历史智慧告诉人们”的讲话精神，加强与国内文博机构的协作交流，深入挖掘江川古滇青铜文化资源，精选馆藏古滇精品文物积极参与国内大型博物馆系列重大专题展览活动。全年共开展对外交流展览5次。参展文物精品受到国内外专家学者、游客的高度评价，对提升李家山知名度和宣传江川灿烂辉煌古滇青铜文化发挥积极作用。

一是精选李家山出土馆藏文物“剽牛祭祀铜扣饰”“铜鱼杖头饰”2件（套）到海南省博物馆参加2月13日～5月13日举办的“秦汉文明展”；

二是选送“祭祀场面铜贮贝器”“纺织场面铜贮贝器”“执伞男铜俑”等13件（套）文物到陕西秦始皇帝陵博物院并与云南省博物馆三家联合主办为期3个月的“铜铸滇魂——云南滇国青铜文化展”。

三是“金腰带”“金银鞘饰”“金簪”“金钏玉镯”“兽形金片饰”等15件（套）馆藏李家山出土文物精品参加成都金沙遗址博物馆举办的为期两个月的“金色记忆——中国14世纪前出土金器特展”。

四是“祭祀场面铜贮贝器”“铜鱼杖头饰”“剽牛祭祀铜扣饰”等文物参展9月26日——12月26日在四川广汉三星堆博物馆举办的“人与神——古代南方丝绸之路文物精华展”。

五是“执伞男铜俑”“金腰带及圆形扣饰”“骑士猎鹿铜扣饰”等5件（套）文物参展9月29日–2019年1月6日在重庆中国三峡博物馆举办的《盛筵–见证〈史记〉中的大西南》。

【美国大学生篮球鹰队参观博物馆】 5月31日上午9点，美国大学生篮球鹰队全体队员在区文广体局局长何俊及工作人员的陪同下参观云南李家山青铜器博物馆“青铜文化展”“星抚铜韵——江川鱼文化展”，领略江川灿烂辉煌的古滇青铜文化和精湛的传统制铜工艺。这次参观是美国大学生篮球鹰队到江川区进行篮球文化交流活动内容之一，博物馆为此次交流活动最后一站的圆满成功打下坚实基础。

【启动李家山古墓群建设项目】 项目总投资600万元，目前完成投资100万元。该项目包含各200平方米看守房和展示房，还包含150棵保护界桩、保护标志碑、整顿周边环境、修建外围连接道路等工程。建成后能集古墓群保护、文物展示、教育阵地功能于一体。

【完成药王阁修缮及其周边环境整治工程】 初步验收结束，等待最后的竣工验收，该项目总投资460万元。

【及时完成江川通用机场的地下文物勘探】 江川通用机场占地范围广，机场勘工业基本上都处在荒山丛林之中。为此，摸清通用机场地下文物埋藏情况。

【完成雄关小坟上砖室墓的抢救性清理】 清理出土陶壶一件，原始青瓷罐（残）一件，青铜孔

雀熏炉一件（套），其他文物2件，其中青铜孔雀熏炉是这一次清理中最为耀眼。

【完成灾后文物安全检查和抢修】 “8·13”“8·14”通海地震后，共出动检查人员70人次，车辆20台，对全区87处不可移动文物点和博物馆进行全方位检查，发现文物安全隐患32处并及时整改，确保不可移动文物不受人为损坏。

【积极申报我区文保单位】 完成申报我区甘棠箐遗址、光坟头遗址、江城文星阁、张旗凤鸣寺四处文物点为第八批省级文物保护单位工作。甘棠箐遗址被公布为第八批省级文物保护单位；完成申报我区为曲焕章故居、柏池古云升寺、旧州大雄寺三处文物点第三批市级文物保护单位工作。所申报三处文物点均被玉溪市人民政府公布为第三批市级文物保护单位。

【开展全区文物消防安全大检查】 2018年9月17日至2018年12月31日，在全区文物安全大检查工作，切实做好文物建筑的消防安全工作。

【抓好行政年检审核和执法】 至本年底，全区共有出版物零售单位和个体户36家（书报刊零售19家，音像制品零售17家），均通过年检审核；互联网上网营业和娱乐场所37家（互联网上网营业场所20家，娱乐经营场所17家——其中歌舞娱乐场所15家，游戏游艺场所2家），均通过经年检审核。联合公安和市场监管共同联合执法检查6次，随机抽查3次，出动执法人员732余人次，检查文化市场经营户245户次，受理举报6起，立案7起，行政处罚2起，警告、责令整改5起。关停1家无证照游戏场所，对2家无证经营电子游戏和图书销售点，要求办理相关证件方可经营；取缔1家酒店违规经营网吧，并拆除非法安装电脑25台。

【开展文化市场综合整治行动】 文化市场综合执法大队全年共开展三次文化市场“双随机一公开”综合行政执法检查。独立或联合相关单位开展文化市场综合整治行动具体为：1月22日对我区7家网吧、3家音像店、3家书店进行严格检查。2月7日对我区各乡镇文化市场，重点对4家包装印刷企业、4家音像制品零售、6家网吧进行专项检查。没收盗版影碟143片，盗版书2本。2月12日，区文广体局和市公安局江川分局组织联合执法开展“夜查”行动，对全区文化市场重点场所和单位进行检查。共检查KTV17家、网吧8家、游艺场所2家和电影院1家，发放《致全省文化市场业主及从业人员的一封信》28份。3月1日，市执法支队检查组对我区6家打印复印店、3家音像制品店、3家歌舞娱乐场所、3家网吧进行检查。3月15日，区文广体局文化市场综合执法大队配合区市场监督管理局、区消费者协会，联合开展“品质消费，美好生活”宣传教育，发放文化市场《网互联网上网管理条例》《歌舞娱乐场所管理条例》《印刷业管理条例》共67册。同时联合公安对举报的1家无证照游戏场所进行检查，责令其停业整顿办理相关合法手续。3月22日，区文化市场综合行政执法大队、玉溪公安局江川分局、区民宗局联合对我区三街基督教场所和江城北山寺进行“扫黄打非”检查，执法大队收缴北山寺非法出版物11本。4月9日，市文广局“扫黄打非”办公室与江川区文化市场行政执法大队联合对江川一中、大街小学周边和前卫镇进行“扫黄打非”执法检查。4月23日，以“绿色阅读、文明上网，远离和抵制有害信息”为主题的江川区“扫黄打非护苗2018”专项行动暨“绿色书签进校园”活动启动仪式在前卫中心小学举行。5月2日，区文化市场综合行政执法大队到大街街道仙乐都酒店查处黑网吧，查出25台对外营业电脑违反《互联网上网经营场所管理条例》，执法人员立即拆除电脑，责令该酒店停止违法经营活动并对其下发《责令改正通知书》。5月15日至16日，玉溪市文化市场执法支队、通海县、易门县执法大队联合对我区网吧9家、歌舞娱乐场所9家、音像制品店1家的经营活动及消防安全进行开展交叉执法检查。6月15日，区文广体局文化市场综合执法大队配合区安监局、区市场监督管理局、区消防大队、区交通局、江川公安分局等20多家单位走上街头，开展“生命至上，安全发展”宣传教育，发放《网互联网上网管理条例》《歌舞娱乐场所管理条例》《印刷业管理条例》共50册，并为群众提供咨询服务。6月19日至20日，华宁县、澄江县、通海县联合到我区开展第二季度“双随机一公开”执法检查，抽查5家网吧、5家KTV和10

家印刷企业，收缴非法印制教师辅导教材6本和学生考试试卷200份。8月市文化市场执法支队随机抽调执法人员到江川区，开展第三季度“双随机一公开”执法检查，查到1家网吧涉嫌接纳未成年人上网服务。9月，文广体局联合公安分局、市场监督局、文化市场执法大队、区人大、政协等单位，对我区校园周边文化市场经营户进行执法检查和环境整治。收缴“口袋书”和非法印刷、出版物43本。

体　育

【概述】 2018年，体育部门紧紧围绕“建群众身边的场地，抓群众身边的组织，搞群众身边的活动”开展工作。一年来，组织和开展群众性体育活动、运动会和单项比赛12次；组团（队）参加市级比赛7次，省级比赛1次；举办各类体育培训5次。安装全民健身路径25套，完成体育馆地板、顶部、音响修缮。

【第八届“开渔节·庆元旦·体彩杯”羽毛球邀请赛】 2017年12月30日至2018年1月1日，江川区文化广电和体育局在少体校训练馆举办第八届“开渔节·庆元旦·体彩杯”羽毛球邀请赛。有来自玉溪、昆明的羽毛球爱好者共16个代表队160余人参加了比赛。比赛设混合团体。荣获前八名的代表队分别是：皓羽俱乐部、玉溪市羽毛球协会、战狼队、江川羽毛球协会一队、黑猫队、诚晟俱乐部、玉溪师院、江川羽毛球协会二队。比赛结束，江川区文广体局和江川羽协领导为获奖代表队颁发证书和奖金。

【“金骏药业·贺岁杯”篮球赛】 2月18日，由区总工会，区文广体局主办，区少体校和区篮球协会承办的“江川区2018年‘金骏药业·贺岁杯’篮球赛”在少体校拉开战幕，来自全区的12支男子篮球代表队参加本次比赛。4天28场的紧张角逐，完成所有赛程。荣获前三名的代表队分别是：江峰建筑代表队、江川巡特代表队、青青小吃代表队。21日晚举办方及赞助商为获奖代表队颁发证书、奖牌和奖杯。

【庆“三八”国际劳动妇女节趣味运动会】 3月8日，为庆祝第108个“三八”国际劳动妇女节，区妇联、区总工会、区文广体局在体育馆联合举办江川区庆“三八”国际劳动妇女节趣味运动会。运动会设旱地龙舟、财源滚滚、众星捧月、龟兔赛跑、袋鼠运瓜、球球大战六个项目。来自全区各单位和乡镇的28支代表队运动员704名参加运动会。经过一天比赛，荣获团体总分前八名的是：教育局、财政局、江川一中、江城镇、江磷集团、景湖酒店、农业局、气象局。主办方为前八名代表队颁发奖牌和奖品。

【体育健身器材移交】 3月13日，文广体局经过招投标，购买价值约25万元的健身路径，在体育馆进行移交工作。这批健身器材能够为20个居民生活小区安装25套健身路径，将使百姓不出村就能体验到健身的快乐。

【江川区体育馆修缮完成】 区体育馆修缮项目工程于2017年10月25日开工，2018年4月27日通过验收，总投资206万元。该工程主要对木地板和LED彩屏进行更换。

【组队参加中冠联赛云南赛区玉溪预赛暨“玉溪杯”足球比赛】 “2018年中冠联赛云南赛区玉溪预赛暨“玉溪杯”足球比赛，于2018年5月27日在玉溪第二职业高级中学举行开幕式。来自七县两区的13支男子足球代表队报名参加开幕式。江川足球队代表江川参加本次比赛。全区七县两区共13支代表队参赛。

【组队参加第六届县（区）乡镇（街道）篮球大联赛】 4月8日至14日，2018年“七彩云南全民健身运动会”玉溪市第六届县（区）乡镇（街道）篮球大联赛在峨山县举办，共有来自七县二区的15支男、女篮球代表队参加比赛。江川区获得女队一等奖，男队二等奖，并荣获男、女队优秀组织奖。

【国际篮球文化交流赛】 5月30日，国际篮球文化交流赛（江川联队与美国鹰大学生篮球队）在江川体育馆隆重举行。本赛由云南省篮球协会、江川区文广体局主办，江川区篮球协会承办，云南江峰建筑装饰工程有限公司、云南商贸有限公司、中国水电十四局江通高速公路项目部协办举办此次交流表演赛旨在满足广大群众日益增长的物质文化生活需要，丰富全区群众体育文化生活，加强对外交流，扩大对外宣传，树立江川良好形象，促进我区全民健身的广泛开展。

【对城区部分全民健身路径进行检修】 7月3日，云南省云健体育业务员对城区三角公园及渔文化广场的健身路径进行检查。9月6日对损坏的器材进行维修和更换。这批健身器材的维修或更换将确保群众有一个安全的健身环境，推动江川全民健身活动的广泛开展。

【全民健身运动会五人制足球赛开赛】 由区妇联、区总工会、区文广体局、区教育局联合主办，区足球协会、区星云足球俱乐部承办的玉溪市江川区2018年全民健身运动会五人制足球赛于7月21日在大街小学开幕式。共有来自全区各机关、乡镇、学校、社会团体的19个代表队参赛。

【第二届七彩云南全民健身运动会系列比赛】 一是由区文广体局主办，区少体校承办拔河比赛于8月10日在体育馆举行。20个代表参赛。二是由区文广体局主办，区老体协承办的排球比赛，于2018年8月9日至12日在少体校训练馆举行。10个代表队参赛。三是由江川区委、区人民政府主办，区文广体局、区总工会、区卫计局等8家单位联合承办，区少体校和区篮协协办篮球争霸赛，于8月13日拉开战幕，有26支男队，6支女队参赛。

【省检查组到江川检查体育工作】 9月19日，云南省财政厅预算评审中心委托第三方公司组成9人检查组到江川对2015年至2017年实施的七彩云南全民健身基础设施工程项目进行中期绩效再评价。检查组先后深入到大街街道、江城镇、安化乡部分村委会的省级基础设施建设工程进行实地查看。

【承办市少年儿童篮球赛】 9月28日至10月5日，由玉溪市体育局、玉溪市教育局主办，区文广体局、区教育局承办的2018年玉溪市少年儿童篮球比赛在江川举行。来自红塔区、易门、澄江、华宁、新平、元江、通海、峨山、7个县和红塔江川2个区共19支男女青少年篮球队参赛，经过六天61场争夺，荣获男子组前三名的分别是通海县、艾京俱乐部、华宁县代表队；荣获女子组前三名的分别是江川区、华宁县、元江县代表队。

【组队参加市少儿田径和游泳赛】 江川区组队参加2018年玉溪市少年儿童田径和游泳比赛。田径赛于9月30日至10月3日在玉溪师院体育学院田径场举行，江川区代表队获前三名的项目分别有：女子儿童组60m第一名；女了儿童组100m第一、二名；女子儿童组200m第一、二名；女子儿童组跳高第一名；女子儿童组跳远第一名；女子儿童组2000m竞走第三名；男子儿童组垒球第三名；女子少年组200m第二名；女子少年组400m第二名；男子少年组跳远第一名；男子少年组三项全能第二名；女子组4×100m第二名。最后江川区代表队于团体总分216分的成绩获第六名。游泳赛于9月30日至10月2日在玉溪体育运动学校游泳池举行，江川区代表队荣获前三名的项目分别有：男子7岁组50m自由泳第一名；女子8-9岁组50米自由泳第一名；100米自由泳第一、第二、第三名；50米仰泳第一名（打破市记录）；男子8-9岁组50米自由泳第三名；女子10-11岁组自由泳全能第二名；蝶泳全能第三名；仰泳全能第三名；女子4×50m混合接力、4×50m自由泳接力第三名；最后江川区代表队荣获男子团体总分第五名，女子团体总分第三名的成绩。

【联合主办区第二届师生运动会教职工篮球赛】 由区文广体局与区教育局联合主办的，江川区第二届师生运动会教职工篮球赛"于10月21日在体育馆拉开战幕，全区教育系统26支体表队参赛经过15天的争夺，篮球赛圆满落下帷幕。

【代表玉溪参加"七彩云南"第三届大众篮球争霸赛】 江川区代表玉溪市参加"七彩云南"第三届大众篮球争霸赛于10月14日至21日在曲靖市举行。来自全省14个州市的20支男、女代表队报名参加比赛。江川区男、女队代表玉溪市参加本次比赛。荣获女子组第五名，为玉溪争得荣誉。

【全民健身活动状况抽样调查】 该活动于2018年11月13日～22日对全区6个乡镇（街道）的成年人（20-59岁）和老年人（60-69岁）2个年龄段人群进行基本的身体形态、身体机能等10项指标测试进行了抽样调查，并给出健身指导。

通过分类编码、检测指标和问卷调查三环节完成455人的测试。其中：优秀26人，占6%；合格358人，占79%；不合格71人，占15%。

【组队参加玉溪市首届健身气功交流比赛】 玉溪市首届健身气功交流比赛于12月5日至6日在玉溪市体育馆举行。江川区组织8人的代表队参赛，荣获团体赛三等奖。

（申梦莹）

广 播

【概述】 2018年，江川区广播电视台，以习近平新时代中国特色社会主义思想为行动指南，以学习宣传贯彻党的十九大精神为主线，准确把握新时代宣传思想文化工作的新形势新任务新要求，围绕区委区政府中心工作，创新工作方法狠抓广播电视节目安全，着力提高新闻舆论传播力引导力影响力公信力，全年电视台播出自办节目《江川新闻》166期1233条、《平安江川》40期、《一周说》50期，播出电视剧2190集、各类宣传标语、通告、公益广告16000多条（次）；广播电台共播报新闻2533条。本台记者采写的新闻被市级新闻媒体采用553条（次）（《玉溪新闻》208条，《大众新闻》77条，《玉广新闻》227条，新媒体41条），被省级以上新闻媒体采用60条（次）（省电视台44条，省广播电台6条，省新媒体4条，中央电视台5条、中央人民广播电台1条）。

【把握正确的舆论导向，做好《江川新闻》】 以“新闻立台”为宗旨，坚持以习近平新时代中国特色社会主义思想为指导，切实增强四个意识，紧紧围绕学习宣传贯彻党的十九大精神这条主线，围绕江川区委、政府中心工作，坚持以正面宣传为主，用心、用情、用力做好《江川新闻》节目。一是精心策划，开设《学习贯彻十九大精神》专栏，对全区领导干部学习贯彻习近平新时代中国特色社会主义思想和党的十九大精神活动进行跟踪报道，为全区用党的十九大精神武装头脑、指导实践、推动工作提供舆论保证。二是圆满完成对中共玉溪市江川区委二届四次全体会议、玉溪市江川区第二届人民代表大会第二次会议、政协玉溪市江川区第二届委员会第二次会议等重大会议宣传报道任务。三是对庆祝改革开放40周年、“创文”“创卫”、扶贫攻坚、棚户区改造、生态治理保护、工业园区建设等区委区政府推进的重点工作、重点项目开展宣传报道。开设《庆祝改革开放40周年》《双创进行时》《扶贫攻坚进行时》《人居环境综合整治在行动》《创卫“百日风暴”在行动》《中央环保督查回头看》等专栏，为江川经济建设、社会发展、民生保障、创先争优各项工作顺利开展鸣锣开道。四是开设《人大代表风采录》《政协委员风采录》等专栏，聚焦基层、聚焦群众，对社会各届涌现出来的先进典型、优秀人物、先进经验进行挖掘，对群众关心、百姓关注的热点事件进行报道。五是开办《曝光台》，对一些违法违规和社会不良行为进行曝光，并督促整改。六是继续与玉溪市电视台合作，利用《新闻直通车》平台做好对外宣传工作。七是在“8·13”“8·14”地震期间，发挥主流媒体作用，及时传递信息、引导舆论、辟谣维稳，确保社会稳定。

【弘扬时代主旋律，强化公益宣传】 高度重视公益宣传，利用公益广告时间短、篇幅小、创意性强、传播快、影响大的作用开展宣传。一是安排播出《国之盛也　民之安也》《家国梦》《共饮长江水》《红旗渠》《接力》《长征在路上》《新时代的时传祥》《从严治党》等优秀公益广告和微电影，弘扬社会主义核心价值观，宣传“中国梦”。二是安排播出关注留守儿童、爱老敬老孝老等公益广告，弘扬中华民族传统美德，呼吁群众关心关爱空巢老人和留守儿童。三是安排播出禁毒、防艾、反恐、反邪教、打击“黑广播”、防范和打击非法集资等公益广告和宣传片，用小故事传递大情怀，小人物讲述大道理，为广大群众提供警示。四是开办健康宣传教育专栏，在《江川新闻》中开设《中国公民素养66条》《安全知识大教育》《避震知识宣传》《创文知识问答》等小专栏，普适安全避险、健康等知识。五是电视台引进《生活视觉》和《健康面对面》两个栏目，每周播出1期，每期播出2次。广播电台开办《健康生活》栏目，每周播出1期，并安排播出《全民健康》《二手烟伤害》《用心呵护心理健康》、用药安全、关注慢性病等健康类公益广告，普及健康知识，提高群众对健康生活的重视；六是结合江川区迎接国家卫生城市复审和创建省级文明城市工作，组织本台采编播人员拍摄制作了“创卫”公益广告，并制作大量的标

语、游动字幕等进行播出，为全区“双创”工作顺利开展营造良好氛围。

【致力内容创新，打造本土化栏目】 致力于内容创新，组建成立栏目组，着力打造本土化栏目。一是电视台开办时政类栏目《一周说》，1月29日正式开播，栏目每期总时长15分针，对全区群众关心关注的热点事件、热点话题进行深度报道，对区内重大新闻事件进行梳理和解读，内容涉及方方面面，备受群众关注。二是电视台开办法治类栏目《平安江川》。该栏目于3月20日开播，每周播出一期，设《江川警方》《法庭内外》《法在身边》《平安故事》四个子栏目。《江川警方》由公安局江川分局收集本月相关素材，采用演播厅出镜和资料展示方式制作。《法庭内外》由江川区法院、检察院共同提供相关素材信息，采用演播厅与实景相结合的方式，用“以案说法”的方式还原事实真相，达到“以案普法”“以案说法”的目的。《法在身边》由区司法局确定“讲法”内容，采用演播厅与实地采访相结合的方式为群众讲法。《平安故事》，采用记者实地采访，走进生活，讲身边人、讲身边事的方式进行制作播出。三是广播电台《江川新闻》节目中开设《一分钟论坛》栏目，播发评论文章，结合江川实际针砭时弊，颂扬改革创新和新人新事，增加江川新闻节目的感染力，拓宽新闻节目的深度和广度。四是广播电台抓住江川区迎接国家级城市复审及创建省级文明城市契机，结合江川生活实际，开办《健康生活》栏目，宣传健康理念，普及健康知识，提高群众对健康知识的关注度和知晓率。

【创新方法手段，搭建传播新平台】 积极探索传统媒体与新媒体融合的新路子，拓宽宣传新方法、新渠道。一是开通“江川电视台”公众号，江川电视台制作播出的《江川新闻》《一周说》《平安江川》等节目与公众号同步传播，方便观众收看，同时拓展节目的影响力和受众面。精心策划组织制作春节特别节目《一年又一年》，通过公众平台向全区人民拜年，展示江川群众幸福生活和美好愿望，受到江川广大群众关注和好评。二是进一步拓展与省、市电视合作渠道，积极向云南卫视云视新闻“七彩云”和玉溪电视台“哇家玉溪七彩云”公众号上传新闻，扩展外宣工作新渠道，利用两家媒体平台扩大江川对外宣传。5月30日晚，配合两家新媒体对江川联队与美国鹰队大学生篮球赛进行网上直播，当天网上在线观众达3万多人，网友评价达6000多条，提高群众对此事件的知晓率和关注度，较好地宣传江川文化。

【确保广播电视节目安全播出】 把广播电视节目安全播出作为重中之重，多管齐下狠抓落实，没有发生任何安全播出责任事故。一是精心做好中央3套、省2套和市2套广播电视节目无线覆盖工程的设施设备维护和节目转播发射工作。做好全区精准扶贫直播卫星（小锅盖）安装设施，使广大贫困户能收听收看到广播电视信号，全区广播电视节目覆盖率达100%。二是把安全播出作为广电工作的生命线，认真贯彻落实《广播电视安全播出管理规定》，强化机房管理制度，把安全播出责任落实到人，细化到每一个环节。重保期间，实行24小时值班制度和事故“零”报告，确保广播电视节目优质安全播出。三是深入九溪、雄关等抗震救灾集中安置点，为受地震影响集中统一安置的村民安装应急广播电视设施设备，确保灾区群众能收听收看到广播电视节目。四是全力做好应急抢修，快速处置。对受地震、雷暴等灾害，损坏的设施设备进行抢修，确保安全播出。五是积极筹措资金，改善安全播出设备。投资70多万元，购置1套索贝E-NET电视节目制播网络系统（含软、硬件），5台套SONY PXW-X280高清摄像机，2台（套）sielco EXC300GT/AES调频立体声发射机，9台戴尔台式电脑，4台兄弟激光打印机；投资1万多元，更换安装中国之声103.2调频广播天线和江川人民广播电台96.5调频广播天线、馈线，有效改善广播电视节目采编制播条件，确保广播电视节目制播安全。

【区领导到江川区广播电视台慰问】 2月13日，区委副书记李长金、副区长杨军苹、区政协副主席顾秋等领导到江川广播电视台慰问春节值班人员。

李长金对广播电视台一年来工作给予肯定，指出广播电视肩负着把党中央、国务院、省市区各级党委政府声音传给老百姓的重任，在国家政策、法律法规等宣传中起着非常大的作用。强调江川区底蕴深厚的文化要走出去，要做好园区建设、建好一座城和保护好一潭水需要广播电视的宣传。要求全体干部职工树立创新精神，增强发展意识，深化广电改革，更好地为江川经济社会发展提供有力思想舆论保障。要全面落实好安全播出各项措施，确保全区人民收听收看到优质的广播电视节目。

【省新广局领导到江川查看广电设施震后受灾情况】 8月15日，云南省新闻出版广电局党组成员、副局长渠志荣一行在市文化广播电视局局长何永平，江川区委副书记、区长王志华及相关部门领导的陪同下，实地查看了广播电视节目制作播出机房、会议室等，对江川区广播电视设施设备的震后受灾情况进行了解，听取相关受灾情况汇报。渠志荣说，广播电视是党的喉舌，是重要的思想宣传文化主阵地，在此次通海县“8·13”“8·14”5.0级地震中，江川区广播电视台采取积极有效措施，确保地震过程中设施设备运行正常、信号畅通、并及时传达政令、发布权威信息、引导社会舆论，杜绝传谣信谣，做好新闻宣传报道，在稳定人心、维护社会稳定，协助抗震救灾中发挥重要的主阵地作用，经受住地震的考验。希望江川在下一步的工作中，始终坚持做主流媒体、主流舆论的坚定引领者，为夺取抗震救灾的最后胜利做出积极贡献。

【在抗震救灾中充分发挥主流媒体作用】 2018年8月13日01时44分24秒，玉溪市通海县发生5.0级地震，震源深度7千米，距震中12千米的江川区震感强烈。地震发生后，江川区广播电视台迅速行动，精心组织开展宣传报道，在信息传递、引导舆论、辟谣维稳等方面发挥了主流媒体作用。

江川区广播电视台第一时间调派记者赶赴江川区抗震救灾指挥部了解震情，对江川区抗震救灾应急处置工作安排部署情况进行报道，在江川电视台、江川人民广播电台播发了《震情速报 云南省玉溪市通海四街镇附近发生5.0级地震》《通海县发生5.0级地震 江川区震感强烈》《江川区召开抗震救灾紧急工作会》等信息，让全区人民及了解震情；组织多组记者分赴我区受灾乡镇了解灾情和抗震救灾情况，先后播出了《徐贤到雄关乡查看灾情指导救灾》《王志华对城区房屋受损情况进行察看》《江川区召开地震应急指挥部第二次会议》《江川党员干部在抗震救灾中彰显公仆本色》《江川区社会秩序井然有序》等新闻，对江川抗震救灾工作作全方位报道。

针对少数网民通过互联网、微信群和手机短信散布谣言扰乱社会秩序的情况，江川区广播电视台及时辟谣，制作播出“不造谣、不信谣、不传谣，关于地震造谣、传谣涉嫌违法”宣传标语，播出江川区抗震救灾指挥部《紧急通知》，利用当地新闻节目播出了《谣言可畏大量市民户外聚焦》《莫信谣言科学应对》《江川区社会秩序井然有序》等信息。

通过权威发布，正面宣传引导，使谣言得到及时澄清，市民恐慌情绪得到稳定，为江川区抗震维稳工作提供也强有力的宣传舆论保证。

【确保灾区群众收听收看广播电视】 “8·13”“8·14”地震后，为确保灾区群众能正常收听收看到广播电视节目，广播电视台及时组织专业技术人员深入九溪、雄关等抗震救灾集中安置点，安装村村通接收机、放大器、多功能扩音机、话筒、喇叭、液晶电视等设施设备，确保受灾群众能够正常收听收看到广播电视节目。

【广播电视设施设备在地震中受损】 “8·13”“8·14”地震，广播电视台节目制作播出机房地基松动，多处墙面出现龟裂，墙体与门窗、柱子、横梁交接处出现明显裂痕。会议室外墙墙体龟裂，室内墙面出现非常明显的横向裂纹，门口四根柱子出了齐裂痕。

【广播电视设施设备受雷暴影响受损】 8月24日下午16：05分左右，江川出现雷暴天气，导致玉溪市江川区广播电视台供电线路短路、广播调频发射机、音频工作站服务器等多套广播电视设施设备损坏，损失较大。

【组织学习《习近平新闻思想讲义》】 为使全台干部职工在新闻宣传工作中正确把握政治方向和舆论导向，广播电视台组织开展学习《习近平新闻思想讲义》活动。

活动采取个人自学和集中学习的方式进行，就“马克思主义新闻观的新发展”“新闻舆论工

作的方针原则”“提高新闻舆论工作能力和水平”“做好网上新闻工作”“推进国际传播能力建设”“加强新闻舆论工作队伍建设”六个部分进行认真学习，深刻领会习近平新闻思想精神实质，全面掌握精髓要义，并结合江川新闻宣传工作实际，立足自身工作岗位进行深入思考，用习近平新闻思想武装头脑、指导实践、推动工作。

【开展廉政文化警示教育】 11月15日，江川广播电视台组织全体干部职工到江川区人民法院警示教育基地接受一场生动的廉政警示教育。此次警示教育以看展板、听讲解为主，用江川典型案例敲响警钟，以身边事教育身边人，进一步强化全体干部职工廉洁意识，红线意识。

【开展全国优秀童谣作品展播】 为进一步贯彻党的十八大、十九大精神，加强少年儿童核心价值观教育，江川广播电视台在黄金时段开办专栏，对第六届全国优秀童谣作品进行展播。旨在充分发展广播节目宣传面广、接地气等优势和特点，进一步扩大优秀童谣的宣传和推广力度，使江川广大少年儿童从这些优秀的文化童谣作品中汲取营养、滋润心田，从小培育和践行社会主义核心价值观。

【展播第六批“中国梦”主题新创作歌曲】 为庆祝改革开放40周年，江川广播电视台对全国第六批“中国梦”主题新创作歌曲进行展播。这批歌曲共有25首，广播电台和电视台于每天黄金时段安排展播。旨在通过传播这些朗朗上口、富有真情实感的佳作唱响时代主旋律，弘扬正能量。

【公开竞聘专业技术岗位】 7月12日，江川广播电视台召开全体干部职工大会，按照《玉溪市江川区广播电视台2018年专业技术岗位竞聘实施方案》对取得中级专业技术资格的6名职工公开竞聘中级十级5个岗位。此次竞聘严格按照公开、公平、公正的原则进行，按照5：2：3的比例采用民主测评、资格评价、领导评议三种方式对竞聘人员德、能、勤、绩、廉等进行打分，评先选优。这一新尝试，指在奖勤罚懒，鼓励优秀，鞭策后进，并以此为着眼点，推动广电工作发展。

（郭艳波）

旅　游

【机构设置】 2018年，江川区旅游发展局共有行政编制7名，机关工勤编制1名，其中，设局长1名，副局长2名。有办公室、旅游事业发展股和行政审批股三个内设股室，江川区旅游发展服务中心为其下属财政全额拨款的事业单位，核定事业编制5名，设主任1名。现实有在职干部职工9名，其中：行政人员5名，机关工勤人员1名，事业人员3人。

【政府推动产业发展】 为确保旅游工作领导有力、组织有序、统筹有方、推进有效，区政重点做了四个方面的工作：一是5月30日召开区2018年旅游工作专题会，传达市政府旅游工作专题会议精神，全面总结分析我区“一部手机游云南”、旅游市场秩序整治、旅游产业转型升级等工作。区长王志华指出当前我区旅游产业发展存在的问题和工作方向。二是为贯彻落实省市旅游革命大会精神，江川区成立革命领导小组，完善各项保障措施；三是制定《玉溪市江川区人民政府关于印发江川区加快推进旅游产业转型升级实施方案的通知》（玉江政发〔2018〕63号）、《玉溪市江川区人民政府办公室关于促进全域旅游发展的实施方案》（玉江政办发〔2018〕57号），明确促进江川旅游产业转型升级和全域旅游发展的各项任务和措施；四是制定《玉溪市江川区2018年旅游产业发展工作任务分解方案》。

【经济指标完成情况】 2018纳入江川区旅游统计的为未托管前江川辖区范围内的旅游企业，主要包括：3家A级景区、界鱼石公园、星级饭店、非星级饭店和乡村农家乐。

全年我区共接待海外游客646人，同比增长8.21%，接待国内游客557.5567万人，同比增长18.28%，实现旅游收入462493.2011万元，同比增长34.49%；完成住宿业营业额2.55亿元，同比增长15.4%。

其中春节黄金周，我区共接待游客61470人次，同比增长10.12%，旅游总收入3561.6206万元，同比增长48.34%；十一黄金周共接待游客117386人次，同比增长12.73%，旅游总收入7637.8423万元，同比增长49.66%。元旦共接待游客17734人次，同比增长16.89%，旅游总收入1000.30万元，同比增长34.45%；清明共接待游客25198人次，同比增长8.62%，旅游总收入1470.04万元，同比增长43.15%，端午共接待游客46078人次，同比增长5.57%，旅游总收入2641.02万元，同比增长40.11%；“五一”共接待游客100243人次，同比增长1.56%，旅游总收入5406.9万元，同比增长36.15%；中秋共接待游客18430人次，旅游总收入1076.54万元。第十四届开渔节共接待40.02万人次，同比增长0.53%，实现旅游收入20379.7848万元，同比增长35.60%。

【旅游规划】 《玉溪市江川区全域旅游发展规划》：为全面推进江川省级全域旅游示范区创建工作，突出规划引领作用，该规划的编制通过招投标，确定北京东方利禾景观设计有限公司为编制单位，已经完成编制初稿。

《江川旅游特色村规划项目修建性详规划设计》：为大力发展乡村生态旅游，重点打造精品旅游村，对安化光山村、招坝村、旱谷田村、烂泥箐村，九溪罗合白村、阳山庄村、六十亩村，雄关小田村，江城温泉村，大街李湖塘村10个特色旅游村进行规划设计。该规划文本编制和专家评审均已完成。

【重大旅游项目建设】

1.星云湖南岸乡村振兴示范区：全面落实中央、省《关于实施乡村振兴战略的意见》，按照市政府8月9日和9月29日星云湖保护治理现场推进专题会议要求，统筹实施乡村振兴战略，加快推进星云湖南岸乡村振兴示范区项目建设的各项工作。在编制《星云湖南岸农业产业结构调整（荷藕庄园生态旅游）总体规划》并完成1010亩荷藕种植的基础上，编制完成《江川区星云湖南岸乡村振兴示范区建设项目实施方案》《江川区星云湖南岸乡村振兴示范区建设项目可行性研究报告》并通过专家论证及区发改局审批，环评报告和水保方案已编制完成，并取得区环保局环评批复，完成初步设计、施工图的编制。

2.云湖山景：该地块项目地址四至为：东邻江通公路，南面与公租房项目相连、西邻宁海路与厂房、北邻江通公路与宁海路交叉口。项目内容为建设时尚酒店、旅游商品集散中心、康体服务中心、特色商贸街区、精品住宅等集休闲体验、养生度假的旅游综合服务区。2018年对云湖山景概规进行完善，地块年度调规指标完成相关报件，8月9日经《云南省国土资源厅关于玉溪市江川区2018年度第四批次城镇建设农用地转用及土地征收的批复》（云国土资复〔2018〕257号）文件批准，10月按征地程序开展征地工作，12月17日签订上头营居委会二、三组征地协议，签订征地面积132亩，未签面积42亩（涉及三街一、二、五组，上头营四组土地）。截止12月累计完成投资8156.8万元。

3.星云湖南岸湿地、湖滨带提升改造：环保局牵头的星云湖南岸湿地、湖滨带提升改造项目大凹段应急工程已完成人工岛填筑、路基填筑、截污渠改造、部分人行步道和部分绿化工程，已完成投资入库9100万元。按照区政府安排，已将另一类似项目——星云湖湿地、湖滨带提升改造（东西北岸）与本项目采用PPP模式打包，已完成PPP实施方案、物有所值评价报告、财政承受能力论证报告编制并通过评审，待完成政府决策程序后即将启动社会投资人招标。

4.北山公园旅游景区：为加大旅游基础设施建设，江城镇政府通过水库移民项目在半山投资建设游客服务中心和停车场，已经完工；为解决北山公园电力和用水供应不足，区旅发局积极与相关部门沟通协调，目前已完成电力设施初步规划设计，对景区水源进行勘测规划，并完成供水系统实施方案编制。

5.江城古镇：项目位于江川区江城镇，星云湖北岸，抚仙湖西岸，规划面积3003亩，江城古镇策划构建集观光游览、文化体验、休闲度假、专项旅游于一体的旅游综合体，主要围绕特色小镇、棋盘山高原体育训练培训基地、茶尔山水库保护利用及北山公园景区、江孤大道两侧还迁安置小区进行打造，项目的建成将使江城古镇成为环“抚仙湖”及“星云湖”大旅游战略的核心支点和中国首个青铜古滇文化IP体验型古城。截止12月，完成棚改签约793宗，签约率为91.35%。完成协议财产分割686宗，分割后签约总户数为1473户，完成资金兑付1359户，累计兑付资金4.51亿元，完成交验房屋609户，已拆除房屋160余宗。完成集体土地安置168户，房源建设正稳步推进。

6.安化招坝村：招坝村为我区旅游扶贫示范村，结合旅游扶贫工作，招坝村整合扶贫资金和各渠道资金推进旅游村发展，投

资370万元完成碧涵馆、“万山朝拜”观景台、民俗文化广场舞台及其后山游道建设，计划总投资2226万元完成晖南箐斗牛场、民族文化传习馆、捉鱼场地、民宿酒店的建设，目前累计投资1058万元。

【旅游厕所建设】 1.九溪镇文化站广场路口旅游厕所（AA级）：该厕所位于江川区九溪镇文化站内，性质为改建，厕所建筑面积102.31㎡，计划投资30万，国家补助资金20万元已于7月份下拨至九溪镇人民政府。截止12月底，该厕在有序建设中。

2.江城淮源广场旅游厕所（AAA级）：该厕所位于江川区江城镇淮源广场，性质为新建，厕所建筑面积158.4㎡，计划投资80万，省级补助资金30万元已下拨至江城镇人民政府。截止12月底，在有序建设中。

3.石河村委会阿豆村文化广场旅游厕所（AA级）：该厕所位于江川区前卫镇阿豆村文化广场，性质为新建，厕所建筑面积109.6㎡，计划投资60万，市级补助资金30万元已下拨至前卫镇人民政府。截止12月底，在有序建设中。

4.业家山村委会七星塔旅游厕所（AA级）：该厕所位于江川区前卫镇七星山，性质为新建，厕所建筑面积109.6㎡，计划投资60万，市级补助资金30万元已下拨至前卫镇人民政府。截止12月底，在有序建设中。

【旅游市场秩序整治】 严格落实旅游市场秩序整治22条措施，认真按照《玉溪市江川区人民政府关于印发玉溪市江川区旅游市场秩序整治工作方案的通知》的要求，在节假日、重要节庆活动举办、重大会议召开、旅游旺季等时段前后，重点开展联合检查工作，2018年分别于1月、4月、6月、7月、8月、11月6次组织旅发、公安、消防、市场监管、安监、发改等部门开展春节、清明、端午前的联合检查，对区内31家旅游企业和涉旅企业进行检查，市旅游市场秩序整治工作领导小组办公室3次到江川开展旅游市场秩序整治情况抽查，12月区政府副区长王柄璋带队开展旅游企业抽查，及时发现存在的问题并督促整改，进一步规范我区旅游市场秩序，1-12月我区无旅游投诉发生，也无旅游重大安全事故发生。

【旅游行业管理】 1.旅游行业培训：3月组织区内重点涉旅企业负责人召开“双创”工作部署会，提升旅游企业整体参与度；5月举办“一部手机游云南”投诉处置系统培训会，全区16个单位、16家企业共40人参训，会上对系统使用进行学习，增强我区各单位和企业及时、有效处理旅游投诉的能力；6月举办江川区2018年旅游行业从业人员职业礼仪道德及消防安全培训会，开展案例讲解和灾害应急演练模拟，进一步提高我区旅游行业从业人员服务技能水平；8月组织局分管领导和有关人员，区辖旅行社及服务网点负责人共计18人参加市局举办的旅游安全及相关业务知识培训，提升管理和从业人员的业务素质。

2.旅游企业管理：对4家新设立和更名的旅行社和服务网点进行备案，和区农业局一起评定百草农家院、九溪蒋记菌子宴、驴问鼎饭店、七星山庄、彝山印象、江川江城雨花石生态庄园6家三星级和江川安化谷田园1家二星级乡村旅游接待单位。

【旅游宣传营销】 1．“一部手机游云南”工作：稳步推进江川区“一部手机游云南”工作稳步推进，完成5个景区景点、2个重点文化娱乐企业、31座各类公共厕所的信息采集和上报工作，完成5个景区景点导游导览方案校对上报和人流量检测设备安装，完成江川城市名片和景区名片的制作上报；“一部手机游云南”投诉处理系统正常投入使用，完成16家单位账号激活和系统使用培训工作。6月1日，“一部手机游云南”APP已上线运行，6月至9月，先后三次对“一机游”中城市、景区名片等信息进行完善核对。同时加大对一部手机游云南”APP产品宣传力度，发放宣传画60份，在重点景区景点，制作固定宣传栏8块，让更多的人认识和应用 机游网络平台。12月完成江川开渔节开渔仪式和“鱼全席美食”的在“一机游”APP上的直播。

2．旅游节庆活动：3月17日至18日，在江城镇侯家沟村委会大平地举办“三月雪·梨花醉”江川第二届梨花文化旅游节庆活动，展示江川特色民俗、举办趣味活动、开辟自驾露营地等展示江川旅游内涵，打造江川特色文化旅游品牌。8月17日，在前卫镇业家山村举办“七星缘·三世情”2018中国·江川第二届七夕文化旅游节，通过七星庙会、情侣登七星山寻宝、炊锅宴、搭焖窑、八大碗等活动，充分展示江川七夕文化旅游资源，提升游客参与度，让广大游客充分领略七夕文化、饮食文化和当地自然风光魅力。12月25日，依托2018第十四届开渔节暨高原湖泊水产品交易会，着眼于进一步彰显魅力江川新风采、丰富开渔节活动内涵，通过“一部手机游云南”平台开展以“你好，开渔节！”为主题的第十四届开渔节暨高原湖泊水产品交易会网络直播工作，对江川星云湖开渔仪式、全鱼宴美食在“一机游”平台直播。

3. 对外考察和宣传：6月13日至16日由区旅发局带队，大街街道和河咀、海浒社区及拟建民宿负责人到杭州市对莫干山、安吉进行学习考察，学习民宿发展经验。6月14日至20日，组织陆培兴纯手工铜工艺坊、玉溪丫眯绿色休闲食品有限公司、玉溪市滇瓦紫砂工艺厂3家企业参加第5届中国—南亚博览会暨第25届中国昆明进出口商品交易会。9月，借助2018年九国总领事之夜玉溪音乐会的平台，宣传江川优美的自然风光和铜特色品牌。10月11日至13日，由区旅发局、招商局相关负责人组成招商团队，赴大理开展民宿招商推进活动。

（徐　洁）

卫生和计划生育

【概述】 2018年，我区卫生和计划生育工作紧紧围绕深化医疗卫生体制改革、推进基本公共卫生计生服务项目，加强计划生育工作管理，各项卫计工作稳步推进。全区期末人口254110人，出生人口2783人，出生率10.99‰；人口自然增长率4.96‰，政策内生育2600人，符合政策生育率93.42%。期末已婚育龄妇女45503人，期末采取各种避孕节育措施38126人，综合节育率83.79%；出生婴儿性别比为107。截止2018年底，全区共有各级各类医疗机构176个。其中：二级综合医院3个（分别是：区人民医院、中医医院、妇计中心），一级综合医院2个（分别是：弘益医院、第三强制戒毒所医院），急救站1个，看守所卫生所1个，乡镇卫生院6个，村卫生室63个，乡村医生219人。各类私营诊所78个（包括口腔、中医、普通内科、其他类别），机关企业学校医务室3个，各类门诊4个，托管医疗机构15个。全区共有执业医师438人，执业助理医师119人，共557人，全区平均每千人口执业（助理）医师人数为1.98人。医院和卫生院编制床位728张，实有床位780张。全区平均每千人拥有床位数2.55张，比“十二五”期末的724张增长0.6%。

【江川区国家卫生城市复审工作通过省级专家明查】 4月20日，省爱卫办组织专家组，对玉溪市国家卫生城市进行又一个三年一轮的复审工作，江川区以763分（750分算通过）的成绩通过省级专家的复审。

【江川区创卫工作通过国家专家组的暗访检查】 根据全国爱卫办安排，2018年9月4日至9月5日，专家暗访组依据《国家卫生城市标准（2014版）》，对玉溪市巩固国家卫生城市工作进行暗访检查。通过对我区农村旱厕、农贸市场、“六小行业”、城区街道管理等实地走访，暗访组认为，江川区创建国家卫生城市工作整体达到要求，予以通过本次暗访，暗访评分809.2分。

【卫生村创建】 3月9日，江川区2个居委会被云南省爱国卫生运动委员会命名为2017年度云南省卫生村。

【四无县区创建】 3月20日，江川区被市委市政府评为“四无”县区创建活动先进县区及流动人口均等化试点工作先进县区。

【病媒生物防治先进城区创建】 5月6日，江川区被命名为2017年度云南省病媒生物防治先进城区。

【艾滋病示范区工作】 全年共新发艾滋病感染者/艾滋病患者38例（外地羁押人员19例），累计485例（外地羁押人员72例）。全区完成艾滋病病毒检测份数共101631份，其中确证阳性数86份（外地羁押人员68例）。完成暗娼（FSW）人群HIV抗体检测和梅毒检测483人次，HIV抗体阳性及梅毒抗体阳性各1例，均进行转介及治疗，完成男男同性恋（MSM）人员检测137人次，1人梅毒检测为阳性（为既往阳性）。每季度对感染者随访1次，江川区累计报告HIV感染者/AIDS患者应随访530例，已随访526例，随访率为99.2%；累计报告感染者随访检测CD4应检测394例，已检测367例，检测率93.1%；配偶本年检测应检测98例，已检测92例，检测率为93.9%。结核病检查应检查391例，已检查388例，检查比例为99.2%。开展防艾宣传培训约42场次，参观培训人数达

35000余人；电视广播播放防艾新闻和防艾知识宣传公益广告，共711余条次。我区累计为128例感染者/病人办理了低保，其中18例死亡、8例中断领取、目前实际领取低保人员102例。

【基础设施建设】 区中医医院改扩建项目于12月17日竣工，完成项目总投资3549万元。极大提升我区中医药服务能力。完成九溪大村、雄关乡上营、江城镇江城社区和安化新庄村卫生室的新建、修缮、改造，全区63所村卫生室（不含澄江托管村卫生室）全部达到标准化建设标准。完成区人民医院综合住院大楼建设项目及区妇计中心辅助业务楼建设项目前期四项审批工作。

【区级公立医院改革】 5月19日，区2017年度公立医院综合改革工作被市政府通报表扬。

【区级公立医院药品让利】 全区所有公立医院继续执行取消药品加成（中药饮片除外），实行药品零差率销售。全年区人民医院药品让利群众达323.59万元，区中医医院药品让利群众达45.58万元。

【家庭医生签约】 进一步做细做实家庭医生签约服务工作，强化培训宣传，加强督导检查，将工作重心向提质增效转变，提高家庭医生签约服务“五个一”，家庭医生签约服务工作取得明显成效。全年全区与有需求的居民签订家庭医生服务协议119927人，签约人数占辖区常住总人口的47.95%。重点人群签约73357人，完成率81.97%，其中计生特殊困难人员、建档立卡贫困户、低保户和五保户等重点人群签约率均达100%。至8月，各基层医疗机构累计为签约居民开展诊疗服务62305人次；为建档立卡贫困户开展诊疗服务32812人次，组织大病集中救治五批203人次；为残疾人开展诊疗服务5817人次；为建档立卡贫困户及残疾人100%体检1次。

【分级诊疗】 全年继续按照“基层首诊、双向转诊、急慢分治、上下联动”的分级诊疗模式开展工作，全区累计向上转诊1599人次，向下转诊45人次。

【DRGs付费制度】 区人民医院DRGs付费改革试点已进入正式运行阶段，所有出院的城乡医保患者病历均进入DRGs分组器进行分组，且提交病历的有效入组率达到99%以上。全年DRGs组数414组，入组人次12105人次，总费用4685.36万元，平均权重0.84；出院者平均费用3870.06元，DRGs付费整体成效较明显。

【健康扶贫】 至年底，我区有建档立卡贫困户人口7233人，参保基本医保和大病保险率达到100%。建档立卡贫困人口通过基本医保、大病保险、医疗救助、医疗费用兜底保障等报销后，符合转诊转院规范住院治疗的费用，自付比例不超过当地农村居民人均可支配收入，住院费用实际自付比例小于10%。全区29种大病患者203人，已实施救治203人，救治人次485人次，辖区内救治费用57.67万元。落实县域内定点医疗机构住院先诊疗后付费制度。确定区人民医院、区中医医院、区妇计中心和6家乡镇（街道）卫生院为我区实施“先诊疗后付费”工作定点医疗机构，全年全区享受“先诊疗后付费”政策建档立卡贫困人员988人。建档立卡贫困人员家庭医生签约完成6612人，完成率100%。区内定点医疗机构共9家，均已开通“一站式”结报，开通率为100%。建档立卡人员住院共计1494人，医疗费用799.79万元，基本医疗保险支付568.53万元，大病保险支付26.8万元，医疗救助费用87.23万元，政府兜底支付30.71万元。门诊就医32842人次，门诊总费用257.77万元。

【落实计生惠民政策】 全年兑现一次性奖励金16户1.62万元；兑现独生子女升学一次性奖励金127人15.88万元；审批义务教育阶段奖学金271人6.276万元；应享受奖励扶助金931人94.68万元；应享受特别扶助金72人36.36万元；失独家庭4户，兑现资金1.5万元；升学加分102人；城镇居民未享受退休金养老扶助55人5.544万元；符合享受独生子女保健费508户，5.9125万元；计划生育特别扶助制度（其它家庭）10人资金2.64万元。

【“诚信计生”】 全年共立案处理计划生育案件30件，其中征收社会抚费案件12件，行政处罚18件，征收社会抚养费80.72834万元，罚没款17.83万元，二者合计98.55834万元。

【实施“全面二孩”政策】 积极稳妥实施“全面二孩“生育政

策。一是通过会议、各种媒体、宣传栏宣传“全面二孩”生育政策；二是畅通办证渠道，彻底解决办证难的问题。全年共登记办理生育证2774本，其中一孩生育证1200本，二孩生育证1470本，三孩生育证104本。

【计划生育协会服务能力建设】 全区共有协会组织74个，其中：区级计生协会2个（含企业协会各1个），乡镇级计生协会8个（含大街街道、江城镇流动人口协会各1个），村级计生协会64个（含大街街道朱家庄社区、江城镇江城村流动人口协会2个），会员共计22362人。村级计生协会均完成“会员之家”建设。计生家庭意外伤害保险进展顺利，全年全区共投保45656份，保费收入182.624万元。全年共开展文艺演出45场次、观众约14350余人次，广播宣传187余次，出板报165期，发放各类宣传资料37400余份。查环、查孕848人次，义诊、量血压等3816人，发放避孕套2320盒，组织培训3580人次，咨询群众5350余人次。慰问独生子女困难户71户、双女困难户48户、困难计生工作者8人、空巢或失独家庭7户、其他计生困难家庭54户，发放慰问金、慰问品共计折合59600元；帮助计划生育家庭栽种烤烟、水稻140.8亩，共计发动志愿者364人；对61名计划生育特扶对象缴纳计划生育家庭意外伤害保险给予全额补助；组织4名唇腭裂儿童在云南省第一人民医院进行唇腭裂修复。向省计生协申请帮扶资金10万元，帮助六十亩村10户进行种植帮扶项目。向市计生协申请帮扶资金10万元，帮助六十亩村6户花卉、草莓种植户进行连片种植项目。

【“挂包帮、转走访”】 2018年联系雄关乡下营和窑房两个村委会，共有建档立卡贫困户94户，其中下营村委会55户，窑房村委会39户。卫计系统共6家单位安排干部职工120名，一对一、多对一进行帮扶，对94户建档立卡户平均走访4次，区人民医院、区中医院开展义诊活动5次，对包村联系点（含安化乡早谷田村）直接投入3万元，其中义诊资金投入约1.5万元，物资折款约1.5万元。

【放管服改革】 对照云南省行政许可目录清单，完成一站式惠民政务服务平台初期事项入驻对接工作，其中行政许可事项主项15项，子项27项。为实现一个平台管服务、一个网络办理所有政务服务事项和就近能办、同城通办、异地可办打下基础。

【卫生技术人才培养】 组织我区符合条件的192名医务人员参加2018年卫生专业技术资格（初、中级）考试；两次共84人参加卫生专业高级技术资格实践能力考试两次共报名84人；护士执业资格考试73人。组织2名助理医师参加2017年云南省全科医生转岗培训；3名医师（区人民医院1名、区中医医院2名）至上海参加骨干医师培训；选派1人参加云南省基层人才对口培养、3人参加本年玉溪市基层人才对口培养；组织新招聘人员20人参加了规培和助培；组织事业单位新进人员99人参加岗前培训。事业单位提前招聘紧缺专业人才现场招录三次共30人，招聘涉及省内外。医学院校，专业包括临床医学、麻醉学、影像学等；农村订单免费医生安排学生就业8人，公开招聘19人。专业技术高级职称申报47人（其中正高10人，副高37人），正高评审通过6人，副高评审通过25人；基层卫生高级职称申报14人，副高通过9人。

【国家基本公共卫生服务项目】 全年全区共完成城乡居民规范化电子档案建立240990人，建档率95.69%。发放各类健教印刷材料163种21.77万份；播放音像资料共计20057小时；更新宣传栏716期次；开展健康教育咨询活动84次；举办知识讲座575场次；个体化健康教育42846人次。常规免疫各类疫苗接种率在96%以上，疫苗冷链运行正常，14岁以下儿童无麻疹病例报告。全区传染发病率为90.48/10万，传染病疫情网络直报综合率100%。全区共报告各类突发公共卫生事件达到分级标准的有1起（为Ⅳ级），未分级的8起，及时报告率为100%，全部事件均得到及时处置，及时处置率达100%。全区累计健康管理65岁以上老年人20869人；已管理的高血压患者18689人；已管理的Ⅱ型糖尿病患者4726人；已管理的肺结核患者53人；按照规范要求进行管理的严重精神障碍患者1144人。老年人中医药健康管理人数14198人，儿童中医药健康管理人数4972人。卫生计生监督协管信息报告率100%。

【实施妇幼健康计划】 全年全区孕产妇系统管理2528人，达89.08%，住院分娩率100%。3

岁以下儿童系统管理8922人，达98.04%，7岁以下儿童保健管理18085人，达98.24%。全区无孕产妇死亡，活产数2838人，婴儿死亡15人，死亡率为5.29‰，5岁以下儿童死亡17人，死亡率为5.99‰。全年我区共有危急孕产妇4人，补助金额8.31万元。婚前医学检查4243人。新婚人员HIV和梅毒检测率达100%。完成叶酸增补2802人。新生儿疾病筛查2792人，筛查率为98.38%，听力筛查2788例，筛查率为98.24%。

【“8·13”“8·14”地震卫生应急救援】 在“8·13”“8·14”地震发生后，区卫计局及时启动地震卫生应急救援响应，积极组织开展医疗救援、震后防疫和健康教育工作。及时通知区人民医院、中医医院转移疏散住院病人，做好病人安抚和心理疏导工作，要求各医疗卫生单位坚持每天24小时卫生应急值守，及时收治及处置地震中受伤人员，按时上报救治情况。及时派出专家组，深入九溪镇矣文村、扯纳苴村和雄关乡朝阳苑、派出所4个临时安置点指导和参与传染病防控和环境消杀工作，做好安置点水质采集检测和消毒处理，积极开展震后卫生防疫知识宣传。保障安置点群众的生命健康安全，提高震区群众疾病防控意识，防止灾后疫情的发生。

【开展爱国卫生运动】 值此春节来临之际，在区爱卫会办的倡导和布置下，全区各街道、乡镇、各级各部门彻底治理所辖区域脏、乱、差现象。据统计，城区清运垃圾1253吨，清理乱贴乱画小广告11200条，清理占道经营756余起；乡村清扫街道175.96千米，清除卫生死角1200处，清理沟渠186.8千米。

【开展第二十九个爱国卫生月活动】 4月是全国第三十个爱国卫生月，江川区以迎接“国家卫生城市”复审工作为契机，开展爱国卫生月活动。活动期间，展出宣教展板325块/次，出黑板报240期，发放宣传资料65000份。

【“清洁家园行动”成为自觉】 为全面提升城乡人居环境质量，迎接国家卫生城市复审，区委区政府决定在全区深入开展“清洁家园行动”。该活动固定时间开展于是每周五下午的大街小巷，小红帽成一道亮丽风景，活动的开展全面提升干部群众参与国家卫生城市创建的自觉意识和文明卫生意识。

【深入开展禁烟控烟工作】 江川区深入开展禁烟和控烟工作，指导学校、医疗卫生机构、党政机关开展无烟单位建设，年末，全区“无烟单位”达标率100%。

【参与“三下乡”活动】 1月26日，江川区文化、科技、卫生“三下乡”活动在雄关乡上营村隆重举行。区卫计局及区疾控中心、区医院医疗专家10余人参加此次“三下乡”活动。共发放卫生计生宣传资料6种500余份，避孕药具50多盒，提供免费诊疗和健康咨询等服务200余人次。

【“麻风节”宣传活动】 1月28日主题为“创造一个没有麻风的世界”，第65届“世界防治麻风病日”暨第31届“中国麻风节”的活动出动宣传车在乡镇村巡回宣传，共慰问麻风病人数13人、广播宣传67次、出宣传栏75期、发放宣传单画12000余张、宣传展板13块、宣传布标、宣传标语73条、咨询群众1196人，并在3所学校开展宣传活动。

【区领导到麻风病疗养院慰问】 2月1日，副区长陈慧敏率相关部门负责人，来到麻风病疗养院看望慰问13名麻风病康复者，递上慰问金和慰问品，充分了解他们的生活及身体状况，嘱咐他们要保重身体、安心生活，安度晚年，给他们送去了党和政府的关怀和新春祝福。

【举办基本公共卫生服务管理工作培训】 3月7日由区卫计局和区疾控中心在区医院联合举办基本公共卫生服务管理工作培训，区卫计局和疾控中心相关领导、各乡镇卫生院防保科长、村卫生室（所）管理人员119余人参加培训。

【开展“世界防治结核病日”宣传活动】 3月24日开展第23个“世界防治结核病日”。宣传共有100余名群众前来咨询，发放5种500余份宣传资料。

【举行全国第三届“万步有约”江川赛区启动仪式】 4月24日，为期100天的全国第三届“万步有约”职业人群健走激励大奖赛江川区赛区启动仪式在鱼文化广场举行。副区长杨军苹作主题讲话来自全区机关和事业单位的490名参赛队员参加启动仪式。

【世界卫生日宣传活动】 4月7日是世界卫生日，围绕“完善全民健康覆盖，共建共享健康中国”的主题，区疾控中心联合大街街道卫生院在老戏台设立宣传咨询点；发放《中国公民健康素养66条》《玉溪市2018年惠民工程项目》《科学就医》《珍爱生命做一个健康的你》《国家基本公共卫生服务项目》《高血压防治》《手足口防治知识》等宣传手册及折页10种约400余份、发放健康手提袋100余个，接受群众健康咨询50余人次。在疾控中心利用电子屏幕宣传各种健康知识和相关惠民政策。

【“全国疟疾日”宣传日活动】 4月26日是第11个“全国疟疾日”，区疾控中心组织区乡两级10家医疗机构开展以“消除疟疾，谨防境外输入”，“防治登革热，消灭病媒蚊”为主题的一系列相关宣传教育活动。本次宣传活动共计制作宣传条幅8条，发放宣传单5000余张。

【基本公共卫生服务项目宣传月活动】 4月以来，区卫计局、区人民医院、区卫生监督局、区妇计中心、区疾控中心、区中医医院和大街街道卫生院联合开展多种形式的宣传、组织义诊、家庭医生签约服务、咨询等活动。宣传期间共出动工作人员22名、悬挂条幅9条、发放宣传资料24种25000份，宣传手提袋500个、为群众测量血压1000人次、宣传展板24块、宣传栏76期。

【开展“5·31世界无烟日”宣传活动】 5月31日是世界卫生组织发起的第31个世界无烟日，区卫生计生局、区爱卫会、区医院、区中医医院、区疾控中心、大街卫生院联合在老戏台举办了以“烟草和心脏病”为主题的宣传活动，通过开展戒烟咨询、义诊活动、知识问答及发放宣传资料等多种形式，大力宣传烟草危害，积极推进江川区“双创”工作的建设。活动发放控烟环保袋100个、宣传扑克100副、各类控烟宣传材料25种3000份，出动宣传车1辆，工作人员15人。

【开展2018年严重精神障碍患者筛查评估】 5月28日至6月1日区疾控中心联合市二院、江川区人民医院、乡镇卫生院按照精神病人筛查要求开展调查，并进行疾病评估、体检复核诊断等工作。5天来共筛查、评估精神病患者1157人，及时为患者和家属提供心理健康咨询疏导工作，对不适用的药物进行及时调整。

【开展健康惠民疫苗接种服务】 江川区疾控中心根据《玉溪市人民政府关于在全市开展Hib、23价肺炎疫苗群体性预防接种的批复》玉政复〔2017〕93号文件精神，开展健康惠民疫苗接种，为适合接种的人群进行疫苗接种，截至2018年5月31日已经下发23价肺炎疫苗14340支，累计接种12474支，Hib疫苗下发910支，累计接种698支，此项工程为期3年。

【省疾控到江川开展创卫病媒生物防治工作督查】 7月18日至19日省疾控中心病媒所周晓梅所长一行4人到江川区对病媒生物防治工作进行督查，同时进行媒介（蚊、蝇）抗药性监测工作。经过二天对蚊、蝇孳生地的城郊结合部、城中村的水沟、菜地、水塘、酿酒坊、养殖场所、屠宰厂、垃圾填埋厂等实地调查、采样，为我区国家卫生城市复评审打下坚实的基础。

【举办全区农村健康教育知识及农村改厕专项调查培训】 8月20日，区农村健康知识培训和改厕专项调查培训在区党校二楼会议室举办，110多名来自各乡镇（街道）卫生院以及社区、村负责人参加培训。培训中传达中央、省市相关文件精神，健康知识培训以“乡村干部和医生应该如何在我区城乡居民中大力开展好健康教育与健康促进工作，让健康文化进社区，进农村、健康知识进家庭、健康意识进人心”，为主题。农村改厕专项调查培训详细介绍农村改厕专项调查的工作目的、调查方法、组织实施、时间进度，并对户厕、公厕、医疗卫生机构、学校厕所等调查表的填报要求进行详细讲解，对各街道及各相关单位各自存在的实际问题进行解答。

【“中国健康与营养调查”项目培训班在江川举办】 “中国健康与营养调查”项目云南省第二轮随访调查培训班，9月4日至8日在江川区举办。来自中国疾控中心王志宏、美国北卡大学美方项目执行负责人杜树发协助云南省开展培训班。共计131余人参加此次培训。云南省疾控中心营养与健康所刘志涛所长出席会议区副区长陈慧敏致辞欢迎。过四天的培训，参训人员掌握“对老调

查户的追访”“膳食调查”“生物样采集和体格测量”“社区问卷、住户问卷和个人问卷”和利用SD储存卡自动提取体成分仪中的数据上传等技能和技巧，熟悉面访操作程序。

【开展成人烟草流行调查工作】按照《云南省卫生计生委关于印发2018年云南省健康素养促进行动项目实施方案的通知》（云卫宣传发〔2018〕1号）和《玉溪市江川区2018年健康素养监测暨烟草流行监测实施方案》要求，作为2018年全省监测点之一的江川区于2018年10月至11月开展成人烟草流行调查。省上抽取大街街道、江城镇、雄关乡3个乡镇和街道开展成人烟草调查工作。采取每个乡镇2个监测点（村委会）和每个监测点完成70份问卷的方式，共完成420份调查问卷。问卷的内容包括家庭问卷及个人问卷，其中个人问卷主要包括个人吸烟情况、公共场所吸烟情况、吸烟危害及烟草相关法律法规等内容。

（李　伟）

人民医院

【基本情况】　江川区人民医院是江川区唯一一所公立性二级甲等综合医院。

医院核定事业编制315人，截止2018年12月31日共有职工469人，其中：编外职工193人，编内职工276人，编内职工276人中研究生3人，本科170人、专科89人、中专及以下14人；卫生技术人员264人（正高7人、副高37人、中职96人、初职74人、未定职称50人）、工勤人员12人。

全院编制床位300张，实际开放350张。医院占地24135平方米，总建筑面积33993平方米。医院目前开设有内一科（心血管、神经内科）、内二科（呼吸、消化内科）、外一科（即普外科）、外二科（分设泌尿外科、神经外科、胸外科3个专业组）、骨科、眼耳鼻喉科、妇产科（分设产科、妇科、计划生育3个专业组）、儿科、急诊科、感染性疾病科（门诊）、精神科（门诊）、中医科、皮肤科、口腔科、麻醉科、康复医学科、体检中心、血液透析室等18个临床科室；有药剂科、检验科、输血科、病理科、放射医学影像科、超声医学影像科、供应室等7个医技科室；设有18个行政职能科室。其中，骨科、妇产科为省级重点专科。设立专家基层科研工作站1个，市级技师工作站1个。

现有飞利浦64排螺旋CT、飞利浦DR机、GE透视X线机、全自动血球计数仪、全自动生化分析仪、电解质分析仪、血凝仪、尿液分析仪、酶标仪、彩超、电子胃镜、结肠镜等设备，临床各科室配备有进口呼吸机、除颤仪、除颤监护仪、多功能床旁监护仪、微量注射泵、微量输液泵等设备，手术室配备有进口麻醉机及麻醉工作台、进口心电监护、高清腹腔镜、高频电刀、全方位手术床、全自动电动止血仪等设备，诊疗业务能满足群众的基本医疗需求。

【业务相关指标】　2018年全院门诊总诊疗人次415529人次，同比增长9.37%；出院16498人次，同比增长-3.87%；手术2418台次，同比增长-9.94%；病床使用率84.43%，同比增长-3.11%；总收入12559万元，同比增长7.38%；医疗收入11016.69万元，同比增长4.47%，其中药品收入3298.19万元，财政补助收入1485.77万元；总支出12591.95万元，其中医疗业务成本11277.61万元，管理费用1299.00万元。全年各项医疗服务指标完成情况为：1.入院病人三日确诊率98.17%；入出院诊断符合率98.32%；手术前后诊断符合率100%；临床与病理诊断符合率100%；2.平均住院日6.65天；3.医院感染发生率1.16%；4.治愈好转率94.84%；5.急危重病人抢救成功率96.93%；6.病床使用率84.43%；7.药品零加成全年让利百姓329.82万元。

【以全面从严治党引领医院行风建设】　2018年医院党总支坚持以党建带队促业务发展。结合“两学一做”学习教育常态化制度化，加强政治学习，健全组织生活。不断加强领导班子建设、党员队伍素质建设和职工思想道德教育。院领导和中层干部多次深入所挂钩联系的雄关乡窑房村17户建档立卡贫困户开展挂包帮工作，努力在服务基层中做到体察民情。通过各种会议学习和个人自学方式采取开辟医院“廉政文化园”、组织党员干部职工到反腐倡廉教育基地进行思想教育、观看医德医风警示教育片《折翅的天使》、承办第六期文明讲堂“大医精诚.医者仁心”等形式多样载体，使全院医务人员的职业道德水平和服务水平有进一步提高，树立医务人员良好职业形象，医院在患者中的信任度进一步提高。

【稳步推进公立医院综合改革】区人民医院严格按照上级部门要求，积极推进公立医院改革。1月至12月药占比29.37%，检占比31.94%，医务性收入占比31.81%，百元医疗收入消耗的卫生材料16.72元；完成医保诊疗人次131783人次，总费用7474万元，极大的降低人民群众的疾病负担；CMI值（即诊疗难度指数）1.0253，相较于2015年至2017年的0.5137、0.8164、1.0142，在逐年增加；DRGs组数（即疾病诊断广度）也在逐年增加；因取消药品加成而减少的收入329.82万元；DRGs组数414组，入组人次12105人次，总费用4685.36万元，平均权重0.84；出院者平均费用3870.06元，DRGs付费整体成效较明显；与玉溪市人民医院等5家医院建立对口支援医院及专科联盟或医联体，打通了省市三级医院与我院的双向转诊、技术指导、人员培训工作。

【调整后的《玉溪市江川区人民医院绩效考核方案》正式实施】7月1日正式实施的，经医院第一届三次职工代表大会表决通过的，通过调整的《玉溪市江川区人民医院绩效考核方案》。深化医院绩效分配制度改革，体现以工作岗位性质、技术含量和风险程度、服务数量与质量等要素为主要依据，以服务效率、服务质量、群众满意度为主要内容的现代医院绩效管理考核体系，充分调动全院各级各类人员的积极性与创造性，突出优秀人才的价值。

【加强医疗服务能力建设】区人民医院以学科建设促进医疗服务能力的提升，建设省级临床重点专科2个；3月8日，昆医附一院消化科主任缪应雷工作站在我院挂牌成立，标志着我院在消化内科领域医、教、研水平和医疗服务能力提档升级；设立市级技师工作站1个，促进整体医疗水平的不断提高；于6月成立体检中心、康复医学科，为推动医院业务的发展增添了有力保障；急诊科开展“硬通道颅内血肿微创引流术”、内二科开展“碳14呼气试验检测幽门螺杆菌”和在血液透析的基础上增加“血液滤过技术”、外二科开展“腹腔镜下肾囊肿弃顶减压术和输尿管软镜钛激光碎石技术”、外一科开展“腹腔镜下胆道探查术”、骨科开展“小儿长骨骨折弹性髓内钉内固定术”，这些新技术、新业务的开展，有效提升了服务能力；依托专家基层科研工作站的设立，引领诊疗技术和服务水平的提升。

【推进优质护理服务示范工程活动】继续开展优质护理服务示范工程活动，通过不断改善住院服务设施、加强护理人才培训、推行弹性排班、简化护理文书、坚持挂牌服务、探索护理人员绩效考核等措施，区人民医院护理服务质量得到明显提升，到目前总共有9个科室开展优质护理服务示范病房，优质服务病房占全院病房90%。

【加强医疗质量控制】区人民医院不断完善院、科医疗质量控制体系，各科室建立医疗质量控制小组，针对医疗核心制度的执行情况进行督导检查，对基础医疗质量和环节医疗质量进行严格把关，多措并举，进一步提升医疗质量。同时严格依照规章制度，对病历书写进行规范化管理，临床医师书写病历的意识进一步增强，全年病历甲级率为97%。门诊及住院科室的各项登记能够按要求进行。

【强力推行临床路径管理】区人民医院制定临床路径管理实施方案，成立以副院长为主任的临床路径管理委员会及临床路径指导评价小组，明确各科室临床路径病例个案管理员以及临床路径信息报送员。开展临床路径科室10个，开展246个病种临床路径管理，较去年新增101个病种，全年累计完成14736个病例。

【加强感控意识和防控技能】开展感控知识培训7次，提高医护人员感控意识和防控技能，降低院内感染率。一是针对实习生和新入职人员进行院感知识培训，二是对在职医护人员进行手卫生知识培训、禽流感院感控制措施等院感知识培训，测试人员2000余人次，合格率90%，平均分82分。

【开展抗菌药物专项整治】通过完善处方点评制度，加强合理用药监测，规范抗菌药物临床应用管理。2018年，区人民医院使用抗菌药物33种，住院患者抗菌药物使用率50.35%，使用强度51.24DDD，急诊抗菌药物使用比例23.28%，普通门诊抗菌药物使用比例13.74%，一类切口抗菌药使用率51.59%。

【改善基础设施优化就医环境】 区人民医院全年共投入资金311万元，拆除原老住院楼危房一幢和违建5处，改建为绿化用地和停车场；硬化空地；粉刷墙体；修缮住院部大楼窗子，修缮花园亭子1座，修理破损走道161.73平方米及路缘石79米，搭建围挡60平方米，清理垃圾、淤泥、杂草等50吨，清除小广告600余条，整治沟渠370余米，完善绿化面积9592.82平方米；对食堂进行改造；改造液氧储槽、污水处理站，清理污水池，制作污水处理流程标牌增设标识牌、控烟牌、引路牌15块，更换室外生活垃圾桶27只，病区医疗废物垃圾桶150余只，设立吸烟区3处，规范统一禁烟标识；规划院内停车线，为改善医院环境和“创卫”提供创造条件。

【组织活动丰富生活】 以科室为单位组织职工春游系列活动、“5·12国际护士节”组织护士到老戏台广场开展“中国梦 护士梦 健康梦”为主题的健康知识宣传活动、“六·一”组织职工子女在医院篮球场进行以“童心向党 筑梦新时代”为主题的“六·一”儿童节游园活动、重阳节召开离退休职工座谈会、冬季全民健身运动会等活动，极大的丰富了职工的文化生活。

【省病案专家对病案进行督导检查】 7月12日至13日，云南省病案（历）质量控制中心抽调专家4人，在组长毛辉主任的带领下，对区人民医院病案首页质量进行督导检查。提出四点要求和建议。一是病案是医疗、教学、科研工作的重要档案资料，因此加强病案首页的质量管理对整个病案质量的优劣评价至关重要。二是继续狠抓入院病人的信息采集，努力提高入院病人信息完整性；三是找出并分析病案信息缺陷的原因，提出改进方案，提高病案首页书写质量；四是强调环节质控，层层把关，落到实处，争取把缺陷消灭在科室内。

【积极救治食用野生菌中毒患者】 7月15日，区人民医院接诊2起食用野生菌集体中毒患者，一起为中国电建某局职工13人；另一起为本地某局生活区一家庭4人。急诊科接诊后，院领导对此事件高度重视，立即组织医务人员对17人予以催吐、导泻、洗胃、护胃、保肝、解毒、补液等对症支持治疗，经及时有效积极救治，17名患者均治愈出院。

【全力做好“8·13”“8·14”地震救治】 8月13日凌晨，邻县通海发生强震，区人民医院第一时间启动应急预案，每一个医护人员不顾生死安危，坚守岗位、护送病人转移，每个环节都展现出医魂，凸显崇高的职业道德和卓越的职业素养。

【积极推进创文创卫】 积极参与全区创文创卫、“520”美丽家园城乡人居环境集中整治行动、河道清理整治工作，组织全院干部职工到责任网格开展常态化巡查督导和集中攻坚，工作得到区委、区政府的高度认可，荣获“双创”“网格工作先进集体”荣誉称号。

【启动提质达标工作】 区人民医院为实现提高医院综合能力建设，全面提升医院服务能力和诊疗水平，让广大人民群众在县域就近就便享受优质医疗服务，力争使县域内就诊率达到90%左右，基本实现大病不出县的目标。5月启动提质达标工作，计划用一年左右的时间来通过提质达标验收。

【启动“胸痛中心”和“卒中中心”建设】 12月19日，区人民医院召开“胸痛中心”和“卒中中心”建设启动会。建立两个中心既是满足人民群众对健康的需求日益增长的需要，也是医院提升医疗技术水平，实现全面发展的必然要求，更是缓解我区急性脑卒中死亡率高的严峻形势的重要举措。

【举行首个医师节庆祝活动】 8月19日，在我国第一个医师节到来之际，区人民医院举行庆祝活动。100余名“白袍战士”一起重温《中国医师宣言》，李院长在致辞中强调：全体医师要谨记“仁德筑基，精诚至善”的院训，充分发挥自己的技术专长服务人民群众，牢记使命，永葆初心，为人民群众的健康做出积极的贡献！

【获昆医大“三育人”先进集体和先进个人表彰】 9月10日，昆明医科大学庆祝第34个教师节暨2016—2018年度“三育人”工作表彰大会在呈贡校区召开。区人民医院作为昆明医科大学的实习医院，急诊科被表彰为“三育人”先进集体，史云峰、梁红、李云龙、李艳、官春霖、陈荣富、李艳兰、唐文芹、杨宏斌、杨勇、张从武、毕金伟、侯存艳、李有宏、付林华等15人获先进个人表彰。

【获区委区政府表彰】 9月19日，在江川区召开人才工作暨国家创新型城市建设动员大会上，区人民医院因工作成绩突出，荣获年度科技创新工作先进集体。杨勇、梁红、杨宏斌三位同志获玉溪市江川区首届“星云英才”表彰。

【承办玉溪市江川区2018年文明讲堂总堂第六期活动】 9月19日，由区委宣传部、区文明办主办，区人民医院承办的2018年第六期文明讲堂在医院六楼大会议室举行。区文明办、文明单位、文明村（社区）领导和医院不在班党员干部职工200余人参加此次文明讲堂活动。本次讲堂以“大医精诚.医者仁心”为主题，包括观看医疗纪实片《人间世—救命》；诵读经典《备急千金要方》；医院市级劳动模范、骨科主任杨勇医生讲述发生在他们科室的故事；住院患者讲述他们的住院经历；志愿者带来一首医护版的《不忘初心》，与会者纷纷表示要把“大医精诚.医者仁心”作为永恒的道德标准，以身践行，传承医德，弘扬社会正气，传递正能量。

【积极推进医保跨省异地结算】 8月2日至8月25日，新疆昌吉患者张某某因“慢性肾功能衰竭”收住区人民医院内二科，为实现跨省异地结算，经院方多方努力，圆满地完成该患者在该院的结算。患者住院总费用12999.38元，统筹12649.38元，自付425.47元。这是该院积极做好医保在外省而在江川区就医患者的服务工作，实现异地就医结算新举措新突破。

【安全用药，关爱青少年健康活动】 9月18日，在2018年全国科普日到来之际，区人民医院医务人员走进“大庄中学”校园针对中、小学生开展安全合理用药科普宣教活动。为进一步在广大青少年中普及安全合理用药知识，引导青少年提高安全合理用药意识，促进全社会关注青少年安全合理用药问题等方面起到积极作用。

【举办“中国梦　护士梦　健康梦”护士节活动】 在第107个“5·12国际护士节”到来之际，区人民医院举办“中国梦　护士梦　健康梦”主题健康知识宣传活动。活动中，护理人员共为市民测血压334余人次、测血糖79人次、接受健康咨询33余次、发放健康资料500余份、发放健康素养66条100册、进行禁毒防艾知识宣教并发放安全套110余盒、培训急救技能120人次。此次护士节架起了医患沟通的桥梁，让人民群众对医院基本情况及所开展的业务有深层次的了解。

【市级继教项目培训班成功举办】 11月9日，市级继续教育项目“基层医院抗感染药物合理应用”培训班由区人民医院成功主办。来自全市县级医疗机构和基层医疗机构的160余名医务人员参加了此次培训。培训秉承“加强基层医疗机构抗菌药物临床应用和管理，促进抗菌药物合理使用，有效控制细菌耐药，保证医疗质量和医疗安全”的宗旨，以“重视抗菌药物的合理应用，提高安全意识，规范临床用药，减缓细菌耐药性的发生”为主题，特别邀请了昆明医科大学第一附属医院消化科资深主任医师李树安教授进行专题讲座。

（李亚捷）

中医医院

【概述】 江川区中医医院是二级乙等中医医院。核定事业编制112人，2018年末全院共有职工177人，其中：编制内职工80人（辞职1人，退休4人，调出1人，大中专毕业生招考录用6人），编制外职工97人。研究生学历2人，本科学历53人，大学专科学历89人，中专及以下学历33人。卫技人员154人（占职工总数的87%），其中：副高职称以上的10人，中级职称26人，初级职称136人，高级工1人，职员1人。设有内科、外科、针推科、肛肠科、骨伤科、急诊科、麻醉科、放射科、检验科、药剂科、设备科、财务科、医保科、医务科、控感办、护理部、中医馆等20余个临床医技和行政后勤科室。全院编制床位120张，实际开放120张。拥有美国进口DR全数字摄片系统、GE彩超、血生化分析仪、德国进口Draeger麻醉机、C型臂移动式X线成像系统、24小时动态心电等先进医疗设备80余台。是一所集医疗、预防、保健、康复、科研、教学于一体的区级卫生医疗机构；是城镇职工基本医疗保险、城镇居民基本医疗保险、中国人寿保险公司及江川复烤厂的

定点医疗机构。

【医疗指标】 区中医医院全年门诊76738人次，较上年增加3537人次，增长4.8%；住院患者4126人次，较上年减少371人次，降低了8.2%；手术台次728台，与上年相比下降60台。人均门诊费用为83.28元，住院人均费用3596.83元。病床使用率86%，入院与出院、术前与术后、临床与病理诊断符合率98%，治愈好转率97.6%，诊断符合率98%，病人平均住院日8.9天。

2018年区中医医院医院总收入2638.27万元，其中医疗收入2123.14万元，较上年同期1986.43万元，上涨136.71万元，增长率6.88%；药占比（不含中药饮片）21.47%，较上年同期24.29%，下降3个百分点；财政补助收入505.26万元；其他收入9.87万元。总支出3722.83万元，其中业务支出2553.37万元，财政项目支出1166.89万元，其他支出2.57万元。

【领导班子换届】 9月18日，区中医医院召开干部职工大会选举医院院长，经过无记名推荐以及对全体中层干部、职工代表谈心谈话，最终确定黄东同志为中医医院院长。

【目标考核】 区中医医院在江川区卫生健康局2018年综合目标考核中评为“玉溪市江川区2018年度卫计工作先进单位”。

【公立医院党的建设】 2018年，区中医医院党支部以党的十九大精神为指导，深入贯彻落实习近平新时代中国特色社会主义思想，积极探索新形势下公立医院党建工作的方法，对照机关事业单位党支部规范化建设标准，打造党员活动室、配齐党建书架书籍、规范整理“五项基本”台账。为确保党支部规范化建设工作落到实处，打造“红心向党，医心为民”的党建品牌，创建“5+N”模式的党建特色；强化班子建设、抓好党员教育、做好党员发展工作，不断优化党员队伍，年内确立了3名入党积极分子；不断加强党风廉政、医风医德建设，认真做好以案促改工作，切实整改医院存在的突出问题，提高全院职工政治素养。

【扶贫攻坚】 为确保健康扶贫工作取得实效，开展“三送三促”走访慰问、入户宣传指导贫困户注册使用社会扶贫APP、贫情分析会等活动。全年区中医医院在开展健康扶贫工作中，救助建档立卡户住院患者220人，救助费用为35733.11元，政府兜底保障为2781.42元，建档立卡保险理赔为82.48元。救治低保住院患者99人，救助费用65635.43元；救助优抚患者65人，救助费用31798.00元；低保、优抚、建档立卡患者报销比例均达到90%以上。

【医共体建设】 区中医医院与玉溪市中医医院建立对口支援及针推科、肛肠科专科联盟。打通省市三级医院与我院的双向转诊、技术指导、人员培训工作，同时医院与7个卫生院签订双向转诊协议畅通县区与乡镇的分级诊疗及转诊有效通道，并就医院重点专科、优势病种双向转诊方面已达成共识，双向转诊较为通畅，医院业务水平及中医药服务能力得到有效提升，医疗服务受到辖区服务人群认可。2018年，转上级医院就诊患者数191人，无下转就诊人员。

【公立医院改革成效】 自区中医医院实行药品零差率销售以来，采取“合理规划，分级管理，优化流程，优质示范，狠抓医疗质量和安全，减轻病人负担，规范购销行为，完善分工协作机制，强化培训”等一系列措施，取得明显成效。药占比较去年降低2.82个百分点，百元医疗收入成本较上年度下降3.21个百分点，百元医疗收入消耗的卫生材料较上年下降1.3元，药品让利群众45.58万元。8月30日始，该院独家实行参保人员（含城镇职工、城乡居民）到该院普通门诊就诊按每次处方金额的20%比例给予报销的决策，1个自然年度内最高支付限额为300元，不纳入最高支付限额累计。住院医疗费用起付标准城镇职工、城乡居民均按400元执行。

【发挥中医特色优势】 不断提高中药饮片及中成药的使用率，积极开展中医诊疗技术，诊疗服务达12万余人次，其中包含中药熏洗23961人次，中药封包11759人次，中药涂擦6060人次，艾灸2484人次，拔火罐2473人次，中药热敷1378人次，耳穴埋豆452人次，中药保留灌肠135人次，中药坐浴1252人次，穴位贴敷4513人次等30余项；TDP照射21047人次，中频治疗13727人次，慢性小脑生物电治疗13727人次，DJ治疗1739人次等理疗项目。

3月24日成立针灸科门诊，优化中药熏洗、拔罐、中药药枕、三伏贴等中医特色疗法，充分发挥中医预防保健功能。在三伏贴取得良好效果的情况下，12月22日，全区范围内首次开展以“夏病冬防，冬病冬治”的三九贴活动，服务人次205人，疗效显著得到广大人民群众的一致好评。4月至5月，通过外派进修、内部培训相结合的方式，在全院开展小儿推拿诊疗服务。

【中医药健康管理服务】 区中医医院到雄关、安化、前卫等6个乡镇卫生院进行乡镇级和村级项目工作人员进行中医药健康管理服务项目培训，全年共培训6次，培训3学时，共培训38人次，培训内容包含65岁及以上老年人、0至36个月儿童中医药健康管理技术规范及相关文件。辖区内65岁及以上老年人27733人，完成老年人中医药健康管理服务记录表采集、体检、老年人生活自理能力评估并将部分信息上传共享群14198人，服务率达51%；0至36个月儿童9442人，完成乡村医生对儿童中医药保健内容的指导、基础信息采集、服务登记、体检、中医药健康管理服务宣传4972人，服务率达53%。印制0至36个月中医药健康管理服务项目技术规范宣传折页1000份、印制65岁及以上中医药健康管理服务项目技术规范宣传册子500本，分发至医务人员、患者、居民手中。有效推动了“中医基层化，基层中医化”的发展进程。

【人才队伍建设】 按照该院“十二五”中医人才培养5年计划，突出中医特色和优势，加快中医药现代化进程，以普及、提高、继承、创新为目标。2018年，区中医医院以培养外科、急诊为重点，安排进修学习10人次，其中市级及以上半年进修2人，省级以上半年进修3人，省级三个月进修5人。省级以上医院规培4人，市级以上医院规培1人。全年10余人参加各类成人学历转化教育，举办各类业务讲座及培训近30次，累计学习人次1500人，接受医博士继续教育网学习人次67人，合格率为100%。接受昆明卫生职业学院实习生人次14人，各医学院校见习生15人。引进高等学历人才6人，大学本科学历5人（临床医学专业3人，护理学专业1人，会计学专业1人。），研究生1名（临床医学专业）。聘用正高级职称2名，中级职称5名。通过人才引进、外出培训、送培进修、传承教育等方式，不断提升医院诊疗服务能力，增强人才队伍建设。

【改扩建项目（医技、住院综合楼）建设】 12月17日由建设单位、项目管理公司、监理公司等三方对减隔震工程、主体工程、二次装修工程情况进行初步验收；12月28日由建设单位、项目管理公司、江川质监站、监理公司四个部门对手术室及SICU净化工程进行初步验收；通过对配电发改造，12月10KV用电工程正式投入使用。该工程累计完成中标合同投资总价3285万元，增加附属工程价款182万元，共计3467万元。

【信息系统优化升级】 3月1日信息系统升级，优化就诊流程，实行先挂号后诊疗服务。开发医保接口事前提醒、事中控制信息系统与医院HIS系统、全民健康信息平台、特殊慢性病异地就医联网直接结算等接口改造，疾病分类编码/手术与操作编码的更新，提升医疗服务质量和效率，提升病人满意度，确保病人得到及时、安全、规范、有效的治疗。

【下乡服务】 以“首届医师节”“中医中国行”等活动主题下乡义诊4次，免费为群众义诊700余人次，根据病情现场诊断并开具普药39余种，共计9000余元。发放中医药知识宣传材料、传染病的防治知识宣传材料、高血压、糖尿病防治知识等宣传材料1700余份。

（杨　薇）

妇幼保健计划生育服务

【概述】 江川区妇幼保健计划生育服务中心始终坚持“以保健为中心，以保障生殖健康为目的，保健与临床相结合，面向群体、面向基层和预防为主”的工作方针。设有妇女保健科、儿童保健科、婚前保健科、妇产科、基层科、计划生育科、检验室、B超室、放射室、护理部、医务科、妇幼卫生信息科、健康教育科等13个临床保健科室；设有办公室、财务科、后勤科、信息设备科等4个行政后勤职能科室。

中心核定编制74人，2018年年末实有在职职工62人，年内退休2人，新招录用5人，死亡1人。有执业医师27人，执业助理医师2人，注册护士10人，药剂师1人，检验技师（士）5人，其它卫生技

术人员7人，统计师1人，经济师3人，助理会计师1人，技师1人，高级工3人，中级工1人。

2018年，完成门诊诊疗60488人次，实现业务收入671万元，比上年减24.38万元，圆满完成省、市、县下达的各项任务指标。

【领导换届】 依据玉江卫计发〔2018〕66号《玉溪市江川区卫生和计划生育局关于黄东等同志任免职务的通知》的文件，杨红玉同志任江川区妇幼保健计划生育服务中心主任、区妇幼保健院院长；万红梅同志任江川区妇计中心党支部书记。

【育龄妇女死亡监测】 全年全区共有育龄妇女64950人，上报育龄妇女死亡34人，死亡人数比上年增3人，死亡人数占育龄妇女总数的0.05%，无孕产妇死亡。34例育龄妇女死亡中，各类恶性肿瘤死亡8人，占育龄妇女死亡总数的23.53%；意外死亡7人，占育龄妇女死亡总数的20.59%；心脏疾病、脑部疾病各死亡5人，各占育龄妇女死亡总数的14.71%；自杀死亡3人，占育龄妇女死亡总数的8.82%；糖尿病死亡2人，占育龄妇女死亡总数的5.88%；狼疮、肺心病、主动脉夹层、脾破裂各死亡1人，各占育龄妇女死亡总数的2.94%。死因排位：34例育龄妇女死亡中各类恶性肿瘤死亡8人，居第一位；意外死亡7人，居第二位；心、脑部疾病各死亡5人，居第三位；自杀死亡3人，居第四位；糖尿病死亡2人，居第五位；狼疮、肺心病、主动脉夹层、脾破裂各死亡1人，居第六位。

【孕产妇保健】 全年全区共有产妇2817人（农业户籍产妇2402人，非农业户籍产妇415人），建孕产妇保健手册2816人，率达99.96%；产妇早孕建册2528人，率达89.74%；产妇产前检查2816人，率达99.22%；产妇产前检查5次及以上2791人，健康管理率达98.34%；产妇孕早期产前检查2528人，率达89.08%；产妇孕产期血红蛋白检测2817人，率达100%，筛查出孕产期贫血282人，率达10.01%，其中中重度贫血3人，中重度贫血患病率达0.11%；产妇艾滋病病毒检测2817人，检测率达100%，检出孕产妇艾滋病病毒感染2人，感染率达0.07%；产妇梅毒检测2817人，检测率达100%，检出产妇梅毒感染4人，感染率达0.14%；产妇乙肝表面抗原检测2817人，检测率达100%，检出乙肝表面抗原阳性24人，阳性率0.85%；产后访视2817人，产后访视率达99.26%；产妇系统管理2528人，系统管理率达89.08%。出生活产数2838人，新法接生活产数2838人，新法接生率达100%；住院分娩活产数2838人，住院分娩率达100%，；剖宫产活产数949人，剖宫产率达33.44%；筛查出高危产妇1813人，高危产妇筛查率达64.36%；高危产妇管理1813人，管理率达100%，高危产妇住院分娩1813人，高危产妇住院分娩率达100%；低出生体重儿90人，发生率3.17%；巨大儿113人，发生率3.98%；早产儿117人，发生率4.12%；死胎死产10人，发生率0.35%；早期新生儿死亡5人，死亡率1.76‰；围产儿死亡15人，死亡率5.27‰；无新生儿破伤风发病人数和死亡人数。孕产妇死亡连续两年为零。

【5岁以下儿童死亡监测】 全年全区共有出生总数2848例，其中出生活产2838例，死胎死产10例。5岁以下儿童死亡17例，死亡率为5.99‰；其中男孩死亡12例，死亡率为8.22‰，女孩死亡5例，死亡率为3.63‰。1岁内婴儿死亡15例，死亡率为5.29‰；其中男孩死亡10例，死亡率为6.85‰，女孩死亡5例，死亡率为3.63‰。28天内新生儿死亡7例，死亡率为2.47‰，其中男孩死亡6例，死亡率为4.11‰，女孩死亡1例，死亡率为0.73‰。7天内早期新生儿死亡5例，死亡率为1.76‰，其中男孩死亡5例，死亡率为3.43‰，无女孩死亡。早期新生儿死亡占新生死亡数的71.43%，新生儿死亡占婴儿死亡数的46.67%，婴儿死亡占5岁以下儿童死亡数的88.24%。

17例5岁以下儿童死亡中，先天性心脏病死亡3例，居第一位，占死亡总数的17.65%；早产或低出生体重、交通意外各死亡2例，居第二位，各占死亡总数的11.76%；新生儿出生窒息、新生儿呼吸窘迫综合征、肛门闭锁、新生儿颅内出血、恶性营养不良、意外窒息、交通意外、新生儿胆红素脑病、脑恶性肿瘤、新生儿败血症、诊断不明各死亡1例，居第三位，各占死亡总数的5.88%。

2例1–4岁儿童死亡中，交通意外、新生儿败血症各死亡1例，各占死亡总数的50%。

15例婴儿死亡中，先天性心脏病死亡3例，居第一位，占死亡总数的20%；早产或低出生体重死亡2例，居第二位，占死亡总数的

13.33%；新生儿出生窒息、新生儿呼吸窘迫综合征、肛门闭锁、新生儿颅内出血、恶性营养不良、意外窒息、交通意外、新生儿胆红素脑病、脑恶性肿瘤、诊断不明各死亡1例，居第三位，各占死亡总数的6.67%。

7例28天内新生儿死亡中，早产或低出生体重、新生儿出生窒息、新生儿呼吸窘迫综合征、肛门闭锁、先天性心脏病、新生儿颅内出血、诊断不明各死亡1例，各占死亡总数的14.29%。

5例7天内早期新生死亡中，早产或低出生体重、新生儿出生窒息、新生儿呼吸窘迫综合征、肛门闭锁、诊断不明各死亡1例，各占死亡总数的20%。

【儿童保健】 全年全区共有7岁以下儿童18398人，健康管理18085人，健康管理率达98.30%。3岁以下儿童9100人，系统管理8922人，系统管理率达98.04%。5岁以下儿童13580人，身高体重检查13373人，体检率达98.48%，筛查出低体重209人，低体重检出率达1.56%；生长迟缓132人，生长迟缓率达0.99%；超重13人，超重率达0.10%；肥胖33人，肥胖率达0.09%；5岁以下儿童血红蛋白检测10969人，筛查出贫血患病640人，贫血患病率达5.83%，中重度贫血患病32人，中重度贫血患病率达0.15%。新生儿访视2828人，新生儿访视率达99.65%；6个月内婴儿母乳喂养调查2832人，母乳喂养2796人，母乳喂养率达98.73%，纯母乳喂养2087人，纯母乳喂养率达73.69%。

【出生缺陷医院监测】 全年全区共监测围产儿1830例（男940例，女890例），发现出生缺陷儿15例（男8例，女7例），其中1例孕周不满28周，出生缺陷发生率为76.50/万，比去年同期下降111.07/万。监测到城镇围产儿1674例，发现城镇缺陷儿10例，出生缺陷发生率为59.74/万；监测到农村围产儿156例，发现农村缺陷儿4例，出生缺陷发生率为256.41/万。

15例出生缺陷顺位：外耳其它畸形6例，居第一位，占缺陷总数的40%；多指2例，居第二位，占缺陷总数的13.33%；先天性脑积水、直肠肛门闭锁合并尿道下裂、十二指肠闭锁、并趾、多趾、并指、唇裂合并腭裂各1例，居第三位，各占缺陷总数的6.67%。

15例出生缺陷儿畸形确诊时间及诊断依据情况分布：

产前确诊2例，占13.33%，产后七天内确诊13例，占86.67%。超声诊断2例，占13.33%；临床诊断13例，占86.67%。诊断为出生缺陷后治疗性引产2例，占13.33%。

出生缺陷儿母亲孕早期及家庭史情况：

孕早期病毒感染1例，占缺陷总数的6.67%；孕早期服药5例，占缺陷总数的33.33%；其中服抗生素1例。产妇异常生育史：自然流产2例；15例产妇家庭中均无遗传史，也无近亲婚配史。

出生缺陷儿性别及转归分布：15例出生缺陷儿中，男8例，女7例，男女发生率为1：0.875。转归情况：目前存活11例，治疗性引产2例，七天内死亡1例。

【产前筛查和新生儿疾病筛查】 全年全区共有产妇2817人，出生活产2838人，孕产妇产前筛查2654人，产前筛查率达94.21%；筛查出高危78人，高危率为2.94%，产前诊断64人，诊断率为2.27%，孕产妇产前诊断确诊1人，确诊率为1.56%。新生儿苯丙酮尿症筛查2792人，筛查率达98.38%；新生儿甲状腺功能减低症筛查2792人，筛查率达98.38%；新生儿听力筛查2788人，筛查率达98.24%。

【免费婚前医学检查】 全年全区共有新婚人员4504人，婚前医学检查4243人，婚前医学检查率达94.21%；检出疾病330人，疾病检出率为7.78%，其中指定传染病11人，占检出疾病总数的3.33%，指定传染病中性病11人，占指定传染病总数的100%；生殖系统疾病150人，占检出疾病总数的45.45%；内科系统疾病166人，占检出疾病总数的50.30%；其它疾病3人，占检出疾病总数的0.91%。对影响婚育的疾病提出医学意见14人，婚前卫生咨询4243人。

【农村妇女宫颈癌HPV免费检查项目】 全年市级下达我区农村妇女宫颈癌检查任务数1547人，实际检查1563人，任务完成率达101.03%。检查人员中以往接受过宫颈癌检查的人数为146人，占9.34%。结案1563人，结案率100%。结案人员中正常的有690人，占44.15%；异常的有873人，占55.85%。HPV检测1563人，其中阴性1497人，阳性66人，阳性检出率4.22%。异常人员中宫颈细胞学检查23例，检出异常或可疑病例17例，追踪17例。醋酸或碘染色检查43例，筛查出异常或

可疑病例12例。电子阴道镜检查40例，检出异常或可疑病例11例。宫颈癌筛查中需作组织病理检查21例，实查21例，检出低级别病变（CIN1）7例，高级别病变（CIN2和CIN3）4例，原位癌（AIS）1例。宫颈癌癌前病变共5例。早期诊断5例，早诊率100%；宫颈癌及癌前病变检出率319.90/10万；宫颈癌及癌前病变随访5人，随访率100%；宫颈癌癌前病变追踪转诊5例，追踪转诊率达100%；宫颈癌癌前病变转诊至上级综合医院治疗5例，宫颈病变治疗率为100%。查出生殖道感染873例，占55.85%。其中：滴虫性阴道炎3例，检出率0.19%；外阴阴道假菌丝酵母菌病39例，检出率2.50%；细菌性阴道炎129例，检出率8.25%：粘液脓性宫颈炎182例，检出率是11.64%：宫颈息肉60例，检出率3.84%；其他生殖道感染543例，检出率34.74%。生殖系统良性疾病中子宫肌瘤17例，检出率1.09%；其他良性疾病119例，检出率7.61%。

【免费孕前优生健康检查项目】 全年共完成免费孕前优生检查3084人（男1542人，女1542人），目标任务完成率达114.60%。评估咨询、指导服务3084人。评估为高风险的420人，面对面咨询指导或电话咨询550人。早孕随访3612人次，妊娠结局随访779人次。新增叶酸服用人数2802人，免费叶酸发放16812瓶，发放优生健康知识读本1560本。

【计划生育服务】 全年全区共做各项计划生育服务手术3645例，其中放置宫内节育器1006例，占节育手术总例数的27.60%；取出宫内节育器1399例，占节育手术总例数的38.38%；输卵管节育手术11例，占节育手术总例数的0.30%；负压吸引流产术571例，占节育手术总例数的15.67%；钳刮流产术3例，占节育手术总例数的0.08%；药物流产655例，占节育手术总例数的17.97%。发放避孕药具7997人次，生育咨询3295人次，随访3454人次。

【居民健康档案管理】 截止本年12月底，全区共建立城乡居民规范化纸质档案240990人，建档率95.69%；建立电子档案240990人，建档率95.69%。

【危急孕产妇救助】 全年共救助7例危急孕产妇，最高救助金额达48000元，最低救助金额达3000元，救助金额共计10.76万元。

【贫困孕产妇救助】 2月1日，在区妇计局召开江川区2017年贫困孕产妇救助基金兑现会，对符合补助标准的59名贫困孕产妇进行补助，最高的补助2000元，最低的补助200元。补助金额共计6万元。

【出生医学证明管理】 全年共办理出生医学证明1884张。其中：机构内首次签发1828张，机构外首次签发3张，换发22张，补发29张，废证2张，废证率0.11%，办证率100%。

（周艳萍）

卫生监督

【概　述】 区卫生监督局编制人数15人，在职人数9人，其中：男4人、女5人；研究生学历1人、本科学历7人、大专学历1人。设办公室、卫生许可审核科、卫生监督一科、卫生监督二科四个科室。2018年江川区卫生监督局紧紧围绕全年工作任务，着力强化队伍建设、作风建设，狠抓卫生监督执法工作，落实卫生监督责任，增强干部职工法律意识，提高依法行政和监督执法水平，加强卫生监督执法力度，提升服务质量，卫生监督事业健康发展。

【宣传培训】 全年卫生监督员共计参加省、市、区举办的各类培训班9次，参培人数达21人次；编印卫生监督信息22期；对办理健康证的从业人员进行卫生知识培训，应培训1400人，实培训1400人，发放培训合格证1400个，培训率和合格率均为100%。通过个体医会议对全区个体诊所开展《医疗机构管理条例》《中华人民共和国传染病防治法》《中华人民共和国执业医师法》《医疗废物管理条例》等法律法规的宣传讲解，参训人员达280余人次；召开公共场所培训会议两次，宣传《公共场所卫生管理条例》《公共场所卫生管理条例实施细则》《艾滋病防治条例》《云南省艾滋病防治条例》《云南省公共场所卫生监督管理办法》等，应培训336人，实培训336人，培训率和合格率均为100%。

【许可审核】 全年共计审发许可证171户（新办142户），其中：医疗机构新设置审批12户（其中新办3户，变更地址9户）、理发46户（新办41户）、歌舞厅3户（新办2户）、生活美容64户（新办55户）；住宿16户（新办13户）、商场超市8户（新办6户）、新办公共浴室足疗店12户、新办影剧院1户、网吧新办9户。按照相关文件要求实行公共场所卫生许可告知承诺，对接区政务中心交接工作，培训工作人员2名，制作办事指南简版1份、完整版1份、业务手册1份、通知书1份，并在区政务网进行公布，推进区公共场所卫生许可告知承诺制改革，优化营商环境。

【监督监测】 医疗机构。对全区172户医疗机构实行卫生监督。共出动监督员450人次，车辆20车次，监督检查各类医疗机构159户207户次，下达卫生监督意见书174份。覆盖率100%，监督率130%。对全区除区级和托管区的17家医疗机构以外的155家医疗机构进行执业许可证现场校验。传染病防治与消毒管理卫生监督：结合以手足口病、H5N1、H7N9禽流感等为主的传染病防控工作，对全区医疗卫生机构（176户）、消毒产品生产企业（7户）、各类学校、托幼机构114户单位开展传染病防控与消毒管理工作监管，共监督检查297户411户次，覆盖率100%、监督率138.4%；共监督检查餐饮具集中消毒单位3户9户次，下发卫生监督意见书9份，覆盖率100%、监督率300%，并对3户餐饮具集中消毒单位进行消毒效果抽检，共抽样品30份，合格率100%。放射卫生：共监督检查8户8户次，覆盖率100%、监督率100%。公共场所卫生监督：全区共有公共场所经营单位336户，均持有《卫生许可证》。全年公共场所应监督336户，实监督336户1118户次，覆盖率为100%、监督率为332.74%。结合国家双随机工作进行了公共场所及学校卫生国家监督抽检，其中学校抽检8家；住宿场所6家；生活饮用水3家；美容美发场所13家，游泳池场所1家，沐浴场所1家。市卫生监督局抽检2家，金山农家乐，璟妍国际美容中心，抽检合格率为100%。学校卫生：全区各类中小学共63所，全区托幼机构共51所（含公办14所、民办26所、村办2所、私立办学9所）。依据《学校卫生工作管理条例》，开展以学校医务室、传染病防控、生活饮用水卫生、教室环境卫生、学生宿舍卫生、厕所卫生和学生健康体检为主要内容的监督检查。春季学期监督率为100%、覆盖率为100%。生活饮用水卫生监督：对全区生活饮用水供水单位21户，完成枯、丰水期水质监测任务，其中枯水期采集出厂水、末梢水、二次供水样品47个，合格47个，检测合格率100%；丰水期采集46件水样，检测合格39件，合格率为84.8%。对全区农村生活饮用水开展集中整治以及消毒剂专项整治，收集了全区农村供水的基础资料，为下一步加强饮用水管理打下了基础。

【行政处罚】 加大卫生监督执法力度，共查处医疗机构违反卫生法律法规的行政处罚案件20件（医疗机构案件15件、非法行医案件5件），罚款金额合计人民币59500元，没收违法所得人民币4575.1元；查处违反《公共场所卫生管理条例》相关规定的公共场所经营单位10户，罚款金额合计人民币13500元。

【打击非法行医】 区卫生监督局以社会各界投诉举报、公安部门提供信息和乡镇卫生院监督协管上报信息为线索，形成多部门联动的综合整治局面和强大的整治合力，联合查处无证行医案11件，其中超范围行医案4件，使用非卫生技术人员案1件，使用未取得处方权人员开具处方1件，无证行医案4件，移送公安机关1件，累计罚款金额4.4万元，没收违法所得0.46万元。

【“两非”的案件零突破】 对未取得《母婴保健技术服务执业许可证》江川区博爱医学门诊部，而擅自开展孕产期保健服务活动，处以警告、罚款人民币5000元的行政处罚，并没收违法所得80元，同时责令该医疗机构立即改正违法行为。

【卫生监督协管服务工作】 2018年江川区有乡镇卫生院6户、村卫生室63户，共有卫生监督协管员21人。全年报卫生监督协管服务信息报表12次，上报率100%；应巡查546户、实巡查2215户次，巡查率405.68%；应考核卫生监督协管站6个、实考核6个，共抽查村卫生室38个，对档案资料不全、信息报送量不足、卫生监督协管巡查记录及书面整改意见文书书写不规范等问题，要求立即整改。

【公共场所艾滋病防控】 区卫生监督局主动开展执法工作，推动重点场所、重点人群和薄弱区域推套防艾和宣传防艾工作开展。住宿场所检查监督58户、娱乐场所检查监督15户、15户沐浴场所检查监督13户，均张贴或摆放艾滋病防治宣传资料，均提供免费安全套，放置率为100%。86户公用物品和用具经过消毒处理并有消毒记录，86户公用物品和器具有一年内合格的检测报告。住宿、娱乐、沐浴直接为顾客服务从业人员895人持有效健康证。

【全面开展“双随机一公开”工作】 根据《玉溪市江川区推进双随机一公开监管工作实施办法》，区卫生监督局制定“两库一单”，认真按照国家、省、市、区的要求，组织开展医疗机构、传染病防治、消毒产品、公共场所卫生、饮用水供水单位、学校卫生等国家“双随机一公开”监督抽检工作。上半年完成双随机24家，下半年完成45家，全年完成69家，关闭2家。抽检结果全部合格，并及时将抽检结果进行公示，“双随机一公开”工作顺利完成。

【规范医疗废物废水的监督管理】 全区共有161家医疗机构医疗废物处置服务合同签约率100%。全年共产生医疗废物111679.79kg，已全部由两家公司收集处置，处置率100%。对违反医疗废物管理的4家医疗机构予以行政处罚，处罚金额合计1.55万元。要求县级医院及各乡镇卫生院均建立规范的污水处理系统，已建成并验收的7户（江川区人民医院、弘益医院、第三强制戒毒所医院、大街街道卫生院、江城镇中心卫生院、前卫镇中心卫生院、九溪镇卫生院、雄关乡卫生院、安化乡卫生院、疾病预防控制中心），正在建设当中2户（江川区中医医院、妇幼保健院）。

【加强对区域内餐饮具的监督管理】 区卫生监督局按照《中华人民共和国食品安全法》的相关规定，对辖区内具有工商营业执照的3家餐饮具集中消毒服务单位进行4次监督检查及1次消毒效果（感官、大肠杆菌、沙门氏菌）抽检，抽取的30份样品均符合《食（饮）具消毒卫生标（GB14934–2016）的规定。

【梳理行政许可事项】 区卫生监督局全面清理行政许可事项，修订完善行政许可事项办事指南和业务手册，以编制办事指南和服务指南为契机，全面清理行政许可和服务事项需要申请人提交的各类申报证明材料，凡是没有法律法规规章依据的证明材料一律取消，大力精简办事环节。

【整治六小行业】 5月16日，落实“江川区召开国家卫生城市复审整改工作推进会议”精神，进一步明确重点，制定长效机制抓好“五小行业”监管。组织中心城区美容美发、足浴、浴室、KTV、住宿、网吧共计245家单位进行业务学习培训，针对各类场所存在卫生清扫不彻底、门前“五包”落实不好、经营证件管理不规范、业务记录台账不正确等问题进行指导规范，补齐短板；六小行业场所全部做到卫生制度上墙，并规范标识标牌的张贴。

【做好双创工作】 为持续推进创卫、创文工作，区卫生监督局举办各类监督户培训班，发放创卫、创文宣传材料600余份；开展专项整治工作，全面清理辖区内无证行医场所、游医及应用中医诊疗技术手段开展推拿针灸场所。4月5日制定《江川区卫计局创建国家卫生城市暗访复审达标专项整治及片区责任制工作实施方案》。4月24日至6月4日，组织开展“乡镇及城郊结合部公共场所重点监督检查专项”工作，共出动车辆6车次，27人次，检查公共场所85家。6月5日组织开展娱乐场所控烟推进工作会议，6月至9月针对文化娱乐场所营业时间的特殊性，共开展夜间专项整治文化娱乐场所8次，持续推进卫生监督工作。根据网格划分情况结合城区及城郊结合部公共场所分布情况，集中分片、责任到人、细化网格针对重点户、难点户根据监督情况反复开展卫生监督全覆盖整改推进工作，点位对应覆盖，不留监督死角，发现一处，整改一处、完成一处。创卫复审期间针对卫生监督实际情况，共开展专项查处公共场所违法行为10起，均已结案，其中对美发店5家，美容店2家，住宿2家，进行行政处罚，罚没款金额13500元，全部上缴国库。

（黄　蓉）

社　会

编辑　徐凡清

人力资源和社会保障

【概　述】 2018年，江川区人力资源和社会保障局深入贯彻落实党的十九大会议精神，全市人力资源社会保障工作会议精神，紧紧围绕“民生为本，人才优先”工作主线，深入实施“促就业、重保障、惠民生、强人才”工作战略，坚持“对标一流，争先进位”，深化改革、务实创新、勇于担当、狠抓落实，全区各项人社事业发展成效明显。

【公务员培训】 2018年末全区政府口实施公务员法机关公务员共有762人（不含乡镇），其中：公务员646人，参照公务员法管理人员116人。开展以公务员职业道德和诚信建设为重点的在职培训，参训人数792人。组织22名新录用的公务员参加初任培训和71名公务员参加任职培训。

【专业技术人员教育培训】 2018年组织2017年、2018年事业单位新进人员初聘（岗前）培训，参训人数166人，经考试合格，作为事业单位新进人员按期转正定级和聘用的重要依据。

【人才推荐】 江川区水产技术推广站张友存获云南省突出贡献专业技术三等奖荣誉称号。

【专业技术人员评聘】 2018年共申报高、中、初级专业技术职务425人，评审通过317人，其中：高级评审通过177人，中级评审通过101人，初级评审通过39人。非公企业申报高、中、初级专业技术职务81人，评审通过53人，其中：中级评审通过13人，初级评审通过40人。完成事业单位岗位聘用1515人，累计完成事业单位岗位聘用4010人，其中专业技术人员3561人，管理人员139人，工勤人员310人。

贯彻落实《关于放宽基层专业技术人员职称评聘条件的通知》文件，放宽政策聘任的高级专业技术人员416人，其中：区级事业单位29人（女年满50周岁，男年满55周岁的20人；连续工作满30年的9人），乡镇事业单位387人。2018年首次承接中小学一级教师评审工作，推荐评审一级教师102人，评审通过87人，推荐申报评审高级教师167人。

【事业单位岗位设置】 对区属45个事业单位，4个乡镇事业单位的专业技术职务高中级岗位结构比例进行重新申报核定，累计完成事业单位岗位设置142个。

【万名专家进基层服务】 2018年11月21日，“2018年万名专家服务基层行动计划”江川站，医疗团队王剑松等9名专家走进江川区人民医院为患者会诊。花卉专家王继华研究员分别到雄关村丽曦花卉有限公司、雄关村雄怡花卉有限公司、大街街道朱家庄村齐兴花卉有限公司现场指导花卉种植技术员，现场解答疑难问题。

【公务员年度考核】 完成2018年度公务员年度考核工作，政府口应参加考核人数995人，实际参加考核人数994人。考核结果为：优秀207人，称职764人，基本称职1人，不定等次22人。

【专业技术人员年度考核】完成2018年度事业单位工作人员考核工作，应参加考核人数4030人，实际参加考核人数4016人。考核结果为：优秀573人，合格3208人，基本合格4人，不合格8人，未定等次223人。

【高技能人才开发】　完成机关事业单位及社会从业人员高技能人才开发256人，其中：高级技师3人，技师38人，高级工215人。推荐评审兴玉技能大师1名，玉溪工匠1名，云岭技能大师3人，云岭技能工匠8名。

【军队转业干部安置工作】　做好全区53名企业军队转业干部的维稳与解困工作，春节慰问困难企业退休军转干部28人，慰问金额14400元，“八一”建军节走访慰问军转干部24人，慰问金额12000元。

【毕业生就业指导】　2018年共有1182名应届高校毕业生登记报到。举办9次专场招聘会，参加招聘的企业100余家，提供就业岗位5919个，进场咨询求职人数5400多人，现场达成就业意向567人，签订合同实现就业62人。

【人事代理】　2018年末，江川区人事代理共1736人，其中：事业单位聘用1666人，其他70人。

【事业单位人员流动管理】2018年办理事业单位人员流动347人，其中：区内调动339人（含教育系统内部流动），外县区调入5人，调出区外3人。

【事业单位人事考录】　完成2018年提前引进事业单位紧缺工作人员68人，其中：卫生系统提前引进医护人才30名，订单定向免费医学生8名；教育系统提前引进教师19名；其他系统提前引进11名。2018年共公开招聘事业单位工作人员151人，其中：卫生系统招聘20名，教育系统招聘51名，其他系统招聘75名，大学生村官定向招聘5名。完成2017年大学生村官定向招聘补聘1名。区外公开选调中小学教师5名。

【公务员考录】　完成2018年政府口13名公务员考录工作。

【规范人事档案管理】　2018年共接收大中专毕业生报到1182人。其中：研究生22人，本科517人，专科516人，中专127人。接收往届毕业生档案58册，接待档案查阅168卷。目前人才中心共保管档案19515册，其中：大中专毕业生15220册，村官档案26册，个私人员29册，辞职辞退人员41册，三大生、技校生2551册，聘用人员1648册。流动档案345册。

管理工人档案6427册，其中：在职人员560册，失业职工2960册，辞职、辞退、开除和死亡人员323册，（离）退休人员1274册，无头档案1126册，以及烟草公司、复烤厂等14家单位184册。2018年接收城镇退役士兵专业安置军人档案29册，转出工人档案8册。

管理机关事业单位档案6129册，其中：在职人员2683册，（离）退休人员1416册，自谋职业、辞职人员852册，无头档案45册，组织部等转交档案201册，开除人员78册，死亡人员427册，落办档案427册。

【大学生村官管理服务工作】2018年末，在岗大学生村官25人。

【高校毕业生见习工作】　2018年共安排就业见习基地4个，落实就业见习人员42人。

【工资收入分配制度】　2018年公务员职务变动晋升工资和事业单位岗位变动1297人，办理特殊岗位津贴变动186人，办理见习人员转正定级手续156人。办理丧葬抚恤费及遗属困难补助36人。

【退休审批】　2018年共审批各类退休338人，其中：机关事业单位退休128人，企业单位及自谋职业人员退休210人。

【工伤认定和劳动能力鉴定】2018年1～9月收到工伤申请101件，受理101件，由玉溪市人力资源和社会保障局认定101件，其中：属于工伤98件，不属于工伤的3件。从2018年10月1日起，工伤认定工作由县区人力资源和社会保障局认定，江川区2018年10～12月受理工伤申请48件，经工伤认定领导小组开会认定后，属于工伤的48件。上报伤残职工病情资料进行劳动能力鉴定36人，含因工鉴定25人，因病鉴定11人。

【就业创业】　城镇新增就业人数2801人，城镇失业人员再就业人数718人，就业困难人员就业人数700人，开发公益性岗位就业数585人，城镇登记失业率控制在

3.35%以内。农村劳动力转移培训25068人，建档立卡贫困人员培训1814人，新增农村劳动力转移就业13358人，新增劳动力省外转移就业8148人。

2018年发放创业担保贷款11903万元，扶持创业936人，带动就业2351人；扶持大学生创业6户，无偿补助资金13.5万元，带动就业61人。

【职业技能提升补贴】 2018年审核并发放符合条件的职业技能提升补贴申请43人，补贴81000元。其中初级技能人员1名，补贴1000元；中级技能人员8名，补贴12000元；高级技能人员34名，补贴68000元。

【职业技能培训】 2018年举办24期职业技能培训班，培训技能人员1288人，其中：美容师235人、保育员142人、农家菜209人、电焊工117人、计算机操作48人、农村劳务经纪人314人、民族服饰制作培训95人、重楼种植培训87人、农村电子商务培训41人。其中建档立卡贫困户54人。

【创翼玉溪大赛】 组织三家企业参加“第三届‘中国创翼’暨首届‘创翼云南’‘创翼玉溪’创业创新大赛”，其中云南欧德佳数控精密机床制造有限公司LTC-360CNC斜背式车床的研究及产业化项目荣获创业组三等奖。

【有组织劳务输出】 2018年共举办劳务经纪人培训班6期，培训劳务经纪人314人，开展省外转移就业宣传6次，发放宣传材料10000余份，提供就业咨询1500余人次，有组织、成建制转移62人到玉溪高新区就业、66人到广东省中山市务工。

【企业职工基本养老保险】 企业职工基本养老保险参保432户，参保10750人，其中：国有92户，集体7户，外资1户，其他企业（含股份制和私营企业）332户。企业离退休人员参保3764人。收缴基金1.0581亿元；发放3764名企业离退休职工养老金9364.64万元，发放率100%。

【机关事业单位基本养老保险】 机关事业单位基本养老保险参保144户，参保职工5301人，机关事业单位离退休人员参保2029人。收缴基金1.2552亿元。发放2029名行政事业单位离退休职工养老金1.0148亿元，发放率100%。

【被征地农民养老保险】 2018年为995人办理被征地农民养老保险，收取个人保险费及政府补贴532万元；为5704名被征地农民养老保险领取人发放养老金387.16万元。

【城乡居民养老保险】 城乡居民养老保险参保14.99万人。共为3.6万名城乡居民养老保险待遇领取人员发放养老金5139.58万元。从2018年1月开始，每月发放给60周岁以上老人的城乡居民养老保险基础养老金从每人每月85元提高到103元，个人缴纳部分根据积累总额另行计算，多缴多得，长缴多得。办理城乡居民养老保险退保1526人，支付退保金196万元。

从2017起，江川区对任职满一年的村（社区）“三委”成员，按照每人每年600元的标准，由区财政出资缴纳城乡居民养老保险保险费，已经参加企业职工养老保险的，补助600元。2018年共为579人办理城乡居民养老保险，补助金额347400元。

【职工基本医疗保险】 职工基本医疗保险参保471户（其中：机关事业单位153户，自收自支事业单位8户，企业310户），参保15290人（其中在职11096人，退休4194人）。收缴基金7550.3万元，其中：单位缴5977.5万元，个人缴1572.8万元。基金支出7708.89万元，其中：统筹基金支出3103.09万元（含特慢病支出705.51万元），个人账户基金支出4605.8万元。

大病补充医疗保险参保471户，参保15290人。收缴基金579.52万元，理赔费用468.87万元。

公务员补助医疗保险参保161户，参保7586人。收缴基金2910.67万元。

特殊人群44人，其中：离休人员29人，二等乙级以上伤残军人15人。医疗费支出184.27万元。

【城乡居民基本医疗保险】 城乡居民基本医疗保险参保224533人（含新生儿872人）。收缴基金15133.52万元，基金支出14133.1万元。大病补充医疗保险参保224533人，理赔费用1157.61万元。

【建档立卡贫困户医疗补偿工作】 2018年建档立卡人员住院共计1494人次，医疗费用799.79万元，自付42.13万元，自费比例5.27%。门诊就医34532人次，医疗费用257.77万元，统筹支付166.26万元。

【跨省异地就医医疗费用直接结算工作】　截至2018年末共办理跨省异地就医审批55人次，成功实现跨省异地就医结算32人次，其中城镇职工12人次，城乡居民20人次，总费用67.02万元，统筹支付38.9549万元。

【DRGs付费制度运行情况】　截至2018年末共按DRGs付费方式支付区医院医疗费用共计2617.82万元（其中职工医保280.28万元，城乡居民医保支2337.54万元）。医保基金支出增幅严格控制在DRGS支付的指标范围内，病案质控通过率100%。

【金融社保卡置换工作】　二代社会保障卡持卡人数26.1852万人。

【失业保险】　失业保险参保8431人，收缴基金532.17万元，1787人次领取失业保险金，发放失业保险待遇153.12万元，为1078人次失业人员代缴医疗保险40.63万元。

【工伤保险】　工伤保险参保16536人，其中企业10986人，机关事业单位5550人。收缴基金659.21万元，待遇支付581.68万元，其中支付企业职工457.24万元，机关事业单位职工678.98万元。

2017年启动实施建筑高风险企业按项目工程税前造价的1‰计费比例参加工伤保险工作。截至2018年末，共收取包括央企中建五局、上市公司启迪桑德环境资源股份有限公司在内的39个工程项目参加工伤保险工作，共收取工伤保险费137万元。

【生育保险】　生育保险参保11560人，其中企业6010人，机关事业单位5550人。收缴基金526.65万元，待遇支付560.11万元，其中支付企业职工457.24万元，机关事业单位职工102.87万元。

【劳动合同登记备案】　2018年1月1日至9月10日对328户用工单位的5158名职工的劳动合同进行手工登记备案；自9月11日起实行劳动用工网上登记备案以来，网上共注册登记备案317户用工单位，涉及职工8335人，劳动合同签订率达97%。审核5个区域性和2个行业性工资集体协商合同，覆盖企业249户；单独签订的工资集体协商合同63户，共涉及劳动者6923名，集体合同签订率达93%。

【劳动人事争议案件】　2018年江川区劳动人事争议仲裁院共处理案件70件，不予受理案件2件，结案率100%，一裁终局率70.27%。70件案件全部属于劳动者申请，涉及农民工55人。

新增龙泉山工业园区调解委员会，全区调解委员会增至8个。2018年乡镇（街道）劳动人事争议调解委员会共调解案件168件，涉及金额119.66万元。区仲裁院和基层调解组织案件调解成功率达84.19%。

【信访工作】　2018年共接待涉及工资、工伤、福利等问题咨询200余人次，处理其他部门转办来信14件，已经全部结案。发放医保、社保、就业、劳动保障、健康教育、防艾、“双创”等方面宣传资料2000余份；开展送政策“进企业、进工地、进基层”活动，进企业17户，进工地11个解答农民工咨询100余人次，发放宣传资料1000余份，悬挂宣传横幅3幅。

【劳动监察，治欠保支工作】　开展专项检查4次，检查用人单位86户次，发出限期整改指令书6份。及时协调解决42起欠薪来访事件，为626名农民工追回所欠工资930.4万元，立案查处1起拖欠工资投诉事件。

【劳动执法年审】　开展2017年度劳动保障执法年审，共审核用人单位496户，其中机关事业单位182户，各类企业和其他单位314户，涉及劳动者6784人。

【行政审批】　2018年共办理不定时工作制和综合计算工时制审批2件，涉及用人单位2户，涉及职工30人。共办理劳务派遣行政许可事项3件，其中新办1件，申请延续1件、申请变更1件。

【农民工工资保证金】　截至2018年末，80户建设单位缴存工资保证金36358325.84元。

【抓诚信，惩失信】　2018年在区政府信息公开网站公示失信企业行政处理情况1户，让失信企业“一处失信，处处受限”，提高企业失信违法成本。

【社会保险稽核】　2018年共开展医保“两定”机构稽核124户，外伤稽核3490人，死亡稽核1633人。开展养老保险书面稽核12户968

人，工伤保险12户2289人，生育保险12户1369人；开展养老保险实地稽核9户1689人，工伤保险12户2467人，生育保险12户2192人。

【企业退休人员社会化管理服务】 全区建立自管学习大组8个，有专兼职管理服务人员12人；以各社区、村（居）委会建立自管学习小组75个，有专兼职管理服务人员85人；全区纳入社会化管理服务退休人员4113人，其中：机关事业单位退休工人350人，企业退休人员3763人。全区实现企业退休人员社会化管理率达100%，社区管理率达99.23%。

春节开展送温暖活动慰问困难企业退休人员41人；敬老节开展活动慰问离休工人7人、90岁以上企业退休人员52人。走访看望生病住院退休人员699人次；看望慰问伤亡退休人员家属并协助办理丧事72人次；为企业退休人员生病住院医疗互助代报销服务192人次。落实生病住院护理费318人，落实因病完全丧失生活自理能力的11人，发放护理费补助12.79万元；为国有企业改革改制的继续享受遗属生活困难补助18人，发放金额1.4万元。

【行业扶贫】 2018年全区建档立卡贫困人口符合参保条件的贫困户均100%参加基本医疗保险和大病保险，100%参加养老保险。转移就业建档立卡贫困劳动力783人，完成计划数320人的244.69%；培训建档立卡贫困劳动力1814人，完成计划数1700人的106.71%。

【行风建设大学习大讨论】 2018年8月集中开展“行风建设大家谈”大学习大讨论活动，查摆问题，找群众办事的痛点、堵点，明确整改时间、措施和责任，撰写心得体会，牢固树立“人人都是窗口、处处都是窗口”的意识。

（龙　婷）

机构编制

【概述】 2018年，区委编办进一步转变思维方式和工作方式，持续深化行政体制改革和“放管服”改革，不断优化机构编制资源配置，切实加强自身建设，努力为全区经济社会发展提供坚实的体制机制保障。

【严控总量】 突出编制总量底线，确保财政供养人员只减不增。一是各部门（单位）补充工作人员坚持“空编审批”，没有空编、未报编委批复的一律不得进人。共召开区委常委会议3次、区政府常务会议4次、区编委会议3次，对涉及机构编制相关工作进行了研究。二是从超编的区直党政群机关选派优秀公务员到乡镇机关或其他空编机关任职，加快机关超编人员分流步伐。三是退休、外调等自然减员空出的编制，主要用于消化暂定编制、超编人员。四是政策性安置人员适当考虑向乡镇（街道）倾斜。五是全面推行周转编制管理，坚持“改善结构，紧缺急需，核得出去，收得回来”的原则，用活周转编制。六是按照“人随事走、编随事走”的原则带编制调配工作人员。实现党政群工作部门人员总数不超过市编委核定江川区的编制总量。

【监察体制改革】 组建玉溪市江川区监察委员会，将玉溪市江川区检察院反贪污贿赂局、反渎职侵权局及职务犯罪预防科三部门机构、职能及领导职数转隶至区监察委。中共玉溪市江川区纪律检查委员会与玉溪市江川区监察委员会合署办公，履行党的纪律检查和国家监察两项职能，实行一套工作机构、两个机关名称。设立区直属机关纪律检查工作委员会，设立11个区纪委派驻纪检组、4个区委巡察组。

【“三湖”管理体制改革】 玉溪市江川区星云湖管理局与玉溪市抚仙湖管理局星云湖管理处合署办公，加挂江川区星云湖国家湿地公园保护管理局牌子，机构规格正科级，核定玉溪市江川区星云湖管理局事业编制20名。撤销玉溪市江川区抚仙湖管理局及其所属玉溪市江川区抚仙湖管理局综合执法大队。撤销玉溪市江川区渔政管理站（玉溪市江川区渔船渔港检验站）；撤销玉溪市江川区林业局所属“云南江川星云湖国家湿地公园管理局”。共收回事业编制23名，上划市级事业编制48名，上划后江川区事业编制总量调整为5350名。

【优化教育资源配置】 为加强学校管理，促进江川区教育事业持续健康发展，新成立中学2所，合并学校1所，更名学校1所。结合各学校实际，按照班额、生源、寄宿生等情况，重新分配江川区2018~2019学年中小学校、幼儿园教职工编制2493名。

【筹备党政机构改革】 全面贯

彻落实党的十九大精神，落实深化党和国家机构改革的重要任务，及早谋划、提前准备，对全区党政群机关开展一次书面调研，摸清全区党政群机关的机构设置、人员编制、职能职责以及存在问题等情况。加强请示汇报，协调成立江川区深化党政机构改革工作领导小组、组建工作专班，草拟《玉溪市江川区机构改革方案》《玉溪市江川区深化机构改革实施方案》。

【生产经营性事业单位改革】 按照《玉溪市江川区从事生产经营活动事业单位改革实施方案》继续推进生产经营性事业单位改革。区中小企业融资担保服务中心于2017年年底完成改革工作；区市场服务中心计划在党政机构改革中一并推进改革；区供排水有限公司因涉及人员多、资产大、情况较为复杂，经向市编办、区编委会请示研究决定改革暂缓，待上级有关政策措施明确后，根据省市要求推进改革。

【清理整治党政机关部门办企业】 制定印发《玉溪市江川区清理整治党政机关部门办企业工作方案》文件，通过调查梳理，江川区需要清理的党政机关部门办的企业共14户，区委编办及时与财政、人社及各企业主管部沟通对接，指导14户企业根据相关要求，结合各自实际拟定脱钩方案，并先后三次召开协调会议审核方案。经区政府第29次常务会议和区委第67次常委会议正式研究通过14户企业的脱钩方案。江川区14户国有企业由区政府授权区财政局履行出资人职责的企业10户，关闭破产企业3户，关闭注销企业1户。

【盘活用好编制资源】 按照“控制总量、盘活存量、有减有增、分级负责”的思路，进一步加强和规范机构编制管理，严格控制人员编制，探索行政编制动态管理办法，盘活用好、提高现有编制资源使用效率，为适应改革工作需要，2018年江川区调剂行政编制22名，收回事业编制23名，上划市级事业编制48名，重新核定玉溪市江川区星云湖管理局事业编制20名。批准各部门使用编制计划286名（含行政编制25名），实际使用269名（含行政编制14名）。

【事业单位法人年度报告】 顺利完成事业单位法人2017年度报告工作。全区在登记状态正常的156个事业单位法人中，除1个单位因撤销拟注销登记而不予提交年报外，其余155个单位的年报均已网上提交并通过形式审核，完成率100%。同时，根据事业单位委托意见和举办单位审查意见，对155个单位的2017年度报告书，在“玉溪事业单位在线”网站上进行公示，公示率100%。并按照2%的比例抽查5家事业单位的公示信息。

【事业单位法人登记】 2018年，事业单位法人新设立10家、变更31家，注销2家。

【统一社会信用代码赋码】 提高事业单位公益服务水平，研究制定适合统一社会信用代码工作的办理流程，缩短办理时限，提高工作效率。截至年底，共办理统一社会信用代码证书74家，其中机关单位65家，群团组织9家，完成率100%。

【“放管服”改革】 一是做好行政职权的承接、取消、调整。2018年承接行政许可事项147项，其他行政职权3项；取消行政许可事项18项，其他行政职权5项；调整行政许可事项47项。承接取消调整后区级行政许可事项为272项。二是做好权责清单动态管理，调整行政职权1129项，责任事项18676项。三是形成《玉溪市江川区政府部门内部审批事项清单》共46项。四是认真贯彻落实《云南省人民政府取消和保留证明材料清单的决定》，凡取消和未纳入证明材料清单管理的证明，各办事部门一律不得向当事人索要。五是对62项行政审批中介服务事项提出清理规范意见。六是印发《玉溪市江川区深化“放管服”改革优化营商环境实施方案》，全面启动深化“放管服”改革优化营商环境行动。七是江川区区级政府部门直接受理事项增加到331项，各部门根据推行直接受理制度的要求，逐项修订完善办事指南和业务手册，大力精简证明材料，列出申报材料目录，编制办事流程图，切实提高办事效率。八是全面推进“双随机一公开”加强事中事后监管，公布抽查事项清单区级政府部门225项、乡镇（街道）48项。九是做好“一站式”惠民政务服务平台建设工作，录入事项493项。

（储　晶）

民　政

【乡镇揭牌授印及村（社区）挂牌】　2018年1月24日，副区长王柄璋分别到路居、江城、前卫、九溪四镇进行揭牌授印。随着路居镇、江城镇、前卫镇、九溪镇揭牌授印工作的结束，标志着江川撤县设区完成区、乡两级揭牌授印的后续工作。1月25日至2月6日，区民政局完成路居镇、江城镇、前卫镇、九溪镇的村级167块公牌的悬挂工作。江川撤县设区后续工作暂告一个段落。

【清理使用不规范地名专项整治工作】　3月12~14日，江川区民政局在主城区范围内开展为期3天的清理使用不规范地名专项整治工作。自江川撤县设区以来，区属机关、企事业及驻江各有关单位名称涉及行政区划名称变更事项，多数单位、企业已经完成单位名称变更，部分单位、企业名称出现“江川县”字样，为全面做好迎接国家卫生城市复审各项工作，在区内开展限时整改单位名称工作。根据《玉溪市江川区人民政府办公室关于规范单位名称的通知》，要求在3月19日前，单位、企业完成整改工作。单位、企业内部凡出现“江川县”字样的标牌及时更换为“江川区”；单位、企业印发的各类宣传标语、宣传手册中含“江川县”字样的及时更换整改；区内凡出现“江川县”字样的标牌、标识、条幅等及时更换整改。

【召开行政区划调整效果评估工作会】　8月1日，江川区召开江川撤县撤区行政区划调整效果评估工作会议。会议由区民政局主持，区发改委、区财政局、区统计局、区公安分局、区委编办、区住建局、区规划分局、区国土分局、区环保局、区旅游发展局、区文广体局、区工业园区12家单位参加会议。根据《云南省民政厅关于开展党的十八大以来行政区划调整效果评估工作的通知》，各单位切实掌握十八大以来行政区划调整取得的实际效果，总结经验、发现问题、改进工作，进一步做好新时代行政区划管理，结合江川区撤县设区以来取得的成效、存在的问题，开展效果评估。区划地名股股长张兴红对此次江川撤县设区行政区划调整效果评估工作进行业务讲解，各单位主要以2014年及2017年所需提供的资料及数据为准，进行客观公正的评价。各单位就江川撤县设区行政区划调整后的工作情况和取得成效进行交流发言，就行政区划调整在推进新型城镇化建设和促进区域协同发展进程中，对经济社会发展、行政管理体制所取得带动和辐射作用发表意见。

【平安边界建设暨界桩管理联席会议召开】　11月7~9日，“红江线”“晋江线”“江澄线”“江华线”“江通线”2018年平安边界建设暨界桩管理第一次联席会议相继召开。根据上级有关平安边界建设暨界桩管理的相关要求，为深化平安边界建设工作，加强和创新社会管理，维护边界地区和谐稳定，确保边界平安稳定和界桩有效维护管理，联席会议由江川区牵头，发函告知红塔区、晋宁县、澄江县、华宁县、通海县民政局，由江川区民政局领导带领区划地名股相关人员、毗邻乡镇（街道）分管领导及民政助理员到相邻县区民政局参会，并建议相邻县区对等人员参会。会议宣读《关于2018年平安边界建设的实施意见》《共建平安边界睦邻友好公约》，介绍“红江线”“晋江线”“江澄线”“江华线”“江通线”勘界历史和自界线勘定以来的边界线及界桩管理情况及现状，毗邻双方基层干部进行交流发言，就日常管理工作交换意见，在《实施意见》《友好公约》签字。联席会议成立领导小组、制定实施意见、签订友好公约。

【完成第二次地名普查工作】　2018年底，按照国务院地名普查办的要求和时间节点，完成江川区第二次全国地名普查任务，完成数据库入库建设，完成比例100%；确定地名目录2014条（其中5条军标地名空表）；地名成果表2014张；成果表审核校对2014条，完成比例100%；数据库录入2014条，完成比例100%，地名标准化处理完成32条，完成比例100%，语音采集总条目735条，完成采集735条，完成比例100%；地名成果图完成10幅；采集体现工作工程照片129张；录音录像12份；采集多媒体照片5629张，录像4份，录音485份，图片287张；审音定字2条，完成2条，完成比例100%；完成地名标志登记表92张；全区共有图载地名信息848条，其中普查图载地名848条，图载地名信息普查率100%；补采遗漏的四类4条具有地名意义的地名，其中，企业1条、河流1条、桥梁1条、其他纪念地、遗址1条。专家组成员9名，全程参与过程指导及成果审核；最终形成成果涉及11大类合计61子类，无漏项。

【做好地名普查成果转化工作】 一是编撰地名志。从2018年1月开始，江川区民政局聘请退休的原民政局副局长、参加过“一普”的专家张志峰到地名普查办编撰《玉溪市江川区地名志》，截至年底，编撰工作完成一半。二是编写地名故事。由地名普查办主任张兴红主编的《江川地名故事》，从1月开始，截至年底，已收集故事214个。10月9日，江川区从《江川网》发布《“江川地名故事”征文启事》，向社会征集江川地名故事；三是制作行政区划图和地名图。普查工作结束进行成果转化，制作出版《玉溪市江川区地名图》《玉溪市江川区行政区划图》和7个乡镇（街道）《行政区划图》，7月13日，区民政局召开区划地名图邀请招标采购会议，昆明市具有制图资质的3家单位，区民政局采购工作领导小组相关成员，7乡镇（街道）民政助理员共计18人参加会议。最终中标者为昆明迈普地理信息有限公司，两个图件中标价16.8万元。截至10月，新版《玉溪市江川区行政区划图》初图进行审图。

【命名更名5个地名】 6月2日，《玉溪市江川区人民政府关于“仙湖锦绣”“龙门巷”地名命名更名的批复》文件对“仙湖锦绣”“龙门巷”2个地名命名更名进行批复，因开发需要，同意将“仙湖锦绣”更名为“抚仙湖星空国际旅游度假社区”；因城市建设步伐加快，在区城龙旺湖城通向德馨苑小区大门处，形成一条巷道，政府同意命名为“龙门巷”。12月24日，《玉溪市江川区人民政府关于土官田收费站等3个地名命名的批复》文件对位于江通高速公路江川段的“土官田收费站”“雄关收费站”和位于江城镇江城社区的“鑫园别苑”3个地名进行命名。

【社会事务与社会福利】 全区共有社团和民办非企业单位95个，年检合格率100%。全年结婚登记2297对，离婚登记774对。2018年5月7日起停止要求婚姻登记当事人提供证件复印件。依法办理收养登记8起。全区共发放24名孤残儿童生活补助金30.63万元，散居孤儿上半年每人月发放1069.4元，下半年每人月发放1074元；集中供养孤儿上半年每人月发放1769元，下半年每人月发放1774元。

【落实残疾人两项补贴】 江川区建立和完善标准统一、便民利民的申请、审核、补贴社会化发放机制。标准为困难残疾人生活补贴每人每月50元；重度残疾人护理补贴一级每人每月70元、二级每人每月40元。做到应补尽补，确保残疾人两项补贴制度覆盖所有符合条件的残疾人。2018年涉及的6个乡镇（街道）符合条件3533人，按月发放两项补贴42044人次，发放金额215万元。

【推进儿童福利服务体系建设】 7月30日，通过举办推进农村留守儿童关爱保护和困境儿童福利服务保障体系建设培训，督促乡镇（街道）、村（居）委会配齐儿童工作队伍，启动全国管理信息系统。江川区6个乡镇街道全面展开全国农村留守儿童和困境儿童信息管理系统录入工作，区级建立“儿童福利指导中心”、乡镇建立“乡镇（街道）儿童福利服务工作站”，补助村（居）委会建成9个“儿童之家”计27万元。

【社会组织党委举办党务工作者、社会组织能力建设培训班】 6月15日，全区29个社会组织党务工作者参加《社会组织党建工作重点抓什么》专题讲座。着力抓好规范化建设的“三支队伍”，有计划的做好支部书记、党务工作者、党建指导员的培养、选派和教育管理，抓好党支部党员教育工作，重点做好无党员或尚未建立党组织的社会组织的党员发展工作，为江川区社会组织组建党组织创造条件，确保社会组织党建工作落在实处。11月27日为提升社会组织工作队伍，进一步加强社会组织规范化建设，引导社会组织健康有序发展，在区委党校二楼教室举办培训班，来自全区各社会组织负责人、支部书记82人参加的社会组织能力建设培训，培训班围绕《社会组织如何参与社会服务》《习近平新时代中国特色社会主义思想》《社会组织党建工作的实践与思考》《双重管理与自身建设》四个专题开展讲座。

【社会组织管理】 江川区启动社会组织“多证合一”换证工作；依法登记社会团体10个，变更民办非企业单位法人12个，注销社会组织5个；教育，民政、公安、食品安全等多部门协作联合对全区幼儿园开展检查活动，对发现的安全隐患及时处理，督促整改；参与校外培训机构专项治理、清理规范社会组织、打击非法社会组织和社会组织活动专项整治工作；区民政局、市场监督管理局、发展和改革局、财政局联合检查行业协会商会收费情况，不存在向企业乱收费、乱摊派行为。

【开展儿童福利工作】 江川区开展孤弃儿童养育情况大排查工作，对符合条件的孤残儿童、事实无人抚养儿童、留守儿童、困境儿童进行数据采集，做好全区孤残儿童生活补助，2018年全国信息系统录入孤儿24名、留守儿童455名、困境儿童1126名；“福康工程”残障救助1名、“添翼计划”重残贫困儿童救助5名。

【城乡低保标准再次提高】 从2018年7月1日起，江川区城市居民最低生活保障标准从506元/月·人提高至560元/月·人，城市低保对象人均补助水平从352元/人提高至377元/人；农村居民最低生活保障标准从3420元/年·人提高至3500元/年·人，农村低保对象人均补助水平从187元/人提高至210元/人。进一步加强精准施保工作，其中A类（重点保障户）低保对象补助水平不低于292元/人·月，B类（基本保障户）低保对象补助水平不低于175元/人·月，C类（一般保障户）低保对象补助水平不低于138元/人·月。

【城乡低保发挥脱贫兜底保障职能】 2018年农村低保资金支出784.67万元，全区累计发放农村低保对象为37276人次，人月均发放低保金210.5元，在册农村低保对象1662户3279人；2018年农村低保对象新增496户1081人，退出786户1009人，其中：因死亡退出118人，因其它（主要是子女有赡养能力）退出152人，因生活好转脱贫退出739人。2018年城镇低保资金支出700.5万元，累计发放城市低保对象18581人次，人月均发放低保金377元，在册的城市低保对象627户876人；2018年城市低保对象新增64户89人，退出486户607人，其中：因死亡退出54人，因其它退出72人，因生活好转脱贫退出481人。根据2018年12月份信息比对结果，全区建档立卡扶贫对象低保对象1025人，2018年发放低保资金287.38万元，其中：农村低保对象861人，城市低保对象164人。

【织密医疗救助安全网】 江川区民政局2018年对特困人员按标准进行全额资助参保参合；城乡低保对象按照每年120元标准定额资助，其余部分由个人承担；规范重特大疾病医疗救助程序，建立健全重特大疾病医疗救助基金档案管理制度，将具有本辖区户籍的贫困人口全部纳入重特大疾病救助范围，对其经过基本医疗保险、城乡居民大病保险和各类补充医疗、商业保险等及优抚医疗救助报销后个人负担的合规医疗费用给予救助，取消贫困人口医疗救助起付线，年度累计救助封顶线不低于10万元；在辖区内定点医疗机构设立综合服务窗口，实现基本医保、大病保险、医疗救助等“一站式”信息交换和即时结算。使贫困患者就医更加方便快捷，并最大限度地减轻贫困患者自付的住院治疗费用；建档立卡贫困人口符合转诊转院规范住院医疗费用，政策范围内的经基本医保、大病保险、大病救助保险报销后达不到90%的，通过医疗救助报销到90%。

【医疗救助解决看病难问题】 2018年对7137人次进行城乡医疗救助，发放救助资金365.89万元。一是对4701人困难群众参加居民医疗保险进行资助，发放医疗资助金40.52万元，二是对患重特大疾病的城乡困难群众319人次进行医疗救助，发放金额154.76万元，其中：救助建档立卡的贫困人84人次，发放医疗救助资金39.61万元；三是实行“一站式”医疗救助即时结算，向定点医疗机构结算救助对象1712人次，发放医疗救助金额62.03万元，其中：救助建档立卡的贫困人口461人次，发放医疗救助资金11.04万元；四是对建档立卡贫困人口符合转诊转院规范住院医疗费用，政策范围内的经基本医保、大病保险、大病救助保险报销后达不到90%的，救助1068人次，发放救助资金104.12万元。及时有效解决部分城乡困难群众看病困难的实际情况和问题。

【落实特困人员供养政策】 依照救助供养对象认定的程序和办法，在乡镇人民政府（街道办事处）、村（居）民委员会协助下，按照直观、简便、易操作的原则，对特困人员的生活自理能力进行客观评估。将符合条件的困难群众全部纳入特困人员救助供养，2018年全区共有特困人员供养对象292户305人（含建档立卡贫困对象18户20人），其中：一级残疾63人，二级残疾78人，特困人员供养标准为分665元/月·人，一、二级残疾对象人均每月分别补贴70元、40元护理费。2018年发放特困人员供养救助金和护理费236.46万元；全区共有农村敬老院9所，5所农村敬老院正常运营，床位311张，其中：龙街敬老院改扩建成“江城镇中心敬老院”，已投入使用，对前卫镇敬老院投资70万元进行提升改造，现完成整个提升改造工程，雄关乡敬老院正在“拆除新建”，该项目招标投资588.7万元，主体工程计划2019年8月份完成。2018年区财政支付新招聘工作人员的工资和社会保险费用75.84万元，人月均落实薪酬待遇2570元；对全区农村敬老院下拨运营维护费用57万元，其中：江城镇敬老院15万元、前卫镇敬老院12万元、雄关乡敬老院6万元、大街敬老院12万元、九溪镇敬老院8万元、安化乡敬老院4万元。

【临时救助保障贫困人口基本权益】 区民政局出台《玉溪市江川区临时救助实施方案》对遭遇突发事件、意外伤害、重大疾病或其他特殊原因导致基本生活陷入困境，其他社会救助制度暂时无法覆盖或救助之后基本生活暂时仍有严重困难的家庭或个人及时进行救助。2018年发放城乡临时救助困难人员736人，发放临时救助金91.72万元，人均发放临时救助1179元，期中：发放建档立卡扶贫对象98人，发放金额11.25万元；发放福彩助学贫困大学生54人，人均救助3000元，合计发放助学金16.2万元，其中：建档立卡贫困对象6人，发放助学金1.8万元。

【城乡社区治理稳步推进】 为加强和创新基层社会治理，健全自治、法治、德治相结合的城乡治理体系，实现政府治理和社会调节、居民自治良性互动，全面提升城乡社区治理能力和水平，根据省、市文件精神，结合实际，制定出台《中共玉溪市江川区委、玉溪市江川区人民政府关于加强和完城乡社区治理的实施意见》，进一步强化城乡社区治理工作。

【推进城乡社区协商】 江川区印发《关于加强城乡社区协商的实施方案的通知》，坚持党的领导，发挥村（社区）党组织在基层协商中的领导核心作用。坚持基层群众自治制度，充分保障群众的知情权、参与权、表达权、监督权，促进群众依法自我管理、自我服务、自我教育、自我监督。

【实行社区准入制度】 江川区制定出台《中共玉溪市江川区委办公室玉溪市江川区人民政府办公室关于印发玉溪市江川区关于建产社区工作准入制度的实施方案的通知》，按照“权随责走、费随事转、事费配套”的原则，依法需要基层群众性自治组织协助的工作事项，有关部门应当为其提供相应的工作经费和必要工作条件。明确社区工作事项和社区印章使用范围“两个清单”，并以此为基础，规范社区协助党委、政府开展工作。

【修订村规民约（居民公约）】 为发挥村规民约（居民公约）在社区治理中的作用，按照《玉溪市江川区文明办玉溪市江川区民政局关于进一步做好村规民约（居民公约）修订完善工作的通知》，江川区精心组织、周密布置，完成全区村（社区）村规民约修订工作。

【“8.13”地震】 2018年8月13日1时44分，通海县（北纬24.19度、东经102.71度）发生5.0级地震，震源深度7千米；2018年8月14日3时50分，通海县（北纬24.11度、东经102.43度）发生5.0级地震，震源深度6千米。震中均位于通海县四街镇一带，震中距江川区主城12千米，江川辖区内震感强烈，从“国家自然灾害灾情管理系统”中报告受灾人口18540人，受伤9人，其中轻伤2人，轻微伤7人。各乡镇（街道）民房受损6392间，烤房损坏142座。中心城区不同程度受损住宅670户，涉及38个小区，房屋建筑面积约9.26万平方米。受损小（二）型水库4座、小坝塘2座。道路破损49处、塌方59处。初步估算经济损失14230万元。

【修订应急预案】 江川区及时对《江川区自然灾害救助应急预案》《江川区民政局地震灾害救助应急预案》进行修订；进一步明确民政局各部门股室及人员在灾前、灾中、灾后的职责，同时要求全区6个乡镇（街道）对各乡镇（街道）的预案进行修订。

【救灾物资储备】 江川区救灾物资仓库储备省级代储帐篷213顶、市级帐篷200顶和自储物资包括棉被4580床，毛毯1331床，床单4543床，大衣516件，折叠床700张（在用的200张），垫子3489条，衣服1026套，劳保服5794套，发电机1台，水鞋170双，水衣71件，枕头3800个，多功能应急灯100盏，多功能应急包30个；以协议储备稻谷的形式在区粮食收储有限公司储备救灾救济大米57.71吨。

【防灾减灾日宣传】 江川区开展“5.12”防灾减灾日宣传活动，5月7~13日为防灾减灾宣传周，围绕“行动起来，减轻身边的灾害风险”主题，悬挂标语60条，展出展板62块，发放小册子3700本，散发宣传单11000张，发放宣传品1500件，播放公益广告18条次，风险隐患排查214点次，举行应急演练13场次。

【受灾群众冬春救助】 江川区做好受灾群众冬春救助，支出救灾资金106.4万元购买救济粮200吨，发放棉被1701床、毛毯602床、大衣700件、绒衣服1000套、床单1101条、棉垫1201床、水衣100件、折叠床200张、睡袋500只、枕头100只。下拨救济粮食（大米）261.25吨。救助受灾群众1万余人次，补助资金5.4万元完成8户因灾倒损民房恢复重建工作。

【抗震救灾安置群众】 江川区投入抗震救灾各项工作，启动《江川区民政局地震灾害救助应急预案》，分组赶扑重灾区开展灾情核查工作，紧急转移安置受灾群众30002人（其中集中安置459人，通过自行投亲靠友、公房安置等方式安置受灾群众2543人），发放大米201.25吨、帐篷227顶、折叠床200张、被子370床、垫子270床、床单170条、枕头100只、毛毯50条、睡袋500只和家庭救急包100个。省市调拨使用帐篷400顶（省级200顶，市级200顶），折叠床600张（省级200张，市级400张），棉被400床（市级）、棉垫400床（市级），给予江川区大力支持；区财政紧急筹集资金230万元下拨到各单位用于抗震救灾工作。

【农房地震保险】 根据玉溪市政策性农房地震保险试点工作领导小组办公室关于印发《玉溪市政策性农房地震保险赔付实施细则（试行）的通知》文件，江川区积极向上争取，市级下拨资金466万元到大街街道、九溪镇、前卫镇、雄关乡专项用于因灾倒损民房恢复重建，帮助受灾群众重建家园、恢复生产。

【开展文明祭扫活动】 2018年清明节印发各乡镇（街道）“文明城市靠大家、文明祭扫你我他”倡议书2500份，同时在城区范围内，人口密集区和部分乡镇（街道）悬挂宣传条幅、展示图文并茂宣传展板发放宣传资料1000余份。宣传“文明祭祀、绿色清明”，倡导文明、环保、节俭、科学、安全祭扫，摒弃愚昧污染、浪费、庸俗、不安全的祭扫方式。

【火化补助兑付】 江川区按照“四个100%”的要求，2018年殡仪馆共火化遗体1895具，兑付火化补助584.4万元。

【慈善捐赠】 江川区对红十字会捐赠的物资发放全区敬老院放电视10台、护理床7张、护理床上用品7套、护理员服装20套、洗衣机4台。到雄关乡白石岩村委会儿童之家慰问，资助电视机1台。“六一”儿童节到祁家营慰问留守困境儿童。两次对全区的敬老院开展消防安全大检查。江川远强口腔为前卫敬老院、江川区中心敬老院56位老人赠送护牙礼包，并现场为老人们诊疗牙齿，讲解护牙知识。江川善之缘公益、玉溪暖暖公益、抗浪鱼户外、希翼梅竹幼儿园81人组织麻风疗养院（13人）送温暖活动，带去慰问品。

【流浪乞讨救助】 江川区加强与公安、城管执法部门协作巡查，确保街面巡查全覆盖。出动工作人员106人次，出动车辆46车次，开展流浪乞讨救助35人次，其中送往医院就医4人，购买车票护送返乡16人，劝说自己离开32人次，对无法说出姓名和家庭住址，患有精神疾病的流浪乞讨人员及时送到定点联系医院进行治疗，并采取全国寻亲网、今日头条寻人等网站公布其主要特征的方式帮助其寻找家人，无一例安全事故发生。

【社会组织党委】 全区登记在册社会组织96个（其中社会团体68个、民办非企业28个），批准成立社会组织党支部29个，覆盖37个社会组织，社会组织党支部覆盖率90%。2016年5月13日成

立中国共产党江川区社会组织委员会，挂牌在区民政局，由民政局党组书记兼任社会组织党委书记。履行社会组织管理职责，重视党组织建设在社会组织发展中的关键作用，支持有条件的社会组织成立党支部，促进社会组织的健康发展。建立社会组织党建“登记申报、年检年报”制度，实行党建工作指导员制度，2018年拨付各支部党建经费7.44万元，确保机构运转。每季度召开社会组织党委委员会议，组织82个社会组织85名党员举办能力建设培训班一期，召开党建座谈会2次，提高社会组织党组织委员的履职能力，夯实党建基础。引导社会组织开展公益活动，春之声音乐协会惠民演出6场次，演讲朗诵协会用诗歌为祖国庆生，童话幼儿园等参与脱贫攻坚向山区捐赠物资折价8万多元，作家协会开展爱心助学捐赠帮助3名学生。

【足额发放定期抚恤和生活补助金】 根据中央、省、市调整优抚对象、出国参战民兵民工抚恤和生活补助标准文件，江川区及时调整提高优抚对象、出国参战民兵民工抚恤补助标准。全区享受定期抚恤、生活补助对象的重点优抚对象2746人，其中伤残人员101人、“三属”25人、在乡复员军人181人、带病回乡退伍军人41人、参战退役人1551人、60岁以上农村籍退役士兵698人、烈士子女20人、出国参战民兵民工129人。全年社会化足额发放定期抚恤和生活补助31141人次1834.28万元，发放出国参战民兵民工生活补助1543人次22.95万元。发放下岗失业残疾军人困难生活补助168人次74.43万元。

【城镇部分困难重点优抚对象补助发放】 实行动态管理，全年社会化发放城镇部分重点优抚对象生活困难补助980人次39.16万元（标准400元/人、月）。

【完成新增60岁农村籍退役士兵的申报工作】 完成2018年新增年满60周岁农村籍退役士兵摸底调查、申报、登记、审核、录入上报工作，共计新增23人。

【优抚对象医疗保障服务及解“三难”工作】 开展“关爱功臣”活动，帮助优抚对象解决“三难”7人2万元；为2户住房困难的在乡复员军人解决住房困难补助经费合计3万元；优抚对象医疗保障“一站式”住院补助594人次55.92元；完成2019年优抚对象参加城乡居民医疗保险缴费补助2451人53.922万元。

【退役士兵短期培训及一年以上职业技能培训】 2018年江川区民政局做好退役士兵一年以上职业技能培训宣传、报名工作。37名退伍士兵报名玉溪市汽车驾驶技术培训学校、玉溪市农业职业学院、云南爱因森学院参加培训。

【组织重点优抚对象免费参加职业技术培训】 根据省厅、市局的安排部署，4月23～27日，江川区组织14名重点优抚对象到昆参加种植、养殖技术培训。

【完成退役士兵接收安置任务】 2017年秋冬季至2018年6月，江川区共接收退役士兵114人，其中12年以上的转业士官30人。经安置办审核，符合政府安排工作的城镇退役士兵30人，区编办下达安置岗位30个，经量化评分和安置现场会公开选岗，29人走上安置岗位，1人选择自谋职业。发放自谋职业补助金1人53.8124万元，发放待分配期间生活补助金30人1.68万元，发放自主就业一次性经济补助84人115.146万元（含三等功增发一次性奖励金0.666万元）。

【节日期间走访慰问部队官兵】 2018年春节、“八一”建军节，区委、区政府组织对驻江部队、武警官兵进行走访慰问，为部队送去慰问金12万元。举行拥军优属及“八一”座谈会，召开双拥领导小组会议、议军会，共商江川发展大计。

【节日期间走访慰问优抚对象】 2018年春节、“八一”建军节对全区享受国家抚恤、生活补助优抚对象发放人均标准200元的一次性慰问金5187人次103.74万元，慰问14名军休干部、无军籍职工40人次，累计每人送去1.9万元慰问金，“八一”节，慰问建档立卡贫困户、低保户中的军队退役人员29人0.58万元，走访慰问10名军队退役人员代表，送去价值0.2万元的慰问品，走访慰问10名重点优抚对象（在乡复员军人、残疾军人）和2名军休遗属，慰问金合计0.6万元。春节前，市、区民政局为雄关乡下营村王超烈士的父母王发清、普瑞兰和祁家营村委会贾家湾贾树荣烈士的父母贾光尧、杨竹香送去温暖礼包，温暖礼包里有慰问信、春联、保温杯、保暖背心、棉被、纯棉三件套、个人清洁用品等物品。

【为优抚对象送春联年画送温暖活动】 2018年开展为优抚对象送日历送年画送温暖活动，发放年画2840张、春联1000对。

【完成义务兵家属优待金和立功奖励金发放工作】 “八一”建军节前，江川区完成186.91万元义务兵家庭优待金发放工作，惠及全区2018年度城乡义务兵家庭201户，每户发放标准从上年度的8583元提高到9299元。做好现役军人立功受奖喜报送达，收到部队寄来立功通知书、喜报64人份（二等功2人、三等功32人、荣获优秀士兵或士官30人），已送达军属手中，发放优秀义务兵家庭立功奖励金31人0.93万元。

【江川烈士陵园提档升级改造】 江川烈士陵园为市、区两级爱国主义教育基地，位于江川城南大龙潭村的福德山小石岩，距城区约2.5千米，现占地面积37.79亩，2016年9月至2018年5月，区民政局投资318万元对烈士陵园进行提档升级改造，已通过竣工验收。2018年4月，陵园增添菱形和竖牌24字社会主义核心价值观宣传牌，宣传社会主义核心价值观。

【做好烈士褒扬工作】 一是做好祭扫烈士活动服务保障工作，按照免费通行时间段为江川98名前往红河州、文山州各烈士陵园祭扫烈士活动的对越作战退役人员、烈士家属开具9份证明。二是抓清明节“铭记·2018清明祭英烈”主题活动。清明节期间，消防官兵、机关干部职工、师生等共计675人（其中烈士遗属71人）到烈士陵园缅怀革命先烈，民政局的党员在纪念碑前重温入党誓词，全局党员干部聆听支部书记、局长周瑜讲解唐淮源烈士的英雄事迹。

【开展烈士纪念日活动】 9月30日，在江川烈士陵园纪念碑前隆重举行烈士公祭活动，区“四套班子”领导和武警、消防官兵、预备役官兵、机关、企事业单位领导干部、共产党员、小学生、烈属代表等区内各界代表400余人参加公祭活动。走访慰问7名烈士遗属，为每一名烈士遗属送去500元慰问金和一床价值200元的棉被，累计送去慰问金0.35万元和价值0.14万元的棉被。

【做好涉军群体维稳工作】 做好复退军人信访维稳工作，建立复退军人信访台账，接待来信来访106人次，全国“两会”重要节点期间制定涉军信访维稳工作方案，逐级压实责任，重点人员落实领导包保责任，稳控管理，重要时间节点实行“零”报告制度，按要求狠抓部分涉军群体信访维稳“百日专项整治”活动，确保不出现赴省进京上访，确保社会和谐稳定。

【配合区征兵办做好新兵征集工作】 2018年配合区征兵办按照常态化、正规化做好“五率”征兵工作。江川适龄青年网上兵役登记2325人，占应登人数的100%，网上报名1098人，向部队输送新兵110名。

【区退役军人事务局挂牌成立工作】 11月29日，玉溪市江川区退役军人事务局挂牌成立，新成立的退役军人事务局在原江川旅游局办公楼（区人武部旁）。上午9：30时，举行揭牌仪式。区领导罗跃岗、曾宪涛、李卫东、蒋文、靳联明出席揭牌仪式，各乡镇（街道）党（工）委书记、区政府办、区委编办、区人社局、区民政局主要领导、区委组织部分管领导和退役军人代表参加揭牌仪式。

【退役军人和其他优抚对象信息采集】 截至12月20日，全区共完成江川户籍的第一阶段退役军人和其他优抚对象信息采集总数7691条，其中军队转业干部263条、退役士兵6016条、复员军人199条、残疾军人98条、军队离退休干部和退休士官7条、军队无军籍离退休退职职工6条，烈士遗属74条、因公牺牲军人遗属10条、病故军人遗属20条、现役军人家属1162条、享受国家抚恤的伤残民兵民工2条（以上数据含双重身份信息166条合计7857），并向市局上报《江川区退役军人和其他优抚对象信息采集第一阶段工作报告》。

（徐兴坤）

老龄工作

【概述】 2018年，江川区老龄工作围绕“六个老有”工作目标，以改善老年民生为目的，以保障老年民权为重点，突出抓好老年社会保障、养老服务、老年人优待、老年维权、老年文化、老龄宣传、养老服务项目建设等方面的工作。

【老龄人口】 2018年江川区总人口265574人（不含已托管人口），其中60岁以上老年人口43655人，占总人口的16.44%；80岁以上高龄老人6688人，占老年人口的15.3%；百岁及以上寿星4人，最大年龄106岁。

【老年人优待证】 从2007年7月起，开始为年满60周岁以上老年人发放《云南省老年人优待证》2018年度办理1586个。老年人凭《优待证》免费上公厕、免费进公园、就医免收普通挂号费等老年人优待政策得到落实。

【百岁老人】 2018年江川区新增1位百岁老人唐会连，家住大街街道大街社区老街心1号。区政府领导为老人颁发“百岁寿星荣誉证书”和“盛世乐天年”百岁匾，并对百岁寿星家庭颁发1万元一次性家庭奖励资金。

【发放高龄保健补助金】 自2008年以来，江川区开始为80岁以上无退休金高龄老人发放保健补助，2014年1月开始为80岁以上有退休金高龄老人发放保健补助。保健补助标准为：年满80周岁，不满90周岁的老人，每人每月补助50元；年满90周岁，不满100周岁的老人，每人每月补助100元；年满100周岁以上的老人，每人每月补助300元。2018年共发放80周岁以上高龄老人保健补助25224人次405.235万元。其中，发放无退休金老人21250人次，发放金额339.17万元；发放有退休金老人3974人次，发放金额66.065万元。

【节日慰问】 春节期间，市级领导、区级四套班子、区民政局、区老龄委对全区5户百岁老人、20户空巢失能老人开展走访慰问活动，发放慰问金2万元。敬老节期间走访慰问5名百岁老人、71名高龄空巢困难老人、283名特困人员（农村五保、城市三无）、7名军休干部，6名无军籍职工、11名抗战老兵，发放慰问金84500元，慰问品23份价值8077.6元。

【老年人意外伤害保险工作】 开展2018年玉溪市江川区“幸福和谐晚年”老年人意外伤害保险工作，全区50周岁以上老年人17780人购买老年人意外伤害保险，参保率42%，保费金额88.9万元，老年人意外伤害保险持续健康发展。

【“敬老月”活动】 “敬老月”期间，区老龄委组织和动员全区党政机关、企事业单位、社会组织以及其他社会力量等成员单位营造敬老爱老助老社会氛围，开展以“纪念改革开放40周年，构建养老、孝老、敬老新境界”为主题的敬老爱老助老活动。组织医疗志愿者队伍到江川区福利中心、乡镇敬老院、居家养老服务中心和高龄困难老人、空巢老人、孤寡老人家中，为老年人开展护理、信息咨询、心理疏导、送文化、送健康等志愿服务活动；各乡镇（街道）老龄办联合妇联、司法等部门开展法律援助活动。

【养老服务体系建设】 2018年向省市级申请到的各种养老建设项目13个，争取到各级补助建设资金235万元，完成“1个居家养老服务中心、12个老年活动中心”的建设任务，养老项目的建设促进和带动养老服务业发展。全区建有城市公办养老服务机构1个，农村敬老院9所，农村幸福院32个，老年活动中心180个，居家养老服务中心（农村互助养老站）21个。

【居家养老服务示范点创建】 为发挥已建好的20个居家养老服务中心的功能和作用，2018年江川区创建温泉村委会、马家庄村委会、六十亩村委会、白石岩村委会4个居家养老服务中心示范点，截至2018年底，全区共有9个居家养老服务中心为居家养老的院外“五保”“三无”老人、高龄、空巢、失能及60岁以上的其他老人提供助餐、学习娱乐、健康保健、精神慰藉等服务，社区（村委会）的老年人每天仅需支付6元的费用就能解决一天的吃饭问题，得到老年人及其子女的认可和支持。居家养老服务中心助餐服务的开展使社区形成良好的养老氛围。

（张寒杰）

政务服务管理

【概况】 玉溪市江川区政务服务管理局以建立优质服务、规范高效、阳光操作、公开透明的行政管理体制为目标，以转变政府职能、创新审批和管理方式、强化公共服务为重点，以“一个窗口受理、一个窗口出件、一个窗口收费的‘一站式’服务”为运作模式，坚持“为民、利民、便民”服务宗旨，尽最大努力做到“审批事项最少、办理时限最短，服务事项最多、服务质量最好，交易项目最全、交易方式最优”，倾力打造“阳光政务，贴心服务”品牌，为社会管理创新和幸福江川建设做出新的贡献。

【“深化“放管服”改革】 “放管服”改革是江川区全面深化改革、转变政府职能的重大举措，激发市场活力和社会创造力，“门难进、脸难看、事难办”的现象减少，多重审批和乱收费现象得以治理，减少办事环节，压缩办理时限，优化政务服务，企业发展更加便利畅通，人民群众获得感日渐增强。

对全区行政职权事项、公共服务事项、内部审批事项进行全面清理，严禁变相审批。江川区取消、调整、合并行政职权事项403项，调整后，保留区级行政许可事项267项，行政给付事项29项，行政处罚事项5197项，行政确认事项35项，行政征收事项38项，其他行政权力90项，内部审批事项27项，公共服务事项136项；乡镇（街道）行政许可事项11项，公共服务事项64项。江川区共编制行政许可办事指南简版325个，完整版297个，业务手册296个，服务指南94个，除涉及矿产等重大事项外，原则上压缩审批时限三分之一；加强事前事中事后监管，开展“双随机一公开”全覆盖工作，建立检查对象名录库和执法人员名录库，制定随机抽查细则，按要求开展检查并及时公开抽查信息，接受社会监督。江川区区级随机抽查事项231项，乡镇（街道）随机抽查事项48项，对发现的问题立行立改；深入开展“减证便民”专项行动，精简取消向当事人索要的证明材料13项、保留向当事人索要证明材料11项。

【一站式惠民“互联网+政务服务”建设工作】 为贯彻落实《玉溪市江川区深化“放管服”改革推进一站式惠民“互联网+政务服务”建设实施方案》，实行“前台综合受理、后台分类审批、统一窗口出件”的审批服务新模式，力争让企业和群众办事“只进一扇门、最多跑一次”。江川区政务局优化大厅布局，制定大厅改造方案，完成大厅改造的设计，经费概算5万元，完成大厅改造工作；招聘人员工作，经区委常委会研究决定，采取政府购买服务的方式向社会公开招聘咨询导办、综合受理窗口工作人员20人，分批招聘，首批招聘15人；采购智能化设备，召开班子会研究确定采购内容、中介机构，完成设备采购报批工作，投资概算48.9万元，到账资金30万元。完成采购工作，设备到位；2018年10月8～19日组织各部门梳理行政许可和公共服务事项录入一站式惠民平台；10月31日组织新招聘人员就纪律修养、职业道德两方面内容进行培训，培训分两个阶段进行，第一阶段汤江平副局长就纪律修养内容进行讲解，一是提高认识，切实增强纪律观念；二是如何加强纪律修养；三是需要遵守政务服务中心的纪律有哪些；第二阶段安明喜副局长就职业道德内容进行讲解，一是什么是职业道德；二是为什么要推进公职人员职业道德建设；三是遵守职业道德，珍惜每个工作机会。

通过这次培训，强化纪律作风建设，规范窗口人员服务行为，激发干事创业热情，进一步增强干部职工和窗口工作人员的责任意识、服务意识，提高服务意识和服务水平，推进一站式惠民“互联网+政务服务”建设。

【江川、红塔与新平公共资源交易中心实现远程异地评标】 5月30日，在红塔区公共资源交易中心电子评标室内，由玉溪综合评标专家库中抽取的专家与身在新平和江川公共资源交易中心的专家共同组成评标委员会，完成《李棋街道玉河社区五组党员活动中心》项目的评标工作，江川区公共资源交易电子化服务进入县区远程异地评标。电子评标中，三地专家分坐红塔、新平与江川三个评标室内，依托云南省公共资源交易电子平台，采用异地评标系统进行独立评审，评标专家之间“面对面”实时在线语音视频互动交流，在线打分、评分，评标结果由三地评标专家通过数字证书中的电子签名共同确认，整个评标过程历时4小时结束。江川实现远程异地评标，有利于共享全市评标专家资源，有效解决县区专家资源不足、评标专家固化等问题，节约公共资源交易领域的各成本，推动江川公共资源交易阳光化、标准化运行。

【政务管理平台应用培训】 2018年8月14日，江川区召开政务服务网上大厅和投资项目在线审批监管平台应用培训工作会议。

区政务局局长胡莎作培训前动员，要求参加培训的乡镇（街道）、部门学习相关政策、业务操作，提高部门办事效率，提升政务服务水平。

培训集中解读国家和省政府推行“一网通办”、加强在线平台应用管理的有关文件精神以及政务服务网上大厅操作讲解及实际操作演练、投资项目在线审批监管平台操作讲解及实际操作演练。

【江川区全域旅游发展规划编制招标完成】 江川区全域旅游发展规划编制招标于2018年3月30日在云南省共公共资源电子服务系统和玉溪市公共资源交易电子服务系统发布招标公告，于4月19日在江川区公共资源交易中心进行开评标。全域旅游发展规划编制是以习近平新时代中国特色社会主义思想和党的十九大精神为指导，全面贯彻落实区政府决策部署，坚持创新、协调、绿色、开放、共享新发展理念，做实文化旅游及健康养老产业，促进文化旅游及健康养老产业转型升级，建设宜居宜业和谐美丽新江川。

【推进“一站式”惠民平台】 “一站式”惠民服务平台的建设，实行“前台综合受理、后台分类审批、统一窗口出件”，实现政务服务“一码管理、一号申办、一窗受理、一网通办、一站服务”，企业和群众办事从找“部门”向找“政府”转变，从进“多门”向进“一门”转变，从“群众跑”向“政府跑、数据跑”转变，把困难和问题留给政府，把方便留给群众。在报件资料齐全的情况下实现“最多跑一次”，不用“来回跑、反复跑”，办事更加方便、快捷。2018年，江川区已梳理录入“一站式”惠民服务平台事项493项，26个部门涉及的行政许可和公共服务事项（因场地原因不能入驻的事项除外）已全部入驻实体大厅和网上大厅集中办理，明确事项申办、受理、审查标准，确保“同一事项、同一标准、同一编码”，全面推进政务服务信息公开、互通、共享，打破部门界限、政务藩篱和信息孤岛，力争让群众办事线上“一网通办”，线下“只进一扇门”，现场办理“最多跑一次”。同时，严格落实“一次性告知”制度，在群众咨询、补件环节一次性告知办事群众所需材料，避免群众重复跑。

运用互联网思维，创新服务模式，拓展服务渠道，开放服务资源，实现政务服务流程显著优化，服务形式更加多元，服务渠道更为畅通。优化大厅布局，将大厅划分成咨询取号区、休息等候区、自助服务区、综合受理区、后台审批区、统一出件区六个区域，功能更加完备，服务更加优化，让群众进入办事大厅有人导服，快速找到办事点位，办事有条不紊，办事效率明显提升。配备15名能力强、会服务、守纪律的咨询导办、综窗受理人员，为办事人员提供咨询导办、自助指导、业务受理等服务，让群众进入办事大厅有人导服，快速找到办事点位，各种自助服务设施为办事群众提供“不求人”的智能服务，维护大厅运行秩序，促进办事公开透明、提速增效。配置平台监管系统，实现事项办理网上留痕，全过程监管，对即将超时或超时办理件进行预警提醒，督促部门快办快结，大大提高办事效率，提升政务服务效能。

【推进“只进一扇门、最多跑一次”改革工作】 江川区政务服务管理局坚持以人民为中心的发展思想，聚焦企业和群众办事的难点、政务服务的堵点和痛点，多举并措深化“放管服”改革，推行“前台综合受理、后台分类审批、统一窗口出件、全区一体运作”的政务服务新模式，优化提升“一站式”功能，推进各部门政务服务事项集中办理，实现“多门“变“一门”，“多窗”变“一窗”“多网”变“一网”，构建全区线上线下融合服务的一体化政务服务体系，让企业和群众办事“只进一扇门、最多跑一次”，少跑腿、好办事、不添堵，提升企业和群众办事满意度。

一是优化大厅布局。按照“前台综合受理、后台分类审批、统一窗口出件”的政务服务新模式，从物理布局、室内装修、大厅标识、服务设施和网络环境等方面对大厅进行升级改造，设置咨询导办服务区、自助服务区、综合受理区、等候休息区、统一出件区、后台协同审批等六大功能区域。整合设置综合窗口，将部门分设的办事窗口分类整合为企业服务、社会事务、投资审批、中介服务、公共资源交易等综合窗口，变“以部门设置窗口”为“以事项设置窗口”，使大厅布局更加科学、人员分流更加均匀、群众办事更加方便快捷，努力实现审批服务“只进一扇门”“只对一个窗”“办理所有事”“最多跑一次”。

二是强化软实力建设。为切实解决部门派驻人员管理难、不稳定、忙闲不均、作风不实等突出问题，江川区政务服务管理局报请区委、区政府研究同意，采取政府购买服务方式向社会高薪招聘15名形象好、水平高、能力强、善服务的窗口工作人员，负责咨询导办、综合受理、统一出件区等各项工作。通过集中培训、跟班、顶岗等方式对窗口工作人员开展业务培训，熟练掌握各部门审批业务和“一站式”惠民服务平台操作系统，实现政务服务“一门、一窗、一网”集成服务。

三是搭建综合信息平台。利用互联网思维，通过信息技术手段，基于玉溪市“一站式”惠民服务信息平台，投资近50万元，配备叫号系统、高拍仪、扫描仪等智能化设备，通过升级改造大厅智能化设备系统，应用推广“事项梳理系统、大厅管理系统、综合受理平台”三大对内管理服务系统及“政务服务网”“政务微信公众号”两大对外线上服务平台，同时依托全市统一身份认证体系和应用集成平台，实现政务标准化、管理智能化、资料电子化、信息流转、数据沉淀、身份识别、审批进度自动监管、业务系统集成对接。群众可以方便快捷地进行业务咨询、进展查询、预约、申办、取号、反馈评价等业务，让“数据多跑路，群众少跑腿”，提高办事效率和群众满意度。

四是推动政务服务事项进驻。按照“应进必进”的原则，推动直接面向企业和群众、依申请办理的行政权力和公共服务事项全部纳入政务大厅集中办理，确保必须到现场办理的事项“只进一扇门”，实现企业和群众办事从“找部门”向“找政府”转变。以企业和群众办事“少跑腿”为目标，全面梳理必须到现场办理的“最多跑一次”事项，并在网上大厅和实体大厅同步展示、联动办理。

五是优化政务服务管理机制。以规范大厅管理，营造良好办事环境，树立服务型政府形象为目标，制定完善政务服务中心服务规范、窗口建设、服务质量评价、窗口人员考核、部门协同配合等相关配套管理制度。充分利用互联网、现代通信等技术，向社会全面公开事项的办理流程和要求，及时公开办理结果，畅通查询渠道，逐步实现办理过程全透明。完善便民利民设施，免费为群众提供办事指南、复印打印、应急药品、报刊杂志、饮用水等服务设备和用品。强化纪律作风建设，亮证上岗，公布投诉举报电话，促进勤政廉政建设；持之以恒纠“四风”，严禁上下班迟到、早退，严禁工作期间做与工作无关的事情，严禁对待办事群众语气生硬、推诿扯皮，杜绝“门好进、脸好看、事难办”等现象发生。江川区政务服务大厅运行秩序良好，工作人员政风行风明显好转，纪律意识明显增强，未收到投诉举报件，群众办事满意率100%。

【省审批中心、市政务局调研“互联网+政务服务”工作】 为推进“互联网+政务服务”工作，实现全省“五级联通、一张网”办事，加强服务型政府建设，让群众办事少跑腿。2月9日，省审批中心张宏庆、市政务服务管理局郭艾华等领导到江川调研“互联网+政务服务”工作，重点对“云岭先锋综合服务平台”运行情况进行调研。

召集区民政局、区卫计局、区人社局、区残联、大街街道分管领导及业务人员进行培训、座谈，对“云岭先锋综合服务平台”便民事项中的一孩《生育服务证》申请等16个事项的业务名称、所需资料、办事流程等进行面对面沟通。深入九溪鸡窝村委会、喜乐庄村委会实地查看“云岭先锋综合服务平台”使用运行情况。

副区长杨军苹强调，“互联网+政务服务”工作是转变政府职能，创新服务方式，建设服务型政府的有力抓手，涉及的街道、部门要高度重视此项工作，配合好区政务局工作，严格按照上级部门的要求，完成“云南省政务服务大厅”五级连通试点工作，为江川区人民群众提供便民高效快捷的政务服务。

【云南省办公厅对江川区政府机构窗口服务工作开展督研】 为提升效能政府、服务型政府建设，4月24日，省政府办公厅督查调研组深入江川区开展督查调研。

副区长杨金苹陪同省政府研究室宏观处领导顾渊明和市政务局领导深入区政务服务大厅、大街街道为民服务中心、大街下营社区为民服务站、区公积金管理中心开展督查调研。督查调研组

采取查阅办事指南和便民服务设施、提问窗口工作人员办事流程和相关政策、询问办事群众办理事项所需时限和满意情况、问卷调查等方式对办理服务事项、实体政务服务平台建设、线上线下融合服务、投资审批改革、制度建设和优化服务、窗口工作人员纪律作风建设等情况进行督查调研，向当天办事的群众发放问卷调查表60份。

督查调研组分别召开只有办事企业代表和群众代表参加的两个座谈会，并向座谈的企业和群众代表发放问卷调查表。两个座谈会共有42名代表参加，填写问卷调查表42份，督查调研组认真听取代表意见和建议，对收集到的意见和建议进行梳理汇总。

督查调研组强调，政务（为民）服务中心是政府依法行政、规范运作、廉洁高效、勤政为民的有效载体，是党和政府联系人民群众的桥梁和纽带，是全面展示和充分体现服务型政府新形象的重要窗口，工作人员直接与企业和群众打交道，其作风好坏直接关系到党和政府的形象，关系到江川区的营商环境，要进一步深化“放管服”改革，优化营商环境，完善政府权责清单，构建行政审批和政务服务为一体的监管体制，全面推进“互联网+政务服务”，大幅精简审批环节、压缩办理时限、优化审批服务，提升便民利民水平。

【江川区深化“放管服”改革推进“互联网+公共资源交易”】江川区自2017年11月启动电子化招投标以来，江川区公共资源交易中心坚持交易透明化管理、规范化运行、电子化操作的原则，围绕“网上全公开、网下无交易”的工作目标，加快全区公共资源交易电子化平台建设。江川区“公共资源交易电子化建设工程”项目建设完成，硬件设备、软件系统安装及网络调试等工作均已正常运行。2018，江川区公共资源交易中心共完成电子化招投标项目58个，其中工程建设项目22个，政府采购项目34个，土地电子化交易项目2个。共完成交易资金27771.89万元，节约资金1959.37万元，溢出资金1999万元，其中工程建设项目完成交易资金17180.88万元，节约资金735.6万元；政府采购项目完成交易资金3913.49万元，节约资金1223.77万元；土地电子化交易项目2个，完成交易资金6677.52万元，溢出资金1999万元。配合红塔区成功开展异地评标1个。电子化招投标工作有效投诉件0件，电子化招投标成功率100%。

（侯彦昆）

残疾人工作

【慰问贫困残疾人】 2018年江川残联利用各种节日广泛开展走访慰问活动，了解残疾人贫困户的生产生活情况，助力贫困残疾人脱贫致富。春节期间区委、区政府相关领导分组分批开展走访慰问贫困残疾人活动，慰问433户贫困残疾人，发放慰问金18.7万元。江川残联在“就业帮扶，真情相助”就业援助月活动中共走访慰问失业残疾人250人，发放慰问金8.5万元。在“六一”节期间慰问前卫小学困难残疾学生、市特校在校、送教上门学生74名，发放慰问金2.5万元。全年江川残联共访慰问贫困残疾人878户22.7万元，其中慰问建档立卡户162户169人，发放慰问金6.11万元。

【残疾人社会保障】 2018年，江川区残联积极抓好社会保障兜底工作，加大与民政等部门的协调把1678名特贫困残疾人纳入低保，做到应保尽保，重残必保；投入资金48.355万元帮助5431名残疾人参加城乡居民医疗保险，实现病有所医。江川区（乡）残联按照残疾人机动车辆燃油补贴条件和规定程序，认真落实、审核补贴对象，全区235名符合条件的残疾人录入申报系统，争取并发放省级残疾人机动轮椅车燃油补贴，每人260元，共计6.1万元，让残疾人切实感受到“特惠”。2018年江川残联残疾人社会保障成绩突出，江川区被云南省残疾人联合会表彰为2018年残疾人社会保障工作先进县区。

【贫困重度残疾人家庭无障碍改造】 2018年江川残联争取上级资金支持，投入资金21.6万元，推进贫困重度残疾人家庭无障碍设施改造，将建档立卡残疾人纳入改造范围，改造建档立卡贫困残疾人36户，进一步改善贫困重度残疾人的生活条件。11月8日，云南省残联维权信访处处长宋志和到江川区检查指导贫困残疾人家庭无障碍改造及残疾人信访维权工作，玉溪市残联党组书记、理事长普建蓉，副理事长李媛美，副区长杨军苹陪同检查，检查组对江川无障碍改造工作给予高度赞扬。

【精准康复服务工作】 2018年江川区残联投入资金451.80万元，为1548名残疾人开展精准康复服务。其中：建档立卡户213人，补助金额45.83万元。江川残联做好精准康复系统数据录入，康复服务录入2895人，完成康复服务率96.40%。

【辅助器具配发工作】 2018年江川残联各类辅助器具28个品种666件，发出167件。在第二十八个“全国助残日”期间，江川残联为33名有需求的贫困残疾人免费发放辅助器具，共配发轮椅10辆，盲杖4根，四脚手杖7根，助行器4架、手扶椅3支，拐杖2副等辅助器具。2018年江川残联为肢体残疾人补助安装假肢17人，其中：大腿4例，小腿10例，上肢3例，补助金额5.45万元。争取省残联辅具配备项目，为江川区127名听力障碍患者配备助听器，投入资金369.64万元。完成惠民辅助器具服务，通过招标采购144件（套）残疾人用品用具，采购金额7万元，江川残联为110名残疾人发放辅助器具，其中：建档立卡户11人。投入资金6万元为江城社区和三街社区配备残疾人适用健身器材。

【“阳光家园”项目】 2018年江川残联实施“阳光家园计划”服务项目，为全区175名智力、精神和重度残疾人提供居家服务，补助金额共计26.25万元，其中：建档立卡户58人，补助金额8.7万元。

【精神残疾人康复医疗救助】 2018年江川残联对重症精神病患者实施医疗救助，全年补助住院治疗贫困精神病人45人，补助金额6.75万元，其中：建档立卡户10人，补助金额1.65万元。精神病人免费服药补助110人，补助金额2.64万元，其中：健档立卡户20人，金额4800元。

【残疾人“助行”行动】 2018年江川区残联开展“助行”行动，对23名肢残患者进行筛查，对17名进行免费安装，补助金额5.45万元。

【残疾人“助盲”行动】 2018年江川区残联实施“慈善光明千人行”“助盲”行动，全区筛查白内障患者1494人，符合手术634人，免费做手术459人，补助经费160.89万元。

【残疾人“助听”行动】 2018年江川区残联开展“助听”行动，争取省残联辅具配备项目，为江川区127名听力障碍患者配备助听器，金额369.64万元。其中：建档立卡户10人，金额28.6万元。

【残疾人健康体检】 2018年江川区残联为452名残疾人进行免费健康体检，投入资金8.588万元，其中：建档立卡户64人，金额12160元。

【残疾儿童康复工作】 2018年江川残联开展残疾儿童康复需求调查，转介11名脑瘫和智残儿到第三人民医院进行康复训练，共补助金额13.68万元，其中：建档立卡户2名，补助金额2.64万元。

【残疾人“两项”补贴工作】 2018年江川残联审核残疾人“两项”补贴42044人次，其中困难生活补贴22291人次；一级、二级重度护理补贴19753人次，发放金额2150540.00元。江川残疾人“两项”补贴工作实现应补尽补，有效解决残疾人的家庭负担，提高残疾人的生活质量。

【助学兴教】 2018年江川区残联开展助学兴教活动：投入资金21.4万元帮助残疾家庭学生及残疾学生153名，其中建档立卡贫困残疾家庭学生及残疾学生25名补助资金2.465万元。利用彩票公益金助学项目补助13名在校大中专残疾学生，高中残疾学生11名，共计补助2.95万元。筹措资金12.7万元，资助52名考取大中专院校的残疾学生和贫困残疾人家庭子女。开展送教上门服务，为29名重度残疾适龄儿童发放4.1万元生活学习补助金，并在“六一”儿童节期间慰问送教上门学生、前卫小学困难残疾学生、市特校等在校生74名，金额2.5万元。

【残疾人职业技能竞赛】 在2018年玉溪市第五届残疾人职业技能竞赛中，江川残联组织10名残疾人组队参加9个项目的比赛，荣获团体总分第二名。

【残疾人运动会】 2018年江川残联选拔输送1名残疾运动员参加云南省第十一届残疾人运动会，荣获第四名成绩。

【残疾人培训】 2018年江川残联开展残疾人培训9期，培训残疾人407人，投入经费10.95万元，其中建档立卡户残疾人培训292人次。其中，投资5万元举办残疾人食品烘焙技能培训，对20名残疾学员进行中式、西式面点加工技

能的培训；投资2.75万元举办20人参加的电子商务培训；选送7名视力残疾人参加市盲人按摩师技能提升培训班；2名盲人参加保健按摩初级培训；3名盲人参加计算机培训班。举办精准康复服务和康复工作人员的业务培训班5期，450人次参加培训，投入资金5.8万元。

【残疾人就业工作】 2018年江川残疾人就业年龄段总人数3405人，就业1762人，就业率51.75%，就业录入率100%。新增农村残疾人劳动力转移就业131人，其中贫困残疾人劳动力新增转移就业20人；实施一人一策帮助应届毕业残疾人大学生4人实现就业。

【就业援助月活动】 2018年江川区残联开展就业援助服务系列活动，走访慰问失业残疾人250人，发放慰问金8.5万元。组织残疾人参加两次招聘会，119名残疾人参加应聘，19名残疾人现场达成就业意向。

【就业年审】 江川区残联开展2018年按比例安排残疾人就业年审工作，85名残疾人在56家用人单位就业。

【残疾人创业就业扶持】 2018年江川残联投入扶持资金5万元，打造星级盲人保健按摩机构2个，基础规范盲人按摩机构3个，其他盲人按摩店2个，共计26人在全区7家盲人按摩店就业，其中盲人14人。投入资金7万元扶持残疾人自主创业示范户10户，其中省级示范户4户，投入资金4万元，区级示范户6户，投入资金3万元。投入资金4万元扶持20户贫困残疾人发展生产。争取区政府的支持，对辖区内在从事手工缝补、理发等行业的7名残疾人返补20%的招租资金给他们，返补资金1.1万元。开展残疾人创业就业规模户调查工作，调查登记残疾人及家庭创业就业规模户124户，其中残疾人业主108户，有工商证照74户，残疾人职工126人。

【残疾人基本服务状况和信息数据动态更新工作】 2018年完成各乡镇（街道）该项工作业务培训30人，全区调查并录入系统各乡镇（街道）、村委会专职委员63人；社区调查63个；残疾人6768人，其中入户调查6404人；电话调查140人；死亡注销150人；外出、搬迁、空挂、查无此人74人，入户调查率94.78%。

【信访维权和综治维稳工作】 2018年江川区残联设立群众诉求办理监督平台，开通残疾人维权热线电话和信息沟通邮箱，解决各种利益诉求和矛盾纠纷。接待并处理群众来信来访30件，所有案件已全部处理，办结率100%。

【残疾人证办理工作】 2018年江川残联发放残疾人工作政策宣传资料、第二代残疾人证的办理政策资料2200份。全年新办证残疾人证358本，注销死亡残疾人证151本，累计办理残疾人证6786本，残疾人持证率和覆盖面不断扩大。

【脱贫攻坚工作】 2018年江川区共有建档立卡残疾人495户574人，其中已脱贫269户293人；未脱贫211户263人；返贫15户18人。江川残联共投入扶贫资金136.63万元，平均每户补助2760元，人均补助2380元，每户享受政策2.3项，人均2.1项。2018年江川残联负责的8户联系户全部脱贫。

【受表彰情况】 2018年，根据《关于表扬“十二五”期间残疾人工作先进单位和先进个人的决定》精神，江川区残联被玉溪市政府残疾人工作委员会表彰为“残疾人工作扶残助残”先进集体；根据《云南省残疾人联合会关于通报表扬2018年教就工作先进县的通知》精神，江川区被云南省残疾人联合会表彰为2018年残疾人社会保障工作先进县区；根据《关于表扬2018年度玉溪市残疾人工作目标考核先进单位的决定》精神，江川残联被表扬为2018年残疾人工作责任制考核“一等奖”。

（杨 晰）

人　物

编辑　徐凡清

玉溪市江川区2018年获市以上表彰的先进集体

单位名称	授予称号	授予单位	授予时间
江川区农业局	生猪屠宰行政处罚优秀文书	农业农村部办公厅	2018.07
江川区水产技术推广站	2016年度云南省农业技术推广奖三等奖（玉溪市土著鱼关键技术集成与推广应用）	云南省农业厅	2018.01
市公安局江川分局	全省县级公安机关信息化工作成绩突出单位通报表扬	云南省公安厅政治部	2018.06
市公安局江川分局交警大队车辆管理所	2016年至2017年度全省二等县级车辆管理所	云南省公安厅	2018.07
市公安局江川分局	参与通海“813”地震抗震救灾工作通令嘉奖	云南省公安厅	2018.08
江川区统计局	云南省第三次全国农业普查工作先进集体	云南省第三次全国农业普查领导小组	2018.10
九溪镇人民政府	云南省第三次全国农业普查工作先进集体	云南省第三次全国农业普查领导小组	2018.10
江川区动物卫生监督所	云南省农业行政处罚优秀案卷	云南省农业农村厅	2018.11
市公安局江川分局	省级“文明单位”	云南省委、省人民政府	2018.12
江川区城市管理局	2018年云南省城市管理执法队伍“强基础、转作风、树形象”先进单位	云南省住房和城乡建设厅	2018.12

玉溪市江川区2018年受市以上表彰的先进个人

姓　名	所在单位	授予称号	授予单位	授予时间
赵红磊	市公安局江川分局雄关派出所	全国青少年毒品预防教育627工程优秀校外辅导员	国家禁毒委员会办公室	2018.06
杨仕祥	市公安局江川分局禁毒大队	全国青少年毒品预防教育627工程优秀校外辅导员	国家禁毒委员会办公室	2018.06
郭春生	云南省玉溪市江川县农业局	生猪屠宰行政处罚优秀文书	农业农村部办公厅	2018.07
郭永斌	云南省玉溪市江川县农业局	生猪屠宰行政处罚优秀文书	农业农村部办公厅	2018.07
胡俊成	云南省玉溪市江川县农业局	生猪屠宰行政处罚优秀文书	农业农村部办公厅	2018.07
张四春	江川区水产技术推广站	全国海昌技术奖	农业农村部中国野生动物保护协会水生野生动物保护分会	2018.10
张四春	江川区水产技术推广站	2016年度云南省农业技术推广奖三等奖（玉溪市土著鱼关键技术集成与推广应用）	云南省农业厅	2018.01
陈　辉	市公安局江川分局国保大队	省公安厅政治部通报表扬	云南省公安厅政治部	2018.01
张友存	江川区水产技术推广站	云南省有突出贡献优秀专业技术人才三等奖	云南省人民政府	2018.08
业保华	市公安局江川分局刑侦大队	第二届全省公安摄影PK大赛二等奖	云南省公安厅政治部	2018.09
李忠海	江川区人民政府	第三次全国农业普查省级优秀组织者	云南省第三次全国农业普查领导小组	2018.10
雷吉林	江川区人大财经委	第三次全国农业普查省级优秀组织者	云南省第三次全国农业普查领导小组	2018.10
可亚兰	江川区统计局雄关统计工作站	第三次全国农业普查省级先进个人	云南省第三次全国农业普查领导小组	2018.10
李景志	江川区前卫镇人民政府	第三次全国农业普查省级先进个人	云南省第三次全国农业普查领导小组	2018.10
罗艳婷	江川区前卫镇人民政府	第三次全国农业普查省级先进个人	云南省第三次全国农业普查领导小组	2018.10
唐夕雯	路居统计工作站	第三次全国农业普查省级先进个人	云南省第三次全国农业普查领导小组	2018.10
潘奕霖	路居统计工作站	第三次全国农业普查省级先进个人	云南省第三次全国农业普查领导小组	2018.10
岳　春	江川区统计局安化统计工作站	第三次全国农业普查省级先进个人	云南省第三次全国农业普查领导小组	2018.10
赵子良	江川区江城镇人民政府	第三次全国农业普查省级先进个人	云南省第三次全国农业普查领导小组	2018.10

续表

姓　名	所在单位	授予称号	授予单位	授予时间
陈美兰	江川区统计局江城统计工作站	第三次全国农业普查省级先进个人	云南省第三次全国农业普查领导小组	2018.10
秦　涛	江川区统计局江城统计工作站	第三次全国农业普查省级先进个人	云南省第三次全国农业普查领导小组	2018.10
段　丽	江川区大街街道社保中心	第三次全国农业普查省级先进个人	云南省第三次全国农业普查领导小组	2018.10
冯　凯	江川区大街街道大庄社区	第三次全国农业普查省级先进个人	云南省第三次全国农业普查领导小组	2018.10
牛　琳	玉溪市电子政务网络管理中心	第三次全国农业普查省级先进个人	云南省第三次全国农业普查领导小组	2018.10
刘世春	江川区农业（畜牧兽医）局	第三次全国农业普查省级先进个人	云南省第三次全国农业普查领导小组	2018.10
周　新	江川区九溪镇人民政府	第三次全国农业普查省级先进个人	云南省第三次全国农业普查领导小组	2018.10
杨梅芳	江川区九溪镇人民政府	第三次全国农业普查省级先进个人	云南省第三次全国农业普查领导小组	2018.10
李金花	江川区统计局九溪统计工作站	第三次全国农业普查省级先进个人	云南省第三次全国农业普查领导小组	2018.10
王圆圆	江川区统计局	第三次全国农业普查省级先进个人	云南省第三次全国农业普查领导小组	2018.10
杨　薇	江川区统计局	第三次全国农业普查省级先进个人	云南省第三次全国农业普查领导小组	2018.10
赵维新	江川区统计局	第三次全国农业普查省级先进个人	云南省第三次全国农业普查领导小组	2018.10
秦　瑜	江川区统计局	第三次全国农业普查省级先进个人	云南省第三次全国农业普查领导小组	2018.10
杨霜梅	江川区统计局	第三次全国农业普查省级先进个人	云南省第三次全国农业普查领导小组	2018.10
普建辉	江川区统计局	第三次全国农业普查省级先进个人	云南省第三次全国农业普查领导小组	2018.10
胡俊成	江川区动物卫生监督所	云南省农业行政处罚优秀案卷	云南省农业农村厅	2018.11
张明芬	江川区动物卫生监督所	云南省农业行政处罚优秀案卷	云南省农业农村厅	2018.11
郭永斌	江川区动物卫生监督所	云南省农业行政处罚优秀案卷	云南省农业农村厅	2018.11
胡俊成	江川区动物卫生监督所	2018年云南省农业优秀行政执法人员	云南省农业农村厅	2018.11
张明芬	江川区动物卫生监督所	2018年云南省农业优秀行政执法人员	云南省农业农村厅	2018.11
郭永斌	江川区动物卫生监督所	2018年云南省农业优秀行政执法人员	云南省农业农村厅	2018.11
业保华	市公安局江川分局刑侦大队	《广场警务亭》组照获第三届全公安摄影艺术展获银奖	全国公安摄影家协会	2018.12
周宏斌	江川区城市管理局	2018年云南省城市管理执法队伍“强基础、转作风、树形象”先进个人	云南省住房和城乡建设厅	2018.12

统计资料

2018年江川区土地、森林、气候主要指标

主要指标	单位	2017年	2018年	增减	
				数量	%
一、土地					
土地面积	平方千米	850	850	-	-
二、森林					
森林覆盖率	%	43.78	44.07	-	-
三、气候					
全年平均气温	摄氏度	16.9	16.7	-0.2	-1.18
全年日照时数	小时	1852.2	2071.8	219.6	11.86
全年降雨量	毫米	1009.5	909.1	-100.4	-9.95

2018年江川区卫生事业主要指标

	单位	2017年	2018年	增减	
				数量	%
区、乡（镇）医疗机构	个	177	177	0	0.0
诊治疗人数	人	1920738	1952060	31322	1.6
健康检查人数	人	106492	39173	–67319	–63.2
住入院人数	人	25400	23736	–1664	–6.6
出院人数	人	25254	23863	–1391	–5.5
死亡率	%	0.21	0.24	0.03	14.3
医疗机构数	个	71	73	2	2.8
其中：西医为主	个	10	60	50	500.0
中西医结合	个	61	13	–48	–78.7
乡村医生和卫生人员	人	270	273	3	1.1
其中：中专以上学历	人	233	226	–7	–3.0
在职培训合格	人	270	273	3	1.1
诊疗人次数	人	586437	619118	32681	5.6
孕产妇检查人次数	人次	18820	28626	9806	52.1
儿童疫苗接种人次数	人次	80000	73058	–6942	–8.7
全年业务总收入	万元	30155.5	31214.3	1058.8	3.5
其中：医疗收入	万元	18900.9	19978.4	1077.5	5.7
传染病病发率	1/10万	108.5	90.5	–18.0	–16.6
农村卫生厕所普及率	%	35.6	94.9	59.3	166.4
卫生防疫人员数	人	34	41	7	20.6
5岁以下儿童死亡率	%	0.6	0.6	0.02	3.3
婴儿死亡率	%	0.4	0.5	0.08	18.1
产妇住院分娩比例	%	100	100	0	0.0

2018年江川区社会消费品零售总额

主要指标	单位	2017年	2018年	增减	
				数量	%
社会消费品零售总额	万元	246764.2	277040.0	30275.8	12.3
按销售单位所在地分					
1.城镇	万元	212097.4	239501.0	27403.6	12.9
2.乡村	万元	34666.8	37539.0	2872.2	8.3
批发零售住宿餐饮业情况					
1.批发业销售额	万元	65298.6	77602.7	12304.1	18.8
限额以上	万元	12712.5	16602.8	3890.3	30.6
限额以下	万元	52586.1	60999.9	8413.8	16.0
2.零售业销售额	万元	240570.9	275634.1	35063.2	14.6
限额以上	万元	11129.6	16030.5	4900.9	44.0
限额以下	万元	229441.3	259603.6	30162.3	13.1
3.住宿业营业额	万元	22054.9	25459.7	3404.8	15.4
限额以上	万元	7715.8	4475.6	-3240.2	-42.0
限额以下	万元	14339.1	20984.1	6645.0	46.3
4.餐饮业营业额	万元	95306.3	112903.5	17597.2	18.5
限额以上	万元	5470.5	7399.3	1928.8	35.3
限额以下	万元	89835.8	105504.2	15668.4	17.4

2018年江川区城镇居民家庭调查基本情况

指　标	计量单位	2017年	2018年	增减	
				数量	%
一、调查户数	户	80	60	-	-
二、期内住户常住成员数	人/户	3.3	3.4	0.1	3.9
三、人均期末拥有房屋面积（建筑面积）	平方米	62.3	65.50	3.2	5.1
四、全年人均可支配收入	元	33936.2	36651.3	2715.1	8.0
五、人均消费支出	元	21244.4	23543.3	2298.9	10.8
（一）食品烟酒	元	4268.6	5502.6	1234.0	28.9
（二）衣着	元	1509.5	1944.2	434.7	28.8
（三）居住	元	5105.3	4732.5	-372.7	-7.3
（四）生活用品及服务	元	1542.6	1914.2	371.7	24.1
（五）交通通信	元	3430.0	3715.0	285.0	8.3
（六）教育文化娱乐	元	3189.4	3442.6	253.3	7.9
（七）医疗保健	元	1711.9	1857.0	145.1	8.5
（八）其他用品和服务	元	487.2	435.2	-52.0	-10.7

2018年江川区农民家庭生产调查基本情况

指　标	计量单位	2017年	2018年	增减	
				数量	%
一、调查户数	户	70	80		
二、期末拥有房屋面积	平方米	67.0	72.9	5.9	8.8
三、人均可支配收入	元/人	12172.1	13280.1	1108.0	9.1
（一）工资性收入	元/人	2925.6	3199.8	274.2	9.4
（二）经营净收入	元/人	8735.0	9495.3	760.3	8.7
（三）财产净收入	元/人	148.3	169.7	21.4	14.4
（四）转移净收入	元/人	363.3	415.3	52.1	14.3
四、全年人均总支出	元/人	24812.2	49118.2	24306.0	98.0
（一）消费支出	元/人	10255.0	11079.9	824.9	8.0
（二）生产经营费用支出	元/人	3283.3	34408.4	31125.2	948.0
（三）财产性支出	元/人	10.8	8.1	-2.7	-25.2
（四）转移性支出	元/人	346.9	289.8	-57.1	-16.5

2018年江川区邮电通信主要指标

指　标	计量单位	2017年	2018年	增减	
				数量	%
邮政业务总量	万元	944	1049	105	11.1
函件合计	件	60274	166567	106293	176.3
包件合计	件	46330	50439	4109	8.9
报纸累计份数	万份	140.6	160.6	20.0	14.2
杂志累计份数	万份	7.5	7.1	–0.4	–5.0
邮路总长度	万份	47.0	47.0		
电信业务总量	千米	55180.0	99610.0	44430.0	80.5
固定电话用户	万元	8454.0	7034.0	–1420.0	–16.8
移动电话用户	万元	268780.0	255523.0	–13257.0	–4.9

2018年江川区招商引资主要指标

指　标	计量	2017年	2018年	增减	
				数量	%
一、实施国内项目数	个	83	67	–16	–19.28
其中：市外	个	83	67	–16	–19.28
省外	个	74	62	–12	–16.22
二、新签订项目数	个	56	31	–25	–44.64
三、实际利用县外国内资金	万元	804150	903925	99775	12.41
其中：实际利用市外国内资金	万元	770789	902555	131766	17.09
实际利用省外国内资金	万元	663393	809006	145613	21.95
四、实施国外项目数	个	0	0	0	0.00
五、实际利用国外资金	万美元	0	0	0	0.00

2018年江川区各乡镇（街道）主要指标人均比较

项 目		全区	大街	江城	前卫	九溪	路居	安化	雄关
耕地面积（平方米）	按总人口	300.34	151.26	336.95	294.52	378.68	374.81	633.97	504.85
	按乡村人口	490.06	1117.20	395.20	455.10	448.93	462.43	638.61	510.19
粮食（千克）	按总人口	157.31	91.78	203.73	148.48	195.72	69.88	577.18	157.08
	按乡村人口	256.69	677.91	238.95	229.44	232.03	86.22	581.41	158.74
人均生产烤烟（千克）		45.67	16.65	18.52	49.20	56.18	48.37	236.69	220.25
人均生产油料（千克）		27.36	18.08	22.54	14.44	50.99	7.02	173.67	55.20
人均生产猪肉（千克）		42.77	38.44	42.77	40.50	33.85	64.10	27.00	62.77

2018年江川区普通中学基本情况（一）

	学校数（所）	班数（个）			在校学生数（人）			招生数（人）			毕业班学生数（人）			毕业生数（人）
		合计	高中	初中	合计	高中	初中	合计	高中	初中	合计	高中	初中	合计
合 计	13	301	90	211	13899	4682	9217	4114	1603	2511	13	1510	3316	5247
大街街道	4	129	54	75	5934	2754	3180	1736	883	853	4	928	1221	2235
江城镇	4	84	36	48	4043	1928	2115	1344	720	624	4	582	739	1511
前卫镇	2	42		42	1968		1968	571		571	2		671	699
九溪镇	1	21		21	954		954	207		207	1		296	360
路居镇	1	13		13	554		554	130		130	1		208	258
安化乡														
雄关乡	1	12		12	446		446	126		126	1		181	184

2018年江川区普通中学基本情况（二）

	毕业生数（人）		专任教师	学校占地面积（平方米）		计算机（台）	校舍建筑面积（平方米）		教学及辅助房面积（平方米）		校舍危房面积（平方米）		图书藏量（册）		
	高中	初中		高中	初中		高中	初中	高中	初中	高中	初中	合计	图书	电子图书
合计	1548	3699	1158	232699	209421	2297	109395	134551.8	35468	54974.2			467045	466045	1000
大街街道	961	1274	514	175943	64072	1012	74882	40806	25008	20534.4			201827	201827	
江城镇	587	924	314	56756	46189	660	34513	34925.8	10460	13828.8			111300	111300	
前卫镇		699	156		51724	321		26865		9669			71303	71303	
九溪镇		360	71		14173	148		13694		4873			38700	37700	1000
路居镇		258	57		22493	96		11196		4077			26915	26915	
安化乡															
雄关乡		184	46		10770	60		7065		1992			17000	17000	

2018年江川区小学基本情况（一）

	学校数（所）	完小数	专任教师（人）	班数（个）	招生数（人）	在校学生（人）	毕业生数（人）	毕业班学生数（人）
合计	12	46	1040	500	2685	15015	2593	2434
大街街道	3	8	298	144	1054	5451	821	795
江城镇	3	13	236	116	551	3186	640	505
前卫镇	2	7	159	77	403	2318	443	422
九溪镇	1	8	114	57	241	1435	220	232
路居镇	1	6	119	52	239	1411	211	265
安化乡	1	2	50	24	72	478	129	90
雄关乡	1	2	64	30	125	736	129	125

2018年江川区小学基本情况（二）

	计算机（台）	图书藏量（册）	学校占地面积（m^2）	校舍建筑面积（m^2）	教学及辅助房面积（m^2）
合计	2193	413554	330163.5	174465.3	86595.2
大街街道	658	146061	70236.5	44708	27134.4
江城镇	458	97327	86931	48255.3	20144.9
前卫镇	370	63610	51105	29023	14856
九溪镇	269	36719	41254	18229	8792.9
路居镇	237	33537	35716	16543	8347
安化乡	87	17424	31968	9799	3756
雄关乡	114	18876	12953	7908	3564

2018年江川区主要指标完成情况（一）

	单位	2017年	2018年	增减	
				数量	%
一、人口					
1、年末户籍总人口	人	282923	284809	1886	0.7
年平均人口	人	281833	283866	2033	0.7
出生人口	人	4485	3868	-617	-13.8
出生率	‰	15.91	13.63	-2.28	-14.3
死亡人口	人	2200	1847	-353	-16.1
死亡率	‰	7.81	6.51	-1.3	-16.7
自然增加人数	人	2285	2021	-264	-11.6
自然增长率	‰	8.11	7.12	-0.99	-12.2
总人口中：乡村人口	人	173533	174548	1015	0.6
城镇人口	人	109390	110261	871	0.8
少数民族人口	人	21468	21966	498	2.3
2、年末常住总人口	万人	28.78	28.82	0.04	0.1
年平均人口	万人	28.76	28.80	0.04	0.2
城镇人口	万人	12.38	12.73	0.35	2.9
城镇化率	%	43.0	44.2	1.17	2.7
二、综合					
1、地方生产总值	万元	906501	1000299	93798	11.6
第一产业	万元	164929	176226	11297	6.6
第二产业	万元	305055	369076	64021	18.8
其中：工业	万元	254952	302178	47226	17.5
建筑业	万元	51638	68718	17080	25.8
第三产业	万元	436517	454997	18480	8.2

2018年江川区主要指标完成情况（二）

	单位	2017年	2018年	增减	
				数量	%
2、按常住人口计算人均GDP	元	31530	34733	3203	11.4
3、第一产业经济结构比重	%	18.2	17.6	−0.6	−3.3
第二产业经济结构比重	%	33.7	36.9	3.2	9.7
第三产业经济结构比重	%	48.2	45.5	−2.7	−5.5
4、现价工业农业总产值	万元	1276794	1399065	122271	9.6
工业总产值	万元	998904	1116121	117217	11.7
农业总产值	万元	277890	282944	5054	1.8
其中：农业	万元	181457	193540	12083	6.7
林业	万元	4651	4766	115	2.5
牧业	万元	61615	65524	3909	6.3
渔业	万元	11023	11428	405	3.7
农林牧渔业服务业	万元	7429	7686	257	3.5
三、固定资产投资完成额	万元	–	–	–	10.2
四、年末常用耕地面积	亩	128250	128245	−5	0.0
全年粮食产量	万千克	4404	4480	76.1	1.7
大春粮食产量	万千克	3781	3586	−195.2	−5.2
小春粮食产量	万千克	623	894	271.3	43.5
烤烟产量	万千克	1255.78	1300.80	45.0	3.6
油料产量	万千克	702.66	779.35	76.7	10.9
水果产量	万千克	1088	1131	43	3.9

2018年江川区主要指标完成情况（三）

	单位	2016年	2017年	增减	
				数量	%
水产品产量	吨	4350	4355	5	0.1
全年肥猪出栏数	头	126809	148026	21217	16.7
年末生猪存栏数	头	120476	114014	–6462	–5.4
生产经营仔猪	头	281157	366447	85290	30.3
五、社会消费品零售总额	万元	246764	277040	30276	12.3
六、城镇居民人均可支配收入	元	33936	36651	2715	8.0
七、农村居民人均可支配收入	元	12172	13280	1108	9.1
八、在岗职工人数	人	16040	17631	1591	9.9
其中：事业单位	人	4430	4512	82	1.9
机关单位	人	1703	1708	5	0.3
在岗职工平均工资	元	69584	74374	4790	6.9
其中：事业单位	元	105205	111253	6048	5.7
机关单位	元	114009	118462	4453	3.9
九、财政					
一般公共预算收入	万元	71026	78359	7333	10.3
一般公共预算支出	万元	184023	205342	21319	11.6
十、金融机构存款余额	万元	1240877	1349089	108212	8.7
金融机构贷款余额	万元	885169	1020789	135620	15.3

注：本表中2017–2018年肥猪出栏数、生猪存栏数和生产经营仔猪2017–2018年数据为第三次农业普查修订数。

（区统计局　供稿）

附　录

中共玉溪市江川区委
关于印发中共玉溪市江川区委二届四次全会
区委常委会工作报告和徐贤同志讲话的
通　知

玉江发〔2018〕1号

各乡镇党委、政府，大街街道党工委、办事处，区委和区级国家机关各部、委、办、局，各人民团体和企事业单位，中央、省、市驻江单位：

中共玉溪市江川区委二届四次全体会议于2018年1月15日召开。在全会第一次全体会议上，区委书记徐贤代表区委常委会作工作报告。《报告》高举习近平新时代中国特色社会主义思想伟大旗帜，深入贯彻党的十九大精神，客观真实总结了2017年的工作，深入分析研判了发展面临的形势和机遇，提出了江川 “三步走”战略，并对2018年工作任务进行了全面安排部署，展现了区委带领全区广大党员干部和各族群众，不忘初心，牢记使命，决胜全面建成小康社会，为建设宜居宜业和谐美丽新江川努力奋斗的信心和决心。

在全会第二次全体会议上，区委书记徐贤作了重要讲话，对做好当前和今后一个时期的工作提出了明确要求，动员全区广大干部提高认识、统一思想，坚定信心、争创一流，转变作风、真抓实干，推动江川各项工作在跨越发展的跑道上行稳致远，为建设宜居宜业和谐美丽新江川努力奋斗！

经区委研究同意，现将中共玉溪市江川区委二届四次全会区委常委会工作报告和徐贤同志讲话印发给你们，请认真组织传达学习，结合实际抓好贯彻落实。

中共玉溪市江川区委

2018年1月22日

高举习近平新时代中国特色社会主义思想伟大旗帜 为建设宜居宜业和谐美丽新江川不懈奋斗

——在区委二届四次全会第一次全体会议上的报告

徐　贤

（2018年1月15日）

同志们：

下面，我受区委常委会委托，向全会作工作报告。

中国共产党玉溪市江川区第二届委员会第四次全体会议，是在全面建成小康社会决胜阶段召开的一次十分重要的会议。大会的主题是：深入学习宣传贯彻党的十九大精神，高举习近平新时代中国特色社会主义思想伟大旗帜，进一步动员全区各级党组织、广大党员和干部群众，不忘初心，牢记使命，决胜全面建成小康社会，为建设宜居宜业和谐美丽新江川努力奋斗。

一、担当作为，全面建成小康社会迈出坚实步伐

2017年，在以习近平同志为核心的党中央坚强领导下，在省委省政府、市委市政府的正确领导下，区委常委会全面贯彻落实党的十八大和十八届三中、四中、五中、六中、七中全会精神，深入学习宣传贯彻党的十九大精神和习近平新时代中国特色社会主义思想以及习近平总书记考察云南重要讲话精神，按照区第二次党代会确定的奋斗目标和主要任务，团结带领全区党员干部群众，直面严峻形势和转型发展压力，全面落实党中央和省委、市委的决策部署，统筹推进经济建设、政治建设、文化建设、社会建设和生态文明建设，全面从严治党，区委二届三次全会确定的目标任务圆满完成，全面建成小康社会基础进一步夯实。

务实担当稳增长，综合实力持续增强。坚定不移贯彻新发展理念，深化供给侧结构性改革，改进目标任务综合考评，建立“五个一”抓落实机制，经济保持较快增长，预计完成地方生产总值92.1亿元，增长12%；一般公共预算收入、固定资产投资、社会消费品零售总额均完成年度目标任务。农业经济平稳发展，农田水利基础设施不断完善，蔬菜、花卉等优势农产品生产规模不断扩大、效益稳步提高，农业产业化经营取得新进展。园区经济发展态势良好，按照市委部署实行龙泉园区一体化管理，基础设施建设不断完善，招商引资取得突破，升华电梯、中民筑友、合续环保等一批项目开工建设，江城纸制品产业园区建设初见成效。民营经济发展环境更加优化，落实干部挂联服务企业机制，着力构建“亲”“清”政商关系，增加企业信贷应急周转资金，制定扩产促销补助政策，努力降低经营成本，企业生产经营趋稳回升。文化旅游产业持续发展，星云湖国家湿地公园、湿地湖滨带提质改造和北山森林公园等旅游项目稳步实施，开渔节获评国家级示范性渔业文化节庆。物流产业发展取得阶段成果，九溪润特物流、宏程物流顺利推进，滇中智慧农业产业园、滇中特色农副产品冷链储运物流等项目落地雄关。

与时俱进促改革，发展活力更加强劲。“科教引领创新发展”大讨论、大行动深入开展，建立3个院士、专家工作站，新申请专利94件，实施科技项目40个。产业创新迈出新步伐，引进捷克固定翼飞机生产，启动通用机场建设。实现村级电子商务信息全覆盖。深化改革力度加大，统筹出台40余项改革措施，落实“放管服”政策，调整行政职权11

项，建立重点工作重大项目责任追究机制，投资创业软环境更加优化。推进预算、投融资改革，争取置换政府债券资金2亿元，成功入库实施PPP项目4个，新一轮投资建设热潮时至势成。农村土地承包经营权确权登记颁证工作进展顺利，司法体制改革和公立医院综合改革稳步实施。建立绩效评价激励机制，金融行业支持实体经济更加有力。

全力以赴抓建设，城乡面貌日益改善。城乡交通基础进一步夯实，江通、澄川高速公路建设和国道213线江川段改造工程加快推进，玉江高速公路市政化改造全面启动，老玉江路路面修复基本完工，乡村公路全面硬化。城乡规划体系不断完善，启动城区总规和控制性规划编制，村庄规划实现全覆盖，建立村庄土地规划专管员制度。城乡建设提速，全民健身运动场馆、农贸市场、浪广路北延工程及城市地下综合管廊等市政基础设施建设项目全面开工，大街、江城棚户区改造和海绵城市九溪片区建设有序推进，5个美丽乡镇、78个“百村示范·千村整治”项目和“点亮江川”工程基本完工。城乡管理得到加强，成立城市管理局，创新开展“双创”先锋行动计划，中心城区“百日动员、百日整治、百日攻坚、百日决战”网格化管理全面展开，国家卫生城市和全省全国文明城市创建扎实推进。突出“拆闲房、除危房、腾空间、建新村、换新貌、奔小康”，城乡人居环境综合整治深入实施，集中连片旧村改造全面启动，拆除违法违规建筑16万平方米，多年来深受群众诟病的乱搭乱建得到遏制，城乡脏乱差现象逐步改观。

突出重点抓治理，生态建设日趋加强。用系统思维谋划生态保护治理，星云湖流域山水林田湖生态修复工程启动实施，环湖截污治污、污染底泥疏挖处置、入湖河道治理等重大项目全面开工，湖泊水质年内已有3个月达到V类标准。落实河湖库渠四级河长责任，水质监测、管护责任等制度建立施行。“两污”治理持续推进，区污水处理厂提标改造主体工程完工，污水管网逐步向城郊结合部延伸。完成国土规划修编，划定生态保护红线，推进“森林江川”建设，优化生态、生产、生活空间布局。节能减排扎实开展，万元生产总值能耗持续下降。

凝心聚力惠民生，社会事业不断进步。围绕“两不愁三保障”全力推进脱贫攻坚，精准识别、精准帮扶取得成效，安化贫困乡达到脱贫摘帽标准，6个贫困行政村脱贫出列，917户建档立卡贫困户危房改造全部开工，贫困发生率从4%降至0.85%。落实教育优先发展战略，“全面改薄”工程顺利完成，5所学前幼儿园开工建设，文化事业持续发展，文化惠民工程深入实施，道德文化建设和文明创建提升工作扎实推进，全民健身和竞技体育蓬勃发展，成功举办江川区第一届全民健身运动会。就业再就业工作得到加强，企业稳岗工作取得成效，城镇和农村居民人均可支配收入预计增长10%和11%。社会服务体系不断完善，城乡养老、低保和住房保障水平稳步提高，城乡居民医疗保险实现全覆盖，成功创建省级慢性病综合防治示范区。民族团结进步示范区建设取得成效，九溪罗合白村成功创建全国少数民族特色村寨。“平安江川”建设稳步推进，社会治安综合治理持续深入，禁毒防艾工作深入开展，安全生产形势总体稳定。民主法治建设扎实推进，“四五”依法治区稳步实施，“七五”普法全面启动，人大法律监督、政协民主监督更加有效，工会、共青团、妇联圆满完成换届并全部实施改革试点，妇联改革经验在全省推广，残联、红十字会助残扶弱作用发挥明显，统一战线、民族宗教、国防动员、科协、关心下一代等工作得到加强。

从严从实抓党建，管党治党成效显著。严明党的政治纪律和政治规矩，成立部门党组，严肃党内政治生活，层层落实管党治党政治责任，推动全区各级党组织和全体党员尊崇党章，树牢“四个意识”，坚定“四个自信”，坚决维护党中央权威和集中统一领导。实行党代表列席区委重要会议制度，党内民主不断扩大。“两学一做”学习教育常态化制度化向纵深推进，党员干部党性教育和思想政治建设得到加强。统筹推进“基层党建提升年”各项工作，推行“五化”党建工作法和党建工作“四个一”制度，实施农村后备干部“金种子”工程，党员积分制管理完善加强。全面加强阵地建设，改造提升64个基层党组织活动场所，基层党组织战斗堡垒作用得到巩固和增强。坚持新时期好干部标准，树立鲜明用人导向，选人用人公信度进一步提高，干部干事创业激情明显增强。创新干部教育培训，开展以讲促学、以测促学、以调促学，领导干部学习培训常态化制度化做法在全市推广，勤学善思氛围逐步形成。加大干部挂职锻炼力度，选派干部到国家部委、省市部门、江苏武进区和乡镇挂职锻炼，与院校合作加大培训力度，提升干部履职能力。从严管理干部，建立履职评议机制，落实干部能上能下制度，促进干部担当作为；规范机关上下班时间，加大干部走读整治力度，出台禁酒令，不折不扣落实中央八项规定精神，干部作风明显改善。抓好意识形态工作，中国特色社会主义思想和中华民族伟大复兴中国梦深入人心，社会主义核心价值观广泛弘扬。坚持党管人才，“四个一百”人才行动计划取得阶段性成果。落实党委主体责任，全面从严治党，支持纪委履行监督执纪责任。开展巡察工作，无禁区、全覆盖、零容忍推进党风廉政建设和反腐败斗争，严肃查办一批违纪违法案件，全区政治生态和社会风气持续好转。

同志们，成绩来之不易，前景催人奋进！一年来的成绩是可喜的，特别是在城乡建设管理、生态环境保护和干部作风转变上取得了突破性进展。这些成绩的取得，是市委坚强领导的结果，是全区上下勠力同心、担当作为的结果，也是我们不断深化区情认识、坚持改革创新的结果。在此，我代表区委，向全区广大党员干部和人民群众，向驻江部队和武警官兵，向所有关心、支持江川改革发展的同志们、朋友们，表示衷心的感谢，并致以崇高的敬意！

同时，我们也清醒的认识到，江川的发展还面临不少困难和挑战，我们的工作还存在许多不足，主要是：经济总量小，生产性投入不足，发展质量不高；环境承载能力弱，以星云湖为重点的生态治理压力大；城乡规划建设管理水平低，基础设施欠账多，城乡、区域发展不平衡不充分的矛盾比较突出，城乡环境整治任务艰巨；党的建设和民主法治建设任重道远，机关效能亟需提升，干部作风还需持续改进，思想保守、得过且过，不敢担当、不愿作为在一些干部中仍然存在。问题是时代的声音，我们必须直面问题，以务实的举措推动问题的解决。

同志们！江川的发展在新时代大有可为。撤县设区以来的实践表明：只有始终坚持以习近平新时代中国特色社会主义思想为指导，认真贯彻执行中央和省市委重大决策部署，才能坚定信心，始终保持正确的政治方向和不竭的精神动力；只有始终坚持解放思想、实事求是，深化改革、锐意创新，才能抓住机遇、开拓进取，在日趋激烈的区域竞争中闯出一条江川跨越发展的新路子；只有始终坚持以人民为中心，一切为了人民，一切依靠人民，才能凝聚人心、汇集力量，形成万众一心谋发展的强大合力；只有始终坚持全面从严治党，持之以恒正风肃纪，才能保持永不懈怠的精神状态和一往无前的奋斗姿态，把宜居宜业和谐美丽新江川的宏伟蓝图变成现实。

二、深入学习宣传贯彻党的十九大精神，开启江川现代化建设新征程

党的十九大对坚持和发展中国特色社会主义作出系统部署，发出迈进新时代、开启新征程、续写新篇章的政治宣言，为新时代江川经济社会加快发展指明了前进方向。全区各级党组织和广大党员干部要切实把思想和行动统一到党的十九大精神上来，高举习近平新时代中国特色社会主义思想伟大旗帜，统筹推进“五位一体”总体布局，协调推进“四个全面”战略布局，励志图强勇作为，砥砺奋进促跨越，决胜全面建成小康社会，建设宜居宜业和谐美丽新江川。

践行新思想，开启新征程，必须学懂弄通做实。要在“学懂”上下功夫，紧扣报告原文，把党的十九大的重大理论观点、重大战略部署领会深、领悟透，在反复学习中锤炼党性修养、坚定政治立场、强化历史担当。要在“弄通”上下功夫，坚持系统、全面、联系的观点，把学习宣传贯彻党的十九大精神同做好经济社会发展和党的建设工作贯通起来，带着问题学习，联系实际思考，确保江川各项事业始终沿着党中央指引的正确方向前进。要在“做实”上下功夫，坚定不移以党的十九大精神统一思想，凝聚各方力量，把经济社会发展各项工作抓紧抓好、抓出实效，确保党的十九大精神在江川落地生根、开花结果，在各项工作中全面准确贯彻落实。

践行新思想，开启新征程，必须抢抓历史机遇。党的十八大以来，我区综合实力明显增强，地方生产总值持续保持两位数增长，农业发展保持稳

定，工业经济成为新支撑，服务业持续壮大，生态环境逐步改善，基础设施建设步伐加快，人民生活水平显著提高。我们已经站在了一个新的历史起点上，发展态势强劲。随着玉溪由红塔时代向“三湖”时代迈进，江川的高速路网、通用机场、城市提质扩容和棚户区改造等重大基础设施建设加快推进，以星云湖为重点的生态治理全面提速，园区经济、县域经济、民营经济持续壮大，我们的区位优势将进一步凸显，城乡建设将进一步提速，产业结构将进一步优化，实现全面建成小康社会的步伐更加稳健。全区各级各部门要立足新的历史方位，认清形势，抢抓机遇，创造新业绩，作出新贡献。

践行新思想，开启新征程，必须立志跨越发展。改革开放40年的实践历程告诉我们，发展如逆水行舟，不进则退、慢进也是退。党的十九大明确提出了“一个决战期、两个阶段”的战略安排。我们要以更宽广的视野、更长远的目光审视江川，坚持创新发展不动摇、跨越发展不懈怠，坚持质量第一、效益优先，以供给侧结构性改革为主线，推动经济发展质量变革、效率变革、动力变革，加快发展先进制造业，支持传统产业优化升级，全力提升现代服务业，促进产城融合发展，努力走出一条质量更高、效益更好、结构更优的发展新路，全面开启新时代江川“三步走”发展新征程：

到2020年，以综合交通为主的基础设施全面提升，综合经济实力明显增强，星云湖水质恢复至Ⅳ类，同城发展取得新进展，城乡建设展现新面貌，全面建成小康社会。

从2020年到2035年，在全面建成小康社会的基础上，再奋斗十五年，实现经济实力大幅提升，人民生活更为宽裕，中等收入群体比例明显提高，城乡区域发展差距和居民生活水平差距显著缩小，基本公共服务均等化基本实现，全体人民共同富裕迈出坚实步伐；现代社会治理格局基本形成，民主法治更加健全、社会文明程度明显提高，社会充满活力又和谐有序；生态环境根本好转，星云湖水质明显改善，与玉溪中心城区实现一体化发展，美丽江川目标基本实现。

从2035年到本世纪中叶，在基本实现现代化的基础上，再奋斗十五年，实现全区物质文明、政治文明、精神文明、社会文明、生态文明全面提升，人民群众共同富裕，享有更加幸福安康的生活，建成宜居宜业和谐美丽新江川，写就伟大复兴中国梦的江川篇章！

同志们！践行新思想，开启新征程，实现新作为，是新时代赋予我们的崇高使命。我们有幸处在中国特色社会主义新时代，更有责于这个新时代、奉献于这个新时代。必须全面学习宣传贯彻党的十九大精神，开拓进取，顽强拼搏，在新时代推动江川跨越发展的伟大实践中，凝聚起同心共筑中国梦的磅礴力量。

三、以习近平新时代中国特色社会主义思想为指引，向全面建成小康社会奋进

2018年，是贯彻党的十九大精神的开局之年，是决胜全面建成小康社会、实施“十三五”规划承上启下的关键一年。我们要高举习近平新时代中国特色社会主义思想伟大旗帜，深入学习宣传贯彻党的十九大精神，坚持稳中求进工作总基调，按照高质量发展的要求，坚持创新、协调、绿色、开放、共享新发展理念，打好园区经济、县域经济、民营经济三大战役，实施从严治党、深化改革、五网建设、同城发展、生态保护、民生事业六大工程，做强先进装备制造、现代物流产业，做优高原特色农业、磷化工等传统产业，做实文化旅游及健康养老、航空产业，打造经济转型发展、城乡建设管理升级版，建设宜居宜业和谐美丽新江川。全区上下要认真贯彻市委五届五次全会精神，着力抓重点、补短板、强弱项，在提高发展质量的基础上，保持经济较快增长，实现地方生产总值迈过百亿元大关，园区经济、城乡建设、生态保护取得突破性进展。

重点抓好七个方面的工作。

（一）始终把高质量发展作为主攻方向，着力夯实经济基础。认真贯彻习近平新时代中国特色社会主义经济思想，加强党对经济工作的领导，坚定产业强区不动摇，大力发展实体经济，促进地方经济持续健康发展。做大做强工业经济，加快龙泉园区道路、标准化厂房和孵化中心等基础设施建设，服务和支持升华电梯、合续环保、中民筑友、比亚迪新能源汽车等项目尽快形成产能。鼓励磷化工、纸制品、烟花爆竹、农产品加工等传统产业优化升级，引导扶持规下企业通过技改等手段扩大生产、

提高效益，促进企业做大做强。加大招商力度，改进招商办法，引进发展先进装备制造、生物医药、电子信息、新能源新材料等新兴产业，争取更多企业落户江川，实现规模以上工业增加值增长20%以上。做精做活以文化旅游业为重点的第三产业，力争玉溪师院分校落地江川，恒天易开新能源一体化租赁汽车项目启动运营。牢固树立“全域旅游”理念，全力推进省级全域旅游示范区创建，加快星云湖国家湿地公园建设和星云湖湿地湖滨带提质改造，支持天湖化工盘活闲置土地发展康体旅游，打造“星云湖湿地+青铜文化+康体休闲”生态旅游区。大力发展乡村旅游，推进前卫新河咀等一批特色村建设，积极开发青铜文创产品，创新节庆活动组织形式，形成田园渔耕一体、湖光山色并举的乡村旅游格局。加快雄关农产品物流产业园和九溪润特物流、宏程物流等项目建设，打造全省现代物流中心。落实好贷免扶补政策，鼓励支持有条件的企业开展直接融资，促进实体经济健康发展。完善区级领导挂联企业制度，深化放管服改革，为企业发展营造宽松环境。

（二）始终把同城发展作为重要抓手，着力改善城乡面貌。立足“一核双心”发展定位，主动融入“三湖”生态城市群建设，千方百计加大城市基础设施建设力度，力争实现固定资产投资增长30%左右。抓牢“五大基础网络”建设机遇，实现江通高速、国道213线建成通车，加快澄川高速建设，启动机场道路建设，谋划推动红江高速立项建设，启动雄关绕乡道路、大铁线等县乡道路建设改造，推进“六城同创”，加快大街、江城棚户区改造，支持九溪、江城争创国家特色小镇。实施城市提质扩容，启动“海绵城市”试点和宝凤路、江通路等市政道路改造，打通浪广路北延长线，加快党校搬迁新建。建设宁海芙蓉湿地公园，提升绿化、亮化水平。加强城市管理水平，加大规划管控力度，深入推进城镇低效用地再开发，优化用地结构布局，提高土地利用效率。加强农贸市场建设管理，整治以路为市，建设专业市场，规范机动车修理和废旧物资收购。进一步强化网格管理，创新服务型社区建设，扎实开展群众性精神文明创建活动，全力提升市民文明素质，坚决打赢国家卫生城市和全省全国文明城市创建攻坚战。

（三）始终把乡村振兴作为战略任务，着力提升“三农”工作水平。按照产业兴旺、生态宜居、乡风文明、治理有效、生活富裕的总要求，遵循乡村发展规律，强化乡村规划落实，促进城乡统筹、融合发展，走质量兴农、绿色农业发展之路，全力实施乡村振兴战略。建立健全城乡融合发展体制机制和政策体系，加快构建现代农业产业体系，深入推进“互联网+农业”公共服务平台建设，促进种植、养殖、加工、流通和农业服务业转型升级。加快构建现代农业生产体系，大力推进农业科技创新成果应用，实施高效节水灌溉等农田水利基础设施建设，抓实烤烟生产和“2260”高端特色烟叶开发，增强农业综合生产能力和抗风险能力。推动农业绿色发展，培育生态品牌，加大产业结构调整力度，严控化肥农药增量，减量提质发展养殖业。加快构建现代农业经营体系，着力培育农业新型经营主体，依托亚洲花卉科创谷和雄关花卉科技示范园，推行土地入股、流转、托管和联耕联种等多种经营方式，带动发展一批以蔬菜、花卉、经果为特色的精品农业庄园和家庭农场，培育一批农村经济合作组织、专业大户，提高农业规模化经营水平。建设美丽乡村，高位推进城乡人居环境综合整治，实施新一轮“百村示范、千村整治”和“增绿添色、点亮江川”工程，抓好10个示范村试点建设，继续推进旧村改造，支持统规联建多层住房，建管并举开展农村“厕所革命”，突出“两污”治理，提升人居环境。加快完善农村公共服务体系，健全城乡要素双向流动机制，推动城市基础设施、公共服务向乡村延伸，促进教育、文化、卫生等优质资源向农村覆盖。高度重视农村干部培养、配备和使用，努力打造一支懂农业、爱农村、爱农民的“三农”工作队伍。

（四）始终把改革创新作为不竭动力，着力增强发展活力。坚持把改革创新作为引领发展的第一动力，突出问题导向和目标导向，积极稳妥推进改革创新。深化行政体制改革，对职能相近的党政机关探索合并设立或合署办公。持续转变政府职能，创新监管方式，简政放权、放管结合、优化服务，提高行政审批效率，建设服务型政府。深化事业单位改革，强化公益属性，推进政事分开、事企分开、管办分离。深化财政、金融体制机制改革，规范投融资管理，防范债务风险，积极培植财源，强化预算管理。全面完成农村土地承包经营权确权登记颁证，稳步推进农村集体资产产权制度改革，盘活农村集体资产，多途径发展壮大集体经济。开展农村宅基地、集体建设用地使用权房地一体确权登记发证工作，多措并举保障民生项目建设用地。加大科技创新力度，支持企业加大研发投入，提升自主创新能力，推动实体经济与互联网、人工智能融合发展。扩大对外开放，坚持引进来和走出去并重，主动融入滇中城市经济圈发展战略，加强与江苏武进等发达地区的合作交流，加快形成区域经济合作新优势。

（五）始终把文化引领作为重要遵循，着力提升群众文明素养。坚定文化自信，加强理论武装，推动习近平新时代中国特色社会主义思想深入人心。牢牢掌握意识形态工作领导权和主动权，落实意识形态工作责任制，加强阵地建设，弘扬主旋律，凝聚正能量，树立新风尚，营造清朗的舆论环境。加强精神文明建设，培育和践行社会主义核心价值观，实施社会信用体系建设，深入开展文明细胞创建工程，继承和弘扬有益于当代的乡贤文化，推进社会公德、家庭美德、个人品德建设，引导公民诚实守信、孝老爱亲、向上向善、移风易俗，加快形成自治、法治、德治相结合的乡村治理体系。推动文化事业和文化产业发展，加强文化惠民工程和文化基础设施建设，努力构建覆盖城乡、惠及全民的公共文化服务体系。加大文物古迹修缮保护力度，加快全民健身运动场馆项目建设，发展全民健身运动。推进传播能力建设，强化各类媒体管理，讲好江川故事，唱响江川声音。

（六）始终把绿色发展作为生态底色，着力实现水清山绿。恢复绿水青山才能实现金山银山。要坚定生态立区、绿色发展理念，以环境资源承载力为基础谋划发展。加大星云湖保护治理力度，实施一级保护区生态移民搬迁，以河长制、山水林田湖生态修复、生态旅游开发为主要抓手，工程性项目和非工程性措施双管齐下，加快面源、内源污染治理、水体置换、流域河道治理，发展生态有机农业，推进沿湖农业产业结构调整，确保星云湖稳定达到V类水质。实施董炳河、九溪河治理，开展保护抚仙湖雷霆行动。深入推进“森林江川”建设，以城镇面山、城乡干道、村庄庭院为重点搞好绿化美化。加大城乡污水收集和处理力度，确保无黑臭水体流入星云湖，实施城乡生活垃圾收集转运一体化建设，探索垃圾无害化处理新途径。加快生态创建步伐，继续推进绿色社区、绿色学校建设，大力倡导绿色生活方式，争创省级生态文明区。严格环境监管执法，强化节能减排，抓实环保督查反馈问题整改，坚决制止和惩处破坏生态环境行为。

（七）始终把人民幸福作为执政追求，着力改善民生福祉。紧盯人民群众最急最忧最怨的问题，解决好群众最关心最直接最现实的利益问题，扎扎实实发展民生事业。贯彻落实党的教育方针，优先发展教育事业，深化教育改革，改进绩效考核，加强师德师风建设，全力提升教育质量。提高就业质量和人民收入水平，继续实施创业促进就业工程，确保城镇登记失业率控制在4%以内，城镇和农村居民人均可支配收入分别增长9%和10%以上。加强社会保障体系建设，按照兜底线、织密网、建机制要求，稳步提高社会保险覆盖面和待遇水平，继续完善最低生活保障等制度，抓好保障性住房运营管理和农村危房改造、抗震安居工程建设，织牢社会救助兜底网。推进“健康江川”建设，持续深化公立医院综合改革，加快建立医疗联合体，争取实施提升区级医院综合能力项目，提高医疗服务水平。继续实施精准扶贫、精准脱贫，全面完成建档立卡贫困户危房改造，健全完善防治返贫动态管理机制和持续增收长效机制，巩固提升脱贫攻坚成果。全面推进依法治区，推动“七五”普法规划实施，强化社会管理综合治理，打好第四轮禁毒防艾人民战争，加快民族团结进步示范区建设，严格落实安全生产责任制，巩固“平安江川”创建成果，确保社会大局和谐稳定。

四、落实新时代党的建设总要求，推动全面从严治党向纵深发展

打铁必须自身硬。要按照新时代党的建设总要求，履行好管党治党政治责任，全面推进党的政治建设、思想建设、组织建设、作风建设、纪律建设，把制度建设贯穿其中，深入推进反腐败斗争，把各级党组织建设得更加坚强有力。

（一）坚定理想信念，把党的政治建设放在首位。要加强政治建设，坚定“四个自信”，增强

"四个意识"，坚决维护党中央权威和集中统一领导，坚定执行党的政治路线，严守政治纪律和政治规矩，在政治立场、政治方向、政治原则、政治道路上同以习近平同志为核心的党中央保持高度一致。要尊崇党章，始终把纪律和规矩挺在前面，增强党内政治生活的政治性、时代性、原则性、战斗性。要落实好民主集中制，坚持民主基础上的集中和集中指导下的民主相结合，既充分发扬民主，广泛听取各方意见，又善于集中统一，果断决策。要加强思想建设，按照全覆盖、无盲区、无死角的要求，深入开展习近平新时代中国特色社会主义思想理论学习，通过中心组学习、领导干部宣讲、党员干部轮训等途径，引导党员干部读原著、学原文、悟原理，确保习近平新时代中国特色社会主义思想进企业、进农村、进机关、进校园、进社区、进网络，引领全区人民心向党、听党话、跟党走、感党恩。深入推进"两学一做"学习教育常态化制度化，扎实开展"不忘初心、牢记使命"主题教育，大力弘扬"跨越发展、争创一流、比学赶超、奋勇争先"精神，倡导公道正派、实事求是、开拓进取、清正廉洁的价值取向，把对党忠诚、为党尽职、为民造福作为根本政治担当，推动形成清朗的党内政治文化，营造风清气正的良好政治生态。

（二）注重德才兼备，建设担当作为的干部队伍。各级领导干部是推动江川跨越发展的中坚力量。要坚持党管干部原则，以提高执行力为重点，落实好新时期好干部标准，突出政治标准，提拔重用"四个自信"坚定、"四个意识"牢固和具有忠诚干净担当品格的好干部。进一步优化干部队伍结构，加强年轻后备干部、女干部、党外干部和少数民族干部培养锻炼。围绕全面增强执政本领，加强干部教育培训，发挥好党员干部教育主渠道、主阵地作用，继续实施精准化定向式专题培训。加大干部交流挂职力度，将推进重大项目建设、振兴乡村作为锻炼干部、检验干部的主战场，真正把能够担当江川跨越发展的好干部尽快培养起来、及时选拔出来、合理使用起来。认真做好离退休干部工作。坚持严管厚爱结合、约束激励并重，完善考核评价机制，给实绩亮分，让干部亮相，向积弊亮剑，推动干部能上能下。完善和落实容错纠错机制，加大正向激励，营造崇尚创新、宽容失败、鼓励担当的良好氛围。实行更加积极、更加开放、更加有效的人才政策，集聚优秀人才促进江川跨越发展。

（三）立足固本强基，全面加强基层党组织建设。党的基层组织是确保党的路线方针政策和区委决策部署得以贯彻落实的基础。要以提升组织力为重点，突出政治功能，把基层组织建设成为宣传党的主张、贯彻党的决定、领导基层治理、团结动员群众、推动改革发展的坚强战斗堡垒。牢固树立加强支部建设的鲜明导向，健全组织、建强队伍，坚持"三会一课"制度，创新活动方式，扩大基层党组织覆盖面。严格党建工作责任体系，完善"四个一"制度、基层党建"五化"工作法和述职考评问责制度，压实各级党组织书记抓党建"第一责任人"的政治责任。规范提升"两新"党组织，加强城市党建工作，探索楼宇党建、商圈党建新路子，打造一批党建示范精品，以点带面，整体提升。要推进党建与重点工作深度融合，加强服务型党组织建设，抓实党建扶贫"双推进"和"双创"先锋行动计划，实现围绕中心抓党建、抓好党建促发展。强化党内激励关怀帮扶。增强党员教育管理针对性和有效性，稳妥有序开展不合格党员组织处置工作。

（四）持续正风肃纪，深入开展党风廉政建设和反腐败斗争。管党治党必须从严从紧从实。要严格落实党风廉政建设党委主体责任和纪委监督责任，运用好监督执纪"四种形态"，在强化日常监督执纪上下功夫，抓早抓小，动辄则咎。要持续强化作风建设，以永远在路上的坚韧，从一件小事一件小事抓起、在一个节点一个节点坚守，以钉钉子精神抓好中央八项规定精神落实落细，成风化俗。加大治理"庸懒散"力度，不担当必担责，坚决整治"门好进、脸好看、事难办"以及"层层往上报，层层不表态"等"四风"变异问题，驰而不息反对"四风"。严肃查处顶风违纪行为，进一步巩固反腐败斗争成果，完善党内监督体制机制，发挥党委巡察和纪委派驻机构作用，确保力度不减、节奏不变。加强对权力运行的制约和监督，完善党务公开，成立监察委员会，实现对公权力的监督监察全覆盖。加强制度建设，扎牢不能腐的笼子，使党员干部不越雷池、不逾红线、严守底线。各级领导干部作为"关键少数"，要以身作则，聚焦主业主责，逐级传导压力、动力，以一身正气带出清新风气，用优良党风带务实政风促和谐民风。

（五）加强自身建设，坚持不懈提升领导水平。坚持党对一切工作的领导，努力提高区委把方向、谋大局、作决策、促发展的能力和定力，确保党始终总揽全局、协调各方。要增强学习本领，继续营造善于学习、崇尚实干的浓厚氛围，建设学习型党组织。要增强政治领导本领，坚持战略思维、创新思维、辩证思维、法治思维、底线思维，加强党的集中统一领导，积极支持人大、政府、政协、监察委员会、法院和检察院依法依章程履行职能、开展工作、发挥作用。要增强改革创新本领，锐意进取、开拓创新。要增强科学发展本领，善于贯彻新发展理念，统筹推进各项工作开创新局面。要增强依法执政本领，严格落实党内法规，促进工作规范有序。要增强群众工作本领，创新群众工作体制机制和方式方法，进一步加强统一战线和民族宗教工作，充分发挥工会、共青团、妇联、科协、残联、红十字会等群团组织和社会组织的桥梁纽带作用，组织动员广大人民群众跟党走、谋实干。要增强驾驭风险本领，完善安全、金融、舆情、社会稳定等防控体系，提高处理各种复杂问题的能力。要增强狠抓落实本领，紧盯工作中的突出短板和薄弱环节，加强政策配套，加强协同攻坚，加强督查问责，坚决摒弃敷衍了事、上推下卸和不作为、慢作为，大力倡导说实话、谋实事、出实招、求实效的务实风尚，把“定了就干”的雷厉风行作风与久久为功的定力韧劲结合起来，以各级干部求真务实、担当作为的表率激发全区人民干事创业的激情。

同志们！使命呼唤担当，实干成就梦想。让我们更加紧密团结在以习近平同志为核心的党中央周围，高举习近平新时代中国特色社会主义思想伟大旗帜，不忘初心、牢记使命，坚定信心、奋勇前进，为决胜全面建成小康社会、建设宜居宜业和谐美丽新江川不懈奋斗！

名词解释

“五个一”推进机制：指一项重大项目由一名政府分管领导主抓，一名其他区领导协助，一个主责部门，一个专项协调小组推进。

“五化”党建工作法：由责任清单化、清单项目化、项目标准化、标准制度化、制度品牌化5部分构成，明确各项工作的基本内容、坚持原则、方法步骤和程序要求。

党建工作“四个一”：即每月常委会听取一个党（工）委工作汇报、每月召开一次工作例会、每月进行一次工作提醒、每季度开展一次工作督查。

六城同创：指从2015年至2020年，同时创建联合国人居环境奖、全国文明城市、国家环保模范城市、国家海绵城市试点城市、国家智慧城市、国家创新型试点城市。

“2260”优质烟叶工程：指自2016年起，在云南全省选择20个县（市、区），种植20万亩烤烟，每年生产60万担高端特色优质烟叶，积极助推“两烟”发展。

监督执纪“四种形态”：指经常开展批评和自我批评、约谈函询，让“红红脸、出出汗”成为常态；党纪轻处分、组织调整成为违纪处理的大多数；党纪重处分、重大职务调整的成为少数；严重违纪涉嫌违法立案审查的成为极少数。

在中共玉溪市江川区委二届四次全会第二次全体会议上的讲话

中共玉溪市江川区委书记 徐 贤

（2018年1月15日）

同志们：

在大家的共同努力下，区委二届四次全会已经顺利完成了各项议程。会议主题突出，会风务实，开的很成功，达到了统一思想、明确任务、凝聚力量的目的。大会听取了区委常委会工作报告，审议通过了《中共玉溪市江川区委关于深入学习贯彻党的十九大精神促进江川跨越式发展的决定》，与会同志就报告、决定进行了认真讨论，对区委常委会过去一年的工作给予了充分肯定，对加快江川经济社会发展和党的建设提出了很好的建议，为做好2018年和今后一个时期的工作奠定了坚实基础。政贵在行，事成于实。落实反映水平，落实体现能力，落实折射形象。只有抓好落实，才能把决策变成实践，把任务变成行动，把蓝图变成现实。下面，我就贯彻落实好全会精神，讲三点意见。

一、贯彻落实全会精神，必须提高认识、统一思想

思想是行动的先导，是贯彻落实党的路线方针政策、完成党的使命任务的重要前提和基础。当前，我们正处在决胜全面建成小康社会、实施“十三五”规划承上启下的关键时期，面对严峻的内外形势，我们必须要把提高认识、统一思想作为加快发展的先导工程，在提高认识的基础上统一思想，形成强大的精神支柱和力量源泉。

要把思想统一到党的十九大精神上来。2017年底，中国共产党与世界政党高层对话会成功举办，全世界近300个政党政要云集北京，学习我们的治党模式、中国特色社会主义道路模式，这充分体现了在我们党的领导下的中国特色社会主义制度的成功和我们的自信与自豪。学习党的十九大精神，就是要深入学习习近平新时代中国特色社会主义思想，坚定“四个自信”，增强“四个意识”，深刻领会“8个明确”主要内容和“14个坚持”基本方略，切实让学懂弄通做实成为一种思维习惯，成为一种政治自觉，成为一种最基本的工作方法，用新思想引领新征程、指导新实践、开创新局面。

要把思想统一到中央经济工作会议精神上来。中央经济工作会议对新时代、新征程的经济建设如何抓，作出了安排部署，确定了稳中求进的工作总基调，提出了围绕新的发展理念推动经济发展，特别是高质量发展的要求。把思想统一到中央经济工作会议上来，就是要以习近平新时代中国特色社会主义经济思想为指导，坚持稳中求进工作总基调，坚持新发展理念，按照高质量发展的要求，以供给侧结构性改革为主线，立足产业基础，瞄准新兴产业，科学布局谋划，增强转型动能，着力做好传统产业高端化、新兴产业规模化两篇文章，推动质量变革、效率变革、动力变革，促进经济社会持续健康发展。

要把思想统一到全会目标任务上来。本次全会进一步明确了学习宣传贯彻党的十九大精神的“任务书”，确立了“5366”发展思路的“路线图”，吹响了做好明年各项工作的“集结号”。全区各级各部门要按照全会的部署，迅速细化目标，及时分解任务，快速传导压力，做到人人有责可担、事事有人落实，团结带领全区人民积极投身到加快推进

江川现代化建设新征程中来。

二、贯彻落实全会精神，必须坚定信心、勇争一流

能识大局，方能谋大事；善观大势，才能成大业。2017年，全区产业转型升级成效明显，项目建设多点开花，强劲的发展势头已经形成。这次全会，我们对标党的十九大“新三步走”战略部署，提出了我们的发展愿景，特别是2018年GDP过百亿、固定资产投资力争达到百亿、星云湖水质稳定保持Ⅴ类三个硬目标，是区委认真分析面临形势和全区发展基础、发展潜力，结合结合实际慎重提出的。当前，江川全面建成小康指数大约相当于国家标准的80%，西部标准的85%；人均GDP水平较低，与全国目标值差距较大，在小康监测体系中的评价值不到60%；工业劳动生产率极低，不到全国目标值12万元/人的0.01%；此外，每万人口发明专利拥有量、民主法治指数等与全面小康的标准差距还比较大。美好的愿景激励我们更加努力奋发，正视现实差距能让我们更加冷静务实。全面建成小康社会绝对不是水到渠成，全区各级各部门要厘清目标，坚持高标准、严要求推进工作，始终坚信实干才能兴业、奋斗才能出彩，把精力全部集中到谋发展、干事业上来，在工作状态上始终保持争创一流的朝气，在工作方法上始终保持勇于担当的锐气，在工作目标上始终保持一往无前的勇气，不甘落后，顽强拼搏，以一流的速度，一流的业绩，创造美好的未来。

三、贯彻落实全会精神，必须转变作风、真抓实干

落实，凝聚着心血和责任，体现着作风和意志，反映着能力和水平。刚刚过去的2017年，我们干部队伍作风有了明显改善，但与我们发展的需要、与人民群众的期盼还有较大差距。全会报告深入分析了我们当前存在的五方面问题，这些问题，有客观的制约，更为关键的是主观因素，还在于干部作风的问题。近期，习近平总书记对“新四风”问题作出了批示，这些问题，在我们的干部身上或多或少还有存在：有的领导干部对贯彻落实表态多、调门高，但行动少、落实差，虚多实少；有的单位表面上推进服务型政府建设，“门好进、脸好看”，但还是“事难办”，将过去的“管卡压”变成了现在的“推绕拖”，从以前的“三拍干部”变成了“摇头干部”，不论问什么事都不知道；有的领导干部“只求不出事，宁愿不做事”，凡事都要上级拍板，避免自己担责，甚至层层往上报、层层不表态。从和大家的讨论交流中反映，我们的发展质量、速度和发展环境仍与先进地区有不少差距。我们江川在外的领导干部、企业家思江川、忧江川，他们身在异乡思念家乡，关心江川的建设发展，从跳出江川看江川的角度来看我们的发展，对江川的经济社会建设、生态保护深感忧虑；到江川投资的客商爱江川、怕江川，爱江川是对我们区位优势、气候资源、发展潜力的认可，怕江川是怕我们干部的作风，怕我们的服务环境，感到上层很积极、中层很努力、操作层却麻木不仁，害怕项目难以推进实施。当前，攻坚2018的号角已经吹响，江川的发展步入了跨越赶超的关键阶段，惟有不忘初心、牢记使命，秉持“做官就要做事，做事就要尽责，尽责就要见效”的基本准则，知难而上不言难，迎难奋进不怕难，克难攻坚不畏难，才能不断开辟跨越发展新境界。

作为一名领导干部，真抓实干、用心工作是人生的永恒主题。要重学习。学习永远在路上，要做到既政治过硬，又本领高强，以中央经济工作会议精神为引领，认真学习供给侧结构性改革、战略性新兴产业发展、现代服务业、现代物流产业、财税金融、新型城镇化建设等方面的专业知识，培养干事创业的专业素养和“工匠精神”。要认真学习自己分管领域的法规政策，准确的理解运用，破解工作中的难题，真正成为工作领域的行家里手。要优服务。环境是凝聚力，是吸引力，是生产力。大力优化环境既是我们加快发展的需要，也应成为我们坚持不懈地追求。要坚决消除机关部门的中梗阻、肠梗阻问题，推行高效审批、容缺审批，在政策支持、审批环节上少说不行，多考虑怎么样才行，努力创造江川优质、高效的政务环境。要担责任。干在实处永无止境，走在前列要谋新篇。领导既是荣誉，更是责任。没有不担责任的领导，没有不承担责任的权力。十九届中纪委二次全会对从严治党作出了新部署，习近平总书记在会上发表了重要讲话。学习中纪委二次全会精神，我有三点体会：

一是不担当必担责。作为国家公职人员，要

牢固树立“法定职责必须为”的理念，一心一意为人民服务，为发展尽责。不作为就是失职失责，必须承担责任。比如，河北张家口市因脱贫攻坚工作推进不力、主体责任缺失、干部作风不实，市委书记、市长被问责、两位县委书记被就地免职。再比如，甘肃省因祁连山生态保护责任落实不到位，百名干部被问责，中央在通报点评当地官员时措辞严厉，比如“落实党中央决策部署不坚决不彻底”，“在立法层面为破坏生态行为放水”，“不作为、乱作为，监管层层失守”，“不担当、不碰硬，整改落实不力”等。希望大家引以为戒，把责任担起来，恪尽职守、兢兢业业，自觉增强责任感和使命感，做到守土有责、守土尽责，不把矛盾往上交，不把风险往后留，更不能在工作中不负责任的制造风险和矛盾。

二是不作为就让位。领导岗位是稀缺资源。能够走上领导岗位，是组织和群众给了我们施展才干的机会，给了我们干事创业的平台。有了群众和组织的“信”，才有了我们的“任”；有了组织的“任”，就要担起事业的“责”，这就是“信任”和“责任”。有为才能有位，有位就要有为，不作为必然贻误发展，必须坚决调整，真正形成“能者上、平者让、庸者下”的常态机制。

三是不守纪就处理。从严治党已经成为常态，监督执纪只会越来越严，全国推行的监察委员会改革、纪检派驻改革、巡视巡察全覆盖等，都传导出“不守纪，就处理”的信号。要严守政治纪律、组织纪律、廉洁纪律、群众纪律、工作纪律、生活纪律，对违法纪律的绝不姑息。要通过整治庸、懒、散，让干部真正回到干事创业、担当作为的轨道上来，更好地推动江川更好、更快、更有效益、更高质量的发展。

一年之计在于春。现在正是开篇布局的关键时刻，各项工作任务十分繁重，全区各级各部门要把学习宣传贯彻党的十九大精神与落实好全会精神结合起来，迅速掀起学习贯彻全会精神的热潮，尽快将全会确定的各项目标任务，分解到责任领导、责任单位和责任人，强化督促检查，持续跟踪问效，确保目标任务落到实处。要全力以赴把去年各项工作收尾结账，筹备好区“两会”，做好今冬明春农业生产、水利设施建设、安全生产、护林防火、大春备耕等重点工作，紧盯一季度目标任务，倒排工期、突出重点，强化措施、精准发力，确保开门红。要抓住冬春黄金季节大干快上项目，配足资源，加大马力，抓重点、破难点、抢节点，全面掀起项目建设热潮。要做好脱贫攻坚迎考评估工作，紧扣迎考时间节点，细化工作措施，及时查缺补漏，全力以赴做好迎接全省脱贫攻坚实效考核评估各项准备工作，确保一次性过关。临近春节，各级各部门要严格落实中央八项规定精神和省、市、区实施办法，加强监督检查，紧盯“四风”新动向和隐形变异的违规问题，加大查处力度，形成有效震慑，确保干部清正、政府清廉、政治清明。

同志们，春华秋实，行胜于言。让我们更加紧密地团结在以习近平同志为核心的党中央周围，高举习近平新时代中国特色社会主义思想伟大旗帜，以强烈的历史担当和对事业高度负责的精神，主动扛起我们这一代人的发展责任，推动江川各项工作在跨越发展的跑道上行稳致远，为建设宜居宜业和谐美丽新江川努力奋斗！

中共玉溪市江川区委关于深入学习贯彻党的十九大精神促进江川跨越式发展的决定

玉江发〔2018〕2号

（2018年2月9日）

为深入学习贯彻党的十九大精神，团结带领全区广大党员干部和人民群众更加紧密团结在以习近平同志为核心的党中央周围，决胜与全市同步全面建成小康社会、开启新时代江川建设社会主义现代化新征程，根据省委和市委的决策部署，结合江川实际，特作出如下决定：

一、深入学习贯彻党的十九大精神，以习近平新时代中国特色社会主义思想为指引谋划江川跨越式发展

（一）坚决维护以习近平为核心的党中央权威和集中统一领导，用习近平新时代中国特色社会主义思想武装头脑、指导实践、推动工作。始终把坚决维护党中央权威和集中统一领导作为党的领导的最高原则，把维护习近平总书记在党中央和全党的核心地位作为最重要的政治纪律和政治规矩，牢固树立“四个意识”，坚定贯彻党的基本理论、基本路线、基本方略，始终在政治立场、政治方向、政治原则、政治道路上同以习近平同志为核心的党中央保持高度一致，做到党中央提倡的坚决响应、党中央决定的坚决照办、党中央禁止的坚决不做。始终把深入学习贯彻习近平新时代中国特色社会主义思想和党的十九大精神作为当前首要政治任务和长期工作主题，着力在学懂、弄通、做实上下功夫，坚持集中教育和经常性教育相结合，深入推进“两学一做”学习教育常态化制度化，扎实开展“不忘初心、牢记使命”主题教育，深入学习党的十九大报告、党章和《习近平谈治国理政》，推动习近平新时代中国特色社会主义思想进企业、进农村、进机关、进校园、进社区、进网络，引领全区人民心向党、听党话、跟党走、感党恩，凝聚人心、鼓舞士气，形成推动工作的持久动力。

（二）准确把握新时代新要求，深刻认识决胜全面建成小康社会面临的形势任务。深刻把握新时代的历史方位，准确定位江川跨越式发展的时代坐标，认真落实省委、省政府和市委、市政府要求，全力满足人民日益增长的美好生活需要，与全市同步全面建成小康社会。江川在全面建成小康、开启新的征程中还有许多短板和弱项：经济总量小，生产性投入不足，发展速度不快，发展质量不高；环境承载能力弱，以星云湖为重点的生态治理压力大；城乡规划建设管理水平低，基础设施欠账多，城乡、区域发展不平衡不充分的矛盾比较突出，城乡环境整治任务艰巨；党的建设和民主法治建设任重道远，机关效能亟需提升，干部作风还需持续改进，思想保守、得过且过，不敢担当、不愿作为等现象不同程度存在。各级党组织和广大党员必须认清江川实现跨越式发展的坚实基础和有利条件，认清与全市同步全面建成小康社会的艰巨性和紧迫性，直面困难、应对挑战，以永不懈怠的精神状态和一往无前的奋斗姿态干事创业、推动跨越。

（三）对标对表党的十九大新目标，全面开启新时代江川“三步走”发展新征程。将区第二次党代会确定的目标任务与习近平总书记考察云南提出的“一个跨越”“三个定位”“五个着力”要求相衔接，与省委促进云南跨越式发展、市委促进玉溪跨越式发展的安排部署相衔接，主动对标对表党的

十九大绘就的宏伟蓝图，全面贯彻“五位一体”总体布局和“四个全面”战略布局，放眼更远未来，瞄准更高水平，走出一条质量更高、效益更好、结构更优的发展新路，全面开启新时代江川“三步走”发展新征程。第一步，以综合交通为主的基础设施全面提升，综合经济实力明显增强，星云湖水质恢复至Ⅳ类，同城发展取得新进展，城乡建设展现新面貌，全面建成小康社会。第二步，到2035年，在全面建成小康社会的基础上，再奋斗十五年，实现经济实力大幅提升，人民生活更为宽裕，中等收入群体比例明显提高，城乡区域发展差距和居民生活水平差距显著缩小，基本公共服务均等化基本实现，全体人民共同富裕迈出坚实步伐；现代社会治理格局基本形成，民主法治更加健全、社会文明程度明显提高，社会充满活力又和谐有序；生态环境根本好转，星云湖水质明显改善，与玉溪中心城区实现一体化发展，美丽江川目标基本实现。第三步，到本世纪中叶，全区物质文明、政治文明、精神文明、社会文明、生态文明全面提升，人民共同富裕，建成宜居宜业和谐美丽新江川，谱写好中国梦的江川篇章。

（四）大力弘扬“跨越发展，争创一流；比学赶超，奋勇争先”精神，凝聚共识、激发潜力、增强合力。牢牢把握“时”“势”新变化，依托新优势、找准新定位、牢记新使命，做到“比”有对象、“学”有榜样、“赶”有目标、“超”有方向，在“比”中找差距，在“学”中补短板，在“赶”中出实效，在“超”中谋发展，积极营造争先进位、比学赶超的良好发展氛围。坚持领导带头、以上率下，大兴实干之风，力行务实之举，敢同强的比、敢向高的攀、敢与勇的争、敢跟快的赛，始终以一往无前的闯劲、不畏艰难的拼劲、百折不挠的韧劲、争先创优的干劲，全力推动江川跨越式发展。各级各部门要制定工作方案，明确时间表、路线图，列出任务清单、问题清单、责任清单、措施清单，以钉钉子精神确保各项目标任务落到实处、取得实效。

二、牢牢把握高质量发展要求，全力推进新时代江川经济社会发展

（一）巩固提升脱贫成果。深入贯彻习近平新时代扶贫开发战略思想，坚持脱贫不脱政策、脱贫不脱帮扶、脱贫不脱责任、脱贫不脱监管，确保全面小康路上一个贫困群众都不落下。科学制定和实施区乡村全面脱贫巩固提升行动方案，完善“十三五”脱贫规划，继续实施产业扶贫、教育扶贫、健康扶贫各项帮扶措施，建基础与强产业、扶智力与提志气相结合，打好全面脱贫成果巩固提升攻坚战。健全完善防治返贫动态管理机制和持续增收长效机制，稳定实现脱贫群众可持续脱贫、脱贫地区可持续发展。巩固提升全面脱贫成效。强化区乡村三级书记抓扶贫责任，落实党政同责工作机制和行业部门主要领导“第一责任人”责任。继续实施扶贫开发与基层党建“双推进”，广泛开展“自强、诚信、感恩”主题教育，激发脱贫地区干部群众内生动力。强化扶贫领域监督执纪问责，坚决整治扶贫领域不正之风和腐败问题。

（二）推进产业转型升级。认真贯彻习近平新时代中国特色社会主义经济思想，坚定产业强区不动摇，主动融入滇中城市经济圈发展战略，围绕“三区一中心”发展定位，以六大产业为重点，“三大战役”为抓手，加快培育具有江川特色和竞争实力的产业集群，至2020年，力争实现生产总值150亿元。做大做强工业经济。加快龙泉园区道路、标准化厂房和孵化中心等基础设施建设，服务和支持升华电梯、合续环保、中民筑友等项目尽快形成产能，打造园区经济“升级版”。加大招商力度，改进招商办法，引进发展先进装备制造、生物医药、电子信息、新能源新材料等新兴产业，争取更多企业落户江川。鼓励磷化工、纸制品、烟花爆竹、农产品加工等传统产业优化升级，引导扶持规下企业通过技改等手段扩大生产、提高效益，促进企业做大做强。优化民营经济发展环境，加大企业帮扶力度，强化区领导挂钩帮扶企业工作，着力构建“亲”“清”新型政商关系，打造一批领军型民营企业和更多“小巨人”企业。做精做活以文化旅游业为重点的第三产业。全面实施全域旅游发展战略，推进省级全域旅游示范区创建，加快星云湖国家湿地公园建设和星云湖湿地湖滨带提质改造，支持天湖化工盘活闲置土地发展康体旅游，打造“星云湖湿地+青铜文化+康体休闲”生态旅游区，促进旅游与文化、生态等融合，擦亮星云湖、李家山、青铜文化等名片。大力发展乡村旅游，创新节庆

活动组织形式，形成田园渔耕一体、湖光山色并举的乡村旅游格局。依托区位优势打造高效物流通道，支持雄关农产品物流产业园和九溪润特物流、宏程物流等项目建设，把江川打造成为全省现代物流中心。

（三）加快城乡统筹发展。立足“一核双心”发展定位，主动融入“三湖”生态城市群建设，突出规划引领，强化城市设计，加快城市提质扩容，加大基础设施建设力度，提升城市管理水平，加快与红塔区的同城一体化发展。抓牢“五大基础网络”建设机遇，加速建立大通道体系，实现江通高速、国道213线建成通车，加快澄川高速建设，抓实通用机场建设前期工作，启动机场道路建设，谋划推动红江高速立项建设，启动雄关绕乡道路、北前线、大铁线等县乡道路建设改造。推进“六城同创”，启动“海绵城市”试点和宝凤路、江通路等市政道路改造，打通浪广路北延长线。建设宁海芙蓉湿地公园，提升绿化、亮化水平。强化网格管理，扎实开展群众性精神文明创建活动，全力提升市民文明素质，坚决打赢国家卫生城市和全省全国文明城市创建攻坚战。加快大街、江城棚户区改造，支持九溪、江城争创国家特色小镇。提升完善共享高效的信息网，扩大乡村、交通沿线、旅游景区4G网络覆盖面，提高免费公共WiFi覆盖率。加快完善农村公共服务体系，健全城乡要素双向流动机制，推动城市基础设施、公共服务向乡村延伸，促进教育、文化、卫生等优质资源向农村覆盖。持续开展覆盖城乡、旅游景区等重点区域的“厕所革命”，改善农村水电路气房讯等基础设施。

（四）实施乡村振兴战略。坚持农业农村优先发展，按照产业兴旺、生态宜居、乡风文明、治理有效、生活富裕的总要求，全力实施乡村振兴战略。培育农业发展新业态，加快发展农村电商，积极拓展“互联网+农业”，促进种植、养殖、加工、流通和农业服务业转型升级。加快构建现代农业生产体系，大力推进农业科技创新成果应用，实施高效节水灌溉等农田水利基础设施建设，抓实“2260”高端特色烟叶开发和烤烟生产。推动农业绿色发展，培育生态品牌，加大产业结构调整力度，严控化肥农药增量，减量提质发展养殖业。加快构建现代农业经营体系，着力培育农业新型经营主体，依托亚洲花卉科创谷和雄关花卉科技示范园，带动发展一批以蔬菜、花卉、经果为特色的精品农业庄园和家庭农场，培育一批农村经济合作组织、专业大户，提高农业适度规模化经营水平。巩固和完善农村基本经营制度，落实第二轮土地承包延期政策和“三权”分置制度，积极稳妥推进农村集体资产产权制度改革，逐步建立农村产权交易市场和农业投融资平台，引导和撬动金融资本、工商资本和社会资本投向农业农村，培育壮大村集体经济。扎实开展农村宅基地、集体建设用地使用权房地一体确权登记发证工作，多措并举保障民生项目建设用地。高位推进城乡人居环境综合整治，实施新一轮“百村示范、千村整治”和“增绿添色、点亮江川”工程，继续推进旧村改造，支持统规联建多层住房，突出“两污”治理，提升人居环境。高度重视农村干部培养、配备和使用，努力打造一支懂农业、爱农村、爱农民的“三农”工作队伍。

（五）持续深化改革创新。把创新作为第一动力、人才作为第一资源、改革作为第一选择，强化创新驱动、人才带动、改革推动，加速经济发展质量变革、效率变革、动力变革。认真落实科技创新、教育创新、产业创新实施方案，落实好高新技术企业各类优惠政策，支持企业加大研发经费投入，提升自主创新能力，推动实体经济与互联网、人工智能融合发展。强化人才支撑，坚持实行积极、开放、有效的人才政策，全面落实中长期人才发展规划，继续实施“四个一百”人才行动计划，优化创新人才发展环境，统筹推进各类人才队伍建设。全面深化改革，把准改革正确方向，突破利益固化藩篱，为实现跨越式发展注入强劲动力。深化供给侧结构性改革，围绕“三去一降一补”强措施、抓落地，优化存量资源配置，扩大优质增量供给，增强稳增长促跨越的正向力量。深化行政体制改革，对职能相近的党政机关探索合并设立或合署办公。持续转变政府职能，创新监管方式，简政放权、放管结合、优化服务，提高行政审批效率，建设服务型政府，营造良好的营商环境。深化事业单位改革，强化公益属性，推进政事分开、事企分开、管办分离。深化财政、金融体制机制改革，积极探索拓宽投融资模式和渠道，努力培植财源。深化民主法治、社会民生等重点领域和关键环节改革，营造良好发展环境。扩大对外开放，加强与江苏武进等发达地区的合作交流，加快形成区域经济合作新优势。

（六）加强生态环境保护。坚定生态立区、绿色发展理念，全面落实清水、净土、蓝天、国土绿化和人居环境提升五大行动，全力打好污染防治攻坚战，切实解决好水、大气、土壤等环境污染问题。加大星云湖保护治理力度，实施一级保护区生态移民搬迁，以河长制、山水林田湖生态修复、生态旅游开发为主要抓手，支持发展生态观光型种植业，着力推进沿湖农业产业结构调整，至2020年星云湖水质力争恢复至Ⅳ类。实施董炳河、九溪河治理，开展保护抚仙湖雷霆行动。筑牢生态安全屏障，持续开展“森林江川”建设，以城镇面山、河湖堤岸、城乡干道为重点搞好绿化美化，推进25度以上坡耕地退耕还林，提高森林覆盖率。加大城乡污水收集和处理力度，确保无黑臭水体流入星云湖，实施城乡生活垃圾收集转运一体化建设，探索垃圾无害化处理途径。加快生态创建步伐，推进云南省生态文明区创建工作，建设绿色社区、绿色学校，大力倡导绿色生活方式。严格环境监管执法，抓实环保督查反馈问题整改，坚决制止和惩处破坏生态环境行为。

（七）抓好精神文明建设。坚定文化自信，加强理论武装，推动习近平新时代中国特色社会主义思想深入人心。牢牢掌握意识形态工作领导权和主动权，落实意识形态工作责任制，加强阵地建设，弘扬主旋律，凝聚正能量，树立新风尚，营造清朗的舆论环境。加强精神文明建设，培育和践行社会主义核心价值观，实施社会信用体系建设，深入开展文明细胞创建工程，继承和弘扬有益于当代的乡贤文化，推进社会公德、家庭美德、个人品德建设，引导公民诚实守信、孝老爱亲、向上向善、移风易俗，加快形成自治、法治、德治相结合的乡村治理体系。推动文化事业和文化产业发展，加强文化惠民工程和文化基础设施建设，努力构建覆盖城乡、惠及全民的公共文化服务体系。加大文物古迹修缮保护力度，加快全民健身运动场馆项目建设，发展全民健身运动。推进传播能力建设，强化各类媒体管理，讲好江川故事，唱响江川声音。

（八）强化基本公共服务。优先发展教育事业，改进绩效考核，加强师德师风建设，全力提升教育质量。坚持就业优先战略和积极就业政策，继续实施创业促进就业工程，制定完善就业创业激励政策，健全完善公共就业服务体系，强化职业技能培训，突出抓好大学生、农民工、建档立卡贫困户、失业人员等重点群体就业创业服务，实现更高质量和更充分就业。推进“健康江川”建设，持续深化公立医院综合改革，加快建立医疗联合体，争取实施提升区级医院综合能力项目，强化医院核心能力建设，进一步提高医疗服务水平。加强社会保障体系建设，稳步提高社会保险覆盖面和待遇水平，全面实施全民参保计划，持续抓好“五险”扩面续保，将符合条件的被征地农民全部纳入基本养老保险范围，确保建档立卡贫困人口基本医疗保险和大病医疗保险全覆盖；继续完善最低生活保障等制度，抓好保障性住房运营管理和农村危房改造、抗震安居工程建设，织牢社会救助兜底网。

（九）注重防范化解风险。加强源头管控，健全完善金融安全防线和风险应急处置机制，加强社会信用体系建设，注重防范金融风险。加强地方政府性债务规模限额管理，编制和公布地方政府资产负债表，强化预算硬约束，推动投融资平台公司市场化、专业化、实体化发展，建立政府举债终身问责、倒查责任机制，严控地方政府债务，特别是隐性债务风险。全面推进依法治区，推动“七五”普法规划实施，强化社会管理综合治理，打好第四轮禁毒防艾人民战争，加快民族团结进步示范区建设，严格落实安全生产责任制，巩固“平安江川”创建成果，确保社会大局和谐稳定。

三、认真贯彻落实新时代党的建设总要求，深入推进党的建设新的伟大工程

（一）突出政治建设的首要地位。紧紧围绕新时代党的建设总要求，坚持以政治建设为统领，不断增强党的政治领导力、思想引导力、群众组织力、社会号召力，确保党永葆旺盛生命力和强大战斗力。强化党规党纪教育，始终把政治纪律和政治规矩挺在前面，始终坚持“四个服从”，坚决反对“七个有之”，严格执行新形势下党内政治生活若干准则，完善和落实民主集中制，增强党内政治生活的政治性、时代性、原则性、战斗性。大力弘扬党内正气，倡导忠诚老实、公道正派、实事求是、清正廉洁的价值取向，把对党忠诚、为党尽职、为民造福作为根本政治担当，推动形成清朗的党内政治文化，营造风清气正的良好政治生态。

（二）打造高素质专业化干部队伍。坚持党管干部原则，以提高执行力为重点，落实好新时期好干部标准，突出政治标准，提拔重用“四个自信”坚定、“四个意识”牢固和具有忠诚干净担当品格的好干部。进一步优化干部队伍结构，加强年轻后备干部、女干部、党外干部和少数民族干部培养锻炼。围绕全面增强执政本领，加强干部教育培训，发挥好党员干部教育主渠道、主阵地作用，继续实施精准化定向式专题培训。加大干部交流挂职力度，将推进重大项目建设、振兴乡村作为锻炼干部、检验干部的主战场，着力培养、选拔、使用能够担当江川跨越发展的好干部。认真做好离退休干部工作。坚持严管厚爱结合、约束激励并重，完善考核评价机制，推动干部能上能下。完善和落实容错纠错机制，加大正向激励，激发广大干部干事创业的积极性。

（三）全面加强基层党组织建设。以提升组织力为重点，突出政治功能，把基层组织建设成为宣传党的主张、贯彻党的决定、领导基层治理、团结动员群众、推动改革发展的坚强战斗堡垒。坚持“三会一课”制度，推进基层党组织设置和活动方式创新。严格落实党组织书记抓党建工作责任制，完善党建工作责任体系，严格执行“四个一”制度、基层党建“五化”工作法和基层党建工作述职考评问责制度，压实各级党组织书记抓党建“第一责任人”的政治责任。规范提升“两新”组织党组织，强化城市党建工作，探索楼宇党建、商圈党建新路子，打造一批党建示范精品，以点带面，整体提升。推进党建与重点工作深度融合，加强服务型党组织建设，抓实党建扶贫“双推进”和“双创”先锋行动计划，实现围绕中心抓党建、抓好党建促发展。增强党员教育管理针对性和有效性，注重党内激励关怀帮扶，引导党员发挥好先锋模范作用。

（四）深入开展党风廉政建设和反腐败斗争。严格落实党风廉政建设党委主体责任和纪委监督责任，运用好监督执纪“四种形态”，在强化日常监督执纪上下功夫，抓早抓小，动辄则咎。持续强化作风建设，以永远在路上的坚韧，以钉钉子精神抓好中央八项规定精神落实落细，成风化俗。加大治理“庸懒散”力度，坚决整治“门好进、脸好看、事难办”以及“层层往上报，层层不表态”等“四风”变异问题，驰而不息纠正“四风”。严肃查处顶风违纪行为，进一步巩固反腐败斗争成果，完善党内监督体制机制，发挥党委巡察和纪委派驻机构作用，确保力度不减、节奏不变。加强对权力运行的制约和监督，组建并发挥监察委员会作用，实现对公权力的监督监察全覆盖。加强制度建设，扎牢不能腐的笼子，使党员干部不越雷池、不逾红线、严守底线。

（五）加强自身建设。坚持党对一切工作的领导，努力提高区委把方向、谋大局、作决策、促发展的能力和定力。继续深入开展促学活动，在全区营造善于学习、崇尚实干的浓厚氛围，建设学习型党组织。坚持战略思维、创新思维、辩证思维、法治思维、底线思维，加强党的集中统一领导，积极支持人大、政府、政协、监察委员会、法院和检察院依法依章程履行职能、开展工作、发挥作用。坚持锐意进取、开拓创新，贯彻新发展理念，统筹推进各项工作开创新局面。坚持依法行政，进一步完善党内法规制度体系，使党对一切工作的领导更加规范有序。进一步增强群众工作本领，创新群众工作体制机制和方式方法，加强统一战线和民族宗教工作，充分发挥工会、共青团、科协、妇联、残联等群团组织和社会组织的桥梁纽带作用，组织动员广大人民群众跟党走、谋实干。切实增强驾驭风险本领，完善安全、金融、舆情、社会稳定等防控体系，提高处理各种复杂问题的能力。增强狠抓落实本领，紧盯工作中的突出短板和薄弱环节，加强政策配套，加强协同攻坚，加强督查问责，坚决摒弃敷衍了事、上推下卸的虚伪做派，大力倡导说实话、谋实事、出实招、求实效的务实风尚。

全区各级党组织和广大党员干部要更加紧密地团结在以习近平同志为核心的党中央周围，深入学习贯彻党的十九大精神，以习近平新时代中国特色社会主义思想为指引，不忘初心、牢记使命，砥砺前行、奋勇争先，全力推动跨越式发展、建设宜居宜业和谐美丽新江川。

中共玉溪市江川区委
玉溪市江川区人民政府
关于实施乡村振兴战略走在全省前列的
实施意见

玉江发〔2018〕22号

（2018年8月29日）

实施乡村振兴战略，是党的十九大作出的重大决策部署，是新时代全面做好“三农”工作的总抓手。为促进全区乡村全面振兴，加快农业农村现代化进程，根据中央和省、市的决策部署，结合江川实际，提出以下实施意见。

一、全面把握实施乡村振兴战略走在全省前列的总体要求

我区实施乡村振兴战略的总体要求是：以习近平新时代中国特色社会主义思想为指导，深入贯彻落实党的十九大精神和习近平总书记考察云南重要讲话精神，全面落实中央农村工作会议和省市委决策部署，按照省委、省政府对玉溪提出的“六个走在全省前列”的新要求，市委、市政府对江川“建美一座城、治好一湖水、打造一个高地”的新指示，加强党对“三农”工作的领导，牢固树立新发展理念，落实高质量发展要求，坚持把解决好“三农”问题作为全区工作重中之重，坚持农业农村优先发展，按照“产业兴旺、生态宜居、乡风文明、治理有效、生活富裕”的总要求，建立健全城乡融合发展体制机制和政策体系，统筹推进农村经济建设、政治建设、文化建设、社会建设、生态文明建设和党的建设，加快推进乡村治理体系和治理能力现代化，推动农业全面升级、农村全面进步、农民全面发展，谱写新时代江川乡村全面振兴新篇章。

到2020年，在与全市同步率先全面建成小康社会的基础上，乡村振兴取得重大进展，制度框架和政策体系基本形成。高原特色现代农业量效齐增，“绿色食品牌”打造初见成效；农村居民收入增幅高于城镇居民收入增幅，城乡收入差距持续缩小，脱贫成果进一步巩固提高；农村人居环境全面提升，美丽宜居乡村建设扎实推进，农村基础设施建设全面加强，生态环境明显改善；农村社会事业加快推进，城乡基本公共服务均等化水平进一步提高，城乡融合发展体制机制初步建立；以党组织为核心的农村基层组织建设进一步加强，乡风文明持续提升，民族团结进步全面加强，乡村治理体系进一步完善。

到2035年，乡村振兴取得决定性进展，农业农村基本实现现代化。农村产业融合发展水平全面提升，“绿色食品牌”全面建成，农民就业质量显著提高，生活更为宽裕；城乡基本公共服务均等化基本实现，城乡融合发展体制机制更加完善；乡风文明达到新高度，乡村治理体系更加完备；农村生态环境根本好转，美丽宜居乡村基本实现。

到2050年，乡村全面振兴，与全国全省全市同步全面实现农业强、农村美、农民富。

二、全力推动实施乡村振兴战略走在全省前列的重点工作

围绕“产业兴旺、生态宜居、乡风文明、治理有效、生活富裕”的总要求，精准施策，集中发

力，着力打造“绿色能源、绿色食品、健康生活目的地”三张牌，推动农业农村全面发展，奋力走出一条具有江川特色的乡村振兴路子。

（一）提升农业发展质量，培育乡村发展新动能。坚持质量兴农、绿色兴农，提高农业创新力、竞争力和全要素生产率，打造美丽经济，推动高原特色现代农业转型升级。一是夯实农业生产能力基础。严守耕地保护红线，严格落实永久基本农田保护政策，加快划定和建设粮食生态功能区、重要农产品生产保护区。实施耕地质量保护行动，持续加强农田水利基础设施建设，加快建设一批渠相通、路相连、旱能灌、涝能排、生态化的高标准农田，2020年累计建成高稳产农田13.3万亩以上。以骨干水源、引水调水等工程为重点，配合做好滇中引水工程，新建3000件山区“五小”水利工程，完成5.2万农村人口饮水安全巩固提升。加大蔬菜、花卉等主要农作物生产全程机械化示范推广，扶持培育农机专业合作社，提升农机社会化服务水平，2020年农作物耕种收机械化水平达到55%以上。深化农业科技创新与体制改革，建立健全农业科技成果转化转移和推广服务体系。大力发展数字农业，积极推广物联网技术。二是实施大产业新主体新平台建设工程。实施产业兴村强区行动，将粮油、烤烟、花卉、蔬菜、畜牧、渔业六大优势产业，打造成为江川农业知名品牌。擦亮江川“云烟之乡”名片，坚守江川烟叶质量“108”分高地，构建世界一流清甜香型绿色生态优质烟叶万亩生产基地；依托亚洲花卉科创谷、雄关花卉科技园区及江城花卉产业升级示范区，创建省级花卉特色农产品优势区，将花卉产业打造成全省特色化、差异化、品牌化发展的优势产业，2020年花卉种植面积达1.3万亩以上，产值突破5.5亿元；以雄关农产品物流园为依托，将江川打造成全省重要的蔬菜加工基地，2020年蔬菜产业产值突破9.1亿元；以土著鱼为亮点，将高原渔业打造成助推江川农业发展的特色产业。支持龙头企业整合资源，组建集团，做大规模，做响品牌，形成一批生产型、加工型、外销型农业“小巨人”，做到每个特色优势产业都有龙头企业带动。规范发展农民专业合作社，培育发展规模适度的家庭农场，2020年农民专业合作社达60个以上、家庭示范农场达70个以上。加快实施“互联网+现代农业”，开启“农村淘宝”模式，深入实施电子商务进农村综合示范，2020年实现“12316”益农信息户在行政村全覆盖，培育年电商交易额5000万元以上的企业1户以上。加大对小农生产的政策扶持力度，大力培育多元化专业化服务组织，提升小农户组织化程度，大力发展土地流转和适度规模经营，2020年农村土地流转面积达3.5万亩以上，土地适度规模经营比重达到28%以上。三是实施质量兴农战略。优化农业生产结构和区域布局，推进农业绿色化、优质化、特色化、品牌化发展。创建高原特色农产品优势区，加快建设现代农业产业园、农业科技园、产业融合发展园。推进农产品标准化生产，培育农产品品牌，推进地理标志农产品认证和保护，打造区域性公用品牌，2020年力争认证“三品一标”30个以上。实施兴林富民行动，加快发展高效林业，开发森林生态标志产品，发展生态景观苗木。大力发展绿色健康养殖，开展水产养殖健康示范场、示范区创建。推动智慧农业快速发展，健全农产品质量标准体系和食品安全标准体系，加强农业投入品和农产品质量安全追溯体系建设及信息平台应用，推进农产品出口生产企业内外销“同线同标同质”工程。大力发展开放型农业。鼓励企业“走出去”发展，全面提升江川农业对外开放水平，2020年农产品出口总额达3500万美元以上。四是推进农村产业融合发展。以农业为主体开发多种功能，延长产业链、提升价值链、完善利益链，通过就业带动、保底分红、股份合作、利润返还等多种形式，让农民分享全产业链增值收益。实施农产品加工业振兴行动，大力推进领军企业培育、加工技术创新、产品品牌创建、产品市场开拓和招商引资，2020年实现农产品加工业产值66亿元，农产品加工业产值与农业总产值之比达到2：1以上。围绕打造“健康生活目的地”目标，抓住“百村景区、千村景点”机遇，全力实施乡村旅游提质升级行动，开发建设一批特色旅游小镇、特色旅游村、旅游农业庄园、精品客栈民宿、金牌农家乐、乡村露营地、工艺作坊等，2020年乡村旅游从业人员达1000人以上，乡村旅游综合收入达5亿元。开展田园综合体试点示范，推进星云湖南岸乡村振兴示范区建设，启动一批农村一二三产业融合发展试点，力争建成2—3个田园综合体。发展乡村共享经济、创意农业、特色文化产业。（牵头领导：李忠海；责任单位：区农业局；配合单位：区发改局、区工信局、市国土资源局江川分局、区交通运输局、区林业局、区水利局、区旅发局、区招商合作局、区供销社、区烟办、区文广体局，各乡镇〈街道〉）

（二）优化生态环境，打造绿色发展新格局。深入贯彻“生态优先、绿色发展”理念，建绿产业、建优生态、建美乡村，推动农业农村可持续发展。一是统筹山水林田湖草系统治理。积极推进星云湖国家山水林田湖草生态保护修复工程试点，强化国土资源保护、流域生态保护修复、水环境保护治理、流域空间管控与经济政策、湖泊保护与管理调控等项目建设，2018年末消除星云湖劣Ⅴ类水质，2020年实现Ⅴ类偏好，力争达到Ⅳ类水质。全面落实河（湖）长制，加强流域水污染防治网格化管理，大力推进“四退三还”，2020年基本实现河畅、水清、岸绿、湖美目标。全面推进节水型社会建设，实行最严格水资源管理制度，强化承载能力刚性约束，切实将水资源消耗总量与强度双控行动贯穿于经济社会发展和生态文明建设全过程。持续深化以农业水价综合改革为核心的农田水利改革，完善农业灌溉水总量控制和定额管理制度。推进重金属污染耕地防控和修复，开展土壤污染治理与修复技术应用试点。实施石漠化综合治理、防护林建设、退耕还林、陡坡地生态治理等重点生态工程，推行山林长制，加强天然林、公益林和生物多样性保护。二是大力发展绿色生态循环农业。坚持产业生态化、生态产业化，积极转变农业生产方式、经营方式和资源利用方式，走绿色化、循环化、集约化的发展路子。加强农业面源污染防治，深入推进主要农作物化肥、农药使用量零增长行动，加大化肥、农药减量增效示范，推进有机肥替代化肥、畜禽粪污资源化利用、农作物秸秆综合利用、废弃农膜回收、病虫害绿色防控。加强农村水环境治理，实施农村生态清洁小流域建设。主动适应城乡居民消费转型升级需求，大力开发生态产品，提升观光农业、游憩休闲、健康养生、生态教育等服务水平，促进乡村生态资源转化为生态经济。（牵头领导：李忠海；责任单位：区农业局；配合单位：区环保局、区星管局、区林业局、区水利局，各乡镇〈街道〉）

（三）改善人居环境，打造美丽宜居乡村新样板。一是优化乡村空间布局。扎实做好村级土地利用规划。积极推进国家传统村落、省级示范村、市级美丽宜居乡村、易地扶贫搬迁村等规划编制工作，提升村庄规划编制质量和覆盖率，2018年实现乡村建设规划全覆盖。建立健全村庄规划许可制度，加强基层规划建设管理队伍建设，推进常态化管理，2018年实现村庄土地规划建设专管员制度全覆盖。二是加强农村人居环境综合整治。深入实施农村人居环境整治三年行动计划，加强农村环境监管能力建设，落实区乡两级农村环境保护主体责任。以“七改三清”为重点，以“520”美丽家园城乡人居环境集中整治日行动为抓手，推进农村垃圾、污水治理和村容村貌提升。2018年乡镇“两污”处理设施覆盖率均达100%，生活垃圾实现全收集全处理；2020年村庄生活垃圾处理设施覆盖率达100%，生活垃圾实现全收集全处理，村庄生活污水治理率达80%以上。建管并举开展“厕所革命”，2020年实现农村无害化公共卫生厕所全覆盖。按照村庄规划整治乡村空间，集中整治“空心村”，健全村庄人居环境长效管护机制，强化乡村绿化，美化、净化庭院环境，消除私搭乱建、乱堆乱放，提升建筑风貌，2018年规划建成区违法违规建筑“零”增长。加快农村“以电代柴”“以气代柴”发展。三是强化农村基础设施建设。坚持把基础设施建设重点放在农村，促进城镇基础设施向农村延伸，实现互联互通、共建共享。以“百村示范、千村整治”行动为抓手，统筹推进各级各类示范村建设，积极开展美丽宜居乡村创建。全面推进“四好农村路”建设，实现100%自然村组通硬化公路。实施农村新一代信息基础设施建设行动，推进“光网乡村”“无线乡村”工程建设，2020年实现农村地区光纤宽带网络全覆盖，并逐步开展5G建设部署，建成城乡一体的广播电视网。实施农村电网改造升级行动，提高城乡电力保障均等化水平。（责任单位：区住建局；配合单位：市国土资源局江川分局、市规划局江川分局、区交通运输局、区工信局、区文广体局，各乡镇〈街道〉）

（四）繁荣农村文化，焕发乡风文明新气象。坚持物质文明和精神文明两手抓，提振农民群众的精气神，培育文明乡风、良好家风、淳朴民风，树立乡村文明新风。一是加强农村思想道德建设。坚持以社会主义核心价值观为引领，繁荣农村文化，培育乡村文化精神。依托乡镇文化站和村（社区）文化场所，培养农村文化人才，运用新媒体、农家书屋、村（社区）文化活动室（中心）等各类教育阵地，持续深入开展中国特色社会主义、中国梦和社会主义核心价值观主题宣传教育，加强爱国主义、集体主义、社会主义教育和民族团结进步教育，弘扬民族精神和时代精神，提升农民思想道德和科学文化素质。开展农村诚信建设专项治理，强化农民的社会责任意识、规则意识、集体意识、主人翁意识。二是传承农村优秀传统文化。充分挖掘和传承发展优秀传统文化、戏曲艺术、少数民族艺术、民族节庆、民族体育、民间文化。强化农村非物质文化遗产传承保护，划定乡村建设历史文化保护线，2019年完成历史街区和历史建筑普查划定工作，为保护好文物古迹、传统村落、古树名木、民族村寨、传统建筑、农业遗迹、灌溉工程等遗产奠定基础。推进“历史文化名镇、名村”“传统村落”“民族特色村寨”“民族文化生态旅游村”“生态文化村”建设。三是加强农村公共文化建设。着力实施现代公共文化服务体系建设三年行动计划，推进基层综合性文化服务中心和博物馆、文化馆、图书馆建设，实现乡村两级公共文化服务全覆盖，在村（社区）综合文化服务中心设立不少于1个由区级政府购买的公共文化服务岗位。深入推进文化惠民工程。推进基层非物质文化遗产传习馆（所）、农家书屋和乡愁书院建设。支持“三农”题材文艺创作生产。办好群众性文化活动。确保2018年建成保障基本、全面覆盖、使用高效、促进公平的文化设施网络。实施“七彩云南全民健身工程”。配合做好玉溪文化“云平台”建设。丰富文化活动载体，加强文化队伍培育，深入开展文艺演出，保护和传承好乡土文化。开展文化结对帮扶，引导社会各界人士投身乡村文化建设。丰富农村文化业态，加强农村文化市场监管。四是开展移风易俗行动。深入开展文明家庭、文明村镇、星级文明户等群众性精神文明创建活动，认真落实农村红白喜事倡导性规范，引导和组织农民建立村民议事会、道德评议会、禁毒禁赌会、红白理事会等群众组织，遏制大操大办、厚葬薄养、人情攀比等陈规陋习，抵制封建迷信活动，涵育勤俭节约文明风尚。巩固农村殡葬改革成果，加强农村公益性公墓及其殡葬服务设施建设管理，积极推广绿色节地生态安葬方式。加强农村科普工作，提高群众科技意识，传播科学健康生活方式。（牵头领导：赵琦；责任单位：区委宣传部；配合单位：区文广体局、区民政局、市规划局江川分局、区住建局、区科协，各乡镇〈街道〉）

（五）夯实基层基础，构建乡村治理新体系。坚持党建引领，不断创新乡村治理有效形式，建设充满活力、和谐有序、民族团结的乡村社会。一是加强农村基层党组织建设。坚持以提升组织力为重点，以政治建设统领农村基层党建工作。深入开展“不忘初心、牢记使命”主题教育，推进“两学一做”学习教育常态化制度化。持续整顿软弱涣散村党组织，推动“双整百千”工作；深入推进基层党组织规范化建设，真正把基层党组织建设成为宣传党的主张、贯彻党的决定、领导基层治理、团结动员群众、推动改革发展的坚强战斗堡垒。实施“领头雁”培养工程，全区每年开展一次村（社区）党组织书记、村（居）委会主任、村监委会主任集中轮训，各乡镇（街道）每年开展一次村组干部集中轮训，培养一批政治过硬、实绩突出的农村基层干部。实施村级后备干部“金种子”培养工程，抓实“青年人才党支部”建设，实施村干部能力素质和学历提升行动计划，培养一批45岁以下的村组后备干部、优秀农村党员、致富带头人和乡土人才。加强农村党员发展教育管理，深入开展“万名党员进党校”活动，力争用3年时间轮训一遍农村党员。完善村级组织运转经费保障机制，逐步提高基层党组织工作经费标准和村组干部基本报酬。全面推行村级小微权力清单制度，持续整治“村霸”和庸懒滑贪“四类村官”，严厉整治发生在群众身边的腐败问题。二是提升自治、法治、德治整体合力。把村民自治作为推进基层治理的基本形式和保持农村长治久安的治本之策，推动自治、法治、德治有机结合、共同发力。建立村党组织领导下的组织健全、自治有效、服务完善、文明祥和的村民自治制度，完善村民代表会议、村务公开、民主管理、村规民约（居民公约）、村务监督等制度，实现村民自我管理、自我教育、自我服务。深化村民自治实践，发展社会组织，建立健全党委领导、政府负责、社会协同、公众参与、法治保障的现代乡村社会治理体制，确保乡村社会充满活力，安定有序。持续抓好民主法制宣传教育，引导群众尊法学法守法用法，依法表达利益诉求、正确行使民主权利、有效参与社会治理，形成信仰法律、崇尚法治的良好氛围。健全农村公共法律服务体系，完善一村（居）一法律顾问制度。强化道德教化作用，建立道德激励约束机制和道德评议机制，广泛开展好媳妇、好儿女、好公婆等评选，开展最美乡村教师、医生、村官、家庭评比等活动，弘扬真善美，传播正能量，实现家庭和睦、邻里和谐、干群融洽。三是加大平安乡村建设力度。认真落实社会治安综合治理领导责任制，扎实推进农村社会治安防控体系建设，推动社会治安防控力量下沉。加快推进村（社区）综治中心建设，大力推进“网格化管理、信息化支撑、社会化服务”的基层社会治理模式，实现基层服务和管理精细化精准化。引导社会各方力量参与农村各类矛盾纠纷排查化解，推动人民调解、行政调解、司法调解协调联动，把矛盾解决在基层和萌芽状态。加快推进乡村“雪亮工程”，不断提升乡村治安防控水平。深入开展扫黑除恶专项斗争，以“零容忍”态度严厉打击黑恶势力、宗族恶势力，严厉打击黄赌毒盗拐骗等违法犯罪。加强农村警务、消防、安全生产、食品药品安全工作，持续开展农村安全隐患治理，坚决遏制各类安全事故。广泛开展民族团结进步教育，深入实施民族团结进步示范创建工程，依法管理民族宗教事务，持续巩固民族团结进步良好局面。（牵头领导：蒋文、靳联明；责任单位：区委组织部、区委政法委；配合单位：区纪委〈监察委〉、区委宣传部、区民政局、区司法局、市公安局江川分局、区安监局、区市场监管局、区民宗局，各乡镇〈街道〉）

（六）提高民生保障水平，建设美丽幸福新家园。坚持人人尽责、人人享有，围绕农民群众最关心最直接最现实的利益问题，加快改善农村生产生活条件，提升农村群众的幸福感获得感。一是优先发展农村教育事业。高度重视发展农村义务教育，巩固提高基本均衡成果，建立以城带乡、整体推进、城乡一体、均衡发展的优质均衡发展机制，进一步完善“三免一补”政策和农村义务教育学生营养改善计划。全面改善农村学校办学条件，强化农村学校内部管理，加强寄宿制学校建设，完善配套设施。将进城务工人员随迁子女教育纳入城镇教育发展规划和财政保障范围，依法保障随迁子女平等接受义务教育；发展农村学前教育，加快“学前二期、三期”项目建设，增加农村学前教育资源，确保适龄幼儿就近就便入园；加快推进普及高中阶段教育，逐步增加优质高中向农村初中的定向择优招生比例。发展现代职业教育，逐步分类推进中等职业教育免除学杂费，调整专业结构，扩大面向农村的招生规模，提高就业率。把农村需要的人群纳入特殊教育体系。推动优质学校辐射农村薄弱学校常态化，发挥优质教育的辐射带动作用。统筹配置城乡师资，并向农村学校倾斜，提高农村学校教师综合素质，努力提高农村学校的教育教学质量和办学效益。二是促进农民就业创业增收。营造积极的就业环境，拓宽农民增收途径，保持农村居民收入增速快于城镇居民。加强职业技能培训，鼓励农民参与乡村休闲旅游、特色手工和文化创意产品制造，促进农民多渠道转移就业。加大推动农业转移人口和其他常住人口在城镇落户方案落实力度，促进农业转移人口在城镇有序落户，依法平等享受城镇公共服务。实施“兴江回归”工程，吸引大学生、企业家、农民工返乡创业，鼓励兴办企业和农民专业合作社，带动发展家庭工场、手工作坊、乡村车间，带动更多农民就地就近就业。三是健全农村社会保障体系。推进全民参保计划，促进社保参保扩面提标。完善城乡居民基本医疗和大病保险制度，做好农民重特大疾病医疗救助工作。健全城乡居民基本养老保险制度，完善被征地农民养老保障政策。统筹城乡社会救助体系建设，完善最低生活保障制度，适时提高保障标准，将符合最低生活保障条件的进城落户农业转移人口纳入保障范围，做好农村社会救助兜底工作。推进农村留守儿童和妇女、老年人以及困境儿童关爱服务体系建设。加强和改善农村残疾人服务。四是推进健康乡村建设。加强基层医疗卫生服务体系建设，改善乡镇卫生院和村卫生室条件，实现建档立卡贫困人口就医“一站式”即时结报，2020年建立完善乡村基本公共卫生服务均等化机制。加强乡村慢性病综合防控，推进农村地区精神卫生、职业病和重大疾病、重大传染病防治。实施远程医疗“乡乡通”工程、基层中医药服务能力提升工程。开展和规范家庭医生签约服务，加强农村妇幼、老人、残疾人等重点人群健康服务，2020年基本实现家庭医生签约服务制度全覆盖。倡导优生优育，完善计划生育服务管理。深入开展乡村爱国卫生运动，改善乡村环境卫生，创建卫生乡镇、卫生村，提高农民健康水平。（牵头领导：杨军苹；责任单位：区教育局、区人社局；配合单位：市公安局江川分局、区民政局、区卫计局，各乡镇〈街道〉）

（七）打好精准脱贫攻坚战，开启全面小康新征程。坚持脱贫不脱政策、脱贫不脱帮扶、脱贫不脱责任、脱贫不脱监管，把提高脱贫质量放在首位，切实做好实施乡村振兴战略与巩固脱贫成果的有机衔接。一是聚焦脱贫成果巩固提升。继续落实“挂包帮”“万企帮万村”、驻村帮扶等机制，健全完善防止返贫动态管理机制和持续增收长效机制，扎实推进产业扶贫、生态扶贫、健康扶贫、教育扶贫等重点工作，确保病有所医、残有所助、生活有保障。坚持产业进村、扶持到户，实施产业精准脱贫行动，着力打造贫困乡村“一村一品、一乡一业”产业发展新格局。2020年培育打造一批贫困人口参与度高、能带动贫困户长期稳定增收的特色优势产业，有劳动能力的建档立卡贫困户有1个以上产业增收项目，有培训意愿的建档立卡贫困户掌握1门以上就业创业技能。二是激发贫困人口内生动力。坚持扶贫同扶志、扶智相结合，把外力扶贫和内生脱贫巩固结合起来，持续开展“自强、诚信、感恩”主题教育，培养贫困村创业致富带头人，推动贫困群众通过辛勤劳动脱贫致富，从根本上改变贫困群众“等、靠、要”思想，形成勤劳致富、脱贫光荣的良好导向。按照“以小起步、逐步壮大、滚动发展”的原则，发展壮大农村集体经济，将“空壳村”集体经济增收全覆盖行动计划向小组延伸，持续提升村组自我发展能力。三是强化扶贫责任落实和监管。完善区、乡镇（街道）、村（社区）“三级联动”抓落实工作机制，强化党政一把手负总责责任制。深入实施脱贫攻坚与基层党建“双推进”，加强驻村扶贫工作队选派管理。深入开展扶贫领域腐败和作风问题专项治理，加强扶贫资金和项目管理，对挪用和贪污扶贫款项的行为“零容忍”，确保扶贫资金安全运行、高效使用。（责任单位：区发改局；配合单位：区直各单位，各乡镇〈街道〉）

三、实施乡村振兴战略走在全省前列的保障措施

实施乡村振兴战略，必须坚持完善农业农村经济体制，深化农村各项改革，优化要素市场化配置，不断健全和完善乡村振兴体制机制和政策体系。

（一）强化投入保障，推动农业农村优先发展。一是健全财政投入保障机制。健全乡村振兴财政投入保障机制，重点向“三农”倾斜，每年设立1000万元乡村振兴专项资金，确保财政投入与乡村振兴目标任务相适应。及时下达专项补助，全力保障中央和省级、市级乡村振兴补助资金拨付到项目单位。优化财政供给结构，加快建立涉农资金统筹整合长效机制，促进农业生产发展、农村基础设施建设和农村教育、卫生文化、脱贫攻坚、社会保障等民生事业发展。创新财政资金管理方式，充分发挥农业综合开发资金、高原特色现代农业专项扶持资金、农业产业发展资金、农产品加工项目资金等财政资金引导作用，支持实施乡村振兴战略。每年安排一定的农村综合改革项目资金，加大对乡村振兴和脱贫攻坚支持力度。二是创新资金筹集机制。积极拓宽资金筹集渠道，创新财政支农资金投入机制和使用方式，完善以奖代补、贷款贴息、基金引导等有效机制，积极探索推广PPP、政府购买服务等方式，推动建立财政、银行、保险、担保“四位一体”的多元化立体型支农政策体系，撬动金融和社会资本更多投向农业农村，为乡村振兴提供资金来源。创新多元化融资方式，引导和带动社会资本投入乡村振兴。积极争取和使用好政府投资基金，全面落实“一事一议”支农惠农项目政策。制定鼓励引导工商资本参与乡村振兴实施意见，落实和完善融资贷款、配套设施建设补助、税费减免等扶持政策，不断拓宽资金筹集渠道。鼓励社会资本到农村发展适合企业化经营的现代种养业、农业服务业、农产品加工业，以及休闲旅游养老等产业。三是强化金融支农力度。大力发展农村普惠金融，优化惠农支付服务村级覆盖网络，提高自然村覆盖率。加强农村金融社保卡应用，改善农村金融服务环境，增加金融投入对贫困地区的支持。鼓励政

策性金融机构对乡村振兴的信贷支持力度，充分发挥政策性银行对农村基础设施、精准扶贫等项目的支持作用。支持农村信用社深化改革，提升服务。引导鼓励有条件的涉农企业利用资本市场融资。扩大农业保险覆盖面，不断提高农业保险保障水平。积极推行PPP模式提升农村人居环境，鼓励和引导社会资本参与投资、建设、运营和管理。继续开展农房保险，争取对全区农村家庭实施自然灾害保险和人身伤亡保险。（责任单位：区财政局；配合单位：区农业局、人行江川支行、农信社、人保财险公司，各乡镇〈街道〉）

（二）创新体制机制，增强农业农村发展活力。巩固完善农村基本经营制度。坚持土地承包关系稳定并长久不变，落实好第二轮土地承包到期后再延长30年政策，2018年全面完成土地承包经营权确权登记颁证工作。完善农村承包地“三权”分置制度，落实集体所有权，稳定农户承包权，放活土地经营权。扎实推进房地一体的农村集体建设用地和宅基地使用权确权登记颁证。完善农民闲置宅基地和闲置农房政策，探索宅基地所有权、资格权、使用权“三权”分置，落实宅基地集体所有权，保障宅基地农户资格权和农民房屋财产权，适度放活宅基地和农民房屋使用权，不得违规违法买卖宅基地。深入推进农村集体产权制度改革，全面开展农村集体资产清产核资、集体成员身份确认，加快推进集体经营性资产股份合作制改革，推动资源变资产、资金变股金、农民变股东，增强集体经济发展活力。全面深化供销合作社综合改革，拓展供销合作社经营服务领域，加快供销社基层社改造，打造综合性、规模化、可持续的为农服务体系。深入推进集体林权、农村小型水利设施产权等领域改革。改革完善地方储备粮管理体制。深化户籍制度改革，促进有能力稳定就业和生活的农业转移人口有序实现市民化。推动农业农村“放管服”。加快乡村治理重心下移，推进城乡社区服务平台建设，打造“一门式办理”“一站式服务”综合服务平台，在城乡社区建立网上服务站点，完善乡村便民服务体系。大力培育服务性、公益性、互助性农村社会组织，积极发展农村社会工作和志愿服务。（责任单位：区委农办、区农业局；配合单位：市国土资源局江川分局、区住建局、区林业局、区水利局、区卫计局、区供销社、市公安局江川分局，各乡镇〈街道〉）

（三）汇聚社会力量，强化乡村振兴人才支撑。实施新型职业农民培育工程，加强职业农民教育培训体系、师资体系、教材体系建设，实施现代青年农场主、新型经营主体带头人、职业经理人和农业生产技能提升四个培育计划，加快推进认定管理，完善扶持政策。加强农村专业人才队伍建设。培育挖掘高技能人才和乡土人才，建立县域专业人才统筹使用制度。逐步探索实施乡村教师“县管校聘”，乡村医生“县管乡用”，扎实做好山区人才支持、“三支一扶”、大学生村官、特岗教师、高校毕业生基层成长工作。支持教育人事制度改革，整合职业教育资源，创新人才培养、合作与交流机制，为乡村振兴培养专业化人才。扶持培养农业经理人、经纪人、乡村工匠、文化能人、非遗传承人等。继续实施专家人才下基层系列活动，鼓励专家到基层开展服务。全面实行农技推广服务特聘。建立有效激励机制，鼓励社会各界人才通过下乡担任志愿者、投资兴业、包村包项目、行医办学、捐资捐物、法律服务等方式投身乡村建设。研究制定公职人员回乡任职管理办法。充分发挥群团组织、工商联、民兵预备役、民主党派等的积极作用，支持乡村振兴事业。（责任单位：区委组织部、区农业局；配合单位：区人社局、区教育局、区卫计局、区委统战部、区科协，各乡镇〈街道〉）

四、加强和改善党对“三农”工作的领导

办好农村的事情，实现乡村振兴，关键在党。必须加强和改善党对“三农”工作的领导，坚持把实施乡村振兴战略摆在优先位置，确保党管农村的各项部署要求落到实处、收到实效。

（一）完善党的农村工作领导体制机制。健全党委统一领导、政府负责、农业农村工作部门统筹协调的农村工作领导体制。建立实施乡村振兴战略领导责任制，实行区、乡镇（街道）、村（社区）“三级联动”抓落实工作机制。各乡镇（街道）党（工）委和政府（办事处）每年要向区委、区政府报告推进实施乡村振兴战略进展情况。各单位部门要按照部门职责，加强工作指导，强化资源要素支持和制度供给，做好协同配合，形成乡村振兴工作合力。切实加强区委农村工作机构建设，充实配强

工作力量，充分发挥决策参谋、统筹协调、政策指导、推动落实、督导检查等职能。建立党政领导班子和领导干部推进乡村振兴战略实绩考核制度，将考核结果作为选拔任用领导干部的重要依据。（责任单位：区委农办；配合单位：区委组织部、区委编办、区人社局、区农业局，各乡镇〈街道〉）

（二）加强“三农”工作队伍建设。严格按照懂农业、爱农村、爱农民的要求，加强“三农”干部队伍的培养、配备、管理和使用，全面提升各级干部做好“三农”工作的能力水平。各级党委和政府主要领导要懂“三农”工作、会抓“三农”工作，分管领导要真正成为“三农”工作的行家里手。加强干部队伍专业化建设，创新干部培育新路径，制定并实施培训计划，全面提升“三农”干部队伍的能力和水平。创新激励关怀机制，拓宽区级“三农”工作部门和乡镇干部来源渠道。加强乡镇干部队伍建设，做好清理乡镇空编，违规调动和借调乡镇干部与及时招录补充工作，严格落实乡镇工作岗位补贴，切实改善乡镇干部工作生活条件。健全从优秀村党组织书记中选拔乡镇领导干部、考录乡镇机关公务员制度，探索从村（社区）干部中招聘乡镇事业单位工作人员制度。把到农村一线锻炼作为培养干部的重要途径，注重提拔使用实绩优秀的干部，形成人才向农村基层一线流动的用人导向。（牵头领导：靳联明；责任单位：区委组织部；配合单位：区人社局，各乡镇〈街道〉）

（三）强化乡村振兴规划引领。认真落实国家、省、市乡村振兴战略规划，制定玉溪市江川区乡村振兴战略规划（2018—2022年），坚持目标导向和问题导向，细化实化工作重点和政策措施，建立工作协调机制，强化监督检查，加强评估考核，层层落实责任。认真编制乡村振兴专项规划，加强各项规划之间的有机衔接，形成上下协调、城乡融合、区域一体、多规合一的规划体系，推动城乡规划融合、产业融合、要素融合、基础设施和公共服务融合，不断缩小城乡基础设施差距，逐步补齐农村短板。坚持尊重民意、注重质量，保护和发展自然资源，保持地域文化特色、民族特色和传统风貌。强化乡村振兴战略规划执行监管，把编制规划纳入工作考核内容，严格实行规划审批制度。加强乡村统计工作和数据开发工作。（责任单位：区发改局；配合单位：区委农办、市国土资源局江川分局、区住建局、市规划局江川分局、区交通运输局、区农业局、区林业局、区水利局、区统计局、各乡镇〈街道〉）

（四）营造乡村振兴良好氛围。建设全社会参与激励机制，汇聚全社会力量大力支持、积极投身乡村振兴。做好新闻宣传，新闻媒体要开展形式多样的宣传活动，宣传党的乡村振兴方针政策和各地的好经验、好做法，推出一批特色突出，具有较高标准和较强示范作用的先进典型的宣传报道，振奋基层干部群众精气神；各级各部门要做好社会宣传，通过开展文化活动、举办主题宣讲、组织文艺演出、实施村寨文化氛围营造工程等形式，丰富群众精神文化生活，营造全社会积极参与乡村振兴的良好社会舆论氛围，迅速汇聚全区上下振兴乡村的强大合力。（牵头领导：赵琦；责任单位：区委宣传部；配合单位：区农业局、区文广体局，各乡镇〈街道〉）

中共玉溪市江川区委　玉溪市江川区人民政府关于印发玉溪市江川区脱贫攻坚巩固提升三年行动实施方案（2018—2020年）的通知

玉江发〔2018〕27号

各乡镇党委、政府，大街街道党工委、办事处，区委和区级国家机关各部、委、办、局，各人民团体和企事业单位，中央、省、市驻江单位：

《玉溪市江川区脱贫攻坚巩固提升三年行动实施方案（2018—2020年）》已经区委、区政府研究同意，现印发给你们，请结合实际抓好贯彻落实。

中共玉溪市江川区委
玉溪市江川区人民政府
2018年12月10日

玉溪市江川区脱贫攻坚巩固提升三年行动实施方案（2018—2020年）

打好精准脱贫攻坚战是决胜全面建成小康社会的底线任务，是实施乡村振兴战略的坚实基础。党的十八大以来，区委区政府始终把脱贫攻坚作为最大政治任务和第一民生工程，坚决贯彻落实中央和省市委脱贫攻坚重大决策部署，制定出台系列配套政策，采取超常规措施，以前所未有的力度推进脱贫攻坚，取得了决定性成效。2017年底，全区贫困人口从2013年的4158户13750人减少到548户1828人，累计脱贫1517户5445人，乡村贫困发生率均降至3%以下，全区贫困发生率降至0.84%，脱贫攻坚工作已从减少贫困人口数量为主进入到巩固提升脱贫质量为主的新阶段。根据党中央国务院《乡村振兴战略规划（2018—2022年）》《关于打赢脱贫攻坚战三年行动的指导意见》、省委省政府《关于打赢精准脱贫攻坚战三年行动的实施意见》和市委市政府《关于玉溪市脱贫成果巩固提升走在全省前列的实施意见》《玉溪市脱贫攻坚巩固提升三年行动实施方案（2018—2020年）》，结合我区实际，制定本实施方案。

一、总体要求

（一）指导思想

以习近平新时代中国特色社会主义思想为指导，认真贯彻落实党的十九大和省委十届四次全会、市委五届五次全会、区委二届四次全会精神，坚持精准扶贫精准脱贫的基本方略，把提高脱贫质量放在首位，聚焦深度贫困地区和特困群众，突出产业发展增收、人居环境整治、社会保障巩固，强化统筹整合专项扶贫、行业扶贫、社会扶贫资源，加强基层组织建设与扶贫开发“双推进”，注重激发贫困群众内生动力，落实精准扶贫政策措施，着力加强扶贫领域作风建设，确保如期实现脱贫攻坚巩固提升目标，为全面建成小康社会奠定坚实基础。

（二）目标任务

到2020年，稳定实现农村贫困人口不愁吃、不愁穿，义务教育、基本医疗和住房安全有保障；实现贫困乡村与全区农民人均可支配收入比例达到0.8∶1以上，基本公共服务主要领域指标达到全国平均水平。贫困地区乡村振兴取得重要进展，农业综合生产能力稳步提升，农业供给体系质量明显提高；农民增收渠道进一步拓宽，城乡居民生活水平差距持续缩小；农村基础设施建设深入推进，农村人居环境明显改善。

（三）工作要求

坚持把提高脱贫质量放在首位。严格执行现行扶贫标准，坚持精准扶贫精准脱贫基本方略，强化扶贫对象精细管理，更加注重帮扶的长期效果，夯实稳定脱贫、逐步致富的基础；更加注重精准帮扶与区域经济社会发展协调推进，既不降低标准，也不擅自拔高标准、提不切实际的目标，避免陷入“福利陷阱”，防止产生贫困村与非贫困村、贫困户与非贫困户待遇的“悬崖效应”，留下后遗症。

坚持脱贫攻坚巩固提升与实施乡村振兴相衔接。脱贫不脱政策、脱贫不脱帮扶、脱贫不脱责任、脱贫不脱监管，加强脱贫攻坚巩固提升与乡村振兴政策衔接、机制整合和工作统筹，乡村振兴的相关支持政策，优先向贫困地区倾斜，以乡村振兴巩固提升脱贫成效。

坚持扶贫同扶志扶智相结合。正确处理外部帮扶和贫困群众自身努力的关系，强化脱贫光荣、勤劳致富导向，更加注重培养贫困群众依靠自力更生实现脱贫致富的意识，更加注重提高贫困地区和贫困人口自我发展能力。

坚持开发式扶贫和保障性扶贫相统筹。把开发式扶贫作为脱贫成效巩固提升的基本途径，针对致贫原因和贫困人口结构，加强和完善保障性扶贫措施，造血输血协同，发挥两种方式的综合脱贫效应。

坚持脱贫攻坚巩固提升与锤炼作风、锻炼队伍相统一。把脱贫攻坚巩固提升作为一线培养干部的重要阵地，强化基层帮扶力量，密切党同人民群众血肉联系，提高干部干事创业本领，培养了解国情省情市情区情和农村实际的干部队伍。

坚持调动全社会扶贫积极性。充分发挥政府和社会两方面力量作用，强化政府责任，引导市场、社会协同发力，构建专项扶贫、行业扶贫、社会扶贫互为补充的大扶贫格局。

二、主要措施

坚持问题导向和目标导向，始终把脱贫质量放在首位，紧扣乡村振兴20字总要求，抓重点、补短板、强弱项。以1个贫困乡和16个贫困村巩固提升为重点，着力解决贫困地区基础设施不完善、产业培育发展滞后、社会保障网不牢固、人居环境脏乱差等问题，巩固提升脱贫攻坚质量，夯实乡村振兴坚实基础。

（一）着力工作转型和思路调整。脱贫攻坚虽已首战告捷，但巩固提升脱贫攻坚成果的任务依然艰巨，各乡镇（街道）和部门要严格按照《玉溪市江川区扶贫攻坚脱贫摘帽退出实施方案》（玉江办发〔2016〕39号）确定的指导思想、目标任务和推进措施，不断强化巩固脱贫成果的组织协调，把工作重点转到制定和完善工作规划、督导检查和考核评价上，确保职责分工明确、措施保障到位。坚持“六个精准”“五个一批”力度不减，坚持党建、扶贫双推进，创新扶贫脱贫模式，着力提升已脱贫群众自我发展能力。

牵头单位：区扶贫办

责任单位：区委组织部、区纪委、区残联、区发改局、区教育局、区民政局、区财政局、区人社局、区住建局、区交通局、区农业局、区林业局、区水利局、区卫计局、各乡镇（街道）

（二）继续整合富民产业资源。坚持生态绿色发展，科学编制实施《玉溪市江川区产业扶贫方案（2018—2022年）》，强化产业扶贫项目库建设，深入实施贫困地区特色产业提升工程，因地制宜加快发展对贫困户增收带动作用明显的种植养殖业、林果业、农产品加工业、特色手工业、休闲农业和乡村旅游，大力培育和推广有市场、有品牌、有效益的特色产品。一是支持和推进退出贫困村主导产业发展和壮大。深入推进“一村一品”因地制宜的发展特色种养殖业，逐步做大规模，不断提升农业产业质量和效益，带动贫困户增收致富。通过培育农民合作社、培养致富带头人等方式，示范引领带动贫困人口发展高产、高效优质产业，不断提升种植业产值，巩固提升烤烟传统产业发展，推进花卉、蔬菜产业发展，完成种植17.5万亩；依托当地环境气候特点和自然优势，大力发展规模化、标准化畜牧养殖，不断壮大土鸡、山猪、黑山羊等特色畜牧业，提高畜牧业在农民增收中的比重；依托贫困山区独特的自然人文资源，发展农家乐和特色民宿等乡村旅游、打造民族团结示范村1个；按照保护与发展并重的原则，实施手工艺制作、农产品加工及乡村旅游，扶持5—10家农家乐，新建农家乐5家。二是鼓励和指导已脱贫贫困户发展畜禽养殖、特色林果等增收富民产业，实施“联户多业”计划，对脱贫对象进行差异化、精细化、“滴灌式”帮扶，不断增强贫困户自我“造血”功能，并依托龙头农产品加工企业，让群众更多分享产业链增值收益。完善“万企帮万村”帮扶机制，组织龙头企业与贫困村联合创建绿色食品、有机农产品原料标准化基地。三是建立贫困户产业发展指导员制度，明确到户帮扶干部承担产业发展指导职责，帮助贫困户协调解决生产经营中的问题。四是创新扶贫机制，积极推动贫困地区农村资源变资产、资金变股金、农民变股东改革，大力发展贫困村集体经济，通过盘活集体资源、入股或参股、量化资产收益等渠道增加集体经济收入。五是整合财政涉农资金发展特色产业，利用扶贫资金发展短期难见效、未来能够持续发挥效益的产业。规范和推动资产收益扶贫工作，确保贫困户获得稳定收益。

牵头单位：区农业局

责任单位：区工商联、区发改局、区工信局、区民宗局、区财政局、区林业局、区旅发局、区扶贫办、各乡镇（街道）

（三）大力实施劳动力转移就业工程。强化扶贫大数据平台信息与农村劳动力转移就业信息录入系统有效衔接，建立和完善贫困户劳动力对象、用工单位需求、政府公益岗位“三个清单”，推动就业意愿、就业技能、就业岗位精准对接，提高劳务组织化程度和就业脱贫覆盖面。一是加强企业吸纳入驻。紧紧围绕各类企业用工需求，加大职业技能培训力度，大力推广村企合作“订单、定向、定岗”模式，推进群众整建制或组织化就业，对到贫困村投资的企业给予更多的优惠政策，使企业愿意来、留的住，重点发展蔬菜、药材种植等短平快项目，三年新增稳定就业的建档立卡已脱贫户480人。二是加大农村富余劳动力转移力度。各乡镇（街道）要组建以贫困户为主的施工队，参与区内大型工程等建设，推动“一村一施工队”建设和小工本地化，带动贫困户就近就地就业，增加工资性收入。三是加强劳动力技能培训工作。统筹整合中等职业学校等各类培训资源，组织有就业培训意愿的贫困家庭劳动力，参加劳动预备制培训、岗前培训、订单培训和岗位技能提升培训，落实职业培训补贴政策。积极教育引导贫困户家庭转变就业观念，围绕各类企业用工需求，结合建档立卡贫困户的自愿性，切实将“被动式”培训转换为“主动性”培训，三年内有针对性的组织贫困群众开展各类技术培训4100人次，实现建档立卡贫困户“一户一工人”转移就业960人。同时，进一步做好扶贫创业致富带头人培育工作，三年至少培养10名创业能成功、带动有成效的贫困村创业致富带头人。四是鼓励开发多种形式的公益岗位，通过以工代赈、以奖代补、劳务补助等方式，动员更多贫困群众参与小型基础设施、农村人居环境整治等项目建设，吸纳贫困家庭劳动力参与保洁、治安、护路、护林、管水、扶残助残、养老护理等，增加劳务收入。五是持续开展“春风行动”“就业援助月”“民营企业招聘周”等活动，增加贫困家庭劳动力转移就业。创新就业机制，按照“政府引导、社会主办、市场运作”的原则，探索建立集岗位开发、技能培训、就业服务、跟踪服务为一体的劳务输出基地，拓宽就业渠道、强化就业技能、维护就业保障，提高转移就业的稳定性。

牵头单位：区人社局

责任单位：区教育局、区财政局、区农业局、工业园区管委会、区扶贫办、各乡镇（街道）

（四）全力推进生态保护扶贫行动。全面贯彻“绿水青山就是金山银山”理念，创新生态扶贫机制，加大贫困地区生态保护修复力度，生态护林员要在有劳动能力的贫困人口中优先选聘，实现生态改善和脱贫致富双赢。探索集体天然林、集体公益林的管护机制，推广“合作社+管护+贫困户”模式，吸纳贫困人口参与管护。推进贫困地区低产低效林提质增效工程。加大贫困地区新一轮退耕还林支持力度，将新增退耕还林任务向贫困地区重点倾斜，对符合退耕政策的贫困乡村、贫困户实现全覆盖。深化贫困地区集体林权制度改革，鼓励贫困人口将林地经营权入股造林合作社，增加贫困人口资产性收入。完善横向生态保护补偿机制，让保护生态的贫困乡村、贫困户更多受益。

牵头单位：区林业局

责任单位：区财政局、区农业局、区旅发局、区扶贫办、各乡镇（街道）

（五）持续抓实民生工程强保障。建立健全民生工程和社会保障长效机制，有力推进教育扶贫、健康扶贫，持续强化社会保障，切实解决因学因病因灾致贫返贫问题。进一步强化教育扶贫管理工作，扎实推进贫困地区义务教育薄弱学校改造工作，全面落实“20条底线”标准要求，提升贫困地区义务教育学校办学条件。推进义务教育均等化，确保贫困家庭子女适龄义务教育阶段“零”辍学。健全覆盖各级各类教育的资助政策，实施好“雨露计划”项目，加快建立教育扶贫数据库，确保贫困学生资助政策应助尽助。大力发展学前教育，充分利用中小学闲置校舍、村级活动场所等公共设施，通过新建、改扩建、共建，确保2020年实现符合条件的每个贫困行政村至少建有1所幼儿园，适龄幼儿就近就便接受学前教育。深入推进职业教育和职业培训，确保每个愿意接受职业教育的贫困学生到职业学校就读，为每个学龄后贫困劳动力提供适应就业创业需求的职业技能培训。全力实施健康扶贫计划，严格执行健康扶贫30条措施，加强妇幼、老人、残疾人等重点人群健康服务，做到建档立卡贫困户100%参加基本医疗保险、大病保险、大病救助保险、医疗救助和家庭医生签约服务，确保建档立卡贫困人口年度支付的符合转诊转院规范的医疗费用不超过全区农村居民人均可支配收入，个人住院自付比例控制在10%以内，因病致贫返贫问题得到有效解决。落实贫困人口区内定点医疗机构住院治疗先诊疗后付费，实现四重保障政策“一站式、一单式”即时结算。不断加强贫困乡卫生院和村卫生室能力建设，大力开展基层卫生人员能力提升培训。有序组织贫困村卫生室和乡镇卫生院医务人员进行岗前培训，切实提高卫生健康服务能力。深入推进“互联网+”健康扶贫，全面实施区乡村医疗卫生机构一体化管理，构建三级联动的医疗服务和健康管理平台，为贫困群众提供基本健康服务。深入开展贫困人口病情的核实核准工作，严格按照大病集中救治一批、慢病签约服务管理一批、重病兜底保障一批实施贫困地区健康促进三年行动计划。加强大病专项救治工作，将宫颈癌、乳腺癌、尘肺癌纳入大病专项救治范围，实现贫困人口大病专项救治全覆盖。规范和完善家庭医生签约服务，落实签约服务政策，优先为妇女、老人、残疾等重点人群开展健康服务和慢性病综合防控，做好高血压、糖尿病、结核病、严重谨慎障碍等慢性病规范管理。将脱贫攻坚巩固提升与落实生育政策紧密结合，倡导优生优育，利用基层计划生育服务力量，加强出生缺陷综合防治宣传教育。完善城乡居民基本养老保险制度，对符合条件的未脱贫贫困人口，由政府每年按最低缴费标准代缴城乡居民养老保险费。继续实施社会服务兜底工程，加快建设为老年人、残疾人、精神障碍患者等特殊群体提供服务的设施。鼓励贫困乡村通过互助养老、设立孝养基金等途径，创新家庭养老方式。加快建设贫困家庭“三留守”关爱服务体系，落实家庭赡养、监护照料法定义务，探索建立信息台帐和定期探访制度。完善农村低保制度，健全低保对象认定方法，科学合理确定农村低保标准，低保政策与扶贫政策有效衔接，做到应扶尽扶、应保尽保。加大临时救助力度，及时将符合条件的返贫人口纳入救助范围。开展贫困残疾人脱贫行动，加大推进农村贫困重度残疾人家庭无障碍设施改造力度，资产收益扶贫项目要优先安排贫困残疾人家庭。全面推进农村危房改造行动。坚持保基本要求和“安全稳固、遮风避雨”基本标准，规范危房危险等级认定责任和程序，建立危房台帐并实施精准管理，改造一户、销档一房，确保2018年全面完成建档立卡贫困户危房改造，争取指标到2020年逐步完成其他3类重点对象改造。因动态调整新增的4类重点对象危房，当年新增当年改造完成。强化乡镇（街道）主体责任，统筹推进非“4类重点对象”农村危房改造工作。非“4类重点对象”的危房改造，原则上以农户自筹资金、自行改造为主，对少数自身改造能力不足的农户，政府给予适当扶持。落实各级补助资金，完善分类分级补助标准，加强补助资金使用管理和监督检查。

牵头单位：区扶贫办

责任单位：区残联、区发改局、区教育局、区民政局、区财政局、区人社局、区住建局、区卫计局、各乡镇（街道）

（六）扎实做好建档立卡脱贫人口动态管理和贫困监测。充分认识建档立卡基础信息质量的重要性，定期组织开展建档立卡脱贫人口信息“回头看”工作，查问题、找短板、抓提升，在建档立卡贫困户所在行政村建立电子信息档案，对系统内错误信息进行分类统计，并按省、市要求做好扶贫对象动态调整。建立扶贫、住建、教育、公安、交通、工信、民政、卫计、人社、残联等部门系统数据信息共享交流机制，促进农村低保制度与扶贫开发政策有效衔接，及时更新建档立卡系统数据信息，同时做好业务管理子系统中帮扶结对、扶贫项目、扶贫小额信贷等模块信息采集录入工作。及时总结借鉴历年脱贫攻坚工作经验，按季度开展我区脱贫人口收支测算、统计分析和分级监测工作。对因病因灾等新增和返贫的贫困人口做到阳光操作、公开评议、规范管理，确保应进则进、应扶则扶，动态管理，返贫率控制在1%以内。

牵头单位：区扶贫办

责任单位：区委组织部、区残联、区发改局、区工信局、区教育局、区民宗局、区民政局、区人社局、市公安局江川分局、市国土局江川分局、区住建局、区交通局、区农业局、区林业局、区水利局、区卫计局、区市场监管局、区统计局、江川供电局、各挂包单位、各乡镇（街道）

（七）扎实开展“互联网+”扶贫。深入开展“互联网+”精准社会扶贫，通过中国社会扶贫网有效搭建帮扶需求与社会资源的对接平台，广泛动员社会各方面力量参与扶贫开发，提高社会扶贫精准度和公信力，实现全区所有贫困家庭注册全覆盖；实现有帮扶需求的贫困家庭都能及时发布贫困需求；实现全区贫困需求信息对接率达到30%以上。统筹推进网络覆盖、农村电商、网络扶智、信息服务、网络公益5大工程向纵深发展，着力实施“互联网+信息化扶贫”工程，加强脱贫攻坚移动信息惠民服务站建设，积极发展基于互联网的新业态新模式，加快移动互联网终端的推广和应用，为贫困地区农民生活、增收致富提供有力的信息服务化支撑。改善贫困地区电子商务发展基础，提高贫困地区电子商务发展水平，为推进精准电商扶贫创造良好条件。

牵头单位：区扶贫办、区工信局

责任单位：区教育局、区农业局、区卫计局、区旅发局、各挂包单位、各乡镇（街道）、各驻村工作队

（八）继续实施精准扶贫“挂包帮”工程。进一步完善区属部门、乡镇（街道）、市直帮扶单位、企业连带帮扶体系，最大限度发挥社会各界力量，实现社会帮扶资源和巩固脱贫成果精准对接。全区所有帮扶责任人、帮扶单位及帮扶企业要整合资源优势，密切各部门协调配合，按照“脱贫不脱管”要求，根据市委、市政府确定的脱贫巩固目标任务，结合历年帮扶成效及贫困户家庭状况改善情况，及时调整帮扶思路，帮扶责任人每季度不少于2次入户帮扶，积极开展送温暖、送政策、送技术活动，充分解决好贫困户教育、就业等实际困难，确保已脱贫建档立卡贫困户稳定增收不返贫；积极引导贫困户转变观念，破除“等、靠、要”思想，着力提升已脱贫群众自我发展能力，增强创业致富的信心；协助做好因灾、因病返贫的统计监测及贫困家庭收支测算，并广泛动员辖区民营企业、社会组织、爱心人士等社会各界力量自愿包村包户参与扶贫开发；优化帮扶力量，引导企业在贫困村基础设施建设中吸纳贫困人员就地就近就业，鼓励企业开设爱心工作岗位，吸纳和安置符合条件的贫困人员上岗工作。

牵头单位：区扶贫办

责任单位：各挂包单位、各帮扶企业、各乡镇（街道）

（九）加强贫困乡村人居环境整治。扎实开展贫困地区农村人居环境整治三年行动。按照村庄环境干净整洁有序、村民环境卫生与健康意识普遍增强、人居环境明显改善、长效管护机制基本形成的整治目标，以实施贫困人口比例30%以上、常住人口30户以上的5个自然村人居环境整治示范村为重点，坚持问题导向、因地制宜、科学规划、突出重点、注重实效、示范带动的原则，统筹推进人居环境整治与农业产业发展有机结合，实施人畜分离工程；污水治理与厕所入户相结合，实施雨污分流工程；拆危房除闲房腾空间与村容村貌提升相结合，

实施绿化亮化工程；村内道路建设与村庄规划管控相结合，实施村内道路通畅工程；垃圾整治与健全完善长效管护机制相结合，实施村民素质提升工程。通过实施五大工程措施，贫困地区人居环境整治示范村实现90%左右的村庄生活垃圾得到治理，卫生厕所普及率达到85%左右，生活污水乱排乱放得到管控，村内道路通行条件明显改善，人居环境显著提升。

牵头单位：区住建局

责任单位：区环保局、区交通局、区农业局、区林业局、区水利局、区卫计局、区扶贫办、各乡镇（街道）

（十）持续做好贫困乡、贫困村巩固提升工作。继续加大贫困乡、贫困村产业发展、人居环境提升、基础设施等扶贫项目建设力度，切实提高收入水平，改善生活环境和生产条件。进行实施贫困乡村“四好公路”巩固提升工程。完善贫困乡村外通内联、通村畅乡、客车到村、安全便捷的交通运输网络，扩大农村客运覆盖范围。加快贫困乡村公路安全生命防护工程建设，推进贫困乡村公路窄路基础路面合理加宽改造和危桥改造。围绕产业发展，改造建设一批贫困乡村旅游路、产业路、资源路，优先改善自然人文、少数民族特色村寨和风情小镇等旅游景点景区交通设施，推进贫困地区产业发展。继续巩固提升村村通广播电视工程，确保每个行政村及所辖自然村贫困户收听收看到高质量的广播或电视覆盖100%。对全区每个行政村和所辖自然村通380V动力电进行巩固提升。对全区每个行政村通网络宽带，光纤网络覆盖贫困村及贫困村所在学校和卫生室，进一步完善光纤网络服务。落实工程建设和管护责任，强化水源保护和水质保障，因地制宜加强供水工程建设和改造，建立和完善用水管理机制，到2020年实现贫困地区农村饮水集中供水率、自来水普及率分别达到98.36%和93.1%以上，全面解决贫困人口饮水安全保障。结合产业发展，整合水利、农业、烟草、扶贫等项目资金，加大贫困地区中小型水库续建配套与农业节水灌溉基础设施建设力度，统筹实施农村土地综合整治和高标准农田建设，提高土地综合生产能力，推进贫困地区高原特色农业发展。对全区村（组）公共服务活动场所和党员活动场所进行巩固提升，特别是要完善配套服务设施。继续加大对全区贫困村标准化卫生室建设，提高乡村医生执业能力，完善农村医疗卫生基础服务设施。发挥1000万试点资金的导向作用，做好扶持村级集体经济试点工作；壮大股份合作经济，确保每个行政村每年集体经济收入不低于5万元，推进村集体经济向小组延伸。

牵头单位：区扶贫办

责任单位：区委组织部、区水利局、区发改局、区工信局、区交通局、区农业局、区文广体局、区卫计局、江川供电局、区烟办、各乡镇（街道）

（十一）充分拓展金融政策支持作用。把全面落实金融扶贫政策作为脱贫群众持续稳定增收的主要手段，强化组织领导，加大贫困户扶贫小额信用贷款投放力度，严格执行扶贫小额信贷办理操作流程，认真落实村、乡、区三级审核工作，确保贷款资金使用安全。落实承贷金融机构、财政、扶贫等部门工作职责，每季度召开会议，探索信贷资金有效利用途径，探讨解决有能力但无产业发展条件和自我发展能力较弱的脱贫户增收问题，着力提升扶贫小额信贷资金的使用效益。

牵头单位：区扶贫办

责任单位：区财政局、人行、信用社、邮储银行、各乡镇（街道）

（十二）巩固易地扶贫搬迁成果。继续做好易地扶贫搬迁群众后续政策扶持，用足用好易地扶贫搬迁各类资金，统筹考虑住房、水、电、路、网等配套基础设施建设以及公共服务、产业发展等，为搬迁户提供生产、创业贴息贷款支持，确保易地扶贫搬迁群众“搬得出、稳得住、能致富”。

牵头单位：区发改局

责任单位：区工信局、区财政局、市国土局江川分局、区住建局、区交通局、区水利局、区扶贫办、江城镇、九溪镇

（十三）严格财政扶贫项目资金管理。按照“四到县”规定，严格执行财政扶贫资金分配和管理办法，切实加强和规范财政扶贫资金的管理和使用，保证扶贫资金使用的安全性、管理的规范性，提高扶贫资金的使用绩效。建立扶贫项目库，认真筛选项目，开展可行性论证，明确补助标准。严格执行扶贫项目资金报账制和项目公示制，确保专款

专用、运行安全。强化扶贫项目建设验收及后期管理工作，对挤占挪用、层层截留、挥霍浪费情况进行责任追究。

牵头单位：区财政局

责任单位：区纪委监委、区发改局、区民宗局、区审计局、区林业局、区扶贫办、各乡镇（街道）

（十四）强化基层党建引领。深入实施脱贫攻坚巩固提升与基层党建“双推进”行动。坚持以党建促脱贫、以党建促发展，扎实推进“基层党建巩固年”，强化贫困村党组织领导核心地位，切实提升党组织的组织力，突出政治功能。持续加大整顿贫困村软弱涣散党组织，以乡镇（街道）为单位组织摸排，逐村分析研判，坚决撤换不胜任、不合格、不尽职的村党组织书记。重点从外出务工经商创业人员、大学生村官、本村致富能手中选配，本村没有合适人员的，从区、乡镇（街道）机关公职人员中派任。加大在贫困村青年农民、外出务工青年、妇女中发展党员力度。派强用好第一书记和驻村工作队，从区级以上党政机关选派过硬的优秀干部参加驻村帮扶。创新“党组织+农村新型经营主体+贫困户”扶贫机制，发挥党组织在产业扶贫、集体经济发展、人居环境整治中的引领、推动、服务作用，激励贫困群众树立自力更生、脱贫光荣的意识。支持党员创办领办脱贫致富项目，完善贫困村党员结对帮扶机制，推动党员带头致富、带领致富。

牵头单位：区委组织部

责任单位：区民政局、区农业局、区扶贫办

（十五）激发贫困户内生动力。深入开展“自强、诚信、感恩”主题实践活动。坚持扶贫同扶志扶智相结合，创新推广“爱心超市”“五分钱”工程、“小喇叭”工程和“三讲三评”工作等经验做法，加强思想文化、道德、法律、感恩教育，弘扬自尊、自爱、自强精神，防止政策养懒汉、助长不劳而获和“等靠要”等不良习气。加强产业就业精准帮扶的培训和扶持，提高贫困群众自我发展的能力。加大公共基础设施建设、人居环境整治等以工代赈实施力度，动员更多贫困群众投工投劳。总结推广自强不息、自力更生致富的先进事迹和先进典型，用身边人和身边事示范带动贫困群众。坚持自治、法治、德治相结合，推进法治村（社区）建设，大力开展移风易俗活动，引导贫困村修订完善村规民约，发挥村民议事会、道德评议会、红白理事会等群众组织作用，强化农村思想道德建设，教育引导贫困群众弘扬传统美德、树立文明新风、培育文明乡风。加强对高额彩礼、薄养厚葬、子女不赡养老人等问题的专项治理，不断提高村级治理水平。深入推进文化扶贫工作，提升贫困群众的公共文化服务获得感。把扶贫领域诚信纳入信用监管体系，将不履行赡养义务、虚领冒领扶贫资金、严重违反公序良俗等行为人列入失信人员名单。

牵头单位：区委宣传部

责任单位：区纪委监委、区委政法委、区发改局、区教育局、区民政局、区司法局、区财政局、区人社局、区住建局、区农业局、区文广体局、区文明办、区扶贫办

（十六）持续加强宣传力度。一是不断创新宣传形式。组织各乡镇（街道）及贫困村利用好宣传阵地，开展“自强、诚信、感恩”主题实践活动和文明讲堂、增强村民热爱家乡、建设美好家园的行动自觉，引导群众懂得感恩党和政府、感恩祖国。二是努力营造氛围。引导全社会关注扶贫开发工作，大张旗鼓的做好扶贫宣传、渲染声势，不断扩大精准扶贫精准脱贫社会影响，营造出全民动员、全社会扶贫的浓厚氛围。三是加强信息报送力度。加大典型宣传，生动报道脱贫巩固提升的丰富实践和典型经验，并加强信息报送，及时总结经验、分析问题、交流工作，每年须向信息中心、区委宣传部报送信息不少于6条，区政府办、区委宣传部及时向上级媒体推送稿件，在市、区主流媒体宣传报道扶贫开发工作稿件不少于6篇，在省级主流媒体宣传报道稿件不少于2篇。

牵头单位：区委宣传部

责任单位：区委组织部、区残联、区工信局、区民宗局、区民政局、区文广体局、区信息中心、区扶贫办、各乡镇（街道）

（十七）加强监督检查。进一步完善监督检查考核机制，持续开展脱贫攻坚领域专项整治行动，加强驻村扶贫工作队管理和帮扶部门绩效管理，坚定不移执行脱贫攻坚执纪问责制度，切实解决责任落实不到位、措施办法不对标、工作作风不扎实、政策落实不到底、资金使用不规范等突出问题，以

铁的纪律、严的制度、实的作风推进各项工作落实，力保全面实现脱贫攻坚目标任务、与全市同步全面建成小康社会。一是完善江川区脱贫攻坚工作台账、督查及通报制度，实行脱贫巩固工作定期督查、联合督查、交叉督查，区纪委每年开展纪律专项督查不少于2次，区委督查室和区政府督查室根据不同节点及工作任务确定不同督查内容，实行不定期督查，针对督查情况下达整改通知书，督查情况作为年终考核重要依据。二是继续将扶贫开发工作纳入年度综合目标考核内容，明确考核标准，完善考核形式，严格考核程序，把考核结果与部门评先评优、领导班子年度考核、评价干部工作相挂钩，把脱贫攻坚工作实绩作为选拔任用干部的重要依据。

牵头单位：区纪委

责任单位：区委组织部、区委督查室、区政府督查室、区综考办、区财政局、区扶贫办

三、工作要求

（一）加强组织领导，强化责任落实。完善区乡村“三级书记”抓扶贫和党政同责的工作机制，层层签订责任书，压紧压实脱贫攻坚巩固提升责任。区扶贫开发领导小组要充分发挥协调统筹作用，分解落实各乡镇（街道）、各部门脱贫攻坚巩固提升目标任务，实化细化各项政策措施，严格督查检查。区有关部门要按照区委区政府脱贫攻坚巩固提升的决策部署和要求，制定配套政策举措，做好上下衔接，落实支持政策，密切协作配合，形成工作合力。各乡镇（街道）党委和政府要按照脱贫攻坚目标、任务、资金、权责“四到县”要求，强化主体责任，做好项目落地、资金使用、推进实施等工作，对实施效果负责。村（居）委会要做好有关协调工作和组织发动群众工作。实施“三级书记”遍访贫困对象行动，区委书记遍访贫困村、乡镇（街道）党（工）委书记和村党组织书记遍访贫困户。以遍访贫困户带头转变作风，加强调查研究，及时解决脱贫攻坚巩固提升工作中存在的新情况新问题。完善“领导挂点、部门包村、干部帮户”的长效机制，强化挂包单位帮扶工作责任，选优配强扶贫工作队，改善挂包干部帮扶方式，扎实推进脱贫攻坚巩固提升到村到户措施政策落地见效。

（二）加强精准帮扶，强化政策落实。在脱贫攻坚巩固提升期间，区财政专项扶贫资金投入力度不减，统筹整合行业部门政策资金精准聚焦脱贫攻坚巩固提升力度不变，加大金融扶贫政策和土地政策支持力度。坚持精准扶贫精准脱贫基本方略，持续完善贫困对象精细化管理，做到应识尽识、应扶尽扶、应退尽退，确保现行标准下农村贫困人口全部脱贫。坚持目标导向和问题导向，强化分类精准施策，把产业扶贫、易地搬迁、就业扶贫、危房改造、教育扶贫、健康扶贫、生态扶贫等措施政策落实到村到户到人，稳定实现贫困人口“两不愁三保障”。坚持开发式与保障性扶贫并举，对有劳动能力的贫困人口以“造血式”扶贫为主，注重培养贫困群众发展生产和劳务就业的基本技能，注重激发贫困群众内生脱贫动力，改变简单给钱给物的做法，多采用生产奖补、劳务补助等机制，通过产业和就业扶持，教育和引导广大群众用自己的辛勤劳动实现脱贫致富，逐步解决相对贫困问题。对没有劳动能力的老弱病残等特殊贫困人口，强化保障性扶贫，精准落实教育扶贫、健康扶贫、社会低保兜底、资产性收益等政策措施，织密筑牢民生保障安全网，从制度上解决“绝对贫困”问题，绝不让一个贫困群众收入低于现行贫困标准，确保不漏一户不落一人。

（三）加强作风建设，强化工作落实。贯彻落实“脱贫攻坚作风建设年”“工作落实年”的部署要求，扎实开展扶贫领域腐败和作风问题专项治理，把作风建设贯穿于脱贫攻坚巩固提升全过程，集中力量解决扶贫领域“四个意识”不强、责任落实不到位、工作作风不扎实、资金管理使用不规范等突出问题。改进调查研究，深入基层、深入群众，多层次、多方位、多渠道调查了解实际情况，注重发现和解决问题，力戒“走过场”。注重工作实效，减轻基层工作负担，减少村级填表报数，精简会议文件，让基层干部把精力放在办实事上。严格扶贫资金审计，加强扶贫事务公开。把扶贫领域腐败和作风问题作为巡察督查工作重点，严肃查处贪污挪用、虚报冒领等腐败问题，严肃查处主体责任、监督责任和职能部门监管职责不落实等作风问题。加强警示教育工作，及时通报曝光各级纪检监察机关查处的扶贫领域典型案例。

（四）加强干部培训，提高扶贫能力。贯彻落实《中共中央组织部 国务院扶贫办关于聚焦打好精准脱贫攻坚战加强干部教育培训的意见》，根据扶贫干部不同岗位职责设置不同培训内容，分类分级实施扶贫干部全员培训、精准培训，对各乡镇（街道）党政主要负责同志，重点是提高思想认识，引导树立正确政绩观，掌握精准扶贫方法论，培养研究脱贫攻坚巩固提升问题和解决难题能力。对部门行业干部，围绕履行行业扶贫职责、运用行业资源，培训精准聚焦推进脱贫攻坚巩固提升的能力。对扶贫系统干部，围绕当好党委和政府参谋助手、发挥统筹协调作用、落实专项扶贫任务等，培训提升业务水平和组织协调能力。对帮扶干部，围绕掌握脱贫攻坚巩固提升政策举措，运用精准帮扶方式方法等，培训提高帮扶工作能力和水平。对贫困村干部，围绕抓党建促脱贫攻坚巩固提升、落实扶贫政策举措、带领群众脱贫致富等，采取“实战化”培训，提高实际工作能力。同时，加强对农业新型经营主体法人、村集体经济组织经济人、致富带头人、实用人才的教育培训，提高社会责任意识、创新利益联结方式方法和带动贫困户脱贫致富的能力。

附件：1. 玉溪市江川区2018年至2020年脱贫巩固成果任务分解表（略）

2. 玉溪市江川区2018—2020年江川区扶贫资金项目库（略）

中共玉溪市江川区委办公室关于对区委二届四次全会主要精神进行责任分解和立项督查的通知

玉江办发〔2018〕1号

各乡镇党委、政府，大街街道党工委、办事处，区委和区级国家机关各部、委、办、局，各人民团体和企事业单位，中央、省、市驻江单位：

为落实中共玉溪市江川区委二届四次全会精神，经区委研究，决定对会议确定的主要工作进行责任分解和立项督查。现将有关事项通知如下：

一、督查时间

适时督查。

二、督查内容

中共玉溪市江川区委二届四次全会主要任务落实情况。

三、督查对象

各牵头单位和责任单位。

四、督查方式

明查与暗访相结合，实地督查与书面督查相结合。

五、督查要求

（一）各责任领导、牵头单位和责任单位要高度重视，认真学习、准确把握、全面领会中共玉溪市江川区委二届四次全会精神，认真研究落实措施和方案，精心组织工作落实，确保责任目标克期完成。区级责任领导要及时了解工作进展情况，帮助研究解决工作推进过程中遇到的困难和问题。牵头单位要不定期召开工作推进协调会，责任单位要主动与牵头单位进行工作衔接，全力配合、共同抓好工作落实，并于每季度末（20日前）将涉及本部门的季度工作进展情况报牵头单位，牵头单位于25日前将工作完成情况经单位主要负责人签字并加盖公章后书面报区委督查室，同时提交电子文档（邮箱：jcxwdcs@163.com）。责任单位未按时报送的，牵头单位要及时以书面形式向区委督查室反馈。

（二）各牵头单位要按照全会确定的总体思路和目标任务，结合责任分解，制定工作方案，明确阶段目标和年终目标，并严格按照“XX单位关于报送区委二届四次全会精神立项督查分解任务落实情况的报告”的相关内容（详见附件2）报送工作推进落实情况，区委督查室将根据全会任务分解目录清单逐一消除任务号。

（三）区委督查工作领导小组、区纪委、区委督查室、区政府督查室要统筹安排、精心组织，采取明查、暗访、随机调研等方式对立项工作进行适时跟踪督查，将存在的问题和取得的成绩、经验及时向区委报告；对督查中发现的问题要制定整改清单，督促责任单位抓好整改落实；区综合目标考评办公室要将分解任务的推进落实情况与各单位年终综合目标考评挂钩，对工作进展、取得成效、任务完成、材料上报情况等进行量化打分。对乱作为、不作为、慢作为、重点工作落实不力，拖着缓办、顶着不办的提出问责处理意见，交纪检监察部门追究单位及相关责任人的责任，以严格的考核奖惩机制推动工作落实。

附件：1. 中共玉溪市江川区委二届四次全会主要精神立项督查分解任务目录

2. XX单位关于报送区委二届四次全会主要精神立项督查分解任务落实情况的报告（略）

中共玉溪市江川区委办公室

2018年1月29日

附件1

中共玉溪市江川区委二届四次全会主要精神立项督查分解任务目录

一、以习近平新时代中国特色社会主义思想为指引，向全面建成小康社会奋进

（一）始终把高质量发展作为主攻方向，着力夯实经济基础。

1.做大做强工业经济，加快龙泉园区道路、标准化厂房和孵化中心等基础设施建设，服务和支持升华电梯、合续环保、中民筑友、比亚迪新能源汽车等项目尽快形成产能。

牵头单位：工业园区管委会

责任单位：区发改局、区工信局、区财政局、区招商合作局、大街街道、前卫镇

2.鼓励磷化工、纸制品、烟花爆竹、农产品加工等传统产业优化升级，引导扶持规下企业通过技改等手段扩大生产、提高效益，促进企业做大做强。实现规模以上工业增加值增长20%以上。

牵头单位：区工信局

责任单位：区发改局、区招商合作局、工业园区管委会、各乡镇（街道）

3.加大招商力度，改进招商办法，引进发展先进装备制造、生物医药、电子信息、新能源新材料等新兴产业，争取更多企业落户江川。

区级责任领导：陈慧敏

牵头单位：区招商合作局

责任单位：区工信局、区发改局、工业园区管委会、各乡镇（街道）

4.力争玉溪师院分校落地江川，恒天易开新能源一体化租赁汽车项目启动运营。

牵头单位：区发改局

责任单位：区工信局、市国土资源局江川分局、工业园区管委会、大街街道

5.做精做活以文化旅游业为重点的第三产业，牢固树立“全域旅游”理念，全力推进省级全域旅游示范区创建，加快星云湖国家湿地公园建设和星云湖湿地湖滨带提质改造，支持天湖化工盘活闲置土地发展康体旅游，打造“星云湖湿地+青铜文化+康体休闲”生态旅游区。

区级责任领导：王柄璋

牵头单位：区旅游发展局

责任单位：区委宣传部、区发改局、区招商合作局、区星管局、区环保局、区文广体局、大街街道、前卫镇、江城镇

6.大力发展乡村旅游，推进前卫新河咀等一批特色村建设，积极开发青铜文创产品，创新节庆活动组织形式，形成田园渔耕一体、湖光山色并举的乡村旅游格局。

区级责任领导：王柄璋

牵头单位：区旅游发展局

责任单位：区委宣传部、区发改局、区招商合作局、区星管局、区文广体局、区工商联（商会）、各乡镇（街道）

7.加快雄关农产品物流产业园和九溪润特物流、宏程物流等项目建设，打造全省现代物流中心。

牵头单位：区工信局

责任单位：区发改局、市国土资源局江川分局、工业园区管委会、大街街道、九溪镇、雄关乡

8.落实好贷免扶补政策，鼓励支持有条件的企业开展直接融资，促进实体经济健康发展。

牵头单位：区工信局

责任单位：区发改局、区招商合作局、区工商联（商会）、工业园区管委会、各乡镇（街道）

（二）始终把同城发展作为重要抓手，着力改善城乡面貌。

9.立足“一核双心”发展定位，主动融入“三湖”生态城市群建设，千方百计加大城市基础设施建设力度，力争实现固定资产投资增长30%左右。

牵头单位：区发改局

责任单位：区住建局、区交通运输局、区招商合作局、各乡镇（街道）

10.抓牢“五大基础网络”建设机遇，实现江通高速、国道213线建成通车，加快澄川高速建设，启动机场道路建设，谋划推动红江高速立项建设，启动雄关绕乡道路、大铁线等县乡道路建设改造。

区级责任领导：王柄璋

牵头单位：区交通运输局

责任单位：区发改局、市国土资源局江川分局、区林业局、涉及乡镇（街道）

11.推进“六城同创”，加快大街、江城棚户区改造，支持九溪、江城争创国家特色小镇。

牵头单位：区住建局

责任单位：区发改局、市规划局江川分局、市国土资源局江川分局、大街街道、江城镇、九溪镇

12. 实施城市提质扩容，启动“海绵城市”试点和宝风路、江通路等市政道路改造，打通浪广路北延长线。

牵头单位：区住建局

责任单位：区发改局、区城管局、各乡镇（街道）

13.加快党校搬迁新建。

区级责任领导：郭华

牵头单位：区委党校

责任单位：市国土资源局江川分局、区住建局、区发改局、大街街道

14.建设宁海芙蓉湿地公园，提升绿化、亮化水平。

牵头单位：区住建局

责任单位：区发改局、市国土资源局江川分局、大街街道

15.加强城市管理水平，加大规划管控力度，深入推进城镇低效用地再开发，优化用地结构布局，提高土地利用效率。

牵头单位：区住建局

责任单位：市规划局江川分局、区城管局、市国土资源局江川分局、区市场监督管理局、各乡镇（街道）

16.加强农贸市场建设管理，整治以路为市，建设专业市场，规范机动车修理和废旧物资收购。

牵头单位：区城管局

责任单位：区住建局、市国土资源局江川分局、区市场监督管理局、大街街道

17.进一步强化网格管理，创新服务型社区建设，扎实开展群众性精神文明创建活动，全力提升市民文明素质，坚决打赢国家卫生城市和全省全国文明城市创建攻坚战。

区级责任领导：赵琦、杨军苹

牵头单位：区委宣传部（区文明办）、区卫计局

责任单位：各网格责任单位、各乡镇（街道）

（三）始终把乡村振兴作为战略任务，着力提升“三农”工作水平。

18.按照产业兴旺、生态宜居、乡风文明、治理有效、生活富裕的总要求，遵循乡村发展规律，强化乡村规划落实，促进城乡统筹、融合发展，走质量兴农、绿色农业发展之路，全力实施乡村振兴战略。

区级责任领导：李忠海

牵头单位：区农业局

责任单位：市规划局江川分局、区住建局、区发改局、区旅游发展局、各乡镇（街道）

19.建立健全城乡融合发展体制机制和政策体系，加快构建现代农业产业体系，深入推进“互联网+农业”公共服务平台建设，促进种植、养殖、加工、流通和农业服务业转型升级。

区级责任领导：李忠海

牵头单位：区农业局

责任单位：各乡镇（街道）

20.加快构建现代农业生产体系，大力推进农业科技创新成果应用，实施高效节水灌溉等农田水利基础设施建设，抓实烤烟生产和“2260”高端特色烟叶开发，增强农业综合生产能力和抗风险能力。

区级责任领导：李忠海

牵头单位：区农业局

责任单位：区水利局、区烟办、各乡镇（街道）

21.推动农业绿色发展，培育生态品牌，加大产业结构调整力度，严控化肥农药增量，减量提质发展养殖业。

区级责任领导：李忠海

牵头单位：区农业局

责任单位：各乡镇（街道）

22.加快构建现代农业经营体系，着力培育农业

新型经营主体，依托亚洲花卉科创谷和雄关花卉科技示范园，推行土地入股、流转、托管和联耕联种等多种经营方式，带动发展一批以蔬菜、花卉、经果为特色的精品农业庄园和家庭农场，培育一批农村经济合作组织、专业大户，提高农业规模化经营水平。

区级责任领导：李忠海

牵头单位：区农业局

责任单位：各乡镇（街道）

23.建设美丽乡村，高位推进城乡人居环境综合整治，实施新一轮“百村示范、千村整治”和“增绿添色、点亮江川”工程，抓好10个示范村试点建设，继续推进旧村改造，支持统规联建多层住房，建管并举开展农村“厕所革命”，突出“两污”治理，提升人居环境。

牵头单位：区住建局

责任单位：市国土资源局江川分局、区交通运输局、区城管局、市规划局江川分局、区水利局、区农业局、区林业局、区环保局、各乡镇（街道）

24.加快完善农村公共服务体系，健全城乡要素双向流动机制，推动城市基础设施、公共服务向乡村延伸，促进教育、文化、卫生等优质资源向农村覆盖。

牵头单位：区发改局

责任单位：区财政局、区人社局、区民政局、区文广体局、区卫计局、区教育局、各乡镇（街道）

25.高度重视农村干部培养、配备和使用，努力打造一支懂农业、爱农村、爱农民的“三农”工作队伍。

区级责任领导：张祖权

牵头单位：区委组织部

责任单位：全区各级党组织

（四）始终把改革创新作为不竭动力，着力增强发展活力。

26.坚持把改革创新作为引领发展的第一动力，突出问题导向和目标导向，积极稳妥推进改革创新。深化行政体制改革，对职能相近的党政机关探索合并设立或合署办公。

区级责任领导：徐贤

牵头单位：区委政研室（区委改革办）

责任单位：各专项改革小组及其成员单位

27.持续转变政府职能，创新监管方式，简政放权、放管结合、优化服务，提高行政审批效率，建设服务型政府。

牵头单位：区委编办

责任单位：区政府各职能部门、各乡镇（街道）

28.深化事业单位改革，强化公益属性，推进政事分开、事企分开、管办分离。

牵头单位：区委编办

责任单位：区发改局、区财政局、区人社局

29.深化财政、金融体制机制改革，规范投融资管理，防范债务风险，积极培植财源，强化预算管理。

牵头单位：区财政局

责任单位：区金融系统、区国税局、区地税局

30.全面完成农村土地承包经营权确权登记颁证，稳步推进农村集体资产产权制度改革，盘活农村集体资产，多途径发展壮大集体经济。

区级责任领导：李忠海

牵头单位：区农业局

责任单位：市国土资源局江川分局、区林业局、各乡镇（街道）

31.开展农村宅基地、集体建设用地使用权房地一体确权登记发证工作，多措并举保障民生项目建设用地。

牵头单位：市国土资源局江川分局

责任单位：各乡镇（街道）

32.加大科技创新力度，支持企业加大研发投入，提升自主创新能力，推动实体经济与互联网、人工智能融合发展。

牵头单位：区工信局

责任单位：区科协、区发改局、工业园区管委会、各乡镇（街道）

33.扩大对外开放，坚持引进来和走出去并重，主动融入滇中城市经济圈发展战略，加强与江苏武进等发达地区的合作交流，加快形成区域经济合作新优势。

区级责任领导：陈慧敏

牵头单位：区招商合作局

责任单位：区发改局、区工信局

（五）始终把文化引领作为重要遵循，着力提升群众文明素养。

34.坚定文化自信，加强理论武装，推动习近平新时代中国特色社会主义思想深入人心。牢牢掌握意识形态工作领导权和主动权，落实意识形态工作责任制，加强阵地建设，弘扬主旋律，凝聚正能量，树立新风尚，营造清朗的舆论环境。

区级责任领导：赵琦

牵头单位：区委宣传部

责任单位：全区各级党组织

35.加强精神文明建设，培育和践行社会主义核心价值观，实施社会信用体系建设，深入开展文明细胞创建工程，继承和弘扬有益于当代的乡贤文化，推进社会公德、家庭美德、个人品德建设，引导公民诚实守信、孝老爱亲、向上向善、移风易俗，加快形成自治、法治、德治相结合的乡村治理体系。

区级责任领导：赵琦

牵头单位：区委宣传部

责任单位：全区各级党组织

36.推动文化事业和文化产业发展，加强文化惠民工程和文化基础设施建设，努力构建覆盖城乡、惠及全民的公共文化服务体系

区级责任领导：赵琦

牵头单位：区委宣传部

责任单位：区文广体局、区文联、各乡镇（街道）

37.加大文物古迹修缮保护力度，加快全民健身运动场馆项目建设，发展全民健身运动。

区级责任领导：杨军苹

牵头单位：区文广体局

责任单位：区发改局、区财政局、各乡镇（街道）

38.推进传播能力建设，强化各类媒体管理，讲好江川故事，唱响江川声音。

区级责任领导：赵琦

牵头单位：区委宣传部

责任单位：区文广体局

（六）始终把绿色发展作为生态底色，着力实现水清山绿。

39.开展保护抚仙湖雷霆行动。加大星云湖保护治理力度，实施一级保护区生态移民搬迁，以河长制、山水林田湖生态修复、生态旅游开发为主要抓手，工程性项目和非工程性措施双管齐下，加快面源、内源污染治理、水体置换、流域河道治理，发展生态有机农业，推进沿湖农业产业结构调整，确保星云湖稳定达到V类水质。

区级责任领导：李忠海

牵头单位：区环保局

责任单位：区水利局、区农业局、区林业局、区星管局、大街街道、前卫镇、江城镇

40.实施董炳河、九溪河治理。

牵头单位：区住建局

责任单位：区发改局、区环保局、区水利局、区农业局、区林业局、安化乡、九溪镇

41.深入推进“森林江川”建设，以城镇面山、城乡干道、村庄庭院为重点搞好绿化美化。

区级责任领导：李忠海

牵头单位：区林业局

责任单位：各乡镇（街道）

42.加大城乡污水收集和处理力度，确保无黑臭水体流入星云湖，实施城乡生活垃圾收集转运一体化建设，探索垃圾无害化处理新途径。

牵头单位：区住建局

责任单位：区环保局、区水利局、各乡镇（街道）

43.加快生态创建步伐，继续推进绿色社区、绿色学校建设，大力倡导绿色生活方式，争创省级生态文明区。

区级责任领导：李忠海

牵头单位：区环保局

责任单位：区农业局、区林业局、区住建局、区教育局、区卫计局、区水利局、市国土资源局江川分局、各乡镇（街道）

44.严格环境监管执法，强化节能减排，抓实环保督查反馈问题整改，坚决制止和惩处破坏生态环境行为。

区级责任领导：李忠海

牵头单位：区环保局

责任单位：区工信局、区安监局、市国土资源局江川分局、市公安局江川分局、区林业局、各乡镇（街道）

（七）始终把人民幸福作为执政追求，着力改善民生福祉。

45.贯彻落实党的教育方针，优先发展教育事业，深化教育改革，改进绩效考核，加强师德师风建设，全力提升教育质量。

区级责任领导：杨军苹

牵头单位：区教育局

责任单位：区委政研室、区人社局、各乡镇（街道）

46.提高就业质量和人民收入水平，继续实施创业促进就业工程，确保城镇登记失业率控制在4%以内，城镇和农村居民人均可支配收入分别增长9%和10%以上。

区级责任领导：陈慧敏

牵头单位：区人社局

责任单位：区总工会、团区委、区妇联、区农业局、各乡镇（街道）

47.加强社会保障体系建设，按照兜底线、织密网、建机制要求，稳步提高社会保险覆盖面和待遇水平，继续完善最低生活保障等制度。

区级责任领导：王柄璋

牵头单位：区民政局

责任单位：区人社局、区卫计局、各乡镇（街道）

48.抓好保障性住房运营管理和农村危房改造、抗震安居工程建设，织牢社会救助兜底网。

牵头单位：区住建局

责任单位：市规划局江川分局、市国土资源局江川分局、各乡镇（街道）

49.推进“健康江川”建设，持续深化公立医院综合改革，加快建立医疗联合体，争取实施提升区级医院综合能力项目，提高医疗服务水平。

区级责任领导：陈慧敏

牵头单位：区卫计局

责任单位：区发改局、区人社局、区财政局、各乡镇（街道）

50.继续实施精准扶贫、精准脱贫，全面完成建档立卡贫困户危房改造，健全完善防治返贫动态管理机制和持续增收长效机制，巩固提升脱贫攻坚成果。

牵头单位：区发改局（区扶贫办）

责任单位：区住建局、各乡镇（街道）

51.全面推进依法治区，推动“七五”普法规划实施。

区级责任领导：蒋文　溥恩武

牵头单位：区委政法委（区依法治区领导小组办公室）

责任单位：区属各单位、各乡镇（街道）

52.强化社会管理综合治理，打好第四轮禁毒防艾人民战争，严格落实安全生产责任制，巩固“平安江川”创建成果，确保社会大局和谐稳定。

区级责任领导：蒋文　溥恩武

牵头单位：区委政法委

责任单位：市公安局江川分局、区卫计局、区安监局、各乡镇（街道）

53.加快民族团结进步示范区建设。

区级责任领导：李志刚　溥恩武

牵头单位：区委统战部、区民宗局

责任单位：各乡镇（街道）

二、落实新时代党的建设总要求，推动全面从严治党向纵深发展

（一）坚定理想信念，把党的政治建设放在首位。

54.加强政治建设，坚定“四个自信”，增强“四个意识”，坚决维护党中央权威和集中统一领导，坚定执行党的政治路线，严守政治纪律和政治规矩，在政治立场、政治方向、政治原则、政治道路上同以习近平同志为核心的党中央保持高度一致。

区级责任领导：徐贤

牵头单位：区委组织部

责任单位：全区各级党组织

55.尊崇党章，始终把纪律和规矩挺在前面，增强党内政治生活的政治性、时代性、原则性、战斗性。落实好民主集中制，坚持民主基础上的集中和集中指导下的民主相结合，既充分发扬民主，广泛听取各方意见，又善于集中统一，果断决策。

区级责任领导：张祖权

牵头单位：区委组织部

责任单位：全区各级党组织

56.加强思想建设，按照全覆盖、无盲区、无死角的要求，深入开展习近平新时代中国特色社会主义思想理论学习，通过中心组学习、领导干部宣讲、党员干部轮训等途径，引导党员干部读原著、

学原文、悟原理，确保习近平新时代中国特色社会主义思想进企业、进农村、进机关、进校园、进社区、进网络，引领全区人民心向党、听党话、跟党走、感党恩。

区级责任领导：赵琦

牵头单位：区委宣传部

责任单位：全区各级党组织

57.深入推进“两学一做”学习教育常态化制度化，扎实开展“不忘初心、牢记使命”主题教育，大力弘扬“跨越发展、争创一流、比学赶超、奋勇争先”精神，倡导公道正派、实事求是、开拓进取、清正廉洁的价值取向，把对党忠诚、为党尽职、为民造福作为根本政治担当，推动形成清朗的党内政治文化，营造风清气正的良好政治生态。

区级责任领导：张祖权

牵头单位：区委组织部

责任单位：全区各级党组织

（二）注重德才兼备，建设担当作为的干部队伍。

58.坚持党管干部原则，以提高执行力为重点，落实好新时期好干部标准，突出政治标准，提拔重用“四个自信”坚定、“四个意识”牢固和具有忠诚干净担当品格的好干部。

区级责任领导：徐贤

牵头单位：区委组织部

责任单位：全区各级党组织

59.进一步优化干部队伍结构，加强年轻后备干部、女干部、党外干部和少数民族干部培养锻炼。

区级责任领导：张祖权

牵头单位：区委组织部

责任单位：全区各级党组织

60.围绕全面增强执政本领，加强干部教育培训，发挥好党员干部教育主渠道、主阵地作用，继续实施精准化定向式专题培训。加大干部交流挂职力度，将推进重大项目建设、振兴乡村作为锻炼干部、检验干部的主战场，真正把能够担当江川跨越发展的好干部尽快培养起来、及时选拔出来、合理使用起来。

区级责任领导：张祖权

牵头单位：区委组织部

责任单位：全区各级党组织

61.认真做好离退休干部工作。

区级责任领导：张祖权

牵头单位：区委老干局

责任单位：全区各级党组织

62.坚持严管厚爱结合、约束激励并重，完善考核评价机制，给实绩亮分，让干部亮相，向积弊亮剑，推动干部能上能下。

区级责任领导：张祖权

牵头单位：区委组织部

责任单位：全区各级党组织

63.完善和落实容错纠错机制，加大正向激励，营造崇尚创新、宽容失败、鼓励担当的良好氛围。

区级责任领导：矣向林

牵头单位：区纪委

责任单位：区委组织部、全区各级党组织

64.实行更加积极、更加开放、更加有效的人才政策，集聚优秀人才促进江川跨越发展。

区级责任领导：张祖权

牵头单位：区委组织部

责任单位：区人社局、全区各级党组织

（三）立足固本强基，全面加强基层党组织建设。

65.以提升组织力为重点，突出政治功能，把基层组织建设成为宣传党的主张、贯彻党的决定、领导基层治理、团结动员群众、推动改革发展的坚强战斗堡垒。牢固树立加强支部建设的鲜明导向，健全组织、建强队伍，坚持“三会一课”制度，创新活动方式，扩大基层党组织覆盖面。

区级责任领导：张祖权

牵头单位：区委组织部

责任单位：全区各级党组织

66.严格党建工作责任体系，完善“四个一”制度、基层党建“五化”工作法和述职考评问责制度，压实各级党组织书记抓党建“第一责任人”的政治责任。

区级责任领导：张祖权

牵头单位：区委组织部

责任单位：全区各级党组织

67.规范提升“两新”党组织，加强城市党建工作，探索楼宇党建、商圈党建新路子，打造一批党建示范精品，以点带面，整体提升。

区级责任领导：张祖权

牵头单位：区委组织部

责任单位：全区各级党组织

68.推进党建与重点工作深度融合，加强服务型党组织建设，抓实党建扶贫“双推进”和“双创”先锋行动计划，实现围绕中心抓党建、抓好党建促发展。

区级责任领导：张祖权

牵头单位：区委组织部

责任单位：全区各级党组织

69.强化党内激励关怀帮扶。增强党员教育管理针对性和有效性，稳妥有序开展不合格党员组织处置工作。

区级责任领导：张祖权

牵头单位：区委组织部

责任单位：区纪委、全区各级党组织

（四）持续正风肃纪，深入开展党风廉政建设和反腐败斗争。

70.严格落实党风廉政建设党委主体责任和纪委监督责任，运用好监督执纪“四种形态”，在强化日常监督执纪上下功夫，抓早抓小，动辄则咎。持续强化作风建设，以永远在路上的坚韧，从一件小事一件小事抓起、在一个节点一个节点坚守，以钉钉子精神抓好中央八项规定精神落实落细，成风化俗。加大治理“庸懒散”力度，不担当必担责，坚决整治“门好进、脸好看、事难办”以及“层层往上报，层层不表态”等“四风”变异问题，驰而不息反对“四风”。

区级责任领导：矣向林

牵头单位：区纪委

责任单位：全区各级党组织

71.严肃查处顶风违纪行为，进一步巩固反腐败斗争成果，完善党内监督体制机制，发挥党委巡察和纪委派驻机构作用，确保力度不减、节奏不变。

区级责任领导：矣向林

牵头单位：区纪委（区委巡察办）

责任单位：全区各级党组织

72.加强对权力运行的制约和监督，完善党务公开，成立监察委员会，实现对公权力的监督监察全覆盖。加强制度建设，扎牢不能腐的笼子，使党员干部不越雷池、不逾红线、严守底线。

区级责任领导：矣向林

牵头单位：区纪委

责任单位：全区各级党组织

（五）加强自身建设，坚持不懈提升领导水平。

73.坚持党对一切工作的领导，努力提高区委把方向、谋大局、作决策、促发展的能力和定力，确保党始终总揽全局、协调各方。增强学习本领，继续营造善于学习、崇尚实干的浓厚氛围，建设学习型党组织。增强政治领导本领，坚持战略思维、创新思维、辩证思维、法治思维、底线思维，加强党的集中统一领导，积极支持人大、政府、政协、监察委员会、法院和检察院依法依章程履行职能、开展工作、发挥作用。增强改革创新本领，锐意进取、开拓创新。增强科学发展本领，善于贯彻新发展理念，统筹推进各项工作开创新局面。增强依法执政本领，严格落实党内法规，促进工作规范有序。增强群众工作本领，创新群众工作体制机制和方式方法，进一步加强统一战线和民族宗教工作，充分发挥工会、共青团、妇联、科协、残联、红十字会等群团组织和社会组织的桥梁纽带作用，组织动员广大人民群众跟党走、谋实干。增强驾驭风险本领，完善安全、金融、舆情、社会稳定等防控体系，提高处理各种复杂问题的能力。增强狠抓落实本领，紧盯工作中的突出短板和薄弱环节，加强政策配套，加强协同攻坚，加强督查问责，坚决摒弃敷衍了事、上推下卸和不作为、慢作为，大力倡导说实话、谋实事、出实招、求实效的务实风尚。

区级责任领导：徐贤

牵头单位：区委组织部

责任单位：区纪委、区委政法委、区委宣传部、区委统战部、区人大办、区政府办、区政协办、区法院、区检察院、区总工会、区团委、区妇联

中共玉溪市江川区委办公室 关于印发《中共玉溪市江川区委全面深化改革领导小组2018年工作要点》的通知

玉江办发〔2018〕15号

各乡镇党委、大街街道党工委，区委和区级国家机关各部委办局、各人民团体和企事业单位党组织，中央、省、市驻江单位党组织：

《中共玉溪市江川区委全面深化改革领导小组2018年工作要点》已经二届区委全面深化改革领导小组第十三次会议审议通过，现印发给你们，请结合实际认真贯彻落实。

中共玉溪市江川区委办公室

2018年7月22日

中共玉溪市江川区委全面深化改革领导小组 2018年工作要点

根据市委全面深化改革领导小组2018年工作安排部署，结合《市委重要改革举措实施规划（2015—2020年）》中确定的改革任务，制定本工作要点。

2018年是贯彻党的十九大精神的开局之年，是改革开放40周年，也是在新的历史起点上接力探索、接续奋斗，谱写新时代全面深化改革新篇章的关键之年。做好今年全面深化改革工作的总体要求是：以习近平新时代中国特色社会主义思想为指导，全面贯彻落实党的十九大精神和习近平总书记对云南发展的重要指示精神，按照市委对江川提出的“建好一座城、治好一湖水、打造一个高地”的要求，始终坚持党领导改革工作的体制机制，坚持完善和发展中国特色社会主义制度、不断推进国家治理体系和治理能力现代化的全面深化改革总目标，坚持以人民为中心的改革价值取向，统筹推进党的十八大以来部署的改革举措和党的十九大部署的改革任务，更加注重改革的系统性、整体性、协同性，保持工作力度和连续性，着力补齐重大制度短板，着力抓好改革任务落实，着力巩固拓展改革成果，着力提升人民群众获得感，推动思想再解放改革再深入工作再抓实，使更多改革跻身全市第一方阵，切实推动江川高质量跨越式发展，用实际行动和优异成绩迎接改革开放40周年。

一、统筹推进各领域改革

（一）经济体制改革

坚决贯彻落实党的十九届三中全会部署的深化党和国家机构改革任务，认真贯彻落实中央、省、市关于深化党和国家机构改革的决定的意见，制定玉溪市江川区深化党和国家机关改革方案，有组织、有步骤、有纪律地推进我区机构改革工作。

围绕贯彻新发展理念，建设现代化经济体系，聚焦打好“三大攻坚战”，补齐基础设施、产业体系、新型城镇化、基本公共服务等短板推进改革，积极破除一切不合时宜的体制机制弊端，加快推进经济发展质量变革、效率变革、动力变革，突出优化营商环境，做强先进装备制造、现代物流产业，做优高原特色农业、磷化工等传统产业，做实文化旅游及健康养老、航空产业，加快培育发展新动能，形成产业新优势，在推动经济高质量发展上走在前列。

以完善产权制度和要素市场化配置为重点，加快完善社会主义市场经济体制。扎实推进供给侧结构性改革，深入推进“三去一降一补”，重点在“破”“立”“降”上下功夫。坚持“两型三化”产业发展方向，制定重点产业发展“路线图”“施工图”，明确责任、工作时限，用改革突破推进产业崛起，增强高质量发展动能。

持续深化“放管服”改革，完善政府权责清单，进一步清理规范性文件，推进实施市场准入负面清单相关工作。突出优化营商环境，巩固“减证便民”专项行动成果，加快构建行政审批、政务服务和公共资源交易系统对接、信息共享的监管体系。加快电子政务信息中心和政务云平台建设，全面推进“互联网+政务服务+公共资源交易”，逐步实现“一颗印章管审批”，让群众和企业到政府办事“最多跑一次”。逐步推进“证照分离”改革。出台《玉溪市江川区电子营业执照管理暂行办法》，推行企业电子营业执照应用。制定营造企业家健康成长环境弘扬优秀企业家精神更好发挥企业家作用的若干措施。

深化国企国资改革，推动“1+N”政策体系全面落地见效。以管资本为主加快出资人机构职能转变，改革国有资本授权经营体制，全面完成区级国有经营性资产集中统一监管。以防范风险为重点，继续推进瘦身健体提质增效工作，制定区属企业降杠杆防风险的指导意见，有效降低资产负债率。

深化财税金融体制改革，制定基本公共服务领域财政事权和支出责任划分实施方案。编制和公布地方设立的行政审批中介服务行政事业收费目录清单。贯彻落实上级地方税收体系建设实施方案。深化地方金融监管改革，出台服务实体经济防控金融风险深化金融改革的实施意见。制定深化交通基础设施投融资体制改革的指导意见。制定并实施企事业单位公务用车制度改革实施意见。建立城乡居民基本养老保险待遇确定和基础养老金正常调整机制。

（二）农业农村改革

推进乡村振兴体制机制改革。巩固和完善农村基本经营制度。深化农村土地制度改革，衔接落实好第二轮土地承包到期后再延长30年的政策，全面完成土地承包经营权确权登记颁证工作。扎实推进房地一体的农村集体建设用地和宅基地使用权确权登记颁证。探索宅基地所有权、资格权、使用权“三权分置”。

深入推进农村集体产权制度改革。全面开展农村集体资产清产核资、集体成员身份确认，加快推进集体经营性资产股份合作制改革。深入推进集体林权、农垦、小型水利设施产权、农业科技成果转化和推广运用等领域改革。

制定农村人居环境整治三年行动实施方案。完善农业支持保护制度，出台建立涉农资金统筹整合长效机制的意见。深化财政支农资金形成资产股权量化改革，建立资产收益与贫困户利益联结机制。建立扶贫资金监管系统及扶贫资金信息公开公示平台。稳步推进农村信用社县级联社改制组建农商行。制定新时代下全面深化改革打造江川新供销的实施方案。推进粮食收储制度改革。

（三）开放型经济体制改革

推动形成全面开放新格局。积极主动服务和融入国家“一带一路”“互联网+”“中国制造2025”等重大发展战略，以更加积极主动的姿态融入滇中城市经济圈和“三湖生态经济带”，进一步提升江川对外开放与合作交流的层级和水平。

不断深化贸易投资促进体制机制改革。加强与江苏武进区的区域合作，推进共同发展。加大招商引资力度，大力推进精准招商、产业链招商、以商招商，提高招商引资实效性。全力推进公共事务平台载体建设。制定深化旅游产业综合改革的实施意见。

（四）民主法制领域改革

围绕推进民主政治建设深化改革。制定建立区人民政府向区人大常委会报告国有资产管理情况制度的实施意见。探索建立地方政府性债务纳入预算管理并接受人大及常委会监督的机制。建立完善人大预算审查重点向支出预算和政策拓展的程序和办法。

围绕推进政协民主制度化、规范化和程序化建设深化改革。出台《政协玉溪市江川区委员会关于加强和改进调研视察考察工作实施办法》《政协玉溪市江川区委员会提案内容公开工作实施意见》。修订《中国人民政治协商会议玉溪市江川区委员会全体会议工作规则》《中国人民政治协商会议玉溪市江川区委员会常务委员会工作规则》《中国人民政治协商会议玉溪市江川区委员会主席会议工作规则》。出台《区政协专题协商活动的实施办法》《关于加强和改进人民政协民主监督工作的实施意见》《区政协委员联络实施办法》。

推进法治政府建设，进一步规范和完善合法性审查工作机制，制定《玉溪市江川区人民政府关于进一步规范和完善行政决策性事项法制审查工作方案》。健全完善低保制度，制定《玉溪市江川区关于精准低保积分制度实施办法》，提升低保兜底保障能力。推进公共法律服务平台建设，将公共法律服务网络延伸至基层，满足群众服务需求。推进城镇基本公共服务常住人口全覆盖，实现新型城镇化健康、有序可持续发展。

（五）文化教育卫生体制改革

加快推进公共文化服务标准化均等化，完善公共文化服务评价与群众需求反馈机制，推进图书馆文化馆总分馆制和基层文化基础设施资源整合。制定加强文物保护利用的方案。启动公共文化机构法人治理结构改革试点。出台加强和改进党的新闻舆论工作的实施意见。完成广播、电视台、新闻采编等机构改革。推进体育产业改革，加快江川体育事业产业发展。

全面深化教育综合改革，制定深化教育体制机制改革的实施意见、全面深化新时代教师队伍建设改革的实施意见，系统推进育人方式、办学模式、管理体制、保障机制改革。

深化“三医联动”为主线的医药卫生体制改革，加快分级诊疗制度、现代医院管理制度、药品供应保障制度和综合监管制度建设。做实医联体和家庭医生签约服务，制定改革完善全科医生培养与使用激励机制的实施方案。深化公立医院改革，巩固破除以药补医机制成果，扩大公立医院薪酬制度改革试点，制定加强公立医院党的建设工作的实施意见。完善基本医疗保险制度，扩大跨省异地就医联网直接结算范围，全面推行以按病种付费为主的多元复合式医保支付方式改革，深入推进按疾病诊断相关分组（DRGs）付费制度改革试点。推动药品和高值医用耗材生产流通使用全流程改革，全面落实药品购销“两票制”。加强医疗卫生机构综合监管，制定改革完善医疗卫生行业综合监管制度的实施意见。

（六）社会体制改革

深化司法体制改革，完善综合配套改革制度，落实司法责任制。深入推进以审判为中心的刑事诉讼制度改革，促进庭审实质化。深化民事诉讼制度改革，完善诉讼与调解对接机制，推进化解方式多元化。统筹推进公安改革，推进现代警务管理体制改革，打造现代警务模式，制定公安机关服务群众提升效能工作措施。推进律师制度、社区矫正制度、公证管理体制等司法行政改革。

加强和创新社会治理，完善基层群众自治制度。制定推进城市安全发展的实施意见。出台行政执法辅助人员管理办法。出台全面放开养老服务市场提升养老服务质量的实施意见，建立完善相关配套措施。

（七）生态文明体制改革

建设美丽江川，推进绿色发展体制机制改革，加快形成节约资源和保护环境的空间格局、产业结构、生产方式、生活方式。编制全区国土空间规划。统筹山水林田湖草综合治理，实施重要生态系统保护和修复重大工程，推进生态保护红线、永久基本农田、城镇开发边界三条控制红线划定工作。落实山林长制，巩固河长制、湖长制。培育环境治理和生态保护市场主体。持续实施大气污染防治行动，加大水污染防治、土壤污染管控和修复力度。开展国土绿化行动，完善天然林保护制度，建立市场化、多元化生态补偿机制。深入推进领导干部自然资源资产离任审计制度。

改革生态环境监管体制，加强环境监测、监察队伍标准化能力建设。出台建立资源环境承载能力监测预警长效机制的实施意见。贯彻落实好国家、省、市关于深化环境监测改革提高环境监测数据质量的意见。出台生态环境损害赔偿制度改革方案。

（八）党的建设制度改革

围绕提高全面从严治党水平推进改革，制定贯彻《中国共产党党务公开条例》的实施细则、贯彻《中国共产党党内表彰条例》的实施办法、贯彻落实《中国共产党农村基层组织工作条例》的实施细则。出台激励干部担当作为改革创新干事创业的实施意见。制定建设高素质专业化干部队伍的意见。制定党政人才、专技人才、高技能人才、农村实用人才、社会工作专业人才、企业经营管理人才六类人才选拔培养办法。制定加强党内政治文化建设的实施意见。出台加强脱贫攻坚巩固提升驻村工作队选派管理工作的实施意见。

坚持党建带群建，积极稳妥推进群团改革工作，深入推进工会、团委、妇联、科协、文联等群团改革任务，统筹推进工商联、残联、红十字会等其他群团改革，指导督促乡镇（街道）群团改革工作。

（九）纪律检查体制改革

推进监察体制改革，贯彻落实国家监察法。制定对公职人员履职履责情况加强监督的意见。加快监察委员人员融合、工作磨合，完善监察体制改革的配套工作制度和内部运转制度，完善监察委员会与执法机关、司法机关互相配合制度。

二、突出重点推进改革落实

认真贯彻习近平总书记抓改革落实“四个亲自”“四个抓”“三督三察”等重要指示精神，实行区领导领衔重大改革事项责任制。牵头领导要紧盯17项重大改革事项，领衔带队、分兵把口、各负其责，一手抓改革方案出台、一手抓改革举措落实，严格按照时间表、路线图推进，确保改革任务可实施、可核察、可评估。各专项小组、责任部门具体负责重大改革事项的协调推进、督查落实，有关部门要积极主动、密切配合。责任部门在7月31日和12月15日前将重大改革事项推进落实情况报区委改革办（详见附件1）。

推进30项重要改革举措的督查落实，力求落地见效、释放活力。牵头领导要带头狠抓改革举措的督促检查、组织实施、协调配合、迅速推进。各专项小组、责任部门要具体负责，制定督查计划和方案，明确督查主体、责任领导、重点任务和方法，强化跟踪问效、成效评估、问题整改、执纪问责。责任部门在7月31日和12月15日前将督查报告及整改情况报区委改革办和全面深化改革专项督导组（详见附件2）。

各项改革任务具有连续性，党政机构改革完成后，按照职责分工自行调整责任部门和责任人。

三、加强和改善组织领导

区委全面深化改革领导小组负责全年改革任务的统筹协调，按照中央、省、市委改革部署，针对江川突出矛盾问题，制定贯彻落实党的十九大报告重要改革举措实施规划。各专项小组要完善改革协调推进机制，加大跨部门重大改革事项的统筹协调督促力度，推动各项改革系统集成。各级各部门要创新方式方法加大改革落实力度，严格工作要求和标准，倒排时间进度，认真抓好中央、省、市和区委各项改革任务的贯彻落实，及时总结推广基层创造的改革经验，强化培训指导，强化督查问效，确保各项改革决策部署有人去管、去盯、去促、去干。各级领导干部，特别是各部门主要负责人要增强政治本领，提高把方向、谋大局、定政策、促改革的能力和定力，力戒官僚主义、形式主义，大兴调查研究之风，坚持问题导向，拧紧责任链条，推进制度创新，以钉钉子精神提升改革整体效应。区委改革办要会同全面深化改革专项督导组，对重大改革事项、重点落实改革举措、重大改革试点开展专项督查、随机督查，督查结果将作为改革工作年度考评的重要依据，对不作为的，要抓住典型，严肃问责。改革工作进展、重大问题要及时向区委请示报告。宣传部门要进一步加大改革宣传的力度，深入挖掘各领域改革好经验、好做法，讲好江川改革故事，保护好改革发展的积极性、创造性，营造更加浓厚更有活力的改革创新氛围。

附件：1. 玉溪市江川区2018年重大改革事项任务分解（略）

2. 玉溪市江川区2018年重点督查改革事项任务分解（略）

3. 中共玉溪市江川区委全面深化改革领导小组2018年工作台账（略）

玉溪市江川区人民政府关于 2017年玉溪市江川区法治政府建设情况的报告

玉江政发〔2018〕24号

玉溪市人民政府：

2017年，在市委、市政府和区委的坚强领导下，在市政府法制办的指导帮助下，江川区全面贯彻落实党的十八大、十八届三中、四中、五中、六中全会精神，深入学习宣传贯彻党的十九大精神，按照省委、市委和区委关于加强法治政府建设的部署要求，严格落实党政主要负责人履行推进法治建设第一责任人职责，进一步加快推进法治政府建设，为建设宜居宜业和谐美丽新江川提供了坚强的法治保障。现将有关情况作如下报告：

一、主要做法和工作成效

（一）坚持党的领导，明确目标压实责任

1.强化组织保障，统筹工作部署。为加强法治建设工作的组织领导，明确目标任务，我区及时成立了以区委书记为组长的区委依法治区工作领导小组，成立了以区长为组长、常务副区长为副组长的全面推进依法行政工作领导小组，以法治江川建设为引领，统筹抓好依法执政、法制监督、依法行政、公正司法、法治文化建设、法治宣传教育等方面的工作，形成了机构健全、职责明确的法治政府建设工作格局。

2.强化机制建设，提供制度保障。印发《中共玉溪市江川区委 玉溪市江川区人民政府关于印发〈玉溪市江川区法治政府建设实施方案（2016—2020年）〉的通知》（玉江发〔2017〕14号）、《中共玉溪市江川区委依法治区领导小组依法行政专项组关于印发〈玉溪市江川区2017年法治政府建设任务分工方案〉的通知》（玉江法政发〔2017〕1号），为全区深入推进依法行政，加快法治政府建设绘制了路线图和施工图，明确了责任单位、责任人及时间表，使我区法治政府建设进入了快车道。

3.强化跟踪问效，重在工作落实。为使法治政府建设工作落到实处，设立依法治区及信访维稳工作督导组，将工作纳入综合目标考核内容，制定任务分工方案，要求各单位主要领导亲自研究部署，亲自解决问题、亲自抓好督促落实，通过强化督促检查和跟踪问效，确保责任落实，通过以考促改的方式，解决工作中的重点难点问题，切实把我区法治政府建设各项工作任务落实落细。

（二）坚持制度建设，夯实法治政府建设基石

1.加强法制机构和队伍建设。我区重视提拔政治素质高、法律素养好、工作能力强的法制干部，加大干部培养、使用和交流力度，确保法制干部年轻化、专业化。2017年，设立玉溪市江川区法律顾问室，增加区政府办行政周转编制2名（专门用于区政府法制办，现正按程序选调人员），配齐法制办主任、副主任。在实现政府及其工作部门法律顾问全覆盖的基础上，统一聘任5个法律顾问团队共25名律师，为我区法律顾问团队，实现了区委、人大、政府、政协机关，各乡镇（街道）党（工）委、政府（办事处），区委和区级国家机关各部、委、办、局，各人民团体和企事业单位法律顾问全覆盖。印发《中共玉溪市江川区委 玉溪市江川区人民政府关于印发〈玉溪市江川区法律顾问室法律顾问团队管理工作暂行办法〉的通知》（玉江发〔2017〕40号），进一步加强和规范法律顾问工作。自2017年4月统一聘任法律顾问以来，法律顾问共审查各类合同、规范性文件、行政执法案件100余件，接受日常咨询100余次，办理非诉行政案件5件、复议案件1件、诉讼案件1件，为依法决

策，依法行政发挥了积极的作用。

2.执行领导干部学法制度。抓住领导干部这一关键少数，切实提高法治思维和依法办事能力。一是区政府常务会议4次专题研究法制工作，并对相关法律法规进行学习。分别是：区政府二届2次常务会议专题研究进一步优化整合区委政府法律顾问制度有关事项；区政府二届5次常务会议专题传达学习2017年玉溪市政府法制工作会议精神，研究《玉溪市江川区法治政府建设实施方案（2016—2020年）（送审稿）》，并对省市法治政府建设实施方案主要内容进行学习；区政府二届8次常务会议研究《玉溪市江川区重大行政决策责任追究暂行办法（送审稿）》《玉溪市江川区重大行政执法决定法制审核暂行办法（送审稿）》，并对省市有关办法进行学习；区政府二届14次常务会议通报云南广星置业房地产开发有限公司行政复议有关事项，并对行政复议法相关规定进行学习。同时，区政府二届18次常务会议传达学习《消防安全责任制实施办法》。二是贯彻落实《玉溪市江川区领导干部促学活动实施方案（试行）》，邀请知名法学专家为全区领导干部开展法律专题讲座2场，参加全市政府系统领导干部专题法治讲座（王志华区长亲自参与）和《云南省行政规范性文件制定和备案办法》培训，通过以讲促学、以考促学、以调促学，促进干部学习制度化、规范化、经常化。

3.强化规范性文件监督管理。为实现对规范性文件的全面监督，建立“一级抓一级，上下相贯通”的备案工作机制，坚持把规范性文件清理工作作为转变政府职能，统一政令，保证法制统一，推进依法行政的重要举措。2017年，按照国务院、省、市要求，开展对互联网+政务服务、放管服、“减证便民”涉及的规范性文件进行清理，共组织清理规范性文件25件，认定继续有效的规范性文件25件，并建立动态清理长效机制，确保各项改革真正落地，推动政府工作在法治轨道上开展。

（三）坚持依法行政，推进决策科学化民主化法治化

严格执行省、市、区重大行政决策程序规定，确保重大行政决策严格履行“公众参与、专家论证、风险评估、合法性审查、集体讨论”五大法定程序，确保各项决策始终在法治框架范围内，防止权力任性。制定出台《玉溪市江川区重大行政决策责任追究暂行办法》《玉溪市江川区重大行政执法决定法制审核暂行办法》，强化决策的刚性约束，全面落实重大行政决策终身责任追究和责任倒查机制。对不按程序决策、决策失误造成重大损失、影响恶劣的，进行终身责任追究和责任倒查，确保每项决策都经得住历史、群众和实践的检验。2017年，区政府法制办组织重大决策听证5项，积极参与重大行政决策、重要事项研究、重要项目及合同谈判、起草及法制审查30余次，出具书面审查意见17份，起到了法制部门应有的参谋助手作用。

（四）坚持简政放权，加快政府职能转变

一是持续深化“放管服”改革。严格按照《云南省行政许可项目目录管理办法》，对目录的编制、增加、取消、调整实行动态化管理，全区调整行政许可事项11项，全区25个具有行政许可职能的部门共有行政许可事项267项；从与公民日常生产生活密切相关的公共服务事项以及与公民、法人和其他组织创业创新领域有关的服务事项入手，全面梳理和公开公共服务事项200项（区级136项，乡镇、街道64项）；开展“减证便民”专项行动，精简取消需当事人出具证明材料13项；继续推进“双随机一公开”工作，随机抽查事项增加5项，抽查部门增加1个，规范随机抽查事项名称2项，随机抽查事项共增加到279项。二是积极推广“互联网+政务服务”。完善政务服务信息化平台，实现行政审批、便民服务全覆盖。政务服务大厅已入库政务服务事项5910个，全年申报总量78件，办结率100%，网上共收到群众咨询件22件，及时回复22件，群众满意率100%。三是规范公共资源交易行为，全面启动电子化项目交易235个，节约资金7617万元，切实维护国家利益、社会公共利益和交易当事人的合法权益。

（五）坚持严格执法，规范行政执法行为

2017年重点推动重大行政执法决定法制审核、行政执法公示制度、行政执法案卷评查等工作，提高行政执法水平和案件质量，确保严格规范公正文明执法。一是建立重大行政执法决定法制审核制度。出台《玉溪市江川区重大行政执法决定法制审核暂行办法》，要求政府及部门作出重大行政处罚、行政许可、行政强制、行政征收、行政裁决等

行政执法决定前，必须经政府或部门法制机构进行法制审核，未经审核或经审核不合法的，不得作出执法决定，切实规范重大行政执法行为。二是组织开展2017年全区行政执法案卷评查工作。从全区2016年办理过行政执法案件的16家单位所报的案卷目录中，随机抽取行政许可、行政处罚两类共44卷行政执法案卷进行评查，评出优秀案卷31卷、合格案卷13卷，无不合格案卷，案卷优秀率70.45%、合格率29.55%，制发行政执法案卷评查反馈建议书16份，行政执法案卷评查情况一卷一评表44份，评查结果在全区范围进行通报。三是严格实行行政执法人员持证上岗和资格管理制度，共组织对195名行政执法人员进行行政执法培训（轮训），切实规范行政执法行为，提高行政执法水平。同时按照分级管理原则，将全区行政执法主体信息，以及执法人员的姓名、单位、职务、执法证号、照片等执法证信息录入云南省执法管理系统，并实行信息化动态管理，及时更新数据。四是严格履职，依法实施行政执法行为。着力加强对食品、矿山、烟花爆竹、危险化学品、道路交通、建设工程等重点领域的行政执法工作，采取切实措施防止因执法不力、执法缺位导致的违法行为，防止因违法行为不能得到及时查处发生损害公共安全、人身健康、生命财产安全的事件，切实维护公共安全和人民群众生命财产安全。

（六）坚持监督问责，强化对行政权力的制约和监督

一是自觉接受人大的法律监督、工作监督和政协的民主监督，健全完善向同级党委、人大和上级政府报告工作和向政协通报工作制度。二是加强行政监督。对不担当、不履责行为进行严肃追责，做到动真碰硬、一追到底，营造了“敬业有功、怠业必惩”的干事创业环境。三是推进审计监督全覆盖。推进对公共资金、国有资产、国有资源和领导干部履行经济责任情况的审计全覆盖。四是大力推进政务公开。坚持以公开为常态、不公开为例外原则，全面推进决策公开、执行公开、管理公开、服务公开、结果公开，全年公开政府信息9595条，通报中重点工作118项。五是重视对行政执法活动的法律监督，在加强行政复议工作的同时，积极与检察机关开展行政执法与刑事司法衔接信息共享平台建设，促进行政执法活动公开公正，确保法制统一。

（七）坚持依法依规，有效化解社会矛盾纠纷

贯彻落实“七五普法”规划，健全和完善社会治理法治化制度，完善行政复议、行政调解、行政裁决、仲裁和人民调解等制度，用法治思维和法治方式解决好各种社会矛盾，引导各级干部依法决策、依法行政、依法执法，引导人民群众尊法守法学法用法，在全社会构建社会办事依法、遇事找法、解决问题用法、化解矛盾靠法的良好环境，强化法律在维护群众利益、化解社会矛盾中的权威地位。一是加强行政复议工作，提高办案质量和效率。2017年，共办理行政复议案件3件，均维持行政机关决定。二是重视行政应诉工作，认真贯彻落实省、市《关于加强和改进行政应诉工作的实施意见》《玉溪市行政机关负责人行政诉讼出庭应诉办法》规定，推动行政机关负责人行政诉讼出庭应诉常态化、制度化。2017年，区政府、全区各级行政机关行政应诉案件共2件（系同1件诉讼案件），为行政复议后应诉，应诉机关负责人均按要求出庭应诉（案件尚在诉讼过程中）。三是加强信访工作，把信访工作纳入法治化轨道，对于群众的诉求，于法有据的，坚决支持、妥善解决；于法无据的，决不任意突破法律，和稀泥，花钱买平安。

二、存在的问题和不足

一是依法行政、建设法治政府工作还没有真正成为各级各部门工作的“硬指标、硬实绩和硬约束”，还没有真正把法治政府建设同“四个全面”战略布局的政治意义和政治责任结合起来，部分单位对依法行政、建设法治政府工作的重视还不够。

二是部分单位对法治政府建设的重要性认识不足，依法行政的能力和水平亟待提高，用法治思维和法治方式深化改革、推动发展、化解矛盾的能力有待加强。在法律顾问工作中还存在不会邀请法律顾问参与行政决策、处理涉法事务，聘任法律顾问是为了应付考核需要，甚至把法律顾问当作行政工作的绊脚石等现象。

三是法制机构队伍建设与依法行政、建设法治政府的要求格格不入。法制机构人员偏少且都为兼职，难以全面履行法制工作的各项职责，甚至存在部分行政执法部门无法制机构，对重大决策、重大

行政执法决定法制审核等涉法工作的开展，产生了不利影响。

四是法律顾问与相关顾问单位还存在协调不够，沟通不畅的问题，导致法律顾问的作用发挥不到位，部分单位的法律顾问形同虚设。

三、下一步工作打算

党的十九大报告提出，必须把党的领导贯彻落实到依法治国全过程和各方面，坚定不移走中国特色社会主义法治道路，完善以宪法为核心的中国特色社会主义法律体系，建设中国特色社会主义法治体系，建设社会主义法治国家，发展中国特色社会主义法治理论，坚持依法治国、依法执政、依法行政共同推进，坚持法治国家、法治政府、法治社会一体建设，坚持依法治国和以德治国相结合，依法治国和依规治党有机统一，深化司法体制改革，提高全民族法治素养和道德素质。下一步，我区将贯彻落实党的十九大精神，结合党的十九大对全面依法治国的新部署、新要求，着重从以下几方面抓好工作。

（一）加强领导，压实责任，严格按照时间节点和任务分工扎实推进法治政府建设，确保2020年与全市同步，率先在全省基本建成法治政府。各级各部门主要负责人切实履行好推进法治建设第一责任人职责，严格按照党的十八届四中全会《决定》和《纲要》的明确要求，全力推进法治政府建设。切实当好 “关键少数”，履行好法治政府建设第一责任人责任，抓好“关键少数”，引导各级领导干部把分管领域和部门法治政府建设具体工作深抓到位。对不认真履行第一责任人职责，本地区本部门一年内发生多起重大违法行政案件、造成严重社会后果的，依法追究主要负责人责任。

（二）健全学法用法机制，坚持领导干部个人学法、集体学法和专题学法相结合，进一步增强领导干部的法治思维和法治意识，提高依法行政能力和水平；同时，重视行政执法人员的学习、教育和培训工作，提高行政执法队伍素质和行政执法水平。教育引导各级领导干部始终对法治保持敬畏之心，再忙不能忘法、再急不能违法，牢记法律红线不可逾越、法律底线不可触碰，带头遵守法律、执行法律，确保依法决策、依法行政、依法办事，推进法治政府建设，真正实现用法治的力量确保政策、决策得到贯彻落实。

（三）重视依法治区、依法行政和法治政府建设的各项考核工作。以考核作为推进工作的有力抓手，充分发挥考核评价对法治政府建设的重要推动作用。强化对各乡镇（街道）、各部门的考核评价和督促检查，及时通报考核、督查结果。政府法制机构积极承担起法治政府建设的各项工作，统筹规划、督促检查和考评，对工作不力、问题较多的及时约谈，责令整改，通报批评。

（四）加强和重视法制队伍建设，更好地适应新形势要求。进一步配齐人员，尤其是配齐行政执法岗位所需专业人才。真正将法制机构作为作决策、防风险的参谋助手，在政治上关心支持法制工作，在工作上积极支持配合法制部门工作，积极适应相关法律法规修改后对行政执法、法制审核工作人员的新要求。

（五）重视法制监督，加强行政复议工作机制建设。及时调整行政复议委员会组成人员，加强行政复议业务培训；进一步健全行政复议工作机制，规范行政复议工作，切实发挥行政复议在加强行政机关内部监督，促进行政机关依法行政，维护国家法制统一，确保政令畅通和依法治国方略方面的重要作用。

玉溪市江川区人民政府

2018年3月8日

玉溪市江川区人民政府关于印发玉溪市江川区2018年加快县域经济发展实施方案的通知

玉江政发〔2018〕33号

各乡、镇人民政府，大街街道办事处，区属各有关单位：

《玉溪市江川区2018年加快县域经济发展实施方案》已经区人民政府研究同意，现印发给你们，请认真贯彻执行。

玉溪市江川区人民政府

2018年5月16日

玉溪市江川区2018年加快县域经济发展实施方案

为深入贯彻落实《中共玉溪市委　玉溪市人民政府关于印发〈玉溪市加快民营经济发展的实施意见〉等3个实施意见和〈玉溪市重点产业招商引资若干优惠政策规定〉的通知》（玉发〔2017〕4号）、《中共玉溪市委　玉溪市人民政府关于印发〈玉溪市干在实处走在全省前列在决定〉及相关文件的通知》（玉发〔2018〕8号）精神，加快推动我区县域经济做大总量、优化结构、提升水平，结合我区实际，制定本实施方案。

一、发展目标

（一）经济实力明显增强。2018年全区地方生产总值力争突破100亿元，同比增长13%；人均地方生产总值同比增长12%；规模以上工业增加值17.55亿元，同比增长25%；一般公共预算收入7.7亿元，同比增长8%；规模以上固定资产投资力争突破100亿元，同比增长30%以上；社会消费品零售总额27.66亿元，同比增长12.5%。

（二）人民生活明显改善。2018年，城镇居民人均可支配收入增长8%、农村居民人均可支配收入增长9%；九年义务教育巩固率、基本养老保险参保率进一步巩固提升，圆满完成年度脱贫攻坚任务。

（三）可持续发展能力明显提升。2018年，单位生产总值能耗、二氧化碳排放量、主要污染物排放量均完成市下达任务；污水和垃圾无害化处理能力、森林覆盖率、城区空气质量优良率有明显提高，生态环境进一步优化，人与自然更加和谐。

二、重点工作

（一）增加项目建设投资强度，夯实县域经济发展基础

1.加强项目前期工作。今年安排区级预算内重大建设项目前期工作经费2000万元，并积极争取省、市预算内重大项目前期工作经费，力争全年安排前期工作经费投入不低于3000万元。加快经费拨付进度，规范前期工作经费管理和使用，落实前期工作经费滚动回收使用机制。（主责单位：区财政局、区发改局）。

充实完善三年滚动国家重大建设项目库、“五网”基础设施和省市“四个一百”重点项目库，建

立产业项目库，充实储备项目库，全区固定资产储备项目年度计划达108亿元。抢抓“十三五”中期评估调整机遇期，争取一批重大项目纳入国家和省市专项规划。（主责单位：区发改局、各行业主管部门、项目建设单位）

2.着力增加投资。继续推行“五个一”抓落实机制，责任落实到位，着力推动今年区政府梳理确定66个重点项目（在建27个、新开工22个、前期项目17个），确保年度计划投资达100亿元以上，着力抓好九个方面投资工作：

（1）房地产项目完成投资14.7亿元。其中，云福山居完成投资5亿元；绿竹小区完成投资6.2亿元；江城镇钟秀铭苑完成投资0.7亿元；古滇国城三期项目完成投资1.6亿元；紫明苑项目完成投资1.2亿元。（主责单位：大街街道、城投公司；配合单位：区住建局、江城镇）

（2）工业园区项目完成投资26.7亿元。其中，标准化厂房投资7.7亿元；北京升华电梯完成投资3.8亿元；龙泉彩印包装完成投资0.2亿元；合续环保完成投资3.2亿元；中民筑友完成投资2.9亿元；3个锂离子电池生产项目完成投资5.6亿元；比亚迪新能源汽车完成投资2.5亿元；龙泉园区自来水厂完成投资0.8亿元。（主责单位：工业园区管委会；配合单位：区工信局、大街街道、前卫镇）

（3）市政工程完成投资14.2亿元。其中，在建3个市政工程（浪广路北延工程、龙泉大道（南段）道路工程建设项目、江川区城市全民健身运动场馆建设项目）完成投资3亿元；新开工建设4个市政工程（江通路改造工程、宝凤路文兴街文祥街文林街道改造工程、明珠路南段打通及道路建设工程、宁海路打通及道路建设工程 ）完成投资7亿元；玉江大道改造项目完成投资1.8亿元；东风水库水污染综合整治工程（九溪河、董炳河）完成投资2.4亿元。（主责单位：区住建局、家美公司；配合单位：大街街道、九溪镇、安化乡）

（4）环保水利项目完成投资10亿元。其中，星云湖环湖截完成投资2.5亿元；星云湖污染底泥疏挖及处置工程完成投资2亿元；星云湖南岸湿地湖滨带提质改造工程完成投资2.5亿元；星云湖主要入湖河流环境综合治理工程完成投资3亿元。（主责单位：区环保局、区水利局；配合单位：大街街道、江城镇、前卫镇）

（5）交通项目完成投资21亿元。其中，澄川高速完成投资10亿元；江通高速完成投资10亿元；国道213项目完成投资1亿元。（主责单位：区交通局；配合单位：大街街道、江城镇、九溪镇、雄关乡）

（6）物流项目完成投资7亿元。其中，宏程物流完成投资2亿元，润特物流完成投资1亿元；雄关物流园区2个项目完成投资4亿元。（主责单位：工业园区管委会、九溪镇、雄关乡；配合单位：区工信局）

（7）江城纸质品园区项目完成投资2.3亿元。（主责单位：江城镇；配合单位：工业园区管委会）

（8）棚改项目完成投资5亿元。其中，江城古镇棚户完成投资2亿元；大街街道棚户区改造完成投资3亿元。（主责单位：大街街道、江城镇；配合单位：棚改项目指挥部成员单位）

（9）其他项目（复烤二车间原地技改、现代设施园艺、农业科技大棚项目、江川区委党校搬迁新建项目、江川区第二幼儿园等）完成投资2.2亿元。（主责单位：区工信局、江城镇、雄关乡、区委党校、区教育局；配合单位：大街街道、市国土局江川分局、市规划局江川分局、区林业局、区水利局、区环保局、区发改局）

3.扎实推进项目建设。认真落实市级“四个一百”重点项目计划。中央预算内投资项目在资金计划下达 2 个月内必须开工建设，原则上当年须完成投资60%以上。每月组织一批新项目开工入库，列出项目开工入库问题清单提交区政府和区属有关部门推动限时办结。做好项目入库工作，做好投资分析，加强项目统筹管理，运用投资项目协同管理系统，做好规上项目在线监测，确保续建项目不停、新上项目及时启动。（主责单位：区发改局、区统计局、各行业主管部门、项目建设单位）

认真贯彻落实《玉溪市江川区深化投资项目审批制度改革的实施意见》，围绕着力构建“政府统筹协调、业主出资组件、部门服务审批”为主要内容的投资审批工作机制，形成项目推进合力，及时协调解决项目推进中的困难和问题，促进项目建设顺利实施。（主责单位：区发改局、市国土局江川

分局、区林业局、区环保局、区住建局、市规划局江川分局等审批部门）

（二）加大产业扶持力度，着力构建区域特色产业体系

1.做优高原特色农业。全力打造“绿色食品牌”，充分发挥农业产业专项资金作用，加快构建一村一品，稳定粮油生产能力、提升蔬菜产业、做大花卉产业，做优畜牧业、做特渔业，2018年新增花卉面积1500亩以上。积极争取高原特色农产品深加工专项资金，推进粮油、蔬菜、花卉、畜禽、水产等高原特色农产品精深加工，提高农产品加工转化率，加快现代农业产业园创建，新增市级农业龙头企业2户、专业合作组织3个、农业庄园2个，加快江城现代设施园艺产业示范项目、雄关花卉科技示范园项目建设。加快农业标准化、品牌化、市场化步伐，新增“三品一标”农产品2个。2018年，全区农业现价总产值计划29.6亿元，同比增长5.5%。（协调推进小组：区高原特色农业产业协调推进组；主责单位：区农业局，配合单位：和乡镇（街道））

2.做优磷化工等传统产业。坚持以问题为导向，从解决各产业发展中存在的根本问题、主要困难和关键环节入手，稳步推进传统产业整合重组工作，优化资源配置，整合现有企业技术创新政策，加大技术改造支持力度，提升企业竞争力，促进工业化、信息化深度融合，加大政策引导、产业扶持及对企服务工作力度，重点在磷化工、农产品加工、纸制品、建筑建材、烟花爆竹、铜制品6个产业领域，围绕传统产业链部署创新链，推动传统产业向价值链的高端攀升。力争2018年，全区六大传统产业规模以上企业实现产值达60亿元左右。（协调推进小组：区磷化工等传统产业协调推进组；主责单位：区工信局；配合单位：区发改局、区财政局、市国土局江川分局、区住建局、区环保局、区农业局、区旅发局、区安监局等区属相关部门，各乡镇（街道））

3.做强先进装备制造产业。贯彻落实中国制造“2025”玉溪行动计划，围绕“建设全市重要的新型工业化聚集区”目标，充分发挥龙泉园区的区位、政策、服务等优势，围绕中高端数控机床、航空装备、智能装备、电力装备、工程农业机械、高端铸件、新能源汽车、精密基础件、节能环保装备、电子信息等领域，全力加快招商引资项目的落地、推进力度，着力提升高端机型设计、产品寿命与可靠性、核心部件与控制系统等创新水平，打造新的经济增长点；全力推进产业集聚发展。以腾达机械等项目为龙头，带动数控机床产业发展壮大，支持新合力光电、铭德至远机械、特固电器等企业做大做强；以云南联塑、中民筑友等，带动新材料产业发展壮大；全力做好服务协调工作，配合玉溪高新区加快龙泉园区智能终端制造产业园标准化厂房建设，推动升华电梯、合续环保等在建企业尽快建成投产；加大招商引资工作力度，全力做好服务协调工作，切实加快新海宜汽车，振华数码，鑫曜智能终端制造，星能电池电泳液，正能充电设备等重点在谈项目的签约、落地工作，确保早日落地、尽快建成投产，促进园区转型升级；争取省、市装备制造业发展专项资金，充分发挥好专项资金的引导和扶持作用，重点扶持装备制造企业进行新建、改建、扩建和新技术创新。力争2018年，先进装备制造产业规模以上企业实现产值11亿元左右。（协调推进小组：区先进装备制造产业协调推进组；主责单位：区工信局、工业园区管委会、区招商局；配合单位：区发改局、区财政局、各乡镇（街道））

4.做强现代物流产业

按照“建设辐射周边地区的现代物流中心”发展定位，依托江川区域性优势打造高效物流通道，推动现代物流产业高质量跨越发展。一是全面提升基础设施建设水平。进一步优化各园区控制性详细规划，加强用地指标等要素保障，加快园区水、电、路、通信等设施建设，强化与城市道路、交通枢纽的外部通道衔接。依托高速公路、货运航空及货运场站等交通运输设施，建设多式联运中转设施和连接，建立多式联运信息平台，实现多种运输方式“无缝衔接”；二是着力引进培育一批大型物流龙头企业。加快九溪润特物流园区、宏程物流中心、雄关农产品物流园等一批重大物流项目的建设进度。主动融入全市“一核两带七节点”的物流产业空间布局，以九溪、雄关、龙泉园区为重点，引导物流企业、专业市场和社会性仓储物流设施向物流园区、物流中心集中，构建多式联运物流基础

设施，提升物流节点资源整合功能，形成高效物流通道，健全社会化、专业化、网络化、信息化的现代物流服务体系，进一步发挥物流发展平台和载体的聚集效应，全面提升企业的市场竞争力。三是努力培育物流产业主体。抓好第三方物流发展平台建设，促进第三方物流企业与工商企业、农业企业联动融合发展。力争2018年，物流项目完成投资7亿元，其中：宏程物流完成投资2亿元，润特物流完成投资1亿元；雄关物流园区2个项目完成投资4亿元。（协调推进小组：区现代物流产业协调推进组；主责单位：区工信局；配合单位：区发改局、区财政局、市国土局江川分局、区招商合作局、工业园区管委会等区属相关部门，各乡镇（街道））

5.做实文化旅游业和健康养老产业。围绕“建设全省重要的休闲旅游度假区”目标，高质量编制和实施《玉溪市江川区全域旅游发展规划》，以打造“环星云湖生态休闲康养运动旅游目的地”为核心，做实文化旅游和健康养老产业。一是优化发展定位和空间布局。以星云湖为核心，结合星云湖南岸湖滨带提质改造、环湖截污等工程，深入挖掘高原水乡、民俗文化、鱼耕文化、古滇文化等优质文化旅游资源，建设生态湿地主题园、马拉松运动基地，打造生态休闲娱乐、运动健康一体的旅游度假目的地；以梁王山为核心，打造山地极限运动森林公园；以江城大平地为核心，打造驿路梨花帐篷营地、文化基地、采摘加工体验基地；以七星山为中心，打造“三生三世十里桃花”七夕文化旅游主题公园；以李家山为中心，打造梦幻古滇国主题乐园；以星云湖南岸十里长堤为中轴，建设十里长堤荷藕庄园，打造高原水乡渔耕文化田园综合体；提升界鱼石景区综合配套服务功能，建设界鱼石文创基地；以安化招坝、旱谷田为中心，董柄河为轴线，打造多情彝乡董柄河；加快雄关小田各项乡村旅游基础设施建设步伐，建成醉美小田田园风光乡村采摘、种植、体验区；以九溪亚洲花卉科创谷、特色美食为载体，打造浪漫花装九溪美食特色小镇。二是积极推进特色小镇创建工作，夯实文化旅游产业和健康养老产业发展基础。以产业为支撑，全面构建点轴联动、点面结合、连接城乡、服务农村的多元化特色小镇体系，支持江城青铜小镇、九溪花卉科创小镇积极申报创建为云南省特色小镇。积极发展健康养老产业，鼓励优质医疗机构、疗休养机构和旅游服务机构、旅游休闲基地（目的地）合作，促进旅游业与体育、医疗、养生、养老等相关健康产业的融合发展，开发多种类型的健康旅游产品和服务，培育富有我区特色的健康旅游品牌。力争2018年，全区旅游业总收入39.9亿元，同比增长16%。（协调推进小组：区文化旅游及健康养老产业协调推进组；主责单位：区旅发局、区文产办；配合单位：区发改局、区环保局、区农业局、区林业局、区文广体局、区民政局、区卫计局、区交通局、区建局、各乡镇（街道））

6.做实航空产业。紧抓国家促进通用航空产业发展的

机遇，突出规划引领，全面推进我区通用航空产业发展。按照“通用——支线——二机场”的总体思路，循序渐进地抓实规划建设。加强协调服务和用地保障，确保江川一类通用机场建设项目尽快开工建设，并为建设民用运输机场预留发展空间，积极争取国家民航局的支持，将玉溪民用运输机场列入十三五规划启动建设；以通用航空装备制造成项目为龙头，吸引航空制造企业落户江川，不断强化江川航空产业集集效应；推进合美通用航空海明堡直升机组装建设、捷克轻型固定翼飞机组装生产项目建设，有序推进航空产业园规划、建设，不断扩展发展临空经济。（协调推进小组：区航空产业协调推进组；主责单位：区发改局；配合单位：区科协、区工信局、区财政局、工业园区管委会、国土分局、区教育局、区环保局、区交通局、区林业局、区水利局、区招商局、区气象局、各乡镇（街道））

（三）深入推进供给侧结构性改革，大力支持实体经济发展

1.切实降低实体经济企业成本。一是各责任单位严格执行《玉溪市人民政府办公室关于贯彻落实云南省降低实体经济企业成本实施细则责任分工的通知》（玉政办通〔2017〕93 号）文件精神，切实降低实体经济成本；二是积极培植税源，发挥财政杠杆作用，围绕抓项目兴产业，支持招商引资、工业园区建设，扶持企业加快发展，提升税收收入总量和质量，进一步提高税收收入在地方一般公共预算收入中的比重；全面贯彻落实降费减负政策。

严格执行中央和省行政事业性收费降费减负政策，确保已出台的免征、取消、降低收费标准和减免部分政府性基金收入的贯彻落实，为企业和社会减负，进一步降低实体经济负担；三是加强收入质量管理。严禁超越权限多征、提前征收收入，严防虚增财政收入，提高收入质量；通过组织召开银行、担保公司、企业座谈会、见面会等形式，对辖区内纳税企业大户企业给予贷款、利息上的优惠，服务实体经济发展。依法依规征收、减免税款，提升税收收入质量，坚决杜绝收过头税，进一步提高区级税收收入在地方一般公共预算收入中的比重。（主责单位：区财政局、区国税局、区地税局；配合单位：各涉及部门、单位）

2.积极发展民营经济。鼓励民营企业做大做强，积极筹措资金，对纳入国家统计直报、年度工业总产值增长30%以上、主营业务收入首次过亿的规模以上民营工业企业，按照《玉溪市江川区加快民营经济发展的实施方案》给予奖励。对固定资产投资在5000万元以上的民营企业，参照《中共玉溪市江川区委 玉溪市江川区人民政府关于印发<玉溪市江川区加快民营经济发展的实施方案>等3个实施方案的通知》（玉江发〔2017〕31号）执行，即投资5000万元（含5000万元）至1亿元和1亿元（含1亿元）以上，且在两年内建成的项目，分别一次性给予10万元和20万元奖励。实施中小企业成长工程，鼓励中小微企业走专、精、特、新之路，分类实施“个转企、小升规、规改股、股上市”，全区每年培育新增规模以上工业企业5户以上。大力推动大众创业、万众创新，支持各类众创空间主体设立，鼓励社会力量、民间资本参与创客空间、创新工场等新型创业孵化机构的投资、建设和运营管理。鼓励盘活和利用闲置的商业用房、工业厂房、企业库房、物流设施等资源，改造和建设各类众创空间。力争2018年，全区实现非公经济增加值58.6亿元，同比增长14%，占GDP的比重达到57%左右。（主责单位：区工信局；配合单位：区发改局、区财政局、区统计局）

3.大力培育市场主体。强化创业培育、创新孵化、企业融资、人才培训、管理咨询等政府对企业“全生命周期”服务，加大对中小微企业培育力度，积极推动“个转企、小升规、规改股、股上市”。对经省科技厅认定为科技型中小企业、首次获批国家高新技术企业的企业给予补助。用好用活市工信委下拨的省级微型企业培育工程和规模以上工业企业培育资金，配合市级做好对有关企业的奖励工作。（主责单位：区工信局）

4.助力企业开拓市场。提高交通、水利、农业、林业、国土、市政工程等重大建设项目本地产品使用率。政府集中采购所需产品（服务）时，在同质同价条件下原则上优先采购本地产品（服务）。（主责单位：区财政局、区工信局；配合单位：区住建局、区发改局、区政务服务管理局等区直有关部门）

（四）继续落实简政放权，优化县域经济发展环境

1.提升政府管理服务能力。以改革促开放，以开放倒逼改革，坚决破除一切不合时宜的思想观念和体制机制障碍。持续推进放管服改革，全面实施市场准入负面清单制度，进一步清理规范中介服务，积极推进综合监管和检查信息公开，优化营商环境。认真落实《玉溪市江川区深化投资项目审批制度改革实施意见》，着力构建“政府统筹协调、业主出资组建、部门服务审批”为主要内容的投资工作机制，充分发挥投资项目审批服务中心作用，强化项目审批服务，大幅精简审批环节、压缩办理时限。大力推进“互联网+政务服务”，提高服务便利化水平，逐步实现“马上就办”“最多跑一次”“一颗印章”审批，营造良好的营商环境和审批环境，着力提高政府公共服务供给效率和政务服务效率。（主责单位：区委编办、区政务服务管理局；配合单位：区审改办、区发改局、区工信局、市国土局江川分局、区住建局、市规划局江川分局、区环保局、区林业局、区水利局、区安监局、区市场监管局、区防震减灾局、区气象局、区消防大队等区属相关部门配合）

2.规范行政检查。全面清理针对企业的检查评比，取消一切不合法、不合规、不合理的检查评比活动，大幅度减轻企业压力负担。充分发挥市场配置资源的决定性作用，让企业主体自主参与市场竞争，进一步激发县域经济发展的活力和动力。（主责单位：区工信局；配合单位：区环保局、区安监局、区市场监管局）

3.规范涉企收费。严格执行涉企行政事业性收费项目清单，推进政府定价项目清单化和公开透明化，接受社会监督。进一步加强涉企收费的监督检查，严禁借会议、培训等名义向企业收取各种费用。（主责单位：区发改局；配合单位：区属各相关部门）

（五）发挥科技创新引领作用，激发创新活力动力

1.鼓励创新创业。认真贯彻落实《玉溪市人民政府关于强化实施创新驱动发展战略进一步推进大众创业万众创新深入发展的实施意见》（玉政发〔2017〕47 号）文件精神，各部门要对照职责分工，结合江川实际，认真抓好工作任务落实。全面落实企业研发费用加计扣除等促进技术进步的税收激励政策，合理安排研发经费后补助资金，鼓励企业自主研发。支持创新平台建设，新增院士工作站1个、市级重点实验室和工程技术中心2个、申报高新技术企业1户以上、省级科技型中小企业6户以上。落实财政资金支持政策。根据市、区相关政策要求，运用财政资金进行引导和鼓励，调动社会资金投入，对符合条件的个人或企业进行申报，积极争取财政资金的扶持，充分调动企业和个人创新创业的积极性和主动性。（主责单位：区工信局、区财政局）

2.建立科技投入稳定增长机制。加大对县域科技计划的支持力度，努力提高科技创新能力，财政科学技术支出占当年财政公共预算支出的比例不低于1.5%，逐年提高全社会研究与试验发展（R&D）经费支出占地区生产总值的比重。突出企业创新主体作用，进一步落实企业研发费用加计扣除、设备加速折旧等优惠政策，鼓励企业加大研发投入和人才引进。紧扣“上市、高企、研发机构、专利”四大环节，壮大创新型企业集群，推动企业加大研发投入，加快建设高水平的企业研发机构，培育知识产权密集型企业。坚持引进消化吸收再创新与自主创新并举，促进科技成果转化。（区工信局牵头，区财政局配合）

（六）盘活土地资源，保障用地需求

1.大力发展土地要素市场。建立和完善土地储备制度，健全土地公开交易规则，鼓励土地依法有偿流动，激活土地二、三级市场，盘活存量、优化结构。依法取得的集体建设用地可以转让、租赁、作价入股等形式依法流转。保护被征地农民的合法权益和发展权利，积极探索征地补偿安置的新途径新方法，支持被征地集体经济组织利用生产安置用地从事开发经营、兴办企业和自主创业。

2.优化土地管理和用地审批。在实行耕地保护的前提下，科学调整和修编土地利用总体规划，对重点产业、重点企业和重点项目建设用地给予优先保障，通过规划控制方式，在重点企业周边地区预留发展用地。积极探索“容缺审批”模式，进一步优化审批程序。建立“提前介入、全程服务”机制，对列入区级重点建设项目、生态保护、扶贫等民生项目，要建立“绿色通道”，提高土地审批效率。

3.支持重点产业、重点项目用地计划。各乡镇（街道）申请使用年度计划指标时，应坚持保障重点、区别对待、有保有压的原则，并优先考虑重点产业、重点项目用地需要，合理安排年度新增建设用地计划指标，促进区域、城乡、产业协调发展。

4.鼓励发展工业地产。对按照规划在工业园区建设多层标准化厂房的，优先安排其建设用地指标，土地出让金按照当地工业用地基准地价的低限执行，并按照有关规定减免建设规费；对出售、转让标准化厂房的，允许其按照分栋办证的方式对不动产权证、土地使用权证进行分割。

5.盘活农村土地资源。鼓励农民以土地承包经营权入股的方式组建土地合作社，并在土地性质不变和使用性质不变的前提下，参与农业产业化经营、休闲农业等现代农业发展项目。对在近郊及景点周边等适宜发展休闲农业的区域，新引进的大型休闲农业项目优先安排其建设用地指标。和市级同步研究出台支持新型农业经营主体建设配套辅助设施建设用地的政策措施。

（主责单位：市国土局江川分、区农业局、区人社局、工业园区管委会等区属相关部门；配合单位：各乡镇（街道））

（七）健全服务体系，强化金融支持

1.健全县域金融体系。深化农村金融改革，积极探索土地承包经营权和农民住房财产权抵押贷款试点。鼓励现有银行金融机构到乡镇设立网点或增设自助服务终端，提高金融服务的覆盖面，有效配

置信贷资源，积极向其上级行争取赋予乡镇网点一定的信贷审批权。积极引入各类股份制商业银行，进一步构建竞争更加充分的金融市场体系。

2.加大县域信贷投入。积极向上争取设在我区的金融机构将新增存款用于当地贷款。引导银行机构以服务实体经济、倾斜基层发展为导向，创新符合我区经济特点的信贷产品和信贷模式，积极扩大实体经济信贷投放。

3.扩大县域直接融资规模。做好企业上市储备工作，推荐国内外优质券商帮助有条件的企业进行上市或挂牌工作。推动具备条件的企业充分利用企业债、短期融资券和中期票据等直接融资债务工具。推广区域集优债务融资机制，探索发行中小企业私募债券和结构化债券融资等品种。帮助企业运用银行间市场各期限、多品种的直接债务融资工具实现直接融资。探索推进资产证券化发展，利用资产证券化将资产转变为资金。

4.激活民间资本。丰富投资主体，民间资本可在行业主管部门的指导下参与设立各类投融资机构，支持服务创新创业企业。有效防范和处置非法集资，规范管理小额贷款公司和互联网金融。

5.建立中小企业信用担保体系。积极探索适合市场需要和当地特点的中小企业信用担保体系发展模式，积极扶持融资性担保公司开展担保业务，鼓励企业间开展多种形式的互助性融资担保。

（主责单位：区财政局；配合单位：人行江川支行及各金融机构）

（八）加强人才交流，完善人才支撑

1.推进人才发展体制机制改革，创新人才发展体制机制，全面贯彻落实《玉溪市江川区人才专项资金使用管理办法（试行）》，实施好人才引进“4个100”行动计划，引导和支持各类人才健康成长、创新创业，推动优秀人才脱颖而出，形成尊重知识、尊重人才、尊重创造的氛围。

2.对到农村基层工作的人才，在职务、职称和工资待遇等方面实行倾斜政策，成立非公企业和社区工作者初级评审委员会。采取政府购买岗位、事业单位公开招聘工作人员在同等条件下优先聘用等方式，实施鼓励本科以上学历毕业生到规模工业企业就业的优惠政策。

3.加大区级党政机关从乡镇（街道）选调和招录公务员力度，完善公务员、中小学教师、医生、农技人员等公职人员到乡镇（街道）服务或挂职锻炼的办法，选派一批优秀干部到后进薄弱村任职，选派一定数量的专业技术人员到乡镇（街道）服务。

4.加强产业园区、重点（工程）实验室、工程技术（研究）中心、企业技术中心、院士工作站、专家基层科研工作站、博士后科研工作站等载体和公共服务平台建设，引导各类人才向企业集聚，加快建设人才高地。

5.高度重视职业能力建设，形成与产业发展相适应的技术技能型、复合技能型和知识技能型高技能人才培养体系。

（主责单位：区人社局；配合单位：区工信局、区教育局、区卫计局、区农业局等区属相关部门）

三、保障措施

（一）加强对县域经济发展工作的领导。各乡镇（街道）要切实承担县域经济发展主体责任，研究制定具体工作方案，强化政府投资引导，着力培育地方特色支柱产业，不断完善基础设施，全面改善民生，促进地方经济高质量跨越发展。区属相关部门要进一步压实责任，加大对县域经济发展的支持力度，形成责任明确、齐抓共管的运行机制。

（二）加强区属部门和乡镇（街道）领导班子建设。坚持德才兼备、以德为先用人标准，选准干部，配强领导班子。推进区属部门与乡镇（街道）之间领导干部交流，乡镇（街道）与乡镇（街道）之间干部交流。加强领导班子思想政治建设，推进学习型党组织建设，加大干部教育培训和监督管理力度，着力提高全区各级领导班子成员综合素质。进一步加强基层组织建设，落实党风廉政建设责任制，为加快县域经济发展提供强有力的组织保证。

（三）落实督促检查。强化经济发展目标责任管理，把经济发展目标考核纳入区对乡镇（街道）经济社会发展综合考评指标体系，把经济发展目标考核结果作为乡镇（街道）党政领导干部进退留转的重要依据，引导各乡镇（街道）因地制宜、错位发展，形成重实绩、看长远、比实干的发展导向。

玉溪市江川区人民政府关于2018年工作总结及2019年工作计划的报告

玉江政发〔2018〕61号

玉溪市人民政府：

按照《玉溪市人民政府办公室关于报送2019年政府工作报告相关材料的通知》（〔2018〕—948）要求，现将江川区2018年工作总结及2019年工作计划报告如下：

一、2018年工作情况

2018年以来，江川区认真贯彻市委、市政府高质量跨越式发展决策部署，全面落实稳增长各项措施，紧扣“建美一座城，治好一湖水，打造一个高地”目标，着力推动全区经济社会平稳健康发展。全年，预计完成地方生产总值100.2亿元，增长13%；规模以上固定资产投资83.85亿元，增长30%；社会消费品零售总额27.8亿元，增长12%；一般公共预算收入7.67亿元，增长8%；引入市外国内资金85亿元（其中：省外国内资金80亿元）；城镇、农村居民人均可支配收入分别为36650元和13267元，分别增长8%和9%。

（一）产业发展稳步向前。一是农业发展取得实效。农田水利基础设施不断完善，完成冬春农田水利投资3.35亿元，新增高效节水灌溉面积3000亩，耕地灌溉面积1000亩，高标准农田建设1.7万亩，巩固提升农村3万人饮水安全；强农惠农富农政策全面落实，兑付各类惠农补贴2843.59万元；流转农村土地承包经营权3.4万亩，收购烟叶982.5万公斤，均价31.22元/公斤，全市排名第一；花卉、渔业、畜牧业等优势产业健康发展。全年预计完成第一产业增加值17.8亿元，增长6.5%。二是工业发展提质向好。龙泉园区管理体制进一步理顺，完成基础设施投资4.42亿元，龙尚路、江滇路竣工通车，完成小井坝排洪沟扩建，27万平米标准化厂建设和江义街等道路绿化亮化有序推进，启动园区自来水厂、污水处理厂建设，承载力不断增强；金美包装、天合立光电等13个项目建成投产，升华电梯、中民筑友等12个项目持续推进，全年预计实现园区工业总产值16.5亿元，增长20.1%。传统产业转型步伐加快，江城纸制品产业园7个入园项目完成厂房主体建设；复烤二车间技改、俊宇墙材技改等项目有序推进。新兴产业平稳起步，成功引进年产35万吨ϕ180合金无缝钢管连轧管机组及50万吨大口径钢管项目，粤辉电子开工建设，华电达智能电子制造产业项目启动厂房装修。全年预计完成非电工业投资15亿元，增长24%；规模以上工业增加值增长25%。三是第三产业持续活跃。编制完成《玉溪市江川区全域旅游发展规划》，荷藕庄园和星云湖南岸乡村振兴示范区建设等项目稳步实施，成功举办“三月雪·梨花醉”“七星缘·三世情”等节庆活动，全年预计接待国内游客557万人次，实现旅游总收入43亿元。房地产业健康发展，云福山居、钟秀铭苑、紫明苑等4个项目快速推进，全年预计完成房地产投资9.37亿元，销售商品房16.23万平方米，增长25%。商贸流通持续活跃，九溪润特物流、宏程物流等项目有序推进，滇中智慧农业产业园、滇中特色农副产品冷链储运中心开工建设，宝象物流成功签约落地，以九溪、雄关、龙泉园区为节点的现代物流中心初具雏形。九溪、大街桥头2个农贸市场完工投入使用，大街市场改造顺利推进。全年预计完成第三产业增加值47亿元，增长12.2%。

（二）城乡面貌持续改善。一是“五网”基础不断完善。滇中引水工程完成征（租）地1231亩，江通、澄川高速公路和六阳路、喜罗路等17条在建农村公路有序推进，通用机场启动试验段300亩土地征收工作，新建、改造10千伏线路48.5千米，铺设天然气管道6千米。二是提质扩容有序推进。龙泉大道南段、浪广路北延线完成管廊主体建设1450米；大街棚改启动一、二批被征收房屋拆除工作；江城棚改兑付资金4.51亿元，房源点建设主体完工并启动预售；数字化城管指挥中心投入试运行，城市管理力度持续加大，城市面貌进一步改善，成功创建省级文明城市。三是城乡统筹步伐加快。积极开展灾后重建，拆除危房51.6万平方米，启动雄关社区、九溪矣文两个灾后重建示范点建设；农民"上楼"试点取得成效，完成小街下高桥小高层住宅建设；"厕所革命""百村示范、千村整治"和人居环境整治等工作大力推进，新建（改造）公厕35座，治理违法建筑4979宗、24.64平方米，76个"百千工程"项目通过市级验收，小田、罗合百、下高桥被评为省级农村人居环境旅游特色型、美丽宜居型、基本整洁型示范村庄。

（三）生态环境不断优化。一是星云湖保护治理取得实效。争取到位山水林田湖草试点项目国家第二批专项资金3亿元，申请发行星云湖一级保护区生态修复及生态屏障构建项目专项债券3亿元；完成《星云湖"十三五"水环境保护治理规划》项目投资5.63亿元，星云湖南岸湿地、湖滨带提质改造大凹段应急工程完成路面硬化1400米、栽种植物5000株、铺设木栈道600平方米。二是河湖长制全面落实。设立各级河长626名；启动入湖河道及水库水质监测，设置监测点位68个；完成15条河道一河一策和16个水库一库一策方案编制，大街河、东西大河等12条主要入湖河道综合治理工程已全面开工，预计年底完成所有生态河道、湿地建设基础部分施工；入湖河道综合治理PPP项目"一方案两报告"通过专家评审。三是全面落实中央第六环境保护督察组"回头看"和省委、省政府环保督察反馈问题整改工作，扎实推进大气、水和土壤污染防治和污染源普查等工作，完成生态保护红线和畜禽养殖禁养区限养区划定。

（四）社会民生协调发展。民生投入持续加大，1—9月支出民生资金15.58亿元，占一般公共预算支出的80.1%。一是脱贫成效巩固提升。投入专项扶贫资金2330.49万元，实施扶贫项目27个；完成3个易地扶贫搬迁项目主体建设，6户建档立卡贫困户迁入新居；投入产业扶贫资金6852.7万元；发放小额扶贫信贷资金2950.9万元。扶贫政策、项目、资金实现建档立卡贫困人口全覆盖，安化贫困乡摘帽，16个贫困行政村达标退出，累计脱贫1474户5272人，贫困发生率降至0.9%。二是就业形势稳定。发放创业担保贷款1.19亿元，带动就业2351人；阶段性完成城镇新增就业2816人，开发公益性岗位500人，城镇登记失业率控制在3.4%以内。三是社会服务体系不断完善，城乡养老、低保和住房保障水平稳步提高，社保扩面提质稳步推进，发放城乡居民社会养老保险金3426.48万元，收取225套保障性住房首付款1740万元。四是教育卫生文化事业不断发展。"全面改薄"项目顺利完成，学前教育项目加快推进；公共卫生与医疗服务能力不断提高，成功创建省级慢性病综合防治示范区；文化事业持续发展，完成江川文庙、药王阁、体育馆修缮工作，成功举办2018国际篮球文化交流赛和区第二届七彩云南全民健身运动会；完成安化彝族乡招坝村民族团结进步示范村建设。五是社会治安综合治理扎实开展。扫黑除恶专项斗争成效显著，"平安江川""雪亮工程"等社会治安综合治理工作持续深入，禁毒防艾深入开展，安全生产形势总体稳定。

（五）自身建设不断加强。坚持依法行政、为民务实、廉洁高效，不断健全重大行政决策问责机制，完成重大决策听证6项，重大风险评估11项。着力提高行政效能，承接、取消、调整行政许可事项212项，其他行政职权8项。截止9月末，完成公共交易项目104个，交易总额3.12亿元，节约资金约1480万元；公开政府信息11171条。围绕遵守纪律不严、作风不实、工作任务完不成等问题，从严整治干部"不作为""慢作为""乱作为"，问责单位17个，干部19人。

二、存在的困难和问题

一是经济总量小、运行质量不高，产业结构不优，创新驱动不足，环境承载能力较弱，转型发展压力较大。二是工业项目推进不及预期，支撑能力减弱，保持经济快速增长的后劲不足。三是城市管理相对滞后，规划管控还不到位，乱搭乱建时有发生，城市配套设施和服务体系不够完善。四是财政收支矛盾突出，财源单一，增收乏力，可用财力有限，发展资金短缺。五是极少数干部学习、担当意识不强，执行力不够，干事创业氛围还需加强。

三、2019年工作计划

2019年，我们将抢抓发展机遇，全面贯彻落实市委、市政府的决策部署，紧紧围绕“全区地方生产总值增长12%以上，一般公共预算收入增长5%以上，规模以上固定资产投资增长20%以上，城镇、农村居民人均可支配收入分别增长8%和9%”的预期目标，突出重点，压实责任，细化工作措施，重点抓好五个方面工作：

（一）壮大产业发展，调优经济结构。一是夯实工业基础，壮大经济实力。深化与高新区合作关系，加快园区自来水厂、污水处理厂建设步伐，启动孵化大楼建设，继续做好园区绿化亮化、“三通一平”和通讯网络等基础设施建设，不断提升园区承载力；做好入园企业跟踪服务，力促比亚迪、联塑二期、正能实业、正威国际等项目开工建设，加快推进数控机床和信卓誉负极材料标准化厂房建设，确保升华电梯、中民筑友、特固扩建等项目尽快投产；抓实招商引资，做实土地收储工作，确保项目招得来、落得下，促成瑞吉特汽车工装、爱思普新能源等在谈项目尽快签约落地。依托科技创新，巩固提升传统产业，鼓励磷化工产业向精细化方向发展，支持纸制品、烟花爆竹等传统产业优化升级，力争年产35万吨ϕ180合金无缝钢管连轧管机组及50万吨大口径钢管项目开工建设，复烤二车间技改基本完成。2019年，力争完成规模以上工业增加值增长27%，新增规模以上企业4户。二是挖掘地域特色，激发三产活力。加快特色旅游产业发展。继续办好梨花节、火把节、七夕节、开渔节等节庆活动；做好全域旅游规划，以实施星云湖南岸乡村振兴项目为重点，加快荷藕庄园、李家山考古遗址等项目推进，打造环星云湖“湿地+”生态旅游圈；深挖青铜、彝家文化等乡村特色，推进安化招坝、前卫新河咀、小田等旅游特色村建设。稳步发展房地产业，加快推进紫明苑、星云首府一期等项目，启动江城滇御俊园建设。加速商贸流通业发展，以九溪、雄关、龙泉园区为重点，加快润特物流、宝象物流、宏程物流等项目建设，壮大现代物流产业；建好管活农贸市场，推动零散销售、服务企业划行归市、集聚发展；大力发展金融、信息、养老养生等现代服务业，积极承接玉溪中心城区转移的服务功能。三是巩固农业优势，做优高原特色农业。启动3座小（一）型水库和7座小（二）型除险加固，完成江河堤防治理9.9千米，进一步完善基础设施；提高粮食作物产量，巩固烤烟产业，争取种植面积达7.3万亩，做大做强蔬菜、花卉、渔业、畜牧等传统优势产业；加大龙头企业培育扶持力度，力争新增农民专业合作社2个，培育市级示范社1个，组织申报市级家庭农场示范场5个，开展新型职业农民培育200人，转移培训农村劳动力2000人。

（二）着力振兴乡村，推进城乡融合。一是强化城乡规划编制管理机制创新，从严规划审批、加强项目监管，充分发挥城乡规划引领作用。二是加快澄川、江通、国道213线、通用机场、滇中引水等重大基础设施项目进度，完善城市供水、供电、供气管网和通讯网络，健全“五网”基础。三是加速推进大街、江城棚户区改造，力促城市全民健身运动场馆建设等市政基础设施PPP项目复工并加快建设；健全市容常态管控机制，加大城市管护力度，进一步巩固“创文”“创卫”成果，实现城市共治共管、共建共享。三是扎实推进灾后重建、农村危房改造等工作，加快以扯纳苴和雄关社区为主的农村基础设施建设，贯彻落实好“520”美丽家园环境整治日行动，着力打造美丽宜居乡村。

（三）抓实生态建设，突出绿色驱动。一是坚决打好污染防治攻坚战，积极申报各类专项资金，主动向上汇报对接，探索、拓宽融资渠道，确保项目实施资金支持。二是加快《星云湖“十三五”水环境保护治理规划》项目实施，力争年底实现开工率100%，完工率60%，投资完成率70%以上。三是做好大龙潭自然保护区边界勘测，调优沿湖农业产业结构，完成退耕还林3200亩，发展田园综合体项目，大幅削减农业面源污染。四是全面落实上级政策精神，鼓励拓宽新能源市场；深入开展大气、土壤等污染治理工作，严格落实环保“三同时”制度，严格环境执法监管，确保节能减排目标任务完成。

（四）着眼全局发展，构建和谐社会。扎实做好进村入户、因贫施治、一户一策等工作，着力解决好住房、交通、饮水安全、医疗保障、集体经济增收等问题，持续巩固脱贫攻坚成效。抓实创业就业，鼓励支持中小微企业发展，扩大就业规模，转移农村劳动力。全面整改落实省教育督导评估组反馈问题，扎实推进学校精细化管理，实现教育教学质量整体提升。继续深化医药卫生体制改革，建立健全现代医院管理制度，加强卫生应急能力建设，不断提高医疗卫生服务水平。健全完善城乡养老服务和社会救助体系，深入开展“同舟计划”，稳步提高社会保险待遇。强化社会治安综合治理，做好村规民约（居民公约）修订，严厉打击各类违法犯罪活动。排查整治各类安全隐患，严防重特大事故发生。

（五）坚持依法行政，建设阳光政府。深入推进监察体制、“三湖”管理体制改革、党政机构改革和“放管服”改革等重点工作，着力抓好政府自身建设，转变作风，切实提高行政效能。严明纪律，抓实廉政建设，严格执行中央“八项规定”，坚决纠正损害群众利益的不正之风，查处有令不行、有禁不止的行为，畅通工作落实“最后一千米”，确保政策落地生根，真正做到干部清正、政府清廉、政治清明。坚持依法行政，认真执行“三重一大”集体决策制度，落实会前听证、风险评估、专家咨询、合法性审查和集体讨论决定等制度，充分发挥法律顾问团队参谋助手作用，提高科学民主依法决策水平。

玉溪市江川区人民政府

2018年10月28日